"十二五"普通高等教育
国家级规划教材

面向21世纪课程教材

现代汉语修辞学

（第四版）

吴礼权 著

复旦大学出版社

第四版修订得到复旦大学本科课程教材建设项目经费支持

钱钟书先生曾同我谈到，文学研究实离不开心理和修辞二学。文学主情，正需从心理学生发；文学之美，主要体现于文字（尤其是中国古文学），则与修辞学有大关涉。故他说，文学研究某种意义上说，便是心理、修辞二学的综合运用。礼权教授的《修辞心理学》，便是心理、修辞二学相结合的典范。这部《现代汉语修辞学》作为教育部立项的全国通用教材，在作者《修辞心理学》的基础上踵事增华，理论上更加成熟，选取的修辞文本更加精彩，文本阐释更加周延，因此自出版以来深受学界欢迎，一再加印。

修订版《现代汉语修辞学》保持了初版的许多优点，有许多创新。如将前人所讲的"修辞格"发展为"修辞文本"，其内涵和可包容性都大为提高。许多修辞文本不是旧的修辞格概念可范围的。这就拓宽了修辞学的疆域。二是读来亲切有趣，特别是旁逸修辞文本那一段，和后记的一段。三是启发性强，正如作者所说，让同学做作业，他们兴趣很大。读此书，联想古代作品，也让人每有会心，深感受益。

——国家有突出贡献专家、原中国社会科学院文学研究所副所长、
上海大学终身教授、博士生导师 董乃斌

吴礼权教授所著《现代汉语修辞学》（修订版）在修辞学研究上有很多新突破，主要表现是：一，建构了一个相当完善而科学的汉语修辞学体系；二，提出了一套观察、分析汉语修辞现象的自主理论；三，首次将定量统计分析法与多媒体图示法结合起来并运用到相关内容的研究上；四，建立了一套完整的修辞文本建构与解构的分析模式；五，在学术术语规范、口语修辞材料的运用、修辞学著作写作新模式的建立等方面，都与此前所有的汉语修辞学著作拉开了距离，将汉语修辞学的研究推到了一个新的阶段。从学术发展史的角度看，吴礼权的修订版《现代汉语修辞学》堪称中国当代修辞学继往开来的一座里程碑。2014年该书修订版被评定为"十二五"国家级规划教材，在学术界产生了广泛的影响。

第四版在修订版和第三版的基础上再加打磨，体系更加完善，理论更加缜密，语料更具现代气息，可谓更上一层楼。

——南开大学教授、博士生导师，
原中国修辞学会会长、中国语文现代化学会会长 马庆株

吴礼权教授是复旦大学老校长、中国现代修辞学之父陈望道先生的再传弟子，是中国修辞学第一个博士学位的获得者。礼权教授不仅博学卓识有望老风范，治学严谨亦有望老之风。所著《修辞心理学》将中国现代修辞学推进到一个崭新的历史阶段。这部《现代汉语修辞学》作为教育部立项的高校教材，出版十四年来，四个版本先后印刷了几十次，在学术界产生了广泛的影响，被公认是当代中国修辞学的新经典。

　　全书在修辞学理论上的创新是多方面的，既有"修辞文本"等全新概念的提出，又有自主创新的文本心理分析模式的建构，给人以耳目一新之感。研究方法上的创新，在语体与风格两部分的论述中表现得最为淋漓尽致。书中将定量统计分析法与多媒体图示法相结合，以数据与图像说话，彻底打破了以往语体与风格研究中的印象式浮泛论述模式，使结论科学而直观。在语料使用上，作者坚持"采铜于山"的原则，不同寻常的修辞文本给人以原始之感 ，读之让人如沐春风，一股清新之气扑面而来，给人以美的享受。偶尔用到一些旧例，则详加注解，又加以核对，其严谨的治学态度令人肃然起敬。第四版在初版与修订版、第三版的基础上又有新面貌，特别是在体系的完善与语料的更新方面尤其引人注目，体现了与时俱进的鲜明特色。

　　　　——国家有突出贡献专家、云南师范大学原校长、泰国坎查纳布里皇家大学名誉校长、国家汉办特聘终身专家、华中师范大学博士生导师 骆小所

目 录

绪论 / 1
  第一节 修辞、修辞学及相关概念的界定 / 1
  第二节 现代汉语修辞学研究的对象、范围 / 16
  第三节 学习现代汉语修辞学的意义 / 17
  第四节 修辞学与语法学、逻辑学及语用学的关系 / 24
  思考和练习 / 31

第一章 婉约蕴藉的修辞文本营构模式 / 33
  第一节 语里言外,别有洞天:双关 / 33
  第二节 迂回前行,曲径通幽:折绕 / 39
  第三节 锦绣其外,旧物其内:讳饰 / 43
  第四节 羞抱琵琶半遮面:藏词 / 49
  第五节 言有尽,意无穷:留白 / 54
  第六节 正言若反,翻案冤亲:倒反 / 57
  第七节 珠玉匿水,伏采潜发:用典 / 60
  第八节 半遮半掩,欲却还迎:推避 / 66
  第九节 化整为零,绵里藏针:镶嵌 / 69
  小结 / 71
  思考和练习 / 74

第二章　传神生动的修辞文本营构模式 / 77

第一节　假物博依,义皎而朗:譬喻 / 77

第二节　天人合一,物我融通:比拟 / 100

第三节　如临其境,如闻其声:摹状 / 103

第四节　虚构事象,历历在目:示现 / 107

第五节　一词一景,幻化无穷:列锦 / 112

第六节　直录语误,毕显原形:飞白 / 118

第七节　醉翁之意不在酒:讽喻 / 122

第八节　腾笼换鸟做文章:折算 / 125

第九节　分工合作唱双簧:歇后 / 128

小结 / 132

思考和练习 / 135

第三章　齐整和谐的修辞文本营构模式 / 138

第一节　奇峰对插,交映生辉:对偶 / 138

第二节　大江东去,浩浩汤汤:排比 / 149

第三节　首尾衔接,往复成章:回环 / 153

第四节　参差其辞,和谐灵动:错综 / 159

第五节　参互成文,合而见义:互文 / 166

第六节　大珠小珠落玉盘:叠字 / 169

第七节　英辞润金石:配字 / 176

第八节　辞靡于耳,累累如贯珠:协律 / 180

第九节　声转于吻,玲玲如振玉:起兴 / 184

小结 / 187

思考和练习 / 191

第四章　强化语意的修辞文本营构模式 / 195

第一节　发蕴飞滞,披瞽骇聋:夸张 / 195

第二节　情思难遏,二三其辞:反复　/　206

第三节　无疑而问,意在警醒:设问　/　210

第四节　煞有介事,望之俨然:精细　/　214

第五节　先声夺人:倒装　/　216

第六节　后来居上:层递　/　224

第七节　你中有我,我中有你:同异　/　228

第八节　别调介入,立异标新:异语　/　232

第九节　逻辑的力量:同语　/　234

小结　/　236

思考和练习　/　238

第五章　幽默讽嘲的修辞文本营构模式　/　242

第一节　旧瓶装新酒:仿讽　/　242

第二节　老树发新枝:别解　/　250

第三节　一行白鹭上青天:旁逸　/　254

第四节　诱敌深入,声东击西:歧疑　/　256

第五节　时空交错,古今打通:移时　/　261

第六节　飞流直下三千尺:衬跌　/　263

第七节　用事实说话:例示　/　265

第八节　资源重组:易序　/　267

第九节　明修栈道,暗度陈仓:承转　/　269

小结　/　270

思考和练习　/　273

第六章　关联变化的修辞文本营构模式　/　278

第一节　顺水推舟:拈连　/　278

第二节　称此言彼:借代　/　281

第三节　移花接木:移就　/　293

第四节 人面桃花相映红:映衬 / 297

第五节 因地制宜做文章:析字 / 301

第六节 改类变性,别致生动:转品 / 306

第七节 上下递接,前后蝉联:顶真 / 309

第八节 旁征博引,凸显胸臆:引用 / 322

第九节 夺他人之酒杯:移用 / 335

小结 / 338

思考和练习 / 341

第七章 字句段落篇章的修辞使命 / 344

第一节 吟安一个字,捻断数茎须:炼字的功夫 / 344

第二节 二句三年得,一吟双泪流:锻句的学问 / 362

第三节 勾上连下,自然流畅:段落的衔接 / 375

第四节 总文理,统首尾:篇章结构的策略 / 389

小结 / 408

思考和练习 / 409

第八章 语体与修辞 / 410

第一节 语体及其类型 / 410

第二节 口语体的修辞特征和修辞基本原则 / 413

第三节 书卷体的修辞特征和修辞基本原则 / 430

小结 / 473

思考和练习 / 476

第九章 风格与修辞 / 477

第一节 风格及其基本类型 / 477

第二节 刚健风格与柔婉风格 / 479

第三节 简约风格与繁丰风格 / 488

第四节　平淡风格与绚烂风格　/　505

第五节　明快风格与含蓄风格　/　520

第六节　庄重风格与幽默风格　/　524

小结　/　532

思考和练习　/　533

参考文献　/　534

后记　/　537

修订版后记　/　542

第三版后记　/　547

第四版后记　/　550

绪 论
General Introduction

第一节 修辞、修辞学及相关概念的界定

修辞、修辞学及与之有关的概念较多,因此为了本书后文叙说的方便,有必要在此先将本书所要涉及的如下几个主要概念作一界定和交待。

一、修 辞

何为"修辞"？有关的定义很多,众说纷纭。如果我们认真考察一下各家说法,去异求同,则可以给"修辞"作这样一个去繁就简的界定①：

所谓"修辞",就是表达者(说写者)为了达到特定的交际目标而应合题旨情境②,对语言进行调配以期收到尽可能好的表达效果的一种有意识的、积极的语言活动。

---

① 本书所下的这个"修辞"定义,基本上是笔者的"一家之言",虽然廓清了各家对于"修辞"定义的种种纠葛,并尽可能概括吸收各家见解中较合理的基本内核,但仍不能保证完善而无可挑剔。事实上任何一个学科的基本定义都是最难下的,都是永远不可能做到十分完善的。关于"修辞"定义的各家说法,谭永祥在《汉语修辞美学》一书中(第2页至22页)作了较详细的罗列,并从自己的观点出发对各家说法作了较为详尽的分析评价,读者可以参考,自己也可以比较,择善而从。
② "题旨情境"是陈望道在1932年出版的《修辞学发凡》中首先提出的一个重要概念,这一概念在现代汉语修辞学界已被广泛运用。为了全书行文方便,这里对本书所指的"题旨情境"内涵的具体所指,简要作个交待。所谓"题旨",就是表达者说写时所要表达的主要意旨;所谓"情境",具体说来,可以包括说写时的上下文语境乃至说写时特定的时代背景等,还包括说写时的场合,包括说写时所面对的交际对象的具体情况如交际对象的职业、文化水平、心理等等。

应该强调的是,这里所谓"对语言进行调配",是指"对某一语言中各色形、音、义的词语与各种句式等的调遣、配置,让各种语言材料在特定的题旨情境中适得其所"①。我们都知道,任何一种语言或任何一种语言中的任何语言材料都是没有优劣高下之分的。但是,使用同样的一种语言,使用同样的一种语言中的材料,不同的使用者可能有不同的调配方式令其表达产生出大不相同的效果。例如:

(一)不错,朋友们也有时候背地里讲究他;谁能没有些毛病呢。可是,地山的毛病只使朋友又气又笑的那一种,绝无损于他的人格。他不爱写信。你给他十封信,他也未见得答复一次;偶尔回答你一封,也只是几个奇形怪状的字,写在一张随手拾来的破纸上。我管他的字叫作鸡爪体,真是难看。这也许是他不愿写信的原因之一吧?另一毛病是不守时刻。口头的或书面的通知,何时开会或何时集齐,对他绝不发生作用。只要他在图书馆中坐下,或和友人谈起来,就不用再希望他还能看看钟表。所以,你设若不亲自拉他去赴会就约,那就是你的过错;他是永远不记着时刻的。(老舍《敬悼许地山先生》)

许地山先生是中国现代著名作家,老舍是他的好朋友。许地山逝世以后,作为老朋友的老舍自然要写文章悼念,谈到许地山的许多往事自然也会涉及他的缺点。老舍在谈及许地山的缺点时,先有一句总括的话:"不错,朋友们也有时候背地里讲究他;谁能没有些毛病呢"。其中的动词"讲究",可谓用得十分讲究,令人叫好。因为这句话的表达可以使用"批评""指责""议论"等词,但这些动词明显都不及"讲究"表达效果好。如果用"批评""指责""议论"等词,意指许地山缺点确实存在,且可能是有很大的缺点;而用"讲究"一词,则表明许地山的缺点本就不存在或微不足道,如果朋友要议论他,也只是对他过分提出了高要求。写悼念文章本来就是要为逝者讳的,更不用说是为自己的好友而写了,即使有什么

---

① 吴礼权:《修辞心理学》(修订版)第2页,广州:暨南大学出版社,2013年。

也应该为朋友辩护或讳饰。因此,老舍这样用词是得体的,也是恰当的。再结合下文提到许地山的两个所谓"毛病":字写得不好而不愿给人回信,到图书馆坐下或与友人交谈而忘记约会时刻,更觉得老舍用词高妙。因为这两个"毛病"并不算什么,从另一个角度看还是优点呢。老舍这样把它当"毛病"写出来告诉读者,实际是绕着弯子赞誉老友许地山专心学术、重友健谈的学者风范。可见,老舍先生这里的"讲究"一词,用得真是讲究,可谓是将最恰当的词放在了最恰当的位置,发挥了一个词最极致的表达效果。我们都知道,在现代汉语词汇库中,动词"批评""指责""议论""讲究"等等都是极其寻常普通的词,它们之间没有优劣高下之别。可是,当它们被表达者调遣出来并配置到特定的题旨情境之中,则就显出极大的差别了。我们之所以赞赏老舍这里的"讲究"一词用得好,用得妙,并不是说"讲究"这个动词本身有什么特殊的表达效果,而是说只有这个动词才能切合这篇悼念文章的题旨情境,并能真切地表达出老舍对朋友许地山先生深厚的感情,凸显出许地山先生高尚的人格魅力。也就是说,动词"讲究"一词在这里是用得适得其所。正因为如此,我们可以说老舍这里对语言的调配是有效的调配,修辞是成功的。

又如:

(二) 电话铃声响了,她连忙拿起话筒。

"你好,宝贝,"老太太愉快的声音在电话里响起,"电话公司感到非常抱歉,他们把我一个洛杉矶亲戚打给我的电话错算在你们的账上。他的电话号码和西比尔家的电话号码只相差一个数字。那天,我们不在家,她在电话录音里留下她的号码就把电话挂了,所以电话费只有八角三分。要知道,电脑有时也会出差错。电话公司在下个月的账单上将会把错误改过来。"

"谢谢你,太谢谢你了!"蒋卓君激动得只是一个劲儿说这句话。

"这是我乐意做的。帮助你,将使我今天晚上感到特别高兴。"

等蒋卓君想起问这位老太太的名字,对方已经挂断了电话。

走出电话亭,天完全黑了。<u>她的心很亮很亮</u>。迎面过来的车灯白光一串,照亮了她面前的世界,疾驰而去的尾灯像一根红色的长绸带,绵延不见尽头。她深深地吸了一口气,由衷地发出感叹:好人!这世界上还是好人多啊!(王周生《陪读夫人》)

例(二)是上海著名女作家王周生的小说《陪读夫人》中的一段文字,描写的是这样一个情节:"陪读夫人"蒋卓君在美国律师西比尔家做保姆,西比尔太太露西亚因为电话账单中多出一笔八角三分的不明长途电话费而怀疑是蒋卓君所打。蒋卓君拿出种种证据,作了各种解释也无济于事。蒋一气之下离开了露西亚家,去大街电话亭按照那个不明电话号码向纽约打了一个电话,接电话的老太太很热情,帮她弄清了那个不明电话的来龙去脉。写到蒋卓君弄清原委后,作家写道:"走出电话亭,天完全黑了。她的心很亮很亮。"其中的形容词"亮"运用得可谓一字千钧,生动传神。它不仅写出了女主人公蒋卓君弄清原委,心中豁然开朗、冤屈一扫而光的轻松心态,也以心中之"亮"与天色之"暗"形成对照,写尽了"陪读夫人"心中无限的感慨。形容词"亮"本是个寻常的词,没有什么特别,但被作家用在此情此境,效果上大放异彩。正因为如此,我们可以说王周生这里对语言的调配是有效的调配,修辞也是非常成功的,展示了一个实力派作家深厚的语言功力。

词语的选用要适得其所,才算是对语言的有效调配,句式的选用亦如此。现代汉语句式,从不同角度分类有不同类型。"按照句子的语气,可以分成陈述句、疑问句、祈使句、感叹句";"按照句子的结构和格局,可以分为单句、复句、主谓句、非主谓句等等"①。此外,根据句子成分的完全与否,可以分成完全句、省略句。究竟哪种句式好,我们不能一概而论。能够适应说写时的特定题旨情境,有尽可能好的表达效果,那么我们就说表达者的句式运用得好。反之,则是运用得不好。例如:

(三)纵观上下五千年,西部的历史传统是一个"大"字。秦始皇"东

---

① 胡裕树主编:《现代汉语》(增订本)第314页,上海:上海教育出版社,1999年。

向扫六合,挥剑决浮云",开创了中国空前统一的大格局。书同文、车同轨、统一度量衡,这些统一措施的深远影响,直至今日还在对中国的文明进步起着积极作用。汉高祖刘邦,虽是东部人氏,帝业却成就于西部,一曲《大风歌》豪情万丈,流传千古。汉武帝雄韬大略,一生开拓,将广阔西域归入了中华版图,建立了丰功伟业。大唐盛世,更是中国古代史上的精彩华章,长安道上各国使节纷至沓来,都要来亲眼看一看世界东方这个泱泱大国的风采。西部的广阔地域和历史文化传统,养育了一种影响中国历史进程的大气魄。历史上,西部兴起过几个大朝代,这些大朝代都干成了一系列大事业。西部大开发,一个"大"字,气魄直追古人。<u>好!</u>(朱增泉《中国西部》)

　　例(三)这段文字,从内容上可以分为三个部分:从"纵观上下五千年"到"这些大朝代都干成了一系列大事业",是述史忆昔的部分;"西部大开发,一个'大'字,气魄直追古人"一句,是抚今写实的部分;"好!"是评论的部分。述史的部分,复句多,长句多;抚今的部分则是一个单句,但却结构复杂,主语是"西部大开发",谓语是"一个'大'字,气魄直追古人"。其中,谓语又是一个主谓结构,"一个'大'字"是主语,"气魄直追古人"是谓语。评论部分,则只有一个字"好"。从结构上看,属于独词句;从语气上看,则是感叹句。三个部分的句式虽然不同,但都适切其所表达的内容,因而表达效果非常好。第一部分是述史,用长句、复句,有利于叙事的准确周密,展现述史的严谨性;第二部分是抚今,用一个长句将国家西部大开发的重大决策交代清楚,展现写实的庄重感;第三部分是评论,用句法结构简短的独词句,同时配合其感叹的口气,从而鲜明地凸显了作者对国家西部大开发高度认同的态度,以最少的文字表达出最激越的情感。如果用长句,语气势必趋缓,激越的情感就凸显不出来。可见,句式的恰切运用,其所达到的修辞效果是完全不同的。

　　总之,表达者所要达到的交际目标是否能够实现,亦即能否收到自己预期的尽可能好的表达效果,关键在于表达者在进行语言调配时是否较好地适应了说写当时的题旨情境,而与表达者所使用的某一种语言及这种语言的某种材料本身无关。因为"语言和语言材料对所有使用这种语言的人都是公平的、理性的,不能说某人的语言表达效果好是由于他所使用的语言或语言材料好,而只能说某人善于调配语辞。这就好比同样一块布料,不同技艺的服装师会做出大不相同的式样、大不相同质量的服装来。做出的服装是有款式、质量上的差异的,是有客观上的优劣高下之别的,但这决不是因为布料优劣的缘故。语言运用中词语的调配如此,句式的调配亦如此。是长句好,还是短句好;是单句好,还是复句好;是主谓句好,还是非主谓句好;是常式句好,还是倒装句好?我们都不能一概而论,而应该看其是否切合了具体的语言使用情境与题旨。切合了情境与题旨,就有好的表达效果;反之,则没有好的表达效果"①。

另外,我们应该强调的是,"修辞"既是一种表达者的有意识的、积极的语言活动,那么,不管表达者的"达意传情"是否圆满、适切,也不论适切的程度如何,只要表达者是有意识地朝着力图提高语言表达效果的方向努力,都是"修辞"。也就是说,某种说写表达是否属于"修辞",不以成败论英雄,主要是看表达者的动机。比方说有一位台湾的初中生在写一篇名叫《我的母亲》的作文时谈到自己的母亲,其中有这样一句②:

(四) 我的母亲徐娘半老,风韵犹存。

"徐娘半老,风韵犹存"是个成语,典出于《南史·梁元帝徐妃传》:"徐娘虽老,犹尚多情。"说的是梁元帝妃徐昭佩年龄虽大却仍然风流的事。正因为如此,"徐娘半老"这个成语一般情况下总是带有贬义色彩。这位中学生由于不甚明了这一成语的真实内涵,以致出现了表意上的错误。本来他是想赞扬他的母亲虽然人到中年,却仍有风韵魅力,结果却贬低了自己的母亲。尽管这位中学生用词不当,表达失败,但是他这

---

① 吴礼权:《修辞心理学》(修订版)第2页,广州:暨南大学出版社,2013年。
② 此例引见沈谦:《修辞学》第2页,台北:台湾空中大学印行,1996年。

样写确实是在"修辞",因为他是有意识地朝着力图提高语言表达效果的方向努力。如果他没有这种努力倾向,他大可直接说:"我的母亲已到中年,但长得还相当好看。"也就是说,表达的成败不是判断某一语言表达行为是否"修辞"的标准,关键是看表达者有没有朝着力图提高语言表达效果的方向努力的主观倾向。

二、消极修辞与积极修辞

"消极修辞"与"积极修辞",是陈望道从现代日本修辞学所引进的两个重要概念。所谓"消极修辞",就是"注意在消极方面,使当时想要表达的表达得极明白,没有丝毫的模糊,也没有丝毫的歧解。这种修辞大体是抽象的、概念的。其适用的范围当然占了(甲)一境界(引者注:指'记述的境界')的概念的语辞的全部,但同时也做着其余两个境界(引者注:指'表现的境界''糅合的境界')的底子。其适用是广泛语境的全部,是一种普遍使用的修辞法。假如普遍使用的,便可以称为基本的,那它便是一种基本的修辞法。"①由此可知,陈望道所说的"消极修辞"是一种专注于在语法、逻辑上努力的一种语言活动。即表达者的说写应该合乎语法规范、符合逻辑事理,也就是"使当时想要表达的表达得极明白,没有丝毫的模糊,也没有丝毫的歧解"的境界,也就是基本修辞。

所谓"积极修辞",就是"注意在积极的方面,要它有力,要它动人。同一切艺术的手法相仿,不止用心在概念明白地表出。大体是具体的、体验的。这类手法颇不宜用在(甲)一境界的语辞,因为容易妨害了概念的明白表出,故(甲)一境界用这种手法可说是变例。但在(乙)一境界中,却用得异常多。""此外,(丙)一境界(引者注:指'糅合的境界')的语辞,如一切的杂文,寻常的闲谈等,却又用不用都无妨。"②由此可见,陈望道所说的"积极修辞"的概念,实际上是一种调动一切积极手法以力图提高表达效果为终极目标的语言活动。也就是说,为了达到"有力"

---

① 陈望道:《修辞学发凡》第35—36页,上海:复旦大学出版社,2008年。
② 陈望道:《修辞学发凡》第36页,上海:复旦大学出版社,2008年。

"动人"的目标,它可以突破语法规范和逻辑事理。因此,也可以说,"积极修辞"是一种超越常规的创造性语言活动。

由于"消极修辞"与"积极修辞"在所要企及的目标上大不相同,所以其所研究的内容方面也不相同。大致说来,"消极修辞"主要研究如何适应题旨情境,使表达企及"意义明确""伦次通顺""词句平匀""安排稳密"①等四项标准的种种规律。"积极修辞"主要研究如何适应题旨情境,建构恰切的修辞文本,使达意传情的效果尽可能圆满成功的诸种规律。汉语修辞学的传统,一般说来,多着重于对积极修辞的研究,也就是狭义修辞学的研究。对消极修辞的研究则较少,因为消极修辞研究的内容与语法、逻辑的研究多有重合之处。本书对于消极修辞的阐述则着重于从炼字、锻句、谋篇布局、语体风格等角度进行,讨论这些方面与修辞的适应关系。这一点在此首先予以说明。

三、修辞文本

修辞文本(rhetorical text),是个具有特定涵义的修辞学新术语。在此前的汉语修辞学著作或教科书中未曾出现过,因此这里有必要作个详细的说明。

简单点说,所谓"修辞文本",**就是特指表达者(说写者)为了特定的交际目标,适应特定的题旨情境,运用某种特定的表达手段而形成的具有某种特殊表达效果的那些言语作品。**

为了直观地说明这个定义,我们先看下面的两个例子:

(五)<u>一个人的缺点,正像猴子的尾巴,蹲在地上的时候,尾巴是看不见的,直到他向树上爬,就把后部给大家看了。可是这红臀长尾巴本来就有,并非地位爬高了的新标志。</u>

(六)一个人的缺点,随着他的地位的攀高而显现得越发清楚。这

---

① 陈望道:《修辞学发凡》第43页,上海:复旦大学出版社,2008年。

并不是说他在地位低时就没有缺点,而是那时他的缺点还没机会让人发现而已。

这两段话的意思,是完全一样的。但是,从修辞的角度看,这两例则是大不相同的。例(五)属于我们上文所说的"积极修辞"的范畴,例(六)则属于"消极修辞"的范畴。例(五)是我们这里所说的"修辞文本",例(六)则不是。因为例(五)是作家钱钟书在小说《围城》中所创造出的一个生动的修辞文本,它是运用了特定的表达手段——比喻,将"人的缺点"与"猴子的尾巴"联系搭挂在一起,从而说明了人的地位攀升与缺点易被发现的密切关系,表达生动形象,读后令人难忘,是一个具有特殊表达效果的言语作品。而例(六)之所以不算"修辞文本",是因为例(六)只是理性地表述了所要表述的语意,没有运用任何一种具有特殊表达效果的表达手段。通过这两个实例的分析比较,"修辞文本"的概念应该是比较清楚易懂了。

这里,还应该强调的是,我们说"修辞文本"是一种"言语作品"。但是,应该指出的是,"言语作品是有大小之别的。最小的言语作品可以是由一个词或几个词构成的一句话,稍大些的言语作品可以是由两句或两句以上的几个句子构成的语句群,最大的言语作品可以是完整的一个篇什。但是,只要是运用了特定的表达手段,表达时有特殊效果,则不论这一言语作品是大是小,都可称为修辞文本。"[①]

由一个词或几个词构成的一句话成为一个修辞文本的,如:

(七)甲:"骡子!"
　　乙:"你爹你娘才是骡子!"

例(七)是笔者一次出差,在北方某城市听到的两个北方汉子在菜市场吵架时相互对骂的两句话。这相骂的二人的话中都有"骡子"一词。

[①] 吴礼权:《修辞心理学》(修订版)第24页,广州:暨南大学出版社,2013年。

"骡子"一词,《现代汉语词典》的解释是:"哺乳动物,驴和马交配所生的杂种,比驴大,毛多为黑褐色。寿命长,体力大,我国北方多用作力畜。一般不能生殖。"①由此可知,北方人因都知道骡子的上述性质,所以用"骡子"来说人,总是在三种涵义上骂人,一是骂人"杂种",二是骂人"蠢货","只会干活没有脑子",三是骂人"绝后"。一般情况下,主要是在第一种涵义上骂人。可见,上面两个北方汉子的相骂语,都是比较婉转的骂人语,属于我们所说的"修辞文本"。因为人不是"骡子",用"骡子"来说人,明显是运用了比喻的表达手法,属于省略了"本体"和"喻词"的"借喻",表达上有婉转含蓄的特殊效果。其中,甲的话是由一个词构成的句子,乙的话是由七个词构成的一个简单句子,它们都是"修辞文本"。如果甲说:"杂种!"乙说:"你爹你娘才是杂种!"则就不是"修辞文本"了,因为这样的表述,没有运用特定的表达手段,也未产生特殊的表达效果。

由两句或两句以上的句群构成一个修辞文本的,如:

(八)据说,铸剑大师欧冶子铸剑时,矿石不熔化,夫妻双双投入炉中,熔汁才流将出来。欧冶子的学生干将莫邪夫妻俩铸剑,又碰到了同样的考验,"铁汁"三月不出。这天夜里,夫妇争着往炉子里跳。彼时,风悲日熏,炉火将衰,莫邪说服了丈夫,站在炉台之上,挥泪诀别。干将简直要疯了……莫邪纵身一跃,像一根羽毛投入火中,以身殉剑,顷刻间,炉火里发出了咕嘟咕嘟的声音,火焰腾空而起,照红了半边天,青铜的熔浆开锅了!喷溅而出!"干将""莫邪"雌雄两剑铸成了。读了这段传奇,感叹一代又一代铸剑师殉剑的悲壮,不由人不相信青铜剑的灵性。匣中的剑在静夜里发出嗡嗡的嘶鸣和铮铮的私语,也没什么可奇怪的了。青铜剑是精灵,是人的精魂所化。人在火中涅槃,再生为剑。剑身上熔铸了人的精气血肉!传奇故事虽然不免张扬,阐释的道理却是颠扑不破的:没有天,哪有地?没有山,哪有矿?没有人,哪有炉火?没有生命,何为剑?(韩静霆《书生论剑》)

---

① 《现代汉语词典》(修订本)第 836 页,北京:商务印书馆,1998 年。

例(八)最后四个句子是一个修辞文本,意在说明一个道理:"中国古代的青铜剑是有灵性的,是人类生命的化身。"这个修辞文本不是由一个句子构成,而是以四个设问句组成的语句群呈现。虽然每个句子在长短上略有差异,但整体上句法结构相同,表意地位平等,因而整体上明显是"排比"修辞手法的运用,属于"排比"修辞文本。由于四个句子并列呈现,连贯铺排,且内中每个句子都是设问,因而"壮文势""广文义"的效果非常明显,读后不仅让人印象深刻,而且还有一种酣畅淋漓之感。如果作者写成:"青铜剑是铸剑师生命的化身,所以是有灵性的",虽然意思表达得非常清楚,但因是寻常的表达,没有运用特定的修辞手段,自然也不会有什么特殊的表达效果,不能给人留下什么深刻印象,当然不能算是"修辞文本"。

由一个完整的篇什构成一个修辞文本的(一般仅限于讽刺小品之类的短篇),如:

(九)獭入水求食,遇一金鱼,即张口啖之,囫囵咽下,殊不足以解馋。复前行,遇一鳖,见鳖裙腻然,喜曰:"此足以供我大嚼矣。"向前噬之,牙触鳖甲,骤不得咽。獭不觉大疑曰:"适间吃的那东西,文采斑斓,仪表不俗,看看像一个读书种子,却是没骨的。倒不如这个臭王八,还像有点骨气。"(吴趼人《俏皮话》)

很明显,上例这则小品是作者故意编出来的,其意是讽刺近代中国知识分子已失却了中国传统士大夫的那种特立独行的人格魅力,变得越发没有骨气和个性了。这个小品是整篇构成一个修辞文本,它运用的是讽喻手段(即为了表达某种意思而临时编造一个故事),其表达效果含蓄蕴藉,发人深省,而又不乏幽默诙谐的机趣。如果作者不以上述一篇为一个修辞文本,而是直言其意:"而今的中国知识分子已经没几个有骨气有个性的了",这样简则简矣,但就没有什么特殊的表达效果了,谈不上什么艺术性,读之也就不能给读者什么深刻的印象,更不能发人深省,当然也就算不得"修辞文本"了。

总之,本书所说的"修辞文本"是一个具有特定内涵的修辞学新概念,它是"专指那些运用特定的表达手段而构成的具有特定的表达效果的言语作品,这个言语作品可以是特定语境中的一个词或几个词构成的一个句子,也可以是由两个或两个以上的句子构成的语句群,还可以是只表达某一特定主旨的篇什。'修辞文本'可以是口说的言语作品,也可以是笔写的言语作品"①。

四、题旨与情境

陈望道在《修辞学发凡》第一篇的引言里,曾提出一个重要的观点:"修辞以适应题旨情境为第一义,不应是仅仅语辞的修饰,更不应是离开情意的修饰。"②于是,汉语修辞学便有了两个重要术语:"题旨"与"情境"。但是,究竟什么是"题旨",什么是"情境"?陈望道在《修辞学发凡》全书中始终没有对其概念涵义作出界定,因而学者们对其理解也各不相同,对其所下的定义自然也各有差异。正因为如此,我们觉得有必要对"题旨""情境"两个术语的内涵重新作一清楚的界定。

本书所谓的"题旨",简单来说,就是指说写表达所围绕的中心主旨,包括口头交际的中心话题,书面交际的主题思想。众所周知,在日常口语交际中,无论是望之俨然的学者或政治人物演讲,还是看似轻松的电视人物访谈,或是日常生活中的事务沟通,交际者总会事先有一个确定好的主题,有一个想表达的主要观点;即使是散漫的谈话,如果不是无所用心的闲聊,也会有一个话题。因为只要是一个正常的人,跟别人进行言语交际都一定是"有所为而为"的。如果是求托别人一件事,总希望这件事能成功;如果是跟别人商量一件事,总希望能跟对方达成一致意见;如果是想说服别人干什么,总希望对方能欣然同意;如果是向对方推阐自己的某种观点或是某一思想主张,总希望对方能够赞同认可;如果是向对方倾诉自己的怨苦哀愁,总希望能得到对方的同情与共鸣。总之,

---

① 吴礼权:《修辞心理学》(修订版)第 25—26 页,广州:暨南大学出版社,2013 年。
② 陈望道:《修辞学发凡》第 9 页,上海:复旦大学出版社,2008 年。

一切的口语交际,都总有一个想要达到的交际目标。这个交际目标(即中心意思),在交际者跟受交际者交际之前就应该已经确定了。如果没有确定,那么交际活动一定会失败。因为事实上,只有事先确定了交际目标,交际者在交际开始后才会有意识地围绕事先确定好的交际目标(中心意思)而字斟句酌,积极运用相关修辞手法,将自己所要表达的意思尽可能好地表达出来,从而达到预期的效果。口头交际是如此,书面交际也是如此。我们给别人写信,或是下级给上级写报告,或是作家进行文学创作,总会有一个要表达的主题思想。如果没有想表达的主题思想,一切的写作活动都是不会发生的。情人之间要写情书,那是因为要倾诉内心的思念之情;下级要给上级写报告,那是因为有具体的事务要处理;作家要创作文学作品,那是因为有某一思想理念要推阐,或是有某种情感要抒发。

可见,"题旨"不论是指口头交际的中心话题,还是书面交际的主题思想,都是言语交际者(说写者)必须重视的首要问题。修辞既是一种积极的、有意识的语言活动,是为了取得尽可能好的交际效果,那么我们开口说话、提笔写作就必然要牢牢把握"题旨"。正因为如此,我们讲现代汉语修辞学,就不能不讲"题旨"。而讲"题旨",就不能不清楚界定"题旨"的具体内涵。

本书所谓的"情境",说得简单点,就是指说写表达所须面对的对象,以及所要考虑的时机、场合等语境条件①。其中,对象这一情境要素最为重要。这个道理很简单,我们在语言活动中之所以要讲究修辞,是为了说写表达能够取得预期好的效果,达到自己预期的交际目标。而是否能够达到自己的预期交际目标,事实上是要看受交际者(听者或读者)的接受状态。为了使受交际者的接受处于最好状态,交际者(说者或作者)就要认真研究受交际者,不仅要知道受交际者是谁(比如,是长辈,还是平辈,或是晚辈;是领导,还是同僚、同事、同学;是兄弟,还是姐妹,或是朋友;如果是朋友,是普通朋友,还是亲密朋友,或是患难与共的朋友),

---

① 吴礼权:《言语交际与人际沟通》(第二版)第136页,广州:暨南大学出版社,2016年。

还要了解受交际者的相关背景,包括其职业、文化水平、性格、心理,甚至还要考虑其地域籍贯因素。之所以要考虑到如此多的情境要素,目的是为了使交际取得尽可能好的效果,达到预期的交际目标。比方说,我们到一个陌生的城市,需要向当地警察问路或求助,首先就有一个称呼问题。别看是一个简单的称呼,其实是大有学问,大有讲究的。如果我们直呼其为"警察",虽然关涉了他的职业,但却显得相当不礼貌,交际沟通刚一开始便给受交际者留下了不好的印象,后续的沟通是否顺利,就要打个大大的问号了。如果称"同志"或"警察同志",虽说没有什么不对,但明显感觉有些不合时宜;如果以"先生"或"师傅"等社会上通行的说法相称,则又显得不伦不类,会让受交际者哭笑不得。但是,如果我们以"警官"相称,那肯定效果很好,受交际者一定是打心眼里感到高兴,后续的交际沟通必然非常顺利。因为称其为"警官",既关涉了受交际者的职业,又符合其公务员身份,同时还迎合了其求认同的心理。因为一般人不会认为警察是官,交际者称其为"警官",事实上就是认同了其官员的身份,或是寄予了一种希望其升职的良好祝愿。又比方说,我们到北京,见到北京本地中老年妇女,称之为"大妈",她会很高兴,因为听来觉得亲切。但是到了上海,你见到上海中老年妇女,称她为"大妈",那就不行了。因为上海人觉得这称谓土气,是乡下人的称谓。而称她为"阿姨"或"小姐",她肯定高兴,因为"阿姨"在上海人听来觉得亲切,而"小姐"则是恭维她年轻,她很受用。可见,仅仅是一个简单的称谓,其中就要涉及职业、心理、地域三个对象情境要素。说是如此,写也是一样。这里有一个现实的例子。我有一个朋友,是某大学的著名教授。但是,他在升教授之前有一段非常坎坷的经历,副教授做了很多年。有一年,他收到一个已经毕业的硕士生的信,信封上赫然写着:"某某副教授收"几个大字。他一看到"副教授"三个字,就非常生气。为什么生气呢?他曾专门跟我说到此事,并解释生气的原因说:"别人打压我,认为我不够水平升教授,你是我的学生,也认为老师不够教授水平吗?不然,为什么一定要在信封上写个副教授呢?"我当时听了,就觉得这个学生实在是不懂修辞。如果懂修辞,信封上最贴切而亲切的称谓应该是写"老师",而不应该是"副教授"。因为称对方职称,应该是平辈之间的事,学生对老师是下对上,因此无论是称"教授"或是"副教授",都是不妥的。即使是平辈之间,对方如果是副教授,按照礼貌原则,一般都是要称"教授"的。很明显,这个学生跟老师的书面交际是失败的。失败的原因是没有看清交际对象,没有考虑到交际对象的职业及其心理。又比方说,我们跟文化水平较低或是没文化的人交际沟通,或是跟小孩子说话,一定要用浅显的大白话,用最平易好懂的口语词,较多地运用比喻修辞法,而不要用书面语词或古语词,或是成语,更不要有用典修辞手法的运用。否则,交际肯定失败,因为受交际者无法理解。可见,认清交际对象,实际上还包括要了解对象的教育背景,考虑其文化水平的实际状况。

除了"对象"要素(包括其职业、文化水平、性格、心理)外,"时机"与"场合"也是修辞"情境"不可忽视的构成要素。因为任何的言语交际,包括口语与书面语,都是离不开特定的时间与空间的。我们跟他人进行口语交际,为了取得良好的交际效果,达到预期的交际目标,势必就要选择恰当的时机与恰当的场合进行。比方说,我们求托别人一件很私密的事,肯定会选择在受交际者有空闲的时间,在没有他人干扰的空间,而不可能在受交际者工作繁忙之时,在人多眼多的公众场合。口语交际是如此,书面语交际同样也如此。比方说,我们想就某一个敏感的政治议题发表意见,如果时机不成熟,就不能形诸文字谈论这个话题,这就是"时机"问题。又比方说,我们想就一个事关国家未来长远发展的战略问题提出设想,如果这个战略设想不宜公开,我们就不能发表在报刊等媒体上,而应该以上书的形式呈予相关部门,在特定的范围内进行讨论。这就是"场合"问题。

修辞学上所说的"情境",是一个具有特定涵义的学术术语,跟我们日常所说的"语境"是不同的,跟语法学上所说的"语境"在内涵上也有差别。语法学上所说的"语境",一般多指言语交际的上下文,不会涉及受交际者(听者或读者)的身份、职业、文化水平、性格、心理等诸多因素。

五、修辞学和现代汉语修辞学

何为"修辞学"？简单点说，就是研究修辞现象及其规律的科学。说得具体点，就是系统地研究如何适应语言活动中特定的题旨情境要求，充分利用"语言文字的一切可能性"[①]，力图将语言的表达和接受效果提升到尽可能高的水平的种种规律的科学。

所谓"现代汉语修辞学"，就是系统地研究在以现代汉语为交际语言的语言活动中，如何适应特定的题旨情境的要求，充分利用现代汉语语言文字的一切可能性，力图将语言的表达和接受效果提升到尽可能高的水平的种种规律的科学。

第二节 现代汉语修辞学研究的对象、范围

修辞学是一门研究提高语言表达和接受效果的科学，因此，修辞学的研究对象十分明确，这就是语言。古代修辞学如此，现代修辞学亦如此；中国修辞学如此，外国修辞学也如此。如果要追究它们之间有什么区别的话，那就是在语言的种类上有所不同，同一种语言则有历时性方面的差异。因此，我们现在所要研究的现代汉语修辞学，对象就很明确了：**就是以现代汉语为研究对象，研究现代汉语运用中的诸种修辞现象及其规律。**

修辞学以语言为研究对象，特别是以语言运用中的修辞现象为研究对象。但是，由于各民族语言的情况不尽相同，所以在利用"语言文字的一切可能性"方面就存在差异，比方说汉语中可以利用汉字的形、音、义等方面的一切可能性，而在世界其他民族语言中就未必都能做到。同时，由于各民族语言习惯和文化背景不同，语言运用中产生的修辞现象也不尽相同，因此，各国修辞学都有自己的传统，修辞学研究的范围就不尽相同。还有一点也很重要，语言是发展的，语言运用中产生的修辞现

[①] 陈望道：《修辞学发凡》第6页，上海：复旦大学出版社，2008年版。

象也会因不同时代人们观念的不同而发生变化。正如陈望道所指出的那样,"修辞现象也不是一定不易","修辞现象常有上落","修辞现象也常有生灭"①。正因为如此,世界各国修辞学研究的范围都会有或多或少的差异,不同时代的修辞学在研究范围上也会出现差异。就汉语修辞学来说,其在研究范围方面,古今也是存在差异的。大致说来,古代汉语修辞学的研究一般着重于辞格、字句锻炼、篇章布局等几个方面;而**现代汉语修辞学研究的范围,除了在中国传统修辞学研究的上述方面作进一步研究之外,还研究修辞与题旨情境的适应关系、修辞与语体风格的适应关系、修辞与社会心理与个性心理的关系、根据不同交际目标建构不同修辞文本的规律等等。**即如修辞文本(即传统所说的"辞格")的分析,亦不仅仅局限于表达一个方面,而是从表达与接受两个方面来进行。本书的研究范围基本涵盖了上述诸多方面,另外还注意从心理学角度加以阐释,突破了传统修辞学著作和教科书"定义—例证—说明"的旧有模式,注重修辞现象规律性东西的理论概括和理论阐释,使描写修辞学转型为阐释修辞学,使学生"知其然",亦"知其所以然",讲出修辞的诸种学理。当然,这些方面的努力除了吸收修辞学界先哲时贤经典或最新的研究成果的合理内核之外,更多地依托于笔者最新的研究心得,未必全部正确。因为这本教材立项本意即是"面向21世纪"的改革性教材,必须写出心得和新意,改变旧有修辞学著作和教科书的传统模式。这一点,在此先予以说明。

第三节　学习现代汉语修辞学的意义

学习现代汉语修辞学的意义,与学习修辞学的普遍意义是一致的。概括起来说,约略有如下二端:

其一,学习修辞学,有助于说写实践,提高表达的效果,使自己所欲传达的情或意能最大限度地为接受者所接受,从而实现自己的交际预期目标。

---

① 陈望道:《修辞学发凡》第194—198页,上海:复旦大学出版社,2008年。

尽管修辞是一种非常复杂而富有创造性的语言活动,不是掌握几条修辞规律或定律就可说得妙写得好的;但是,修辞学研究的成果,无疑是可以帮助学习者明了语言运用的基本规律,使他们能自觉加以运用,从必然王国走向自由王国,使他们的思想情感的表达更趋圆满。

懂得修辞规律,并自觉加以运用,对说写实践的意义是最为直接的,对提升说写者的语言表达效果也是立竿见影的。例如:

(一)有一次,我参加在台北一个学校的毕业典礼,在我说话之前,有好多长长的讲演。轮到我说话时,已经十一点半了。我站起来说:"绅士的讲演,应当是像女人的裙子,越短越好。"大家听了一发楞,随后轰堂大笑。报纸上登了出来,成了我说的第一流的笑话,其实是一时兴之所至脱口而出的。(林语堂《八十自叙》)

例(一)"绅士的讲演,应当是像女人的裙子,越短越好",早已成为林语堂广为传诵的名言,为人所称妙。之所以如此,是因为这句话是以比喻手段建构起来的一个修辞文本,它既巧妙地批评了在他之前的讲演者长篇大论而又空洞乏味的讲演,又生动形象地讲明了一个很简单却又不是人人都能悟得出的"讲演哲理":"讲演应该简短,意思点到为止,给人留点回味的空间,才有意犹未尽的美感。尤其是作为一个绅士,更应该如此。啰唆冗长的讲演只能徒然浪费听众时间,让人生厌。"假若林语堂真的用这样理性、直接的语言来表达他所要表达的上述意思,尽管语意表达很充足,道理说得很透彻,但肯定会拂逆了在他之前讲演的大人先生们的意绪,同时这话本身也成了令人头大、乏味的说教,就不可能成为名言妙语为人传诵了。应该说,比喻并不难,一般人都会。但是,要运用得好却是不易的。我们之所以赞赏林语堂的这个比喻,是因为他的这一比喻确是高妙。首先,他将"女人的裙子"作喻体来与本体"绅士的讲演"匹配,可谓独具匠心,出人意表,令人无法梦见。其次,本体中的"绅士"一词对喻体中的"女人"一词,对得自然,不牵强;"讲演"对"裙子",别开生面。再次,"绅士的讲演"与"女人的裙子"相联系,搭挂合理。因为讲演者的讲演说得简洁,意思点到为止,往往会给人留下回味的空间;女人之所以穿裙子是为了突出其形体美,裙子过长就没有这种效果。超短裙(miniskirt,汉语译为"迷你裙",真是妙不可言)之所以风行全世界,历久不衰,正是这个道理。林语堂生性浪漫幽默,又受过长期的西方教育,在国内读的是外国教会所办的上海圣约翰大学,后去美国哈佛大学攻读,获比较文学硕士,最终在德国莱比锡大学获语言学博士学位。有这样的一个背景,林语堂能创造出上述那样一个妙喻也就本属自然了。本来是平淡的话,经他一说顿然显得意味盎然,真可谓是妙语生花,让人神情为之一振!可见,懂得修辞规律并自觉加以运用,确实是能大大提升表达效果的!

说是这样,写也如此。例如:

(二)汽车夫把私带的东西安置了,入座开车。<u>这辆车久历风尘,该庆古稀高寿,可是抗战时期,未便退休。机器是没有脾气癖性的</u>,而<u>这辆车倚老卖老,修炼成桀骜不驯、怪僻难测的性格,有时标劲像大官僚,有时别扭像小女郎,汽车夫那些粗人休想驾驭了解。它开动之际,前头咳嗽,后面泄气,</u>于是掀身一跳,跳得乘客东倒西撞,齐声叫唤,孙小姐从座位上滑下来,鸿渐碰痛了头,辛楣差一点向后跌在那女人身上。<u>这车声威大震,一口气走了二十里,忽然要休息了,汽车夫强它继续前进。如是者四五次,这车觉悟今天不是逍遥散步,可以随意流连,原来真得走路,前面路还走不完呢! 它生气不肯走了,汽车夫只好下车,向车头疏通了好一会,在路旁拾了一团烂泥,请它享用,它喝了酒似的,歪斜摇摆地缓行着。每逢它不肯走,汽车夫就破口臭骂,此刻骂得更利害了。骂来骂去,只有一个意思:汽车夫愿意跟汽车的母亲和祖母发生肉体恋爱。</u>骂的话虽然欠缺变化,骂的力气愈来愈足。(钱钟书《围城》)

例(二)这段文字是描写赵辛楣、方鸿渐等一行五人应国立三间大学校长高松年之邀前往该校就职途中所乘汽车的情状,语言幽默生动,表达意趣横生,读来令人忍俊不禁,可谓魅力十足,让人历久难忘。这段写汽车的文字之所以会产生如此独特的表达效果,是缘于小说作者钱钟书本来是个对修辞学极有研究的学者,懂得修辞的规律,擅长修辞策略的运用,所以他写汽车的破旧、性能的不稳定和开起来颠簸难耐的情状,用了这样的文字:"这辆车久历风尘,该庆古稀高寿""这辆车倚老卖老,修炼成桀骜不驯、怪僻难测的性格""前头咳嗽,后面泄气,于是掀身一跳""这车声威大震,一口气走了二十里,忽然要休息了""这车觉悟今天不是逍遥散步,可以随意流连,原来真得走路""它生气不肯走了""请它享用,它喝了酒似的,欹斜摇摆地缓行着",这是将无生命的汽车当作有性格、有情感、有脾气的人来写,属于运用比拟手法建构起来的修辞文本;还有"有时标劲像大官僚,有时别扭像小女郎",属于比喻修辞文本,也是写这部老爷车性能的不稳定。由于上述诸多比拟、比喻修辞文本的建构,就将本来平淡的事情写活了,那部破烂不中用的老爷车的情状便真切鲜活地呈现在读者面前,让人如睹其容,如坐其中。至于写汽车夫情急骂车的情形,作者运用折绕手法建构了这样一个修辞文本:"汽车夫愿意跟汽车的母亲和祖母发生肉体恋爱。"表意含蓄蕴藉,语带嘲弄讽刺之味而又不失幽默诙谐,令人为之喷饭。如果作者不是精研修辞学的学者,不运用比拟、比喻、折绕等手法建构起上述诸多修辞文本来描写,而是用平常的、理性的文字这样表达:"这辆汽车已经十分破旧,性能也很不稳定,所以开起来摇晃颠簸得厉害,乘客都被颠得东倒西歪。加之发动机又时常出问题,汽车夫要不时下车修理,气得他破口骂娘。"那么,这样简则简矣,但读者对于赵辛楣、方鸿渐等一行五人行途的窘迫、车上的苦况等具体情状也就无法真切体味了,小说读来自然也就索然无味了。可见,懂不懂修辞,会不会自觉运用修辞策略来写作,在文章的表达效果上会表现出迥然不同的差异。

其二,学习修辞学,有助于理解接受,知道欣赏的门径,做个"善解人意"者。 台湾学者沈谦曾指出:"研读'修辞学',就是要探讨语言文辞之美,透过有意识的努力,有系统的归纳分析,享受寻获宝藏的欣喜和愉悦。只要能稍微下一番功夫,进入情况,能欣赏、运用修辞之美,一定可以净化心灵,拓广胸襟,提升精神生活的美境,享受无穷的美感经验,进而开创健康、快乐、幸福的人生。"①

学习修辞,懂得欣赏,意义确实不容低估。例如,报刊载有这样一个故事(出处笔者已经记不住了,还是20世纪80年代中期在报刊上看到的),说一个男大学生是中文系出身,毕业后在一所中学任教,谈了一个女友,是个文化水平不高的工人。一次约会,二人说说笑笑,突然说到一件事,男的说:"我是言不由哀啊!"女的一听,扭头就走,弄得男的莫名其妙,一头雾水。原来,是女的认为这男的没学问,连"言不由衷"的"衷"都念白了,还大学毕业呢,肯定是个水货。她本来就是冲着他是个大学生才爱上他的,结果心上人是个有名无实的南郭先生,怎么不令她失望呢?其实,情况不是像姑娘想的那样,而是小伙子故意把"衷"念成"哀",属于修辞学上所讲的"飞白",目的是想达到一种幽默的效果。可是,由于接受者——小伙子的女友不懂修辞,不懂得欣赏,以致产生误会,将一桩本可成就的好姻缘给毁了,真是可惜!由这日常生活中的例子可以见出,学习修辞学,对于正确欣赏别人说话的艺术,做个善解人意者,作用确是不可低估的。

听懂别人说的话并准确理解其中的含义,离不开修辞学知识的学习;阅读别人的文章特别是文学作品,懂得欣赏并从中获取某种美感等艺术享受,则更是离不开修辞学知识的学习了。例如:

(三)我打江南走过
那等在季节里的容颜如莲花的开落

东风不来,三月的柳絮不飞
你的心如小小寂寞的城
恰若青石的街道向晚
跫音不响,三月的春帷不揭

---

① 沈谦:《修辞学》第1页,台北:台湾空中大学印行,1996年。

你的心是小小的窗扉紧掩

我达达的马蹄是美丽的错误
我不是归人,是个过客(郑愁予《错误》)

例(三)是台湾著名诗人郑愁予的成名诗作《错误》。其中"我达达的马蹄是美丽的错误"一句更是有名。"'美丽的错误'不但为大众所津津乐道,简直成为郑愁予的注册商标。"①其实,自从《错误》一诗流播传诵之后,"美丽的错误"已不仅仅是郑愁予的个人"注册商标"了,很多人都仿用,一时成了大众的流行语。比方说20世纪末有一件世界闻名的事件,想来大家都还有深刻的印象。美国总统比尔·克林顿因与白宫实习生莱温斯基的"绯闻案"而闹得沸沸扬扬,也让美国人颜面尽失。不久,西方媒体又向世界炒出一则特大新闻:年近半百的英国首相托尼·布莱尔的妻子"有喜"了,即将为英国再添一丁。这一下,媒体沸腾了,英国人在世界上的面子一夜之间挣足挣够。因为克林顿和布莱尔分别是世界上两个有影响力的大国元首,一个是年过半百"红杏出墙",弄得夫妻反目,家庭几近破裂;一个年近半百喜添一丁,夫妻恩爱,感情笃深。布莱尔因为这个特殊机遇而意外地谱写出一曲"爱情政治学"的华章,在英国的民意测验中好评如潮,后来蝉联首相,与此事也不无关系。对于上述两个事件,世界各国的媒体都曾有过非常热闹的报道和评论。中国的媒体也有不少报道和评论。记得当时一家中文报纸对布莱尔之事曾大书这样一则标题:"布莱尔美丽的错误",大家读之都觉甚妙。其实,这标题就是仿用郑愁予的诗句而成。从逻辑上说,"美丽"与"错误"是一对语意上相互排斥、不可兼容的概念,既然是"错误"就无"美丽"可言。如果我们没有学过修辞学,不知道修辞学上还有"抵牾"这种修辞手法,那我们一定会批评诗人文理不通,报纸标题仿用更是谬误荒唐,不值一提了。而学过修辞学,懂得修辞规律和修辞策略的人,都会赞赏诗人创造的特

---

① 沈谦:《修辞学》第83页,台北:台湾空中大学印行,1996年。

殊情境下的"美丽的错误"一说,懂得正是诗人运用了这一"抵牾"修辞手法,才使诗句产生了特别感人而意味深长的表达效果。因为"我达达的马蹄是美丽的错误"一句,看似是不符合逻辑的"无理之辞",实则"此中有深意"。"我"之所以以急切的"达达的马蹄"回江南,是想"回江南见那'容颜如莲花'的'她'"。既如此,"回江南"自然就是一件非常美妙的事了;然而"我不是归人,是个过客",那么"我""回江南"有何感情的慰藉呢? 这岂不是给"我"、给心爱的"她"都徒添烦恼,引发更深的心灵苦痛和情感折磨吗? 所以说,"我达达的马蹄是美丽的错误","无理"之中有"合理"。于是"我"情感思想的无限矛盾都在这个表面语义矛盾实则意味深长的短短诗句中得以凸显出来,既令人感伤唏嘘,又让人回味无穷,真可谓是"无理而妙"! 而"布莱尔美丽的错误"的说法,虽是仿造,但因运用了同样的修辞手法,同样颇具魅力。因为它道出了这样的一种既矛盾又深具合理性的语意:布莱尔年近半百还让妻子生孩子,从年龄、精力和经济能力方面都对出生的孩子不利,在西方人看来应该算不得一件好事。这是一层。另一层是,由于西方人讲究个人自由与生活享受,大家都不愿生孩子,所以英国人丁一直不旺,而年近半百的首相生子,为英国添丁,也算得上为英国人做了表率。同时,相对于美国总统克林顿年过半百闹出"绯闻案"的事,还能凸显出英国首相人格高于美国总统。所以,这又不能不算是一段值得传诵的人生佳话。这么深刻而丰富的语意内涵,报纸仅仅用"布莱尔美丽的错误"八个字就表达出来了,可谓言简而义丰,语少而意永。如果表达得详细而合逻辑,反而失去韵味,没有耐人咀嚼的表达魅力了。可见,一篇好的文章特别是文学作品,即使表达得好,还要有懂得欣赏的读者。而要懂得欣赏,不学习修辞学,则是无可企及的。

  由上可知,修辞学和现代汉语修辞学的学习,对于我们的说写实践和听读理解都是富有实际价值的。因此,现代汉语修辞学的系统学习对于我们每个人尤其是中文学科的大学生及研究生是十分必要的。

第四节　修辞学与语法学、逻辑学及语用学的关系

一、修辞学与语法学的关系

修辞学和语法学是既有密切关联又有显著区别的两个学科。两者都以语言为研究对象,但在研究任务上有很大的不同。上面我们说过,修辞学是系统地研究如何适应语言活动中特定的题旨情境要求,充分利用"语言文字的一切可能性"①,力图将语言的表达和接受效果提升到尽可能高的水平的种种规律的科学。而语法学则是"研究语言结构规律的科学"②。

一般说来,语法学是研究语言的结构规律,总结归纳语法规则,指导人们正确、明白地表情达意;而修辞学则是研究语言运用的规律,总结归纳尽可能有效的语言表达模式和方法,使表情达意尽可能圆满。所以,修辞学不仅研究如何正确运用语法规则而明白、准确地表情达意的规律,也研究如何适应题旨情境而突破语法规范使达意传情效果趋于最大值的一些规律、方式。比方说,汉语句子结构的常式是"主语＋谓语",我们常说:"你怎么了?""你"是主语,放于句首,"怎么了"是谓语,放于主语之后。这种表达是符合汉语语法的,它传达的是问话人的疑问。孙犁小说《荷花淀》中有这样一段文字③:

（一）水生笑了一下,女人看出他笑得不像平常,"怎么了,你?"

这里,水生女人所说的"怎么了,你?"则突破了汉语"主语＋谓语"的结构规则,变成了"谓语＋主语"的结构形式。这一句式结构的改变在表

---

① 陈望道:《修辞学发凡》第 6 页,上海:复旦大学出版社,2008 年。
② 《辞海》(缩印本)第 447 页,上海:上海辞书出版社,1990 年。
③ 此例引见于张弓:《现代汉语修辞学》第 131 页,石家庄:河北教育出版社,1993 年。

达上具有常式句所没有的特殊效果,强烈凸显出水生女人急切地想了解丈夫水生"笑得不像平常"的原因,写活了人物的形象。汉语语法学只研究普遍意义的句子结构规则,强调"主语+谓语"结构形式的"合法性"和表意的明确性、正确性,而不研究句子结构形式与表达效果之间的关系,不探讨提高语言表达效果与句子结构之间的适应关系等规律。

可见,修辞学与语法学之间是一种既密切相关又相互区别的学科。对此,吕叔湘曾有过这样一段生动的说明:

> 从原则上讲,语法讲的是对和不对,修辞讲的是好和不好;前者研究的是有没有这种说法,后者研究的是哪种说法比较好。从修辞的角度看,没有绝对的好,倒可能有绝对的坏,例如使用生造的、谁也不懂的词语。哪种说法最合适,要看你是在什么时间、什么地方、对谁说话,上一句是怎么说的,下一句打算怎么说。不同的场合有不同的要求,有时候典雅点较好,有时候大白话最为相宜。好有一比:我们的衣服,上衣得像个上衣,裤子得像个裤子,帽子得像个帽子。上衣有两个袖子,背心没有袖子,如果只有一个袖子,那就既不是上衣,又不是背心,是个"四不像"。这可以比喻语法。修辞呢,好比穿衣服。人体有高矮肥瘦,衣服要称身;季节有春夏秋冬,衣服要当令;男女老少,衣服的材料花色不尽相同。总之是各有所宜。修辞就是讲究这个"各有所宜"。(《漫谈语法研究》,载《中国语文》,1978 年第 1 期)

这种对修辞学与语法学的区别与联系的说明可谓生动形象,通俗易知,可以帮助我们对语法学与修辞学的学科性质有个清楚的认识。

二、修辞学与逻辑学的关系

修辞学与逻辑学也是既有联系又有区别的关系。上面我们说过,修辞学是研究提高语言表达效果诸种规律的科学。而逻辑学则是一门"关于思维形式及其规律的科学。研究概念、判断和推理及其相互联系的规律、规则,以帮助人们正确地思维和认识客观真理"①。"从说话写文章的内容上考察思维符合不符合逻辑规则及规律,也就是反映、认识客观现实的方法正确不正确,这是逻辑的事。"②可见,修辞学与逻辑学是有密切联系的,两者都必须研究语言。

一般说来,修辞是要建立在符合逻辑规则和规律的基础之上的。如果连逻辑都不讲,说话写文章连逻辑事理都不符合,那么要想表达得好,也是不可能的。例如:

(二) 草莽之作,丘八语言,有极不通而可笑者,如山东军阀韩复榘《齐鲁大学校庆演讲辞》:

"今天是什么天气?今天是演讲的天气。开会的人来齐了没有?看样子有五分之八,没来的举手吧!很好,都到齐了,你们来得很茂盛,敝人也实在是感冒……蒋委员长提倡新生活运动,兄弟我双手赞成,就是有一条'行人靠右走'着实不妥,实在太糊涂了!大家想想,行人都靠右走,那左边留给谁?"(沈谦《冯玉祥的丘八体诗》)

例(二)韩复榘的一番话,之所以传为笑谈,就是因为它不符合逻辑事理,是"不通"之辞。就表达者韩复榘本人来说,他是想把话说好,在齐鲁大学师生面前"露一手",显出自己的才学和幽默。但是,他不懂修辞是应该建立在讲逻辑的基础之上的,他连将思想感情正确、明白地表达出来的语言水平也没有,却要妄想妙语生花,自然是要弄巧成拙,丢人现眼的。陈望道提出的"消极修辞"的四项最高标准中,其中就有"意义明确""伦次通顺""安排稳密"③三项是与逻辑密切相关的。可见,讲修辞是不可脱离逻辑的,研究修辞学也就不能不研究逻辑学。

但是,我们还应该看到另一面,修辞与逻辑毕竟不同,修辞学与逻辑

---

① 《辞海》(缩印本)第1190页,上海:上海辞书出版社,1990年。
② 胡裕树主编:《现代汉语》(增订本)第396页,上海:上海教育出版社,1999年。
③ 陈望道:《修辞学发凡》第43页,上海:复旦大学出版社,2008年。

学研究的任务目标也完全不同。逻辑要人们用语言表达概念、判断、推理必须符合客观现实,反映、认识客观现实的方法应该正确。修辞为了提高语言表达效果,有时却要违背客观现实,即违背逻辑事理。从逻辑的角度看,既然违背了逻辑,就是"不通"之辞;可是在实际语言活动中,这种"不通"之辞有时却有意想不到的好效果,显得"无理而妙"。如我们大家都熟悉的唐代大诗人李白名作《秋浦歌》中有"白发三千丈,缘愁似个长"两句,"白发三千丈"的说法明显是违背逻辑事理的"无理之辞",但是自古及今,没有人批评李白"文理不通",却反而为他这"无理之辞"的诗句而深切感动,为李白大志难展、怀才不遇的境遇抱不平。很明显,李白的诗句从逻辑上看属于典型的虚假判断,是不符合逻辑事理的"无理之辞";但从语言表达效果上看,却强烈凸显了李白的不平之情,有深切感人的力量,使接受者心灵受到极大的震撼,并与之达成情感思想的共鸣,为李白的境遇而大抱不平。如果李白的诗写成"白发三尺三,缘愁似个长",虽然符合了逻辑,是"合理之辞",但在表达效果上反而远不及"白发三千丈,缘愁似个长"这一"无理之辞"好。又如:

(三)从来没有偏爱过红色,只是在清清冷冷的落叶季里,心中不免渴切地向往那一片有着热度的红。当满山红叶诗意地悬挂着,<u>是多少美丽的忧愁啊!</u>(张晓风《林木篇·枫》)

例(三)"是多少美丽的忧愁啊"一句,从逻辑上看,是"不通之辞"。因为按常理,"美丽"是一种能引起人们愉悦情感的观感,作者却将"美丽"来修饰"忧愁",这种说法明显是不符合事理逻辑的。但是,仔细分析,我们却又为作者这样的写法而叫好。它写出了人们对于秋天枫叶红的美丽景观的喜爱之情,也写出了人们对于秋天枫叶红遍之后便是落叶萧萧、万物肃杀的凄凉景象的自然联想,于言语舛互中写尽人生的感慨,言简意丰,发人深思。如果用符合逻辑事理的语言表达出来,说成"叶红时是多么美丽,而叶红之后便是叶落,万物肃杀,那又是多么令人忧愁啊!"虽然这样表达符合了逻辑,逻辑条理也清楚了,但读起来却了无韵味,引不起接受者的兴味和解读快感。可见讲逻辑与讲修辞有时是不能统一起来的,逻辑与修辞不是一回事。

逻辑学只研究如何运用语言正确地表达概念、判断和推理,并使之符合客观现实的诸种规律、规则。而修辞学既要研究如何使语言表达在内容上符合事理,形式上符合逻辑伦次的诸种规律、规则,同时也要研究实际语言表达中的内容意义上的"无理"与表达效果上的"趣妙"的矛盾关系及其内在联系、规律。因此,修辞学与逻辑学是既有密切联系又有很多差异的两个学科。修辞一般要遵循逻辑规律,应该做到"意义明确""伦次通顺""安排稳密"①;但有时又要突破逻辑规约,才能企及语言表达上的"无理而妙"的境界效果。明白了这一点,正确恰当地处理好两者之间的关系,我们在语言活动中就可以游刃有余了。

三、修辞学与语用学的关系

语用学在西方目前是比较热门的新的语言学分支学科,中国学者自20世纪80年代中后期就有介绍引进,目前研究者也不乏其人,现代汉语研究界也有不少学者对此很感兴趣。修辞学与语用学的关系应该说很密切,两门学科之间存在不少的共同性。但是,它们毕竟不是同一个学科,两者不能等同起来。

修辞学与语用学相同处不少,例如修辞学和语用学从整体上看都是对语言实际使用中的诸种现象进行研究,总结归纳语言使用的规律,从语言使用的角度解释语言现象;从具体的研究内容看,修辞学和语用学都很重视语境问题的研究;语用学重视研究"语言的间接性"问题,研究"会话含义和会话原则",修辞学对委婉修辞现象的研究亦与此相通。

至于修辞学与语用学的区别也是很明显的。这一点我们从这两门学科的定义中就可看得很清楚,因为一门学科的定义往往最能较为全面地反映该学科研究的内容和任务。修辞学的定义,除了本书上面给出的定义外,下面我们再以《辞海》为依据来看修辞学的学科性质:

---

① 陈望道:《修辞学发凡》第43页,上海:复旦大学出版社,2008年。

修辞学　语言学的一门学科。它研究提高语言表达效果的规律,即如何依据题旨情境,运用各种语文材料、各种表现手法,来恰当地表达思想和感情。它揭示修辞现象的条理、修辞观念的系统,指导人们运用和创造各种修辞方法恰当地表现所要传达的内容①。

下面我们再以何兆熊所译介的西方语用学的几种比较通行的语用学定义为依据来看语用学的学科性质:

语用学是对在一种语言的结构中被语法化或被编码的那些语言和语境之间的关系的研究。(Levinson,1983)

语用学是对所有那些未能纳入语义理论的意义侧面的研究。(Levinson,1983)

语用学是对语言和语境之间对于说明语言理解来说是十分根本的那些关系的研究。(Levinson,1983)

语用学是对语言使用者把句子和使这些句子得以合适的语境相匹配的能力的研究。(Levinson,1983)

语用学是对指示(至少是其中的一部分)、含义、前提、言语行为以及话语结构各个侧面的研究。(Levinson,1983)

语用学是对语言行为以及实施这些行为的语境所作的研究。(Stalnaker,1972)

语用学是一种旨在描述说话人如何使用一种语言的句子来达到成

---

① 《辞海》(缩印本)第 274 页,上海:上海辞书出版社,1990 年。

功的交际的理论。(Kempson, 1975)

语用学是对语言的使用和语言交际进行的研究。(Akmajian, 1979)

对语用学可以作这样的定义:它是对话语怎样在情景中获得意义的研究。(Leech, 1983)

上述九种语用学的定义①,都是西方学者所提出的较有代表性的定义。

通过上列修辞学与语用学的权威性定义的比较,我们便不难发现修辞学与语用学是有相当差异的两门学科。学科性质不同,研究的侧重点不同,研究的任务也不同。修辞学与语用学都重视语境研究,这是最大的共同点。但修辞学研究题旨情境,目的在于总结归纳如何适应题旨情境(包括语境)而运用各种语文材料、各种表现方法来恰当地表情达意,重视修辞现象的条理和修辞方法的概括总结,现代汉语修辞学尤其喜爱总结归纳辞格,以此用以指导人们的说写表达实践。从表达与接受两方面看,修辞学更重视研究表达,至少中国传统修辞学是如此。而语用学重视语境研究,目的在于探讨如何在特定语境中获取特定意义,重视对语言行为及实施这些语言行为的语境作分析。从表达与接受两方面看,语用学更注重接受理解方面的研究。总之,修辞学与语用学有不少共同点,但是两者还是有所区别的。因此,我们不应该把两门学科等同起来。我们应该承认修辞学与语用学在研究内容上有重合点,语用学的一些理论对修辞学有可资借鉴之处。修辞学作为一门传统的学科,应该不断吸收诸如语用学这样的新学科的理论营养,以此丰富发展自身,使修辞学焕发活力,永葆青春。但是,修辞学是不能为语用学所替代的。这一点,我们应该有清醒的认识。

---

① 何兆熊:《语用学概要》第 8—11 页,上海:上海外语教育出版社,1997 年。

思考和练习

一、什么叫"修辞"?

二、现代汉语修辞学研究的对象、任务是什么?

三、修辞学与语法学、逻辑学的关系如何?

四、你对修辞学与语用学的区别与联系是什么看法?

五、结合实际谈谈你对学习或研究修辞学意义的认识。

六、下面四段文字作者有没有刻意修辞营构的努力,如果有,请指出具体的字句(不必说出具体的修辞手法)。

(1) 今年4月2日是大千居士逝世三周年祭,虽然三年了,而昔日宴谈,依然还在目前。当他最后一次入医院的前几天的下午,我去摩耶精舍,门者告诉我他在楼上,我就直接上了楼,他看见我,非常高兴,放下笔来,我即刻阻止他说:"不要起身,我看你作画。"随着我就在画案前坐下。(台静农《伤逝》)

(2) 纤如星芒的小雨,在午后微明的天光中,织起一阵薄烟。陌上春泥,酥润如膏;小径两旁棋盘似的水田,碧秧绺绺;远处的青山,则宛如宋人笔端疏淡的水墨;洁白似雪的鹭鸶,便在这辽阔安宁的田园世界里,冉冉飞翔。(陈幸蕙《春雨·古宅·念珠》)

(3) 1998年初夏,为着一项科学考察我来到大西北。大漠长风,驱车万里,历时一个半月的异域风情,令我如醉如痴。冰山复雪峰,古道伴长城,青海湖水涩,天池冰未融。一路上,走戈壁,穿草甸,爬沙山,踏雪线,过倒淌河,翻日月山,气喘高原。遭遇北疆沙尘暴,穿越南疆塔克拉玛干。身上飘落过乌鞘岭夏日的雪花,双脚深陷过铺满香炉灰般轻尘的维吾尔族乡间小路。仰头满饮过藏胞敬来的青稞美酒,俯首颈接过喇嘛垂献的洁白哈达。离开高寒,顺着大河,来到了"天下黄河独富"之宁夏。作为此行最后一站,走灵武、过彭阳、转六盘,穿梭秦汉唐旧渠,遍访西海固穷山。十天下来,纵贯宁夏南北。至此,顺利地完成了大西北全部的考察工作。临行前,谢绝了主人盛情安排的著名景区游览,只想就近到贺兰口看看岩画。(詹克明《那一个史前女人的手印》)

（4）到靖国神社看樱花，大受刺激。

刺耳的日本军歌。

刺心的参拜人潮。

右翼不是一小撮，而是日本社会的主流。

"没殁者遗物展"是彻头彻尾的军国主义。

从山本五十六到普通士兵，忠于"圣战"者都是"英雄"。中国人，美国人，所有亚洲人，都应记住：日本并不悔过，它还想旧梦重温。不远万里来看樱花，原来樱花是日本侵略者的"军魂"。

赏樱者人山人海，如醉如痴。参拜者如潮如汐，许多人穿着昔日军装，举着昔日军旗，登台大唱"满洲军歌""台湾军歌"，甚至"徐州军歌"，台上台下，此唱彼和，歌声掌声，阵阵恶浪。

正义人士的清醒的声音哪里去了？

前侵华士兵东史郎公布战争日记而吃官司，居然败诉！

这是什么世界？（李士非《东京日记摘抄》）

第一章 Section 1　婉约蕴藉的修辞文本营构模式

一般说来,说写表达应该明白清楚,但是有时在特定的语言情境下,对于特定的交际对象,为了企及特定的交际目标,我们需要讲求"含不尽之意,见于言外"的表达效果。为此,我们就得建构具有婉约蕴藉韵致的修辞文本。大体说来,具有婉约蕴藉韵致的修辞文本模式,主要有双关、折绕、讳饰、藏词、留白、倒反、用典、推避、镶嵌等等。

第一节　语里言外,别有洞天:双关

双关,是一种利用语音相同或相近的条件,或是利用词语的多义性、叙说对象在特定语境中语义的多解性来营构一语而有表里双层语义的修辞文本模式。这种修辞文本模式,由于一语而具表层和深层双重语义,所以在表达上显得内涵丰富而又婉转蕴藉,别有一种秘响旁通的独特效果;在接受上,由于文本的一语双关,文本语义的深层与表层有一定的"距离",给接受者的接受留足了回味咀嚼的空间,从而大大提高了接受者文本接受的兴味和文本的审美价值。

双关作为一种修辞文本模式,约略可以分为三类。第一类是利用语音的相同或相近的条件构成的,一般称之为"谐音双关"。例如:

(一) 不知不觉间,梅贻琦做清华校长已经六年了,没有人再提出要更换校长,有人问其中的奥妙,梅贻琦幽默地回答:"因为我姓梅,大家倒这个倒那个,就是没有人愿意倒霉。"(上海卫视纪实频道《大师》系列之梅贻琦)

例(一)梅贻琦的答客问,其中"就是没有人愿意倒霉"一句即是一个"谐音双关"的修辞文本。它是说话人梅贻琦巧妙利用自己的姓氏"梅"与汉语常用词汇"倒霉"之"霉"的同音关系,顺势将"倒梅"与"倒霉"牵连搭挂在一起,从而婉约地表达出这样一个意思:"我能做稳清华校长的位置,不被大家轰下台,不是我有什么特别的能耐,而是因为我尊重清华师生,坚持教授治校的办学理念,所以大家都认同,不愿意再换掉我。否则,换成一个独裁的人当校长,大家岂不又要倒霉了吗?"这层意思,在20世纪30年代清华园特定的语境下,谁都能解读得出来。因为在梅贻琦接任清华校长之前,有很多校长包括五四健将罗家伦都被清华师生轰下台。清华校长不好当,是当时人所共知的事实。梅贻琦接任清华校长虽然极为成功,但他知道在清华园他不能骄傲。所以,当有人问及他成功的秘诀时,他不敢也不能直道事实的本相,只能选择打"太极拳"的方式应对。但是,他的"太极拳"打得好,既不像某些名人那样以"无可奉告"之类的外交辞令应对,也不像某些政治家那样玩神秘笑而不答,而是自嘲式地拿自己的姓氏说事,借"倒梅"与"倒霉"的谐音关系,巧妙地绕开了正面实打实的回答,让问话者自己解读。表达上显得含蓄蕴藉,接受上有味之无穷之妙。正是由于梅贻琦这一回答含蓄而不失幽默,既凸显了其谦谦君子的风范,又展现了其学者的敏锐机智,所以一时被人传为佳话。这反过来又增加了他在清华师生心目中的地位,对他今后持续治理清华大学助力不少。

"谐音双关"在日常语言生活中最为常见,谐音歇后语就是其典型表现。如"腊月里的萝卜——冻了心",以"冻心"谐音双关"动心",表意婉约而风趣。又如"外甥打灯笼——照舅",以"照舅"谐音双关"照旧",达意含蓄而生动。"下雨出太阳——假晴","假晴"谐音双关"假情"。这个谐音双关可能源于唐代诗人刘禹锡《竹枝词》诗:"杨柳青青江水平,闻郎江上唱歌声。东边日出西边雨,道是无晴却有晴",以"无晴""有晴"谐音双关"无情""有情",生动形象地再现了唐代西南少数民族少男少女恋爱中的复杂情感与心理。晚唐诗人温庭筠《新添声杨柳枝辞》诗:"一尺深红蒙曲尘,天生旧物不如新;合欢桃核终堪恨,里许元来别有仁",其中

"别有仁",乃谐音双关"别有人",是表达女子对其男人喜新厌旧,外面另有女人的愤激之情。相对来说,在古代汉语中,谐音双关更多,这可能与语言表达的时代情境(如思想表达的自由度、语言表达方式的时代风尚等)有关。据说,明末清初著名文人金圣叹被清朝政府以谋反罪判处死刑,临刑时从容与其子诀别,召其子联语作对。父曰:"莲子心中苦",子答:"梨儿骨里酸"①。以"莲子"谐音双关"怜子","梨儿"谐音双关"离儿",曲尽其妙地表达了父子生离死别的悲痛之情,不仅真切地展露了骨肉情深的人伦至性,而且生动地展示了汉族士大夫不屈服于异族统治者淫威的从容风度。

值得指出的是,随着现代网络技术的广泛传播及其网络语言生活的日常化,"谐音双关"出现了一些前所未有的新形式。就目前我们所调查到的材料来看,主要有"字母谐音""杂合谐音""数字谐音""拼读谐音"等四类。"字母谐音",主要是以汉语拼音的首字母谐音代替所要说写的字词。如以 GG 谐音代称"哥哥",以 MM 谐音代称"妹妹",以 LG 谐音代称"老公",等等,即是其类。"杂合谐音",主要是以字母与数字杂合,或以汉字与字母杂合,通过杂合构词的汉语拼音来关合所要说写的字词。如以 B4 谐音关合"鄙视",以 ZT3 谐音关合吴方言词"猪头三"(骂人语,是"猪头三牲"的藏尾语,意谓没头脑的人),以"牛 B"谐音关合中国人口头上最常说的那两个字(是汉字与汉语拼音杂合,意谓厉害、了不得),等等,即是其类。"数字谐音",主要是利用几个数字连读的声音与汉语或外语字词发音上的谐合近似来表意。如以 7456 谐音关合"气死我了",以 9494 谐音关合"就是就是",以 874 谐音关合"不去死"(一些方言 7 与"去"发音近似),以 3166 谐音关合日语"再见"(さようなら,徐志摩音译为"沙扬娜拉"),以 886 谐音关合英语"再见"(bye bye,汉语音译为"拜拜",6 谐音语气词"咯"),等等,即是其类。"拼读谐音",主要是以汉语或外语一个字词与另一个意义不相干的字词在读音上的近似为纽带,从而以此代彼。如以"斑竹"代"版主",以"神马"代"什么",以 me too

---

① 此例引见于黄永武:《字句锻炼法》(二版)第 130 页,台北:台湾商务印书馆,2000 年。

代"我吐"(意谓"恶心"。me 不取音而取意,too 取音,谐音汉语"吐"),以 CU 代"再见"(取 CU 的字母读音,谐合英文 see you),等等,即是其类①。这些谐音双关的新形式,不仅达意传情婉约蕴藉,而且在网络交流的情境中有着省文约字、书写迅捷的独特效果,因此深受年轻网友的喜爱。

第二类是利用词语的多义性以及在特定语境下语义的多解性的条件构成的,我们一般称之为"语义双关"。例如:

(二)李敖自写《传统下的独白》闯祸起,被追诉多年,一直翻不了身,这本《独白下的传统》,是书名翻身,不是他。李敖大隐于市,常常几个月不下楼,神龙首尾皆不见。这本重新执笔的新书,聊可如见其人,并为仇者所痛,亲者所快。

<u>远景过去没有李敖,李敖过去没有远景,现在,都有了。</u>(李敖《李敖回忆录》)

例(二)是李敖第一次政治犯出狱之后,台湾远景出版社为他出版一本名曰《独白下的传统》的书,应出版社邀约,他为自己的这本新书写下的一则有名的广告文案。其中,"远景过去没有李敖,李敖过去没有远景,现在,都有了",是一个典型的语义双关的修辞文本模式。这一修辞文本,表层语义是说,过去远景出版社与李敖没有关系,没为李敖出版过书;李敖过去也与远景出版社没关系,李敖没有书提交给远景出版社出版。现在,双方有出书协议,双方都有关系了。实际上,作者还有一层深层语义隐于其后,这就是:说到前途,过去是没李敖的份,因为他正身陷囹圄之中;说到李敖,过去是无前途可言的,因为他是政治犯。现在,李敖和远景出版社都有前途了,因为远景出版社有了李敖的名作会更具知名度,李敖因为已不再是政治犯而重获了自由,又可以笑傲文坛了。由

---

① 吴礼权等:《网络词汇成活率问题的一点思考》,《江苏大学学报》(社会科学版),2011年第 3 期。

于文本实际所包含的双重语义,遂使这一修辞文本在表达上显得内涵丰富,意蕴深沉,耐人寻味,发人深思。在接受上,由于文本的深层语义的发掘,需要接受者经由"远景"一词的多重语义的追索,这就极大地调动了接受者对文本解读的兴味,并从文本解读的成功中获得解读文本的快慰,从而大大提升了修辞文本的审美价值。

"语义双关"表意相对来说要隐晦曲折些,因此需要接受者用心体会方可了解。如20世纪90年代有一则《长寿》杂志的广告说:"相信你的选择——您不会拒绝长寿"①。其中的"长寿",表面说的是健康长寿的"长寿",实则是要关合《长寿》杂志,是在为杂志做广告。意谓要想健康长寿,就要订阅《长寿》杂志。这是借"长寿"在特定语境中有两种意义指称而进行的语义关合,属于"语义双关"。与"谐音双关"一样,相对来说,现代汉语中"语义双关"的使用频率也不如古代汉语,这也与时代情境有关。现代社会人们思想表达的自由度增大了,可以直言心声,自然拐弯抹角表达的必要性就减弱了。而在中国古代,由于言论与思想表达的不自由,人们说话写作时的顾忌比较多,因此语言表达中使用"语义双关"手法的时候就比较多。如《史记·淮阴侯列传》记齐人蒯通以相面为由游说韩信背叛刘邦而自立为帝时,说了一句意味深长的话:"相君之面,不过封侯,又危不安。相君之背,贵乃不可言。"②其中,"相君之背"的"背"字,就是"语义双关",表面说的是"脊背"之"背",实则是关合"背叛"之"背",因为"背"在古代汉语中有上述二义。蒯通明知怂恿韩信造反是一种悖逆行为,但由于运用了"语义双关"策略,就给他的言语行为减少了很多风险。韩信即使不听,跟他咬文嚼字,他也有辩解回旋的广阔天地。类似于此的例子,在古代汉语典籍中非常多。

第三类是利用叙说对象在特定语境中的多解性来构成的,我们一般称之为"对象双关"。例如:

---

① 此例引见于倪宝元:《修辞手法与广告语言》第469页,杭州:浙江教育出版社,2001年。
② 此例引见于黄永武:《字句锻炼法》(二版)第129页,台北:台湾商务印书馆,2000年。

(三)院子里,强英在喂猪。

水莲和仁芳哼着歌子回到家里。

强英白了她们一眼,挖一勺猪食骂一句:"死东西,哼呀哼的,看把你们自在的!"两头猪抢食吃,她用勺子敲黑猪,骂道:"再叫你这张狂嘴称霸道!"又用勺子敲白猪,骂道:"再叫你大白脸耍心眼!"

水莲皱皱眉头没吱声。仁芳气鼓鼓地瞪了强英一眼,刚要发作,水莲向她使个眼色,拉她进堂屋。

强英拿一把青草,填进兔窝,又骂起来:"一窝狐狸不嫌臊,又挤鼻子又弄眼,明天就给你们分开窝!"

仁芳忍无可忍,又从堂屋跑到院子。怒气冲冲地质问强英:"大嫂,你骂谁?"

强英头一扬:"骂兔子骂猪骂畜牲!你心惊什么?"

仁芳:"有意见公开提,指桑骂槐我不爱听!"(辛显令《喜盈门》)

例(三)这段人物对话①,是叙写大嫂强英与二嫂水莲及小姑子仁芳之间的矛盾。大嫂强英因不满二嫂和小姑子不做家务事而自在、要好、哼歌,故意借猪、兔来隐骂水莲和仁芳。表层语义似乎是骂猪骂兔,因强英此番话是边喂猪、弄兔而对猪、兔而说的;但结合当时水莲和仁芳回家时的情境及平时双方关系的现实情境,则十分清楚强英的话是另有弦外之音,即强英的话的深层语义是在讽骂水莲和仁芳。水莲和仁芳的质问也表明了接受者是解读出了这层深层语义的。强英的一番骂辞作为一个修辞文本来看,在表达上有含蓄婉约之致;在接受上,尽管小说情境中的接受者水莲和仁芳并无解读后的快慰,但由于表达者强英表达得婉转,显然比直骂对被骂人的刺激要小得多。而作为这一修辞文本的真正接受者(小说的阅读者)来说,通过小说所设定的情境而解读小说主人公强英的"绝妙骂辞",却无疑有着浓厚的兴味,这就在事实上大大提升了小说中所建构的这一双关修辞文本的审美价值。

---

① 此例引见于汪国胜等主编:《汉语辞格大全》第427页,南宁:广西教育出版社,1993年。

"对象双关",其实就是我们日常生活中所说的"指桑骂槐",是一种为了表意婉转而"言此意彼"的表达策略。这种双关并非现代汉语中所特有,在古代诗、词、曲、文、小说等各种文体的作品中都有生动的文本。如唐代诗人朱庆余《近试上张水部》诗:"洞房昨夜停红烛,待晓堂前拜舅姑。妆罢低声问夫婿,画眉深浅入时无",表面是写初嫁女子洞房花烛之后即将要拜公婆的忐忑心情,实则是诗人探问主考官张籍(水部郎中)口风,想了解他对自己考试满意的程度。表意含蓄婉转,让人味之无穷。张籍读诗后,也以同样的方法回了一首诗《酬朱庆余》:"越女新妆出镜心,自知明艳更沉吟。齐纨未是人间贵,一曲菱歌抵万金",也是"言此意彼",将其对朱庆余的赞赏之情婉约地表达出来。这两首诗能够在中国文学史上成就一段流传千古的佳话,事实上是与其"对象双关"手法的巧妙运用分不开的。又如《史记·齐悼王世家》记朱虚侯刘章"忿刘氏不得职",吕氏家族专权跋扈,在侍宴吕后时唱了一首《耕田歌》,曰:"深耕溉种,立苗欲疏。非其种者,锄而去之"①。表面是说除草保苗之事,实际表达的是要剪除吕氏势力,恢复刘氏皇权的决心。由于表达婉转,既清楚地表达了广大刘氏子孙的愤懑之情,使吕后了解到人心之向背,又不至于落下把柄被吕后治罪。这里,我们可以再次清楚地看出"对象双关"的独特魅力,以及我们古人表情达意的智慧。

第二节 迂回前行,曲径通幽:折绕

折绕,是一种将本该一句话即可直说明白、清楚的,却为着委婉含蓄的目的,故意迂回曲折地从侧面或是用烘托法将本事、本意说将出来,让人思而得之的修辞文本模式。这种修辞文本模式,一般说来,表达上有一种婉转深沉、余味曲包的妙趣;接受上,由于表达者在文本语意的表达与接受之间制造了一定的"距离",增添了接受者文本解读的困难,但是一旦接受者经过努力破除了解读的障碍而洞悉了修辞文本的真意后,便

---

① 此例引见于沈谦:《修辞学》第75页,台北:台湾空中大学印行,1996年。

会情不自禁地生发出一种文本破译成功的喜悦心理,从而加深对修辞文本主旨的理解认识。而修辞文本作为一种审美对象,其审美价值也就由此大大得以提升了。正因为如此,这种修辞文本模式,在中国人的语言实践中时时被建构出来。例如:

(一)我们便到街上去走了一通,满眼是白旗。然而貌虽如此,内骨子是依旧的。因为还是几个旧乡绅所组成的军政府,什么铁路股东是行政司长,钱店掌柜是军械司长……这军政府也到底不长久,几个少年一嚷,王金发带兵从杭州进来了,但即使不嚷或者也会来。他进来以后,也就被许多闲汉和新进的革命党所包围,大做王都督。<u>在衙门里的人物,穿布衣来的,不上十天也大概换上皮袍子了,天气还并不冷。</u>(鲁迅《范爱农》)

例(一)这段文字,意在批评辛亥革命的不彻底性,所谓的革命者不久都蜕化变质了。其中,"在衙门里的人物,穿布衣来的,不上十天也大概换上皮袍子了,天气还并不冷",是一个折绕修辞文本,它辛辣地讽刺了新政府官员蜕化变质之快。由于表达者对于这层意思没有直言,而是通过新政府官员短期内服饰变化的轻描淡写来暗示,因此文本在表达上就显得含蓄婉转,内涵深沉而发人深思。在接受上,由于表达者文本语义表达的曲里拐弯,接受者要破译其表达的真实内涵,就必须费些心力思考。而当接受者经过努力而解读出表达者所意欲表达的真实内涵后,便会自然从心底生发出一种文本解读成功的心理快慰,从而加深对表达者所建构的修辞文本的印象和对文本主旨的深刻理解认识——即表达者对辛亥革命不彻底性的痛心疾首之情。同时,文本含义的深藏不露,也使接受者在文本接受中有了回味咀嚼的空间,这在客观上大大提升了修辞文本的审美价值。鲁迅的文章之所以深具魅力,常常是缘于其所建构的修辞文本的独特表达效果。

鲁迅喜欢婉约行文的作风是很有名的,其实梁实秋的文章也大抵如斯。例如:

（二）老实讲，我是有收藏信件的癖好的，但亦略有抉择：多年老友，误入仕途，使用书记代笔者，不收；讨论人生观一类大题目者，不收；正文自第二页开始者，不收……有加新式标点之必要者，不收；没有加新式标点之可能者，也不收……（梁实秋《信》）

例(二)是梁实秋谈自己书信保留的原则。其中"多年老友，误入仕途，使用书记代笔者，不收""正文自第二页开始者，不收""有加新式标点之必要者，不收；没有加新式标点之可能者，也不收"，等等，都是曲折的表意，属于折绕修辞文本。这种修辞文本的建构，表达上显得含蓄典雅；接受上，则有一种耐人寻味的韵致。梁实秋的散文之所以耐读，不是平淡如水，就是因为它特有的含蓄深沉的典雅风格所致，而这种风格的形成是与作者善于建构折绕等修辞文本密不可分的。上述意思，如果直说成"仕途上的朋友，如果不是他的亲笔信，我不收藏""废话、啰唆的话太多的书信，也不收藏""不能正确使用新式标点的书信，也不收藏"，那么表达上就显得过于平常，读者在解读接受时也很难激发出阅读兴味，自然也就难以获取什么美感享受了。

折绕修辞文本的建构，不仅在文豪们的笔下时见矫健的身影，在一般说写者的表达中也是常常出现的。例如：

（三）谁知道住着住着，老太太的毛病出来了。这一次不是风湿症，而是一种莫名其妙的过敏，发作时全身都痒，痒得受不了，看医生、打针、吃药，全不见效。

老太太嫌该处的水质太"硬"了，洗澡、洗衣服、烧饭、泡茶，全不对劲。虽不至于唠叨埋怨，但说话时却忽然多出了一些"所有格"："我们台湾的"水、"我们台湾的"蔬菜、"我们台湾的"……老先生听着听着，有一天忽然恍然大悟，问题就出在"水土"这两个字，于是二话不说，带着老伴就上飞机回台湾。（台湾《联合报》1996年3月21日，日青《移民在他乡》）

例(三)是写台湾一大批民众20世纪90年代中期因受时局动荡的影响而纷纷移民外国,以致出现了一系列移民不适的问题。这里所提到的那位老太太与她的老先生亦是这一股移民潮中移往国外的一员,结果导致了在美国生活不适的问题。尽管生活上出现了诸多不便与困境,但老太太心知怨不得他人,这是自己选择的结果,真是"哑巴吃黄连——有苦说不出",所以只好在言语中婉约地表露出怀念台湾、讨厌美国的情绪。其言语中的"我们台湾的"水、"我们台湾的"蔬菜等等,即是典型的折绕修辞文本,它的真实语义是说:"还是我们台湾好,移民美国失误了。"但是这层意思,由于表达者老太太是以折绕的修辞文本来表达的,因而在表达上便显得婉约含蓄,怨而不怒地凸显出其怀念台湾、讨厌美国生活的真实情感。从接受上看,接受者(老先生)对于表达者(老太太)文本所欲表达的真实意蕴费了好多天才领悟出来,但他一旦经由努力而解读出老伴的言外之意后,对其文本及其文本内涵的理解认识就显得特别深切,所以才有马上带老伴回台湾的行为。如果老太太直说其意,接受者老先生也许会怨老伴出尔反尔,不该一会儿要移民美国,一会儿又要回台湾,内心产生对其老伴话语内涵的抵触情绪。因此,我们说文中的表达者老太太的修辞文本建构是高明的,既曲尽其妙地将自己的心意表达了出来,又使接受者老先生愉快地接受了她的意见。而从读者接受的角度看,文本表达的曲折婉转,使其有了更多的咀嚼回味的空间,从而使修辞文本成为更具审美价值的对象。这就是我们之所以赏识上述修辞文本的原因。

折绕修辞文本的建构,并非现代汉语中所特有,古代汉语中这类精彩的文本更多。如《晏子春秋》有一则晏子谏说齐景公的故事:"景公饮酒,七日七夜不止。弦章谏曰:'君从欲饮酒七日七夜,章愿君废酒也!不然,章赐死。'晏子入见,公曰:'章谏吾曰:愿君之废酒也! 不然,章赐死。如是而听之,则臣为制也;不听,又爱其死。'晏子曰:'幸矣,章遇君也! 今章遇桀纣者,章死久矣。'于是公遂废酒。"弦章忠君爱国,一片好心劝齐景公戒酒。但是,由于进谏方式不恰当,让齐景公有受要挟的感觉。这样,弦章便有了性命之忧,而景公自己也陷入了抉择的两难痛苦。

杀了弦章,有愧对忠臣的负疚感;不杀,又有受制于臣下的屈辱感。最后,是晏子的一句话帮景公与弦章君臣二人都解了套。这句话是"幸矣,章遇君也!今章遇桀纣者,章死久矣",其高妙之处是先给景公戴了一顶高帽子,"说景公是明君,弦章很幸运能遇到这样的明君。然后将了景公一'军':表面是说,弦章若遇夏桀、商纣王那样的昏君,早就死了。弦外之音则是说,如果您想做夏桀、商纣王那样的昏君,那么您就杀了忠心直谏的臣子弦章;如果您想做明君,就应该听从弦章的谏言,戒了酒,不要杀弦章"①。又如宋·陆游《楚城》诗:"江上荒城猿鸟悲,隔江便是屈原祠。一千五百年间事,只有滩声似旧时。"②后二句的意思是说"一切都变了"。但这层意思诗人没有直说,是通过排除法,以"滩声似旧"来反衬一切都已变化的语义,一种沧海桑田的历史感慨尽在其中矣。再如宋·李清照《凤凰台上忆吹箫》词:"新来瘦,非关病酒,不是悲秋"③,后二句可用三字概括"为相思"。但是,词人没有这样写,而是以排除法,将"病酒""悲秋"两种可能性都排除,让人对其"为伊消得人憔悴"的语义思而得之。中国古典诗词耐读,有味道,其中少不了"折绕"修辞法的功劳。

第三节　锦绣其外,旧物其内:讳饰

讳饰,是交际者(communicator)言及可能触犯受交际者(communicatee)忌讳或社会习俗禁忌的事物时,为了避免或缓解对受交际者的心理刺激,有意"换言易语"予以规避甚或美化的一种修辞文本模式。这种修辞文本模式,一般说来,在表达上虽有闪烁其词的飘忽感,但却不失有一种"可意会而不言传"的婉约美、朦胧美。接受上,语义表述的模糊性与间接性虽让受交际者在解读接受时需费一定心力,但一旦经过努力解读成功,受交际者便会有一种成功的心理快慰,同时能够真切地感受到

---

① 吴礼权:《语言策略秀》(修订版)第176页,广州:暨南大学出版社,2013年。
②③　此二例是陈望道作为"婉转"格来举例的,见陈望道《修辞学发凡》第109页,上海:复旦大学出版社,2008年。

交际者的善意,从而有效避免双方由于语言上的冲突而可能导致的情感情绪抵触,有利于言语交际的顺利进行。

汉语的历史非常悠久,"讳饰"作为一种修辞现象存在于汉语中的历史也非常悠久。由于历史与文化传统的影响,中国人往往对某些事物或概念有所忌讳。因此,在言语交际中,表达者为了顾及接受者的情感或心理感受,往往会换一种说法,将所要表达的意思婉约地表达出来。这样,接受者可以自己通过对表达者所建构的修辞文本的解读而自行解读出文本的真实内涵,从而避免了在心理上产生对表达者表达内容的抵触情绪,能够愉快或坦然地接受之。其实,讳饰修辞文本所表达的实质内容还是表达者原本所要表达的内容,丝毫没有改变,只是表达得婉约、间接些而已。可谓是"锦绣其外,旧物其内"。例如:

(一)<u>老年人心里嘀咕的莫过于什么时候福寿全归,因为眼看着大限将至而不能预测究竟在哪一天呼出最后一口气</u>,以致许多事都不能做适当的安排,这是最尴尬的事。"死生有命",正好请先生算一算命。先生干咳一声,清一清喉咙,眨一眨眼睛,按照出生的年月日时的干支八字,配合阴阳五行相生相克之理,掐指一算,口中念念有词,然后不惜泄露天机说明你的寿数。"六十六,不死掉块肉;过了这一关口,就要到七十三。七十三,过一关。<u>这一关若是过得去,无病无灾一路往西走。</u>"这几句话说得好,老人听得入耳。(梁实秋《算命》)

例(一)有两个讳饰修辞文本。一是"老年人心里嘀咕的莫过于什么时候福寿全归,因为眼看着大限将至而不能预测究竟在哪一天呼出最后一口气",二是算命先生说辞中的"这一关若是过得去,无病无灾一路往西走"。所谓"福寿全归""大限将至""呼出最后一口气""无病无灾一路往西走",都是"死"的讳饰、美化的说法。这两个修辞文本的建构,从表达上看,由于始终没有让"死"字露面,所以就显得含蓄婉转,同时也强烈地凸显出表达者(梁实秋和算命先生)对"死"之概念讳莫如深的心态。从接受上看,接受者经由上下文语境的帮助,不仅很容易了解表达者所说之真意,而且增加了咀嚼、回味的空间,调动了其文本解读的兴味,并深深地感佩表达者表达的婉转高妙,从而使文本解读成为一种愉悦的审美过程。

对于"死",人类有一种普遍的恐惧心理。中国人对"死"尤其不能达观地看待,所以有更多的忌讳。正因为如此,汉语词汇库里至今仍存有很多有关"死"的委婉语。如"说帝王之死,有'山陵崩'(夸张帝王之死于国家损失的重大)、'驾崩'、'崩'、'崩逝'、'崩殂'、'宾天'、'大讳'、'大行'、'弃天下'、'弃群臣'之类说法;士或做官人之死,叫'不禄'(就是不拿朝廷俸禄了,用今天的话说,叫不拿工资或薪水了)、'弃禄'、'禄命终'等等;文人或才子之死叫'玉楼赴召'、'埋玉树'、'埋玉'、'修文地下'等等;年轻女子早死或少女夭折叫'蕙损兰摧'、'玉碎香埋'、'玉碎珠残'、'玉殒香消'等等;一般人之死的普通说法如'走了'、'仙逝'、'归西'、'作古'、'永辞'、'永别'、'老了'等等,不一而足。总之,不同身份的人、不同死法的人、不同年龄的人的死都有一套固定的避讳说法","现代也有一些新见的关于'死'的新避讳说法,如共产党人常说'见马克思',音乐家之死叫'生命画上了休止符',思想家之死叫'思想家停止了思想'等等,一般人普遍的说法有'心脏停止了跳动'等等。此外,还有古今对自己死亡的谦称或对他人死亡的贬称说法,如'填沟壑'、'伸腿'、'跷辫子'等等。"①

不仅对于"死",在汉语中有很多"讳饰"的表达和固定的委婉语,对于不洁的事物,中国人也有忌讳的习惯。例如:

(二)三年级放寒假的时候,爸和叔叔们合资盖了一间厕所。"落成"那天,我们几个小孩子热烈的讨论谁应该第一个使用,六叔把我们赶开,他说他是高中生,当然是第一。他进去了,一下子又走出来,很不高兴的样子,原来,有人进去过了,六叔一口咬定是那个泥水匠,他嘀咕着说要找泥水匠算账……那天晚上,爸和叔叔们在院子里聊天,聊到这件

---

① 吴礼权:《语言策略秀》(修订版)第78—79页,广州:暨南大学出版社,2013年。

事,二叔说,新厕所有外来的"黄金",大吉大利,六叔不同意,他认为新厕所应该由自己人开张才有新气象,爸没有意见……(阿盛《厕所的故事》)

例(二)这段文字是写台湾早些年乡间卫生条件差,建造厕所不易的历史情形。其中作者二叔的话"新厕所有外来的'黄金',大吉大利",是一个典型的讳饰修辞文本。粪便之不洁,人们多是不愿提及的,但是事实上又是不可回避的。这里作者以"黄金"一语讳饰带过,确是妙笔!从表达上看,由于以高贵和财富象征的"黄金"代人们恶心的不洁"粪便",语言顿时显得婉约高雅,同时还带有中国人喜欢的口彩性质,自然显得得体高妙;从接受上看,接受者经由语境的帮助不仅可以真切地了解表达者所说的真意,而且因表达者表达的雅妙,还使其文本解读时别添了一种不洁情事艺术化的审美情趣,文本的文学欣赏价值也就大大提高了。

与讳言"死"的心理相同,中国人对不洁之物也是历来抱持规避的态度。因此,在汉语词汇库中也累积了很多有关这方面的委婉语。如"更衣""如厕""起居""出恭""方便""解手""净手"以及现在流行的"上洗手间""上化妆间""上盥洗室"等说法,都是有关人体排泄行为的委婉说法。又如"潮信""程姬之疾""例假""月脉""月信"以及上海人所说的"老鬼三""老朋友"之类,都是有关女性生理现象的讳饰说辞。其他如说"鼻涕"为"鼻龙",说"眼泪"为"红冰""玉箸"(多指女子),说"唾液"为"芳津""口泽""玉泉"等等,都是这一类的讳饰表达。

众所周知,男欢女爱乃是人之常情。孔子就曾说过:"饮食男女,人之大欲存焉"(《礼记·礼运》),《孟子·告子上》也说:"食、色,性也。"但是,不知为什么,在中国的文化传统中,对于男女之情、男女之事历来是讳莫如深的。因此,在这一方面,讳饰修辞文本的建构更是常见。例如:

(三)中国曾是一个崇尚人治的国度。开国之后,权力属于人民,当权者也称为人民公仆。然而,民主与法制、自由与平等的道路总是显得那样漫长。"文革"中,既有"有了权力就有了一切"之说,在"男女关系"方面,亦有"大节与小节"之论。对那段特定历史时期中的各色人等的窃玉偷香,今人曾作了令人笑而喷饭的诠释:"高级干部犯男女问题,是游龙戏凤;中级干部有男女问题,是感情冲动;小小职员与平民百姓在男女方面稍不检点,便是流氓成性"……(李存葆《飘逝的绝唱》)

例(三)中"对那段特定历史时期中的各色人等的窃玉偷香""高级干部犯男女问题,是游龙戏凤;中级干部有男女问题,是感情冲动;小小职员与平民百姓在男女方面稍不检点,便是流氓成性",都属于讳饰修辞文本。因为"窃玉偷香""犯男女问题""有男女问题""在男女方面稍不检点"之类的说法,都是规避闪烁之辞。不过,正是因为有此规避闪烁之辞,遂使文本在表达上就显得婉约蕴藉,温润典雅;接受上,则有令人回味深思的韵味。如果直说本意,一来表达上过于直露平淡,接受上则了无韵味,既无法引发读者的阅读兴味,令其获取某种美感享受,也拂逆了中国人对于男女之事讳莫如深的民族心理,倒了读者的胃口。因此,对于男女之事,采用讳饰的修辞策略,犹如高手过招,点到为止,是最高明的语言策略,于表达与接受两方面都能达到最好的效果。

由于中国文化有对男女之事、男女之情讳莫如深的传统,因此不仅我们日常语言生活中时常有这方面的讳饰修辞文本建构,而且在汉语词汇库中也累积了一大批有关这方面的委婉语。如说男女之事,有"春风一度""搓粉团朱""颠鸾倒凤""凤友鸾交""房室之事""欢会""合欢""荐梦""同席""衽席之好""握雨携云""巫山云雨""枕席之欢",以及"上床""睡觉"等典雅或通俗的说法,但都是讳饰委婉之语。说男女非正常之情,则有"暗度陈仓""采花""吃豆腐""穿花蛱蝶""盗香""风花雪月""拈花惹草""窃玉偷香""衽席不修""私谐欢好""偷汉""偷人""偷欢""偷鸡摸狗""寻花问柳""攀花折柳"等等,不一而足。甚至男女非正常之情发生的场所,也有专门的委婉语。如"风月场""风月馆""青楼""春院""花街柳巷""柳陌花丛""门户人家""平康巷""秦楼楚馆""曲院""烟花柳巷""烟月作坊"等等,就是这方面的委婉讳饰之辞。

除了"死"的概念,以及不洁之物、男女之情等要规避外,对于失败、失意之类的事,中国人也多所忌讳。例如:

(四)世界围棋最强战弈罢九轮,<u>副帅马晓春马失前蹄</u>(《文汇报》1995年1月13日体育新闻的标题)

例(四)是一则体育新闻的标题①。其中,"副帅马晓春马失前蹄",也是一个讳饰修辞文本。所谓"马失前蹄",原是指古代战将吃败仗。但为了其体面,便推说战事失败是由于马失前蹄所致。这里说马晓春围棋比赛失败,不直说失败,而是讳饰其辞,说是"马失前蹄",其意是要给人这样一种心理暗示:这次比赛失败,不是马晓春能力不及,而是他掉以轻心或失误所致。这样,从表达上看,就显得婉约蕴藉,可以给直接接受者(马晓春)以必要的体面,给间接接受者(读者)以心理安慰。从接受上看,接受者透过字面略一思虑便可了知其文本表达的真意,在感佩表达者表达艺术高妙的同时,也获取一种文本解读的心理快慰,这就在实际上提升了修辞文本的审美价值。同时,这个修辞文本借"马晓春"之姓"马"与成语"马失前蹄"巧妙搭挂,也是新颖生动的,具有创意。

与中国人讳言失败、失利的心理相对应,在汉语中也累积了一大批这方面的委婉语。如说考试不利,中国古代则有"榜上无名""名落孙山""落榜""落第""失桂"等固定说法。说官场失意,则有"百谪"(免官)、"反初服"(退职)、"解龟"(免官)、"解弁"(免官)、"解朝簪"(不做京官)、"下野"(脱离政界)、"歇马"(失官闲居)、"郎潜"(官职不升),等等。甚至对失意官员还有专门说法,如"谪仙"(降职官员)、"青衫""青衫司马"(失意官员),等等。至于失业,则有"待业""下岗""搁笔"(从事写作的人停止写作)、"挂拍"(球员停赛)、"卷铺盖"(被解雇)、"砸饭碗"(失业)、"歇生意"(被解雇)、"走路"(被解雇),等等。处境不佳,则有"傍人门户"(依附

---

① 此例引见于张拱贵主编:《汉语委婉语词典》第210页,北京:北京语言文化大学出版社,1996年。

他人)、"抱璞"(怀才不遇或忠贞见罪)、"别姬"(工作受挫或失败)、"触藩"(进退两难)、"怀璧"(怀才遭忌)、"阮途"(穷愁末路)、"退鹢"(身处逆境)、"向隅"(失意、孤独)、"盆覆"(沉冤莫白)、"屯坎"(遭遇困顿)、"走麦城"(陷入绝境),等等,不一而足①。

  另外,还有一点也非常有趣,就是中国人无论古今,都对钱财有羞于言说的传统。这一点,恐怕与几千年来儒家所宣扬的"重义轻利"的思想影响有关。如《晋书》卷四十三《列传》第十三记晋人王衍其人其事,云:"(王衍)口未尝言钱。(其妻)郭氏欲试之,令婢以钱绕床,使不得行。衍晨起见钱,谓婢曰:'举阿堵物却!'其措意如此。"王衍口不言钱,当然与他官至司空、位极人臣而"不差钱"的经济背景有关,更与其文人士大夫受儒家"重义轻利"思想影响而羞于言钱的心理有关。现代人受儒家"重义轻利"思想的影响小了,羞于言钱的心理也不是那么明显了,但在知识分子阶层这种心理还有残存。如给人书画之酬叫"笔润""润笔""濡润""润毫",馈人之礼叫"芹献""献芹",私人积蓄叫"体己",馈赠长辈的钱财叫"孝顺""孝敬",奖金叫"红包",出力所得酬劳叫"辛苦费",请人而致送的金钱叫"车马费",工资收入叫"薪水",向有钱人求财叫"打秋风",说"有钱"叫"手头方便",说"没钱"叫"手头不方便""囊中羞涩"②,等等,不一而足。这些都是对于钱财的讳饰说法,是儒家"重义轻利"思想影响在语言表达中的残存影像。

第四节 羞抱琵琶半遮面:藏词

  藏词,是一种将人们习用或熟知的成语或名句的某一部分藏却,而以其中的别一部分来替代说出的修辞文本模式。这种修辞文本的建构,由于情意展露半遮半掩,所以表达上便显得婉约蕴藉;在接受上,由于表达者用藏词的手段故意在自己的表达与接受者的接受之间制造了"距

---

① 参见吴礼权:《委婉修辞研究》第53—54页,济南:山东文艺出版社,2008年。
② 参见吴礼权:《委婉修辞研究》第49—50页,济南:山东文艺出版社,2008年。

离",接受者必须依靠自己的知识经验去补足表达者所留下的表达空白,才能破解表达者真实的语义指向。这尽管给接受者的文本接受带来了障碍,但一旦接受者破除了这一障碍,就会自然生出一种解读成功的心理快慰,获得一种文本接受解读中的审美享受。

"藏词",从理论上与古今汉语修辞的实践来看,主要有三类,即"藏头式""藏尾式""藏腰式"。就现代汉语来说,主要是前两类,第三类很少有人运用。

所谓"藏头式",就是将某一习用或熟知的成语或名句的前一部分藏却,用后一部分替代说出。例如:

(一)由前所说,"西崽相"就该和他的职业有关了,但又不全和职业有关,一部分却来自未有西崽以前的传统。所以这一种相,有时是连清高的士大夫也不能免的。"事大",历史上有过的,"自大",事实上也常有的;"事大"和"自大",虽然不相容,但因"事大"而"自大",却又为实际上所常见——他足以傲视一切连"事大"也不配的人们。有人佩服得五体投地的《野叟曝言》中,那"居一人之下,在众人之上"的文素臣,就是这标本。他是崇华,抑夷,其实却是"满崽";古之"满崽",正犹今之"西崽"也。(鲁迅《"题未定"草》)

例(一)这段文字是鲁迅针对当时林语堂《今文八弊》中批评"今人一味仿效西洋,自称摩登,甚至不问中国文法,必欲仿效英文……此类把戏,只是洋场孽少怪相,谈文学则不足,当西崽颇有才。此种流风,其弊在奴","其在文学,今日绍介波兰诗人,明日绍介捷克文豪,而对于已经闻名之英、美、法、德文人,反厌为陈腐,不欲深察,求一究竟。此与妇女新装求入时一样,总是媚字一字不是,自叹女儿身,事人以颜色,其苦不堪言。此种流风,其弊在浮"之类的言论而发的议论。因为鲁迅当时正翻译俄国作家果戈理的《死魂灵》,又曾介绍过波兰、捷克等国文学,所以在林语堂看来,鲁迅之所以有"奴""媚"之嫌,是"西崽"。按照中国传统观念,对外族"奴""媚"便是失去民族气节的"失节"行为,是为人所不齿的。鲁迅深察林语堂文章之讽意,所以建构了上述的藏词修辞文本来反唇相讥。"事大"是由中国古训"饿死事小,失节事大"藏词而来,"自大"是由"夜郎自大"的成语藏词而来。鲁迅这段话的意思是说,林语堂批评别人介绍波兰、捷克、俄国等国文学的行为是"奴""媚"的"西崽相",实际上他自己主张介绍"已经闻名的英、美、法、德文人"正是"失节"的"奴""媚"行为,也是"西崽相"。林语堂批评不该介绍波兰、捷克等国文学,认为波兰、捷克没有"已经闻名的文人",这是一种眼界狭小的"夜郎自大"的表现。尽管鲁迅所建构的上述修辞文本是说林语堂为"奴""媚"英、美、法、德等国文学的"西崽",是不了解世界文学的"夜郎",但由于运用了藏词的手法,所以表达上显得相当委婉含蓄,但却意味深长,别有一番讽味在其中;从接受的角度看,由于表达者鲁迅出语有力有理且语言锋芒深藏不露,直接接受者(林语堂)虽能解读出其文本的真实内涵,间接接受者(其他读者)也深知表达者的文本语意是很刻薄的,但却不得不从内心深处感佩表达者的语言表达智慧,从而获取一种文本接受解读的心理快慰和审美享受。这就是大文豪的手笔!

"藏头式",在现代汉语中运用不是太多,在古代诗文中则是司空见惯的修辞现象。如陶潜《饮酒》(其四)诗:"行行向不惑,淹留遂无成"[①],其中"不惑"乃由《论语·为政》孔子之言"四十而不惑"藏头而来,代指"四十岁"。又如韩愈《符读书城南》诗:"岂不念旦夕,为尔惜居诸"[②],其中"居诸"代指"日月"(即光阴),是由《诗经·国风·柏舟》"日居月诸,胡迭而微"藏头而来。再如《后汉书·左雄传》:"故能降来仪之瑞"[③],其中"来仪"指代"凤凰",是由《尚书·益稷》"箫韶九成,凤凰来仪"藏头而来。我们今天还在说的"志学之年""而立之年""不惑之年""知天命之年""耳顺之年",分别表示十五岁、三十岁、四十岁、五十岁、六十岁,皆是"藏头式"藏词文本,皆由《论语·为政》孔子之言:"吾十有五而志于学,三十而

[①][③] 此二例引见于汪国胜等编:《汉语辞格大全》第76页,南宁:广西教育出版社,1993年。
[②] 此例引见于陈望道:《修辞学发凡》第129页,上海:复旦大学出版社,2008年。

立,四十而不惑,五十而知天命,六十而耳顺,七十而从心所欲"经由"藏头式"藏词而来。

所谓"藏尾式",就是将某一习用或熟知的成语或名句的后一部分藏却,用前一部分替代说出。例如:

(二) 如今退休制度不限于仕宦一途,坐拥皋比的人到了粉笔屑快要塞满他的气管的时候也要引退。不一定是怕他春风风人之际忽然一口气上不来,是要他腾出位子给别人尝尝人之患的滋味。(梁实秋《退休》)

例(二)"腾出位子给别人尝尝人之患的滋味"一句,是一个藏词修辞文本,其意是说教师到了一定的年龄是要退休的,必须将教职让给后来人。其中"人之患"系由《孟子·离娄上》中"人之患在好为人师"藏词而来。由于表达者在表达时没有将上述之意明说出来,而是建构了上述修辞文本,表达上遂显得相当婉约典雅;在接受上,不了解孟子原话的接受者可能在接受中会有一些解读上的障碍,但一旦经由努力破除障碍后,就会油然生出一种文本解读成功的心理快慰,于文本接受中获取一种审美享受。梁氏散文之所以耐读,藏词修辞文本的建构也是从中起了作用的。熟读梁氏散文者,大概不难有此共同体认。

另外,应该指出的是,"歇后语"中只说前一部分而略去后一部分的情况,从理论上说也是可以归入藏词的第二种类型"藏尾式"[①]。例如:

(三) 幸而因"诗孩"联想到诗,但不幸而我于诗又偏是外行,倘讲些什么"义法"之流,岂非"鲁班门前掉大斧"……(鲁迅《诗歌之敌》)

例(三)"岂非'鲁班门前掉大斧'"一句,是由歇后语"鲁班门前掉大斧——贻笑大方"略去后一部分的解释而成句的,是个典型的"藏尾式"

[①] 参见吴礼权:《委婉修辞研究》第17页,博士论文,复旦大学研究生院,1997年。

藏词修辞文本模式。这一文本的建构,在表达上,使语意婉约含蓄;在接受上,令人有思索回味的空间,客观上提升了文本的审美价值。

"藏尾式",无论在现代汉语还是古代汉语中都是"藏词"文本建构的重点所在。现代汉语中歇后语的广泛流行,正是"藏尾式"藏词大行其道的表现。而在古代汉语中,由于诗文创作有推崇"不著一字,尽得风流"的文学传统,作家表情达意追求含蓄蕴藉韵致,所以诗文中运用"藏尾式"藏词手法的特别多。如陶潜《庚子岁从都还》诗:"一欣侍温颜,再喜见友于"①,其中"友于"指代"兄弟",乃由《尚书·君陈》"友于兄弟"藏尾而来。又如汉·班固《幽通赋》:"叛回冗其若兹兮,北叟颇识其倚伏"②,其中"倚伏"代指"祸福",是由《老子》第五十章:"祸兮福所倚,福兮祸所伏"藏尾而来。再如明·冯梦龙《古今谭概·巧言》:"一士人家贫,与其友上寿,无从得酒,乃持水一瓶称觞曰:'君子之交淡如'。友应声曰:'醉翁之意不在'",其中送假酒的士人之语"君子之交淡如"与主人答语"醉翁之意不在",都是典型的"藏尾式"藏词文本。前者由《庄子·山木》"君子之交淡如水,小人之交甘若醴"的前句藏去"水"字而成,后句由宋人欧阳修《醉翁亭记》"醉翁之意不在酒,在于山水之间"的前半句藏却"酒"字而成。由于二人巧妙地运用了"藏尾式"藏词文本,不仅在一酬一答之间巧妙地化解了尴尬,而且含而不露地表达了朋友之间的深情厚谊③。

前面我们说过,"藏词"实际上还存在一种"藏腰式"(或曰"藏腹式"),只是在现代汉语中非常罕见。古代汉语中数量也很少,但偶尔会在一些文献中出现。如南朝·梁·萧统《昭明文选序》:"又楚人屈原,含忠履洁,君非从流,臣进逆耳,深思远虑,遂放湘南。"④其中"君非从流"的"从流",即是由"从善如流"藏去中间的关键字"善"字而成,属于典型的"藏腰式"。

---

①② 此二例引见于陈望道:《修辞学发凡》第128页,上海:复旦大学出版社,2008年。
③ 参见吴礼权:《语言策略秀》(修订版)第82页,广州:暨南大学出版社,2013年。
④ 此例引见于沈谦:《修辞学》第384页,台北:台湾空中大学印行,1996年。

第五节　言有尽,意无穷:留白

留白①,是表达者在特定情境下因不便完整表达其意,而故意吞吐其辞,将所要表达的意思说一半留一半,甚至将最关键的信息也留而不言,但借助特定语境的帮助,又不至于让接受者不可理解的一种修辞文本模式。这种修辞文本的建构,在表达上颇有一种"此时无声胜有声"、空谷传音倍分明的效果;从接受上看,尽管由于语句表达的一些必要成分的省略而增加了接受者文本解读的困难,但接受者依托文本所提供的语境的帮助,对于表达者所省略的部分可以在文本解读时自行补上。而当接受者通过努力补出了表达者文本建构时所省略的部分而洞悉了整个修辞文本的全真语意后,便会情不自禁地生发出一种文本解读成功的心理快慰,从而加深对修辞文本的理解和印象,并从文本解读中获取一种审美情趣。正因为如此,留白修辞文本的建构,在人们的说写实践中时见矫健的身影。例如:

(一)傍晚,我竟听到有些人聚在内室里谈话,仿佛议论什么事似的。但不一会,说话声也就止了,只有四叔且走而且高声的说:

"不早不迟,偏偏要在这时候——这就可见是一个谬种!"(鲁迅《祝福》)

例(一)写鲁四老爷家从前所用的佣人祥林嫂在大年夜时突然死去,大家都在议论此事。鲁四老爷闻说,说了句"不早不迟,偏偏要在这个时候"的话。这是一个明显的留白修辞文本,因为句中省去了关键词"死"字。表达者鲁四老爷之所以建构上述这一留白修辞文本,是因为中国人忌说"死",尤其在大年之夜,这是中国人传统而普遍的民族心理,所以鲁

---

① 将中国传统绘画技法"留白"这个术语移用作汉语修辞格名称,始于谭永祥先生,参见《汉语修辞美学》第 45 页,北京:北京语言学院出版社,1992 年。

四老爷于"死"留空不说。这样,从表达上看,显得含蓄得体;从接受上看,虽然读者可能一时反应不过来,但根据小说所提供的上下文语境,还是不难破译表达者鲁四老爷的文本语意的,从而洞悉表达者建构这一修辞文本的智慧,由此在文本解读接受中获得一种心理快慰——即满足了接受者一种全民族共具的趋吉避凶的心理诉求。

又如:

(二)鸿渐忽然想起一路住旅馆都是用"方先生与夫人"名义的,今天下了飞机,头昏脑胀,没理会到这一点,只私幸辛楣在走路,不会看见自己发烧的脸⋯⋯

"孙小姐是不是呕吐,吃不下东西?"

鸿渐听他说话转换方向,又放了心,说:"是呀!今天飞机震荡得利害。不过,我这时候倒全好了。也许她累了,今天起得太早,昨天晚上我们两人的东西都是她理的。辛楣,你记得么?那一次在汪家吃饭,范懿造她谣,说她不会收拾东西——"

"飞机震荡应该过了。去年我们同路走,汽车那样颠簸,她从没吐过。也许有旁的原因罢?<u>我听说要吐的——</u>"跟着一句又轻又快的话——"当然我并没有经验。"毫无幽默地强笑一声。(钱钟书《围城》)

例(二)写方鸿渐与同事孙柔嘉离开国立三闾大学,绕道桂林、香港回上海。两人只在三闾大学订过婚,没办结婚手续,但在路上却以夫妻名义双栖双宿。在香港下飞机后孙小姐呕吐不止,好友赵辛楣为之宴请接风,孙小姐不能去。所以,赵辛楣怀疑孙小姐是否怀孕。但此意不便直说,故而便有了"我听说要吐的——当然我并没有经验"的话。这是个典型的留白修辞文本模式,句中将关键部分"是怀孕的征兆"省略了。赵辛楣所建构的这一留白修辞文本,从表达上看,显得含蓄得体,给朋友方鸿渐留够了面子,因为在中国人的传统观念中,女人未婚先孕总是不光彩的。从接受上看,直接接受者方鸿渐不难解读出表达者的语意内涵,但能愉快地接受这一表达,且心存感激,因为表达者赵辛楣没有明白地戳破他的西洋镜。间接接受者(小说的读者)也在破解这一修辞文本时获取一种审美愉悦:感佩表达者的表达智慧,获取自己解读文本的成功快感。

再如:

(三)"这是我家!"他说着,跳下车,大声跟他太太说话。他告诉我山坡上那一片是水蜜桃,那一处是苹果。"要是你三月来,苹果花开,哼!"这人说话老是让我想起现代诗。(张晓风《常常,我想起那座山》)

例(三)司机与作者说的"要是你三月来,苹果花开,哼"是句未说完的话,"苹果花开"怎么样呢,句子的关键部分谓语省略了,因此是个典型的留白修辞文本。如果谓语不省略,说成"苹果花开,哼,漫山遍野,美丽极了",或"苹果花开,哼,一片花的海洋,那才叫美呢",等等,则言尽意尽,没有一点令人回味的空间。而以留白的修辞文本表现,关键词句吞吐留空不说,表达上显得含蓄婉转,言有尽而意无穷,言简而义丰;接受上,由于表达者的未竟表达给接受者留足了回味咀嚼的空间,不同的接受者可以根据自己对苹果花开时的情景观察的经验展开丰富的联想,在文本接受解读中获取更多的审美享受,这就在很大程度上提升了修辞文本的审美价值。

留白文本的建构,并非只有现代汉语中有,古代汉语中早已有之。如《史记·高祖本纪》:"五年……正月,诸侯及将相相与共请尊汉王为皇帝……汉王三让,不得已,曰:'诸君必以为便便国家……'甲午,乃即皇帝位氾水之阳。"其中,刘邦所说"诸君必以为便便国家……"是一句没说完的半截话。如果要补全,则为"诸君必以为便国家,吾则从之",意谓:"若诸位皆以为我做皇帝有利于国家,我则从众人之愿即皇帝位。"可是事实上,他没有这样说,而是只说了一个假设条件:"诸君必以为便国家。"至于由此条件而推导出的结论:"吾则从之",就留空不说了。可见,刘邦这半截话是有意而为之的"留白"修辞文本,是其虚意推脱,实则心向往之的心声。由于留空没说出后半句,这就使表意显得相当委婉,既展示了其谦逊为人的高风亮节,又表达了以国家利益为重的阔大胸襟。又如元·王实甫《西厢记·酬韵》:"莺莺焚香祝拜道:'此一炷香,愿亡父亲早升天界。此一炷香,愿中堂老母百年长寿。此一炷香……'"其中,末一句就是一个留白修辞文本。说话者莺莺所祝祷的三桩心愿,前两桩都直言说出,最后一桩却吞吐其辞。"之所以如此,乃是因为最后一桩她所祝拜的是自己的婚事能够如愿。而这一愿望对于一个封建时代的女子是不便说出口的,所以作者就让她留空不说了。但读者或旁观者是能从上下文的语境或当时的情境中解读出来的。作家这样描写莺莺委婉含蓄的语言行为,既符合莺莺的大家闺秀的人物身份,是艺术的真实,也符合生活的真实,所以是值得我们称道的妙笔"①。

第六节　正言若反,翻案冤亲:倒反

倒反,是一种正意而用反话来表现的修辞文本模式。它可以分为两类:其一是"因情深难言,或因嫌忌怕说,便将正意用了倒头的语言来表现,但又别无嘲弄讥刺等意思包含在内的";其二是"不止语意相反,而且含有嘲弄讥刺等意思的"②。倒反修辞文本,由于所要表达的意思在其所言说语义的反面,所以在表达上显得特别婉转含蓄;接受上,尽管表达者在语意表达与接受之间所制造的"距离"给接受者的文本解读带来一些障碍,但接受者根据特定的语境提示而参透其正意所在之后,便会油然生发出一种文本解读成功的心理快慰,从而加深对文本的印象与对文本内涵的深刻理解和认识。正因为如此,在中国人的说写活动中,有这种修辞文本的建构也就自然而然了。例如:

(一)旧笑话云:昔有孝子,遇其父病,闻股肉可疗,而自怕痛,执刀出门,执途人臂,悍然割之,途人惊拒,孝子谓曰,割股疗亲,乃是大孝,汝

---

① 吴礼权:《委婉修辞研究》第 80—81 页,济南:山东文艺出版社,2008 年。
② 陈望道:《修辞学发凡》第 108 页,上海:复旦大学出版社,2008 年。

竟惊拒,岂是人哉! 是好比方;林先生云"说法虽乖,功效实同",<u>是好辩解。</u>(鲁迅《"题未定"草》)

例(一)鲁迅用了一个孝子自己怕痛,割他人之肉而疗己亲,遭拒反怪他人的故事,其意是在婉转地指斥林语堂的观点。其中末一句是一个倒反修辞文本,其意是说林氏的辩解是强词夺理,是不讲道理的诡辩。由于表达者鲁迅建构了上述倒反修辞文本,正意反说,因而在表达上就显得极端婉转,表现了表达者作为一个文人在论战时应有的君子风范;从接受上看,由于表达者的正意没落实在字面上,没有直白地指斥林氏之言是诡辩,这既减缓了给直接接受者(林语堂)的情感刺激和反接受的逆反心理,也使间接接受者(读者)觉得表达者有风度。这样,既实现了表达者文本意欲表达的实质内容,又使修辞文本别添了耐人寻味的审美情趣。否则,泼妇骂街式的直陈,文章也就索然无味,鲁迅也就不是鲁迅了。

又如:

(二) 三闾大学校长高松年是位老科学家……他是二十年前在外国研究昆虫学的;想来二十年前的昆虫都进化成大学师生了,所以请他来表率多士。他在大学校长里还是前途无量的人。大学校长分文科出身和理科出身两类。文科出身的人轻易做不到这位子,做到了也不以为荣,准是干政治碰壁下野,仕而不优则学,借诗书之泽、弦诵之声来休养身心。理科出身的人呢,就全然不同了。<u>中国是世界上最提倡科学的国家,没有旁的国家肯这样给科学家大官做的。</u>外国科学进步,中国科学家进爵……(钱钟书《围城》)

例(二)这段文字是对当时中国教育和政治制度的讽刺性议论。其中"中国是世界上最提倡科学的国家,没有旁的国家肯这样给科学家大官做的",是一个典型的倒反修辞文本。这一文本本意是批评中国当时的政府不重视科学,讽刺当时的科学家不安心于做研究而热衷于做官的不良风气。但表达者没有这样直白地道出,而是以倒反修辞文本表而出之。这样,表达上,就显得婉约而耐人寻味,发人深思;接受上,使接受者乍一看大惑不解,细细深究则内涵深刻,对表达者意欲表达的意旨(对当时的中国政府和科学家的怒其不争的痛切之情)有了更深切的体认。这样,修辞文本的审美价值也就由此大大得以提升了。

再如:

(三)……这位女子,就是人称胡星妈者。东北同乡"立委"如程烈等,都说她是做下女(老妈子)出身,但我不信,因为她虽然面目狰狞,却颇有文采,她曾拿出旧《畅流》杂志一册,指着其中一篇文章,自称是她写的,写文章在《畅流》上发表,固女作家也。<u>她有一句名言,我最喜欢</u>。名言是"国民党太宽大了!怎么把李敖给放出来了?"——<u>能有这样好的造句的人,不像是在《畅流》上冒充女作家的</u>。(李敖《李敖回忆录》)

例(三)写台湾作家李敖因为持不同的政治见解之故而被国民党当局多次监禁。后来,李敖与台湾著名影星胡茵梦结婚。然而胡母却不满女婿李敖,说国民党不应该对李敖太宽仁,不应该放他出来。作为岳母,这样说是有违人伦常情的。所以李敖十分愤怒,但作为女婿和著名作家的李敖似乎并不能像常人那样痛快淋漓地发泄其情绪,故而建构了"她有一句名言,我最喜欢""能有这样好的造句的人,不像是在《畅流》上冒充女作家的"两个倒反修辞文本。在上下文语境中,这两个修辞文本的语意十分明确,语意全在其文字的反面。但由于以倒反修辞文本表而出之,因而在表达上就显得特别婉转,使愤激之情蒙上一层温情脉脉的面纱,耐人寻味,又发人深省;在接受上,使直接接受者(胡母)思而得之,如鲠在喉却又叫唤不得,同时也让间接接受者(读者)增添文本解读的兴味,见出表达者李敖的文人风度。很明显,这无疑大大提升了修辞文本的审美价值。

"倒反"修辞文本的建构,无论是"别无嘲弄讽刺"的,还是"含有嘲弄讥刺"的,在现实语言生活中,都是随时可见的。如夫妻之间,女人称男人"冤家",或骂"杀千刀",恋爱中的女子说男子"你真坏",都是常见的"倒反"修辞文本,是一种"情深难言"的"倒头语",有时比说"亲爱的""你真好"更能体现其深切的情感。元人关汉卿散曲《仙吕·一半儿·题情》有云:"骂你个俏冤家,一半儿难当一半儿耍","碧纱窗外静无人,跪在床前忙要亲,骂了个负心回转身。"其中,"冤家""负心",即是男女之间的情深难言的"倒头语"。至于日常生活中两人辩难时说:"你的高见,实在不敢苟同。"其所谓"高见",也是"倒反"表达,其意是否定对方的见解,属于"含有嘲弄讥刺"的"倒反"。这种"倒反",在言论不自由的时代最是常见。如《五代史·伶官传》中有一则伶人敬新磨讽谏后唐庄宗李存勖,智救中牟县令的故事。庄宗狩猎马践民田,中牟县令为民请命,挡马切谏,庄宗反要诛杀他。伶人敬新磨觉得庄宗此举不明智,但又不能直谏,遂以"倒反"表达法进谏:"(敬新磨)率诸伶走追县令,擒至马前,责之曰:'汝为县令,独不知吾天子好猎耶?奈何纵民稼穑以供税赋,何不饥汝县民而空此地,以备吾天子之驰骋?汝罪当死!'因前请亟行刑。诸伶共唱和之。庄宗大笑,县令乃得免去。"①敬新磨的这番话,虽意在讽嘲庄宗不明事理,但由于运用"倒反"表达法,表意极度婉转,所以最终能救中牟县令一命。可见,"倒反"修辞文本在特定情境下,其独特的效果是不容小觑的。

第七节　珠玉匿水,伏采潜发:用典

用典,是一种运用古代历史故事或有出处的词语来说写的修辞文本模式。以用典的修辞文本模式来表情达意,在表达上可以使表达者的达意传情显得婉约含蓄;在接受上,由于表达者在文本意义的表达与接受者的接受之间制造了"距离",使接受者只能通过对表达者所建构的修辞文本中的典故进行咀嚼、消化后才能理解其内在的含义,这虽然给接受者的接受带来一定的障碍,但接受者一旦经过努力破除了接受困阻,便

---

① 此例引见于陈望道:《修辞学发凡》第108页,上海:复旦大学出版社,2008年。

会自然获得一种文本解读成功的心理快慰与欣赏中的美感享受。正因为如此,古往今来的修辞者都是喜欢建构用典修辞文本的。例如:

(一)所谓亲近,不过是多谈闲天,一多谈,就露出了缺点。几乎有一年多,他没有消失掉从上海带来的才子必有"红袖添香夜读书"的艳福思想,好容易才给我们骂掉了。但他好像到处都这么的乱说,使有些"学者"皱眉。(鲁迅《忆刘半农》)

例(一)鲁迅所说的"他没有消失掉从上海带来的才子必有'红袖添香夜读书'的艳福思想",是个用典修辞文本模式。"红袖添香夜读书"是个典故,源出于清代女诗人席佩兰《寿简斋先生》诗:"绿衣捧砚催题卷,红袖添香伴读书。"又见清人魏子安的小说《花月痕》第三十一回:"从此绿鬟视草,红袖添香;眷属疑仙,文章华国。"可见,"红袖添香夜读书"一句是个典故,意指美人夜晚伴读。鲁迅此文是为悼念朋友刘复(半农)而作,对于死去的朋友的风流情事自当为之讳饰才是。所以,这里表达者鲁迅特意建构了上述用典修辞文本,没有直指刘复有离不开女人的思想云云。这样,在表达上,意到文不见,显得婉约含蓄;在接受上,接受者细究"红袖添香"的典故,思而得之,文本的真实语意内涵也能了然于胸,但却别添了一种回味无穷的文本解读快慰和审美享受。反之,直白本事,则表达上显得直露不得体,接受上令人不惬于心。

与鲁迅同时代的另一位大文豪梁实秋也是特别喜欢建构用典修辞文本,例如:

(二)面包树的荫凉,在夏天给我们招来了好几位朋友。孟瑶住在我们街口的一个"危楼"里,陈之藩、王节如也住在不远的地方,走过来不需要五分钟,每当晚饭后薄暮时分这三位是我们的常客。我们没有椅子让客人坐,只能搬出洗衣服时用的小竹凳子和我们饭桌旁的三条腿的圆木凳,比"班荆道故"的情形略胜一等。来客在树下怡然就坐,不嫌简慢。我们海阔天空,无所不谈。(梁实秋《槐园梦忆》)

例(二)这段文字是梁实秋记其20世纪50年代在台湾师范大学任教时夏夜与朋友在家门口纳凉聊天的往事。梁实秋是有名而儒雅的大学者,由于当时特殊的情况,作为大学教授的他,朋友到访,连招待朋友坐的凳子也不够,说出来未免难堪。然而,对此难以启齿的难堪情状,梁实秋通过巧妙地建构一个用典修辞文本——"我们没有椅子让客人坐,只能搬出洗衣服时用的小竹凳子和我们饭桌旁的三条腿的园木凳,比'班荆道故'的情形略胜一筹",将此尴尬情状以自我解嘲的笔触婉约地一笔带过。"班荆道故"典出于《左传·襄公二十六年》:"伍举奔郑,将遂奔晋。声子将如晋,遇之于郑郊,班荆相与食,而言复故。"晋人杜预注曰:"班,布也。布荆坐地,共议归楚,事朋友世亲。"这一典故后来就专指朋友途中相遇,席地而坐,共话旧情。由此可知,修辞者梁实秋所说的意思是,朋友到访,没有像样的坐具让客人坐,总比坐在地上好点。然而,这层意思是不便用大白话说出来的,所以,他选择了用典修辞文本表而出之。这样,于表达上看,显得婉约含蓄且富于文采,不仅保有了一个大学教授与儒雅学者的体面与矜持,而且有化尴尬为幽默的风趣;于接受上看,由于表达者的语意内涵是由典故暗托而出,接受者必须破译文本中的典故才能了知表达者文本的真意所在,这就给接受者的接受带来了一定的阻障,但同时也给接受者的文本解读留足了思索、寻味的空间。当接受者经过一定的努力,破除了阻障,最终解读出文本的内涵,就会最大限度地获取一种解读成功的心理快慰和文本接受的审美情趣。

用典修辞文本的建构,并不仅见于名人的说写中,一般人也多喜欢运用。例如:

(三)星期三,我用精心设计好的演讲稿,自信满满地上台试教。全程不看讲稿,刻意强调音调的抑扬顿挫,以配合生动风趣的内容。讲完自己都陶醉了。试教由公司的董事长、总经理、副总评分,看他们的表情,似乎被我精彩的演说所吸引。"A级讲师到手了。"我心中这么想。

三人试教结束,时间已近中午,副总请我们三位到附近一家餐厅吃饭,并和我们闲话家常,好不亲切。其间,他对那位甫自大学毕业的女讲师称赞有加,直夸她的演讲手势动作精彩,有大将之风。怎么会这样?我大惑不解。依我的观察,试教三人,就数女孩台风、内容最生涩,难道只因手势丰富就盖过一切? 想到这儿,我心知不妙,手势动作少而单调一向是我讲课教学最弱的一环。当初服预官役时,参加全师军官演讲比赛,得了个第二名,据评审官赛后讲评,我其它项目表现与第一名不相上下,就是败在手势太少。<u>现在看副总如此重视手势,看来我是成了滑铁庐之役的拿破仑……</u>下午公布试教评定结果,果不其然,我排名第三。<u>不禁想学乌江自刎前的楚霸王项羽仰天长啸,哭一声"天败我也,非战之罪!"</u>……(台湾《青年日报》1995年1月28日,骆宾生《谋职记》)

  例(三)是写作者"在一所私立中学任职十年之后,由于受不了校长霸道的领导方式,以及无所不用其极的榨取学生金钱的学店作风"而愤然辞职,另谋他职的经历。上引片断的主要意思是作者抱怨那家卖"宝塔"(实际是"骨灰盒")的Kingsbury International Co.(国际帝王埋葬公司)的评审人只重手势而不重内容的偏见,以及对自己演讲名次评定的不公。但此层意思表达者未明白地在文字上予以宣示,而是建构了"现在看副总如此重视手势,看来我是成了滑铁庐之役的拿破仑""不禁想学乌江自刎的楚霸王项羽仰天长啸,哭一声'天败我也,非战之罪!'"两个用典修辞文本,用"滑铁庐之役的拿破仑"和"楚霸王项羽乌江自刎前'天败我也,非战之罪'的慨叹"两个典故,婉曲地道出了自己的这层意思。史载,1815年3月20日,法国的拿破仑一世(Napoleon Bonaparte,1769—1821)占领巴黎重掌政权之后,英、奥、普、俄等国结成第七次同盟,进攻法国。6月18日,英、普联军在比利时南部的滑铁卢(Waterloo)附近,大败拿破仑的军队。22日,拿破仑宣布退位,被流放于圣赫勒拿岛,后病死于此岛。众所周知,拿破仑之所以滑铁卢吃败,主要是因英、普联军势力太大,寡不敌众,失败是必然之事。作者这里用此典故,其意是说他演讲得不到好名次,亦如拿破仑滑铁卢之役必败一样,是意料中的事,因为公司副总等评审人是以手势定优劣的。楚霸王项羽乌江自刎前怨天长啸的典故,人所共知。项羽失败乃咎由自取,但却怨天尤人,是强词夺理。作者这里用此典故,其意是说,他此次演讲名次排末位,不是他的演讲不好,而是评审不公。总之,作者这里所建构的两个修辞文本,真意是说,这次公司的讲师等级评审标准不合理,让我屈居末位是不公平的。如果这样直通通地说出,读者读来便觉索然无味,且不易引发读者的共鸣,为作者抱不平。由于作者实际上没有直白表意,而是以用典修辞文本曲折传情,故在表达上就显得婉转深沉,有"怨而不怒"之境界;在接受上,由于两个典故的运用,接受者虽然了知表达者的真意所在要费些思量的脑力,但破除解读阻障之后,一种文本解读成功的心理快慰便会油然生发,文本的审美价值也在接受者的阅读接受中得以大大提升了。

相对而言,现代人在修辞中喜欢用典的已经不多了。真正喜欢用典的,多是我们的古人。读中国古典诗文,如果不掌握一定的典故,恐怕很难读出其中的韵味或深意。如南朝·梁·庾信《小园赋》:"昔草滥于吹嘘,藉文言之余庆。门有通德,家承赐书。或陪玄武之观,时参凤皇之墟。观受釐于宣室,赋长杨于直庐。遂乃山崩川竭,冰碎瓦裂,大盗潜移,长离永灭。摧直辔于三危,碎平途于九折。荆轲有寒水之悲,苏武有秋风之别。关山则风月凄怆,陇水则肝肠断绝。龟言此地之寒,鹤讶今年之雪……"这段文字虽然只有一百多字,却在极短的篇幅内用了十二个典故。这十二个典故分别是:"'草滥'句,典出于《韩非子·内储说上》:'齐宣王使人吹竽,必三百人。南郭处士请为王吹竽,宣王说之,廪食以数百人。宣王死,湣王立,好一一听之,处士逃。'后世遂以'滥竽充数'指称那些没有真才实学,却要冒混充数之辈。庾信这里用此典,是暗指自己原来仕梁时候的优宠。'余庆'句,典出于《周易·乾卦·文言》:'积善之家,必有余庆'。庾信这里用此典,是隐指自己仕梁时凭借先世之德的事。'通德'句,典出于《后汉书·郑玄传》。其传有云:'郑玄,字康成,北海高密人。国相孔融深敬于玄,告高密县曰:昔东海于公,仅有一节,犹或戒乡人侈其门闾。矧乃郑公之德,而无驷牡之路。可广门衢,令容高车。号曰通德门。'庾信这里用此典,是喻指其祖父庾易为齐徵士,如汉之郑玄一般位崇德隆。'赐书'句,典出《汉书·叙传》。其传有云：'班彪，字叔皮，与仲兄嗣共游学，家有赐书。'庾信这里用此典，是指其父庾肩吾与伯父庾于陵在南朝均有文名，可与班彪兄弟父子相比。'宣室'句，典出于《史记·贾谊传》。其传有云：'贾生徵见，孝文帝方受釐，坐宣室。上因感鬼神事，而问鬼神之本。贾生因具道所以然之状。至夜半，文帝前席。'庾信这里用此典，是说自己仕梁时所受到的知遇之恩。'长杨'句，典出于汉代扬雄作《长杨赋》之事。扬雄曾为汉武帝郎，常侍武帝，深得汉武帝宠爱，并作《长杨赋》以讽谏武帝。庾信这里用此典，与上句'宣室'句一样，是暗指自己仕梁时所受的知遇之恩。'荆轲'句，典出于《史记·刺客列传》。此传记侠士荆轲为报燕太子丹知遇之恩，慨然允诺入秦刺杀秦王。临行前，燕太子丹饯于易水之上，荆轲歌曰：'风萧萧兮易水寒，壮士一去兮不复还'。庾信这里用此典，意在感念仕梁时所受的知遇之恩。'苏武'句，典出于汉人苏武出使匈奴之事。史载，苏武奉命出使匈奴，其副将张胜参与匈奴贵族的内部斗争，事发投降。而苏武则不为所动，匈奴贵族虽屡欲降之，而终不屈。遂为匈奴拘羁，又迁之北海（今贝加尔湖）牧羊，留二十年不遣还。后汉与匈奴和好，苏武才得以还国。相传，苏武归国前曾与汉降将李陵作别，赠诗中有'欲因晨风发，送子以贱躯'之句。庾信这里用此典，是暗抒羁宦于西魏与北周而不得回到故国的感伤之情。'关山'句，典出于古乐府《关山月》。汉乐府《关山月》曲，多写兵士久戍不归与家人互伤离别之内容。庾信这里用此典，是暗写自己羁宦于西魏的乡关之思。'陇水'句，典出于古乐府《陇头歌辞》。其歌有云：'陇头流水，鸣声幽咽，遥望秦川，肝肠断绝'。庾信这里用此典，与上面'陇水'句一样，也是暗写自己羁宦于西魏的乡关之思。'龟言'句，典出于《水经注》引车频《秦书》所记之事。其文云：苻坚建元十二年，高陆县民穿井得龟，大二尺六寸，背文负八卦古字。坚以石为池养之。十六年而死，取其骨以问吉凶，名为客龟。大卜佐高梦龟言：'我将归江南，不遇，死于秦。'庾信这里用此典，是喻指自己思归江南，不欲如龟之客死他乡。'鹤讶'句，典见于《异苑》。其中有文记载云：晋太康二年冬，大雪，南州人见二白鹤语于桥下曰：'今兹寒，不减尧崩年也'，于是飞去。庾信这里用此典，是隐指梁元帝被杀于江陵城破之事，有怀念故君之意。""概括起来说,上引文字所用的十二个典故,前六个典故,是追忆仕梁时的快乐时光;后六个典故,是叙写羁宦北国异乡的忧苦心情。整个这一段所要表达的意思,说白了,就是:'美好往事成追忆,乡国之思堪白头。'然而,作者没有这样直白地告诉读者,而是通过一系列典故的组合,让人思而得之。"①《小园赋》之所以在中国文学史上成为抒写乡国之思的经典之作,赢得千古无数文人掉头苦吟,就是因为它善于用典,"以丰富的典故化入文中,从而将其哀怨之情表达得淋漓尽致"②。

第八节　半遮半掩,欲却还迎:推避

推避,是一种说写中表意相当明白而又在辞面上故作掩饰的修辞文本模式。这种修辞文本,一般在文本的前一部分将意思表述得相当明白,文本的后一部分却用"不知道"之类的话,或是以大家都了解的背景或常识为依托,用"众所周知""不言自明"之类的辞令来回避。这种修辞文本,由于文本辞面上的故意回避制造了表达与接受之间的"距离",因而表达上就显得相当婉约含蓄,有耐人寻味的效果;在接受上,由于表达者的故意闪烁其词,修辞文本所欲表达的真实语意,接受者必须经由对文本的仔细寻绎才可真正了知,而经过了这番语意追寻的努力,当接受者最终破译了表达者所建构的修辞文本的真实语意指向后,便会情不自禁地生发出一种文本解读成功的心理快慰,从而在文本接受中获取一种审美享受。正因如此,现代的修辞者尤其喜欢建构这种修辞文本。例如:

(一)博识家的话多浅,意义自明,惟专门家的话多悖的事,还得加一点申说。他们的悖,未必悖在讲述他们的专门,是悖在倚专家之名,来论他所专门以外的事。社会上崇敬名人,于是以为名人的话就是名言,

---

① 吴礼权:《委婉修辞研究》第12—15页,济南:山东文艺出版社,2008年。
② 吴礼权:《委婉修辞研究》第12页,济南:山东文艺出版社,2008年。

却忘记了他之所以得名是那一种学问或事业。名人被崇奉所诱惑,也忘记了自己之所以得名是那一种学问或事业,渐以为一切无不胜人,无所不谈,于是乎就悖起来了。其实专门家除了他的专长之外,许多见识是往往不及博识家或常识者的。太炎先生是革命的先觉,小学的大师,倘谈文献,讲《说文》,当然娓娓可听,但一到攻击现在的白话,便牛头不对马嘴,即其一例。还有江亢虎博士,是先前以讲社会主义出名的名人,<u>他的社会主义到底怎么样呢,我不知道</u>。(鲁迅《名人和名言》)

例(一)是鲁迅批评当时的一些名人不知珍惜自己的声名而自以为是,结果闹得笑话百出的时风。这里的一段文字,表达者先说名人并不是什么话都对,都是名言,而是往往谬种流传的,并举自己的老师章太炎先生为例,以此增加说服力。文末说到江亢虎(民国时代著名政客,中国社会党创始人,中国社会主义研究第一人,后堕落为汉奸)的"社会主义",并说江是讲"社会主义"出了名的名人。因为有前文作铺垫,其嘲弄江亢虎的"社会主义"学说不是真传,而是水货的意思已十分清楚了,但表达者却要虚晃一枪,说"我不知道",显然是"一半儿推来一半儿肯"的假意回避。因此,我们说鲁迅文末的一句是个典型的推避修辞文本。这一修辞文本的建构,在表达上显得婉约含蓄,嘲弄之意尽在其中,却又锋芒深藏不露,深具柔中带刚、绵里藏针之妙;在接受上,尽管表达者的表意有些虚虚实实,使接受者的文本解读有些阻障,但通过上下文语境的提示,接受者还是不难破译文本的真意所在的。这样,接受者可从中获得文本解读成功的心理快慰,同时修辞文本语意的半吐半咽亦使修辞文本成为可玩味的对象,从而在客观上提升了修辞文本的审美价值。

和鲁迅一样,梁实秋也是一位善于建构推避修辞文本的高手。例如:

(二)女人的肉好像最禁不起地心的吸力,一到中年便一齐松懈下来往下堆摊,成堆的肉挂在脸上,挂在腰边,挂在踝际。听说有许多西洋

67

女子用擀面杖似的一根棒子早晚混身乱搓,希望把浮肿的肉压得结实一点,又有些人干脆忌食脂肪忌食淀粉,扎紧腰带,活生生的把自己"饿"回青春去。<u>有多少效果,我不知道。</u>(梁实秋《中年》)

例(二)"有多少效果,我不知道"是个典型的推避修辞文本。其意实际上说得很清楚:人到中年,特别是女人,发胖是自然规律,压肉、饿饭等人为的努力是无济于事的。但是,表达者通过"女人的肉……活生生的'饿'回青春去"一段文字在事实上已将此意说得很清楚之后,却说"有多少效果,我不知道"。尽管这是类似于"此地无银三百两"的招术,但是这种推避修辞文本的建构,在表达上的婉约蕴藉韵致还是十分明显的;在接受上,接受者通过对表达者"一半儿推来一半儿肯"式的假意回避的分析,还是能够破译得出其表达的真谛的,从而获取到一种文本解读的心理快慰。同时,也使修辞文本在客观上别添了一种耐人寻味的解读情趣。

推避作为一种修辞文本模式,除了在人们的日常生活或写作中被经常建构外,在政治或外交场合也是常常现身的宠儿。例如:

(三)美国人民是伟大的人民,中国人民是伟大的人民。我们两国人民一向是友好的。<u>由于大家都知道的原因,两国人民之间的来往中断了二十多年。</u>(《人民日报》1972年2月22日,周恩来总理在欢迎美国总统尼克松宴会上的祝酒辞)

例(三)是周恩来总理在欢迎美国总统尼克松的宴会上的祝酒辞。由于意识形态上的差异和朝鲜战争的缘故,中美两国断交二十多年。为了打开中美两国外交新局面,双方领导人都作出了巨大努力。1972年,尼克松冲破重重阻力来到北京,为中美邦交正常化打开了新局面。这是一件令两国人民都深受鼓舞的事,也是令世界为之注目的大事。新中国在建立的过程中和建立之后,美国都进行过百般阻挠和打压,这是周恩来和尼克松都心中有数的。这些事谈判时当然不可能不提,但宴会上为了友好气氛的营造是不便说得太明的。于是周恩来便建构了"由于大家都知道的原因,两国人民之间的来往中断了二十多年"这样的推避修辞文本。这一文本的建构,在表达上意到而辞婉,臻至了外交上的彬彬有礼而又不卑不亢的最高境界;在接受上,让接受者透过辞面思而得之,既避免了接受时的情感尴尬,又会在接受的同时生发出一种感佩表达者语言表达智慧的喜悦之情。因此,我们可以说周恩来的这一推避修辞文本是外交上的智慧语言范本。

推避修辞文本,在外交与论辩场合应用比较广泛,因为它能在温情脉脉的面纱遮盖下婉转地表达出自己所欲表达的真意,有利于缓和矛盾,使言语博弈符合现代文明规范。古代汉语中,这类文本的建构很少见到,这与社会的变迁与语言的发展都有关系。

第九节　化整为零,绵里藏针:镶嵌

镶嵌,是一种"为着表意的婉转含蓄或是耐人寻味的机趣而有意将某些特定的字词镶嵌于语句之中"①的修辞文本模式。这种文本模式,从表达上看,由于不是直接组词构句,而是以化整为零的方式出现,因而语义呈现就显得相当隐晦、婉约;从接受上看,接受者要想破解其真实语义,需要化零为整,还原表达者真实的构句原型。这虽然给接受者的接受理解造成一些困阻,但接受者一旦通过努力解读成功,便会获得一种文本解读成功的快慰与审美情趣。正因为如此,中国文人特别喜欢建构这种文本模式。如:

(一)民犹是也,国犹是也,何分南北? 总而言之,统而言之,不是东西! (章太炎《讽曹锟》)

例(一)是"民国时代学者章太炎讽刺北洋军阀曹锟通过贿选而当选

---

① 吴礼权:《语言策略秀》(修订版)第87页,广州:暨南大学出版社,2013年。

总统之事的联语"①。1923年10月5日,直系军阀首领曹锟通过重金收买国会议员而当选中华民国第五任总统。贿选消息一出,举国舆论大哗。于是,就有了章太炎上述这副联语,对曹锟丑行予以了无情挞伐。但是,章太炎的挞伐并不是泼妇骂街式,而是陈情表意温文尔雅,不失君子风度。他联语实际要表达的意思是:"民国何分南北?总统不是东西"。然而,他并未这样构句而直白本意,而是以镶嵌修辞法建构了一个中国人喜闻乐道的联语文本,将"民国"二字镶嵌于上联的一二句之首,以与第三句"何分南北"的问句配合,深刻地阐明了民国是全体中国人的民国,不应该地分南北、人分派系的道理;将"总统"二字镶嵌于下联的一二句之首,配合第三句"不是东西"的直陈句,旗帜鲜明地表明了自己对曹锟贿选丑行的否定态度。这样,"既辛辣地讽刺了曹锟,又彰显了自己的才学智慧与骂人不带脏字的文人风范",②可谓达到了"不著一字,尽得风流"的境界。所以,在民国文坛被传为佳话。

又如:

(二)昨天,台视举行《雪山飞狐》试片会,会场高挂两标语:"雪山压垮望夫崖,飞狐踹倒张三丰。"足可见台视企图借《雪山飞狐》重拾八点档威风的决心。(台湾《中国时报》1991年3月14日新闻)

例(二)这则新闻报道,说的是"台湾有三大知名电视台:中视、华视、台视。当时中视正播映电视剧《望夫崖》,华视正播映《张三丰》。台视为了争夺电视观众,所以打出了这幅标语,意在与其他两家电视台竞争,是一种广告战"③。现代社会商业利益第一,彼此相互竞争亦属正常,电视台之间发生广告战自然也是在所难免。但是,"台视的广告战为了展现君子相争而不失风度的姿态,标语采用了'镶嵌'修辞法,将自己所要

---

①② 吴礼权、谢元春:《传播媒介的发展对汉语修辞创造的促动》,《阅江学刊》,2019年第1期,第115页。

③ 吴礼权:《语言策略秀》(修订版)第88页,广州:暨南大学出版社,2013年。

宣传推广的电视剧片名与竞争对手正在热播的电视剧片名分别'镶嵌'于前后句中,让人思而得之"①,可谓是商业竞争中仍不失斯文的优雅典范。

　　镶嵌修辞手法并不是现代人的发明,而是古已有之,中国古代文人尤其喜欢运用。如宋代大文豪苏轼就有此爱好,其所建构的镶嵌修辞文本十分精妙,在中国文坛至今仍被传为佳话。宋人陈善《扪虱新话》下集卷之三《东坡为郑容落籍高莹从良》条,曾有记载曰:"东坡集中有《减字木兰花》词云:'郑庄好客,容我樽前先堕帻,落笔生风,藉甚声名独我公。高山白早,莹雪肌肤那解老,从此南徐,良夜清风月满湖。'人多不晓其意。或云:坡昔过京口,官妓郑容高莹二人尝侍宴。坡喜之,二妓间请于坡,欲为脱籍。坡许之而终不为言。及临别,二妓复之船所恳之,坡曰:'尔但持我此词以往,太守一见,便知其意。'盖是'郑容落籍,高莹从良'八字也。此老真尔狡狯耶。"读了这则宋人笔记,也许我们会有这样的疑问,苏轼不过想跟京口太守说八个字:"郑容落籍,高莹从良",为何不直白本意,而是费尽心机地写一首四十四字的《减字木兰花》词呢?仔细分析,应该是"基于两个方面的原因:一是为官妓请托落籍从良并非合法与光彩之事,二是京口太守是否愿意或方便帮忙不可知。因此,为了自己的颜面,也为了不为难朋友京口太守,他选择了'镶嵌'修辞手法写了一首词,让京口太守自己根据情况决定。很明显,苏轼建构'镶嵌'修辞文本,目标是为了婉转含蓄地达意传情"②。

小　结

　　在言语交际中,我们时常所要面对的交际对象和所要适应的题旨情

---

① 吴礼权、谢元春:《传播媒介的发展对汉语修辞创造的促动》,《阅江学刊》,2019年第1期,第115页。
② 吴礼权、谢元春:《传播媒介的发展对汉语修辞创造的促动》,《阅江学刊》,2019年第1期,第114页。

境总是纷繁复杂的,我们无可回避,也无可选择,而只能适应。为此,我们在说写过程中就必须用心体认我们所直面的交际对象和所要适应的题旨情境,寻求最恰切的方式,建构最有针对性且最有效的修辞文本模式,将我们所意欲表达的情意传达给接受者,使之产生与自己相一致的情感或思想共鸣,使表达和接受效果尽可能地臻至理想的境界。追求"含不尽之意,见于言外"的婉约蕴藉韵致,即是我们言语交际中所追求的一种理想的修辞境界。为此,我们一般可以采用上述所论及的双关、折绕、讳饰、藏词、留白、倒反、用典、推避、镶嵌等九种基本的修辞文本模式来实现我们的修辞目标。

但是,应该指出的是,追求"含不尽之意,见于言外"的婉约蕴藉韵致的修辞境界,并不仅仅限于上述九种修辞文本模式,只是说这九种模式是"基本式"而已。事实上,后文我们将要论及的其他修辞文本模式,有时也能臻至这种境界。比方说,后文我们将要讲到的借代修辞文本,一般说来,它所追求的是生动形象的修辞境界。可是,有些借代修辞文本也可能有婉约蕴藉的韵致。例如:

(一)住惯北平的房子,老希望能找到一个大院子。所以离开北平之后,无论到天津,济南,汉口,上海,以至青岛,能找到房子带个大院子,真是少有。特别是在青岛,你能找到独门独院,只花很少的租价,就简直可说没有。<u>除非你真有腰包,可以大大的租上座全楼</u>。(老舍《搬家》)

例(一)"除非你真有腰包,可以大大的租上座全楼",是一个借代修辞文本。"腰包"代"钱",是以事物与事物的所在相代。作者不直接说"钱",而要以借代的方式说"腰包",明显是受中国知识阶层长期以来羞于言利的传统文化影响所致。从表达上看,说"真有腰包"明显比直说"真有钱"要婉转得多,多少带有一点优雅的意味,接受上有令人回味的地方。可见,借代修辞文本有的也可以有婉约蕴藉的韵致。

又比方说,比喻修辞文本,一般说来多有生动形象的表达效果。但是有些比喻修辞文本却也有婉约蕴藉的韵致。例如:

(二) 胡适揭开文学革命的序幕,提倡白话文学,宣扬民主与科学,推出德先生(democracy)与赛先生(science),鼓动新思潮,开风气之先,居功奇伟。曾经遭受到若干保守人士的攻讦,开始还讲道理,后来演变成人身攻击,胡适虽然修养不错,终究按捺不住,脱口而出:

"狮子和老虎向来都是独来独往的,只有狐狸跟狗才联群结党!"(沈谦《我的朋友胡适之》)

例(二)"狮子和老虎向来都是独来独往的,只有狐狸跟狗才联群结党",是胡适五四时代的名言。它是个比喻修辞文本,属"借喻"一类,本体和喻词都省略了。这句话的实质是说:我像独来独往的狮子和老虎,向来做事光明磊落;而你们这帮人就像联群结党的狐狸与狗一样,总要躲在暗处搞些见不得人的勾当。如果胡适真要这样直话直说,势必会招来更多的攻讦。因为这样直说过于粗鲁、刻薄,将自己比作狮虎又未免有自高自大之嫌。胡适的修辞文本妙就妙在以"借喻"修辞文本婉约地道出其意,既不授人以把柄,陷自己于泥沼,同时还表现出一个大学者的典雅风范。真是"占了便宜又卖乖"!

由上面二例来看,臻至"含不尽之意,见于言外"的婉约蕴藉韵致的修辞境界,并不仅限于本章所论的九种修辞文本模式。比喻、借代等修辞文本有时也能臻至这一修辞境界。

"含不尽之意,见于言外"的婉约蕴藉韵致的修辞境界,之所以为我们所热烈追求,从普遍意义上看,这是因为"委婉修辞生成的心理机制是基于人类的一种'距离'美学心理。表达者将所要表达的思想或情感不直接表达出来,而是用曲折、含蓄的方法说出来,让接受者经过一番思考之后才能领会,这样就在心理上起了一个缓冲的作用,同时在接受上有一种回味无穷的艺术魅力"[①]。在汉语修辞中,中国人之所以喜欢建构具有婉约蕴藉韵致的修辞文本,这是因为这种修辞文本的建构"在中国有深厚的文化根基与悠久的历史,这是与中国传统文化心理分不开的。

[①] 吴礼权:《委婉修辞研究》第1页,博士学位论文,复旦大学研究生院,1997年。

大致说来,汉语委婉修辞生成与发展的文化根由主要有这样一些方面:一是政治环境特别是中国古代长期的封建专制政体与儒家思想的禁锢所形成的思想言论不自由的政治环境的制约;二是汉民族人由于实践理性影响而对思想与情感的展露'经常采取克制、引导、自我调节的方针'所形成的崇尚含蓄蕴藉的民族心理的导引;三是中国历代崇尚'不著一字,尽得风流'的文学传统。而这三个方面的原因,归根结底又与中国传统思维方式的影响密不可分"①。了解到这些理论上的因由,我们对于建构具有婉约蕴藉韵致的修辞文本的意义与自觉性自然可以更提升一步。

思考和练习

一、追求婉约蕴藉韵致的修辞境界,一般说来有哪几种修辞文本模式?

二、汉民族人为什么在言语交际中有追求婉约含蓄效果的心理倾向?试略述理论依据。

三、请分析下列诸例各有哪些修辞文本,并说明各属于哪一类型模式,试简略说明其表达和接受效果。

(1) 然而曾几何时,知命之年,倏尔而逝;耳顺之年,也没有留下什么痕迹,连古稀之年也没能让我有古稀的感觉。(季羡林《过年的感觉》)

(2) 1981年,梁老八十诞辰,诗人痖弦请了一桌寿宴,我有幸忝列末席,但不幸的是平生酒量太差,只好向他告饶:"梁老,我酒量太差,只能干半杯,您随意!"梁老面露诡谲的微笑:"那你就把下半杯干了!"(沈谦《梁实秋的流风余韵》)

(3) 小孩子上山就得采花;到海边就得拾贝壳,书呆子进图书馆想捞新智慧——出门人到了巴黎就想……(徐志摩《巴黎鳞爪》)

(4) 清代,临川有叫李太翁的,穷愁潦倒,身无长物,只带了一把雨伞,形单影只的到广西去谋生,那时他已经五十余岁,多方奔走谋求,都

---

① 吴礼权:《委婉修辞研究》第2页,博士学位论文,复旦大学研究生院,1997年。

不得志。直奋斗到六十四岁,才积聚了八千金,娶了老婆回故乡,但在还乡途中,遇了旧友某通判;其时某通判以亏空公款,被拘押问讯,班荆永诀,悲不自胜。李太翁急急以一生所积的八千金,赎回旧友,自己便又变成空无一物的倦旅了。(王禄松《那雪夜中的炭火》)

(5) 去年暑假我只得含泪到街上胡乱买了一些花莲石玉镯、耳环、合金戒指,以及颜色较素的绣花布鞋等等。拿回去给母亲一一过目,她要我把这些东西放在床头铁盒子中,说:

"等我走了,把真金戒指玉镯退下,换这些假的。寿衣不要另外做了,家里现成的那些挑新一点的就行了。"(丘秀芷《两老》)

(6) 人毋须苦于悟禅参佛,能把一颗洗涤过的心,置于这般透明清澈的辰光里,我想那即净土一方,不是武陵人暂游桃源里,更非刘阮上天台。泥巷之中也有大智的人,东篱之下一样见得悠悠的南山。只由你的心境能否容纳得下这宇宙!这人间!(羊令野《你从鸟声中醒来》)

(7) 除了这头猪、这头牛、这条狗,我最近在周遭的世界中又发现了另一种畜牧,它是一种二条腿的……(吴锦发《畜牧三章》)

(8) 适之先生对青年人一向鼓励提挈。四十年代,他在美国哈佛大学遇到当时还是青年的学者周一良和杨联陞等,对他们的天才和成就大为赞赏。后来周一良回到中国,倾向进步,参加革命,其结果是众所周知的。杨联陞留在美国,在二三十年长时间内同适之先生通信论学,互相唱和。在学术成就上也是硕果累累,名扬海外。周的天才与功力,只能说是高于杨,虽然在学术上也有所表现,但是,格于形势,不免令人有未尽其才之感。(季羡林《站在胡适之先生墓前》)

(9) 相传有人爱写字,尤其是爱写扇子,后来腿坏,以至无扇可写;人间其故,原来是大家见了他就跑,他追赶不上了。如果字果真写到好处,当然不需要腿健,但写字的人究竟是腿健者居多。(梁实秋《写字》)

(10) ……跟女友共一把雨伞,该是一种美丽的合作吧。最好是初恋,有点兴奋,更有点不好意思,若即若离之间,雨不妨下大一点。真正初恋,恐怕是兴奋得不需要伞的,手牵手在雨中狂奔而去,把年轻的长发和肌肤交给漫天的淋淋漓漓,然后向对方的唇上颊上尝凉凉甜甜的雨

水,不过那要非常年轻且激情,同时也只能发生在法国的新潮片里吧。(余光中《听听那冷雨》)

(11) 四十岁了,没有多余的情感和时间可以挥霍,且专致地爱脚跟下的这片土地吧!且虔诚地维护头顶的那片青天吧!生平不识一张牌,却生就了大赌徒的性格,押下去的那份筹码,其数值自己也不知道,只知道是余生的岁岁年年,赌的是什么?是在我垂睫大去之际能看到较澄澈的河流,较清鲜的空气……(张晓风《情怀》)

(12) 谚云:"树大自直",意思是说孩子不需管教,小时恣肆些,大了自然会好。可是弯曲的小树,长大是否会直呢?我不敢说。(梁实秋《孩子》)

(13) 我虽然为了真理,勇往直前,但也绝非暴虎冯河式的血气之勇,而是谋而后动的、先立于不败之地的。(李敖《李敖回忆录》)

(14) 爬着山,不免微喘,喘息仿佛是肺纳的饥饿。由于饿,呼吸便甜美起来,何况这里是山间的空气,浮动着草香花香土香的小路。这个春天,我认真的背诵野花的名字"紫花藿香蓟""南国蓟""昭和草""桃金娘"……可恨的山野永远比书本丰富,我仍然说不出鼻观里吸进去的芬芳有些什么名字。(张晓风《专宠》)

第二章 传神生动的修辞文本营构模式
Section 2

在日常说写活动中,我们常常会不满足于平实地叙事状物,而总是力图使所叙之事,所状之景能够生动形象,能给接受者以强烈的印象,让接受者有一种深切的感动。为了企及"状难写之景,如在目前"的传神生动的理想境界,我们就必须讲究语言策略,建构恰切的修辞文本。一般说来,深具传神生动效果的修辞文本模式,主要有譬喻、比拟、摹状、示现、列锦、飞白、讽喻、换算、歇后等几类。

第一节 假物博依,义皎而朗:譬喻

譬喻(或称比喻),是一种通过联想将两个在本质上根本不同的事物由某一相似性特点而直接联系搭挂于一起的修辞文本模式。这种修辞文本的建构,在表达上有增强所叙写对象内容的生动性和形象性的效果;在接受上,有利于调动接受者的接受兴趣,使其可以准确地解读出文本的意蕴,而且可以经由接受者的再造性想象,扩添文本所叙写对象内容的内涵意象,从而获得大于文本形象内容的解读快慰与审美享受。

譬喻作为一种修辞文本模式,一般可从形式上将之分为"明喻""隐喻""借喻"三类[1]。

所谓"明喻",是一种形式全备的譬喻模式,它的典型格式是"A像B"。其中,A是本体,B是喻体,"像"是喻词,恰似联系本体与喻体的桥梁。喻词除了"像"比较常见外,还有"好像""好比""如同""仿佛""若

---

[1] 陈望道:《修辞学发凡》第59页,上海:复旦大学出版社,2008年。

"如""好似""似"等等,有时这些喻词还与"一样""似的""一般"等等配合使用。明喻修辞文本,由于形式上明显,一般最易见出。使用上也较多,一般的说写者多喜欢用明喻的形式来设喻。例如:

(一)方鸿渐看唐小姐不笑的时候,脸上还依恋着笑意,像音乐停止后袅袅空中的余音。许多女人会笑得这样甜,但她们的笑容只是面部肌肉柔软操,仿佛有教练在喊口令:"一!"忽然满脸堆笑,"二!"忽然笑不知去向,只余个空脸,像电影开映前的布幕……(钱钟书《围城》)

例(一)有两个譬喻修辞文本,一是"唐小姐不笑的时候,脸上还依恋着笑意,像音乐停止后袅袅空中的余音",是描写唐小姐停笑时的面部表情之美好;一是"许多女人会笑得这样甜……忽然笑不知去向,只余个空脸,像电影开映前的布幕",是说其他女人停笑时面部表情之难看。这两个譬喻修辞文本都是明喻一类,它们的建构,在表达上大大丰富了文本所叙写的对象内容(两种女人不同的面部表情)的生动性和形象性,比不用譬喻修辞文本而直叙的文本效果好得多;在接受上,接受者通过对表达者所建构的上述两个修辞文本的仔细解读,既能准确地破译出表达者的文本建构用意(对唐小姐面部表情之美的赞美之情与对其他女人的面部表情之呆板的贬诋之心),又可依托自己对"音乐停止后袅袅空中的余音"和"电影开映前的布幕"两种经验的不同体认,经由各人的再造性想象,扩添文本所叙写对象内容的内涵意象,从而获取远大于或不同于原文本形象内容的解读快慰和审美享受。

"明喻",无论在现代汉语中还是古代汉语中,都是最容易辨别的,从喻词上就可以看出来。现代汉语常以"像""好像"等为喻词,古代汉语则以"如""若"等为喻词。如《诗经·卫风·硕人》写卫庄公夫人庄姜之美:"手如柔荑,肤如凝脂,领如蝤蛴,齿如瓠犀",四个比喻都用"如"为喻词。《论语·里仁》:"子曰:'不义而富且贵,于我如浮云'",也用"如"为喻词。其他如唐·白居易《长恨歌》诗:"芙蓉如面柳如眉,对此如何不泪垂",南唐李煜《清平乐》词:"离恨恰如春草,更行更远还生",宋·欧阳修《长相思》词:"玉如肌,柳如眉,爱着鹅黄金缕衣"等明喻文本,都是用"如"为喻词。也有用"似"为喻词的,如唐·李益《夜上受降城闻笛》:"回乐烽前沙似雪",宋·苏轼《和子由渑池怀旧》:"人生到处知何似?应似飞鸿踏雪泥"①。还有用"若"为喻词的,如《老子》:"上善若水"(第八章)、"治大国若烹小鲜"(第六十章),《庄子·逍遥游》:"其翎若垂天之云""肌肤若冰雪,绰约若处子",《孟子·梁惠王下》:"民望之,若大旱之望云霓""诛其君而吊其民,若时雨降"②,等等。

所谓"隐喻"(或称暗喻),是一种以"是""变成"等喻词绾合本体与喻体抑或省略了喻词的譬喻修辞文本模式。它的典型格式是"A 是 B"。隐喻在譬喻文本建构中也是常见的。例如:

(二)听听那冷雨。看看,那冷雨。嗅嗅闻闻,那冷雨。舔舔吧,那冷雨。雨在他的伞上,这城市百万人的伞上,雨衣上,屋上,天线上,雨下在基隆港,在防波堤,在海峡的船上,清明这季雨。雨是女性,应该最富于感性……(余光中《听听那冷雨》)

例(二)"雨是女性,应该最富于感性",即是一个隐喻修辞文本。这一修辞文本的建构,在表达上,将清明时节的雨与富于感性的女性联系搭挂在一起,形象、生动,且内涵丰富。在接受上,喻体"女性"内涵的丰富性和相对于不同接受者的经验所具有的不同体认,使接受者可以展开想象的翅膀进行广泛的再造性想象,既可以深刻地把握文本的丰富内涵,又可在文本解读接受中获得更自由、最大量的审美享受。

现代汉语的"隐喻"典型格式为"A 是 B",在古代汉语中则表现为"A,B",是以判断句的形式出现的。如《孟子·滕文公上》:"君子之德,风也;小人之德,草也",即是。又如《左传·文公七年》:"赵衰,冬日之日

---

① 此七例引见于沈谦:《修辞学》第 7—8 页,台北:台湾空中大学印行,1996 年。
② 此六例引见于宗廷虎等:《中国修辞史》第 665 页,长春:吉林教育出版社,2007 年。

也;赵盾,夏日之日也"①,亦以判断句形式设喻。

所谓"借喻",是将本体与喻词一并省略了的譬喻修辞文本模式。这种譬喻是一种隐奥的形式,在接受时需接受者用心体会和解读。这类譬喻知识阶层、文学界的人士比较爱用。例如:

(三)尽管妈妈愈老愈爱向我告爸爸的状,我仍然觉得:妈妈能嫁给爸爸,这是她前生修来的福气……今年四月底我回去,母亲又跟我告父亲的状:

"你阿爸啊!身体略略好一点,又趴趴四处走!一点都不顾屋里事,他哪,一世人不改,以前——"

哈!妈妈又在翻爸爸的陈年老账了!老小老小,真是不错。想从前,我小时候常向妈妈告姊姊弟弟的状,如今,倒过来了……(丘秀芷《两老》)

例(三)"妈妈又在翻爸爸的陈年老账了",是个借喻修辞文本。"陈年老账"是喻体,本体"往事"和喻词"像"皆省略了。这一修辞文本的建构,在表达上,由于本体的隐去,而让喻体直呈于接受者眼前,既使往事的属性特征更形突出,也使叙写更富形象性和生动性;在接受上,由于譬喻修辞文本未采用全备形式,接受者的解读接受略有一些阻障,但依托语境的帮助,接受者可以补足这一比喻的未备形式,了知文本的真意所在。同时由于"陈年旧账"在不同接受者的经验中有各不相同的体认,就使接受者的接受解读更形自由,这在客观上又大大提高了接受者接受解读文本的积极性,提升了修辞文本的审美价值。

"借喻"因为省略了本体与喻词,因此解读时需要费些心力。不过,依靠一定的语境,仔细分析,还是能够还原出其本体与喻词的。应该指出的是,由于本体与喻词的省略,"借喻"在表意上有含蓄委婉的效果,因此现代汉语中的借喻主要在知识阶层中运用。而在古代汉语中,"借喻"

---

① 此例引见于宗廷虎等:《中国修辞史》第665页,长春:吉林教育出版社,2007年。

的运用则是司空见惯的。如《论语·子罕》:"子曰:'岁寒,然后知松柏之后凋也。'"孔子的这句话,是中国人耳熟能详的人生格言,"意谓:在天气严寒,岁月将暮的冬季,当其他草木都已凋谢枯萎的时候,独有松、柏仍然青翠如常。这才知道松、柏之可贵。""松柏后凋于岁寒的特性,适足以显现君子的特质:虽处身乱世,却能坚守高尚的节操,面临患难而不改变贞亮的气节"①。由于本体"君子"与喻词"如"均被省略,因此解读这句话时,就必须结合孔子说这句话的语境予以仔细分析,从而了解孔子对君子人格的期许。

譬喻修辞文本,我们虽然可以从形式上将之区分为上述三种基本形态,但实际建构中,它的形态变化是颇为纷繁复杂的。从不同的角度,可以将譬喻分为不同的类别,有不同的名称,如引喻、提喻、较喻、反喻、交喻、回喻、博喻、连喻、类喻、进喻、互喻、缩喻、约喻、兼喻、合喻等等,不一而足。实际上,这些都是譬喻的变体形态,是论者从不同角度进行分类的结果。下面综合各家说法并损益整理,同时根据我们找到的一些新材料对上述诸类略加释述②,以为备览。

1. 引喻

"引喻"又称"对喻""扩喻""类比"。这一类比喻,有本体,有喻体,但

---

① 沈谦:《修辞学》第 35 页,台北:台湾空中大学印行,1996 年。
② 关于本节所例列的譬喻各分类名称,如果以严格的科学定义和分类标准来衡量是不尽如人意的。所以,本节所介绍的十五个譬喻变体形式,虽经笔者整理,包括对其定义的加工和例证的筛选,但仍认为不能作为定论来介绍,故而以"备览"的形式出现,以资读者参考或增广见闻。"备览"部分的定义和例证源自汪国胜、吴振国、李宇明主编的《汉语辞格大全》中所汇集的材料,但定义皆经笔者重新整理,例证除注明源自汪国胜、吴振国、李宇明主编的《汉语辞格大全》一书外,多数例证是笔者另找的现代汉语方面的新例证。至于汪国胜、吴振国、李宇明主编的《汉语辞格大全》中汇集的"疑喻""诘喻""物喻""事喻""质喻""曲喻""申喻""例喻""详喻""套喻""不喻""递喻""逆喻"等名称或类别,笔者认为存在的问题较多,所以没有作为备览介绍。读者有兴趣可以参阅汪国胜、吴振国、李宇明主编的《汉语辞格大全》第 10—59 页,南宁:广西教育出版社,1993 年。

省略喻词。依形式标准分类,属于"隐喻"。"引喻"在语序上可以分两类。一是本体在前,喻体在后的。例如:

(四)卑下低劣的群体里,不可能有真正的文学产生。河流污染了,我不相信其间生出的鱼类会是洁净的、鲜活的。(杨闻宇《混沌小语》)

例(四)"卑下低劣的群体里,不可能有真正的文学产生"是本体,"河流污染了,其间生出的鱼类不会是洁净的、鲜活的"是喻体(表达上有变化),喻词"像"省略。语序是本体在前,喻体在后。这一类"引喻",后一部分兼有"补证"意味,所以有人又称之为"补喻"。

另一类是喻体在前,本体在后的,例如:

(五)坐在轮椅上的罗斯福,是美国历届总统中的佼佼者,也是"二战"中世界公认的反法西斯英雄。然而,大山近处不显高,仆人眼里无伟人。罗氏尤喜在椭圆形的总统办公室里与美人单独幽会……(李存葆《飘逝的绝唱》)

例(五)"大山近处不显高"是喻体,"仆人眼里无伟人"是本体,喻词省略。语序是喻体在前,本体在后。

"引喻"的两种形式,在古代诗文中的运用更是寻常。如《史记·留侯世家》:"忠言逆耳利于行,良药苦口利于病"[1],是一个本体在前、喻体在后的"引喻"(喻词被省略),意在说明逆耳忠言的难能可贵。曹操《步出夏门行·龟虽寿》:"老骥伏枥,志在千里;烈士暮年,壮心不已"[2],则是一个本体在后、喻体在前的"引喻"(喻词被省略)。因为说老骥如何不是诗人表达的目标,而是意在说明"烈士"(有理想有抱负的政治家)至死不渝的政治抱负和建功立业的壮心。诸如此类的"引喻",早在《诗经》中

---

[1][2] 此二例引见于沈谦:《修辞学》第24、第25页,台北:台湾空中大学印行,1996年。

就已存在。如:"南有乔木,不可休思;汉有游女,不可求思"(《周南·汉广》),"伐柯如何?匪斧不克。取妻如何?匪媒不得"(《诗经·豳风·伐柯》)①,皆是以后一个分句为本体,前一个分句为喻体的"引喻"。

2. 提喻

"提喻",其实就是普通"明喻"的变体。它最大的特点是语序与正常的明喻不同,其基本格式是"喻词—喻体—本体"。例如:

(六)是谁白天黑夜,积年累月,拿自己的汗水浇着花,<u>像抚育自己儿女一样抚育着花秧</u>……(杨朔《茶花赋》)

例(六)一段文字②,其中的比喻结构形式:首先是喻词"像",接着是喻体"抚育自己儿女",本体"抚育着花秧"最后出现,是典型的提喻形式。

3. 较喻

"较喻"不仅本体与喻体之间有譬喻关系,且有比较关系。根据两者之间在强弱、轻重等方面的差别,它可分"强喻""等喻""弱喻"三小类③。依形式标准分类,较喻都属于"明喻",因为有特定的喻词(表示比较关系的语词)。所谓"强喻",即本体胜过喻体的比喻。例如:

(七)因此就想起那些山水,那些花鸟,那些隔在病室之外的世界。诗诗,我曾狂热地爱过那一切,但现在,我却被禁锢,每天等待四小时一次的会面,<u>等待你红于樱的小脸</u>。(张晓风《初绽的诗篇》)

例(七)"等待你红于樱的小脸"是个强喻,因为本体"小脸"在红的程

---

① 此例引见于宗廷虎等:《中国修辞史》第658页,长春:吉林教育出版社,2007年。
② 此例引见于汪国胜等主编:《汉语辞格大全》第23页,南宁:广西教育出版社,1993年。
③ 参见汪国胜等主编:《汉语辞格大全》第35页,南宁:广西教育出版社,1993年。

度上强过了喻体"樱"。

"等喻",即本体与喻体相当、相等的。例如:

(八)我睡去,无异于一只羊,一匹马,一头骆驼,一株草。(张晓风《戈壁行脚》)

例(八)形容我睡觉的状态,本体"我"与喻体"羊""马""骆驼""草"没有差别,即相当,故用"无异于"做喻词。

"弱喻",即本体不如喻体的。例如:

(九)她做丫头的时候,主人当她是一件东西,主人当她是没有灵性的东西,比猫狗还不如……(茅盾《残冬》)

例(九)"比猫狗还不如"是个弱喻①,本体"她"与喻体"猫狗"在主人面前待遇是一样的,没有人的尊严,但在程度上,本体"她"还弱于喻体"猫狗"。

"较喻"并非现代汉语所特有,而是古已有之的修辞现象。唐诗中这种修辞文本就很常见,如杜牧《山行》:"霜叶红于二月花",以霜叶与二月花相比,强调霜叶之红;白居易《忆江南》:"日出江花红胜火",以江花与火相比,强调江花之红;李白《蜀道难》:"蜀道之难,难于上青天",以蜀道之难行与上天之难相比,强调蜀道难行超过上天,都是典型的"强喻"。又如李白《赠汪伦》:"桃花潭水深千尺,不及汪伦送我情",以桃花潭水的深度与汪伦对诗人的感情深度作比,用"不及"作喻词,强调汪伦对诗人感情的深度;刘禹锡《竹枝词》:"懊恼人心不如石,少时东去复西来"②,以石头与人心相比,以"不如"为喻词,强调人心之易变,都是典型的"弱喻"。

---

① 此例引见于汪国胜等主编:《汉语辞格大全》第35页,南宁:广西教育出版社,1993年。
② 此例引见于汪国胜等主编:《汉语辞格大全》第37页,南宁:广西教育出版社,1993年。

4. 反喻

"反喻"又称"非喻""否定式比喻",是一种从否定角度设喻,往往以"并非""不像""不是"之类喻词绾合本体与喻体的譬喻。因此,依形式标准分类,反喻属于"明喻"。例如:

(十)适合你的事业,白桦林不靠天赐,主要靠自我寻找。这不但因为相宜的事业,并非像雨后的菌子一样,俯拾即是,而是因为我们对自身的认识,也是抽丝剥茧,需要水落石出的流程。(毕淑敏《精神的三间小屋》)

例(十)"相宜的事业,并非像雨后的菌子一样,俯拾即是",即是反喻,喻词为否定副词"并非"。

"反喻"是古已有之的"譬喻"形式,早在三千多年前的《诗经》中就已存在。如:"我心匪石,不可转也;我心匪席,不可卷也"(《国风·邶风·柏舟》)[1],以"心"与"石"作比,以"匪"(非)为喻词,通过心与石的比较,强调女主人公对爱情坚定不移的信念,是典型的"反喻"文本。

5. 交喻

"交喻"是一种用两个不同喻体从正反两个角度说明同一本体的譬喻。依形式标准分类,交喻属于"隐喻",因为其喻词大多用"是"或"不是"之类表判断的语词。交喻有两种情况,一是先从反面比喻,再从正面比喻。例如:

(十一)如今,出身不再是我们之间的鸿沟,然而我看见了新的裂痕,失去了自己心爱的工作,离开了生我养我的土地,我不再是风,不再是水,不再是港湾,我只是一朵飘在空中的云,无依无靠……(王周生《陪读夫人》)

---

[1] 此例引见于宗廷虎等:《中国修辞史》第659页,长春:吉林教育出版社,2007年。

例(十一)"我不再是风,不再是水,不再是港湾,我只是一朵飘在空中的云,无依无靠",是交喻,前面以"风""水""港湾"三个喻体从反面说明本体"我",后面以"云"为喻体从正面说明本体"我"。

交喻的第二种情况是先从正面比喻,再从反面比喻。例如:

(十二)这样的风气的民众是灰尘,不是泥土,在他这里长不出好花和乔木来。(鲁迅《未有天才之前》)

例(十二)"这样的风气的民众是灰尘,不是泥土"是交喻①,即是以"灰尘"与"泥土"两个喻体从正反两方面来设喻说明"这样风气的民众"。

"交喻"在古代汉语修辞中也偶有所见,如《墨子·公孟》:"公孟子谓子墨子曰:'实为善人,孰不知?譬若良玉,处而不出有余糈。譬若美女,处而不出,人争求之。行而自炫,人莫之取也。今子遍从人而说之,何其劳也?'"其中,"处而不出,人争求之"是"从反面设喻","行而自炫,人莫之取也"是"从正面设喻,说明'今子遍从人而说之,何其劳也'的道理"②,即是一个典型的"交喻"文本。

6. 回喻

"回喻"又称"迂喻""迂回喻",是一种先提出喻体,再否定喻体,然后引出本体的譬喻。依形式标准分类,回喻属于"隐喻",因为其喻词主要用"是"或"不是"之类表判断的语词。例如:

(十三)站在高山向西看,一条白带绕丛山,不是带,原是新开公路上岭来。
<u>站在高山往西瞧,朵朵白云山上飘,不是云,原是钻井工房搭山顶。</u>
<u>站在高山往下望,井场流水翻黑浪,不是水,原是原油出闸展翅飞。</u>

---

① 此例引见于汪国胜等主编:《汉语辞格大全》第33页,南宁:广西教育出版社,1993年。
② 汪国胜等主编:《汉语辞格大全》第33页,南宁:广西教育出版社,1993年。

（青海民歌《站在高山上》）

例（十三）是三个回喻①，如第一句先提出喻体"一条白带"，再否定喻体，然后引出本体"新开公路"。第二、三句亦然。

7. 博喻

"博喻"又称"多项喻""莎士比亚式比喻"，是一种以多个喻体对某一事物或某事物的几个方面进行说明描写的譬喻。依形式标准分类，博喻属于"明喻"，因为其喻词大多用"像""如"等。博喻从形式上可细分为两小类，一称"复喻"，是用几个喻体来说明事物的一个方面，例如：

（十四）<u>有人打哈欠还带音乐的，其声呜呜然，如吹号角，如鸣警报，如猿啼，如鹤鸣，音容并茂</u>……（梁实秋《旁若无人》）

例（十四）本体是"打哈欠还带音乐的，其声呜呜然"，"吹号角""鸣警报""猿啼""鹤鸣"，都是喻体，都是共同说明描写本体的。

另一类称为"联喻"，是用几个喻体来说明事物的几个方面。例如：

（十五）道尔济是文化协会派来与我们同行的，他办起事来阴错阳差，天昏地暗，可是他只要一开腔唱歌，我们就立刻原谅了他。他使我们了解什么是"大漠之音"。和西南民族比较，西南民族是"山之音"，其声仄逼直行，细致凄婉。<u>草原之音却亮烈宏阔。欢快处如万马齐鸣，哀婉时则是白杨悲风。</u>（张晓风《戈壁行脚》）

例（十五）"草原之音却亮烈宏阔。欢快处如万马齐鸣，哀婉时则是白杨悲风"，是个联喻。"欢快处如万马齐鸣""哀婉时则是白杨悲风"两

---

① 此例引见于汪国胜等主编：《汉语辞格大全》第 33—34 页，南宁：广西教育出版社，1993 年。

个比喻,是分别形容"草原之音"的两个方面的声音特征的。

"博喻"的两类"复喻"与"联喻",在古代汉语中也早就存在,不是现代汉语修辞中的特有现象。"复喻"的例子,如《尚书·牧誓》:"勖哉夫子,尚桓桓,如虎如貔,如熊如罴,于商郊"①,以虎、貔、熊、罴等四种猛兽喻夫子的勇猛,是用几个喻体来说明事物的一个方面,属于典型的"复喻"形态。又如《吕氏春秋·季夏纪·明理》:"其云状,有若犬,若鸟,若白鹄,若众车"②,描写云的形状,分别用犬、鸟、白鹄、众车等来比喻,也是以多个喻体来说明事物某一个方面的"复喻"形态。再如《庄子·齐物论》:"大木百围之窍穴,似鼻,似口,似耳,似枅,似圈,似臼,似洼,似污者"③,以鼻、口、耳、枅(柱上的横木)、圈、臼、洼(指水洼)、污(指不流动的死水潭)等八种事物来说明"大木百围之窍穴"的形状,也是以多种事物描写事物一个方面的"复喻"。"联喻"的例子,如南朝宋·刘义庆《世说新语·容止》:"嵇叔夜之为人也,岩岩若孤松之独立;其醉也,傀俄若玉山之将崩"④,分别从平常状态与醉酒状态两个角度写嵇康的容止形象,是用几个喻体来说明事物的几个方面的比喻,属于典型的"联喻"形态。

8. 连喻

"连喻"是用几个喻体分别说明描写几个本体,实际上是几个譬喻连用。依形式标准分类,连喻或是属于"明喻",或是属于"隐喻",依喻词情况而定。例如:

(十六)红姨今天一直在笑,眼睛、嘴巴、鼻子、眉毛,都在笑,连她那件红衬衫抖动着好像也在笑。**她脸上红红的,像两朵云;眉毛弯弯的,像月亮;眼睛亮亮的,像……像夜里的星星!**(王周生《红姨》)

---

① 此例引见于宗廷虎等:《中国修辞史》第660页,长春:吉林教育出版社,2007年。
② 此例引见于宗廷虎等:《中国修辞史》第665页,长春:吉林教育出版社,2007年。
③ 此例引见于宗廷虎等:《中国修辞史》第667页,长春:吉林教育出版社,2007年。
④ 此例引见于宗廷虎等:《中国修辞史》第677页,长春:吉林教育出版社,2007年。

例(十六)是连喻,三个喻体"云""月亮""星星"分别说明三个本体"脸""眉毛""眼睛",是譬喻的连用。

"连喻"是自古即有的譬喻形态之一,在古代诗文中都有运用。如晋·裴秀《大蜡诗》:"有肉如丘,有酒如泉,有肴如林,有货如山"①,四个本体"肉""酒""肴""货"分别与四个喻体"丘""泉""林""山"匹配,是四个譬喻的连续铺排,属于典型的"连喻"形态。又如南朝·梁·萧衍(梁武帝)《夏歌四首》:"闺中花如绣,帘上露如珠"②,分别以"绣"(有彩色花纹的丝织品)、"珠"两个喻体分别与"花""露"两个本体匹配,连续铺排,也是典型的"连喻"形态。再如汉·刘安《淮南子·俶真训》:"夫贵贱之于身也,犹条风之时丽也;毁誉之于己也,犹蚊虻之一过也"③,以两个比喻连续铺排,说明君子修身的境界,也是典型的"连喻"。

9. 类喻

"类喻"是几个同类的本体与几个同类的喻体分别配合,通过几个喻体之间的关系来显示几个本体之间的关系。依形式标准分类,类喻或是属于"明喻",或是属于"隐喻",依喻词情况而定。例如:

(十七)臣说到,真正的好马,马头就是"王",要正要方;眼睛是"丞相",要神要亮;脊背骨是"将军",要硬要强……(曹禺《王昭君》)

例(十七)从三个方面写一匹好马的特征④,"马头""马眼""马脊背骨"三个本体是同类的,"王""丞相""将军"三个喻体也是同类的。

古汉语中,也有类似的比喻。如汉·贾谊《新书·阶级》:"天子如堂,群臣如陛,众庶如地",此例"用比喻说明社会等级,言天子如堂屋,群

---

①② 此二例引见于宗廷虎等:《中国修辞史》第676页,长春:吉林教育出版社,2007年。
③ 此例引见于宗廷虎等:《中国修辞史》第677页,长春:吉林教育出版社,2007年。
④ 此例引见于汪国胜等主编:《汉语辞格大全》第43页,南宁:广西教育出版社,1993年。

臣如台阶(陛即台阶),众人处在最低位置即土地上"①。三个本体"天子""群臣""众庶"(无官职的老百姓)属于同一类,"堂屋""陛""地"属于同一类,两相匹配,构成比喻,正是"类喻"的典型形态。

10. 进喻

"进喻"又称"叉喻",是在原有譬喻的基础上再进一步设喻,前后连贯,层层加深。依形式标准分类,进喻或是属于"明喻",或是属于"隐喻",依喻词情况而定。例如:

(十八)<u>自然科学的皇后是数学。数学的皇冠是数论,哥德巴赫猜想,则是皇冠上的明珠。</u>(徐迟《哥德巴赫猜想》)

例(十八)是一个典型的进喻②,是由三个暗喻构成的。前一个比喻的喻体充当后一个比喻的本体,语意依次递进。

11. 互喻

"互喻"又称"环喻",是"以甲喻乙"和"以乙喻甲"两个可逆性譬喻同时出现的譬喻。依形式标准分类,互喻大多属于"明喻",因为其喻词主要用"像""似"等。例如:

(十九)<u>日光白如飞尘,飞尘白如日光</u>,呛鼻的干燥中,只有深圳河是永不止息的泪沟。(张晓风《不是游记》)

例(十九)前一句的本体是"日光",喻体是"飞尘",后一句则反之,"日光"是喻体,"飞尘"是本体。

这种比喻,并非是现代汉语才有,宋人苏轼《少年游》词:"去年相送,

---

① 宗廷虎等:《中国修辞史》第676页,长春:吉林教育出版社,2007年。
② 此例引见于汪国胜等主编:《汉语辞格大全》第44页,南宁:广西教育出版社,1993年。

余杭门外,飞雪似杨花。今年春尽,杨花似雪,犹不见还家",前句用"杨花"喻"飞雪",后句以"飞雪"比"杨花",即是典型的"互喻"。

12. 缩喻

"缩喻"又称"反客为主式比喻",其基本格式是本体作定语,喻体作中心语,喻词省略,本体与喻体之间用结构助词"的"绾合,即"本体—的—喻体"的格式。依形式标准分类,缩喻都属于"隐喻",因为它的喻词都不出现。例如:

(二十)啊,可怀念的学生时代,嵌在我那碧绿年华的碧绿湖水,还有那些在湖边消度晨昏,甚至于自学校走向湖边那成排脚印,仍然那么清晰的、清晰的,呈现在我记忆的柳堤上。(张秀亚《听到了永恒》)

例(二十)有两个缩喻文本,分别是"嵌在我那碧绿年华的碧绿湖水","呈现在我记忆的柳堤上"。前句比喻的本体是"碧绿的年华"(意即青春年华),喻体是"碧绿的湖水";后句比喻的本体是"记忆",喻体是"柳堤"。两个比喻都是喻体做了中心语,而本体则做了修饰语,喻词省略了。

"缩喻"虽是一种结构形式特异的譬喻形式,却并非是现代人的原创,而是古人所创。古代诗文中,我们稍为留意,便能发现不少精彩的文本。如《诗经·卫风·硕人》:"螓首蛾眉",就是典型的"缩喻"形式。它由两个"缩喻"并列构成,分别是"螓首""蛾眉"。前一个"缩喻"的本体是"首",喻体是"螓"(小蝉),"言其额部光滑平正如蝉首"①。喻体在前,本体在后,正是"定语—中心语"的结构模式,是典型的"缩喻"形式。"蛾眉"的情况,亦然。又如宋·晏幾道《阮郎归》词:"舞腰浮动绿云秋,樱唇半点红"②,其中"樱唇",也是"缩喻"形式。因为本体是"唇",喻体是

---

① 宗廷虎等:《中国修辞史》第 660 页,长春:吉林教育出版社,2007 年。
② 此例引见于宗廷虎等:《中国修辞史》第 692 页,长春:吉林教育出版社,2007 年。

"樱"(指樱桃),二者匹配成喻,描写女子嘴唇之红的样子。再如《左传·文公元年》:"是人也,蜂目而豺声,忍人也,不可立"①,其中的"蜂目而豺声",就是两个"缩喻"形式的联合并列。若变换成正常的譬喻形式,即"目如蜂,声如豺"。

13. 约喻

"约喻",是一种以一个喻体来同时说明描写几个本体的譬喻。依形式标准分类,约喻大多属于"明喻",因为它的喻词都是"像"。例如:

(二十一)*悔恨、羞耻、绝望、孤独……这些折磨人的感情像一群饥饿的老鼠,轮流来咬我这颗渗着血珠的心。*(顾笑言《爱情交响诗》)

例(二十一)是一个典型的约喻模式②,本体有"悔恨""羞耻""绝望""孤独"四个,而说明这四个本体的只有"这些折磨人的感情像一群饥饿的老鼠"。

"约喻"在现代汉语中虽并不多见,却是古已有之的譬喻形态。如《孟子·尽心上》:"及其闻一善言,见一善行,若决江河,沛然莫之能御也"③,就是一个典型的"约喻"形式。"闻一善言""见一善行"是两个并列的本体,喻词是"若",喻体是"决江河,沛然莫之能御也",明显是以一个喻体与两个本体匹配,属于"约喻"。

14. 兼喻

"兼喻"是一种连锁式譬喻,其格式是"A 像 B,B 像 C"。其中,B 在前一句中是喻体,在后一句中又是本体,B 一身兼二职,故称。依形式标准分类,兼喻大多属于"明喻",因为它的喻词都用"像""似"等。例如:

---

① 此例引见于宗廷虎等:《中国修辞史》第 673 页,长春:吉林教育出版社,2007 年。
② 此例引见于汪国胜等主编:《汉语辞格大全》第 59 页,南宁:广西教育出版社,1993 年。
③ 此例引见于宗廷虎等:《中国修辞史》第 665 页,长春:吉林教育出版社,2007 年。

(二十二)我们容易伤风和妒忌,我们烦腻,心薄得像嘴唇。而嘴唇又薄又闹,像一张拍卖行长开的旧唱片。(王佐良《诗》)

例(二十二)是一个典型的兼喻模式①,前一个比喻的喻体"嘴唇"又是后一个比喻的本体,一身而兼二职。

"兼喻"的形式,在古代汉语中也有。如唐·赵嘏《江楼感旧》诗:"独上江楼思渺然,月光如水水如天。同来望月人何处?风景依稀似去年"②,第二句"月光如水水如天"就是一个"兼喻"。因为"水"在前一个譬喻中是喻体,将"水"比"月光";"水"在后一个譬喻中则是本体,以"天"(天光)比"水"。同一样事物"水"在同一句中身兼二职,既是前一个譬喻的喻体,也是后一个譬喻的本体,所以属于典型的"兼喻"。清·叶燮《客发苕溪》:"客心如水水如愁,容易归帆趁疾流。忽讶船窗送吴语,故山月已挂船头"③,其中第一句"客心如水水如愁","水"也是同时兼任前一个譬喻的喻体与后一个譬喻的本体,也是典型的"兼喻"形式。

15. 合喻

"合喻"又称"类比递喻",是由几个譬喻依次递进而成的。依形式标准分类,合喻大多属于"明喻",因为它的喻词多用"像"等。例如:

(二十三)记得那年泼水节,一朵凤凰花就像一团火焰,一树凤凰花就像一支燃烧的火把。(张长《泼水节的怀念》)

例(二十三)是个合喻模式④,由两个比喻构成,前一个说的是"一朵凤凰花"的力量,后一个说的是"一树凤凰花"的力量,语意上依次有递进。

譬喻是一种非常习见习用的修辞文本模式,之所以习见习用,主要

---

①②③④ 此四例引见于汪国胜等主编:《汉语辞格大全》第57页,南宁:广西教育出版社,1993年。

是它有特有的表达效果。一般说来,譬喻有四种最基本且鲜明的表达效果,分别是"可以把未知的事物变成已知""把抽象的事物说得具体""把平淡的事物说得生动""把深奥的道理说得浅显"①等表达效应。

譬喻可以变未知为已知的效果,例如:

(二十四)红海早过了,船在印度洋面上开驶着,但是太阳依然不饶人地迟落早起,侵占去大部分的夜。<u>夜仿佛纸浸了油,变成半透明体</u>;它给太阳拥抱住了,分不出身来,也许是给太阳陶醉了,所以夕照晚霞褪后的夜色也带着酡红。(钱钟书《围城》)

例(二十四)"夜仿佛纸浸了油,变成半透明体",是个明喻。夜色是个什么样子,每个人可能都有自己的经验,但不同地理环境中的夜色不尽相同也是众所周知的。那么,夏日里印度洋上的夜色又是如何呢?这可能是未在夏日的印度洋上航行过的人所不知晓的。而钱钟书所建构的上述譬喻修辞文本,读者一读,并经由自己的经验,运用再造性想象马上就能复现出表达者所描写的夏日印度洋上夜色的情状,未知之事、未亲历之情状亦能历历在目,如在眼前。这便是譬喻修辞文本在表达上的化未知为已知的独特效果。

譬喻可以化抽象为具象的效果,例如:

(二十五)坐在这样的树下,又使我想起自己平日对人品的观察。<u>我常常觉得自己的浮躁和浅薄就像"夏日之阳"</u>,常使人厌恶、回避。(张晓风《画晴》)

例(二十五)"自己的浮躁和浅薄就像'夏日之阳',常使人厌恶、回避",也是一个明喻。人之浮躁与浅薄的品行,是个抽象的东西。那么,如何使接受者深切地了知这一抽象概念的实质或特征呢?为此表达者

---

① 胡裕树主编:《现代汉语》(增订本)第459—460页,上海:上海教育出版社,1999年。

张晓风建构了上述譬喻修辞文本。经由表达者这么一比譬,原本抽象不可捉摸的"浮躁和浅薄"的概念遂变成可见、可感的具象,并让接受者感同身受。这就是譬喻变抽象为具象的表达效果。

譬喻可以化平淡为生动的效果,例如:

(二十六)所谓番茄炒虾仁的番茄,在北平原叫作西红柿,在山东各处则名为洋柿子,或红柿子……这种东西,特别是在叶子上,有些不得人心的臭味——按北平的话说,这叫作"青气味儿"。所谓"青气味儿",就是草木发出来的那种不好闻的味道,如楮树叶儿和一些青草,都是有此气味的。可怜的西红柿,果实是那么鲜丽,而被这个味儿给累住,像个有狐臭的美人。(老舍《西红柿》)

例(二十六)"可怜的西红柿,果实是那么鲜丽,而被这个味儿给累住,像个有狐臭的美人",是个譬喻。西红柿好看,味道不好闻是人所共知的。这个意思,如果根据"经济原则",用最经济的语言表达,就是这么一句简单的话:"西红柿样子好看,可惜味道难闻,所以不受欢迎"。若是这样表达,意思是说到说透了,但可能不会使接受者印象深刻,更不会令人拍案叫绝。原因很简单:表述太平淡,无由引发接受者的接受兴味。相反,这么一句简单的意思,经由老舍上述譬喻这么一写,平淡顿然化为生动,接受者陡然兴味盎然,接受效果自然也就大大提升了。这便是譬喻化平淡为生动的表达效果。

譬喻可以将深奥的道理说得浅显的效果,例如:

(二十七)卑圻说:"对于一个在苦难中的人说一句有帮助性的话,常常像火车路轨上的转折点——倾覆与顺利,仅差之毫厘。"(王禄松《那雪夜中的炭火》)

例(二十七)作者所引卑圻的话,即是一个将深奥的道理说得浅显的好譬喻。它的意思是说,一个人在苦难之时需要有人说句有帮助性的话加以鼓励或指点,他才能顺利渡过人生的难关,重新开创一个幸福的人生;如果他不能得到这种有帮助性的话的鼓励或指点,他可能会从此一蹶不振,人生可能是个悲情的结局。这是一个很少有人能看透的人生道理,也是不易表述清楚的深奥道理。可是卑坻上述的一个譬喻,以"火车路轨上的转折点的毫厘之差可能造成火车倾覆与顺利两种根本不同的后果"来说明"对于一个在苦难中的人说一句有帮助性的话可以改变一个苦难中的人的人生命运的重要性",不仅将深奥抽象的道理说得形象,而且浅显易于明白。这便是譬喻可以将深奥的道理说得浅显的表达效果。

除此,譬喻还有三种另类表达效果,只是此前很少有人注意和提及。这三种另类表达效果,一是化具象为抽象。例如:

(二十八)月光如流水一般,静静地泻在这一片叶子和花上。薄薄的晨雾浮起在荷塘里。叶子和花仿佛在牛乳中洗过一样;又像笼着轻纱的梦。(朱自清《荷塘月色》)

例(二十八)"又像笼着轻纱的梦",是个承前省略了本体的譬喻。譬喻修辞文本建构的常式思维是以具象比抽象,但有时逆向操作,以抽象比具象却也能别开生面,另辟新境。这里朱自清以抽象之"梦"比具象之"(晨雾中的)叶子和花",突出了晨雾中的荷叶和荷花之朦胧缥缈、可远观而不可近亵之美,令人耳目一新,表达效果自然高妙。

二是别具嘲弄讽刺之兴味。例如:

(二十九)她的眼睛并不顶大,可是灵活温柔,反衬得许多女人的大眼睛只像政治家说的大话,大而无当。(钱钟书《围城》)

例(二十九)这段描写唐小姐唐晓芙之美的议论:"许多女人的大眼睛只像政治家说的大话,大而无当",是个譬喻修辞文本。这个譬喻修辞文本的建构,其意有二:一是衬显唐小姐不大的眼睛的特有美丽;二是借机生发,暗贬其他女人大眼睛大而不美,明斥政治家的空话大而不切实用的恶劣。而就譬喻本身看,其文本的表达效果是以讽刺嘲弄为目标的。这是譬喻的另类表达效果,也是钱钟书譬喻修辞文本建构的创意所在。

三是含有婉约含蓄的效果。例如:

(三十)自从一九八〇年《围城》在国内重印以来,我经常看到锺书对来信和登门的读者表示歉意;或是诚诚恳恳地奉劝别研究什么《围城》;或客客气气地推说"无可奉告";或者竟是既欠礼貌又不讲情理的拒绝。一次我听他在电话里对一位求见的英国女士说:"假说你吃了个鸡蛋觉得不错,何必认识那下蛋的母鸡呢?"我直耽心他冲撞人。(杨绛《记钱钟书与〈围城〉》)

例(三十)钱钟书对那位求见的英国女士所说的话,是个譬喻修辞文本,属借喻一类。文本省去了本体"如果你觉得我的小说《围城》可看,那你就好好看或研究,何必一定要见写它的作者我呢"和喻词"好比"。由于本体和喻词略去不说,只出现喻体,那么接受者要解读表达者的文本语意,就必须补足文本中省去的本体部分,思而得其表达的真实语意。表达显得婉约含蓄,对接受者而言,也可减轻其语意接受时不愉快的心理刺激程度。

譬喻修辞文本因为能企及上述诸多好的表达效果,所以人们都倾向于建构这一类修辞文本。但是,应该指出的是,譬喻也许人人都会,而高妙的譬喻修辞文本却不是人人都能建构得出的。修辞者要想使自己的譬喻修辞文本建构得高妙,有好的表达效果,把握"新颖""自然""贴切"三个基本原则,是十分重要的。

所谓"新颖",就是要在一般人看不出相似点、不可能联系搭挂得上的两个根本不同的事物之间找出相似点,并将它们"远距离"地拉配在一起,"使其匹配能出人意表"[①]。也就是说,建构出来的修辞文本既要出

---

① 吴礼权:《传情达意:修辞的策略》(修订版)第115页,广州:暨南大学出版社,2014年。

乎他人意料之外,又要入乎情理之中。例如:

(三十一)<u>烟酒之于人生,犹如标点之于文章</u>。(沈谦《修辞学》)

例(三十一)是台湾烟酒专卖局做的一则广告语,也是一个譬喻修辞文本。它的本体是"烟酒之于人生",喻体是"标点之于文章"。我们说到烟酒与人生的关系,一般是不会想到标点与文章的关系的。实际上,两者还是有相似点的,人生有烟酒作调剂才不至于太单调乏味,文章有标点才不会让人读起来觉得沉闷。因为一般人不易找到这种相似点,所以就不会想到将此二者搭挂在一起建构成一个譬喻修辞文本。因为一般人想不到,所以才显得新颖。事实上,这则广告语由于以譬喻的形式出现,表达上不仅生动形象,而且表意上也显婉约蕴藉,含而不露地为烟酒做了广告(烟酒特别是烟一般是不允许做广告的,此乃世界各地区之通例)。

所谓"自然",就是"选择喻体与本体相匹配时,喻体要与本体匹配得合理,两者之间确有相似点,不生硬,不勉强"①,给人的感觉不是"为譬喻而譬喻",是水到渠成的表达。例如:

(三十二)美国佬酷爱玫瑰,制成各种化肥助其早熟,<u>于是乎弄得枝粗叶肥,花团巨硕,且高可过人。其冶艳缭乱,搔首弄姿,就跟美国大妞丰胴健脯而失娉婷绢秀一样,是不禁看的</u>。(庄因《春愁》)

例(三十二)是旅美台湾作家庄因在写到美国的玫瑰花枝粗叶肥,花团巨硕,高可过人,且冶艳缭乱,搔首弄姿的样子时,"顺手牵羊"地用丰胴健脯的美国大妞为喻体来匹配作比,十分形象生动。由于就近取譬,自然而不勉强,丝毫没有"为譬喻而譬喻"的生硬造作的痕迹,完全体现了譬喻所应遵循的"自然性"原则②。

---

① 吴礼权:《传情达意:修辞的策略》(修订版)第116页,广州:暨南大学出版社,2014年。
② 吴礼权:《传情达意:修辞的策略》(修订版)第117页,广州:暨南大学出版社,2014年。

所谓"贴切性",就是"表达者所作的比喻要得体,要正确地传递出自己心中真正要表达的真实意思,不能言不由衷,言不达意,效果要与动机相一致,产生好的接受效果"①。例如:

(三十三)张先生跟外国人来往惯了,说话有个特征——也许在洋行、青年会、扶轮社等圈子里,这并没有什么奇特——喜欢中国话里夹杂无谓的英文字。他并无中文难达的新意,需要借英文来讲;所以他说话里嵌的英文字,还比不得嘴里嵌的金牙,因为金牙不仅妆点,尚可使用,只好比牙缝里嵌的肉屑,表示饭菜吃得好,此外全无用处。(钱钟书《围城》)

例(三十三)"他说话里嵌的英文字,还比不得嘴里嵌的金牙,因为金牙不仅妆点,尚可使用,只好比牙缝里嵌的肉屑,表示饭菜吃得好,此外全无用处",是一个譬喻。这个譬喻的真正目的并非为了表达的生动形象,而是意在通过譬喻尖锐地讽刺买办张吉民的作派为人。作者厌恶张吉民这种旧上海滩上为外国人开的洋行做事,就自以为高国人一等的嘴脸,更讨厌他们言谈中夹杂无谓的英文单词以自炫身份的浅薄。上述这个譬喻"不仅生动形象,而且表意中鲜明地传递出了作者对张吉民这种假洋人的做派行为的厌恶之情,读之令人称妙称快,接受效果很好"②。因此,我们说这是一个妙喻,体现了譬喻应遵循的"贴切性"原则。

应该特别指出的是,譬喻文本建构所要遵循的这三个基本原则是紧密联系,不可割裂的。"并不是有些比喻要遵循'新颖性'原则而不要遵循'自然性''贴切性'原则,有些比喻可遵循'自然性'原则而不必遵循'新颖性''贴切性'原则。应该说,真正好的比喻文本应该同时符合上述所讲的比喻三原则,其中贴切性尤其重要。也就是说,新颖、自然固然重要,但都应该以贴切为终极目标。否则,效果会适得其反。"③下面我们

---

①② 吴礼权:《传情达意:修辞的策略》(修订版)第 117 页,广州:暨南大学出版社,2014 年。

③ 吴礼权:《传情达意:修辞的策略》(修订版)第 118 页,广州:暨南大学出版社,2014 年。

来看一个例证:

(三十四)有上司面胡者与光脸属吏同饭。上台须间偶带米糁,门子跪下禀曰:"老爷龙须上一颗明珠。"官乃拂去。属吏回衙,责备门子:"你看上台门子何等伶俐,汝辈愚蠢不堪重用。"一日两官又聚会吃面,属吏方举箸动口,有未缩进之面挂在唇角。门子急跪下曰:"小的禀事。"问禀何事,答曰:"爷好张光净屁股,多了一条蛔虫挂在外面。"(清·游戏主人《笑林广记》)

例(三十四)这则笑话,可以作为我们上述观点一个生动有力的注脚。例中上司的门子和属吏的门子各自建构了一个譬喻修辞文本,应该说前者将米糁比明珠不可谓新颖,但非常贴切,效果很好。后者将老爷的脸比屁股,将面条比蛔虫,不可谓不新颖,但不贴切,言不达意,本意是要往好里说,却用了不恰当的喻体而表达出不好的意思,褒贬情感颠倒了,所以表达效果不好。由此可知,譬喻修辞文本的建构,应该特别要注意遵循"贴切"原则,当然能同时兼顾"新颖"与"自然"两个基本原则,自是譬喻的最高境界。

第二节　天人合一,物我融通:比拟

比拟,是语言活动中将人之生命情状移注于物或将物之情状移植于人以达到物我情趣的往复回流,从而彰显表达者特定情境下物我同一的情感状态,使语言表达更具生动性和形象性,以之感染受交际者(接受者)来达成与之共鸣的思想情感状态的修辞文本模式。比拟一般可分为两类,一是"将人拟作物的,称为拟物",一是"将物拟作人的,称为拟人"[1]。不管是拟人还是拟物的修辞文本模式,一般说来都是建立在物我同一的移情作用的心理机制之上的。它们是人"在聚精会神的观照

---

[1]　陈望道:《修辞学发凡》第96页,上海:复旦大学出版社,2008年。

中,我的情趣和物的情趣往复回流","有时物的情趣随我的情趣而定","有时我的情趣也随物的姿态而定"①的结果。这种修辞文本的建构,一般说来,在表达上因表达者以移情作用将物我贯通交融为一体,使无生命之物具备有生命之人的情状或使有生命之人具备无生命之物的特质,从而使修辞文本别添了几多的生动性和形象性,语言顿然灵动飞扬起来;在接受上,由于修辞文本的建构是将物我打通,文本所具有的生动性和形象性的特质以及语言的灵动性,就自然使接受者深受感染,并在表达者所给定的修辞文本的导引下,经由修辞文本的语言文字产生联想想象,从而在修辞文本的解构接受中进入与表达者修辞文本建构时凝神观照、物我同一的相同情感状态,达到了与表达者思想情感的同向共鸣,由此在修辞文本解构接受中获取一种审美享受。

在我们日常语言生活中,比拟经常会被用到,特别是"拟人"运用的频率更高。在文学作品特别是在儿童文学作品中,"拟人"更是时见其矫健的身姿。例如:

(一) 车往上升,太阳往下掉,金碧的夕晖在大片山坡上徘徊顾却,不知该留下来依属山,还是追上去殉落日。(张晓风《常常,我想起那座山》)

例(一)"金碧的夕晖在大片山坡上徘徊顾却,不知该留下来依属山,还是追上去殉落日",是将非人类的太阳光线当作有生命、有感情的人来写的,属于"拟人"修辞文本。"夕晖"是我们日日能见的自然现象,它是无生命无情感的事物或现象,自然不可能有诸如"徘徊""顾却""不知""该""留下来""依属""追上去""殉"等等动作行为或心理情绪,这些动作行为或心理情绪只有人才具有的。但在表达者的表达中,无生命无情感的"夕晖"却有了上述这些动作行为或心理情绪,这显然是表达者在观看落日余晖时产生了联想想象,并在凝神观照中物我情趣回流往复,将经验中关于人生人性方面的体验与眼前的自然景观相搭挂,从而发生了移

---

① 朱光潜:《朱光潜美学文集》第一卷第41页,上海:上海文艺出版社,1982年。

情作用。这一建立在作者凝神观照而物我同一的移情作用的心理机制之上的比拟修辞文本,在表达上,因表达者赋予无生命无情感之物"夕晖"以人之生命情态和心理情绪,夕晖意有所属却又犹豫彷徨的可爱形象跃然纸上,平常情事便得到了艺术化的提升,平淡情事便变得那般韵味隽永,文本的生动性和形象性顿然凸显出来。同时,作品的语言也由此陡然灵动飞扬;在接受上,由于修辞文本是由物我融通的比拟手法建构起来的,生动形象的文本自然会导引接受者经由文本的语言文字而产生联想想象,从而在修辞文本的解读接受中进入与作者文本建构时相同的物我交融的忘情情感状态,达到与表达者思想情感的共鸣——对夕晖的喜爱,对自然、对生活的热爱和感动。

将人拟物("拟物")的比拟修辞文本亦深具魅力,也为修辞者们所习用。例如:

(二)我,沙叶新,曾化名少十斤。少十斤为沙叶新的右半,可见本人不左;砍去一半,也不过少十斤,又可见我无足轻重,一共只有二十斤。我于1939年出品,因是回族,曾信奉伊斯兰,且又姓沙,可能原产地为沙特阿拉伯,后组装于中国南京。本人体形矮胖,属三等残废,但我身残志不残,立志学习写作,一回生,二回熟,百折不回;箪食瓢饮,回也不改其乐,终于使我忝为回族作家,但我不知我这回族作家的作品是否能名副其实地令人回味无穷。(沙叶新《沙叶新小传》)

例(二)是上海著名剧作家沙叶新自传中的一段文字,读来颇是生动传神,而且不乏幽默机趣。这其中,有比拟修辞文本建构的功劳。这个比拟文本就是:"我于1939年出品,因是回族,曾信奉伊斯兰,且又姓沙,可能原产地为沙特阿拉伯,后组装于中国南京。"属于比拟中的"拟物"。因为人不是机器,自然不能说"出品""组装"。作者在写自传时,之所以会建构出上述这样一个拟物修辞文本,可能是在写作的当时无意间瞥见室内的某种工业品,由此产生了联想想象,遂将自己的出生及其身世背景与工业品的制造过程联系搭挂起来,并在凝神观照中将印象中的工业品与自己贯通交融为一体,这就使人有了某种工业品的属性。这一修辞文本的建构,在表达上,由于表达者予人以工业品的属性,作者的身世背景遂形象生动地凸显出来,为后文继续自嘲提供了条件;在接受上,由于文本的生动性形象性,遂使接受者接受解读文本时深受感染,从而在表达者所给定的修辞文本的导引下,经由文本的语言文字而产生联想想象,在文本的解读接受中进入与表达者文本建构时凝神观照、物我一同的情感状态,进而加深对作者身世背景的印象,获取一种谐谑幽默的文本审美愉悦。

"比拟"的两种形态"拟人"与"拟物",在现代汉语中非常普遍,在古代汉语中亦如此。中国古典诗词中很多精彩的篇什或句子,都与"比拟"修辞手法的运用有着密切的关系。如唐·李白《独坐敬亭山》诗:"众鸟高飞尽,孤云独去闲。相看两不厌,唯有敬亭山",末二句就是"拟人"修辞文本。后来,宋人辛弃疾《贺新郎》词有"我见青山多妩媚,料青山见我应如是"两句,即是仿李白句意而来,成为千古流传的名句。之所以如此,乃是词人"透过'拟人'的笔法,使得没有生命、感情的青山投射了人的感情与特性。如此一来,打破了青山与人的隔阂,使得物我交融,所以'情与貌,略相似',我与青山情相通,面貌相似"①。至于唐·杜甫《赠李白》诗:"秋来想顾尚飘蓬,未就丹砂愧葛洪。痛饮狂歌空度日,飞扬跋扈为谁雄?"末一句则是典型的"拟物"文本。"跋扈,犹大鱼之跳跳其尾也。飞扬,是将鸟的特性投射于人;跋扈,是将鱼的动作投射于人。如此拟物,使得李白的形象更加突现。"②

第三节　如临其境,如闻其声:摹状

摹状(或称"摹绘""摹拟"),是一种摹写自然界或其他事物情状以获致叙写的形象性和逼真性效果的修辞文本模式。摹状修辞文本,"有摹

---

① 沈谦:《修辞学》第280页,台北:台湾空中大学印行,1996年。
② 沈谦:《修辞学》第300页,台北:台湾空中大学印行,1996年。

写视觉的,如'适有大星,光煜煜自东西流'(程敏政《夜渡两关记》),也有摹写听觉的,如'伐木丁丁,鸟鸣嘤嘤'(《诗经·伐木》)。而摹写听觉的尤为常见。所以普通就称它为摹声格。"①除摹声比较常见外,还有摹写颜色、形体、情态、味道等类型②。摹状修辞文本的建构,在表达上有凸显所叙写内容对象的形象性和真实性;在接受上,使接受者经由文本的摹写而产生联想想象,从而通过再造性想象复现表达者修辞文本所叙写的情境,使接受者有如临其境,如闻其声等亲历感,进而大大增加文本接受的兴味,同时使文本更具审美价值。

摹写声音的摹状修辞文本,例如:

(一)那片湖。那片美丽的湖水,啊,与其说它溶漾在我母校的近边,莫若说它溶漾在我的心里……

湖水,它的声音是多么的轻柔,汨汨的,汨汨的,其中更配合着青蛙单调的跳水声,同小鱼儿在水底跃动——记得我当时的日记上写过:"小鱼在跳高呢。"(张秀亚《听到了永恒》)

例(一)这段描写作者母校近旁湖水之美的文字中,"湖水,它的声音是多么的轻柔,汨汨的,汨汨的"是个摹写春日微风吹拂湖水所发出的轻柔之水声的摹状修辞文本。表达者没有用更多的文字来写这水声之美,而只连用了两个"汨汨"的摹声词。但这一修辞文本的建构,在表达上却以少胜多,以摹写的湖水之声将真实的湖水之声形象真切地复现出来。在接受上,接受者可以透过表达者在文本中所摹写的声音并经由自己生活经验的补充,运用再造性想象便自然构拟出表达者记忆中那泓醉人的春湖之水,耳边不禁澎湃起台湾岛上那湖碧水之声,如临其境,如闻其声的亲历感会让文本接受者获取一种意外的审美享受。

"摹声"在"摹状"修辞文本的建构中最为常见,在古代民歌中尤其常

---

① 陈望道:《修辞学发凡》第76页,上海:复旦大学出版社,2008年。
② 汪国胜等主编:《汉语辞格大全》第324页,南宁:广西教育出版社,1993年。

用。如《诗经》开卷第一篇《关雎》中的开篇第一句"关关雎鸠,在河之洲",就用了"摹声",以"关关"状雎鸠鸣叫之声,让人如闻其声,仿佛回到两千多年前的周秦时代,目睹到雎鸠雌雄和鸣的温馨一幕。又如北朝民歌《木兰辞》开篇第一句:"唧唧复唧唧,木兰当户织",以"唧唧"摹写木兰织布之声,也是用了"摹声"。除此,"不闻爷娘唤女声,但闻黄河流水鸣溅溅",以"溅溅"写冬日黄河流水之声,"不闻爷娘唤女声,但闻燕山胡骑鸣啾啾",以"啾啾"写胡马鸣叫之声,都是"摹声"手法的运用。

摹写颜色的摹状修辞文本,例如:

(二)那水呢,不但不结冰,反倒在绿藻上冒着点热气。水藻真绿,把终年贮蓄的绿色全拿出来了。天儿越晴,水藻越绿,就凭这些绿的精神,水也不忍得冻上;况且那长枝的垂柳还要在水里照个影儿呢。看吧,由澄清的河水慢慢往上看吧,空中,半空中,天上,自上而下全是那么清亮,<u>那么蓝汪汪的</u>,整个的是块空灵的蓝水晶。(老舍《一些印象》)

例(二)"那么蓝汪汪的",即是一个摹写颜色的摹状修辞文本。"汪汪"本指"水深而广"或"充满水的样子",用"汪汪"与表示颜色的"蓝"配合,突出了济南冬日大明湖之水特有的那种蓝得要溢出的色彩。这一摹状修辞文本的建构,在表达上,突出了叙写对象的色彩特征,使文本别添了生动性和形象性;在接受上,使接受者可以经由文本中色彩词的引导而诱发其联想想象,并在接受者日常生活经验的补足下再造复现出一个真切生动的冬日大明湖水碧蓝怡人的景象,使接受者在文本解读接受中获取一种意外的冬日寻幽的审美享受。

摹写形体的摹状修辞文本,例如:

(三)几十个年头过去了。施宏乐变成了秃顶的老人,<u>眉间深深地印着"川"字纹,额头深深地印着"三"字纹</u>,眉毛、胡子像一根根银丝。(叶永烈《生死未卜》)

例(三)这段文字是写施宏乐历经岁月的沧桑而老迈的情状[①]。其中,"眉间深深地印着'川'字纹""额头深深地印着'三'字纹",各是一个摹写形状的摹状修辞文本。而这两个摹状修辞文本的建构,在表达上使施宏乐苍老的面容更显形象而真切地呈现出来,突出了所叙写对象施宏乐所受的时代沧桑和历史磨难程度;在接受上,"川"字纹和"三"字纹的形状摹写,使接受者可以经由文本叙写的提示而诱发其联想想象,并经由自己的经验补充而在脑海中再现出一个真切的施宏乐人物形象,从而使接受者在文本解读接受中获取一种文学形象塑造的审美愉悦。

摹写情态的摹状修辞文本,例如:

(四)午后的园子很静,除了我别无游客。我找了一块石头坐了下来,呆呆地望着满池的青荷出神。<u>众荷田田亭亭如故</u>,但歌声已歇,盛况不再。(洛夫《一朵午荷》)

例(四)"众荷田田亭亭如故"一句是个摹写情态的摹状修辞文本。"田田",其意是"茂盛的样子"。汉乐府《江南》一诗的开篇之句:"江南可采莲,莲叶何田田",即是以"田田"摹写荷叶茂盛之状的。"亭亭",则是"高耸的样子"。这一修辞文本的建构,在表达上,形象地写出了荷叶多密,出水高耸的生动情态;在接受上,摹态词"田田亭亭"的运用极易触发接受者文本接受时的联想想象,并经由自己生活经验的补足而再造复现出一池青荷的鲜活形象,由此在文本接受中获取一份意外的审美享受。

摹写味道的摹状修辞文本,例如:

(五)我平时最喜欢吃油茶。糯米粑、黄豆、花生和麻油筋等十几样茶崽崽,又香又脆,再拌以花椒末、葱丝等佐料,经金黄的滚烫的茶叶水一泡,吃到嘴里,<u>香喷喷的、热辣辣的、麻酥酥的</u>,顿时从头到脚,浑身都

[①] 此例引见于汪国胜等主编:《汉语辞格大全》第328页,南宁:广西教育出版社,1993年。

觉得轻快、惬意,每每一碗下肚,还要迫不及待从竹凳上跳起,再来一碗。(杨雄《葱翠三月》)

例(五)这段文字写油茶泡茶崽崽的美味①,写得极富感染力。其中,"(茶崽崽)香喷喷的,热辣辣的,麻酥酥的"一句,是典型的以摹味手法建构的摹状修辞文本。这一修辞文本的建构,在表达上,真切而形象地渲染了油茶泡茶崽崽的独特美味,令人为之垂涎三尺;在接受上,极富感性的摹味词"香喷喷""热辣辣""麻酥酥"的运用情不自禁地使接受者在文本接受时产生联想想象,视觉和味觉亦受到强烈的刺激,一种如闻如尝其味的亲历感油然而生,遂使文本接受解读变成了一种味觉器官和精神心理的独特享受。

第四节 虚构事象,历历在目:示现

示现,是一种将未见未闻的事象叙写得如见如闻、生动真切的修辞文本模式。所谓未见未闻,是指"或者原本早已过去,或者还在未来,或者不过是说者想象里的景象"②。语言活动中之所以有这种修辞文本的建构,是因为表达者"当时的意象极强,并不计较这等实际间隔,也许虽然计及仍然不愿受它拘束,于是实际上并非身经亲历的,也就说得身经亲历的一般",于是便有了这种"超绝时地、超绝实在的非常辞格"③。根据示现修辞文本生成的不同情形,一般可将其区分为"追述的示现""预言的示现""悬想的示现"三类。"追述的示现是把过去的事迹说得仿佛还在眼前一样","预言的示现同追述的示现相反,是把未来的事情说得好像已经摆在眼前一样","悬想的示现,则是把想象的事情说得真在眼前一般,同时间的过去未来全然没有关系"④。

---

① 此例引见于汪国胜等主编:《汉语辞格大全》第330页,南宁:广西教育出版社,1993年。
②③ 陈望道:《修辞学发凡》第101页,上海:复旦大学出版社,2008年。
④ 陈望道:《修辞学发凡》第102页,上海:复旦大学出版社,2008年。

尽管示现修辞文本模式可以区分为上述三类,但它们的建构都是基于想象的心理机制。我们知道,想象是人在某一外界刺激物的影响下,在大脑中对过去存储的若干表象(即过去感知过的事物的形象)进行加工改造而形成新形象的心理过程。值得指出的是,想象得以加工改造形成新形象的人脑中存储的若干表象都是来源于客观现实世界的,是现实世界和现实生活的反映。然而想象中的事物和境界又毕竟不完全与现实世界和现实生活中的境界相同,它是来源于现实来源于生活而又不同于现实不同于生活,两者之间有一定的距离。正因为如此,基于想象机制而建构起来的示现修辞文本,一般说来在表达上都有一种形象性、生动性、新颖性的特点;在接受上又极易因文本中所建构的新形象和意境而令接受者在解读文本时经由文本的语言文字的刺激而进行再造性或创造性想象,从而建构起与表达者相同又相异的新的形象或境界,以此获取文本解读接受中更多的心理快慰和审美情趣①。

追述的示现,在修辞文本的建构中最为常见,特别是说到往事时最易触动表达者建构这类修辞文本的神经。例如:

(一)我悠然地望着天,我的心就恍然回到往古的年代,那时候必然也是一个久雨后的晴天,一个村野之人,在耕作之余,到禾场上去晒太阳。他的小狗在他的身旁打着滚,弄得一身是草。他酣然地躺着、傻傻地笑着,觉得没有人经历过这样的幸福。于是,他兴奋起来,喘着气去叩王室的门,要把这宗秘密公布出来。他万万没有想到所有听见的人都掩袖窃笑,从此把它当作一个典故来打趣。(张晓风《画晴》)

例(一)所写到的那个发现幸福秘密的古代农夫的故事,并非作者所亲眼目睹,然而却被写得栩栩如生、活灵活现,这明显是作者根据流传的典故想象加工出来的,是我们上面所说的"追述的示现"。这一修辞文本的建构,由于表达者用以建构文本的若干表象(故事中的生活场景)都是

---

① 参见吴礼权:《修辞心理学》(修订版)第66—67页,广州:暨南大学出版社,2013年。

人们熟悉的具象,但组合成的新形象(故事情节)则与人们日常所见不同,是熟悉而陌生的新具象,时代差也相当大,由此形成了文本表达上突出的形象性、生动性和新颖性的特点;在接受上,由于文本所具之形象性、生动性和新颖性的特质,极易引发接受者文本接受解读时经由文本语言文字的刺激而进行再造性或创造性想象的情感冲动,并依托自己的生活经验而在大脑中复现或创造出同于或异于表达者所建构的修辞文本的新形象新意境,不知不觉中与表达者融为一体,进入表达者的想象世界,从而获取一种文本解读接受的心理快慰和审美享受——一种对于"幸福不必刻意追求,也不难追求,它只在简单的日常生活中,只要用心体会即得"之生活哲理的深刻体认。

　　追述的示现,在叙述历史的作品中运用最为广泛,也最能逼真地再现历史,让人有一种重回历史的现场感。如《左传·宣公十二年》叙晋楚邲之战晋师溃逃的情形:"中军、下军争舟,舟中之指可掬也"①,读之让人有一种身临其境,如睹如闻的现场感。又如唐·杜牧《阿房宫赋》写秦朝阿房宫的规模气象时,有文字曰:"覆压三百余里,隔离天日。骊山北构而西折,直走咸阳。二川溶溶,流入宫墙。五步一楼,十步一阁;廊腰缦回,檐牙高啄;各抱地势,钩心斗角。盘盘焉,囷囷焉,蜂房水涡,矗不知其几千万落。长桥卧波,未云何龙?复道行空,不霁何虹?高低冥迷,不知西东。歌台暖响,春光融融;舞殿冷袖,风雨凄凄。一日之内,一宫之间,而气候不齐②。"读之让人有一种时光倒流,置身于秦宫的感受。

　　预言的示现,在修辞文本的建构中也不陌生,特别是表达者在寄托某种理想时常有此类修辞文本的建构。例如:

(二)我仿佛能够看见,在摩天大楼的阳台上,见义勇为者以已逝老人捐献的角膜,以复明的眼睛俯视楼下的一幕幕新景——
　　在街心公园与人合影的据说是克隆虎;

---

① 此例引见于黄永武:《字句锻炼法》(二版)第5页,台北:台湾商务印书馆,2000年。
② 此例引见于陈望道:《修辞学发凡》第101页,上海:复旦大学出版社,2008年。

世纪老人在向中青年讲述已过去101年的科索沃战争；唐山地震已成为历史，但"地震研究所"的牌子仍赫然挂在大楼对面……（石英《世纪之交》）

例（二）这段关于2100年人类前景的描写，在作者写作此文时并非现实所见，它是表达者所想象的22世纪的人类生活远景，但在表达者笔下却把它说得就在眼前一般，这明显是一个很典型的预言式示现修辞文本。它的建构，是表达者在外在刺激物（即过去感知过的事物形象，如此前所见闻的眼睛复明手术的成功事例、克隆羊的出现、活过一世纪的百岁老人、地震预报科技的新进展等等）的影响下，在脑中对过去存储的若干表象进行加工改造而成的。这一修辞文本的建构，从表达上看，将表达者所构拟的22世纪人类新生活的远景图画活灵活现地勾勒出来，仿佛呼之欲出，表达极富形象性、生动性，同时别具感染力；从接受上看，由于修辞文本所构拟的这幅图画是表达者将过去存储于脑际的若干见闻的表象进行了加工改造而成的，使接受者有一种既熟悉又陌生的感觉，因而极易引发接受者的探索兴味。同时，也极易诱导接受者经由文本所建构的具象进行再造性想象或创造性想象而复现出新的具象和意境世界，从而加深对表达者所构拟的22世纪人类生活远景的向往之情和科技发展意义的认识，由此获取文本解读接受中的心理快慰和审美情趣。

预言的示现，在文学作品中的运用，无论古今都是司空见惯的。如南朝·梁·丘迟《与陈伯之书》："暮春三月，江南草长，杂花生树，群莺乱飞。见故国之旗鼓，感生平于畴日，抚弦登陴，岂不怆恨！所以廉公之思赵将，吴子之泣西河，人之情也。将军独无情哉？"开头四句所写的暮春三月的江南景色，并非作者写作时所见，而是作者通过想象而再现的景象。这个景象虽不在当前，却一定会在来年暮春时节到来时能看到的。因此，属于"预言的示现"。台湾学者沈谦评论说："此为千古劝降文之压卷作，一封书信，兵不血刃，化干戈为玉帛，使陈伯之拥兵八千归降梁朝。"作者"掌握了人性之微妙处——情关，攻心为上，一举破解了对方的心防。此文动人的因素固多，最精彩的关键处，即为善用'示现'笔法，将江南美景与对方抚弦登陴的怆恨之情景描绘得状溢目前,跃然纸上"①。

悬想的示现,在文学作品中是常见的修辞文本模式。特别是在富于诗意和感性的作家笔下,更是司空见惯。例如:

(三)买缸不成,就养荷在心里。

给自己许一个梦。好好的给上帝做工,有一天攒点钱给自己买块小小的地,一片小小的山坡开满野杜鹃、野百合,小小的溪流两岸是赛似白雪的姜花,小小的树林是专门给鸟唱歌用的。门前再挖一个大大的荷塘,一荷塘的唐宋岁月。

盖三、两间小屋,一间自己住,其余的留给朋友,门也不必上锁,朋友想来就来,想走就走,主客两便。

夏天的时候,就来一次荷花小聚吧!刚出水的新鲜莲子汤,冰镇藕片,荷叶蒸肉,温一壶花雕,饮一天星月,醉它个胡天胡地,不知今夕何夕。(杏林子《重入红尘》)

例(三)所写,明显是作者给自己许下的一个"梦",在作者自己和作者所生活的现代大都市台北都是不可能实现的。但是,"开满野杜鹃、野百合"的"小小的山坡","小小的溪流两岸是赛似白雪的姜花",鸟儿在树上唱歌,门前荷塘开满荷花,不上锁的小屋,夏天吃新鲜莲子汤、冰镇藕片、荷叶蒸肉,星月下饮酒大醉等情事,却是人们日常生活中所常见的。表达者将脑际中存储的凡此种种生活中的表象经过加工组合成了上文中所呈现的新形象,这就构成了上述的悬想示现修辞文本。这一修辞文本的建构,由于所呈现的事象来源于现实生活,而又不同于现实生活,所以就在表达上有鲜明的形象性、生动性和新颖性的特点;在接受上,由于文本所呈现给接受者的是既熟悉又陌生的事象,就极大地引发出接受者文本解读接受的兴味,并诱导其将文本所提供的事象进行再造性想象或创造性想象,复现出表达者意念中所构拟的理想境界,获取一种文本接

---

① 沈谦:《修辞学》第 205 页,台北:台湾空中大学印行,1996 年。

受解读中的审美享受。

应该指出的是,示现修辞文本虽然可以在理论上区分为上述三种不同模式,但修辞实践中,示现修辞文本的三种建构方法,表达者"不一定单独使用,如有必要,也可以连在一起用"①。例如:

(四)说起从这些图画上所得的孔夫子的模样的印象来,<u>则这位先生是一位很瘦的老头子,身穿大袖口的长袍子,腰带上插着一把剑,或者腋下挟着一枝杖,然而从来不笑,非常威风凛凛的。</u>假使在他的旁边侍坐,那就一定得把腰骨挺得笔直,经过两三点钟,就骨节酸痛,倘是平常人,大约总不免于逃走的了。

后来我曾到山东旅行。在为道路的不平所苦的时候,忽然想到了我们的孔夫子。一想起那具有俨然道貌的圣人,<u>先前便是坐着简陋的车子,颠颠簸簸,在这些地方奔忙的事来</u>,颇有滑稽之感。(鲁迅《在现代中国的孔夫子》)

例(四)描写孔夫子形象和坐车奔波之情景,就"既有追述的示现,又有悬想的示现,活灵活现地描绘出孔子的模样来"②。因此,我们建构或解读示现修辞文本,不能拘泥于上述理论上的分类。分类只是为了说明的方便而已。

第五节　一词一景,幻化无穷:列锦

列锦,或称"名词铺排"③,是一种"以名词或以名词为中心的定名词组,组合成一种多列项的特殊的非主谓句,用来写景抒情,叙事述怀"④

---

①② 此观点 1962 年版未见,参见陈望道:《修辞学发凡》第 126 页,上海:上海教育出版社,1997 年。

③ 吴礼权:《名词铺排与唐诗创作》,载《蜕变与开新——古典文学国际学术研讨会论文集》第 126 页,台北:东吴大学,2010 年。

④ 谭永祥:《汉语修辞美学》第 224 页,北京:北京语言学院出版社,1992 年。

的修辞文本模式。这种修辞文本,由于突破了常规的汉语句法结构模式,各名词或名词性词组之间的语法或逻辑联系都没有明显地标示出来,因而从表达的角度看,就增加了语言表达的张力,使表达者所建构的修辞文本更具丰富性、形象性和深邃性;从接受的角度看,由于修辞文本隐去了各名词或名词性词组之间的语法或逻辑联系标识,这就给接受者的文本解读增加了困阻,但同时也由于表达者在语言文字上没有明确限死各语言组成成分之间的关系,这就给接受者在解读文本时以更大、更多的自由想象或联想的空间,从而获得更大、更多的文本解读的快慰与审美情趣。

列锦修辞文本的建构,在文学作品中是常常可以见到的。例如:

(一) 春雨·古宅·念珠(陈幸蕙《春雨·古宅·念珠》)

例(一)是一篇散文的标题。这一标题下的文章,是作者在"清明后不久"的一个"纤如星芒的小雨"的午后,访观"一栋前清遗留下来的""已有百年历史"的朋友家的古宅而写下的。这一标题是一个典型的列锦修辞文本,由于它突破了常规的汉语句法结构"主—谓—宾""定—状—补"等模式的约束,只以三个名词堆叠而成句,没有语法或逻辑上的标识或提示,因此表达上就增加了语言的张力,三个名词所代表的意象就像电影"蒙太奇"一般,可以自由幻化出不同的情境、意象、内涵,遂使文本更具丰富性、形象性、深邃性的特质;在接受上,由于文本句法结构的松散性和语意、意象等的不确定性,遂使接受者的文本接受解读更具自由性,解读的兴味也随之增大,并经由不同接受者不同的经验的补足而获取不同的审美享受。当然这一修辞文本的内涵、意象等,最后还是由作家在全文之末作了明确的文字说明:

一栋古宅,绵延着一个家族的命脉;一块土地,深埋着这一姓氏的根源。那递嬗不变的庄严传统,那仿佛时时都有祖宗庇佑的安全之感,那屋子里稳妥典雅的格调,朋友说,在她生命里,全都具有非常重大的意义。

我举目环顾四周,非常了解她对古宅的感情。有历史的事物,总是可贵而值得珍视的,不是吗?

屋外的雨,不知何时已经停了,斜阳溶溶漾漾穿透了云层,在古宅屋顶脊上镀了一层淡金,使它更加法相端严。

虽然,斜阳古厝,常与衰草昏鸦并提,在以往的观念世界里,被视为凋逝没落的象征;但,不知为什么,这栋古宅,却只使我想起深山宝刹中,师徒之间、忠心护持、代代相传的念珠——年代久了,历经世间沧桑劫难,却仍完好无恙——于是,念珠已不止是念珠,古宅已不止是古宅而已,它成了后人坚强生存的背景力量,永生永世、璀璨不朽的精神象征。

当然,这种"卒章显其志"的题旨说明,有助于接受者对文章主旨的把握。但从审美的角度看,其实说白了反而不如没说白了更好,因为这样给接受者留下的思索空间更大些,文本的审美价值也会更高些。

文学作品的标题以"列锦"修辞文本呈现,并非只是台湾作家的专利。大陆作家也有喜欢这样运用的。如碧野的《天山景物记》是一篇很有名的散文,其中就有一个小标题是:"雪峰·溪流·森林·野花",以四个名词并列,即是典型的"列锦"修辞文本。又如复旦大学教授吴礼权的长篇历史小说《远水孤云:说客苏秦》第十一章"'合纵'说楚王"中的第二小节"梅雨·小巷·栀子花",以三个名词短语并列,也是典型的"列锦"修辞文本。

除了在标题上建构列锦修辞文本外,在联语中更是多见。例如:

(二)岁月端溪砚,
诗书冻顶茶。(亮轩:题张晓风《眲谷》)

张晓风在天母山上的樱谷,购置了一间小屋,取名"眲谷",除了自家人偶尔去"打个眲儿"之外,经常招待朋友。房子不大,却很迷人,还有许多可爱的小玩艺儿,烧水的是外表陶制的灶形电炉,泡茶的是艺术家的手拉胚,窗前挂的是从象脖子上解下来的木制风铃,床头桌上,有各种奇石,还有席慕蓉的画,楚戈、亮轩的字……以上是亮轩的对联,与屋里的情境与气氛,正相契合。笔者曾经改作"<u>琴剑茅台酒,诗书冻顶茶</u>"聊以自误。(沈谦《修辞学》)

例(二)有两个列锦修辞文本。不管是亮轩题张晓风"盹谷"小屋的对联"岁月端溪砚,诗书冻顶茶",还是沈谦改亮轩对联而成的"琴剑茅台酒,诗书冻顶茶"的联语,都是各由四个名词或名词性词组构成的两个句子,没有任何动词或其他词绾合,不符合汉语句子构成的规律,但却读之令人拍案叫好。这就是列锦表达策略运用的结果。上述亮轩题张晓风"盹谷"小屋的联语,名词"岁月"与"端溪砚"之间,名词"诗书"与"冻顶茶"之间都没有任何动词绾合,它们之间语法上或逻辑上的联系都没有明显地标示出来,每一个名词或名词性词组都是一幅景象,就像电影蒙太奇一般,由各幅景象组合的景象则更是意象无穷,让人可以展开想象的翅膀,咀嚼到无穷的意味。如果按平常的语法和逻辑规范来表达,说成:"岁月消磨了端溪砚,看诗书喝着冻顶茶",语尽意尽,形象感也不强。而"岁月端溪砚,诗书冻顶茶",荡开语法和逻辑的规约,直接以画面呈示,形象生动地展示了"盹谷"小屋之雅和作为屋主的女作家张晓风的优雅,令人向往不已。而沈谦自题聊以自娱的联语"琴剑茅台酒,诗书冻顶茶",由于改"岁月"为"琴剑",改"端溪砚"为"茅台酒",既能形象地见出沈谦教授书室不同于女作家张晓风小屋的风格,更能形象地呈现沈谦教授沉静之中见潇洒,儒雅之中有豪放的真性情,让人企慕不已。同时,从对偶的角度看,"茅台酒"对"冻顶茶",一烈,一淡;一阳刚,一沉静;一大陆名酒,一台湾名茶,真是妙趣天成。所以说,沈谦教授的这一改笔,堪称是点铁成金。如果沈谦教授的联语换成平常的表达,便是"弄琴剑喝茅台酒,看诗书喝冻顶茶",虽然也是雅事,但读起来没有感觉,既无多少形象感,也无多少机趣情味。可见,列锦修辞文本的建构,在表达和接受上都是作用非比一般的。[①]

[①] 参见吴礼权:《语言策略秀》(修订版)第33—34页,广州:暨南大学出版社,2013年。

其实,在现代汉语修辞中,不仅在文章标题与联语中会出现"列锦",甚至在小说中也有这种修辞文本的创造。例如:

(三)世界最大的航空港之一——芝加哥机场。名目繁多的航空公司,各霸一方而又联营。荧光屏幕上密密麻麻的飞机起飞时刻表和飞机抵达时刻表,绿光闪烁。**候机楼里的茶,咖啡,可口可乐,橙子汁,番茄汁,三明治,热狗,汉堡包,意大利煎饼,生菜色拉,熏鱼,金发的白人与银发的黑人,巴黎香水与南非豆蔻,登机前的长吻**。女士们,先生们,飞行号数633……(王蒙《相见时难》)

例(三)是小说开头的一段文字,是"以大量的名词或偏正结构的名词短语一气铺排而下,生动地再现了美国芝加哥国际机场的繁忙而繁杂的生动景象,让人回味,让人遐想,仿佛置身其间,有一种身临其境之感"[①]。

"列锦"这种修辞现象,并非是现代汉语中所仅有,而是古已有之。据笔者考证,"早在三千多年前的《诗经》中便有了列锦表达法的原始形态:'喓喓草虫,趯趯阜螽'(《国风·召南·草虫》)"[②]。"到了汉代诗歌中,这种列锦形态就非常普遍了"[③],如"青青河畔草,郁郁园中柳"(汉古诗十九首《青青河畔草》),"青青陵上柏,磊磊涧中石"(汉古诗十九首《青青陵上柏》),"岩岩山上亭,皎皎云间星"(汉乐府古辞《长歌行》)等,都是这一形态的"列锦"形式。"到了魏晋时代,这种形态的列锦则更加普遍"[④],如:"郁郁河边树,青青野田草"(三国·魏·曹丕《见挽船士兄弟辞别诗》),"青青河边草,悠悠万里道"(晋·傅玄《青青河边草篇》),等等,也是《诗经》所创"列锦"模式的继承与革新。到了南北朝时代,特别是唐代,"列锦"的结构形式创新可谓达到了顶峰,不仅类型多,而且在诗歌中的运用也相当普遍[⑤]。"唐、五代以后的宋、元、明、清等各个时期的

[①] 吴礼权:《表达力》第17页,台北:台湾商务印书馆,2011年。
[②][③][④] 吴礼权:《表达力》第13页,台北:台湾商务印书馆,2011年。
[⑤] 参见吴礼权:《名词铺排与唐诗创作》,载《蜕变与开新——古典文学国际学术研讨会论文集》第125—161页,台北:东吴大学,2010年。

格律诗中,列锦表达法的运用仍然很活跃,赓续不绝"①。宋诗中的列锦,如:"梨花院落溶溶月,柳絮池塘淡淡风"(晏殊《无题》),"疏烟明月树,微雨落花村"(余靖《子规》),"西风酒旗市,细雨菊花天"(欧阳修《秋怀》),等等。元诗中的列锦,如:"踽踽荒村路,悠悠远道情"(倪赞《荒村》),"牡丹红豆艳春天,檀板朱丝锦色笺"(戴表元《感旧歌者》),"累累花下坟,郁郁茔西树"(傅若金《悼亡四首》之二),等等。明诗中的列锦,如:"萧萧林樾风,泫泫幽篁露"(许继《夜坐》),"杜曲梨花杯上雪,灞陵芳草梦中烟"(唐寅《怅怅词》),"暮雨帆樯江上舟,夕阳帘栊江上楼"(何景明《秋江词》),等等②。诗之外,词、曲中"列锦"文本更常见。"唐、五代开始,词中的列锦运用就很普遍"③。唐词中的列锦,如:"西风残照,汉家陵阙"(李白《忆秦娥》),"缥缈云间质,盈盈波上身"(唐昭宗《巫山一段云》之一),"梧桐树,三更雨"(温庭筠《更漏子》),"青草湖边草色,飞猿岭上猿声"(王建《江南三台词》四首之二),等等。五代词中的列锦,如:"渺莽云水,惆怅暮帆"(张泌《河传》),"残灯孤枕梦,轻浪五更风"(徐昌图《临江仙》),"九回肠,双脸泪,夕阳天"(冯延巳《酒泉子》),"四十年来家国,三千里地山河"(李煜《破阵子》),等等。"宋、元、明、清各时代的词作中,列锦表达法的运用也是常态"④。至于"元曲中的列锦表达法运用,人们耳熟能详的莫过于马致远的《天净沙·秋思》:'枯藤老树昏鸦,小桥流水人家,古道西风瘦马'。其实,在元曲中,诸如此类的列锦是非常多的。不说元曲的著名作家,就是一般作家,其作品中也是时常有很多精彩的列锦文本"⑤。如卢挚的《双调·蟾宫曲》中就有很多"列锦"文本的创造:"晓梦歌钟,高城草木,废沼荒台"(《宣城怀古》),"五柳庄瓷瓯瓦钵,七里滩雨笠烟蓑"(《箕山感怀》),"溟海星槎,清秋月窟,流水天台"(《广帅饯别席上赠歌者江云》),"古道西风,荒丛细水,老树苍苔"(《云台醉归》)。

---

①② 吴礼权:《表达力》第15页,台北:台湾商务印书馆,2011年。
③ 参见吴礼权:《从〈全唐诗〉所录唐及五代词的考察看"列锦"辞格发展演进之状况》,《楚雄师范学院学报》,2011年第1期。
④⑤ 吴礼权:《表达力》第16页,台北:台湾商务印书馆,2011年。

"卢挚在元曲作家中并不算闻名者,但其作品中的列锦表达法都运用得如此炉火纯青,其他著名作家的列锦文本建构如何则可以想见"①。至于明、清时代的曲中,也是有很多"列锦"修辞文本的,此不一一赘述。

不过,应该指出的是,相对于古代汉语,现代汉语中的"列锦"已经相当少见了。除非有个别作家有意识地运用这种修辞手法,否则不太会有这类修辞文本的出现。这一点,大概与文体也有关系,诗、词、曲等体裁相对来说,因为篇幅容量有限,需要凝炼文字,这就更有可能创造出"列锦"修辞文本。

第六节 直录语误,毕显原形:飞白

飞白,是一种"明知其错故意仿效"②的修辞文本模式。这种修辞文本的建构,是表达者为了形象、生动地再现所叙写(或塑造)的人物形象而故意记录(或虚拟记录)其说写的错误。因此,这种修辞文本的建构,在表达上有形象、生动的效果;在接受上使人有如见其人的逼真感或忍俊不禁的幽默感。一般说来,飞白修辞文本模式可以分为语音飞白、语义飞白、语法飞白、文字飞白、逻辑飞白等五种主要形式③。

语音飞白,是有意直录说话人或虚构中的说话人的语音上的错误。例如:

(一)说句老实话,自小长在关中,学于宝鸡,写了几首小诗,基本上不懂音乐。后来沿着唐僧取经的路线西行八千里,居西域10年,从乌鲁

---

① 吴礼权:《表达力》第16页,台北:台湾商务印书馆,2011年。
② 陈望道:《修辞学发凡》第131页,上海:复旦大学出版社,2008年。
③ 关于飞白分类,这里参考谭永祥的说法,但对之作了修正。谭永祥将"飞白"分为"字音字形上的""词汇上的""语法上的""逻辑上的""语意上的"和"汇合的"等六种。参见谭永祥:《汉语修辞美学》第412页,北京:北京语言学院出版社,1992年12月。我们认为还是将之分为"语音飞白""语义飞白""语法飞白""文字飞白""逻辑飞白"等五类为宜。

木齐开始好像有了真正的音乐,也认识到什么是女性的美。在伊宁市的大街上,一位维吾尔丫头像看一棵树一样足足看我5分钟,伊犁河畔突然出现一个新品种,她很坦然地走过来看,看足了,<u>一声"你浩(好)"消失在高大白杨的巷子里</u>。(红柯《给兵马俑吹口气》)

例(一)"一声'你浩(好)'消失在高大白杨的巷子里",是个语音飞白修辞文本。我们都知道普通话问候语"你好"的"好"标准读音的声调是第三声,而维吾尔姑娘却把"好"读成了"浩",变成了第四声。这是明显的声调读法错误。可是作者为了表现那位维吾尔姑娘说"你好"时的腔调,有意将之直录呈现。这在表达上就显得惟妙惟肖,真切动人;在接受上,令接受者如闻其声,一位活泼可爱的维吾尔少女形象跃然眼前,给人以无限的回味美感。

语义飞白,是故意直录说话人或虚构的说话人在语义理解上出现的错误。例如:

(二)"东皮"先生这才如释重负,振了振精神,提高了调门念道:"负偶顽抗——!"他这一念不要紧,大伙儿哄地一声全笑了。我二叔又拿笔写了一张纸条儿传了上去。"东皮"先生打开一看,上面写着一行字:"请问总编,这句话是什么意思?""东皮"先生心想:这个难不住我。便冲着大伙叫道:<u>"大家静一静,我来把这句话解释一下。'负'就是背的意思。至于'偶'字嘛有两种意思,一种是木偶,再一个是配偶,也就是爱人。'顽抗'大家都清楚啰。负偶顽抗,也就是背着木头人或是背着老婆,进行顽强的抵抗!</u>"(曹业海、吴棣《草包总编》)

例(二)是单口相声中的一段文字。写"文革"期间某报总编不学无术,却又屡屡卖弄学问,闹出很多笑话,报社里大家送他一个外号"东皮先生",因为他和古代的白字先生"赛东皮(坡)"一样,常念白字。由于老是被报社编辑嘲笑,这位草包总编就召开了一个全社职工大会,由自己作一个报告,内容是从中国古代思想史一直到国际形势展望。当然这个

119

报告是由秘书写的。他只是照本宣科而已。可是,念稿还是屡屡出错。结果把成语"负隅顽抗"的"隅"念成了"偶"。大家要他解释,他不懂这个成语的意思,却硬充有学问,妄加解释。上述的一番解释,也许是相声作者特意虚构的,但却生动地再现了一个不学无术的草包总编的鲜活形象,属于语义飞白。因为成语"负隅顽抗"中"隅"不念"偶"。"隅"的意思是"角落"。"负隅顽抗"的固定意思一般解释为凭借有利地势进行顽固抵抗,多含贬义。而草包总编却不懂这个成语的固定含义,解释成"背着木头人或老婆进行顽强抵抗",真是大大出人意料。这一修辞文本的建构,表达上真切生动地呈现了草包总编的无知程度;接受上,令接受者由其语想其人,如闻其声,如见其人,一个不学无术、无知而狂妄的帮派中人物的滑稽形象栩栩如生地呈现在接受者面前,让人在嘲笑声中获取一种痛快淋漓的美感享受。

语法飞白,是故意直录说话人或虚构中的说话人说话时的语法错误。例如:

(三)小乙尿后,颇镇定,把手指放在口中。
妈:"不含手指,臭!"
小乙置之不理。
小济:"说那个小猪吃糕糕的,爸!"
小乙:"<u>糕糕,吃!</u>"他以为是到了吃点心的时候呢。(老舍《文艺副产品——孩子们的事情》)

例(三)"糕糕,吃!"是一个语法飞白修辞文本。汉语语法是动词在前,名词在后,小乙的意思应该说成"吃糕(糕)",而不应该说成"糕糕,吃"。作者老舍明知小乙说话不合语法,却故意直录其错误的句子。这一修辞文本的建构,在表达上十分形象、生动地再现了小乙想表达意思却又表达不清的幼稚可爱的神情;在接受上,令人犹如亲历其境,亲见其人,一个刚刚咿呀学语的孩童形象呼之即出。

文字飞白,是故意直录写作人或虚构中的写作人的文字写法错误。例如:

（四）有一回儿子出外经商，走到半路，忽然下起大雨，他没有伞，就写信告诉他父亲说："父亲大人，儿走到半路，天下大雨，别人有命（伞），我无命（伞），有命（伞）带命（伞）来，无命（伞）带钱来买命（伞）。儿上。"（董森《中国民间笑话选》）

例（四）这则笑话①，即是通过虚拟人物在文字运用上的错误而建构起来的文字飞白修辞文本。"命"字与"伞"（繁体是"傘"）字形似，文本建构者便故意让文中的那个白字儿子将"伞"写成"命"。这样，在表达上生动地凸显了那位胸无点墨的白字儿子的形象；在接受上，令人咀嚼思味，忍俊不禁，幽默解颐。

逻辑飞白，是故意直录说话人或虚构的说话人所说的不合逻辑的话。例如：

（五）甲　是这么回事。《千里走单骑》唱得好，做得好，武打也好，台下不断喝彩。唱着唱着韩复榘他爸爸站起来了：（用山东话）"别唱啦，把他们管事的叫来！"

乙　什么事呀？

甲　谁也不知道哇！一会儿管事的来了："哈哈（苦笑地），老太爷您有什么事？"（学韩父，用山东话）"你们唱的这是嘛戏？"

乙　好嘛！听半天还不知道是什么戏呢！

甲　"是关公千里走单骑，过五关斩六将。"（学韩父）"关公是哪的人？"

乙　（学管事的）"山西蒲州人。"

甲　（学韩父）"山西人为嘛到我们山东来杀人？有我们的命令吗？"

乙　啊？

甲　（学韩父）"这是我们的地盘儿。你知道关公是谁的人吗？"

乙　不知道。

---

① 此例引见于谭永祥：《汉语修辞美学》第412页，北京：北京语言学院出版社，1992年。

甲　（学韩父）"他是阎锡山的队伍！"（张杰尧述，侯宝林修改《关公战秦琼》）

例(五)是传统相声段子《关公战秦琼》中的一个片断，写军阀韩复榘之父无知无识却又无理狂妄，仗势欺人，硬要点汉将关羽与唐将秦琼交战的戏。上引文字中韩父所说"山西人为嘛到我们山东来杀人？有我们的命令吗？""他是阎锡山的队伍！"都是相声作者建构的逻辑飞白修辞文本。艺人在山东演关羽过五关斩六将，韩父却说是山西人到山东来杀人，问有没有山东人的命令；说汉朝的关羽是当时的山西军阀阎锡山的军队。这都是常人想不到的荒唐话，不合逻辑至极。相声作者故意让这些不合逻辑的话由军阀韩复榘之父口中说出，这种修辞文本的建构，在表达上，逼真、形象地再现了韩父无知无理、仗势欺人的情态；在接受上，令人如临其境，如闻其声，一个活脱脱的军阀之父形象跃然纸上，让人又可气又可笑。

第七节　醉翁之意不在酒：讽喻

讽喻，是一种在特定语境中通过临时编造一个故事来寄托其讽刺或教导意向的修辞文本模式。从形式上看，讽喻可以分为两种基本型态：一是"叙而不议"式，二是"叙而后议"式①。"叙而不议"式，即只编造一个故事，表达者不加任何评点或议论，其所表达的意向需要接受者透过故事本身来会意而得之；"叙而后议"式，即既编造故事，又于故事之后缀以一二句画龙点睛、点明故事寓意的话语以强调表达意图。不管是哪种型态的讽喻，一般说来，它们在表达上都往往有一种形象生动、浅显易懂的效果；在接受上，易于引发接受者的联想想象，调动接受者充分利用自己的日常生活经验对文本进行"二度创造"的积极性，从而极大地提升文本的审美价值，加深对文本语义的理解与印象。

---

① 沈谦：《〈文心雕龙〉与现代修辞学》第111—119页，台北：台湾益智书局，1980年。

"叙而不议"式的讽喻,如果用以说理,一般说来,不仅形象生动,可以化抽象为具象,而且表意还显得比较婉约,因而魅力也比较深厚,在现代人的修辞实践中比较多见。例如:

(一)犹记得1961年,林语堂返台,定居于阳明山,有一回应邀至文化大学参观,事先与文大创办人张其昀约定,没有充分准备,不能演讲。但是当幽默大师出现在学校餐厅午餐时,师生蜂拥而至,争睹风采,并一再要亲聆"幽默",林氏难违众意,只好说了一个故事:

"古罗马时代,有一个人犯法,依例被送到斗兽场,他的下场不外两种,第一是被猛兽吃掉,第二是斗胜则免罪。罗马皇帝和大臣都在壁上静观这场人兽搏斗的精彩好戏。不料,当狮子进场后,这犯人只过去在狮子耳边悄悄说了两句话,狮子就夹着尾巴转身而去。第二回合老虎出来,依然如此。罗马皇帝问他:有什么魔力使狮子老虎不战而退。他从容不迫地说:没有什么,我只告诉它们,要吃掉我不难,不过最好想清楚,吃掉我之后必须要演讲!"(沈谦《林语堂的"风流"与"诙谐"》)

例(一)这则狮子、老虎与人决斗的故事,明显是林语堂临时编造出来的,而且结尾没有评论,明显属于"叙而不议"式"讽喻"修辞文本。它表面上看是一个逗乐的幽默故事,实际上是要跟学生们说明一个道理:"演讲是件非常难的事,需要做充分的准备。要人即兴演讲,实在是强人所难,不通情理"。但是,这层意思林语堂没有明言,而只以一个编造的故事来呈现。这种文本呈现,从表达上看,不仅形象生动、幽默风趣,而且含蓄蕴藉、余味曲包;从接受上看,虽一时让接受者(学生们)不明所以,但一旦破译成功,洞悉其中真意所在,便会油然生出感佩之情,获得一种寓教于乐的审美享受。

"叙而后议"式讽喻修辞文本,在古代特别在先秦散文中非常习见。现代人的讽喻修辞文本建构中已较少采用此种模式了。但是,也并不是完全没有。例如:

(二) 有一西人，身服之衣敝，召裁缝至，问："汝能制西式衣否？"

曰："有样式，即可以照做。"

西人检旧衣付之。越数日，裁缝将新制衣送来，剪裁一切无差，惟衣背后剪去一块，复又补缀一块。西人骇然问故。

答曰："我是照你的样式做耳。"

今中国锐意图新，事事效法西人，不求其所以然，而但行其所当然，与此西人所雇之裁缝又何以异欤？噫！（辜鸿铭《辜鸿铭笔记》）①

例（二）是中国近代奇人辜鸿铭所创造的一个讽喻修辞文本，属于典型的"叙而后议"式，从形式上就看得很清楚。因为这段中国裁缝"依样画葫芦"的故事，明显是表达者临时编造出来的，其用意末一段文字也特别指出来了："今中国锐意图新，事事效法西人，不求其所以然，而但行其所当然，与此西人所雇之裁缝又何以异欤？"意思是说，中国学习西方是可以的，但要知其所学之所以然，不然盲目跟进，以至将不应该学习的东西也学了。本来，这层意思故事本身已昭显无遗，但表达者为了强调此层意思，所以特别将此指明，以此让接受者加深对其所讲道理的印象。这一修辞文本的建构，从表达上看，前面的故事不仅显得形象生动，而且事实上充当了其主旨观点（后面评论部分）的论据，形成论据与观点的前后呼应；从接受上看，尽管文本"以故事代事证，在逻辑上虽有'暗度陈仓'之嫌，但事实上确有增强说服力的效果。因为这种为其观点度身定做的故事，虽然从理论上说不能作为支撑论点的事实论据，但却在接受者的心理上产生类同于事实论据的效果。"②

一般说来，讽喻的两种型态，"叙而不议"式在现代汉语中运用比较广泛，"叙而后议"式在古代汉语中运用更为普遍。如先秦散文中诸如"刻舟求剑""狐假虎威""画蛇添足"等故事，就是作者用以说明某种道理

---

① 此例引见于沈谦：《〈文心雕龙〉与现代修辞学》第116页，台北：台湾益智书局，1980年。
② 吴礼权、谢元春：《传播媒介的发展对汉语修辞创造的促动》，《阅江学刊》，2019年第1期，第110页。

时临时编造的,属于"叙"的部分。但是,"叙事"之后,则都有一个画龙点睛的寓意说明,这便是"议"的部分。当然,古代汉语中也有"叙而不议"式的讽喻。如汉·刘向《说苑·正谏篇》:"吴王欲伐荆,告其左右曰:'有敢谏者死。'舍人有少孺子者,欲谏不敢,怀弹操丸于后园,露沾其衣,如是者三旦。吴王曰:'子来,何苦沾衣如此?'对曰:'园中有树,其上有蝉,蝉高居悲鸣饮露,不知螳螂在其后也;螳螂委身曲附欲取蝉,而不知黄雀在其傍也;黄雀延颈欲啄螳螂,而不知弹丸在其下之患也。'吴王曰:'善哉!'乃罢其兵"。这里,舍人少孺子说服吴王罢兵,只给他说了一个"螳螂捕蝉,黄雀在后"的故事,并未在故事结束后再讲一番大道理,这便是典型的"叙而不议"式。同样,现代汉语中的讽喻虽以"叙而不议"式为常规,但也有"叙而后议"式,如上举辜鸿铭以"裁缝与西装"的故事来说明中国学习西方应持的态度,就是如此。

第八节　腾笼换鸟做文章:折算

折算,是一种在陈情叙事时以换算的方式将抽象事实呈现出来的修辞文本模式。这种修辞文本模式,从表达上看,不仅显得形象生动,而且浅近自然,明白如话;从接受上看,极易启人联想想象,有利于调动接受者在文本解读时充分发挥"二度创作"的积极性,从而在客观上提升文本的审美价值。正因为如此,在很多陈情、叙事的文章中我们都能时常见到折算修辞文本的建构。如:

(一)马主任紧紧握住段之大的手,久久不能放下,这是一双绘图的手呵!可是,就是这样一双手,被锁了将近三十年!<u>三十年——美国换了六届总统,日本成了经济大国</u>。倘若没有两次主要对准知识分子的大折腾,我们的经济是不是早该翻两番?(《三十年沉冤平反记》,《文摘周刊》1986 年 8 月 31 日①)

---

① 此例引见于谭永祥:《汉语修辞美学》第 254 页,北京:北京语言学院出版社,1992 年。

例(一)这段文字,是"通过一个经历了'反右'与'文革'两场政治斗争磨难的知识分子段之大三十年的人生经历,感叹中国经济发展受政治运动影响而落后西方与日本三十年的现实,从而深刻地说明了一个道理:对准知识分子的政治折腾是中国经济发展走向崩溃的根本原因,中国要想发展经济,追赶西方发达国家,国民生产总值实现翻两番的目标,再也不能搞政治运动了。知识分子经不起折腾,中国经济更是经不起折腾"①。其中,"三十年——美国换了六届总统,日本成了经济大国",就是一个"腾笼换鸟做文章"的折算修辞文本。这一文本,承前句"就是这样一双手,被锁了将近三十年"的感慨而来,表面只是客观地叙述事实,暗中却不露痕迹地讲出了一番发人深省的道理。这道理不仅讲得"非常深刻,促人警醒,令人深思,而且说服力也特别强"②。它的高妙之处在于"将三十年换算成具体可感的现实,从而化抽象为具象,让人由此及彼,通过联想与想象,清楚地意识到三十年对于一个人与一个国家是多么重要"③。除此之外,这一文本的建构还有一个更高妙的地方,就是作者对换算内容的选择。"他没将中国经济发展停滞的三十年与中国古代或其他时期的情况进行对比,而是将之与美国政坛的变化与日本经济的发展相换算,让接受者经由美国政府换届与国家经济发展的进步成果、日本经济从二战废墟上迅速崛起的事实,自然而然地产生联想,从而由此及彼,想到这样一个问题:假如中国也像美国一样,每届政府(美国总统任期为四年,三十年应该是换届七届多)都有一定的经济发展目标,并扎实予以推进,那么三十年时间内各届政府又能做多少事情呢?中国经济发展会到达什么样的一个水平呢?假如新中国建立就专注于经济民生问题,那么与日本几乎同步从战后废墟上起跑的中国经济又会怎么样呢?"④这层意思,作者虽然没有明说出来,但美国与日本经济发展的事实业已点出,聪明的读者自然心领神会,明白作者的深意,认同作者的无限感慨。

---

①②③　吴礼权:《说服力》第129页,广州:暨南大学出版社,2017年。
④　吴礼权:《说服力》第130页,广州:暨南大学出版社,2017年。

除了在陈情中抒发感慨,引发接受者强烈的情感共鸣,折算修辞文本的建构,还有助于在叙事中阐明道理。如:

(二)废旧物资的排泄不断积累,成了人类的沉重负担。就拿天津来说,全市一年工业垃圾 322 万吨,生活垃圾 160 万吨。有人测算了一下,如果不加清理,不出 50 年,就会把 153 平方公里的市区埋没在两米深的垃圾之下。上海市的工业垃圾和生活垃圾一年有 730 万吨,每十天的垃圾就可以堆成国际饭店那么大的体积。(杨继绳《令人担忧的城市垃圾》,《瞭望》周刊,1986 年第 34 期①)

例(二)是"资深记者杨继绳 20 世纪 80 年代就城市垃圾问题所生发的忧思"②。读了这段文字,对照今日中国城市化进程加快而带来的日益严重的环境问题,包括城市垃圾问题,真是让人感慨万千。那么,这段文字何以有如此打动人心的力量呢?这有三个方面的原因,一是这段文字内容所直击的客观现实,"随着中国经济的发展与城市化步伐的加快,垃圾问题已经是摆在国人面前不可回避的难题。因为它不仅与环境问题有关,更与人类生存问题有关"③。二是这段文字反映了作者超前的环保意识,实在令人感佩。三十多年前,中国改革开放的大幕刚拉开不久,经济发展尚处于起步阶段,绝大多数中国人甚至是高层人士都还没有明确的环境意识。而作者"作为一名记者就已经敏锐地意识到了城市垃圾问题如果不能实现有效处理,将会成为人类的沉重负担"④。三是这段文字的表达技巧相当高明。基于当时大多数国人尚无环保意识的客观现实,为了向国人宣传环保理念,以唤醒国人的环境意识,说明城市垃圾有效处理的必要性,作者选取上海与天津这南北两座重要城市,以两市每年的工业垃圾量与生活垃圾量予以举例,以折算修辞法建构了两

---

① 此例引见于谭永祥:《汉语修辞美学》第 252 页,北京:北京语言学院出版社,1992 年。
②③ 吴礼权:《说服力》第 130 页,广州:暨南大学出版社,2017 年。
④ 吴礼权:《说服力》第 131 页,广州:暨南大学出版社,2017 年。

个修辞文本,一是将天津市五十年产出的垃圾数量换算成"153平方公里的市区埋没在两米深的垃圾之下"的实景,由此化抽象为具象,启人联想想象,让天津市民对五十年后天津市严重的环境问题有一个直观清晰的印象,从而让大家意识到问题的严重性,自觉提高环保意识。二是将上海市每十天的垃圾量与上海市标志性建筑国际饭店的体积进行换算,也是化抽象为具象,以换算的结果作为论据来说话,从而让上海市民认识到解决城市垃圾问题的紧迫性,说服力显得非常强。

第九节　分工合作唱双簧:歇后

歇后,是一种通过设喻与解喻相结合的方式来传情达意的修辞文本模式。这种修辞文本模式,从表达上看,设喻的部分形象生动,解喻的部分曲终奏雅,前后呼应,义皎而朗;从接受上看,设喻的部分启人联想想象,有利于调动接受者文本解读的兴味,解喻的部分陈情达意明了,有利于接受者准确理解文本真义之所在。正因为如此,现代汉语中歇后修辞文本的建构颇是普遍。如:

(一)过了一日,原来次日是王子腾夫人的寿诞,那里原打发人来请贾母、王夫人。王夫人见贾母不去,也便不去了。倒是薛姨妈同着凤姐儿并贾家三个姊妹、宝钗、宝玉,一齐都去了。至晚方回。

王夫人正过薛姨妈院里坐着,见贾环下了学,命他去抄《金刚经咒》唪诵。那贾环便来到王夫人炕上坐着,命人点了蜡烛,拿腔作势的抄写。一时又叫彩云倒钟茶来,一时又叫玉钏剪蜡花,又说金钏挡了灯亮儿。众丫鬟们素日厌恶他,都不答理。只有彩霞还和他合得来,倒了茶给他,因向他悄悄的道:"你安些分罢,何苦讨人厌!"贾环把眼一瞅道:"我也知道,你别哄我。如今你和宝玉好了,不理我,我也看出来了。"彩霞咬着牙,向他头上戳了一指头,道:"没良心的,<u>狗咬吕洞宾——不识好歹</u>。"(曹雪芹《红楼梦》程乙本第二十五回《魇魔法叔嫂逢五鬼,通灵玉蒙蔽遇双真》)

例(一)丫环彩霞对贾环说的话:"没良心的,狗咬吕洞宾——不识好歹",如果不以修辞文本的形式呈现,用正常理性的语言表述,就是:"没良心的,不识好歹。"这样说,当然没问题,意思很清楚,而且表达还简洁明了。但是,从阅读接受的角度看,效果就远不及小说的原文了。小说虽然让丫环彩霞多说了五个字:"狗咬吕洞宾",但跟"不识好歹"一结合,便构成了一个形象生动的歇后修辞文本。"狗咬吕洞宾"是设喻的部分,"不识好歹"是解喻的部分,前后呼应,不仅表情达意形象生动,而且强化了表义的效果。因为吕洞宾是中国古代传说的八仙之一,既然是仙人,那"狗咬吕洞宾"就不具合理性,这就坐实了解喻"不识好歹"的结论。同时,"狗咬吕洞宾"的设喻,还暗中将狗与接受者(贾环)作了链接,将吕洞宾跟表达者(彩霞)自己作了联系,从而不露痕迹地实现了自誉与损人的双重目标,使达意传情的效果臻至最大值。另外,从小说塑造人物形象的角度看,这一文本的建构对凸显彩霞的丫环身份,再现一个底层女子的"声口"(语言特点),都具有至关重要的作用。因为从历史与现实看,喜欢在语言表达中运用歇后语的,大多是社会底层民众或文化水平不高的人,士大夫与上层人士一般不屑为之。

歇后修辞文本的建构,如果说在早期现代汉语文学作品中还不够普遍的话,到了现当代汉语文学作品中则就成了常态。如:

(二)到这时候,阮之钿想着读书人的"气节"二字,也只好豁上了。他开始胆大起来,抬起头望着献忠说:

"将军,士可杀而不可辱。学生今日来见将军,原是一番好意,不想触犯虎威,受此辱骂。学生读圣贤书,略知成仁取义之理,早置生死于度外。将军如肯为朝廷效力,学生愿以全家百口相保,朝廷决不会有不利于将军之事。请将军三思!"

献忠用鼻孔哼了一声,说:"像你这样芝麻子大的官儿,凭你这顶乌纱帽,能够担保朝廷不收拾我张献忠?你保个屁!<u>你是吹糖人儿的出身</u>,口气怪大。<u>蚂蚁戴眼镜,自觉着脸面不小</u>。你以为你是一县父母官,朝廷会看重你的担保?哈哈,你真是不认识自己,快去尿泡尿照照你的

影子!"(姚雪垠《李自成》第一卷第二十九章)

例(二)写明末张献忠聚众欲反之时,谷城知县阮之钿看出其动向,知道"张献忠的起事已像箭在弦上,而近在襄阳的熊总理硬是如聱如聋,不相信献忠要反,他为此忧虑得寝食不安,一面暗中派人上奏朝廷,一面考虑着劝说献忠"。结果,阮之钿满怀信心见了张献忠,不仅未能说服其打消反叛朝廷的决心,反而遭其一顿辱骂。张献忠辱骂阮之钿的话,其中"你是吹糖人儿的出身,口气怪大。蚂蚁戴眼镜,自觉着脸面不小"二句,运用了歇后修辞手法,属于我们所说的歇后修辞文本。这一文本的建构,从表达上看,"吹糖人儿的出身""蚂蚁戴眼镜"是设喻,"口气怪大""自觉脸面不小"是解喻,前后呼应,既使达意显得形象生动,又使传情显得旗帜鲜明;从接受上看,"吹糖人儿""蚂蚁戴眼镜"两个意象的选择,不仅启人联想想象,有利于提高接受者(小说读者)文本解读的兴味,而且将阮之钿以朝廷命官自居、自尊自大的心理凸显得淋漓尽致,使其"位卑未敢忘忧国"的崇高信念和不惜一死报朝廷的神圣形象消解于无形。因为歇后语本来就具有鲜明的诙谐滑稽效果,而由张献忠这样的武夫嘴里说出,自然尤显轻佻而不庄重,其讽刺嘲弄之意更为明显。可见,作者这里让小说人物张献忠辱骂阮之钿而运用歇后修辞法是有深意的,既是达意传情的需要,更是人物形象塑造的需要。

其实,歇后修辞文本的建构不只是出现于小说中,有些现代散文中也会有。如:

(三)海瑞的悲剧,就在于他认为道德的约束力,可以制止住全社会的颓败风气……其实,他不知道,道德的作用,只能作用于有道德的人。不讲道德的冥顽不化者,恶劣成性者,道德又其奈他何?正如马路上的斑马线,对视若罔闻的我行我素者,是起不了什么作用的,除非他被撞死,才后悔不走斑马线。同样,"榜样的力量是无穷的",只是对愿意仿效者能产生向心力和感召力,而对那个一听焦裕禄名字就烦死了的干部,<u>肯定是瞎子点灯,白费蜡</u>。(李国文《从严嵩到海瑞》)

例(三)是从历史的经验谈今日廉政建设需要建立完善的法律制度,而不能指望以道德的力量感化官员。其中,最后一句"肯定是瞎子点灯,白费蜡",就是一个歇后修辞文本,以形象生动的表达将文章所要阐明的主旨予以揭示出来,在机趣幽默中使读者领悟到文本的深意所在,由此联想思考,加深印象。

歇后修辞文本的建构,不仅在现代汉语文学作品中常见,在古代汉语中也是早有出现的,特别是在古典小说中更是时有所见。如古典小说中白话写得最为纯熟的《水浒传》,其中就有歇后修辞文本的建构。崇祯十四年贯华堂刻本第二十六回《母夜叉孟州道卖人肉,武都头十字坡遇张青》,写武松与两个押送他的公人走到十字坡,见有一家酒店,便进去喝酒吃饭。老板娘端来一笼馒头,"武松取一个拍开看了,叫道:'酒家,这馒头是人肉的,是狗肉的?'那妇人嘻嘻笑道:'客官休要取笑!清平世界,荡荡乾坤,哪里有人肉的馒头,狗肉的滋味?我家馒头,积祖是黄牛的。'……武松又问道:'娘子,你家丈夫却怎地不见?'那妇人道:'我的丈夫出外做客未回。'武松道:'恁地时,你独自一个须冷落。'那妇人笑着,寻思道:'这贼配军却不是作死,倒来戏弄老娘!正是:灯蛾扑火,惹焰烧身。不是我来寻你。我且先对付那厮。'"这里母夜叉孙二娘所说的"灯蛾扑火,惹焰烧身",就是运用歇后手法的修辞文本,读来也颇觉形象生动,符合孙二娘的身份与语言特点。

应该指出的是,无论是从历史还是现实来看,歇后都是汉语中较为重要的一种修辞方式,有着非常鲜明的修辞效果,为中国最为广大的民众所喜闻乐见,因此歇后修辞文本的建构自古以来都一直未曾停歇过。然而,汉语修辞学界一直对此视而不见,所有的修辞学著作或教科书都避而不谈歇后修辞法与歇后修辞文本的建构问题。谈歇后修辞现象的,只有汉语词汇学在讲惯用语时会提到。歇后语在汉语中大量存在,这是人人都看到的事实,但是很少有人会追问这大量的歇后语是怎么产生的;更没人会想到,正是因为汉语修辞有歇后一法,这才导致汉语中有大量歇后语的产生。

小　结

　　追求生动形象的修辞效果,是人类普遍的一种语言心理。在汉语修辞中,这种心理追求尤甚。这是因为,形象与联想,是中国人特别是汉民族人思维的主要方式。与西方人相比,中国人更喜欢形象思维而厌倦抽象思维。正如林语堂所指出的那样:"中国人的心灵在许多方面都类似女性心态。事实上,只有'女性化'这个词可以用来总结中国人心灵的各个方面。女性智慧与女性逻辑的那些特点就是中国人心灵的特点,一点不错的……中国人的头脑羞于抽象的词藻,喜欢妇女的语言。中国人的思维方式是综合的、具体的。他们对谚语很感兴趣,它像妇女的交谈。"①所谓中国人的思维方式充满了女性化的特点,即是说中国人敏于具体的形象思维,擅长由具体到抽象的联想综合。关于这一点,其表现形式是多种多样的。如中国先秦时代散文中喜欢运用"守株待兔""狐假虎威""鹬蚌相争"等寓言来说理,中国古典诗歌喜欢诸如"银烛秋光冷画屏,轻罗小扇扑流萤""池塘生春草,园柳变鸣禽""有时三点两点雨,到处十枝五枝花"等带有形象与意境的写法,中国人说话喜欢运用诸如"懒婆娘的裹脚——又长又臭""茶壶里煮饺子——肚里有,嘴上倒不出"等歇后语与诸如"人心齐,泰山移""单丝不成线,独木不成林"等谚语,汉语语词库中多有诸如"雪白""冰凉""绿油油""红彤彤"等类形容词,这些皆充分体现了中国人好为形象思维与联想综合的特点。不仅如此,中国人好为形象思维与联想综合的特点甚至还表现在某些抽象名词与文学批评诸术语上。如"体积""长度""宽度"等皆是表示抽象概念的词汇,一般不能对之形象化,可是中国人的思维方式能使之形象化,这便是以"大小"指称"体积",以"长短"指称"长度",以"宽窄"指称"宽度",其思维的形象化技巧真是令人叹服。又如在中国的文学批评中,不同的写作方法的称

---

① 林语堂:《中国人》(*My Country and My People*,郝志东等译)第62页,杭州:浙江人民出版社,1992年。

谓不同于西方人那样喜用抽象的专门术语来概括,而是用比较形象化的词语来指称:"隔岸观火"(一种超俗的格调)、"蜻蜓点水"(轻描淡写)、"画龙点睛"(提出文章的要点)、"欲擒故纵"(起伏跌宕)、"神龙见首不见尾"(运笔自如,顺其自然,斗然而来,戛然而止)、"悬岸千仞"(结尾时陡然勒住)、"一针见血"(一句话道出真情)、"单刀直入"(直截了当的开头)、"声东击西"(突然袭击)、"旁敲侧击"(善意的戏弄与嘲笑)、"湖上雾霭"(调子柔和)、"层云叠峰"(细节等纷繁复杂,扑朔迷离)、"马屁股上放鞭炮"(结尾前最后一击)①等说法,皆是典型的形象化思维与联想综合特点的凸显。正因为中国人有上述这种思维特点,我们在建构修辞文本时恰当地建构一些形象生动的修辞文本,这对提高文本的表达效果和接受效果是大有裨益的。②

值得指出的是,本章所列的譬喻、比拟、摹状、示现、列景、飞白、讽喻、折算、歇后等类型,只是举例性的基本模式,并不是说形象生动的修辞文本只限于上述几种。

另外,还要指出的是,本章我们所讲到的诸多修辞文本模式,并非只有形象生动一种审美效果,而是还有别的效果,形象生动只是其主要的效果。比方说,本章第一节我们讲的比喻修辞文本的建构,除了形象生动的效果之外,其实还有别的效果。下面我们来看一个例子:

(一)养育一个小屁孩就像发射卫星,花费十几年心血确保每个环节和数据的正确。最后一朝发送成功,考上大学,然后卫星就消失在茫茫的外太空,只剩下定期不定期的发回来一些微弱的信号:"给点钱,给点钱"。

把钱发给了卫星,叮嘱吃好穿暖。卫星又发回来微弱的信号:"别啰嗦,别啰嗦"。

---

① 林语堂:《中国人》(*My Country and My People*,郝志东等译)第66—67页,杭州:浙江人民出版社,1992年。
② 参见吴礼权:《修辞心理学》(修订版)第225—226页,广州:暨南大学出版社,2013年。

等信号稳定了,又要花一辈子的积蓄帮他建立空间站。

如此坑爹的事情,居然还号召大家造两颗。(http://www.sohu.com/a/147763636_253480)

例(一)是网络上的一个段子,说的是"现在培养一个孩子非常不容易,既要花费十多年的心血保证其从幼儿园到小学、中学每个环节的学习不出现任何问题,从而确保其考取大学,还要为其准备上大学的费用以及大学毕业后结婚的房子。这层意思,作者并未如此理性地表达,而是将培养孩子比作卫星的发射及其维护,还有空间站建立的筹划"①,这明显是一个比喻修辞文本。但是,这个比喻文本除了有形象生动的修辞效果外,读后给人的第一印象恐怕是幽默风趣。之所以会有这种效果,是因为这一比喻文本"喻体的选取出人意料,跟本体匹配后又显得无比贴切,不仅将培养孩子的辛苦情状呈现得生动形象,而且让人忍俊不禁,为之会心一笑"②。

又比方说,前文我们说到讽喻文本的建构具有形象生动的效果,但事实上讽喻在特定的情境下还有别的修辞效果。下面我们也看一个例子:

(二)人到了迟暮,如石火风灯,命在须臾,但是仍不喜欢别人预言他的大限……胡适之先生素来善于言词,有时也不免说溜了嘴,他六十八岁时来台湾,在一次欢宴中遇到长他十几岁的齐如山先生,没话找话的说:"齐先生,我看你活到九十岁决无问题。"齐先生愣了一下说:"我倒有个故事,有一位矍铄老叟,人家恭维他可以活到一百岁,忿然作色曰:'我又不吃你的饭,你为什么限制我的寿数?'"胡先生急忙道歉:"我说错了话。"(梁实秋《年龄》)

---

①② 吴礼权、谢元春:《传播媒介的发展对汉语修辞创造的促动》,《阅江学刊》,2019年第1期,第117页。

例(二)是叙胡适与齐如山二人的故事。胡适恭维齐如山先生没有到位,齐如山不高兴,但因胡适是出于好意且又是有名望的大学者,声名在自己之上。所以齐如山不高兴,也是不能直说的。这样,就有了上述齐如山的所谓"故事"。很明显,齐如山所说的故事是临时编造出来回应胡适的,是典型的讽喻修辞文本。但是,这个修辞文本的建构,明显不是为了达意传情的形象生动,而是为了婉约蕴藉地表达不满之情,以凸显文人学者温文尔雅的风范。

思考和练习

一、譬喻修辞文本从形式上看,可区分为哪几种基本模式?

二、譬喻修辞文本的建构应该遵循哪些基本原则?

三、比拟可以分为哪几种类型?

四、何为摹状修辞文本,有何表达和接受效果?

五、什么是示现修辞文本?它可分为几种情况?

六、列锦修辞文本的基本特征是什么?表达和接受效果如何?

七、语言实践中为何会有飞白修辞文本的建构?

八、指出下列诸例中各有何种修辞文本(本章没有学到的修辞文本类型可以不必指出),并分析其表达和接受效果。

(1) 虽然吃饭的时候四方桌在小房间里堵住我们的胸口,拥挤得像一口小锅炖四只鸡,我们仍然不肯让快乐从我们中间溜走。(子敏《一间房的家》)

(2) 下午睡足了起来看几页书,阳光很慵懒,流云松松散散地浮着。我支颐长坐,为什么它们美得这样闲逸?(张晓风《归去》)

(3) 一"海"无话,林先生吃得胖胖的,就到了美国。船一到码头,新闻记者如蜜蜂一般拥上前来,全是找林先生的。林先生命书童点起檀香,提着景泰蓝香炉在前引路,徐徐的前进。新闻记者围上前来,林先生深感不快,乃曼声曰:"吾乃——'吾国吾民'之著者是也!没别的可说!"众畏其威,乃退。不过,林先生的相,在他没甚留神的时候,已被他们照了去;在当日的晚报就登印出来。(老舍《代语堂先生拟赴美宣传大纲》)

(4) 好东西可遇而不可求,使人生平白添出许多怅惘与遗憾,如果你认定了这个死理"得不到的东西才是最好的",那么,即算贵为帝王,富若陶朱,也不会比猴子掰苞谷的结局妙到哪里去。(王开林《阳光不锈》)

(5) 西红柿转运是在近些年,"番茄"居然上了菜单,由英法大菜馆而渐渐侵入中国饭铺,连山东馆子也要报一报"番茄虾银(仁)儿"! 文化的侵略哟,门牙也挡不住呀!(老舍《西红柿》)

(6) 红茶花真好,当然白茶花更好,但白茶花的好如清媚的女子,只适合放在天目釉的黑钵子里,钵子放在明窗下,相望之际令人寂然落泪。红茶花却是阳光之下,山坡上的慷慨从容的心情,是新写的红春联,是刚剪好的窗花,是太阳的复制品,是不经意地在路上遇见的微笑。(张晓风《花朝手记》)

(7) 我只知道我的童年是真的有油菜花和炊烟的:油菜花黄艳艳摇曳在广漠的田野,而炊烟从每一家的烟囱袅袅飘向天空。(季季《油菜花和炊烟》)

(8) 我当时也无法在我凌乱的思维中提出一个头绪来,事实上,现在可以证明,这并不容易,因为如果我可以在那里在此刻可以理出一个头绪,那便是为现代中国脱臼的精神找到了方向。因为,我虽然从我自己出发,我追索的不是我自己个人的问题,因为如果没有了中国的完整意义,便没有了我自己。(叶维廉《母亲,你是中国最根深的力量——寄给母亲在天之灵》)

(9) 我台中故居附近的一泓幽潭,你,在我的回忆中,是一枝翡翠的胸饰,碧绿而晶莹。(张秀亚《听到了永恒》)

(10) 冬天雨季中的夜晚,总哭得那么凄惨,魅影守在每个沉睡的窗口向我窥望,我必须穿过雨滴,穿过静寂,向回家的岩路奔去,我一定能够回到家里。(张菱舲《听,听,那寂静》)

(11) 千片万片的瓦翻翻,美丽的灰蝴蝶纷纷飞走,飞入历史的记忆。现在雨下下来,下在水泥的屋顶和墙上,没有音韵的雨季。树也砍光了,那月桂,那枫树,柳树和擎天的巨椰,雨来的时候不再有丛叶嘈嘈切切,闪动湿湿的绿光迎接。鸟声减了啾啾,蛙声沉了阁阁,秋天的虫吟也减了喞喞。七十年代的台北不需要这些,一个乐队接一个乐队便遣散尽了。要听鸡叫,只有去《诗经》的韵里寻找。(余光中《听听那冷雨》)

(12) 由半开的窗望出去,就能看见外面的一个相当规模的庭院。秀柏、矮松、小桥、流水、红花、绿叶,满园秀色,尽收眼底,看了不禁使人心旷神怡。(吴礼权《远水孤云:说客苏秦》)

(13) 今天上午,上级通知要来一个解馋团,说要烟酒横向联喝的问题。我们肠胃立即为此召开会议,虽然每人苦恼得滴下眼泪,还是决定归宴到肚里。(鲍昌《续〈白字秘书的日记〉》)

(14) 有一天,参政员开会休息时,三三两两坐着闲谈,有人讲了些嘲笑胡子的笑话,说完还对沈老(沈钧儒)发笑,沈老是有一口不算小的胡子的。他立即笑着说:"我也有一个胡子的笑话可以讲讲。"大家很诧异。沈老接着说:"当关、张遇害之后,刘备决定兴兵伐吴,要从关兴、张苞二人中选一个当正先锋,叫他们当场比武,结果不分胜负,又叫他们各自讲述他们父亲的本领。关兴说他父亲过五关、斩六将;斩颜良、诛文丑,杯酒斩华雄,讲了一大套。张苞也说他父亲如何一声喝断灞陵桥,'如何'三气周瑜芦花荡等等,说得也有声有色。关兴急了,说:'我父亲丹凤眼,卧蚕眉,一口长髯,飘到胸口,人称美髯公,你爸爸比得了么?'正讲到这里,关羽忽然在空中'显圣'了,横刀怒目对关兴说:'你老子有这么多长处你不说,单提老子的胡子做什么?'"自然,大家听完也是哄堂大笑。(徐铸成《旧闻杂忆续篇·王瑚的诙谐》)

(15) 内蒙古自治区呼伦贝尔市是全国面积最大的一个地级市,也是"世界上土地管辖面积最大的城市"……呼伦贝尔市总面积26.3万平方公里,相当于山东省与江苏省两省之和。(百度百科 呼伦贝尔市志)

(16) 我不过是机关里的穷衙门里的清水豆腐官。用我老婆粗鄙的话来说:耗子尾巴上疖子,能有多少脓水!(张笑天《我想生病》)

第三章 齐整和谐的修辞文本营构模式
Section 3

说写的目的主要在于表情达意,这是人所共知的。但是,有时表达者(说者或作者)不仅要清楚地表情达意,还希望企及一种视觉上的齐整均衡之美,或是听觉上的和谐悦耳之美的效果,希望文本接受者在文本解读接受时能够于理解其所表达的情意的同时,产生一种左右平衡的身心律动,从而获取一种视觉或听觉上的美感享受。一般说来,在汉语修辞中,这一修辞目标的企及,可以通过建构对偶、排比、回环、错综、互文、叠字、配字、协韵、起兴等修辞文本来实现。

第一节 奇峰对插,交映生辉:对偶

对偶,是语言活动中表达者有意以字数相等、句法相同或相似的两个语言单位成双作对地排列在一起,通过齐整和谐的视听觉美感形式实现表情达意的最佳效果的修辞文本模式[1]。对偶作为一种修辞文本模式,从不同的角度可以有不同的分类。一般说来,基本上有两种分类方法。一是以形式为标准,将其分为"严对"和"宽对"两类;一种是从意义着眼,将其分为"正对""反对""串对"三类[2](至于对偶更细的分类及其各种分类名称,在古典文学作品或文献中较为常见,现代因为不做律诗了,所以现代汉语的对偶没有那么复杂,这里不再介绍)。

---

[1][2] 关于对偶的定义、分类,参见陈望道:《修辞学发凡》第162页,上海:复旦大学出版社,2008年;陈启佑:《新诗形式设计的美学》第24—38页,台北:台湾诗学季刊杂志社印行,1993年。

所谓"严对",又称"工对",是指构成对偶的两个语言单位在字数上须相等,即三字对三字,五字对五字,七字对七字,等等;在句法结构上须相同,即主谓结构对主谓结构,动宾结构对动宾结构,偏正结构对偏正结构,等等;在相对的词性上须相同,即名词对名词,动词对动词,形容词对形容词,等等;在声音上须平仄相对,即平声对仄声,仄声对平声,平平对仄仄,仄仄对平平,平平仄仄仄平平对仄仄平平平仄仄,等等;在辞面上须相异,没有相同的字重复出现,即构成对偶的上片有"大",则下片不能再出现"大"字眼,实在避不了也要换上"宏"等字面,等等①。"严对"在现代汉语中则比较少见,不管是在诗歌还是散文中,都不是很多见的。即使偶有,也只能算不甚严格的"严对"。例如:

(一)四周青山隐隐,水面黄叶飘飘。来自上游的漂木汇集成一个木材塜场,商场说这是最后一批料了,上游已经停止伐木。(黄晓萍《新城·老滩》)

例(一)"四周青山隐隐,水面黄叶飘飘",可算是一个"严对"修辞文本。结构形式相同,都是"状语+主语+谓语"。做状语的"四周"和"水面"都是表示方位的,都属偏正词组;做主语的"青山"和"黄叶"都是名词为中心的偏正词组,定语"青"与"黄"属于色彩类词语相对,很工整。谓语"隐隐"和"飘飘"都是叠音词。但是从声音形式上看,即使是依现代汉语语音系统来看,也没有做到平仄的完全相对,两句若以现代汉语的平仄标出即是"仄平平平仄仄,仄仄平仄平平",也只是基本上和谐相对而已。但即使是这样不够工整的"严对",在现代汉语修辞中若不是特意为之,也是不易做到的了。

"严对"在现代汉语中难得一见,但在古代诗歌特别是格律诗中,则很寻常。如唐·李白《送友人》一诗的首联:"青山横北郭,白水绕东城"两句,即属"严对"。因为这两句在字数上相等,句法结构相同,都是主谓

---

① 参见吴礼权:《修辞心理学》(修订版)第143—144页,广州:暨南大学出版社,2013年。

结构相对;"白水"与"青山","东城"与"北郭"两组词都是名词性词组相对,其中"青"与"白"是颜色字相对,"北"与"东",是方位词相对,对得十分工整。平仄上,上句是平平平仄仄,下句则是仄仄仄平平,对仗也很严整。

所谓"宽对",是指构成对偶的两个语言单位只要在字数上相等,句法结构相似(甚至是完全不同,无相似之处),至于相对的词性是否相同,声音上是否平仄相对,字面上是否重复,要求不严。这种对偶模式在现代汉语中十分常见。例如:

(二)*山色越来越矜持,秋色越来越透明。(张晓风《常常,我想起那座山》)*

例(二)即属"宽对"修辞文本。因为这一修辞文本上下两句结构相同,都是主谓结构,主语"山色"与"秋色"词性相同,都是以名词为中心的偏正词组;谓语"越来越矜持"与"越来越透明"都采用相同的"越来越……"形式,"矜持"与"透明"都是形容词。但在声音上的平仄相对、字面的错异上没有任何讲究,字面上不避重复的特点十分明显。这是现代宽式对偶的常见情形。在现代的宽式对偶中甚至还有只在字数上相等,句法结构、词性上也不对应的情况。例如:

(三)*夜凉似水,几净灯明,小室独处,抽烟品茗,一念不起,心定神凝,静中读书,浩(改"悠"字亦佳)然忘情。(李教《李教回忆录》)*

例(三)是作者所写的《生活小偈》。这几个对偶修辞文本,几乎在句法结构上也不讲究了。

古代的"宽对",也有句法结构不严密的。如唐人刘禹锡《乌衣巷》诗:"朱雀桥边野草花,乌衣巷口夕阳斜","野草花"是偏正结构,相对的"夕阳斜"则是主谓结构,可以说是比较彻底的宽式对偶模式。至于字面上避重,古代的"宽对"也不讲究。甚至有时为了特定的表达目标,诗人还会故意在对偶中用重复的字面。如唐代诗人杜甫《闻官军收河南河北》:"即从巴峡穿巫峡,便下襄阳向洛阳",宋人林升《题临安邸》:"暖风熏得游人醉,直把杭州作汴州",都是有意而为之的辞面重复。

所谓"正对",是指构成对偶的两个语言单位在意义上相似或相同。例如:

(四)说阳光明媚,这是举国上下的通感。那个年头的人们集体可爱,他们正经历着革命化的洗礼……说瘴烟四伏,这是事后拾来的清醒。那个年头的人们又集体可悲,他们的理想、激情、才智,很快就沦为一场大规模政治实验的祭品。说是要为蓝天拭云,要为花园锄草,曾几何时,<u>凡伸手拭云的,多成了入侵蓝天的黑客;凡挥手锄草的,多成了破坏园林的蟊贼</u>。(卞毓方《思想者的第三种造型》)

例(四)"凡伸手拭云的,多成了入侵蓝天的黑客;凡挥手锄草的,多成了破坏园林的蟊贼",即是一个"正对"修辞文本。因为这两句说的是一个意思:"凡提出不同意见的,都是异类,都是毒草"。两句在意义上是相同相类的,所以是典型的"正对"修辞文本。

相对于古代汉语,现代汉语修辞中的"正对"文本比较少。因为"正对"是以两句表示同样一个意思,不符合语言学上所说的"经济原则"。南朝·梁文论家刘勰在《文心雕龙·丽辞》中也曾说过"反对为优,正对为劣"的话,大致也是此意。不过,也有学者持相反的观点,认为:"其实正对并不坏,只要找古今的名篇来看,正对多,反对少,就可作证。如杜甫'感时花溅泪,恨别鸟惊心','白日放歌须纵酒,青春作伴好还乡',绝大多数的对偶都是正对。"[①]

所谓"反对",是指构成对偶的两个语言单位在意义上相反或相互对立。例如:

---

① 周振甫:《文心雕龙选译》第201页(《丽辞篇》题解),北京:中华书局,1980年。

（五）世态炎凉，人情浇薄，在"万事如转烛"的无常运命中，锦上添花易，雪中送炭难；落井下石易，狂流引渡难……（王禄松《那雪夜中的炭火》）

例（五）"锦上添花易，雪中送炭难"和"落井下石易，狂流引渡难"各是一个反对修辞文本模式。因为两句所说意思正好相反，表达的是两种人品人格境界。

"反对"修辞文本一般多出现于诗歌中，现代诗歌因为不太重视对偶，所以"反对"文本也随之减少了。而在中国古代，因为人们非常重视对偶，所以"反对"文本在古代汉语中的各种文体中都经常出现。如《书经·大禹谟》："满招损，谦受益"，《诗经·小雅·采薇》："昔我往矣，杨柳依依；今我来思，雨雪霏霏"，唐人刘禹锡《陋室铭》："谈笑有鸿儒，往来无白丁"，等等，都是典型的"反对"文本。

所谓"串对"，又称"流水对"，是指构成对偶的两个语言单位在意义上有承接、因果、条件、转折等关系，两个语言单位不能彼此互相独立表意，而必须相互依存才能表达完整意义①。例如：

（六）与朋友交，每多任情任性；偕妻儿处，复多相让相忍。因厄快意相参半，有事无事尽平安。天因未绝我，亲友陌路尤未绝我，若有数则命好，无则天地人群好。料此生无以为报，唯愿不弃绝于君子，得徜徉于大化。（亮轩《自编年谱跋语》）

例（六）这段文字②，有许多对偶修辞文本。其中"与朋友交，每多任情任性；偕妻儿处，复多相让相忍"，是个串对修辞文本。两句之间在语意上有一种转折关系，说明自己与朋友相处、与家人相处的两种表现，赞叹友情的可贵。

---

① 参见汪国胜等主编：《汉语辞格大全》第123—124页，南宁：广西教育出版社，1993年。
② 此例引见于沈谦：《修辞学》第468页，台北：台湾空中大学印行，1996年。

值得指出的是,在现代汉语修辞中,"串对"文本已经很少见了。这与现代人不重视对偶,以及诗歌亦不讲究对偶的时代风尚有关。而在古代,特别是诗歌作品中,"串对"文本是随处可见的。如唐诗中"欲穷千里目,更上一层楼"(王之涣《登鹳雀楼》),"即从巴峡穿巫峡,便下襄阳向洛阳"(杜甫《闻官军收河南河北》),"四海无闲田,农夫犹饿死"(《李绅《悯农》),等等,都是典型的"串对"(流水对)文本。

对偶作为一种修辞文本模式,不管是何种类型,它的建构都是富有特定的表达与接受效果的。一般说来,从表达上看,由于文本是以两个语言单位对仗的整齐形式来表情达意的,在视觉形象上,两个语言单位在字数上的相等、句法上的相同或相似,自然造就出一种整齐平衡、对称和谐的视觉形式美感;在听觉形象上,两个语言单位在音节上的相等,在平仄上的相对,自然而然地营构出一种节奏均衡和谐的听觉形式美感。但是,应该指出的是,对偶修辞文本形式上的整齐对称平衡,不管是视觉上的还是听觉上的,都不是呆板机械的均衡美,而是犹如"黄金分割"比例的美,是一种寓变化于整齐的均衡和谐美。因为不论是"严对"还是"宽对",构成对偶的两个语言单位除了字数音节完全相同外,辞面、平仄上都是不同的,是整齐中的变化因子。所以,对偶修辞文本才显得整齐而不呆板,是一种恰切的和谐美。从接受上看,由于修辞文本在视听觉上的整齐均衡和谐的形式美感的存在,很容易引发接受者生理上的左右平衡的身心和谐律动,产生一种快感。同时,对偶修辞文本形式上的寓变化于整齐的和谐美,既因形式上的大体平衡对称而不使注意力浪费,又因整体平衡对称中稍有变化而不至于使接受兴趣停滞,从而使接受者在文本接受中易于集中且能保持注意的前提下、在具快感的生理和心理状态下愉快而有效地接受文本建构者所要传达的文本内容意义上的信息,最终达到对文本内涵的深刻理解,与表达者达成思想情感上的共鸣[①]。

正因为对偶修辞文本的建构有很好的表达和接受效果,且在中国有

[①] 参见吴礼权:《修辞学心理》(修订版)第 146—147 页,广州:暨南大学出版社,2013 年。

着悠久的历史,所以,我们读古典文学作品,这种修辞文本几乎是司空见惯的。现代情况虽然大不一样,但人们的说写中还是时常有运用对偶修辞文本的。例如:

(七)在我写《大明湖》的时候,就写过一段:在千佛山上北望济南全城,<u>城河带柳,远水生烟</u>,鹊华对立,夹卫大河,是何等气象。(老舍《吊济南》)

例(七)"城河带柳,远水生烟",可算是现代汉语中的"严对"一类,写景中折射出作者对济南大明湖美景的无比热爱之情,读来也令人油然而生同样的感动。"城河带柳"与"远水生烟"在句法上都是主谓结构相对,其中的两个主语"城河"和"远水"都是以名词为中心的偏正词组相对,中心语"河"与"水"对得也很工整;两个谓语"带柳"与"生烟",则皆是"动词十宾语"的短语。在声音形式上,"城河带柳"对"远水生烟",也是相当工整的。依现代汉语语音系统来看,"城河带柳"是"平平仄仄","远水生烟"是"仄仄平平",读来抑扬顿挫,十分和谐。由于这一对偶修辞文本中构成对偶的各语言单位在句法词类等视觉形象形式和听觉形象形式上的严整对仗,自然就使文本在表达上具有一种平衡对称和谐的视听觉美感效果。同时,由于平衡对称不是机械的,而是整齐之中有变化,如辞面的相异,平仄声的交错等,使修辞文本的平衡对称和谐美呈现出一种寓变化于齐整的"黄金分割"比例般的均衡和谐美。从接受上看,由于这一修辞文本在视听觉上齐整均衡和谐的美感形态的存在,使接受者在接受解读欣赏这一文本时很容易经由视听觉上的平衡对称和谐感(抑扬顿挫,朗朗上口,自然流畅)而引发生理上左右平衡的身心律动,产生一种快感。并在对寓变化于齐整的对偶修辞文本的解读欣赏中既易节省注意又易集中注意,从而更易在具快感的生理和心理状态下愉快而有效地接受表达者所要传达的意义信息——大明湖的山水景致是那样美丽,最终与表达者达成思想情感的共鸣,对大明湖的美景产生热烈赞赏、心向往之的深切之情。如果不以对偶修辞文本来表现,而是写成普通的散句:"城河两岸都是柳树,形成林带;远远望去,水面似有淡淡的烟气笼罩其上",则表达上就显得冗长平淡,语尽意尽;接受上则因没有形式齐整的视听觉美感,很难给人留下深刻印象,更难予人以深切感动。

至于"宽对",在现代汉语中因为更易做到,所以这种对偶修辞文本的建构就显得十分常见了。例如:

(八)马寅初之可爱,用得上当年的一句时髦词语:全身心拥抱时代。比方说,他早年留学美国,精通英文、德文,粗通法文,算得是学贯中西。然而,为了研究苏联的社会主义经济,在69岁那年,他又"老夫聊发少年狂",一头钻进俄文,并且只花了三年工夫——注意,这纯粹是指业余时间——就能够自如地出入俄文书报。这成绩,即使搁在风华正茂的学子身上,也洵非寻常。又比方说,他是1916年登上北大讲坛,位至教授、系主任、教务长,10年后离开,海阔天空一阵搏杀,又25年后,不顾自己已届古稀之年龄,欣然重返沙滩红楼,出任建国后第一任北大校长。再比方说,他白首穷经,老而弥坚,人在校园,心济苍生,思考的是理论,关注的是实际,着眼的是中国,辐射的是世界,检索的是历史,透视的是未来。(卞毓方《思想者的第三种造型》)

例(八)"他白首穷经,老而弥坚,人在校园,心济苍生,思考的是理论,关注的是实际,着眼的是中国,辐射的是世界,检索的是历史,透视的是未来",是由五个对偶修辞文本构成的,皆属于"宽对"一类,从不同角度描写出了马寅初的学识与人格魅力。"白首穷经,老而弥坚",属于最宽泛的对偶;"人在校园,心济苍生",结构上是"主语+动词+宾语"的形式;"思考的是理论,关注的是实际"与"着眼的是中国,辐射的是世界"、"检索的是历史,透视的是未来",结构上都是"的字结构+系词+宾语"的形式,比较工整。但语音上不追求严格的平仄相对,也不避字面重复,属于常见的"宽对"形式。这些对偶文本的创造性建构与铺排运用,使文章在表达上显得结构齐整,语势一气呵成,凸显出一种平衡对称和谐的视听觉美感效果;接受上,因形式的齐整,语势的强劲流畅,不仅易于引

145

发接受者视听觉上的美感、快感,且易催生接受者在此快感的生理和心理状态下愉快而有效地接受表达者所要传达的内容意义上的信息——马寅初先生的爱国情怀之热烈,人格人品之高尚,对国家对民族责任感之强,都是令人深深感动的,从而加深了对马寅初先生的了解,与表达者达成更深切的思想情感的共鸣——批判马寅初真是一个巨大的错误!

对偶修辞文本的建构,不论是古是今,建构者(表达者)的主要目标都不在以齐整和谐的视听觉形式来表情达意,而是要通过这种形式在表情达意的同时为文本营构或添加一种均衡和谐的视听觉美感效应,提高文本的审美价值。如果仅是为了或主要为了表情达意的目的,表达者完全可以选择非对偶的语言形式来建构文本。我们之所以说表达者建构对偶修辞文本的主要目的在于为文本营构或添加一种视听觉的美感效应,提高修辞文本的审美价值,是因为除了上面所提到的逻辑理据之外,还有心理学上的理论依据。这是因为对偶修辞文本的建构,一般说来都是基于人类的一种倾向于以对称平衡和谐为美的普遍心理。而这种心理的得以产生,一方面源于自然现象的启示和人类定势心理,因为"对称现象在自然、植物、动物界随处可见,例如雪花晶体、树叶、鸢尾花、向日葵、人体、蝴蝶、蜻蜓、蜂房等等。此一现象给先民留下深刻的印象,给先民许多启示"[①]。体认到事物现象对称形式的合理性,并在肯定其合理性的同时逐渐确立了对称的独特审美价值。逐渐地,对称观念便自然而然地被人类引入到绘画、雕塑、建筑、音乐、文学等艺术创造活动之中,并在人类的一种定势心理作用下得以凝固加强,这样,"各种艺术都注重对称。几上的花瓶,门前的石兽,喜筵上的红蜡烛,以至于墓道旁的松柏都是成双成对,如果是奇零的,观者就不免觉得有些欠缺,图画雕刻建筑都是以对称为原则。音乐本来有纵而无横,但抑扬顿挫也往往寓排偶对仗的道理。"[②]这样,以语言文字为媒介来表情达意的修辞文本的建构,自

[①] 陈启佑:《新诗形式设计的美学》第20页,台北:台湾诗学季刊杂志社印行,1993年。
[②] 朱光潜:《朱光潜美学文学论文集》第244页,长沙:湖南人民出版社,1982年。

然也如其他艺术形式的创造一样,少不了要烙上求平衡对称和谐形式美的倾向。人类倾向于以对称平衡和谐为美的心理的形成,还有另一方面的原因,它是源自生理上的作用。因为"人体各器官以及筋肉的构造都是左右对称。外物如果左右对称,则与身体左右两方面所费的力量也恰相平衡,所以易起快感。文字的排偶与这种生理的自然倾向也有关系"①。

正由于对偶在人类心理和生理上都有引起美感快感的作用,所以在世界各民族语言文字中都有对偶修辞文本的建构。但是,应该指出的是,在汉语中讲究、重视对偶修辞文本建构的现象则更为普遍。关于这一点,美国汉学家浦安迪(Andrew H.Plaks)也承认,并明确指出:讲求对偶"这一特色自然绝非中国文艺所独有,在西方文学中,对偶的概念和古典修辞学尤其相关。希腊和拉丁古典作品中,不乏或多或少运用对偶的例子,但都不如中国文学那样频繁和严谨"②。究其原因,浦安迪认为"中国传统阴阳互补的'二元'思维方式的原型,渗透到文学创作的原理中,很早就形成了源远流长的'对偶美学'。中国文学最明显的特色之一,是迟早总不免表现出对偶结构的趋势;它不仅是阅读和诠释古典诗文的关键,更是作者架构作品的中心原则。对偶美学虽然以'诗'为中心,但在结构比较松散的小说和戏曲里,也有某种对偶的倾向"③。浦安迪的上述见解当然说出了汉语特别是文学创作中重视对偶的原因,但还只是从哲学角度立论来看问题,只是说中了其中原因的一个方面。至于另一个原因,朱光潜在探讨中国诗何以走上"律"的路时将之阐释得相当透彻。他说:"西方艺术也素重对称,何以他们的诗没有走上排偶的路呢?这是由于文字的性质不同。""第一,中文字尽单音,词句易于整齐划一。'我去君来','桃红柳绿',稍有比较,即成排偶。西文单音字与复音字相错杂,意象尽管对称而词句却参差不齐,不易对称。例如'光'和

---

① 朱光潜:《朱光潜美学文学论文集》第244页,长沙:湖南人民出版社,1982年。
② [美]浦安迪:《中国叙事学》第48—49页,北京:北京大学出版社,1996年。
③ [美]浦安迪:《中国叙事学》第48页,北京:北京大学出版社,1996年。

'瀑'两字在中文里音和义都相对称,而在英文里 light 和 cataract 意虽相对而音则多寡不同,不能成对。""第二,西文的文法严密,不如中文字句构造可自由伸缩颠倒,使两句对得很工整。比如'红豆啄余鹦鹉粒,碧梧栖老凤凰枝'两句诗,若依原文构造直译为英文或法文,即漫无意义,而中文里却不失其为精练,就由于中文文法构造比较疏简有弹性。再如'疏影横斜水清浅,暗香浮动月黄昏'两句诗没有一个虚字,每个字都实指一种景象,若译为西文,就要加上许多虚字,如冠词前置词之类。中文不但冠词和前置词可以不用,即主词动词亦可略去。单就文法论,中文比西文较易于诗,因为它比较容易做得工整简练。"①也就是说,汉语的语言文字性质特点为中国人的对偶修辞文本(诗如此,其他文体或口语作品亦复如此)的建构提供了物质基础。由于这一物质基础的客观存在,汉民族人说话作文自然便很容易养成一种崇尚排偶对称的心理定势。正如朱光潜所总结的那样:"文字的构造和习惯往往能影响思想,用排偶文既久,心中就于无形中养成一种求排偶的习惯,以至于观察事物都处求对称,说到'青山'便不由你不想到'绿水',说到'才子'便不由你不想到'佳人'。中国诗文的骈偶起初是自然现象和文字特性所酿成的,到后来加上文人求排偶的心理习惯,于是就'变本加厉'了。"②如果概括起来说,汉语较之世界其他民族语言之所以特别重视对偶修辞文本的建构,原因有三:一是中国传统的"阴阳二元"哲学思维的影响;二是汉语汉字本身的特点性质决定的;三是人类普遍的相沿成习的定势心理作用的结果。

对偶修辞文本的建构,应该坚持一个基本原则:自然。也就是说根据说写的需要,自然地建构,而不是为对偶而对偶。如果仅是为了形式的齐整美观而不是为了表情达意的实际需要而硬凑成对偶,那是不足取的。这种弊端,唐代史学家刘知几早在《史通·叙事》中就批评过了:"作者芜音累句,云蒸泉涌。其为文也,大抵编字不只,捶句皆双,修短取均,

---

① 朱光潜:《朱光潜美学文学论文集》第 244—245 页,长沙:湖南人民出版社,1982 年。
② 朱光潜:《朱光潜美学文学论文集》第 245 页,长沙:湖南人民出版社,1982 年。

奇偶相配。故应以一言蔽之者,辄足为二言;应以三句成文者,必分为四句。弥漫重沓,不知所裁。"现代学者张弓对于对偶式的运用条件,曾指出:"必须根据内容需要,自然地运用。假如片面强求语句对称而不顾内容,不顾语境,那样就不会收到效果。勉强运用,往往会有堆砌拼凑的弊病。"①这一见解是值得我们在建构对偶修辞文本时牢牢记住的。

第二节 大江东去,浩浩汤汤:排比

排比,是一种将"同范围同性质的事象用了组织相似的句法逐一表出"②以获求形式整齐、表意充足酣畅效果的修辞文本模式。

一般说来,排比修辞文本中并列的"同范围同性质的事象"多是两项或两项以上,以三项或三项以上为最常见。例如:

(一)整个晚间我们什么也不做地扶车而行,不时肃立道旁,凝视着烧霞的长天。<u>渐渐地,暮色被四野的虫声淹没。渐渐地,虫声被灌溉渠的水响淹没。渐渐地,水响被初生的月华淹没。</u>(张晓风《一钵金》)

例(一)"渐渐地,暮色被四野的虫声淹没。渐渐地,虫声被灌溉渠的水响淹没。渐渐地,水响被初生的月华淹没",即是三项内容的排比,说的都是"同范围同性质的事象"——夏日傍晚田野的声响。三项内容的叙述在句法结构上相同,只是字数不同而已,是比较典型的排比模式。

应该指出的是,排比中以两项排列而成的,也是客观存在的。只是一般不为人注意,且易与对偶相混同。实际上,它是可以与对偶明确划清界限的。大体说来:"(一)对偶必须字数相等,排比不拘;(二)对偶必须两两相对,排比也不拘;(三)对偶力避字同意同,排比却以字同意同为

---

① 张弓:《现代汉语修辞学》第116页,石家庄:河北教育出版社,1993年。
② 陈望道:《修辞学发凡》第163页,上海:复旦大学出版社,2008年。

经常状况。"① 例如:

(二) 昨夜睡中,我又梦到了母亲。
<u>依稀是旧日的家门,依稀是旧日的院落</u>。(张过《昨夜,慈母又入梦》)

例(二)"依稀是旧日的家门,依稀是旧日的院落",即是两项内容的排比修辞文本。除了字数、句法结构上与对偶相同外,这一修辞文本在事意上是重复的,在字面上也是重复的,是典型的两项内容的排比。

排比作为一种修辞文本模式,有着其特有的表达和接受效果。从表达上看,排比修辞文本除了表意上充足酣畅的气势外,还有视听觉形象上的齐整、平衡、和谐(两项的排比在美学上属于"简单的平衡",三项的排比则属于"代替的平衡")的显著效果;从接受上看,由于修辞文本中多个相同相似结构形式的句子的并置,不仅易于引发接受者文本接受中的"不随意注意"和"随意注意",而且还会因整齐的文本形式格局引发接受者生理上左右平衡的身心律动,产生一种快感,从而提升文本接受解读的兴味,加深对表达者所建构的修辞文本用意内涵的理解和把握②。

正因为如此,排比修辞文本的建构在人们的说写活动中就特别会引起重视。例如:

(三) 1935 年的世界是一个多变的世界。这一年在世界上,<u>波斯改国号叫伊朗了、英国鲍尔温当首相了、墨西哥革命失败了、意大利墨索里尼身兼八职并侵略阿比西尼亚了、法国赖伐尔当总理了、挪威在南极发现新大陆了、德国希特勒撕毁凡尔赛条约扩张军力了、捷克马萨利克辞掉总统职务了、土耳其凯末尔第三次连任总统了、菲律宾脱离美国独立了</u>。(李敖《李敖回忆录》)

---

① 陈望道:《修辞学发凡》第163页,上海:复旦大学出版社,2008年。
② 参见吴礼权:《修辞心理学》(修订版)第158页,广州:暨南大学出版社,2013年。

例(三)是作者于这本回忆录开首写下的一段文字,说明1935年是一个多事多变的年代。本来,这一意思已为开首的"1935年的世界是一个多变的世界"一句话所概括了,以下的文字只是作具体说明而已。如果单独从表意角度看,上引的这段话以开首的一句话概括也就足够了。但是,从表达与接受效果看,有无后面的"这一年在世界上,波斯改国号叫伊朗了……菲律宾脱离美国独立了"这十句,是大不一样的。因为这十句是表达者匠心独用所建构起的一个排比修辞文本。从表达上看,由于"波斯改国号叫伊朗了、英国鲍尔温当首相了……菲律宾脱离美国独立了"十个结构相同或相似的句子的一字儿排开并置,不仅使"1935年的世界是一个多变的世界"之意表达得充足酣畅,而且这十个结构相同相似的句子并置所形成的整齐形式格局还造就出修辞文本在视听觉形象上的对称、平衡、和谐的美感效应;从接受上看,由于表达者所建构的上述修辞文本是以超乎寻常的十个结构相同或相似的句子并置在一起,特别是十句末尾十个助词"了"的有意铺排,使接受者在文本接受解读中受到极大的刺激,易于引发出强烈的"不随意注意"和"随意注意",并在文本齐整的形式格局的影响下生发出一种生理上不自觉的左右平衡的身心律动,产生一种快感,从而提升对文本接受解读的兴味,加深对表达者所建构的修辞文本真实意图的理解把握——即体认到:1935年确是一个不同寻常的多事多变的年代,出生于这一年的作者(表达者)本人未来的人生经历和命运也将是不同寻常的[①]。

又如:

(四)我起来,走下台阶,独自微笑着、欢喜着。四下一个人也没有,我就觉得自己也没有了。天地间只有一团喜悦、一腔温柔,一片勃勃然的生气。我走向田畦,就以为自己是一株恬然的菜花,我举袂迎风,就觉得自己是一缕宛转的气流,我抬头望天,却又把自己误为明灿的阳光……(张晓风《画晴》)

[①] 参见吴礼权:《修辞心理学》(修订版)第160页,广州:暨南大学出版社,2013年。

例(四)作者建构了两个排比修辞文本。一是"天地间只有一团喜悦、一腔温柔、一片勃勃然的生气",一是"我走向田畦,就以为自己是一株恬然的菜花,我举袂迎风,就觉得自己是一缕宛转的气流,我抬头望天,却又把自己误为明灿的阳光"。前者是以结构相同或相似的三个语言单位作名词"生气"的定语而构成的排比修辞文本,后者是以三个完整的句子并列而构成的排比修辞文本。这两个排比修辞文本的建构,在表达上,不仅将表达者对晴日里的田野风光的喜爱之情充足酣畅地凸显出来,还各以三个结构相同或相似的语言单位并置所形成的齐整而不板滞的形式格局造就出了修辞文本在视听觉形象上的对称、平衡、和谐的美感效果;在接受上,文本整齐的形式格局易于迅速激发接受者的"不随意注意"和"随意注意",并引发其生理上不自觉地左右平衡的身心律动,产生一种接受的快感,进而加强了其文本解读接受的兴味,融入表达者忘情于自然的快乐情境中,在文本解读接受中获取别样的审美享受。

排比修辞文本的建构,可以说是中国人的最爱。现代汉语中我们经常能在文学作品中看到,在报刊标题上看到;在人们的日常言谈中,特别是在演讲或报告中,更是经常听到。其实,不仅是现代人爱用排比,我们的古人更是喜欢运用。许多千古流传的名言警句,往往都是由排比构成的。如"知者不惑,仁者不忧,勇者不惧"(《论语·子罕》)[①],"不为不可成,不求不可得,不处不可久,不行不可复"(《管子·牧民》)[②],"富贵不能淫,贫贱不能移,威武不能屈,此之谓大丈夫"(《孟子·滕文公下》)[③],"无恻隐之心,非人也;无羞恶之心,非人也;无辞让之心,非人也;无是非之心,非人也"(《孟子·公孙丑上》)[④],"求木之长者,必固其根本;欲流之远者,必浚其泉源;思国之安者,必积其德义"(唐·魏征《谏太宗十思疏》)[⑤],等等,不一而足。至于先秦散文中,以及说客策士们游说人君的

[①][⑤] 此二例引见于沈谦:《修辞学》第482、492页,台北:台湾空中大学印行,1996年。
[②] 此例引见于陈望道:《修辞学发凡》第164页,上海:复旦大学出版社,2008年。
[③][④] 此二例引见于黄永武:《字句锻炼法》第53、54页,台北:台湾商务印书馆,2000年。

说辞中,更是排比所在皆是。

第三节　首尾衔接,往复成章:回环

　　回环(或称"回文"),是一种通过字或词的特定组配以字序或词序的顺读倒读,在表达特定情意的同时着重展现一种回环往复的形式美的修辞文本模式①。

　　回环作为一种修辞文本模式,从结构上可以区分为"严式回环"和"宽式回环"两大类。所谓"严式回环",是指构成回环的两句或两段文字"刻意追求字序的回绕,使同一语句或同一段文字既可以顺读,又可以倒读"②。这种修辞文本模式在中国古代特别发达、习见。"严式回环"又可以分为两种,一种是以字为单位,顺通倒读都能成文有意;一种是以词为单位,顺读倒读都能成文有意。以字为单位的"严式回环"最难,现代汉语中已很少见到了,偶尔在一些标语口号中还能见到。例如:

　　(一)<u>我为人人,人人为我</u>。(合作社的标语口号)

　　例(一)原是20世纪合作社的标语口号③,90年代在上海的公共汽车上则成为一种公益广告语,倡导的是一种新型的人际关系。这个标语口号即是典型的"严式回环"修辞文本。它可以以字为单位顺读倒读皆能成文且意思完全一样。

　　不过,在现代汉语修辞中,诸如此类的精巧"严式回环"文本,实际上是难得一见的,因为不容易造得那么精巧。而在古代汉语中,因为是以单音节词占绝对优势,所以建构精巧的"严式回环"文本就容易多了。如宋人苏轼有《菩萨蛮》词曰:"峤南江浅红梅小,小梅红浅江南峤。窥

---

① 参见吴礼权:《修辞心理学》(修订版)第152页,广州:暨南大学出版社,2013年。
② 沈谦:《修辞学》第566页,台北:台湾空中大学印行,1996年。
③ 此例引见于黄庆萱:《修辞学》第524页,台北:台湾三民书局,1979年。

我向疏篱,篱疏向我窥。老人行即到,到即行人老。离别惜残枝,枝残惜别离"①,做得非常精巧,特别是后四句不仅创意造言不勉强,而且富有哲理与生活逻辑。而他的《题金山寺》诗,在写景方面则更可谓是千古绝妙好辞。其诗曰:"潮随暗浪雪山倾,远浦渔舟钓月明。桥对寺门松径小,槛当泉眼石波清。迢迢绿树江天晓,霭霭红霞晚日晴。遥望四边云接水,碧峰千点数鸥轻"②,无论顺读,还是倒读,都能浑然天成,移步换景。而同是北宋文豪的王安石,虽然所做回文诗不少,但自然浑成的则很少。可见,即使是用古汉语建构回环文本,也是要看作者才情的。另外,据说是清乾隆皇帝与纪晓岚题天然居酒楼的联语:"客上天然居,居然天上客",纪晓岚题香山大佛寺的联语:"人过大佛寺,寺佛大过人"③,也是非常精巧的"严式回环"。

"严式回环"的第二种,即以词(主要指双音节词)为单位,顺读倒读都有能成文有意的,则较易做到,所以在现代汉语中还是相对较易见到的。例如:

(二) 读书不忘救国,救国不忘读书。(蔡元培名言)

例(二)是著名教育家蔡元培先生在抗战时期勉励学子的话④,阐明了读书与救国之间的密切关系。这两句即属以词为单位的"严式回环",即以"读书""不忘"(严格说来要算词组)、"救国"为单位,顺读倒读。类似的还有胡适在"五四"时代提倡白话文学的名言:"国语的文学,文学的国语",性质完全一样。

所谓"宽式回环",是指构成回环的两句或两段文字"上句的末尾,用作下句的开头,下句的末尾又叠用上句的开头"⑤。这种回环类型,古今

---

① 此例引见于沈谦:《修辞学》第564页,台北:台湾空中大学印行,1996年。
② 此例引见于汪国胜等主编:《汉语辞格大全》第239页,南宁:广西教育出版社,1993年。
③ 此例引见于沈谦:《修辞学》第579页,台北:台湾空中大学印行,1996年。
④ 此例引见于沈谦:《修辞学》第581页,台北:台湾空中大学印行,1996年。
⑤ 沈谦:《修辞学》第581页,台北:台湾空中大学印行,1996年。

汉语中都非常习见,因为它较"严式回环"在结构上的限制要宽松得多。如《老子》第八十一章:"美言不信,信言不美""善者不辩,辩者不善""知者不博,博者不知"①,即是古代汉语中较早出现的"宽式回环"。又如元代著名女词人管道升(书法家赵孟頫之妻)的《我侬》词有曰:"把一块泥,捏一个你,塑一个我。将咱俩个,一齐打破,用水调和。再捏一个你,再塑一个我。我泥中有你,你泥中有我。与你生同一个衾,死同一个椁"②。其中,最为人称道的两句:"我泥中有你,你泥中有我",也是古代汉语中人所熟知的"宽式回环"。现代汉语中,这种回环也不难发现。例如:

(三)<u>有村舍处有佳荫,有佳荫处有村舍。</u>(徐志摩《我所知道的康桥》)

例(三)是以词组为单位来进行回环的,以此说明康桥(Cambridge)环境的幽雅。如果以字或词(双音节或单音节)为单位,则顺通倒读都不能成句。诸如此例,还算是比较工整的回环。还有一种"宽式回环",只是整体上有一种回环往复的情趣,字面上是有交错的。例如:

(四)水草更加茂盛,灯芯草并不准备点燃谁的灯盏,灵芝草也不懂得它有什么灵验,水仙花绝不知道自己就是水边的仙子——因为它们都没有名字,除了<u>绿了又枯枯了又绿开了又谢谢了又开</u>,它们没有别的建树,至于蜜蜂蜻蜓们的访问,它们一律欢迎,但绝不发出邀请。(李汉荣《与天地精神往来》)

例(四)"绿了又枯"与"枯了又绿","开了又谢"与"谢了又开",只是首尾字面重叠相同,整体语序算是回环,若细看则依词组为单位来读,也是不能做到顺读倒读都能成句的。

---

① 此例引见于沈谦:《修辞学》第582页,台北:台湾空中大学印行,1996年。
② 此例引见于沈谦:《修辞学》第562页,台北:台湾空中大学印行,1996年。

回环修辞文本是一种比较极端的注重形式美的修辞文本模式,它的建构其中不乏故意弄巧甚或文字游戏的心理在,但是作为一种修辞文本模式,它的表达与接受效果都是不可抹煞的。一般说来,回环修辞文本的建构,从表达上看,由于文本词句形式的回环往复,顺读和倒读的词句无论在视觉形象上还是在听觉形象上都有一种相对称相平衡的和谐美,因为回环修辞文本与对偶修辞文本相较更能体现对称的特质,是"真正具有对称形态"①的修辞文本模式。从接受上看,由于修辞文本在形式上的回环往复所造就的视听觉上的平衡对称的和谐美感的存在,很容易引发接受者生理上的左右平衡的身心律动,产生一种快感,从而提升解读欣赏修辞文本的兴趣,加深对文本意义内容的理解和把握,达成与表达者思想情感的共鸣。正因为如此,古往今来的说写者喜欢建构这一修辞文本的总是赓续不绝的。古代这类修辞文本的建构更多,众所周知。现代仍不乏其人。例如:

(五)作者是风,微凉的或微熏的风,他是存在的,但他即因读者的觉察而加倍存在。

有一次,有个大陆读者写信给我,问我是不是他失散的妹妹,因为同名同姓。我当然不是,但想到信中所说的那个从小因贫穷而送给别人的也叫张晓风的女孩,心中不免一慄,仿佛她一生的苦难我也有份。后来得知胡风的女儿也叫张晓风,(她还为父亲整理了传记)我也觉得亲切,仿佛遭批挨斗的胡风也是我家亲人。

<u>我是一切的人,一切的人是我</u>,不管身在海峡的哪一边。(张晓风《常常,我想起那座山·自序》)

例(五)"我是一切的人,一切的人是我",即是一个相当别致的回环修辞文本。如果将"一切的人"作一个单位看,这还算得上是一个"严式回环"。这一修辞文本的建构,表达上,文约意丰,形式齐整;接受上,让

---

① 陈启佑:《新诗形式设计的美学》第22页,台北:台湾诗学季刊杂志社印行,1993年。

人读之顿生一种平衡和谐的视听觉美感效应,从而加深了对文本语意内容的印象,深刻体认到表达者那种与一切人心灵相通的崇高精神境界和博爱众生的阔大胸襟。由此,文本的审美价值得到了提升,接受者的心灵也受到了一番洗礼,精神境界也得到了提升。

像例(五),还算是较为严整的回环。一般说来,在现代汉语的回环修辞文本建构中,多数情况都是不太追求形式上的严整,而只求形式上大体首尾衔接、往复成章的意趣而已。例如:

(六)胡茵梦说她以前养过一只波斯猫,但懒得给它洗澡,结果浑身沾了泥土粪便,积重难返,乃把毛剪短,结果不成样子,不要了。我说:"你这不是爱猫,你是害猫。你对猫的爱是假的。"我笑胡茵梦是<u>"假爱猫家"</u>,而我却是<u>"爱假猫家"</u>,因我不养猫,只看猫照片。(李敖《李敖回忆录》)

例(六)李敖所说的"我笑胡茵梦是'假爱猫家',而我却是'爱假猫家'",即是一个回环修辞文本模式,属于"宽式回环"。这一修辞文本的建构,在表达上,两个短语"假爱猫家"与"爱假猫家"在词序上的颠倒回环,既造就了一种齐整的语言形式,又显得文约意丰,在语意上凸显了表达者李敖与其当电影明星的前妻胡茵梦对养猫的不同态度、情感;在接受上,由于文本形式上齐整,令人易生一种平衡和谐的美感,并进而提升文本解读接受的兴趣,了知表达者文本建构的真实用意与深刻内涵——养猫应该对猫真具爱心,不能将之作为时尚时髦,由此达成与表达者思想情感的共鸣。

回环作为一种修辞文本模式,我们应该对之有正确认识。应该指出的是,在古今回环修辞文本的建构中,除了有一部分的文本确是意在通过语序的回环来阐明某种哲理或事理关系(如"信言不美,美言不信""我为人人,人人为我"等)之外,大部分的回环修辞文本特别是"严式回环"修辞文本的建构似乎并不是重在表意方面(表意完全可以通过散句用平常理性的语言来表达),而是意欲营构一种回环往复的形式美视听觉效果(尤其在诗歌中表现更为明显)。所以,很多学者都认为这种修辞文本的建构带有严重的文字游戏意味,认为它"实在是难能而并不怎么可贵的东西"①。当然,这种从语言文字的作用主要在于表情达意的观点出发的见解是相当有道理的。不过,回环既然作为一种修辞文本模式很早就产生并至今还为我们所运用,就不能不说它有其存在的合理性。因此,我们对于回环修辞文本的建构也是不能一笔抹煞的,应该予以正确看待。朱光潜曾就中国古典诗歌中过分注重文字技巧而近于游戏的倾向,作过这样中肯的评论:"凡是艺术都带有几分游戏意味,诗歌也不例外。中国诗中文字游戏的成分有时似过火一点。我们现代人偏重意境和情趣,对于文字游戏不免轻视。一个诗人过分地把精力去在形式技巧上做工夫,固然容易走上轻薄纤巧的路。不过我们如果把诗中文字游戏的成分一笔勾销,也未免操之过激。就史实说,诗歌在起源时就已与文字游戏发生密切的关联,而这种关联已一直维持到现在,不曾断绝。其次,就学理说,凡是真正能引起美感经验的东西都有若干艺术的价值。巧妙的文字游戏,以及技巧的驯熟的运用,可以引起一种美感,也是不容讳言的。文字声音对于文学,犹如颜色线条对于造形艺术,同是宝贵的媒介。图画既可用形色的错综排列产生美感,(依康德看,这才是'纯粹美')诗歌何尝不能用文字声音的错综排列产生美感呢?在许多伟大作家——如莎士比亚和莫里哀——的作品中,文字游戏的成分都很重要,如果把它洗涤净尽,作品的丰富和美妙便不免大为减色了。"②应该说,朱光潜的这一见解是比较中肯的。事实上,回环修辞文本的建构尽管会有文字游戏的意味在,但其特有的表达和接受效果也是不容抹煞的。

　　回环修辞文本的建构之所以在古今修辞活动中较为普遍,究其原因有二:一是源于客观事物现象的启示:"宇宙间大自然的一切现象,四时运转,昼夜交替,以及人世间的万事万物,生老病死,兴衰盛亡,莫不是周而复始,循环不已。回文即渊源于此宇宙人生之自然道理。"③二是我们

---

① 陈望道:《修辞学发凡》第160页,上海:复旦大学出版社,2008年。
② 朱光潜:《朱光潜美学文集》第一卷第183—184页,上海:上海文艺出版社,1982年。
③ 沈谦:《修辞学》第590页,台北:台湾空中大学印行,1996年。

上面所分析到的回环修辞文本自身所深具的表达和接受效果。

第四节　参差其辞,和谐灵动:错综

错综,是语言活动中将一切"可有整齐形式,共同词面的语言,说成形式参差,词面别异的"[①]修辞文本模式。这种修辞文本模式,约略可分为四种类型:"抽换词面"的错综、"交蹉语次"的错综、"伸缩文身"的错综、"变化句式"的错综[②]。

所谓"抽换词面"的错综,是指将本可说写得齐整的语言形式,通过抽换某些语词,使其前后的语言单位在辞面上有所差异。例如:

(一)我徘徊于中条山中,我徜徉在黄河岸畔,强烈而深切地感受到,尽管九曲黄河已失却了它昔日壮观的风涛,但它仍然是峨嵋塬怀抱中的一条飘动的绶带……(李存葆《飘逝的绝唱》)

例(一)"我徘徊于中条山中,我徜徉在黄河岸畔",即属"抽换词面"的错综。"徘徊"与"徜徉"义近,这里如果换成同一个词来表达,语意上也不发生大的变化。介词"于"与"在",意思一样,只是一个具有文言色彩,一个具有口语色彩。为了使辞面有所差异,表达上显得平衡和谐而又不失灵动的美感效果,作者便分别选用了两组同义词来表达,使两句在形式上显得齐整之中有变化。

相对于现代汉语修辞,古汉语修辞中,"抽换词面"的错综更是常见,诗、文中都有。如《庄子·山木》:"吾无粮,我无食,安得而至焉?"[③]其中,前句的"吾"与后句的"我",前句的"粮"与后句的"食",都是同义词相替换,属于典型的"抽换词面"的错综文本。又如《诗经·周南·桃夭》:"桃之夭夭,灼灼其华。之子于归,宜其室家。桃之夭夭,有

[①②]　陈望道:《修辞学发凡》第166页,上海:复旦大学出版社,2008年。
[③]　此例引见于沈谦:《修辞学》第598页,台北:台湾空中大学印行,1996年。

蕡其实。之子于归,宜其家室。/桃之夭夭,其叶蓁蓁。之子于归,宜其家人。"①其中,每章的末句在词面都有变化,分别是"宜其室家""宜其家室""宜其家人",明显是有意而为之的"抽换词面"错综。至于近体诗中为了对仗或平仄的缘故,更是经常运用"抽换词面"的手段来建构"和而不同"的错综修辞文本。

所谓"交蹉语序"的错综,是指将本可说写得齐整的语言形式,通过语序变换,使其前后的语言单位在形式上显得参差交错。例如:

(二)他招待我们一餐永不能忘的饭食,四碗菜,一只火锅。四碗菜,以<u>青菜豆腐</u>为主;一只火锅,以<u>豆腐青菜</u>为主。(梁实秋《记张自忠将军》)

例(二)记抗战期间张自忠将军生活的简朴②,其中说到他招待客人的菜肴名色,即是交蹉语序的错综修辞文本。前句的"青菜豆腐"与后句的"豆腐青菜",都是两个名词的并列联合,在表意上没有区别,但在语序上却有变化。这是作者有意通过语序上的变化来反衬张自忠将军招待客人菜肴名色的单调无变化,以此凸显张自忠将军为官的清廉。可见,这是梁实秋有意而为之的"交蹉语序"的错综修辞文本。

一般说来,现代汉语中有意而为之的"交蹉语次"的错综文本并不多。但在古代汉语中,则是司空见惯的。如汉人刘安《淮南子·主术训》:"夫疾风而波兴,木茂而鸟集"③,前句之"疾风"与后句之"木茂",本来完全可以写成相同语法结构的,但作者为了行文有变化,遂交蹉语序,将"风疾"改为"疾风"(也可以理解为改后句"茂木"为"木茂")。又如汉代翟公罢官后写有一联语:"一贫一富,乃知交态;一贵一贱,交情乃见"(香港作家王禄松《那雪夜中的炭火》一文叙其事之原委曰:"汉代下邳人

---

① 此例引见于沈谦:《修辞学》第 597 页,台北:台湾空中大学印行,1996 年。
② 此例引见于沈谦:《修辞学》第 607 页,台北:台湾空中大学印行,1996 年。
③ 此例引见于沈谦:《修辞学》第 603 页,台北:台湾空中大学印行,1996 年。

名叫翟公的,曾做过廷尉的官,尝因罢官闲居,因而门客渐形星散,亲朋日益疏远,几至'归卧故山秋'门可罗雀的寥落之境。但后来,机缘际会,因而再复官职,驷马而臻鼎食,佩紫怀黄,又是春风得意,贵客亲友,乃更辐辏聚集,几成门庭若市。他因而极为感触,遂在门旁贴上一纸,上书:一贫一富,乃知交态;一贵一贱,交情乃见")。其中,前句的"乃知交态",完全可以写成"交态乃见";后句的"交情乃见",也可以写成"乃见交情"。翟公之所以不使前后句的语法结构趋于一致,乃是有意而为之的一种修辞行为,是"交蹉语序"的错综修辞文本建构。再如唐人韩愈《罗池神庙碑》铭辞石刻有曰:"春与猿吟兮,秋鹤与飞。"①其中,后句"秋鹤与飞",完全可以写成"秋与鹤飞",以与前句"春与猿吟"的语法结构趋于一同。可是,作者没有。这明显是作者有意而为之的一种修辞行为,是"交蹉语序"的错综修辞文本建构,目的是为了使行文富于变化。至于古代诗歌中,这种"交蹉语序"的错综则更多。如《楚辞·九歌·东皇太一》:"吉日兮辰良,穆将愉兮上皇"②,说"辰良",而不说"良辰",是为了与"吉日"的语序形成交蹉;"蕙肴蒸兮兰藉,奠桂酒兮椒浆"③,说"奠桂酒",而不说"桂酒奠"(或曰,说"蕙肴蒸",而不说"蒸蕙肴"),目的是要与前句的"蕙肴蒸"的语法结构交蹉;晋人左思《咏史》诗:"边城苦鸣镝,羽檄飞京都"④,前句不写成"鸣镝苦边城",是要有意与后句"羽檄飞京都"构成语序交蹉。唐人李群玉《同郑相并歌姬小饮戏赠》诗:"裙拖六幅湘江水,鬓耸巫山一段云"⑤,后句不写成"鬓耸一段巫山云",是意在与前句"六幅湘江水"的语法结构形成交蹉。唐人白居易《长恨歌》诗:"行宫见月伤心色,夜雨闻铃肠断声"⑥,后句"肠断声"不写成"断肠声",是要与前句"伤心色"的偏正式结构形成交蹉。宋人王安石《晚春》诗:"春深叶密花枝少,睡起茶多酒盏疏"⑦,前句"密"与后句"疏"、前句之"少"与后句之"多",在诗句中交蹉放置,除了协平仄的原因,也有错综其文的修辞意向。宋人严有翼《艺苑雌黄》有云:"此联以密对疏,以多对少,正交股用

---

①②③④⑤⑥⑦ 此七例引见于黄永武:《字句锻炼法》(第二版)第84页,台北:台湾商务印书馆,2000年。

之,所谓蹉对法也。"

所谓"伸缩文身"的错综,是指杂用长句和短语或完全句与省略句,使表达在语言形式上有所变化的情形。例如:

(三)我对胡琴的反感亦只是一种怪癖罢?皮黄戏里的青衣花旦之类,在戏院广场里令人毛发倒竖,若是清唱则尤不可当,嘤然一叫,我本能地要抬起我的脚来,生怕是脚底下踩了谁的脖子!近听汉戏,黑头花脸亦唧唧锐叫,令人坐立不安;秦腔尤为激昂,常令听者随之手忙脚乱,不能自已。我可以听音乐,但若声音发自人类的喉咙,我便看不得粗了脖子红了脸的样子。<u>我看着危险!我着急。</u>(梁实秋《音乐》)

例(三)"我看着危险!我着急"两句,即是属于"伸缩文身"的错综修辞文本。因为后一句可以写成"我看着着急",与前一句结构、字数一样。作者要将这两句写得齐整是很容易的,但是为了求得行文表达上的参差美,作者便故意将后一句进行了省略,变成三字句,从而形成了上述的格局。

"伸缩文身"的错综文本建构,当然是与表情达意的修辞目标有关。但是,在"伸缩文身"的错综手法运用之初,也未尝不与当时的书写条件等客观原因有关。如果我们对比造纸术与印刷术发明前后的古代文献,就会发现刻竹木以为书简的时代,无论著文作史,措辞都力求简洁。今天我们读先秦文献常觉句法成分省略过多,正与作者写作时刻竹为简的艰难而力求简洁的原因有关。"伸缩文身"的错综,能够有效地使行文趋于简洁,所以在先秦文献中经常被使用。如《左传·隐公元年》:"大都不过三国之一,中五之一,小九之一"①,就是典型的"伸缩文身"的错综修辞文本。这个句子如果说完整了,就是"大都不过三国之一,中都不过五国之一,小都不过九国之一"。意思是,国家的都城是有规制的,国都之外的大城规模不能超过国都的三分之一,中城不能超过国都的五分之

---

① 此例黄永武用以说明"省笔"修辞法。参见《字句锻炼法》(第二版)第98页,台北:台湾商务印书馆,2000年。

一,小城不能超过国都的九分之一。如此复杂的意思,史家只用了十五个字。可见,"伸缩文身"的错综确有"避繁趋简"的独特表达效果。又如《论语·述而》:"多闻,择其善者而从之;多见,而识之。"①后一个分句,说完整了应该是"多见,择其善者而识之"。为了简洁,遂承上而省略了"择其善者"四字,这明显属于"伸缩文身"的错综。再如西汉刘向《列女传》:"若晋君朝以入,则婢子夕以死;夕以入,则朝以死。"②后一个分句说全了,则是"若晋君夕以入,则婢子朝以死"。但是,为了行文简洁,承上省略了相关的句子成分。这样的成分省略,由于有上下文语境,不会影响读者理解接受。这也是古代文献中这类"伸缩文身"的错综文本屡见不鲜的原因所在。

所谓"变化句式"的错综,是指有意识地将肯定句与否定句、陈述句与疑问句、感叹句等各类句式交错使用的一种错综模式。例如:

(四) 一位摆弄经济学的偃老头儿,风吹别调,发出了和百家——其实也就是一家——不同的声音,举国展开围剿。这很可怕,让人想到宇宙不是在膨胀,而是在缩小,就像一个胀得紧绷绷的热气球,噗嗤噗嗤地往外撒气,眼看快瘪成一个点。人人被迫在针尖上跳舞,尽管不是天使,做不来那高难动作。这老头儿不是别个,正是鼎鼎大名的马寅初。鼎鼎大名管什么用,名声徒然为批判制造轰动。战友噤声,爱莫能助。同事侧目,视若寇仇。学子声讨,不共戴天。为了什么? 为了一篇《新人口论》。就算是谬论吧,一个错误的意见能够翻天? 这天是纸糊的,还是冰雕的? 何况恰恰是真知灼见! 何况恰恰是用来补天的灵石! 时违世背,大动相左。有好心人劝马寅初偃旗息鼓,暂时收篷转舵。这也不失为明智,不是说"打得赢就打,打不赢就走"么。马老头儿断然拒绝。他认死理:这不是政治,而是学术。学术贵乎争论,真理越辩越明;岂能一遇袭击,就退避三舍,明哲保身! (卞毓方《思想者的第三种造型》)

---

①② 此二例黄永武用以说明"省笔"修辞法。参见《字句锻炼法》(第二版)第97页,台北:台湾商务印书馆,2000年。

例(四)"让人想到宇宙不是在膨胀,而是在缩小""这老头儿不是别个,正是鼎鼎大名的马寅初""这不是政治,而是学术",都是肯定句与否定句交错使用,在对比中突出其所要强调的语意。"鼎鼎大名管什么用,名声徒然为批判制造轰动",是疑问句与肯定句交错使用,强烈否定了名声在那个特定时代的价值;"就算是谬论吧,一个错误的意见能够翻天?这天是纸糊的,还是冰雕的?何况恰恰是真知灼见!何况恰恰是用来补天的灵石!"是两个疑问句与两个感叹句交错使用,强调了批判马寅初理论的荒谬透顶。上述这些句子若要写得整齐划一,是很容易的。但作者为了特定情意的表达,故意将语句进行变化,从而收到了独特的效果,读之令人难忘。

古代汉语中的错综,"变化句式"的类型虽不及现代汉语丰富,但也是客观存在的。如《荀子·劝学》:"青,取之于蓝,而青于蓝;冰,水为之,而寒于水"①,前后两个分句在句式上就有明显变化。前句的"取之于蓝"与后句的"水为之",在句法结构上明显有异。如果改后句为"冰,出之于水",则就与前句"青,取之于蓝"整齐划一了。可见,不写整齐而参差其辞,乃是作者有意而为之的"变化句式"行为。又如《战国策·齐策·邹忌讽齐王纳谏》一文,写到邹忌问妻、妾、客人,自己与城北徐公究竟谁更美,结果其妻回答说:"君美甚,徐公何能及君也",其妾说:"徐公何能及君也",客人说:"徐公不若君之美。"三人的回答在句式上都有变化。妻是感叹句再加反问句,妾是反问句,客人则是陈述句。由于运用了"变化句式"的手法,遂使"同样的问题,同样的应答",能够"极尽变化之能事,使读者感觉灵动巧妙";如果"流于刻板,极易令人感觉沉闷"②。可见,"变化句式"的错综在叙事作品中运用得当,确实能产生非常好的表达效果。

不论是何种类型的错综修辞文本,一般说来,它们的建构,在表达上都有一种整而不滞的对称均衡美,即一种叫做"代替的平衡"(后文将介绍这个概念)的和谐美效果;在接受上,由于文本形式上均衡和谐的视听

---

① 此例沈谦用作"交蹉语次"之例,参见《修辞学》第603页,台北:台湾空中大学印行,1996年。
② 沈谦:《修辞学》第615页,台北:台湾空中大学印行,1996年。

觉形象而易于诱发接受者文本解读接受中不自觉地左右平衡的身心律动,产生一种快感,从而强化接受者文本接受的兴味,保持文本解读接受中的随意注意,准确把握表达者文本建构的深刻内涵与用意。例如:

(五)先说那个画面。时间:1959年严冬;地点:北大临湖轩;氛围烘托:雪压冰封,朔风尖啸。一场批判马寅初反动人口论的校级会议,正呈现出与大自然同步的严酷。中途,专程赶来压阵的康生,也许觉得火力还不够猛烈,但见他一拍桌子,打断批判者的发言,恶狠狠地插话:

"马寅初曾经说过,有人说他是马尔萨斯主义者,但他不能同意。他说马尔萨斯是马家,马克思也是马家,而他是马克思的马家。马寅初的《新人口论》,到底是姓马克思的马,还是马尔萨斯的马?我看这个问题,现在是该澄清的时候了:我认为马寅初的《新人口论》,毫无疑问是属于马尔萨斯的马家!"

又一位理论家跳将出来制造事端。用"主义"、"阶级"的大棒整人,是那个时代的热能一种最庄严、也最粗暴的释放。康生以为他这一压,足可置马寅初于死地。谁知马寅初不吃这一套,前面话音刚落,他后面就当场顶撞:

我马寅初是马克思的"马"家!

<u>斩钉截铁。数一数,总共 11 字。然而,这就够了。这才是"一句顶一万句"!有多少大师级、准大师级人物的一生,就是从胸腔里迸发不出这样的一句,连模仿也模仿不来。惟独马寅初做到了。不假思索,长啸而出,九鼎大吕,震古烁今。</u>(卞毓方《思想者的第三种造型》)

例(五)末一段,作者对于马寅初顶撞康生的一句话所作的评论,可谓是综合运用错综修辞手法的妙笔。这其中有省略句,如"斩钉截铁";有完全句,如"数一数,总共 11 字";有短句,如"然而,这就够了";有长句,如"有多少大师级、准大师级人物的一生,就是从胸腔里迸发不出这

样的一句,连模仿也模仿不来。惟独马寅初做到了";有感叹句,如"这才是'一句顶一万句'!";有上述诸多散句,也有"不假思索,长啸而出,九鼎大吕,震古烁今"这样的整句。各种句式交错使用,使文本在表达上具有整而不滞,和谐灵动的特点;在接受上,给人有一种散中见整,灵活变化而又不失均衡和谐的视听觉美感,读之油然而生发一种快感,从而强化了文本解读的兴趣,情不自禁地追索起表达者如此表达的深刻内涵与用意——马寅初是风骨铮铮的汉子,只有他才是堪称人范的学术大师,由此与表达者达成情感的共鸣——对马寅初油然生发无比的景仰之情。

又如:

(六)听听那冷雨。看看,那冷雨。嗅嗅闻闻,那冷雨。舔舔吧,那冷雨。(余光中《听听那冷雨》)

例(六)作者写清明时节台北的季雨,前两句写得很整齐,但第三句却以同义反复的方法添出了"闻闻"(或说是添出了"嗅嗅"),第四句则又添出了一个语气助词"吧",这就使文本后二句与前二句在辞面上有了别异。但这种故意的变整为散,并没有破坏整个文本形式上的齐整格局,是美学上所谓的"代替的平衡"。因而,这一修辞文本的建构,在表达上既强化了表达者对台北清明季雨的那种独特的情感,又在形式上造就了一种整而不滞的对称均衡的和谐美效果;在接受上,修辞文本形式上的对称均衡的和谐美使接受者在文本解读接受中会不自觉地产生左右平衡的身心律动,生发一种快感,从而强化了文本解读接受的兴趣,触发接受者追索表达者文本建构的深刻内涵与用意,这就使修辞文本的审美价值大为提高。

第五节　参互成文,合而见义:互文

互文,是一种在说写表达中依托语境于邻近二句或同一句内实现语词上交错配置、表义上合而为一的修辞文本模式。这种修辞文本模式,从表达上看,不仅形式齐整,而且文约义丰;从接受上看,启人思考,令人回味,有利于调动接受者文本解读的积极性,从而在文本接受中获取成功的快慰与更多的审美享受。

正因为如此,这种修辞文本的建构自古以来都深受中国文人的青睐,尤其是在中国古代诗词曲赋的创作中可谓是"司空见惯浑闲事"。现代人虽然不再热衷于诗词曲赋的创作,但在现代汉语表达中仍有互文手法的运用,高妙的互文修辞文本亦时有所见。如:

(一) 时日一久,我们许多商店,
都像机关似的上下班,
门儿和机关一块开,
窗儿同机关一起关。(苗得雨《机关化一感》①)

例(一)为一首现代诗,是讽刺20世纪80年代中国经济发展尚未摆脱原来的计划经济模式,商业经营活动中还存在着严重的机关化、官僚化作风的现象。其中,诗的末两句:"门儿和机关一块开,窗儿同机关一起关",就是一个典型的互文修辞文本。根据上下文语境,我们可以看出,这一文本实际要表达的意思是:"许多商店的门窗都跟政府机关一起开关(即作息时间一致)"。但是,因为是作诗,诗人不能这样写,必须写成对偶句。那对偶句怎么写呢? 如果写成:"门儿窗儿和机关一块开,窗儿门儿同机关一起关",意思虽然说得周到了,但句子显得太长,不利于诵读,有损诗歌的韵味。所以,基于诗歌在句长与韵律上的要求,诗人选择运用互文手法,建构了一个修辞文本,让两句在语词上交错配置,"门儿"配在上句,"窗儿"置于下句,上下二句并立,使"门儿""窗儿"在前后句中相互借光渗透,表义上便有了合二为一的效果。这样,既照顾了语义表达的周全性,又遵循了诗歌字句体式的规约性,从而达到了内容与形式的和谐统一,表达上齐整均衡、文约义丰,接受上启人深思、耐人寻味。

其实,互文修辞文本的建构,不仅现代汉语的韵文作品中有,甚至在散文作品中也有。如:

---

① 此例引见于谭永祥:《汉语修辞美学》第245页,北京:北京语言学院出版社,1992年。

(二)当三个女子从容地转辗于文明人所发明的枪弹的攒射中的时候,这是怎样的一个惊心动魄的伟大呵!中国军人的屠戮妇婴的伟绩,八国联军的惩创学生的武功,不幸全被这几缕血痕抹杀了。(鲁迅《记念刘和珍君》)

例(二)是鲁迅为纪念民国十五年三月二十五日因参加北平学生游行抗议活动,而在北洋政府门前被守卫士兵枪杀的北平女子师范大学学生刘和珍而写的一篇散文的片断。其中,"中国军人的屠戮妇婴的伟绩,八国联军的惩创学生的武功"二句,从语法上分析,是其后句"不幸全被这几缕血痕抹杀了"的主语;而从修辞上分析,这二句则是一个典型的互文修辞文本。因为这二句要表达的真实语义,说全了就是:"中国军人和八国联军的屠戮妇婴的伟绩和武功,八国联军和中国军人的惩创学生的武功和伟绩"。由于说全了,句子过长,影响阅读接受效果,所以作者选择运用了互文手法,建构了"中国军人的屠戮妇婴的伟绩,八国联军的惩创学生的武功"这个互文修辞文本,有意将修饰语"中国军人""八国联军"与中心语"伟绩""武功"(皆为反语)交错配置在前后二句之中,这样就形成了"你中有我,我中有你"的格局,既缩短了句长,造就了一种形式齐整、文约义丰的效果,又让读者阅读接受时有了深思回味的空间,从而有力地提升了文本解读接受的审美价值。

互文修辞文本的建构,除了以双句形式呈现外,还有以单句形式呈现的。不过,在现代汉语中以单句形式呈现的非常罕见。古代汉语中,双句与单句形式的互文修辞文本都很常见,尤其是诗歌等韵文作品中更是经常出现。如北朝民歌《木兰诗》:"万里赴戎机,关山度若飞。朔气传金柝,寒光照铁衣。将军百战死,壮士十年归。"其中,"将军百战死,壮士十年归"二句,就是一个以双句形式呈现的互文修辞文本,因为其所表达的真实语义是:"将军或百战而死,或十年而归;壮士或十年而归,或百战而死"。因为是诗歌,有句长的体式规约,所以诗人只能化长为短,前后二句交错配置相关语词。又如唐人王昌龄《出塞》诗:"秦时明月汉时关,万里长征人未还。但使龙城飞将在,不教胡马度阴山。"其中第一句:

"秦时明月汉时关",就是一个以单句形式呈现的互文修辞文本,因为它所表达的真实语义是:"秦汉时明月秦汉时关",但囿于七绝每句七字的体式规约,所以诗人只能将"秦""汉""明月""关"四个语词在同一句内进行前后交错配置。

第六节　大珠小珠落玉盘:叠字

叠字,是一种"将形、音、义完全相同的两个字紧密相连地用在一起"①以企及韵律和谐、印象深刻效果的修辞文本模式。这种修辞文本

---

① "叠字",陈望道将其归为"复叠"格中的一类。《修辞学发凡》中明确将"复叠"定义并分类说:"复叠是把同一的字接二连三地用在一起的辞格。共有两种:一是隔离的,或紧相连接而意义不相等的,名叫复辞;一是紧相连接而意义也相等的,名叫叠字。"(第137页)前类如"知之为知之,不知为不知,是知也。"(《论语·为政》),这里有五个"知"字,但前四个"知"字是动词,后一个"知"则为名词,是"智慧"之义,这五个"知"是隔离而用的,且意义上有所不同。后一类如"寻寻觅觅,冷冷清清,凄凄惨惨戚戚。乍暖还寒时候,最难将息。"(李清照《声声慢》)这里,"寻""觅""冷""清""凄""惨""戚"等七个字的各自重复,都是音、形、义全同的重复。我个人认为,"复辞"和"叠字"都可以成为修辞手法,可以成"格",但是两者的修辞效果是有所不同的,所以可以分别立"格"。而两者相较,后者与语法、词汇纠葛更少些,修辞效果更显著些。所以本书专门立一节论后者"叠字"一类。谭永祥似乎也持这种观点,尽管未明确宣示这层意思,但他的《汉语修辞美学》中是只列"叠字"一类而不及"复辞"一类。谭永祥的定义是:"将形、音、义完全相同的两个字紧密相连地用在一起,造成形式上的整齐、语感上的和谐或加强形象的摹拟,这种修辞手法叫'叠字'。"(第395页)笔者基本赞同这一定义并略作增省而用之。另外,应该说明的是,本书定义中所说的"形、音、义完全相同的两个字紧密相连地用在一起",与语法上的重叠形式是不同的,它是另一回事。如"到了济南府,进得城来,家家泉水,户户垂杨……"(刘鹗《老残游记》)中"家家""户户",是"每一家""每一户"的意思,不算修辞上的"叠字"。又如"今晚在院子里坐着乘凉,忽然想起日日走过的荷塘……"(朱自清《荷塘月色》)中"日日",是"每一日"的意思,也不是"叠字"。它们都"属于语法上的重叠形式,虽然重叠后附加有新的意义,但这种附加义具有概括性,它是语法或词汇研究的对象,修辞可以不必插手。"(谭永祥:《汉语修辞美学》,第399页)

的建构,多是基于以语词的复叠形式唤起接受者视听觉美感的心理预期。因此,一般说来,这种文本的建构,在表达上多有韵律和谐、印象深刻的效果;接受上则有加深印象、启人联想、引发某种视听觉美感愉悦的作用。例如:

(一)惊蛰一过,春寒加剧。<u>先是料料峭峭,继而雨季开始,时而淋淋漓漓,时而淅淅沥沥,天潮潮地湿湿</u>,即使在梦里,也似乎把伞撑着……(余光中《听听那冷雨》)

例(一)短短的一段文字,作者就建构了"先是料料峭峭""时而淋淋漓漓""时而淅淅沥沥""天潮潮地湿湿"四个叠字修辞文本。"料料峭峭""淋淋漓漓""淅淅沥沥",是分别由"料峭""淋漓""淅沥"三个双音节词重叠构成的四音节,"潮潮""湿湿",则是分别由"潮""湿"两个单音节词重叠的二音节,因而文本表达上就显具韵律和谐的效果;在接受上,由于大量的相同语词的重叠所造就的文本视听觉上的整齐匀称和谐的表达效果,使接受者在文本解读接受中受到较深的视听觉刺激,由此自然加深了对文本的印象,深切地体认到台北初春的严寒和雨季阴雨绵绵的情状,从而获取到一种文本解读接受中的如临其境、如闻其声的美感愉悦。

又如:

(二)那是一条荒路,<u>散散淡淡地,撒在山野的寂寥中。路上,有疏疏密密的老草,有重重叠叠的黄叶</u>。这才是真正的游人的路。赶大集似的前呼后拥,摩肩接踵,绝无风景可赏。(周同宾《拜访达摩》)

例(二)"那是一条荒路,散散淡淡地,撒在山野的寂寥中。路上,有疏疏密密的老草,有重重叠叠的黄叶",是三个叠字修辞文本。"散散淡淡"写通往嵩山达摩洞的路径之不明显,凸显拜访达摩的路径上向来少人,无法踩出明显路径的情状;"疏疏密密"写路上老草之疏密不匀,"重重叠叠"写路上黄叶堆积之厚度,都是意在凸显达摩洞已不是嵩山的重要景点,以至通往达摩洞的路径已被荒置多年无人修整的现状,在表达上都有韵律和谐、强化语义印象的效果;在接受上,由于三组六对叠音字的运用,使接受者在文本解读接受中受到较大较深的视听觉刺激,由此自然加深了对文本的印象和对文本意旨的理解,深刻体认到现代社会大众的人文精神状态;同时对通往达摩洞的路径状况亦有如临其境、如睹其状之感,从而于文本解读接受中获取到一种独特的审美享受。

　　叠字,在现代汉语修辞中表现还不算突出,而在古诗文中其独特的表达功能可谓达到了淋漓尽致的地步。如《诗经·小雅·采薇》:"昔我往矣,杨柳依依。今我来思,雨雪霏霏",两句话两种景象,在"不著一字"的景物描写中,写尽了归乡士兵的无限感慨与悲怆之情,读之不禁让人为之唏嘘感叹。之所以有此魅力,实在是与其中用到的两个"叠字"有关。"依依"状杨柳轻拂之态,"霏霏"写雨雪飘飘之状,切合离乡与归乡两个特定的情境,既有视觉上的形象感,又有听觉上的缠绵感。又如汉《古诗十九首·迢迢牵牛星》写男女相思之苦的情感体验,千古以降,不知多少人为之深切感动。究其原因,亦与"叠字"运用有关。台湾学者沈谦曾分析指出:"此诗叙织女隔着银河遥望牵牛的愁苦心情,借以抒发思妇游子的相思之情,与《青青河畔草》同样以叠字运用巧妙见称,都是十句之中有六句用叠字组成的形容词开头。前者叠字六句,连用在前;后者叠字六句,四句连用在前,二句在结尾。'迢迢'言牵牛相距遥远,'皎皎'言织女孤光自照。'纤纤'是尖细的齿音,适足以摹拟细巧清瘦的素手;'札札'状织布机声,其声令人感觉心中纷乱如麻,百无聊赖。'纤纤'的状貌再加'札札'的状声,使读者如闻其声,如见其形,颇有历历在目,盈盈在耳,身历其境的感觉。末尾的'盈盈',水清浅貌;'脉脉',相视貌。分绘水的形态与人的神情。叠字的运用,极态尽妍,含蕴无穷,已达到摹景入神,天籁自鸣的妙境。"① 又如被宋人严羽推崇为唐代七言律诗第一的崔颢《黄鹤楼》一诗:"昔人已乘黄鹤去,此地空余黄鹤楼。黄鹤一去不复返,白云千载空悠悠。晴川历历汉阳树,芳草萋萋鹦鹉洲。日暮乡关

---

① 沈谦:《修辞学》第426页,台北:台湾空中大学印行,1996年。

何处是,烟波江上使人愁",也是因为"叠字造成了本诗的奇格"①。《诗家正法眼藏》引明人田艺蘅的话说:"崔诗三黄鹤,二去,二空,二人,二悠悠历历萋萋,天锦灿然,各用叠字成章,尤奇绝也"。②

其实,《全唐诗》中诸如此类的叠字文本非常多,如李颀的"鳞鳞远峰见,淡淡平湖春"(《寄镜湖朱处士》),王维的"落花寂寂啼山鸟,杨柳青青渡水人"(《寒食汜上作》)、"漠漠水田飞白鹭,阴阴夏木啭黄鹂"(《积雨辋川庄作》)、"欲归江淼淼,未到草萋萋"(《送张五諲归宣城》),刘长卿的"别离花寂寂,南北水悠悠"(《湖南使还留辞辛大人》)、"苍苍竹林寺,杳杳钟声晚"(《送灵澈上人》)、"独行风袅袅,相去水茫茫"(《江州留别薛六柳八二员外》)、"平沙渺渺来人远,落日亭亭向客低"(《登余干古县城》),韦应物的"漠漠帆来重,冥冥鸟去迟"(《赋得暮雨送李胄》)、"上阳秋晚萧萧雨,洛水寒来夜夜声"(《赠王侍御》),白居易的"耿耿残灯背壁影,萧萧暗雨打窗声"(《上阳白发人》)、"柳丝袅袅风缲出,草缕茸茸雨剪齐"(《天津桥》),杜牧的"青山隐隐水迢迢,秋尽江南草未凋"(《寄扬州韩绰判官》),李群玉的"野庙向江春寂寂,古碑无字草芊芊"(《黄陵庙》),崔道融的"澹澹长江水,悠悠远客情"(《寄人二首》之二),李中的"疏林一路斜阳里,飒飒西风满耳蝉"(《秋日途中》),等等,不一而足。至于大诗人杜甫,更是喜爱以叠字入诗。如"穿花蛱蝶深深见,点水蜻蜓款款飞"(《曲江二首》)、"短短桃花临水岸,轻轻柳絮点人衣"(《十二月一日》三首之三)、"风含翠篠娟娟净,雨裛江蘂冉冉香"(《狂夫》)、"繁枝容易纷纷落,嫩蕊商量细细开"(《江畔独步寻花七绝句》之七)、"风吹花片片,春动水茫茫"(《城上》)、"泂泂山根水,冉冉松上雨"(《法镜寺》)、"娟娟戏蝶过闲幔,片片轻鸥下急湍"(《小寒食舟中作》)、"留连戏蝶时时舞,自在娇莺恰恰啼"(《江畔独步寻花七绝句》之六)、"冉冉柳枝碧,娟娟花蕊红"(《奉答岑参补阙见赠》)、"无边落木萧萧下,不尽长江滚滚来"(《登高》)、"小院回廊春寂寂,浴凫飞鹭晚悠悠"(《涪城县香积寺官阁》)、"信宿渔人还泛泛,清

---

① 黄永武:《字句锻炼法》(第二版)第96页,台北:台湾商务印书馆,2000年。
② 转引自黄永武:《字句锻炼法》(第二版)第96页,台北:台湾商务印书馆,2000年。

秋燕子故飞飞"(《秋兴》八首之三),等等,都是非常有名的句子。

宋诗中也有不少这类精彩的"叠字"文本,如寇准的"萧萧远树疏林外,一半秋山带夕阳"(《书河上亭壁》),刘筠的"曲岸马嘶风袅袅,短亭人散柳依依"(《送客不及》),陈尧咨的"山远峰峰碧,林疏叶叶红"(《普济院》),晏殊的"梨花院落溶溶月,柳絮池塘淡淡风"(《无题》),文彦博的"二月三月春融融,千花万花红灼灼"(《彦博代简上君贶宣猷》),王安石的"含风鸭绿粼粼起,弄日鹅黄袅袅垂"(《南浦》)、"草草杯盘共笑语,昏昏灯火话平生"(《示长安君》),朱淑真的"一塍芳草碧芊芊,活水穿花暗护田"(《东马塍》),杨万里的"春禽处处讲新声,细草欣欣贺嫩晴"(《春暖郡圃散策》三首之三),贝守一的"翩翩过雁摩晴汉,隐隐孤帆趁落霞"(《冬晴晚步》),等等,也都是传诵千古的"叠字"文本。

诗如此,词亦然,唐宋词中以叠字入词者比比皆是。如唐人李白的"平林漠漠烟如织"(《菩萨蛮》),刘禹锡的"泪痕点点寄相思"(《潇湘神》),白居易的"流到瓜洲古渡头,吴山点点愁""思悠悠,恨悠悠,恨到归时方始休"(《长相思》),温庭筠的"小山重重金明灭,鬓云欲度香腮雪"(《菩萨蛮》)、"门外草萋萋,送君闻马嘶"(《菩萨蛮》)、"一叶叶,一声声,空阶滴到明"(《更漏子》)、"系得王孙归意切,不同芳草绿萋萋"(《杨柳枝》)、"过尽千帆皆不是,斜晖脉脉水悠悠"(《望江南》),冯延巳的"细雨湿流光,芳草年年与恨长"(《南乡子》),等等,都是唐词中耳熟能详的叠字名句。至于宋词中的叠字,则更多。如欧阳修的"庭院深深深几许"(《蝶恋花》),晏殊的"金风细细,叶叶梧桐坠"(《清平乐》),晏几道的"年年陌上生秋草,日日楼中到夕阳""云渺渺,水茫茫,征人归路许多长"(《鹧鸪天》),顾敻的"更闻帘外雨潇潇,滴芭蕉"(《杨柳枝》),柳永的"暮霭沉沉楚天阔"(《雨霖铃》)、"葭苇萧萧风淅淅"(《归朝欢》),徐俯的"柳外重重叠叠山,遮不断、愁来路"(《卜算子》),陆游的"双双新燕飞春岸,片片轻鸥落晚沙"(《鹧鸪天》)、"人历历,马萧萧,旌旗又过小红桥"(《鹧鸪天》),苏庠的"灞桥杨柳年年恨,鸳浦芙蓉叶叶愁"(《鹧鸪天》),辛弃疾的"老冉冉兮花共柳,是栖栖者蜂和蝶"(《满江红》),范成大的"嫩绿重重看得成,曲阑幽槛小红英"(《鹧鸪天》),朱淑真的"把酒送春春不语,黄昏却下潇潇雨"(《蝶恋花》),吴潜的"世事悠悠浑未了,年光冉冉今如许"(《满江红》),无名氏的"点点不离杨柳外,声声只在芭蕉里"(《满江红》),高观国的"萋萋多少江南恨,翻忆翠罗裙"(《少年游》),淮上女的"淮山隐隐,千里云峰千里恨;淮水悠悠,万顷烟波万顷愁"(《减字木兰花》),等等,都是为作品添彩的神来之笔。

说到词中的叠字,我们尤其要提到南宋时代一男一女两个词人。女的是李清照,男的是葛立方。二人生活的年代大致相同,葛立方卒于公元1164年,晚李清照九年离世。二人在中国文学史上的地位有高下之别,但在叠字运用方面则难分伯仲。李清照词中用叠字的,最有名者莫过于《声声慢》:"寻寻觅觅,冷冷清清,凄凄惨惨戚戚。乍暖还寒时候,最难将息。三杯两盏淡酒,怎敌他、晚来风急。雁过也,正伤心,却是旧时相识。/满地黄花堆积,憔悴损,如今有谁堪摘?守着窗儿,独自怎生得黑?梧桐更兼细雨,到黄昏、点点滴滴。这次第,怎一个愁字了得。"此词乃作者晚年所作,"此时她的丈夫赵明诚已离世,自己一个女人流寓江南,就更倍感孤寂哀伤了,加之残秋时节,多愁善感的女词人,更是情何以堪?全词'通过写残秋的景色作为衬托,倾诉出夫亡家破、饱经忧患和乱离生活的哀愁',读之令人悲不自胜,唏嘘感伤不已"[①]。这首词之所以有如此的魅力,"仔细寻究起来,除了词作内容本身的凄切感人之外,开首连下十四个叠音字,是其关键所在。历代词论家叹赞此词,焦点也全聚于此"[②]。全词凌空起势,将"寻""觅""冷""清""凄""惨""戚"等七个单音节词异乎寻常地集结起来,重叠后连续铺排,使读者的视觉与听觉均受到极大的冲击。"由'寻''觅'二字复叠而成的'寻寻觅觅',鲜明地显现出词人失去恩爱的丈夫后失落空虚的情感精神世界真况;由'冷''清'二词复叠而成的'冷冷清清',形象地凸显出词人失去丈夫后家庭生活的极度冷清境况;由'凄''惨''戚'三个单音节词复叠而成的'凄凄惨惨戚戚',强烈地凸显出词人'独在异乡为异客'、秋风萧杀形影单的孤寂

[①] 吴礼权:《语言策略秀》(修订版)第108页,广州:暨南大学出版社,2013年。
[②] 吴礼权:《语言策略秀》(修订版)第108—109页,广州:暨南大学出版社,2013年。

凄凉的晚景生活。加之全词又特意选择了仄韵体表达,遂使全词情调更形凄切悲凉,读之不能不使人唏嘘感伤"①,不禁为之掬一把同情的泪。葛立方运用叠字,最有特色也最有名的是《卜算子》一词:"袅袅水芝红,脉脉兼葭浦。淅淅西风淡淡烟,几点疏疏雨。/草草展杯觞,对此盈盈女。叶叶红衣当酒船,细细流霞举"。李清照是在词的开头连用三句叠字,而葛立方则每句都用叠字,也是创出史无前例的先例。因此,有学者分析评论说:"这首词使用叠字多而且好。全词共四十四字,其中叠字竟占了十八个,句句有叠字,联绵而下,相互映衬,无不自然妥帖。用来写荷花形象的,有'袅袅'、'脉脉'、'盈盈',以至于'叶叶'(红衣);写自然景象的,有'淅淅'(的风)、'淡淡'(的烟)、'疏疏'(的雨);写词人动作情态的,有'草草'、'细细'。这些叠字在意境、气韵、情调等方面,都极为协调,确如周密所说的'妙手无痕'。这些叠字不仅生动传神地塑造了荷花的形象,表现了词人疏神达思、怡然自乐的生活情趣,而且形成了一种轻灵、和谐、安谧而又洒落的情调;形成了行云流水般的声韵美。这种情调和声韵美,与写'盈盈女'般的'袅袅'荷花,与写文人雅士品酒赏荷的特定场景,都极为合拍,形式与内容达到了比较完美的统一。这种频繁而有规律的使用叠字,在诗中有《古诗十九首》为例,而在词中则略无俦匹,这不能不说是葛立方的创造。"②

在古代汉语修辞中,除了诗词中好用叠字外,其他文体中也时有叠字的运用。如晋·陶潜的骈体赋《归去来兮辞》:"舟摇摇以轻飏,风飘飘而吹衣""木欣欣以向荣,泉涓涓而始流",前句以"摇摇""飘飘"两个叠字"状船摇动貌、风吹衣貌,同时显示了一股轻快的喜悦之情"③。"两个单音节词'摇''飘'的重叠使用构成'摇摇''飘飘',突出强调了船行之快,有力地凸显了作者远离官场、企盼早日归乡的急切心情和回乡途中那种'无官一身轻',归隐做农夫的喜悦之情。不需长篇累牍表白,只是两句

---

① 吴礼权:《语言策略秀》(修订版)第109页,广州:暨南大学出版社,2013年。
② 唐圭璋等:《唐宋词鉴赏辞典》第1319页,上海:上海辞书出版社,1988年。
③ 沈谦:《修辞学》第426页,台北:台湾空中大学印行,1996年。

中各用一个叠字即已写出了作者此时此刻的真实心理世界,可谓生花妙笔,令人叹服!"①后句"叙郊野踏青之情景,以叠字'欣欣''涓涓'状树木茂盛生机勃发,泉水细流不绝之貌。同时流露了一股旺盛的生机。如此叠字的运用,善画物态,曲尽人情,使《归去来辞》更加意蕴丰富,饶有情韵。"②金元戏剧散曲中叠字的运用也很常见。如金·董解元《西厢记》:"衰草凄凄一径通,丹枫索索满林红""月色溶溶夜,花阴寂寂春",元·乔吉《天净沙》:"莺莺燕燕春春,花花柳柳真真。事事风风韵韵,娇娇嫩嫩,停停当当人人"③,叠字文本的建构也相当精彩。至于古典小说中,运用叠字写景叙事,则更是常态。如清·曹雪芹《红楼梦》:"只见凤尾森森,龙吟细细,举目望门上一看,只见匾上写着'潇湘馆'三字"(第二十六回),"正说着闲话,猛不防那壁厢桂花树下,呜呜咽咽,悠悠扬扬吹出笛声来"(第七十六回)④,前句用叠字"凤尾森森,龙吟细细"写景,后句用"呜呜咽咽,悠悠扬扬"叙事,都是精彩的叠字文本。又如清·刘鹗《老残游记》第二回:"一路秋山红叶,老圃黄花,颇不寂寞。到了济南府,进得城来,家家泉水,户户垂杨,比那江南风景,觉得更为有趣",其中"家家泉水,户户垂杨",也是叠字写景,读之令人对济南景色不胜向往。

第七节　英辞润金石:配字

配字,是为了企及韵律和谐效果,临时在某一字词前后添加字词以凑足音节的一种修辞文本模式。添加的字词,或为实词,或为虚词。这种修辞文本的建构,一般都是基于以语词的双音节形式唤起接受者视听觉美感的心理预期。因此,一般说来,这种文本的建构,在表达上多有偶复对称的效果,接受上则有均衡和谐的视听觉美感。例如:

---

① 吴礼权:《语言策略秀》(修订版)第109—110页,广州:暨南大学出版社,2013年。
② 沈谦:《修辞学》第426页,台北:台湾空中大学印行,1996年。
③ 此例引见于沈谦《修辞学》第428页,台北:台湾空中大学印行,1996年。
④ 此二例引见于沈谦《修辞学》第429页,台北:台湾空中大学印行,1996年。

第三章 齐整和谐的修辞文本营构模式

（一）奔霆飞焰歼人子，败井残垣剩饿鸠。
偶值大心离火宅，终遗高塔念瀛洲。
精禽梦觉仍衔石，斗士诚坚共抗流。
度尽劫波兄弟在，<u>相逢一笑泯恩仇</u>。（鲁迅《题三义塔》）

例（一）是鲁迅应日本友人西村真琴医师之请而创作的一首七言律诗。《鲁迅日记》1933年6月21日记其事曰："西村博士于上海战后得丧家之鸠，持归养之，初亦相安，而终化去，建塔以藏，且征题咏，率成一律，聊答遐情云尔。"这首诗本来并没有什么知名度，只是因为最后二句"度尽劫波兄弟在，相逢一笑泯恩仇"，后来由于政治原因而时常被人延伸引用，由此成了大众传诵的名句。不过，应该指出的是，这二句之所以能成为大众传诵的名句，仔细分析，也是有其道理的。撇开其可以延伸的政治意涵不说，还有一个修辞上的高妙之处，这就是最后一句"相逢一笑泯恩仇"，是一个典型的配字修辞文本。这一文本的真实语义是："相逢一笑，前嫌尽释"。也就是说，动词"泯"的宾语应该只有"仇"，而无"恩"。既然如此，那诗人就理应写成："相逢一笑泯仇恨"，或是为了与诗的第二、四、六句的韵脚字"鸠""洲""流"押韵，而写成"相逢一笑泯恨仇"。然而，诗人并没有这样写。这就说明诗人是有意而为之，将"泯"与"恩""仇"链接，是一种修辞行为，是修辞上的"配字"修辞法的运用。"恩"字在这里虽然并不表义，但却有凑足音节的作用，而且还使"泯恩仇"（仄平平）跟前句对应的"兄弟在"（平仄仄）在平仄上构成了交错，同时在韵脚上跟第二、四、六句保持一致（韵母都是ou），从而达到了诗歌特别是律诗对于押韵、平仄的韵律要求，别具一种韵律和谐的修辞效果。

其实，不仅诗歌中讲究配字，追求音韵和谐的修辞效果，就是散文中也有建构配字修辞文本的。如：

（二）海瑞的悲剧，就在于他认为道德的约束力，可以制止住全社会的颓败风气。个人一尘不染、两袖清风的垂范作用，能够推动整个官吏阶层的廉政建设。治乱世，用重典，不惜采取剥皮的酷刑，是足以阻吓贪官的最有效力的手段。其实,他不知道,道德的作用,只能作用于有道德的人。不讲道德的冥顽不化者,恶劣成性者,<u>道德又其奈他何</u>?(李国文《从严嵩到海瑞》)

例(二)是从历史的经验阐发治国应该完善法律制度,而不能指望官员以道德约束自己,从而实现廉政目标的道理。末一句"道德又其奈他何",从语气上看,是一个反问句,从否定的角度强化了文章所宣达的主旨。从文字上看,是一个典型的配字修辞文本。因为从上下文语境中,我们可以清楚地看出,作者要表达的真实语义是:"道德在廉政建设中没有什么作用""道德约束不了不讲道德的冥顽不化者,恶劣成性者"。因此,"道德又其奈他何"一句,正常理性、非修辞的表达应该是:"道德奈何不了他"。如果这样写,就是个陈述句,语气就比较和缓,不能传达出作者的强烈否定情感。而写成:"道德又其奈他何",则成了个反问句,语气就明显激昂多了,不仅可以传达出作者强烈的否定态度,还因为它是一个配字修辞文本(动词"奈何"被拆开,加进代词"他","奈"前配一虚词"其"以助语气),表达上显得古雅("其奈他何"是文言的表达),接受上则有平仄交错、音韵和谐的听觉美感。因为按照现代汉语语音系统,"其奈他何"正好是"平仄平仄"模式。可见,这一配字文本的建构,既实现了表情达意效果的最大化,又臻至了审美价值的最大化,可谓达到了"英辞润金石"的境界。

从汉语修辞史的角度看,配字作为一种修辞手法,是具有悠久历史的。古代学者就已发现了这一事实。根据现见史料,"首先说明'配字'可以完成语词、补足语气的,大概可推王肃"。[1]王肃是魏晋时代著名的经学家,他在《左传·昭公十三年》:"郑,伯男也。而使从公侯之贡,惧弗给也"一段文字下,有一条注疏曰:"郑,伯爵,而连男言之,犹言曰公侯,足句辞也。"不过,王肃用的术语不是"配字",而是"足句辞"。之后,再次提及配字这一修辞现象的是南宋学者陈骙。不过,他用的术语叫"病

---

[1] 黄永武:《字句锻炼法》第124页,台北:台湾商务印书馆,1995年。

辞"。在《文则》卷上乙第四条,陈骙说:"夫文有病辞,有疑辞。病辞者,读其辞则病,究其意则安。如《曲礼》曰:'猩猩能言,不离禽兽。'《系辞》曰:'润之以风雨。'盖'禽'字于'猩猩'为病,'润'字于'风'为病也。"再到后来,对这一问题进行系统论述的是明末清初的学者顾炎武,他在《日知录》卷二十七"通鉴注"条曾明确说过:"愚谓爱憎,憎也。言憎而并及爱。古人之辞,宽缓不迫故也。又如得失,失也。《史记·刺客传》:'多人不能无生得失'。利害,害也。《史记·吴王濞传》:'擅兵而别,多佗利害'。缓急,急也。《史记·仓公传》:'缓急无可使者'……祸福,祸也。晋欧阳建《临终》诗'潜图密已构,成此祸福端'。皆此类。"再后来是清末学者俞樾,他作《古书疑义举例》时,也对此作了论述。其卷二"因此以及彼例"条说:"此皆因此及彼之辞,古书往往有之。《礼记·文王世子篇》:'养老幼于东序',因老而及幼,非谓养老兼养幼也。《玉藻篇》:'大夫不得造车马',因车而及马,非谓造车兼造马也。"尽管顾氏和俞氏都发现了古汉语中早就存在的配字以成文的修辞现象,可惜未能讲出学理,而只是以"古人之辞,宽缓不迫故也""古书往往有之"之类的含混之辞一笔带过,致使到了20世纪30年代学术界还是没人对此修辞现象有正确的认识,结果还让鲁迅与梁实秋这两个大学者、大文豪在此问题上闹了个大笑话。台湾《中国时报》1981年8月9日《人间》副刊,曾刊载台湾学者陈之藩《褒贬与恩仇》一文,记其事曰:

五十年前吧,文化界有一很著名的官司。就是现在还在台湾已八十岁的梁实秋先生与左派自封自命的大宗师鲁迅打笔仗。在笔仗中,梁先生说了一句:"把某一件事褒贬得一文也不值。"

鲁迅抓住辫子不放,用像匕首一样锋利的词句闪电式的向梁先生劈过来:

"你梁实秋,究竟是在说'褒',还是说'贬'?褒是褒,贬是贬,什么叫做褒贬得一文也不值?"

梁先生竟然无词以对,只解释说,北京城里大家所说的褒贬,都是贬的意思,并没有褒的意味。

陈之藩之所以要写这篇文章,翻出半个世纪前两位文学大师的旧案,是因为他偶然看到鲁迅诗中有"相逢一笑泯恩仇"一句。于是,想起当年梁实秋与鲁迅因"褒贬"一词而引起争执的往事。而今,他见鲁迅诗中"泯恩仇"的用法跟梁实的"褒贬"一样,也是只取其中一义,犯的正是同样的"错误"。于是,不禁"哈哈大笑,特别申明是替梁先生笑的"。对此,有台湾学者认为:"陈之藩的一笑不但替梁先生报了一箭之仇,而且是'以其人之道还治其人之身',非常有趣。"①然而,陈之藩笑归笑,他自己也没有弄清"为何'褒贬'只有'贬'的意思,'恩仇'就没有'恩'的意味呢?"②其实,在这个问题上,之所以从梁实秋、鲁迅到替梁实秋"哈哈大笑"的陈之藩,都闹了笑话,都遭遇了尴尬,究其原因是他们都不懂修辞学,不知道这是汉语中一种渊源有自的常用修辞手法③。甚至直到今日,连汉语修辞学界的许多学者仍然对此不甚了了,只有台湾个别学者在其修辞学著作中谈到,而大陆修辞学者几乎都未提及。至于汉语语法学界与词汇学界的学者,对这种修辞现象就更不可能认清其本质了。于是,便出现了这样一个现象,语法学界将配字称之为"羡余",词汇学界命之曰"偏义复词",而且各自的解释都是局限于词义解说的层面,未论及其产生的根源,这是颇为令人遗憾的。

第八节　辞靡于耳,累累如贯珠:协律

协律,是为了获得音韵和谐的听觉美感,而在特定句尾设置相同韵母字(词),或是在同一句内或毗邻句中相应位置交错配置平仄不同字词的修辞文本模式。这种修辞文本的建构,一般都是基于以表达上的和谐悦耳的韵律效果唤起接受者听觉上的美感愉悦这一心理预期。因此,这种文本的建构,在表达上都有"同声相应"的协调一致感,或"异音相从"

---

①②　沈谦:《修辞学》第418页,台北:台湾空中大学印行,1995年。
③　参见吴礼权:《修辞学与汉语史研究》,《福建师范大学学报》(哲社版),2010年第4期,第68—75页。

的抑扬顿挫美,因而在接受上便有一种"辞靡于耳,累累如贯珠"的动听悦耳之美感。例如:

(一)轻轻的我走了,
　正如我轻轻的<u>来</u>;
　我轻轻的招手,
　作别西天的云<u>彩</u>。

　那河畔的金柳,
　是夕阳中的新<u>娘</u>;
　波光里的艳影,
　在我的心头荡<u>漾</u>。

　软泥上的青荇,
　油油的在水底招<u>摇</u>;
　在康河的柔波里,
　我甘心做一条水<u>草</u>!

　那榆荫下的一潭,
　不是清泉,是天上<u>虹</u>;
　揉碎在浮藻间,
　沉淀着彩虹似的<u>梦</u>。

　寻梦?撑一支长篙,
　向青草更青处漫<u>溯</u>;
　满载一船星辉,
　在星辉斑斓里放<u>歌</u>。

　但我不能放歌,

悄悄是别离的笙<u>箫</u>;
夏虫也为我沉默,
沉默是今晚的康<u>桥</u>!

悄悄的我走了,
正如我悄悄的<u>来</u>;
我挥一挥衣袖,
不带走一片云<u>彩</u>。(徐志摩《再别康桥》)

例(一)是中国现代著名诗人、新月派代表人物徐志摩的代表作,写于1928年11月6日,刊于同年12月10日的《新月》第一卷第十号。此诗抒发的是诗人离别康桥(即剑桥,指英国的 University of Cambridge)时的不舍之情,属于中国诗歌吟咏了几千年的文学主题,并不怎么新鲜。然而,它却成了中国现代诗中最广为传诵的作品,知名度极高。可以这样说,在中国现代文学史上,只要一提现代诗,大家第一个想到的就是徐志摩;而一提徐志摩,大家第一个想到的就是这首诗。众所周知,在中国现代文学史上,写新诗的人多如过江之鲫,新诗作品之多不计其数。那么,为什么那么多诗人的诗作都湮没不彰,而徐志摩的这首诗能独擅其美呢? 究其原因,恐怕还是要归于这首诗在韵律修辞上的努力。全诗共七节,除了第五节第二、四句尾字"溯""歌"不押韵外,其余各节的第二句与第四句的尾字都是押韵的,而且押的都是开口度大的韵。因此,全诗读来不仅有"同声相应"的和谐感与流畅感,而且在语势上更能显出情感的饱满,别具一种深情款款的动人魅力。除了在韵脚上经营之外,诗人其实在平仄上也是有所作为的。如诗的第一节,若以现代汉语语音系统为标准来分析,四句的平仄分别是:"平平(轻声)仄仄(轻声),仄平仄平平(轻声)平,仄平平(轻声)平仄,仄平平平(轻声)仄",不仅每句之内有平仄的交错,还有轻声错杂其间;句与句之间,也有平仄的交错,轻声的位置也有变化。这样,读起来就有了抑扬顿挫的变化,接受上明显有一种和谐悦耳的美感。诗的最后一节,也是如此,四句的平仄分别是:"平平(轻声)仄仄(轻声),仄平仄平平(轻声)平,仄平仄平平仄,仄仄仄平仄平仄",语义上跟第一节呼应,但平仄上则有变化。因此,从韵律上看,这首尾呼应的两节,既显得协调和谐,又和而不同,寓变化于统一之中。可见,诗人通过选韵脚、调平仄而进行修辞文本建构,效果是非常明显的,对形成诗歌的独特魅力起到了关键性作用。

徐志摩因为有旧学根底,受中国古典诗词的熏陶较深,重视韵律美,也精于选韵脚、调平仄等协律修辞技法,因此他写的现代诗跟同时代其他诗人的作品明显不同,带有浓浓的古典韵味,读起来别具一种和谐悦耳的音乐美感。

其实,除了徐志摩,在中国现代文学史上还有一位作家也是值得一提的,他便是著名小说家与戏剧家老舍。老舍是世人公认的语言大师,是中国现代文学史上最懂修辞,也是最醉心于修辞的作家,他对语言的锤炼是出了名的,其中就包括对字词平仄的讲究。如本书第三章第一节讲到对偶时,曾举到老舍散文《吊济南》中的一例:"在我写《大明湖》的时候,就写过一段:在千佛山上北望济南全城,城河带柳,远水生烟,鹊华对立,夹卫大河,是何等气象。"其中,"城河带柳,远水生烟"二句,不仅句法工整,对仗精密,而且非常讲究韵律。按照现代汉语语音系统分析,"城河带柳"是"平平仄仄","远水生烟"是"仄仄平平",平仄调配得一毫不差。其实,这样的例子在老舍作品中还有很多,并非孤例。如:

(二)在龙泉村,听到了古琴。相当大的一个院子,平房五六间。顺着墙,丛丛绿竹。竹前,老梅两株,瘦硬的枝子伸到窗前。**巨杏一株,阴遮半院**。绿荫下,一案数椅,彭先生弹琴,查先生吹箫;然后,查先生独奏大琴。(老舍《滇行短记》)

例(二)是作者1941年写于抗战期间一篇散文中的片断。其中,"巨杏一株,阴遮半院",就是一个协律修辞文本。以现代汉语语音系统来看,"巨杏一株"是"仄仄平平","阴遮半院"则是"平平仄仄",正好平仄交错配置。很明显,这是作者有意而为之的,是经过精心推敲后而建构出来的,意在通过平仄的调配,使文句读来有一种抑扬顿挫的韵律感,让读者在阅读接受时也能像读诗词一样,获得一种和谐悦耳的美感享受。

在文学创作中,为了使作品在充分表情达意的同时别具一种和谐悦耳的音乐美感,以此提升作品的审美价值,作家需要选韵脚、调平仄,建构协律修辞文本;在日常生活中,我们开口说话或演讲,为了给人以深刻的印象或愉悦的感受,事实上也是需要选韵脚、调平仄,建构协律修辞文本的。如:

(三)要想生活好,牙签少不了。

例(三)是20世纪90年代上海五角场摊贩的一句牙签推销语。这虽是一句大白话,但却是一个典型的协律修辞文本。因为从押韵的角度看,上句的"好"与下句的"了",韵母相同,不仅符合"同声相应"的押韵要求,而且韵脚字还是开口度大的ao母字,带有一种饱满昂扬的感情色彩,作为推销语,明显是最合适不过了。从平仄的角度看,上句"要想生活好",是"仄仄平平仄";下句"牙签少不了",是"平平仄仄仄"。二句平仄交错对应,说起来抑扬顿挫,听起来和谐悦耳,所以给人的印象非常深刻。事实证明,正是因为这句吆喝语,当年这家摊贩的牙签生意比别人好了很多。可见,协律修辞文本的建构,在日常生活中也是大有用武之地的。

第九节　声转于吻,玲玲如振玉:起兴

起兴,是"先说别的事物以制造气氛或规定韵脚,然后引出所要说的事物"[①]的一种修辞文本模式。这种修辞文本的建构,在表现形式上可以分为两种:一是前句所说的内容跟后句有关联,同时为后句规定韵脚;二是前句所说的内容跟后句没有任何关联,只是纯粹为后句规定韵脚。

---

① 谭永祥:《汉语修辞美学》第245页,北京:北京语言学院出版社,1992年。

因此,第一种形式的文本建构,在表达上既有"同声相应"的协调流畅感,又有引类搭挂的生动形象感,因而在接受上既有和谐悦耳的听觉美感,也有赏心悦目的视觉美感;第二种形式的文本建构,则只有表达上"同声相应"的协调流畅感和接受上和谐悦耳的听觉美感。下面我们先来看第一种起兴修辞文本模式的建构:

(一) <u>山丹丹开花红姣姣,香香人材长得好</u>。
一对大眼水汪汪,就象那露水珠在草上淌。
二道糜子碾三遍,香香自小就爱庄稼汉。
<u>地头上沙柳绿蓁蓁,王贵是个好后生</u>。
身高五尺浑身都是劲,庄稼地里顶两人。
<u>玉米开花半中腰,王贵早把香香看中了</u>。
小曲好唱口难开,樱桃好吃树难栽。
交好的心思两人都有,谁也害臊难开口。(李季《王贵与李香香》)

例(一)是现代诗人李季所写长篇叙事诗《王贵与李香香》中的片断,其中就有三个起兴修辞文本的建构,分别是:"山丹丹开花红姣姣,香香人材长得好""地头上沙柳绿蓁蓁,王贵是个好后生""玉米开花半中腰,王贵早把香香看中了"。这三个起兴文本,有一个共同的特点,就是前句不仅在事实上充当了后句的喻体,为后句所描写的形象作了烘托,而且预先给后句规定了韵脚。如第一个文本,前句"山丹丹开花红姣姣",单看是一个陈述句,是描写山丹丹开花的形貌。但对比后句,我们就会发现它其实是个隐喻,事实上成了后句的喻体,为突显"香香人材长得好"作了烘托,让人由此及彼产生联想想象,使文本别添一种生动形象的视觉美感。至于前句不写成"山丹丹开红姣姣花",而写成"山丹丹开花红姣姣",则不仅是诗歌节奏安排的需要,更是诗歌用韵的需要。事实上,只有将"红姣姣"置于动词"开"之后充当补语,诗歌才能借"姣"而与后句的尾字"好"押韵,实现诗歌在韵律上"同声相应"的目标,从而以表达上的协调流畅而让接受者收获和谐悦耳的听觉美感。第二个文本,先说沙柳,再说王贵,乃是将沙柳比王贵,是形象上的隐喻;描写沙柳不说"沙柳绿蓁蓁",而说"绿蓁蓁沙柳",是要借"蓁"为后句规定韵脚,以与"生"相押,从而实现在人物形象描写的同时使文本别添和谐悦耳的听觉美感。第三个文本,前句写"玉米开花半中腰",意谓玉米尚未成熟;后句说"王贵早把香香看中了",意谓王贵有情,但未知香香是否有意,说明二人的婚事还是未知数。很明显,从语义上看,前句成了后句的喻体,是为后句作铺垫。至于前句写玉米开花的状态,之所以不说"未结穗",而说"半中腰",表面看是为了突显其形象,实则是要借尾字"腰"与后句的尾字"了"(liǎo)押韵,从而实现在达意传情的形象性之外使文本别添和谐悦耳的听觉美感。

下面我们再来看第二种起兴修辞文本模式的建构:

(二) <u>枣林的核桃河畔上的草</u>,拜了一个干妹妹数你好。
<u>对面湾里一疙瘩烟</u>,二妹妹越看越顺眼。
<u>东山韭菜西山葱</u>,二妹妹好象穆桂英。
<u>东山核桃西山枣</u>,三哥哥好象杨宗保。
一杆子笛子一杆箫,哥哥吹笛呱呱叫。(陕北民歌《信天游》)

例(二)是一首陕北民歌中的片断。五句之中,四句都是起兴修辞文本。不过,跟第一种起兴形式不同的是,这四个起兴修辞文本中,第一句跟第二句既没有形象上的烘托铺垫关系,也没有语义上的任何关涉,仅仅是为第二句规定了韵脚,从而使诗歌念起来有一种"同声相应"的协调流畅感,接受上有一种和谐悦耳的听觉美感。这四个文本,如果我们将其前句抽掉,写成"拜了一个干妹妹(即二妹妹),干妹妹越看越顺眼,干妹妹好象穆桂英,三哥哥好像杨宗保",从表达上看,语义的完整性丝毫没受影响,而且还显得简洁明了。但是,从接受上看,就少了诗歌(民歌也是诗)"同声相应"的协调流畅感,接受欣赏时就收获不到和谐悦耳的听觉美感。可见,这种只规定韵脚的起兴修辞文本的建构,也是很有价值的。

值得指出的是,起兴修辞文本的建构,并非是现代人的发明,而是古已有之。不过,古代汉语中的起兴修辞文本,一般都属于上面所说的第一种形式,是兼顾听觉美感与视觉美感的。如《诗经》开篇之作《国风·周南·关雎》:"关关雎鸠,在河之洲。窈窕淑女,君子好逑。"前句的"关关雎鸠,在河之洲",既跟后句"窈窕淑女,君子好逑"形成了隐喻关系,起到烘托意境、再现形象的效果,同时也以"洲"呼应了后句"逑",从而使二句构成押韵关系。又如北朝民歌《木兰诗》"唧唧复唧唧,木兰当户织",前句的"唧唧复唧唧",既是模拟织布之声,为木兰出场营造氛围,同时也以尾字"唧"跟后句"织"字形成押韵关系。起兴修辞文本的第二种形式,一般只出现在现代民歌中,其所追求的只是和谐悦耳的听觉美感,不再兼顾视觉形象美感。当然,现代民歌也有二者兼顾的,如上面我们举的第一个例子便是。

小 结

追求形式上的对称均衡,不仅是雕刻、绘画、建筑等艺术创作上的常情,也是人们语言活动中所追求的目标。何以然?因为平衡匀称的形体容易引起美感,这是美学和文艺学上公认的基本原则和事实。平衡有两种情况,一是一般的平衡,如人体的手足耳目等的对称,树叶以中茎为界的两半,建筑、雕刻中两部分的对称等即是。另一种是隐含的平衡,又称"代替的平衡"(substituted symmetry)。何谓"代替的平衡",美国文艺心理学家朴浮(Puffer)通过实验对此有感性的说明。朴浮"用一块蒙着黑布的长方形木板摆在受验者的面前。板的左边钉上一个长八厘米、宽一厘米的固定的白纸板。受验者须将可移动的白纸板摆得和固定的纸板相平行。远近由他自己定夺,但是要使两个纸板所形成的形体最美观。以后她又把长纸板改为固定的,使受验者依同法把短纸板摆在最美观的位置。她试验过许多人,发现他们大半把长纸板摆得离中央较近,短纸板摆得离中央较远"[①]。朴浮认为这种摆法便含有代替的平衡。这是因

[①] 朱光潜:《朱光潜美学文集》第一卷第 305—306 页,上海:上海文艺出版社,1982 年。

为"好比一条长板,中央安在一个石凳上面,左右恰相平衡,如果它一头坐着一个小孩,另一头坐着一个大汉子,大汉子须坐在离中心较近的位置,小孩须坐在离中心较远的位置,木板才能保持原有的平衡"。如果将长板叫作重线,短板叫作轻线的话,"就表面说,长线和短线离中心的位置不等,不能算是平衡,但是根据机械的平衡原则,轻物本来比重物离中心须较远才能保持平衡,所以长线比短线摆得离中心较近,实在还是遵循平衡原则的"①。朴浮还曾对一千多幅名画进行了实验研究,她发现"代替的平衡在图画中极为重要",她所用以实验研究的千幅名画"每幅后面都含有代替平衡的原则。各种图画之中大概都有五个要素。一是体积(mass),指画中人物所集中的地方,即着墨最多的一部分。二为情趣(interest),即观者注意力所最易集中的地方,例如人物的动作。三为注意的方向(direction of attention),指画中人物注意所指的方向,大半表现于视线。四为线的方向(direction of line),画中线纹大半是倾斜的,它向某一方倾斜,线的方向就集中在那一方。五为远景(vista),指距离较远的背景。如果在画的中央定一条想象的垂直平分线,则这五种要素常平均分布左右两方,使所引起的注意力左右平衡。例如人事画中体积偏左者则注意的方向往往偏右,风景画中体积偏左者则远景往往偏右,以求左右两方无畸轻畸重的毛病,这就是用代替的平衡"②。我们本章所讲的对偶、排比、回环、互文等修辞文本,即是符合上面我们所说的一般意义上的平衡,而错综修辞文本则是属于"代替的平衡"之类。

  不管是一般意义上的平衡,还是代替的平衡,它们都能引起人们的快感,是一种美,这是学术界公认的事实。那么,原因何在?这可以从心理学上得到解释。一般的平衡匀称的事物因为构成有一定的规律,比较容易了解,欣赏者"所耗的注意力较少,所以比较能够引起快感"③,就像有规律的线一般总比杂乱无章的线容易了解、易于引起美感一样。因为

---

① 朱光潜:《朱光潜美学文集》第一卷第306页,上海:上海文艺出版社,1982年。
② 朱光潜:《朱光潜美学文集》第一卷第307—308页,上海:上海文艺出版社,1982年。
③ 朱光潜:《朱光潜美学文集》第一卷第298页,上海:上海文艺出版社,1982年。

"有规律的线是首尾一致的。看到它的首部如此,我们便预期它的尾部也是如此;后来看到它的尾部果然如此,恰中了我们的预期,注意力不须改变方向,所以不知不觉地感到快感。丑陋的线没有规律,我们看到某一部分时,不能预期其他部分应该如何,各部分无意义地凑合在一起,彼此并没有必然的关联,我们预期如此,而结果却如彼。注意力常须改变方向,所以不免失望"①。也就是说,平衡匀称的事物因为结构有规律,欣赏者了解到某一部分就可以预期到另一部分,预期与预期的结果能够相一致,这样欣赏者在其欣赏活动中的注意力不须改变方向的情况下便可轻松地使其预期感得到满足,自然于不知不觉中产生一种快感,得到美的享受。比方说,我们看一组古代宫殿建筑,当看到高大的主殿的左边有两个辅殿时,就会在心中预期着它的右边也有相同的两个辅殿出现。假设如我们所预期的一样,主殿的右边确有两个与左边一样的两个辅殿与之呼应对称,我们便会在心底感到快慰,因为我们在观赏中的注意力没有改变方向就使自己的预期心理得到了满足。反之,假设我们在看到主殿左边有两个辅殿之后,却发现主殿的右边没有与之对应的两个辅殿,或是只有一个辅殿,或是不完整的两个辅殿,那么我们心中便情不自禁地生发出一种失望,感到快快不乐的。这是因为观赏者的观赏预期落空了,预期心理没有得到满足。听音乐虽是听觉而非视觉,但情形也大致相同。当我们听到一首乐曲的前半部分都是高低轻重缓急相间十分有规律地奏出的,我们就会预期后半部分也如此。如果欣赏者所听到的后半部分确是如此,那么他就会觉得这首乐曲和谐美妙。因为在欣赏乐曲的注意中他的注意力没有改变方向而轻易地使自己的预期目标得以达成,心理上自然就有了一种满足的快感。反之,如果他所听到的乐曲后半部分高低轻重缓急的处理没有规律,与前半部分的节奏特点相悖背,那么他肯定感到乐曲不美。因为他对乐曲的后半部分的预期落空了,欣赏注意方向需要改变,所耗费的注意力较多,所以他就引不起快感。正如美国心理学家桑塔耶那(George Santayana)以建筑为例而就对

---

① 朱光潜:《朱光潜美学文集》第一卷第298—299页,上海:上海文艺出版社,1982年。

称价值的论述一样:"当眼睛掠过一座建筑之正面(facade),并发现那些吸引它的客体是按均等间隔排列时,心意中就会生起一种期待(expectation),就像对一个必然音调或必需字眼之预期一样。这种预期如果没有得到满足,就会引起一种错愕(shock)。这种错愕,如果是一个有趣客体之显然呈现所造成,就会给我们一个图像感(picturesque)的生动效果;但如果没有任何补救效果(compesnation)随之以俱来,这种客体就会给我们丑陋不完全之感——而这正是对称所避免的缺陷。"① 也就是说,人们在欣赏事物过程中,当有补齐效果随之俱来时,就会有美感产生,因为补齐效果的随之俱来能够使欣赏者的心理预期得到满足。我们解读接受对偶、排比、回环等形式齐整的修辞文本时,之所以会有一种美感,道理亦然。

至于属于"代替的平衡"的事物何以能引起欣赏者的快感,产生美感效应,也是有心理学上的依据的。一般说来,代替的平衡多以大小轻重远近等的配置来达成的。朱光潜说:"我们看形体,常不知不觉地依本能地冲动去描摹它的轮廓,冲动起于动作神经,传布于筋肉,筋肉系统和神经系统都是左右对称的。平衡的形体所唤起的左右两边的冲动也是相称的,神经和筋肉的活动都依天然的节奏,所以最能引起愉快,几何的平衡之心理的解释如此。"② "冲动的平衡就是左右筋肉动作的平衡,也就是注意力的平衡。要达到注意力的平衡,形体的左右大小远近都相等,固然是一个办法,但是大而近,小而远,也是一个办法。较大的东西、较繁的东西或是较有趣味的东西(总而言之,较'重'的东西),比较小的东西、较简的东西或是较乏味的东西(总而言之,较'轻'的东西)都较易引起注意力。如果较轻的东西和较重的东西距离中心都相等,则注意力全在较重的东西上面,结果就是心理上的不平衡了。如果要使轻的东西所引起的注意力和较重的东西所引起的注意力恰相平衡,则较轻的东西一

---

① [美]桑塔耶那:《美感》(杜若洲译)第136页,台北:台湾晨钟出版社,1976年。转引自陈启佑:《新诗形式设计的美学》第45页,台北:台湾诗学季刊杂志社印行,1993年。
② 朱光潜:《朱光潜美学文集》第一卷第307页,上海:上海文艺出版社,1982年。

定须摆在离中心较远的地位,因为距离中心愈远,所需的注意力也愈大。总而言之,近而重的东西所引起的注意力是自然的,远而轻的东西所引起的注意力是勉强的,这两种注意力质不同而量则相等,所以彼此能相平衡。"①尽管代替的平衡不同于左右前后等的一一对称的简单平衡,而是通过诸如大小、轻重、远近、方向、情趣等的配置来达到一种注意力分配的平衡,但它们都能使欣赏者在欣赏事物时唤起筋肉系统和神经系统的均衡冲动,依其天然节奏活动。而神经和筋肉系统的活动能依天然节奏均衡进行,自然能够生发出一种快感,产生美感效应。错综修辞文本的解读接受,能使接受者产生美感,亦是缘于一种"代替的平衡"的原理。文本形式与内容的变化因素,使接受者的注意力得以合理地调配,从而达成一种心理上的均衡,产生一种快感②。

　　人类除了追求对称平衡的视觉美感外,对于韵律和谐的听觉美感也是孜孜以求的,汉民族也不例外。众所周知,中国是诗的国度,中国人对于诗(包括诗的同道词、曲)的爱好是其他民族所不及的。这一方面跟中国的文学传统有关,另一方面跟汉语汉字特有的条件有关。汉语具有声调,古汉语单音节词占绝对优势,汉语语法具有弹性,这些都在事实上为中国人作诗提供了得天独厚的条件,也为中国人作诗在音韵上做功夫提供了基本前提。汉语中有叠字、配字、协律、起兴等修辞文本的建构,正是中国人习惯于作诗追求韵律和谐美感的结果,是诗歌思维在语言表达上的生动反映。

思 考 和 练 习

　　一、在现代汉语修辞中,为了臻至视听觉齐整均衡的美感接受效果,一般说来有几种修辞文本建构模式?为什么这几种修辞文本模式能获取接受上的齐整均衡的美感效果?

　　二、对偶修辞文本一般说来可以有几种分类方法?各有几种类型?

---

① 朱光潜:《朱光潜美学文集》第一卷第 307 页,上海:上海文艺出版社,1982 年。
② 参见吴礼权:《修辞心理学》(修订版)第 143 页,广州:暨南大学出版社,2013 年。

请各举一例说明之。

三、什么是回环修辞文本？它有几种分类情形？各举一例解析之。

四、错综修辞文本的建构有几种方式？它的表达与接受效果如何？

五、请指出下面诸例中各有何种修辞文本，并具体分析其表达与接受效果。

(1) 哦哦，我致敬，那穷途中的新径，那日暮时的孤星。向那燃着芳馨的人性为赏心的灯盏的人，我致敬。向那挥洒汗粒为助人珠颗的人，我致敬。向那超浮于岁月的潮水的咏叹的召唤之救助呼声我致敬，向那永映于历史浩阔波岸，激燃着永光的指引之灯痕我致敬，那都是雪夜里付出的温情，寒氛中赠予的美意啊，我致敬而且膜拜。(王禄松《那雪夜中的炭火》)

(2) 好几年前，我给台湾的一家报纸画了一幅漫画，那画上的字是这样写的：

"人们总是在爱情之外得到婚姻，又总是在婚姻之处得到爱情"。这是我们那一代人的写照，与新新人类无关。(何立伟《未来的婚姻》)

(3) 我用那笔钱来买书，好让许多先哲的思想进入我的心中；我用它来买文具，好让我的思想流入别人的心中；我用它买我自己所喜爱的东西，因为我从来不觉得死守着一份钱财会有什么好处。(张晓风《最后的戳记》)

(4) 人生中，即使是最得意的人们，有过英雄的叱咤，有过成功的殊荣，有过酒的醇香，有过色的甘美，而全像瞬时的烛光，摇曳在子夜的西风中，最终埋没在无垠的黑暗里。(陈之藩《寂寞的画廊》)

(5) 当梁祝化蝶的情愫早已飘逝，当崔张联姻的绝唱早已曲终人散，当罗密欧与朱丽叶忠贞的灵魂也早已深埋墓穴的时候，在放纵的性欲已使艾滋病成为"世纪之泣"的当今，世界上一切善良的人们，不得不倚着纽约自由女神思索，倚着巴黎圣母院思索，倚着埃及金字塔思索，也不得不倚着我们古老的长城和巍峨的昆仑思索——

何处才是人性解放的最后"底线"！(李存葆《飘逝的绝唱》)

(6) 八仙过海的传说，海市蜃楼的幻景，描绘了一个个令人向往的神仙世界;秦始皇汉武帝东巡求仙寻药,演绎出一幕幕沧桑历史。于是,蓬莱仙境,虚幻中透露几丝灵光,肃穆中显出几许恢宏。(左夫《蓬莱歌吟》)

(7) 看到这则以油漆画绿冒充绿化的旷世奇闻,就又想起那位省报总编辑激忿的幽默和无奈的眼神。

　　骗人的把戏,人不哄地,地不哄人。人若哄地,地必哄人。一时可以骗得了人,终究骗不了地。大地是骗不了的。大自然是骗不了的。不善待大自然,大自然就会给予相应的报复。1998年的长江洪水泛滥,今年春天西北华北甚至首都频发的沙尘暴天气,都是无情的证明。(南丁《随笔三题》)

(8) 羊肚子手巾缠头上,
肩膀上背着无烟钢。
十天半月有空了,
请假回来看香香。
看罢香香归队去,
香香送到沟底里。
沟湾里胶泥黄又多,
挖块胶泥捏咱两个;
捏一个你来捏一个我,
捏的就像活人脱。
摔碎了泥人再重和,
再捏一个你来再捏一个我;
哥哥身上有妹妹,
妹妹身上也有哥哥。
捏完了泥人叫哥哥,
再等几天你来看我。(李季《王贵与李香香》)

(9) 临行之前我去他家告别,他拉着我的手凄然一笑,接着就哽哽咽咽哭起来。我以为他还在为失学而痛心,他却指着空空荡荡的破房说:"哥,你看俺家像不像是个地主?"这话问得我丈二和尚摸不着头脑。

(萧重声《悦乎悲乎》)

(10) 云里钟声,云外泉声,昼夜喧流,如是法轮常转;

岭南越秀,岭西独秀,江山佳气,都为福地来朝。(广东肇庆庆云寺联语)

(11) 万一有个好歹怎么办?(日常口语)

(12) 风吹大树嘶啦啦响,崔二爷有钱当保长。/一个算盘九十一颗珠,崔二爷牛羊没有数数。/三十里草地二十里沙,哪一群牛羊不属他家?(李季《王贵与李香香》)

(13) 哪有猫儿不叫春,哪有蝉儿不鸣夏,哪有蛤蟆不夜鸣,哪有先生不说话。(胡适打油诗)

第四章 Section 4　强化语意的修辞文本营构模式

表达者在表情达意时,不仅要将自己的情意表达得清楚明白,而且还应该考虑表达的接受效果,使接受者对自己的表达留下深刻的印象,这样才可能有好的效果。为此,表达者就必须建构恰切而有效的修辞文本。一般说来,能够企及这种修辞目标的,有这样几种修辞文本营构模式,即夸张、反复、设问、精细、倒装、层递、同异、异语、同语,等等。

第一节　发蕴飞滞,披瞽骇聋:夸张

夸张,是一种说写表达时重在主观情意的畅发而故意违背客观事实和逻辑,对所叙说的内容进行张皇夸大的修辞文本模式。这种修辞文本模式,大体上可分为两大类型:一是直接夸张,二是间接夸张。

所谓"直接夸张",就是"交际者所欲表达的思想或感情,受交际者经由辞面一览便知,不必思而得之"[1]。这类夸张又可细分为"扩大式"和"缩小式"两小类。

"扩大式"夸张,即是将所说写的事象往大的、高的等方面夸说。例如:

（一）空旷,沉寂,不痒不痛,无遮无拦,<u>一眼可望穿八百里</u>……（李登健《倾听原野》）

---

[1]　童山东、吴礼权:《阐释修辞论》第169页,北京:首都师范大学出版社,1998年。

例(一)是极言北方原野的广阔无垠和人的肉眼可望得很远,夸张的迹象都写在辞面上了,用不着读者去费思了。

"扩大式"夸张,在日常语言生活中最为常见。无论古今,都是如此。虽明明是夸大其辞,不符合生活的逻辑,却往往能给人留下深刻的印象,甚至能让人为之深切感动。如李白写自己的忧愁,有"白发三千丈,缘愁似个长"(《秋浦歌》之十五)、"横江欲渡风波恶,一水牵愁万里长"(《涉江词六首》)、"五花马,千金裘,呼儿将出换美酒,与尔同销万古愁"(《将进酒》)等句;写蜀道之难有"蜀道之难,难于上青天"(《蜀道难》)的说法,写天姥山之高有"天台四万八千丈,对此欲倒东南倾"(《梦游天姥吟留别》)之笔;写庐山瀑布之雄伟则有"飞流直下三千尺,疑是银河落九天"(《望庐山瀑布》)之辞。又如杜甫写公孙大娘弟子舞剑有"一舞剑器动四方,观者如山色沮丧,天地为之久低昂"(《观公孙大娘弟子舞剑器行》)之句,写成都武侯祠前古柏有"霜皮溜雨四十围,黛色参天二千尺"(《古柏行》)之语,也都是夸大其词。中国古典诗词中的不少篇什之所以能够流传甚广,不少都有"扩大式"夸张的妙笔从中起了作用。其实,不仅诗词中,古代的其他作品中也有这类夸张。如《尚书·武成》篇记商周牧野之战,就有"前徒倒戈,攻于后以北,血流漂杵"之语,亦是"扩大式"夸张,乃极言战争的惨烈与死人之多,非实有其事。

"缩小式"夸张,即将所要说写的事象往小的、低的、弱的等方面描写。例如:

(二)<u>村落外有一座不太高的山,看来仿佛伸手可及,曾读摩诘"好倚磐石饭"的句子,总觉得那平平的小山也应该可以搬过来作为餐桌。</u>(张晓风《最后的戳记》)

例(二)是极言山之低小,是往小里描写,意思也写在辞面上,一看便明明白白,夸张之意一览便知。

"缩小式"夸张,虽不及"扩大式"夸张使用频率高,但在古今文学作品中都有经典的文本流传。如《诗经》写周朝旱灾之重的惨相,有"周余黎民,靡有孑遗"(《大雅·云汉》)之句,极言大灾之后存活者之少,读之让人无限伤感;写黄河之窄,有"谁谓河广？一苇杭之","谁谓河广？曾不容刀"(《卫风·河广》)之句,极言黄河水之浅和河面之窄,以此反衬诗人渡过黄河,立即回到故乡宋国的急切心情。又如李白写自己怀才不遇的悲苦怨屈,有"吟诗作赋北窗里,万言不值一杯水"(《答王十二寒夜独酌有感》)之句,乃极言才学寸情价值之贱,让千古读书人读之为之心酸,不禁为诗人的怀才不遇而掬一把同情的泪。

所谓"间接夸张",就是"交际者所欲表达的思想或感情,受交际者一般情况下不能从辞面上直接看出,而是必须寻思一番,然后方可知交际者的真意之所在"①。这类夸张又可细分为"折绕式""比喻式""排比式""用典式""超前式"等小类。

"折绕式"夸张,是指通过迂回曲折的方式将所要表达的语意夸张地表达出来。例如:

(三)女人对于自己的享受方面,总是属于"斯多亚派"的居多。男人不在家时,她能立即变成素食主义者,火炉里能爬出老鼠,开电灯怕费电,再关上又怕费开关。(梁实秋《女人》)

例(三)是极写女人的节俭算计和在享受方面克制自己的性格特征,虽辞面上没有一个"俭"字"吝"字,但通过"火炉里能爬出老鼠,开电灯怕费电,再关上又怕费开关"的文字,曲尽其妙地将其"俭""吝"和善克制自己需求的性格特征写到了极点,让人对中国传统女性的性格特征留下了深刻印象。这是迂回曲折的夸张,属"折绕式"夸张,需要接受者透过其描写去意会,思而得之。

"折绕式"夸张,不仅在现代汉语修辞中时有运用,在古代汉语修辞中也是经常可以发现的。如唐代文学家韩愈《左迁至蓝关示侄孙湘》诗有云:"一封朝奏九重天,夕贬潮州路八千",就是一个典型的"折绕式"夸

---

① 童山东、吴礼权:《阐释修辞论》第170页,北京:首都师范大学出版社,1998年。

张。它"以'朝奏''夕贬'的对应,暗写出遭贬之快;以'九重天'对'路八千',以夸张修辞法写忠心上达唐宪宗之不易与自己被贬边地之远。虽然表面没有嗟怨一字,但报国之心不被理解的不平之意尽在其中。可谓含蓄隽永,曲尽其妙。"①

"比喻式"夸张,是指通过比喻的形式来实现语意表达的强化目标,不是为了表达的生动形象。例如:

(四)男人令人首先感到的印象是脏!当然,男人当中亦不乏刷洗干净洁身自好的,甚至还有油头粉面衣裳楚楚的,但大体讲来,男人消耗肥皂和水的数量要比较少些……有些男人西装裤尽管挺直,<u>他的耳后脖根,土壤肥沃,常常宜于种麦!</u>(梁实秋《男人》)

例(四)"他的耳后脖根,土壤肥沃,常常宜于种麦!"形式上是比喻,实质上是极写有些男人的脏,但辞面上没有一个"脏"字。"脏"的语意是透过比喻来间接表出的。

通过比喻来间接地强化某种语义,在古代汉语修辞中也是经常有的。如南唐后主李煜《虞美人》词中有一句最能感动千古读者的比喻:"问君能有几多愁,恰似一江春水向东流。"这个以江水喻愁的比喻,虽然设喻新颖,但它所要传达给读者的还是词人所要强化的语义:亡国之恨和思乡之愁的沉重。

"排比式"夸张,是指通过排比的形式来夸说某种语意或事象。例如:

(五)"孝子"之说,并不偏激。我看见过不少的孩子,<u>鼓噪起来能像一营兵;动起武来能像械斗;吃起东西来能像饿虎扑食;对于尊长宾客有如生番;不如意时撒泼打滚有如羊痫;玩得高兴时能把家具什物狼藉满室,有如惨遭洗劫……</u>(梁实秋《孩子》)

---

① 吴礼权:《中国经典名句小辞典》第 255 页,长春:吉林教育出版社,2008 年。

例(五)极写有些孩子的骄纵任性的情状,是通过"鼓噪起来能像一营兵;动起武来能像械斗;吃起东西来能像饿虎扑食""对于尊长宾客有如生番;不如意时撒泼打滚有如羊痫;玩得高兴时能把家具什物狼藉满室,有如惨遭洗劫"两个排比修辞文本来实现的。虽然辞面没有言及"骄纵""任性"之一词,但两个排比的文本已将有些孩子的骄纵任性情状展现得淋漓尽致,表达间接却具感性。

"排比式"夸张文本,在中国古代散文特别是先秦散文中最为常见。如《战国策·秦策一》写苏秦游说六国之君"合纵"成功后,有一段评论的文字曰:"苏秦相于赵而关不通。当此之时,天下之大,万民之众,王侯之威,谋臣之权,皆欲决苏秦之策。不费斗粮,未烦一兵,未战一士,未绝一弦,未折一矢,诸侯相亲,贤于兄弟。夫贤人在,而天下服;一人用,而天下从。"其中,"天下之大,万民之众,王侯之威,谋臣之权"四句内容可以用"天下之人"四字概括;"不费斗粮,未烦一兵,未战一士,未绝一弦,未折一矢"五句可用"天下安宁"四字概括,但是作者没有这样写,而是用两个排比文本来分写,其意是在强化所欲宣达的主旨,而不是为了铺排文字而壮文势。

"用典式"夸张,是指通过用典的修辞手段来极写某种事象或情意。例如:

(六)有一对热恋的青年男女,私订终身,但是家长还要坚持"纳吉"的手续,算命先生折腾了半天,闭目摇头……前来问卜的人同情那一对小男女,从容进言:"先生,请捏合一下,卦金加倍。"先生笑逐颜开的说:"别忙,我再细算一下。龙从火里出,虎向水中生。龙骧虎跃,大吉大利。"这位先生说谎了么?没有。始终没有。<u>这一对男女结婚之后,梁孟齐眉,白头偕老。</u>(梁实秋《算命》)

例(六)"这一对男女结婚之后,梁孟齐眉,白头偕老",也是间接夸张。它运用的是用典的修辞手段。"梁孟齐眉"用的是《后汉书·梁鸿传》的一个典故,说的是梁鸿与孟光夫妻恩爱,妻子孟光每次给丈夫梁鸿端饭时都要把盛饭的盘子举到眉际。后代便以"举案齐眉"来形容夫妻感情深厚,相敬如宾。事实上,现实生活中有如梁孟这样的夫妻是不多的,尤其是现代。所以作者这里说"这一对男女结婚之后,梁孟齐眉,白头偕老",是一种夸张。现代夫妻感情再好,妻子可以给丈夫端饭,但总不会还"举案齐眉"的。其实,这句话,若不以夸张修辞文本来表现,正常的表达就是"这一对男女结婚之后,感情非常好"。但这样表达不足以说明这对男女感情之好,不能给人留下深刻印象。对于"用典式"夸张,接受者必须先了解作者所用典故才能意会。修辞文本的辞面上,不能直接见出,这也是间接的夸张。

"超前式"夸张,也属间接夸张范畴。因为这种夸张都是通过某种句际(或词际)关系来暗示出其所欲表达的意旨,而不直接将意思写在辞面上。例如:

(七)譬若老婆发了命令,穿大衫之丈夫可漫应之,yes, dear;而许久不动,直至对方把命令改成央求,乃徐徐起立。穿西服之丈夫鲜能为此:洋服表示干净利落之精神,一闻令下,必须疾驱而前,显出敏捷脆快:yes, dear,未及说完,早已一道闪光而去,脸上笑容充满了宇宙。久之,夫人并发令之劳且厌之,而眉指颐使,丈夫遂成了专看眼神的动物!这还了得,西洋男子必须革命!(老舍《代语堂先生拟赴美宣传大纲》)

例(七)"未及说完,早已一道闪光而去,脸上笑容充满了宇宙",即是一个"超前夸张"修辞文本,极写穿西服的丈夫对于太太之命应之遵之的迅速。一般说来,听从别人吩咐或命令,总是先听完后再行动的。这里作者为了极写穿洋服丈夫对太太惟命是从的情状,故意让其后一个动作"去"快于前一个动作"听"。很明显,这里作者是通过句际关系,让一前一后两个行动在逻辑事理上呈现出悖逆反差,从而凸显出穿洋服丈夫对太太之命奉若神明的生动情状。辞面上未及一字,但意思尽现其中了,也是间接的夸张。

"超前式"夸张,在古代汉语修辞中也有很多。如东汉末年陈琳《檄吴将校部曲文》有云:"元戎启行,未鼓而破,伏尸千万,流血漂橹。"①其中,"未鼓而破",即是"超前式"夸张。因为古代作战,必要先击鼓,然后进军作战。这里是强调结果,将后发生的结果置于导致结果的行为之前,意在强调战斗力之不凡。又如宋人范仲淹《御街行》词:"愁肠已断无由醉,酒未到,先成泪"②,也是"超前式"夸张。"酒到"与"成泪"有一个先后次序,这里词人为了强调愁之深重,将逻辑顺序颠倒,让"成泪"发生于"酒到"之前。

概括起来说,夸张修辞文本模式的分类系统大致可以图示如下:

应该指出的是,这个系统在"直接夸张"层次下的次类,只有"扩大式"和"缩小式"两类,别无他类。也就是说,这一系统中的这一部分是个封闭系统。而"间接夸张"层次下的次类则并不限于"折绕式""比喻式""排比式""用典式""超前式"等五个次类。"随着语言的发展,也许会有更多类型的间接夸张出现。因此,夸张的次范畴分类系统在这一部分是开放式系统。"③

夸张作为一种重要的修辞文本模式,之所以在人们的语言实践中常被建构,"一方面是出于要满足修辞者在激情状态下的某种影响心理平衡的能量的释放以获得心理平衡和情感纾解的需要,另一方面则是要接受者产生思想或情感的共鸣。夸张修辞文本的建构固然可以用以满足修辞者释放心理能量而求得心理平衡或情感纾解的需要,这有生理学和

---

① ② 此二例引见于黄永武:《字句锻炼法》(第二版)第45、第46页,台北:台湾商务印书馆,2000年。
③ 童山东、吴礼权:《阐释修辞论》第174页,北京:首都师范大学出版社,1998年。

心理学上的根据"。"那么,夸张修辞文本的建构又何以能达到引发接受者思想或情感共鸣的目标呢?这一点,也是易于理解的。"因为"夸张修辞文本都是一种有违客观事理或逻辑的言语作品。修辞接受者(听者或读者)在解读、接受修辞文本时,必然因文本的不合客观事理或正常逻辑而生发困惑,从而唤起好奇心,产生一种探究根由底蕴的情感冲动"。"我们知道:刺激物的新异性是引起'不随意注意'的重要原因。有违客观事理或正常逻辑的夸张修辞文本,对于注意主体(修辞文本接受者)来说是一个较之符合客观事理或正常逻辑的普通言语文本有着较大新异性的刺激物,因而也就易于引起注意主体(修辞接受者)的'不随意注意',从而在好奇心的驱使下唤起对当前的新异刺激物进行深入探究的情感冲动。这样,就自然而然地强化了注意主体(接受者)对当前新异刺激物——夸张修辞文本——的注意,加深了对表达者所建构的夸张修辞文本的理解,从而达成与表达者思想或情感的共鸣和沟通。"[①]总之,夸张修辞文本的建构,在表达上有突出强调某种情感或意旨的效果;在接受上有强化接受者注意而引发其与表达者的思想或情感的共鸣和沟通的独特效果。

正因如此,夸张修辞文本模式便自然经常被人们所建构了。例如:

(八)在日式的古屋里听雨,听四月,霏霏不绝的黄梅雨,朝夕不断,旬月绵延,湿粘粘的苔藓从石阶下一直侵到舌底,心底。**到七月,听台风台雨的古屋顶上一夜盲奏,千寻海底的热浪沸沸被狂风挟来,掀翻整个太平洋只为向他的矮屋檐重重压下,整个海在他的蜗壳上哗哗泻过……**(余光中《听听那冷雨》)

例(八)"到七月,听台风台雨的古屋顶上一夜盲奏,千寻海底的热浪沸沸被狂风挟来,掀翻整个太平洋只为向他的矮屋檐重重压下,整个海在他的蜗壳上哗哗泻过",是个典型的夸张修辞文本,是极写台北七月台

---

① 吴礼权:《修辞心理学》(修订版)第79页,广州:暨南大学出版社,2013年。

风雨之狂烈。这一修辞文本的建构,在表达上突出强调了表达者对七月台北的台风雨的强烈惊叹之情;在接受上,强烈的张皇夸大之词使接受者在文本解读接受时注意力很快被吸引,从而加深了对台北七月台风雨的强烈印象,引发接受者与表达者情感的共鸣——对台北七月台风雨狂烈程度的深深敬畏和惊叹,令接受者如临其境,感同身受。

又如:

(九)一个矮胖的中年人走到客厅门口,容光焕发,脸胖得像个圆球,<u>下巴的肉往下垂着,使人担心这肉随时可以掉下来</u>。看上去年纪不过四十左右,实际上他已是靠五十的人了。<u>头上没有一根白发,修理得很整齐,油光发亮,镜子似的,苍蝇飞上去也要滑下来的</u>。(周而复《上海的早晨》)

例(九)"下巴的肉往下垂着,使人担心这肉随时可以掉下来","头上没有一根白发,修理得很整齐,油光发亮,镜子似的,苍蝇飞上去也要滑下来的",各是一个夸张修辞文本,极写沪江纱厂总经理徐义德下巴垂肉之多、头发梳理之光滑的情状。这两个修辞文本的建构,在表达上凸显了资本家徐义德生活之优逸;在接受上,强烈的夸张描写使接受者注意力易于集中,从而加深了对作品所塑造的徐义德形象的深刻印象,认识到小说中徐义德形象塑造的意图之所在。

再如:

(十)我本像一颗钻石,是多面发光的人物,可是由于环境的打压,我的光环被单一了、被小化了。例如一般人只知道李敖是写文章的高手,却不知道我在许多方面都是高手,我的本领,不止于写文章这一单项,其他单项,我的表现,也像写文章一样优异。其中口才一项,就不为一般人所知。事实上,我是极会讲话的人,谈吐幽默、反应快速、头脑灵活,<u>片言可以解纷,当然也可以兴风作浪</u>。(李敖《李敖回忆录》)

例(十)最后的两句"片言可以解纷,当然也可以兴风作浪",是典型的夸张修辞文本。这一修辞文本的建构,在表达上强烈凸显出表达者李敖对自己口才的自负和对自己这方面才华未正常得以发挥、别人不了解他这一方面才华的愤激不平之情;在接受上,接受者经由表达者李敖的张皇之词在接受解读文本时极易引发出其注意力,从而对表达者李敖在口才方面的出众有着强烈的印象,并引发其与表达者的情感共鸣——表达者的口才未被正常发挥出来确是十分可惜!

最后,我们应该强调指出两点:一、表达者在建构"夸张"修辞文本时需遵循一定的原则;二、接受者在理解"夸张"修辞文本时需有正确认识。

"夸张"修辞文本的建构,一般说来,需要遵循两项基本原则,这就是南朝梁文论家刘勰在《文心雕龙·夸饰》中所说:"然饰穷其要,则心声锋起。夸过其理,则名实两乖。若能酌《诗》《书》之旷旨,翦扬马之甚泰,使夸而有节,饰而不诬,亦可谓之懿也。"其中,"夸而有节,饰而不诬"八个字,概括得最为精辟,为后代修辞学家奉为圭臬。所谓"夸而有节",是指"夸饰之运用须得当。扩而充之,即《夸饰》篇所言:'壮辞可得喻其真''因夸以成状,沿饰而得奇'"。"如何方能夸饰得当?不但要出之于情意的自然流露,更要'为情而造文',充分发挥夸饰之效用,彰显作者所要表达的真情实感,藉以打动读者心坎,领略作者的真意。达到'传难言之意,摹难传之状,得言外之情'的境界。"①所谓"饰而不诬",是指"夸饰不可使人误会,流于欺骗。即《夸饰》篇所谓'事义瞹刺','夸过其理'"②。具体说来,就是在对具体事象进行夸张时,尽量拉开与实际事象的距离。李白说"白发三千丈",大家都不会误会,都知道他是在"夸张",意在强调其忧愁之深;如果说"白发三尺三",那就会被人认为是在撒谎,因为夸张的程度不够,与实际情况太接近,容易混淆视听,误导接受者。

"夸张"修辞文本的理解,我们重温一下孟子对于如何读《诗》所发表的见解,则可以思过半矣。孟子说:"说诗者,不以文害辞,不以辞害志,

---

①② 沈谦:《修辞学》第129页,台北:台湾空中大学印行,1996年。

以意逆志,是为得之"(《孟子·万章》)。读《诗》是如此,我们理解"夸张"修辞文本也是如此,不能拘泥于文本的字句,而要探求作者如此用词造句的用意,以及彼时彼刻的情感情绪状态,从而"以意逆志",解读出文本建构者的真实用意,这才是表达者的知音。一般说来,"夸张"文本的建构,"一方面是因为要满足修辞者在激情状态下的某种影响心理平衡的能量的释放以获得心理平衡和情感纾解的需要,另一方面则是要接受者产生思想或情感的共鸣"①。从心理学角度说,"夸张"修辞文本因为"有悖于事理与逻辑,耸动人听闻,因而具有唤醒交际者好奇心的力量"②。这一点,早在东汉时代,思想家王充就在《论衡·艺增》中作了揭示:"世俗所患,患言事增其实;著文垂辞,辞出溢其真;称美过其善,进恶没其罪。何则? 俗人好奇,不奇,言不用也。故誉人不增其美,则闻者不快其意;毁人不益其恶,则听者不惬于心。闻一增以为十,见百益以为千,使夫纯朴之事,十剖百判;审然之语,千反万畔。"王充虽然对夸张持否定态度,但却歪打正着,对夸张能够唤醒接受者好奇心的魔力则揭示得非常真切。如果我们确切地了解到上述心理学的道理,就会清楚地了解"夸张"与"吹牛"(抑或说"撒谎")之间清晰的区别,知道"夸张"是一种艺术表现,是文学上所说的"艺术的真实",与我们一直强调的"修辞立其诚"的文化传统与修辞总原则是不相悖的。台湾学者沈谦曾指出:"作者为了出语惊人,遣词造句夸张铺排,远超过客观事实,藉以满足读者的好奇心理。此乃人之常情。而且所谓'情欲信,词欲巧'。文学讲究'真善美'中的'真'并非指客观事实的真,也可以兼指主观感觉的真。"③"文学诉诸主观的感觉,讲究的是情理的真,而非客观事实的真。进而言之,这才是刘勰所谓的'壮辞可得喻其真',唯有透过夸饰的极度形容,使语言生动,才能凸显出情理的真。"④

——————————

①② 吴礼权:《修辞心理学》(修订版)第79页,广州:暨南大学出版社,2013年。
③ 沈谦:《修辞学》第126页,台北:台湾空中大学印行,1996年。
④ 沈谦:《修辞学》第127页,台北:台湾空中大学印行,1996年。

第二节 情思难遏,二三其辞:反复

反复,是一种"用同一的语句,一再表现强烈的情思"①的修辞文本模式。大体说来,这种修辞文本模式从形式上可以区分为两类:一是"隔离的反复",二是"连接的反复"②。

"隔离的反复",是指反复出现的词句不是连续的,中间有其他语句隔断。例如:

(一)　我在鼓里,
　　　他在鼓上。
　　　他的头昏,
　　　我的脑涨。
　　　声由上出,
　　　祸从天降。
　　　他若是我,
　　　也是一样。

　　　我在鼓里,
　　　他在鼓上。
　　　他走一回,
　　　我走十趟。
　　　他向下瞧,
　　　我朝上望。
　　　我若是他,
　　　也是一样。(李敖《鼓里与鼓上》)

---

①② 陈望道:《修辞学发凡》第161页,上海:复旦大学出版社,2008年。

例(一)全诗反复的语句是"我在鼓里,他在鼓上",分别在两节诗的开头处重复,是典型的"隔离的反复"。

"隔离的反复",在古代诗歌中也经常出现。如《诗经·国风·关雎》:"关关雎鸠,在河之洲。窈窕淑女,君子好逑。/参差荇菜,左右流之。窈窕淑女,寤寐求之。/求之不得,寤寐思服。优哉游哉,辗转反侧。/参差荇菜,左右采之。窈窕淑女,琴瑟友之。/参差荇菜,左右芼之。窈窕淑女,钟鼓乐之。"全诗五章,"窈窕淑女"一句在四章中同一位置出现,是典型的"隔离的反复"。"参差荇菜"在其中的三章中同一位置出现,也是"隔离的反复"。不仅诗歌中有,日常说话中也有。如《论语·雍也》记有孔子评价颜回的一段话:"贤哉回也!一箪食,一瓢饮,在陋巷,人不堪其忧,回也不改其乐。贤哉回也!"①,分别在说话的首尾重复"贤哉回也"一句,用的就是"隔离的反复",表达了孔子对得意弟子颜回的无比赞赏之情。

"连接的反复",是指反复出现的词句是连续的,中间没有其他语句隔断。例如:

(二)寂静、寂静、寂静!

"哇"地一声,我吓了一跳。孩子哭了,"好了,好了!"朱静医生把孩子抱到我面前,喜滋滋地说,看,一个千金!(王周生《性别:女》)

例(二)"寂静"一词三次反复,"好了,好了"两次反复,各是接连的重复,中间没有其他语句阻隔开来,是典型的"连接的反复"。

"连接的反复",不仅在日常生活中被人们经常运用,在古诗词中运用也很普遍。如唐人李白《行路难》诗:"行路难,行路难,多歧路,今安在?长风破浪会有时,直挂云帆济沧海",其中"行路难"两次连续反复,就是"连接的反复"文本,它是诗人对仕途艰难不顺的深切慨叹,读之让人"心有戚戚焉"。又如宋·陆游《钗头凤》词:"红酥手,黄縢酒,满城春

---

① 此例引见于黄永武:《字句锻炼法》(第二版)第52页,台北:台湾商务印书馆,2000年。

色宫墙柳。东风恶,欢情薄,一怀愁绪,几年离索。错!错!错!/春如旧,人空瘦。泪痕红浥鲛绡透。桃花落,闲池阁。山盟虽在,锦书难托。莫!莫!莫!"上阕的"错!错!错!"与下阕的"莫!莫!莫!",都是"连接的反复"文本。上阕三个"错"的接连反复,"强烈地凸显了陆游对于与唐氏婚姻的结束的无限悔恨自责之情;同时作者通过'东风恶'一语的双关含义真切地表露了对母亲硬性拆散他与唐氏美满姻缘的愤恨之情。""下阕的'莫!莫!莫!'则强烈地凸显了作者面对有情人纵有千种柔情万般爱意却无法倾诉的无奈之情。"①

不管是"隔离的反复",还是"连接的反复","都是建立在表达者于激情状态下通过反复使用同一语句来强化对接受者在修辞文本接受时大脑皮层的受刺激频率,从而引发其文本接受过程中的'不随意注意'的心理基础之上的。这种修辞文本的建构,从表达上看,它可以凸现表达者的某种较为强烈的情思,满足表达者在激情状态下心理失衡时的心理能量的释放和情感情绪的纾解的需要;从接受上看,由于文本中同一语句的反复出现,使接受者易于在同一刺激物的反复刺激下引发大脑皮层最适宜兴奋灶的形成,形成对接受文本的'不随意注意',从而加深对表达者所建构的修辞文本的印象和理解,达成与表达者之间的情感思想共鸣。"②

正因为如此,一般说来,表达者在情绪激动或想感染接受者令其产生思想或情感共鸣时,常会建构这类修辞文本。例如:

(三)一上了滇缅公路,便感到战争的紧张;在那静静的昆明城里,除了有空袭的时候,仿佛并没有什么战争与患难的存在。<u>在我所走过的公路中,要算滇缅公路最忙了,车,车,车,来的,去的,走着的,停着的,大的,小的,到处都是车!</u>(老舍《滇行短记》)

---

① 吴礼权:《语言策略秀》(修订版)第102页,广州:暨南大学出版社,2013年。
② 吴礼权:《修辞心理学》(修订版)第91页,广州:暨南大学出版社,2013年。

例(三)"在我所走过的公路中,要算滇缅公路最忙了,车,车,车,来的,去的,走着的,停着的,大的,小的,到处都是车!"是一个连续的"反复"修辞文本,其中"车"连用三次。作者的这篇文章写于1941年至1942年,正是抗日战争最吃紧的时候,中国的抗战物资和国际援助都靠滇缅公路。杨者圣《和平将军张治中》一书说:"抗战时期,东部的出海口都被日军封锁,滇缅公路成了大后方的国际通道,重要性是不言而喻的。"作者为了强调滇缅公路的繁忙,于是建构了上述修辞文本。三个"车"字连续而下,在表达上,强烈地凸显了滇缅公路上的车多车挤的真切情状;在接受上,三个"车"字连现,使接受者在文本解读接受时受到强烈的刺激,自然引发起其注意,进而加深了对表达者所建构的修辞文本的印象和理解,达成与表达者情感思想的共鸣——即深切体认到滇缅公路在抗战时期特殊的重要性。

"接连的反复"修辞文本建构有很好的效果,"隔离的反复"修辞文本的建构亦如此。例如:

(四)不看你的眼,
　　不看你的眉。
　　看了心里都是你,
　　忘了我是谁。

　　不看你的眼,
　　不看你的眉。
　　看的时候心里跳,
　　看过以后眼泪垂。

　　不看你的眼,
　　不看你的眉。
　　不看你也爱上你,
　　忘了我是谁。(李敎《忘了我是谁》)

例(四)是李敖所作的一首流行歌曲的歌词,在台湾曾经风靡一时,很有知名度。李敖在《李敖回忆录》中叙其本事说:"我在景美军法看守所时,不准看报,外面消息只靠口耳相传。有一天,一个外役搞到几'块'破报纸,他说他喜欢搜集歌词,以备他年做谱消遣。如我能写几首歌词同他交换,这几'块'报纸便是李先生的了。我同意了。就立即写了几首,其中一首就是《忘了我是谁》。""这歌词我发表在1979年9月18日《中国工商时报》,新格公司作为'金韵奖'第一名推出,由许翰君作曲、王海玲演唱,引起轰动。事实上,我认为作曲和演唱都比歌词好。这首歌词《忘了我是谁》五个字,后来变成台湾报刊常用语,经常用在标题上。传说这歌是我为胡茵梦作的,绝对错误,因为在牢中写它全无特定对象,眼前只是一面白墙耳!"应该说,这首歌词的成功处是与作者运用"反复"修辞手法分不开的。"不看你的眼,不看你的眉"在三个段落中三次出现,"忘了我是谁"在两个段落中共出现两次,它们都是隔离出现的,属于"隔离的反复"。这一修辞文本的建构,从表达上看,凸显了现代社会青年男女相爱时非常矛盾的心态,满足了现代社会青年男女因那种爱也难,不爱也难的情感无助无奈的激昂情绪而心理失衡的心理能量的释放和情感纾解;从接受上看,由于修辞文本中相同语句"不看你的眼,不看你的眉"的三次重复,"忘了我是谁"的两次反复,使接受者易于在同一刺激物的反复刺激下迅速在大脑皮层形成最适宜兴奋灶,引发文本接受解读中的"不随意注意",进而加深对表达者所建构的修辞文本的印象和理解,达成与表达者之间的情感共鸣,唱得广大现代青年男女"心有戚戚焉"[1]。

第三节 无疑而问,意在警醒:设问

设问,是一种"胸中早有定见,话中故意设问"[2]的修辞文本模式。这种修辞文本大体上可以区分为两种基本类型。"(一)是为提醒下文而问的,我们称为提问,这种设问必定有答案在它的下文;(二)是为激发本

---

[1] 吴礼权:《语言策略秀》(修订版)第103—104页,广州:暨南大学出版社,2013年.
[2] 陈望道:《修辞学发凡》第114页,上海:复旦大学出版社,2008年。

意而问的,我们称为激问,这种设问必定有答案在它的反面。"①

为提醒下文而问的"提问",例如:

(一)张生虽一介寒士,但毕竟是官居一品的礼部尚书的遗孤,且又来自向被誉为"国色天香"的牡丹之故乡、唐时之陪都洛阳,用张生自己的话说,他见过的玉人何止万千,<u>为什么独有崔莺莺使他"眼花缭乱口难言,魂灵儿飞在半天"</u>呢?

这是因了莺莺是一美于众美的殊美之女子。(李存葆《飘逝的绝唱》)

例(一)作者先提出问题:"他见过的玉人何止万千,为什么独有崔莺莺使他'眼花缭乱口难言,魂灵儿飞在半天'呢",然后自己作了回答:"这是因了莺莺是一美于众美的殊美之女子。"通过一问一答,作者所要表达的语意得到了强调,是典型的"提问"模式。

"提问",在现代汉语的许多文体中都有,口语表达(特别是演讲)中运用更是频繁。古代汉语修辞亦如此,诗文中都有。如汉末曹操《短歌行》诗:"对酒当歌,人生几何?譬如朝露,去日苦多。慨当以慷,忧思难忘。何以解忧?唯有杜康。青青子衿,悠悠我心。但为君故,沉吟至今。"其中,"人生几何?譬如朝露,去日苦多","何以解忧?唯有杜康",就是两个自问自答的"设问"修辞文本,将诗人内心的忧伤突出地强调出来。又如唐·韩愈《祭十二郎文》:"去年,孟东野往。吾书与汝曰:'吾年未四十,而视茫茫,而发苍苍,而齿牙动摇。念诸父与诸兄,皆康强而早世。如吾之衰者,其能久存乎?吾不可去,汝不肯来,恐旦暮死,而汝抱无涯之戚也!'孰谓少者殁而长者存,强者夭而病者全乎!呜呼!其信然耶?其梦耶?其传之非其真耶?信也,吾兄之盛德而夭其嗣乎?汝之纯明而不克蒙其泽乎?少者、强者而夭殁,长者、衰者而存全乎?未可以为信也。梦也,传之非其真也,东野之书,耿兰之报,又何为而在吾侧也?呜呼!其信然矣!吾兄之盛德而夭其嗣矣!汝之纯明宜业其家者,不克

---

① 陈望道:《修辞学发凡》第114页,上海:复旦大学出版社,2008年。

蒙其泽矣！所谓天者诚难测,而神者诚难明矣！所谓理者不可推,而寿者不可知矣！……"其中,"其信然耶？其梦耶？其传之非其真耶？信也,吾兄之盛德而夭其嗣乎？汝之纯明而不克蒙其泽乎？少者、强者而夭殁,长者、衰者而存全乎？未可以为信也",以六个提问句,结以一个回答句,是典型的"提问"文本。台湾学者黄庆萱评赞曰："全段共用十个询问句,反复设问,把那种欲疑而不可疑,将信而不能信的心理现象,委婉表出,波澜起伏,气势感人！"①

为激发本意而问的"激问",例如：

(二)我觉得,不管适之先生自己如何定位,他一生毕竟是一个书生,说不好听一点,就是一个书呆子。我也举一件小事。有一次,在北京图书馆开评议会,会议开始时,适之先生匆匆赶到,首先声明,还有一个重要会议,他要早退席,会议开着开着就走了题,有人忽然谈到《水经注》。一听到《水经注》,适之先生立即精神抖擞,眉飞色舞,口若悬河。一直到散会,他也没有退席,而且兴致极高,大有挑灯夜战之势。<u>从这样一个小例子中不也可能小中见大吗？</u>(季羡林《站在胡适之先生墓前》)

例(二)"从这样一个小例子中不也可能小中见大吗",答案就在它的反面。这样表达明显比直陈语气重得多,给人留下的印象也要深得多。这是典型的"激问"模式。

"激问"模式,在古代汉语修辞中也很常见。如汉末曹操《短歌行》："呦呦鹿鸣,食野之苹。我有嘉宾,鼓瑟吹笙。明明如月,何时可掇？忧从中来,不可断绝。越陌度阡,枉用相存。契阔谈䜩,心念旧恩。月明星稀,乌鹊南飞。绕树三匝,何枝可依？山不厌高,水不厌深。周公吐哺,天下归心。"其中,"何时可掇",就是"无时可掇"；"何枝可依",就是"无枝可依",都是典型的"激问"模式,强烈地表露出诗人作为一位乱世政治家忧国伤时的沉重心情。又如秦末项羽《垓下歌》："力拔山兮气盖世,时不利兮骓不逝。骓不逝兮可奈何？虞兮虞兮奈若何？"其中,"骓不逝兮可奈

---

① 黄庆萱：《修辞学》第48页,台北：台湾三民书局,1979年。

何",就是"骓不逝兮无奈何";"虞兮虞兮奈若何",就是"虞兮虞兮无奈若何",都是典型的"激问"模式,强烈地表达了项羽英雄末路的悲伤之情。

设问作为一种修辞文本模式,不管是"为提醒下文"的"提问",还是"为激发本意"的"激问","它们的建构都是表达者在某种激情状态下意欲凸显自己的某种情意并希望接受者与自己达成情感上的共鸣,是表达者有意识地强化接受者注意的产物。正因为如此,设问修辞文本,一般说来,在表达上多有突出强调的效果,易于淋漓尽致地显现表达者文本建构的情意或意图;在接受上多因表达者所设定的'明知故问'文本模式而易于引发接受者的'不随意注意',进而能深切理解表达者的文本建构的意图,达成与表达者之间的情感思想的共鸣。"①例如:

(三)我怎么能再流浪下去?诗人,我怎么能再幻想苹果园里,异国的院子,也会有一个子夜寻访的连锁?大理石砌起的广厦里会不会生长一株忏悔流泪的绛珠草?蛮荒的向往已经终止,武士的幻梦已经流逝,不再是西欧洲落拓的游唱诗人,不再是南北朝蓄意落第的士子,我只是偶然间奔进了等待的坟地,在盎格鲁·撒克逊的兵火海涛中迷失了方向。我迷失了方向,诗人,乌揪在你的四周哀号……(杨牧《作别》)

例(三)这段文字是一个复杂的设问修辞文本,但却是典型的"提问式"设问。因为三个提问之后,便是详细的答案在下面。这一修辞文本的建构,在表达上,强烈凸显并强调了表达者作为一个神游于历史之中的诗人的思想情感苦闷,满足了表达者因神游历史不能自拔的精神苦痛而影响心理平衡的心理能量的释放和情感纾解的需要;在接受上,由于表达者所建构的修辞文本语言形式上的提示(视觉上三个问号的连用,听觉上三个提问重音的鱼贯而下),极易引发接受者的"不随意注意"的集中,进而使接受者深刻理解表达者文本建构的意图,从而在表达者激情状态的语言表达中深受感染而达成与表达者之间的情感共鸣——即感同身受地体味出一个诗人的精神苦痛。

---

① 吴礼权:《修辞心理学》(修订版)第83页,广州:暨南大学出版社,2013年。

又如:

(四)青年里面,当然也不免有洋服上挂一枝万年笔,做做装饰的人,但这究竟是少数,使用者的多,原因还是在便当。便于使用的器具的力量,是决非劝谕,讥刺,痛骂之类的空言所能制止的,假如你不信,你倒去劝那些坐汽车的人,在北方改用骡车,在南方改用绿呢大轿试试看,如果说这提议是笑话,那么,劝学生改用毛笔呢?(鲁迅《论毛笔之类》)

例(四)是鲁迅讽刺那些"不看报纸,昧于世界的大势"的不现实的"国货"提倡家们。这段文字的最后一句"那么,劝学生改用毛笔呢?"是典型的设问修辞文本,属"激问"一类。这一修辞文本的语义内涵就在其反问语句背面,即"劝学生改用毛笔更是笑话"。这一修辞文本的建构,在表达上,强烈凸显了表达者对那些"国货"提倡家们昧于世势、不切实际的无知愚昧的强烈嘲讽之意;在接受上,由于表达者所建构的修辞文本语言形式上的提示(反问语气),接受者就易于引起"不随意注意"的集中,从而深刻体会出表达者文本建构的用意,进而在表达者强烈情绪的感染下达成与表达者思想情感的共鸣——即体认到爱国并不是简单地拒绝洋货,而应该切实地看清世界现代化发展的潮流,发展自己的现代化,使中国富强起来,才是真正的爱国。

第四节　煞有介事,望之俨然:精细

精细(或称"拟实"),是一种说写中"把不需要也不可能说出精确数据的事物,故意说得十分精确"[1]的修辞文本模式。这种修辞文本的建构,一般多是基于表达者力图突破人们所共同遵循的常规逻辑和表述惯例,以语言表达方式的新异性来激发修辞文本接受者的"不随意注意",以此诱导接受者进入文本接受的"随意注意"阶段,从而达成对其所建构的修辞文本加深印象并深刻理解其意旨之心理机制之上的。因此,这种修

---

[1] 谭永祥:《汉语修辞美学》第237页,北京:北京语言学院出版社,1992年。

辞文本的建构，在表达上因其故作精细精确、言之凿凿，所以其生动性、形象性的效果特别明显；在接受上，由于修辞文本的语言表述方式突破常规所显示出的新异性特质，接受者在文本接受解读中易于被文本所吸引而激发出"不随意注意"，从而自然导入文本接受的"随意注意"阶段，从而达到在注意强化中加深对修辞文本内容和意旨的印象和理解的良好效果。

精细修辞文本的表达与接受效果独特而显著，所以在许多作家笔下时时有之。例如：

（一）游山并不能使国王觉得有趣；加上路上将有刺客的密报，更使他扫兴而还。那夜他很生气，说是连第九个妃子的头发，也没有昨天那样的黑得好看了。<u>幸而她撒娇坐在他的御膝上，特别扭了七十多回，这才使龙眉之间的皱纹渐渐地舒展。</u>（鲁迅《故事新编·铸剑》）

例(一)这段文字是写楚王本就觉得生活没趣，加之听到他以前所杀的剑工之子眉间尺要行刺自己而更是扫兴，其第九个妃子为讨好逗乐楚王而忸怩作态的情形。其中，"幸而她撒娇坐在他的御膝上，特别扭了七十多回，这才使龙眉之间的皱纹渐渐地舒展"，是一个典型的精细修辞文本。因为楚王的第九个妃子的"扭"，不可能达到"七十多回"，这明显与现实生活和逻辑情理不相符，但它又不是修辞上的夸张。若是夸张，当说"扭了千百回"。表达者之所以这样写，是有其特定的修辞目标在。从表达上看，由于修辞文本将九妃之"扭"坐实"精细"到具体的"七十多回"，这就使那位撒娇作态的九妃形象更显突出、逼真，修辞文本在表达上便有了鲜明的生动性和形象性的效果；从接受上看，因修辞文本"扭了七十多回"的违背常规思维逻辑定式和惯例的语言表述方式，作为一种语言刺激物所具有的新异性特质，使接受者在文本接受中的"不随意注意"自然得以生发，踵此接受者便会自然进入"随意注意"的接受层次，从而加深对表达者所建构的上述修辞文本的印象，深刻把握表达者文本建构的意旨——突出楚王情绪的低落和九妃的忸怩丑态，增强人物的形象性，提升修辞文本的审美价值。

又如：

(二) 这次吵架像夏天的暴风雨,吵的时候很厉害,过得很快。可是从此以后,两人全存了心,管制自己,避免说话冲突。船上第一夜,两人在甲板上乘凉。鸿渐道:"去年咱们第一次同船到内地去,想不到今年同船回来,已经是夫妇了。"……柔嘉打了个面积一方寸的大呵欠。像一切人,鸿渐恨旁人听自己说话的时候打呵欠,一年来在课堂上变相催眠的经验更增加了他的恨,他立刻闭嘴。(钱钟书《围城》)

例(二)写方鸿渐与孙柔嘉在从三闾大学回上海的路上时有口角,在香港上船时正好是吵完后的言归于好。方鸿渐有感于两次同船的不同情状而大发了一通议论,而孙柔嘉不感兴趣,结果又闹了一场不愉快。这里,"柔嘉打了个面积一方寸的大呵欠",是个精细修辞文本。因为任何人打呵欠都是无法精确计算其嘴巴面积的,也无人会想到要去计算这种面积的。这种写法明显有悖事理逻辑,是作者有意建构起来的精细修辞文本。从表达上看,这一修辞文本的建构突出了孙柔嘉对方鸿渐议论全无兴趣的心理状态,同时使其听话时心不在焉的情状更具形象性、生动性、逼真性;从接受上看,由于文本对孙柔嘉打呵欠时嘴巴大小的"精细"计算违背了事理逻辑和常规语言表述惯例,自然易于引发接受者文本解读接受时的"不随意注意",由此导入其进入文本接受的"随意注意"阶段,从而加深对文本的印象,把握表达者文本建构的意图——揭示方、孙二人心存芥蒂、口角不断的深层原因,预示二人甚不和谐的婚姻生活与不甚美妙的婚姻结局。

第五节 先声夺人:倒装

倒装,是一种说写中有意突破语法或逻辑表达的常式结构模式以企及强化某种语义的修辞文本模式。

倒装,作为一种修辞文本模式,有很多种类,学者从不同角度对之也作了几种不同的分类。根据现代汉语的语言事实,一般来说,我们可以将倒装分为"单句的倒装"和"复句的倒装"(主要指偏正复句)两大类。

其中"单句的倒装"又可分出"主语与谓语倒装""定语与中心语倒装""状语与中心语倒装"三个次类①。

---

① 倒装,从不同的角度可以有不同的分类。大体说来,目前有如下三种分类方法。
　　第一种是陈望道的分类法,从形式上将它大别为两类:一类是"随语倒装",另一类是"变言倒装"。"随语倒装","大多只是语次或语气上的颠倒,并不涉及思想条理和文法组织。"如鲁迅《论雷峰塔的倒掉》:"'雷峰夕照'的真景我也见过,并不见佳,我以为。"这段话即属"随语倒装",正常的顺序应该是"'雷峰夕照'的真景我也见过,我以为并不见佳",其中"我以为"是表示语气的"插入语",原文中将它置于句末,并不涉及思想条理和文法组织,而只是为了强调自己的观点:"雷峰夕照"并不见佳!""变言倒装","虽然也是颠倒顺序,却往往涉及思想条理和文法组织,同第一类单属程序上的倒装不同。"不过,"在新文艺中,第二类几乎全然不用,除非特殊的描写。"如杜甫《秋兴》:"红豆啄余鹦鹉粒,碧梧栖老凤凰枝。"这两句诗即属典型的"变言倒装"。正常语序应该是"鹦鹉啄余红豆粒,凤凰栖老碧梧枝",诗人为了诗律的平仄音韵协调,将主语与宾语的一部分的位置进行了颠倒。这里的倒装既涉及顺序,也涉及文法组织。又如杜甫《书堂既夜月下赋绝句》:"久判野鹤如双鬓,遮莫邻鸡下五更。"这两句诗也属"变言倒装",因为它既涉及顺序,也涉及思想条理,正常的逻辑顺序应该是"双鬓如野鹤"。以上经过笔者整理,文字作了重新表述。参见《修辞学发凡》第 175—176 页,复旦大学出版社,2008 年。
　　第二种是杨树达的分类法,按照语言单位的大小,将倒装区分为"词的倒装"(又称"词的颠倒")与"句的倒装"(又称"句的颠倒")两类。"词的倒装",如《诗经·豳风·东山》:"我东曰归,我心西悲。制彼裳衣,勿士行枚。"其中的"制彼裳衣",正常语序应是"制彼衣裳"。"衣裳"与"裳衣"的不同是属词序的颠倒。"衣裳倒云裳衣,以与上文归悲下文枚为韵。""句的倒装",又分为"主语与述语的倒装"和"因句与果句的倒装"。"主语与述语的倒装",如《淮南子·齐俗篇》:"韩子闻之,曰:'群臣失礼而弗诛,是纵过也。有以夫,平公之不霸也!'"韩子的末一句话正常语序应该是"平公之不霸也,有以夫!",属主语与述语(谓语)语序的倒装。"因句与果句的倒装",如《管子·戒篇》:"中妇诸子谓宫人:'盍不出从乎? 君将有行。'"这里中妇诸子的话属复句的偏句与正句的语序倒装,正常语序应该是:"君将有行,盍不出从乎?"以上经过笔者整理,文字作了重新表述。参见杨树达:《汉文文言修辞学》第 183—187 页,中华书局,1984 年。
　　第三种是目前较普遍的分类法,是将倒装分为"单句的倒装"和"复句的倒装"(主要指偏正复句)两大类。其中"单句的倒装"又可分出"主语与谓语倒装""定语与中心语倒装""状语与中心语倒装"三个次类。参见李亡坤:《汉英辞格对比与翻译》第 591—597 页的分类整理,华中师范大学出版社,1994 年。本书采用第三种分类法,是因为它比较适合现代汉语倒装修辞文本建构的现实,并不是说前两种分类不科学,三种分类各有长处,特此说明。

217

"主语与谓语的倒装",例如:

(一)可是,我只能拿粉笔!特别是这半年,因这半年特别忙。<u>可以说是一个字没有写,这半年!</u>毛病是在哪里呢?钢笔有一个缺点,一个很大的缺点。它——不——能——生钱!我只瞪着眼看它生锈,它既救不了我,我也救不了它。(老舍《钢笔与粉笔》)

例(一)"可以说是一个字没有写,这半年!"正常的语序应该是"这半年可以说是一个字没有写","这半年"是句子叙述的起点,即我们现在语法著作所讲的"话题主语"。但是作者为了强调谓语,将这表示时间概念的主语置于谓语之后,这是表意的需要。

相对于现代汉语,古代汉语中的主谓倒装出现的频率更高,诗文中都有。如《礼记·檀弓》:"伯鱼之母死,期而犹哭。夫子闻之,曰:'谁欤,哭者?'"①,其中,孔子的问话就是主谓倒装,正常语序应该是"哭者谁欤"。又如《史记·鲁仲连传》:"亦太甚矣,先生之言也"②,亦为主谓倒装,正常语序是:"先生之言也,亦太甚矣。"再如唐·王维《山居秋暝》诗:"空山新雨后,天气晚来秋。明月松间照,清泉石上流。竹喧归浣女,莲动下渔舟。随意春芳歇,王孙自可留。"其中"竹喧归浣女,莲动下渔舟"二句,都是主谓倒装。正常语序应是"竹喧浣女归,莲动渔舟下",即"浣女""渔舟"是主语,"归""下"是谓语。之所以要将主语与谓语次序颠倒,乃是"俾'舟'字与'秋'、'流'、'留'等字协韵。王力在《汉语诗律学·近体诗的语法·倒装法》将此列为主语倒置"③。

"定语与中心语的倒装",例如:

(二)<u>荷塘四面,长着许多树</u>,蓊蓊郁郁的。(朱自清《荷塘月色》)

---

① 此例引见于杨树达:《汉文文言修辞学》第186页,北京:中华书局,1980年。
② 此例引见于杨树达:《汉文文言修辞学》第187页,北京:中华书局,1980年。
③ 沈谦:《修辞学》第634页,台北:台湾空中大学印行,1996年。

例(二)这句话①,正常语序应该是"荷塘四面,长着蓊蓊郁郁的树"。但作者为了突出定语"蓊蓊郁郁的",便将此定语从中心语"树"的附着地位独立出来,放在"树"之后。

现代汉语中,定语过长,往往都有可能被抽取独立出来,置于中心语之后。古代汉语中这种情况不多,但会有另一些情况出现。如《诗经·郑风·将仲子》:"将仲子兮,无逾我里,无折我树杞。岂敢爱之?畏我父母。仲可怀也,父母之言,亦可畏也。/将仲子兮,无逾我墙,无折我树桑。岂敢爱之?畏我诸兄。仲可怀也,诸兄之言,亦可畏也。/将仲子兮,无逾我园,无折我树檀。岂敢爱之?畏人之多言。仲可怀也,人之多言,亦可畏也。"全诗三章,"每章的第三句都属'倒装'"②。首章的"无折我树杞","树杞"的正常语序是"杞树";次章的"无折我树桑","树桑"的语序应是"桑树";末章的"无折我树檀","树檀"的语序应是"檀树"。这些都是定语与中心语的倒装。之所以要如此倒装,是因为"'杞'字可与'里'字协韵,'桑'与'墙'协韵,'檀'与'园'协韵。显然是为押韵而倒装,属典型的'为诗文格律而倒装'"③。诗之外,其他文体中,有时也会出现定语与中心语倒装的情况。如《三国志·虞翻传注·虞翻别传》:"南邵太守马融,名有俊才。"从上下文语境看,"名有俊才"应是"有俊才名",明显是定语与中心语的倒装。之所以写成倒装句,是因为正常语序"平板烂熟,不易引人注意。此将'名'字移置句首,倒装之后,名法隽美,足以唤起读者的注意。"④

"状语与中心语的倒装",例如:

(三)在巴黎,冒着寒风和在一个语言不通的陌生城市夜晚迷路的危险,我在一个雪夜找到蒙马特高地。走过热闹纷繁的红磨坊,望着那

---

① 此例引见于李定坤:《汉英辞格对比与翻译》第593页,武汉:华中师范大学出版社,1994年。

②③ 沈谦:《修辞学》第632页,台北:台湾空中大学印行,1996年。

④ 沈谦:《修辞学》第643页,台北:台湾空中大学印行,1996年。

些闪闪烁烁的霓虹灯和黑乎乎的坡路,我站在巴黎街头的灯火中迷惘。为失落了的巴尔扎克笔下的风光,为乔伊思、海明威、莫迪里阿尼和许许多多曾在这里流落的作家、艺术家们。(田中禾《田中禾荐画》)

例(三)"我站在巴黎街头的灯火中迷惘"这句话的谓语"迷惘",有一个很长的状语:"为失落了的巴尔扎克笔下的风光,为乔伊思、海明威、莫迪里阿尼和许许多多曾在这里流落的作家、艺术家们",如果按照常式的语法结构来写,读起来很费劲,也不能突出作者所要表达的语意,于是作者就将这个很长的状语独立出来,放在整个句子之后。这样,一来使句子结构合理清晰,二来可以突出表意的重点。

在现代汉语中,由于西洋文法的影响渗透,状语与中心语倒装的情况相当常见。但是,在古代汉语中,则非常少见,只偶见于诗中。如唐·杜甫《月夜忆舍弟》诗有"露从今夜白,月是故乡明"二句,前句"露从今夜白",正常的语序应是"从今夜露白"。"从今夜"是句首状语,应置于主语"露"前,形容词"白"紧随其后对其进行陈述说明。台湾学者沈谦认为:"依正常语序当作'从今夜露白,是故乡月明',但与'平平平仄仄,仄仄仄平平'的平仄格律不合,故将第四字'露'、'月'调至句首,如此倒装,不但合乎近体诗的平仄,且诗句的气势更加遒劲。"①

复句的倒装,例如:

(四)诗诗,我望着自己,因汗和血而潮湿的自己,忽然感到十字架并不可怕,髑髅地并不可怕,荆棘冠冕并不可怕,孤绝并不可怕——如果有对象可以爱,如果有生命可为之奉献,如果有理想可前去流血。(张晓风《初绽的诗篇》)

例(四)的正常表达应该是:"忽然感到,如果有对象可以爱,如果有生命可为之奉献,如果有理想可前去流血,十字架并不可怕,髑髅地并不

---

① 沈谦:《修辞学》第639页,台北:台湾空中大学印行,1996年。

可怕,荆棘冠冕并不可怕,孤绝并不可怕。"三个由表示假设关系的偏句应该在三个正句之前,但是作者为突出强调三个正句,使之成为读者先入为主的印象,特意将两者的顺序作了倒置。

　　复句的倒装,在现代汉语中非常普遍,"之所以……是因为……"就是典型的复句倒装格式。古代汉语中虽没有这种格式,但也有各种复句倒装的情形。如《管子·戒》:"中妇诸子谓宫人:'盍不出从乎?君将有行'"①,就是一个典型的复句倒装。"君将有行"是原因,宫人"出从"是结果。又如唐·王维《观猎》:"风劲角弓鸣,将军猎渭城。草枯鹰眼疾,雪尽马蹄轻。忽过新丰市,还归细柳营。回看射雕处,千里暮云平。"其中,首二句就是复句的倒装。从逻辑顺序看,应是"将军猎渭城"一句在先,"风劲角弓鸣"一句在后。两句之间是承接关系,是我们今天所说的承接复句。但是,诗人并不循规蹈矩,依逻辑顺序安排诗句,而是凌空起势,将后发事象以电影特写镜头的方式首先推出,给读者以强烈的听觉冲击,一下就抓住了读者的注意力。正因为如此,这一倒装文本才博得了千古无数文人的掉头苦吟,更引得许多文论家好评如潮。如清·方东树《昭昧詹言》就有评论曰:"起手贵突兀,王右丞风劲角弓鸣……直如高山坠石,不知其来,令人惊绝。"台湾学者沈谦评论说:"倒装之后,开端即将狩猎的场面和音响播映到读者面前,笔势突兀有力,颇能先声夺人。"②又如宋·苏轼《水调歌头》词的开首二句:"明月几时有?把酒问青天",也是一个复句倒装。因为按照逻辑顺序,应该是先举杯再问月。但是,词人并没有按正常逻辑思维顺序来安排句子,写成"把酒问青天,明月几时有?"很明显,这是词人有意而为之的复句倒装。由于"明月几时有"经过倒装而成为全词叙述的起点和焦点,这在表达上就强烈"凸显了表达者极端寂寞和盼望与弟弟子由团聚畅叙兄弟亲情的急切之情,满足了表达者激情状态下心理能量的释放和情感纾解的需要;从接受上看,由于文本的超越正常句法规范所创造的文本新异性,很易引发接受

---

① 此例引见于杨树达:《汉文文言修辞学》第187页,北京:中华书局,1980年。
② 沈谦:《修辞学》第644页,台北:台湾空中大学印行,1996年。

者文本接受中的'不随意注意',从而加深对表达者所建构的修辞文本的印象和理解,达成与表达者之间的情感思想的共鸣,体会到表达者的那种孤寂之情的况味"①。

值得指出的是,古代汉语修辞中的"倒装",相较于现代汉语修辞,要复杂得多。特别是在诗词中,由于要迁就格律,有时为了押韵或平仄的关系,不仅要变动主句与从句,倒置主谓关系、定中关系、动补关系等等,影响到句子的语法结构顺序,甚至还要做一些影响到"思想条理"的语序改变,陈望道将这种倒装名之曰"变言倒装"②。如唐·杜甫《秋兴》诗:"红豆啄余鹦鹉粒,碧梧栖老凤凰枝",正常语序应该是:"鹦鹉啄余红豆粒,凤凰栖老碧梧枝"③。因为"红豆""碧梧"都不是鸟,当然不能有"啄""栖"的行为动作。很明显,"红豆啄"与"碧梧栖"的说法,已经不是语法问题,而是思维问题。因此,若从逻辑思维的角度考察,"红豆啄余鹦鹉粒,碧梧栖老凤凰枝"的说法是令人费解的。但是,从近体诗的格律来看,这种字句安排则是最佳的,读起来最合乎平仄交错的格律,听觉上有抑扬顿挫、自然流畅的美感。反之,就不合平仄要求,读起来诘屈聱牙,没有声律上的美感,这在以吟唱为主的诗歌来说,则是失败的。又如宋·辛弃疾《永遇乐·京口北固亭怀古》词的开头两句:"千古江山,英雄无觅、孙仲谋处",正常语序应该是:"千古江山,无处觅英雄孙仲谋处。"词人之所以这样不惜影响"思想条理"④进行变序倒装,除了格律上的要求,还有表意上的追求。台湾学者沈谦指出:"作者刻意将'英雄'调到句首,使得词句劲健,奇峭生动,且显示其内心对英雄的迫切向慕与期盼。"⑤散文特别是骈文中,还有另一种情况的倒装。如南朝梁人萧统《文选序》:"历观文囿,泛览辞林,未尝不心游目想,移晷忘倦。"其中的

---

① 吴礼权:《修辞心理学》(修订版)第95页,广州:暨南大学出版社,2013年。
②③ 陈望道:《修辞学发凡》第176页,上海:复旦大学出版社,2008年。
④ "思想条理"是陈望道的说法,见于《修辞学发凡》第176页,上海:复旦大学出版社,2008年。
⑤ 沈谦:《修辞学》第648页,台北:台湾空中大学印行,1996年。

"心游目想",应"理解为目游心想"。之所以要进行倒装,是"由于本句平仄的要求(心游目想:平平仄仄)"①。又如宋·欧阳修《醉翁亭记》:"临溪而渔,溪深而鱼肥;酿泉为酒,泉香而酒洌",其中的"泉香而酒洌"应该理解为"酒香而泉洌"。之所以要倒装,乃是"由于对仗和平仄的要求('洌'对'肥':仄对平)"②。

倒装作为一种修辞文本模式,尽管有不同的分类方法和名称,但它们都是建立在表达者意欲通过打破正常语序以引发接受者的注意集中,使接受者加深对其所建构的修辞文本的印象和理解的心理基础之上的。这种修辞文本的建构,从表达上看,可以强调表达者所要表达的重点,突出表达者的某种较为强烈的感情,满足表达者某种心理能量的释放和情感纾解的需要;从接受上看,由于表达者所建构的修辞文本突破了正常句法逻辑结构顺序,极易引发接受者文本接受的注意集中,从而加深对表达者所建构的修辞文本的印象和意旨的理解。因此,在需要强调某一意思或凸显表达者某种较为强烈的情感,或是为了引发接受者特别注意时,修辞者往往都喜欢建构倒装修辞文本。例如:

(五)然而即日证明是事实了,作证的便是她自己的尸骸。还有一具,是杨德群君的。<u>而且又证明着这不但是杀害,简直是虐杀,因为身体上还有棍棒的伤痕。</u>(鲁迅《记念刘和珍君》)

例(五)"而且又证明着这不但是杀害,简直是虐杀,因为身体上还有棍棒的伤痕",是复句的倒装修辞文本,正句居前,偏句后置。这一倒装修辞文本的建构,在表达上,强烈凸显了表达者对于北洋政府残酷镇压手无寸铁的爱国学生的无比愤慨之情,满足了表达者因激愤而失衡的心理能量的释放和情感纾解的需要;在接受上,正句反常规的前置易于引发接受者文本接受时的注意集中,从而触发其追寻表达者文本如此建构

---

①② 王力主编:《古代汉语》第四册第1369页,北京:中华书局,1982年。

的深层因由的欲念,进而加深了对文本的印象和对文本内涵的把握,与表达者达成情感上的共鸣——即激起对北洋军阀政府的愤恨之情和对刘和珍等学生一片爱国深情的崇敬之情。

又如:

(六)十一月,天气晴朗,薄凉。天气太好的时候我总是不安,看好风好日这样日复一日地好下去,我决心要到山里去一趟,一个人。一个活得很兴头的女人,既不逃避什么,也不为了出来"散心"——恐怕反而是出来"收心",收她散在四方的心。(张晓风《常常,我想起那座山》)

例(六)"我决心要到山里去一趟,一个人",是一个状语与中心语倒置的倒装修辞文本模式。句子的状语"一个人"从中心语"到山里去一趟"的附着地位独立出来,置于整个句子之后,这就提升了状语"一个人"的表达地位。这一倒装修辞文本的建构,从表达上看,凸显了作者"久在樊笼里",不得独自飞的哀怨之情以及犹豫之后最终下定决心后的快感,满足了作者因过度激动而心理失衡的心理能量的释放和激情状态下的情感纾解的需要;从接受上看,由于表达者所建构的上述修辞文本将句子的状语以显眼的位置予以突出出来,成为全句的一个阅读焦点,突破了常规句式结构模式,易于引发接受者文本接受中的注意集中,从而触发其追寻表达者如此建构文本的深层根由的欲望,进而加深了对文本的印象和对文本意旨的理解,在表达者的激情感染下达成与表达者之间的情感共鸣,为现代都市人因于俗世万丈红尘,忙于琐务细事,身心疲惫,不能自由亲近自然而错过大好时光的情感苦痛而感伤。

第六节 后来居上:层递

层递,是一种说写中将两个或两个以上的语言单位依某种意义或逻辑上的顺序进行排列而构成的修辞文本模式①。

作为一种修辞文本模式，层递一般说来可以区分为两类：一是"递升式"，一是"递降式"。"递升式"或称"顺层递"或"阶升"，是指根据一定的逻辑将两个或两个以上的语句依照由小到大或由低到高、由少到多、由轻到重、由浅到深等顺序进行排列的层递；"递降式"又称"倒层递"或"趋下"，是指根据一定的逻辑将两个或两个以上的语句依照由大到小、由高到低、由多到少、由重到轻、由深到浅等顺序进行排列的层递②。

"递升式"层递修辞文本，例如：

（一）胡适说过，傅斯年是"人间一个最难得最稀有的天才"。这不仅表现在他的治学方面，更表现在其做人做事上。作为学生和朋友，傅斯年对胡适也有这样的忠告："与其入政府，不如组党；与其组党，不如办报。"傅斯年的观点，在那一党专政的时代尤为重要。当年，为了监督政府，开启民智，以胡适、傅斯年为代表的一代知识分子在致力于学术的同时，还不断在报刊上发表文章，批评弊政，揭露黑暗，仗义执言，为民请命，体现了现代知识分子的良知和价值。（智效民《1949年以前的大公报》）

---

① 学术界对层递有不同的定义，如陈望道《修辞学发凡》说："层递是将语言排成从浅到深，从低到高，从小到大，从轻到重，层层递进的顺序的一种辞格。其成立必须有（一）要说的有两个以上的事物；（二）这些事物又有轻重大小等比例；而且（三）比例又有一定的程序。"（第165页）又说："有人说层递辞中也有从大到小，从重到轻等等的用法……倘真有意排成从大到小、从重到轻的层次，那便是倒层递，是倒用层递的一种非常辞法。"（第166页）可见，陈望道的定义实际包括了"递进"（或说"递升"）和"递降"两类，并且明确提出层递的项目是两项以上。但修辞学界现时也有另一种流行的定义，如谭永祥《汉语修辞美学》说："把三个或三个以上的语句按意义的递升或递降关系排列，这种修辞手法叫'层递'。"（第390页）很明显，这一定义明确将层递的项目限定为三个或三个以上的语句，并将层递分为"递升""递降"两类。相较之下，以陈望道的定义较为全面、科学，本书的"层递"定义主要采陈望道之说。

② 参见汪国胜等主编：《汉语辞格大全》第80—82页，南宁：广西教育出版社，1993年。

例(一)傅斯年对胡适的忠告:"与其入政府,不如组党;与其组党,不如办报",即是个"递升式"层递修辞文本,它是按照对政治影响的大小将"入政府""组党""办报纸"三者依次排列,组织成句的。

"递升式"层递,在现代汉语修辞中常见,在古代汉语修辞中更是留下了不少经典文本。如《论语·雍也》:"知之者不如好之者,好之者不如乐之者";《孟子·公孙丑下》:"天时不如地利,地利不如人和";《荀子·儒效》:"不闻不若闻之,闻之不若见之,见之不若知之,知之不若行之"等,都是典型的"递升式"层递文本①。又如战国·宋玉《登徒子好色赋》:"天下之佳人,莫若楚国;楚国之丽者,莫若臣里;臣里之美者,莫若臣东家之子",依美人的美艳程度逐次递升,也是典型的"递升式"层递。再如清·张潮《幽梦影》:"少年读书,如隙中窥月;中年读书,如庭中望月;老年读书,如台上玩月,皆以阅历之浅深,为所得之浅深耳"②,将少年、中年、老年阅历逐渐加深与读书所得不断提升的境界相匹配,强调了阅历对于读书境界提升的重要性,也是典型的"递升式"层递文本。

"递降式"层递修辞文本,例如:

(二)苏小姐说不出话,唐小姐低下头,曹元朗料想方鸿渐认识的德文跟自己差不多,并且是中国文学系学生,更不会高明——<u>因为在大学里,理科学生瞧不起文科学生,外国语文系学生瞧不起中国文学系学生,中国文学系学生瞧不起哲学系学生,哲学系学生瞧不起社会学系学生,社会学系学生瞧不起教育系学生,教育系学生没有谁可以给他们瞧不起了,只能瞧不起本系的先生。</u>曹元朗顿时胆大说:"我也知道这诗有来历,我不是早说古代民歌的作风么?可是方先生那种态度,完全违反文艺欣赏的精神。你们弄中国文学的,全有这个'考据癖'的坏习气。诗有出典,给识货人看了,愈觉得滋味浓厚,读着一首诗就联想到无数诗来烘云托月。方先生,你该念念爱利恶德的诗,你就知道现代西洋诗人的东西,也是句句有来历的,可是我们并不说他们抄袭。苏小姐,是不是?"(钱钟书《围城》)

---

① 参见黄永武:《字句锻炼法》(第二版)第60页,台北:台湾商务印书馆,2000年。
② 此例引见于沈谦:《修辞学》第512页,台北:台湾空中大学印行,1996年。

例(二)"理科学生瞧不起文科学生,外国语文系学生瞧不起中国文学系学生,中国文学系学生瞧不起哲学系学生,哲学系学生瞧不起社会学系学生,社会学系学生瞧不起教育系学生,教育系学生没有谁可以给他们瞧不起了,只能瞧不起本系的先生",是依据大学各系科在当时社会及学生心目中的地位,逐一对比,逐层递降,属于典型的"递降式"排列。

"递降式"层递,古代诗文中也留下不少经典文本。如汉·刘向《说苑·建本》记春秋时代的盲乐师师旷讽谏晋平公老而向学的话:"少而好学,如日出之阳;壮而好学,如日中之光;老而好学,如炳烛之明",依学习的有效程度由高到低排列,形象地说明了"读书趁年少"的道理,是典型的"递降式"层递。又如宋·蒋捷《虞美人》词:"少年听雨歌楼上,红烛昏罗帐。壮年听雨客舟中,江阔云低,断雁叫西风。/而今听雨僧庐下,鬓已星星也。悲欢离合总无情,一任阶前点滴到天明"①,也是一个典型的"递降式"层递。全词"通过年龄由少年到壮年再到老年的递升,与心境由浪漫到漂泊再到凄凉的递降相形对比,凸显出这样一种语意重点:听雨的感觉与年龄、情境密切相关,不同情境和不同年龄感觉大不一样,从而突出强调了作者心境的每况愈下和晚景的凄凉"②。

层递作为一种修辞文本模式,不管是"递升式"还是"递降式",都是意义上的逐层深入。因此,这种修辞文本的建构,一般说来,在表达上多有步步深入、层次分明、强化语势的效果③;在接受上,易于牢牢抓住接受者的注意力,引发其思索并深入把握表达者所建构的修辞文本内涵意旨。例如:

(三)李敖又公开露面了,不但公开露面,还出了一本新书,不但出版了新书,并且又在创作一本"最伟大的小说"……(胡茵梦《特立独行的李敖》)

例(三)是一个"递升式"层递修辞文本,将李敖"重现江湖"后的动向和作为一层深一层地予以披露、称赞,表达上显具步步深入、层次分明、

---

① 此例引见于沈谦:《修辞学》第511页,台北:台湾空中大学印行,1996年。
② 吴礼权:《语言策略秀》(修订版)第113页,广州:暨南大学出版社,2013年。
③ 参见汪国胜等主编:《汉语辞格大全》第80—82页,南宁:广西教育出版社,1993年。

强化语势的效果;在接受上,由于修辞文本中的五个句子在结构上的整齐格局和语意上的环环相扣,易于牢牢抓住接受者的注意力,激发出其对文本内涵深思探究的兴味,从而准确地把握表达者文本建构的意图——对李敖才华、勇气、人格的敬仰之情。

又如:

(四)现在是大不相同了。马路边上的小饭店,正午傍晚,先前为长衫朋友所占领的,近来已经大抵"寄沉痛于幽闲";老主顾呢,坐到黄包车夫的老巢的粗点心店里面去了。至于车夫,那自然只好退到马路边沿饿肚子,或者幸而还能够咬侉饼。弄堂里的叫卖声,说也奇怪,竟也和古代判若天渊,卖零食的当然还有,但不过是橄榄或馄饨,却很少遇见那些"香艳肉感"的"艺术"的玩意了。(鲁迅《且介亭杂文二集·弄堂生意古今谈》)

例(四)这段话是说,原来穿长衫的老主顾现在已无经济能力进马路边的小饭店了,只能进原先黄包车夫的老巢吃粗点心了,而黄包车夫现在只能饿肚子了,这是依上海市民的生活水平逐层递降表意的,明显是一个层递修辞文本,属"递降式"。这一修辞文本的建构,将上海市民在1935年生活水平的现状作了生动具体的描写,清晰地展示了30年代初开始市民生活每况愈下的事实,表达上步步深入、层次分明、语势强化的效果十分显著;在接受上,由于修辞文本语意上的环环相扣,牢牢抓住了接受者的注意力,使其对文本内涵作深入的探索,从而准确地把握到表达者文本建构的真实意图——指斥当局的腐败无能,同情民众生活的艰辛。

第七节 你中有我,我中有你:同异

同异,是一种说写中"把字数相等、字面同中有异、异中有同的两个以上的词语,用在一个语言片断里,同异对比,前后映照"[①]的修辞文本

---

① 谭永祥:《汉语修辞美学》第159页,北京:北京语言学院出版社,1992年。

模式。这种修辞文本模式,一般都是建立在以同又有异的不同特质的刺激物的刺激以引发接受者大脑最适宜兴奋灶产生而维持"随意注意",从而达到加深对修辞文本的理解和印象的心理机制之上的。

同异作为一种修辞文本模式,在表达上,通过同而有异的近似字面与各不相同的语义内涵的对比,突出所要强调的事物本质的差异性或独特性,且使表意深具含蓄婉约之美或尖锐强烈的效果;在接受上,由于作为刺激物的修辞文本的同而有异的新异性特质,极易引发接受者的"不随意注意",并进而导致接受的"随意注意",使接受者情不自禁地由文本中同而有异的词语的字面对比进到语义对比的层次,从而在对比中把握表达者文本建构的真实含义,加深对文本的理解和印象,提升文本解读的审美情趣。例如:

(一)看见外国游客手里的电器小玩意,可以对他说:"让我看看",但千万不要说"送我一个"。<u>我们招待外国游客,只要客客气气,千万不要低声下气,因为,他们只是我们的客人,不是我们的主人!我们可以予他们种种方便,但千万不能让他们对我们随便。</u>(於梨华《我的留美经历》)

例(一)这篇文章旅美华人作家於梨华写于20世纪80年代初①(刊于1980年4月20日的《人民日报》),时值中国大陆改革开放、国门敞开的伊始阶段。其时,由于国人初次放眼看世界,看到了中国与西方资本主义发达国家在物质文明方面的巨大差距,遂有不少人在西方来华旅客接待中时有不顾国格的崇洋、献媚于洋人的丑态出现,上述这段文字即是针对当时这种情况的有感而发,是对当时某些崇洋、媚洋不良社会风气的深刻针砭。这段文字中,"我们招待外国游客,只要客客气气,千万不要低声下气","他们只是我们的客人,不是我们的主人","我们可以予他们种种方便,但千万不能让他们对我们随便",构成了一个同异修辞文本。这一修辞文本的建构,从表达上看,表达者(作者)通过"客客气气"

---

① 此例引见于谭永祥:《汉语修辞美学》第164页,北京:北京语言学院出版社,1992年。

与"低声下气"、"客人"与"主人"、"方便"与"随便"三组词语字面上的近似与三组词语之间各不相同的语义及色彩内涵的对比,突出强调了表达者所意欲表达的主旨——我们在对外交往中应持正确的态度,要不卑不亢,表意含蓄婉约,但却意味深长,发人深思;从接受上看,由于作为语言信息刺激物的三组同而有异的词语的成对并置所产生的语义信息刺激的新异性,使接受者(读者)极易在此具有新异性特质的语言信息刺激物的刺激下于接受活动中产生"不随意注意",从而在"不随意注意"的导引下进入"随意注意"的层次,由此加深了对表达者所建构的修辞文本的理解,在文本解读中获取特定的文本认识价值,即上面我们所说的表达者意欲传达的主旨精神。这样,表达者所欲表达的思想与接受者文本解读中所获取的思想认识就趋向了一致,表达者与接受者便达成了思想的共鸣与情感的融合。

又如:

(二) 如果有一个新女性,<u>又漂亮又漂泊、又迷人又迷茫、又优游又优秀、又伤感又性感、又不可理解又不可理喻的</u>,一定不是别人,是胡——茵——梦。(李敖《画梦——我画胡茵梦》)

例(二)也是典型的同异修辞文本。这一修辞文本的建构,从表达上看,表达者通过"漂亮"与"漂泊"、"迷人"与"迷茫"、"优游"与"优秀"、"伤感"与"性感"、"不可理解"与"不可理喻"等五组词语字面上的近似与五组词语之间各不相同的语义及色彩内涵的对比,突出强调了叙写对象胡茵梦作为一个电影明星所特有的与众不同的鲜明形象与性格特征,赞赏之情强烈鲜明,但却显得含蓄婉约;从接受上看,由于作为语言刺激物的五组字面近似但语义及色彩内涵迥异的词语的有意并置堆砌,对接受者形成了强烈的接受刺激,极易引发接受者文本解读中的"不随意注意",并由此自然进入文本接受中的"随意注意"阶段,从而深究表达者文本建构的用意,准确把握表达者所建构的修辞文本的深刻内涵——胡茵梦是风华绝代的新女性,是值得"寤寐求之"的"君子好逑"。由此,亦让接受者深受感染,自然达成与表达者的情感共鸣,油然而生对文本所叙写的对象胡茵梦的爱慕向往之情。

应该指出的是,"同异"修辞文本的建构并非是现代汉语中才有,而是古已有之。如宋人林升《题临安邸》诗:"山外青山楼外楼,西湖歌舞几时休?暖风熏得游人醉,直把杭州作汴州"①,其中"直把杭州作汴州"一句就是典型的"同异"文本。"'杭州'和'汴州'是同而有异的表示地名的两个名词,作者之所以不选择'汴梁'来与'杭州'并举描写,而让一句诗中两个辞面相同的'州'字重复出现,是有深刻用意的,这也是这首诗的妙处所在。因为作者通过'杭州'与'汴州'字面上的近似与两词实际上所代表的语义内涵的迥异(杭州只是宋朝偏安江左的都城,汴州才是大宋王朝的真正京师)的对比,凸显强调了'杭州'与'汴州'的根本差异性和对立性,从而十分强烈地表达出作者对南宋统治者苟且偷安、置深陷金人铁蹄蹂躏下的广大北方人民的死活于不顾而只图自己一时安逸的腐朽本质的深切痛恨之情,语意突出却表达婉转,真可谓是达到了'不著一字,尽得风流'的崇高境界。"②又如宋·李清照《一剪梅》词:"花自飘零水自流,一种相思,两处闲愁。此情无计可消除,才下眉头,又上心头",末一句"才下眉头,又上心头"③,也是"同异"修辞文本。它是词人有意通过"眉头"与"心头"同中有异的字面对比,经由"才""又"两个表示时间的副词的上下勾连,将因相思而起的"闲愁"挥之不去的情状强调凸显出来。再如清·程世爵《笑林广记》:"一官好酒怠政,贪财酷民,百姓怨恨。临卸篆,公送德政碑,上书'五大天地'。官曰:'此四字是何用意?令人不解。'众绅民齐声答曰:'官一到任时,金天银地;官在内署时,花天酒地;坐堂听断时,昏天黑地;百姓喊冤的,是恨天恨怨地;如今可交卸了,谢天谢地'",其中众乡绅所说的"五大天地",则是另一种的"同异"修辞文本。"众绅民通过字面上'金天银地'、'花天酒地'、'昏天黑地'、'恨天怨地'、'谢天谢地'等五个词语的字面近似与这五个词语所代表的各

---

①③ 此二例引见于谭永祥:《汉语修辞美学》第163页,北京:北京语言学院出版社,1992年。
② 吴礼权:《语言策略秀》(修订版)第115页,广州:暨南大学出版社,2013年。

不相同的语义内涵的对比,突出强调了这五个词语所展示的那个贪昏之官不同情形下贪昏酷民的劣迹,于五个同中有异的词语的并置中强烈凸显出众绅民对那个贪昏之官强烈的愤恨之情,批判尖锐深刻、淋漓尽致,讽刺辛辣而别具婉转含蓄、幽默诙谐的机趣,令人印象深刻,经久难忘"①。

第八节 别调介入,立异标新:异语

异语,是一种以某一民族语言(一般指特定的一种民族共同语或标准语)来说写时故意杂用少量异族语词语的修辞文本模式。这种修辞文本的建构,一般多是基于表达者力图以与主流叙写语言不谐和的"别调"另族语言的词语"硬性介入"文本来突破常规语言表达惯式以求表达生动或婉约,提升接受者对文本的接受兴趣和效果之心理预期。

异语作为一种修辞文本模式,在表达上,由于表达者以"别调"的另族语言的词语硬性介入修辞文本中,从而构成了与整个修辞文本叙写主流语言不谐和之音,使修辞文本别添了新颖性的特质,从而使表达显得生动或婉约而韵味隽永;在接受上,由于不谐和音的"别调"异语的介入,使接受者在修辞文本接受中受到了意外刺激物——异语——的意外刺激,自然引发出文本接受中的"不随意注意",从而在此基础上进入文本接受的"随意注意"层次,由此加深对表达者所建构的修辞文本的印象及其文本主旨的理解。例如:

(一)中国旧式士子出而问世必需具备四个条件:一团和气,两句歪诗,三斤黄酒,四季衣裳;可见衣裳是要紧的。我的一位朋友,人品很高,就是衣裳"普罗"一些,曾随着一伙人在上海最华贵的饭店里开了一个房间,后来走出饭店,便再也不得进去,司阍的巡捕不准他进去,理由是此处不施舍。无论怎样解释也不得要领,结果是巡捕引他从后门进去,穿

---

① 吴礼权:《语言策略秀》(修订版)第116页,广州:暨南大学出版社,2013年。

过厨房,到账房内去理论。这不能怪那巡捕,我们几曾看见过看家的狗咬过衣裳楚楚的客人?(梁实秋《衣裳》)

例(一)这段文字意在批评中国人以衣取人的传统陋习。其中"我的一位朋友,人品很高,就是衣裳'普罗'一些",是个异语修辞文本。因为"普罗"是法语 proletariat 的音译"普罗列塔利亚"的缩略形式,意为"无产者"。因此,所谓"就是衣裳'普罗'一些",实际上是说:他的那位朋友穿的是劳动大众的破旧衣裳。但是,表达者不愿也不便如此直说出来,所以就建构了上述的异语修辞文本。这一修辞文本的建构,从表达上看,由于法语音译词"普罗"的"硬性介入"汉语,"别调"的异语与文本叙事主流语言(汉语)构成了语言格调的不谐和之音,但修辞文本却由此获得了一种新颖性的特质,整个修辞文本也就在表达上显得生动而具婉约的韵味;从接受上看,由于非汉语的"别调"异语(法语词)的介入文本,接受者在文本接受中受到了意外刺激物——法语词"普罗"——的意外刺激,自然引发出了文本接受中的"不随意注意",从而自然而然地进入文本接受的"随意注意"层次,由此便加深了对表达者建构的上述修辞文本的印象及其主旨的理解——即了解到表达者(作者)不便也不愿褒贬朋友衣着而婉约其辞的心理。

又如:

(二)柔嘉不愿意姑母来把事闹大,但瞧丈夫这样退却,鄙薄得不复伤心,嘶声说:"你是个 Coward! Coward! Coward! 我再不要看见你这个 Coward!"每个字像鞭子打一下,要鞭出他丈夫的胆气来,她还嫌不够狠,顺手抓起桌上一个象牙梳子尽力扔他。(钱钟书《围城》)

例(二)写方鸿渐与孙柔嘉口角时推搡了一下柔嘉,柔嘉的奶妈李妈要找柔嘉姑母来,柔嘉觉得夫妻争吵小事,不必闹大外扬,本想与鸿渐自行收场。可是,鸿渐见李妈找姑母而急欲逃走。柔嘉觉得鸿渐没有男人气概,所以才有上文中那段激将之语。这激将语正是一个异语修辞文本，因为coward是英文，意为"懦夫"。柔嘉建构的这一修辞文本，由于没有直接以汉语词"懦夫"表而出之，所以在表达上就显得婉约含蓄，是避免夫妻矛盾进一步激化的得体措辞。在接受上，由于表达者柔嘉中英文杂糅的表达，使接受者鸿渐觉得突兀诧异，引发了其话语接受中的"不随意注意"，从而自然而然地进入文本接受的"随意注意"阶段，从而得以深刻领会出柔嘉话语的深刻内涵与用意——希望他不要怕姑母，不要逃避，夫妻有矛盾坐下来谈谈就和好了，男人要有勇气，要有大丈夫气概！

"异语"，是现代汉语中新出现的修辞现象，在古代汉语中基本不会出现。众所周知，中国近代以前整体上一直在世界上处于政治、经济、军事、文化的强势地位，中国人早就养成了以自我为中心的"天朝心态"，"万物皆备于我"的民族自尊感非常强。因此，中国与外部世界的文化交流虽然开始很早，但留存于古代汉语中的，除了一些表示外来概念与外来事物的外来词（如"葡萄""师子""佛"等）外，中国古代文献中基本上没有直接采外来词入汉语的情况，更没有摒弃相关汉语词不用而采用外来词的修辞现象。近代以后，随着中国人被动或主动放眼看世界，为了富国强兵的目标，在主动学习西方先进的政治、经济、军事发展经验的同时，也主动或被动地接受了更多外来文化特别是西方文化的影响，中国人在汉语表达中自觉不自觉地在中文里夹杂外来词的情况越来越多，这就出现了"异语"修辞现象。钱钟书在小说《围城》中所写到的上海滩买办张吉民喜欢中文里夹杂一些无谓的英文单词的情况，就是"异语"修辞现象。当今的中国与20世纪30年代的情形大不相同了，随着中国经济前所未有的发展与同世界各国文化异乎寻常的频繁接触交流，人们的心胸更加开阔，对外来文化包容的程度更高。因此，汉语表达中的"异语"修辞现象将会越来越普遍。

第九节　逻辑的力量：同语

同语，是一种以主表同辞或定中同辞的判断句形式强化某一语意印象的修辞文本模式。这种文本的建构，一般都是建立在以相同刺激物的反复出现来加强刺激力度,以此引发接受者的注意,使其加深对修辞文本的理解和印象的心理机制之上的。

作为一种修辞文本模式,同语由于在表达上都是以判断句的形式出现,因此其真实语意需要接受者通过逻辑推导得出,这就有利于调动接受者的积极性,促其思考,令其深思,从而加深对表达者所欲传达的情意的理解与印象。

正因为如此,同语修辞文本的建构在语言表达中十分常见,尤其在口语交际中。如:"事实就是事实,是不可否认的",是主语与表语同辞,通过"事实"一词的重复,强调了否定事实的难度。又如"他简直就是人渣中的人渣",定语与中心语同辞,通过"人渣"一词的重复,强调了其人格素质之差无以复加的程度。再如:"事已至此,这也是没有办法的办法。"也是定语与中心语同辞,通过"办法"一词的重复,强调了目前所采取办法的唯一性,凸现了说话人无可奈何的心理,有助于争取接受者的理解与认同。除了单句式,同语修辞文本的建构,还有一种对句式。如日常生活中,我们常听人说:"你是你,我是我,这件事你别把我扯进来。"就是用两个判断句并列对举,以此突出你我之间的区别,强调"各人做事各人担"的原则。虽是意在撇清自己的责任,道义上并不怎么高尚,但却有无可辩驳的说服力。

除了口语交际外,书面语交际包括文学创作,同样也有同语修辞文本的建构。如:

(一)他知道自己的毛病,所以不吹腾自己的好处。不过,他不想改他的毛病,因为改了毛病好像就失去些硬劲儿似的。努力自励的人,假若没有脑子,往往比懒一些的更容易自误误人。何容兄不肯拿自己当个猴子耍给人家看。好、坏,<u>何容是何容</u>:他的微笑似乎表示着这个。(老舍《何容何许人也》)

例(一)是老舍写他的朋友何容为人有个性的故事。其中,"何容是何容",就是一个典型的同语修辞文本,属于主语与表语同辞。这一文本,通过"A是A"这一看似废话的肯定判断,在不置肯否中凸显了何容不愿改变自己、独立做自我的个性特点,既鲜明地表达了作者的态度,也让读者在逻辑力量的感染下情不自禁地认同了何容老式文人的脾性。

又如:

(二)春秋战国期间,佩剑的长短、重量,还标志着士的身份,剑分上制、中制、下制,士分上士、中士、下士。佩带着青铜剑的神气活现的士们,被历史的弯刀像割庄稼一样,一排又一排伐倒了。古剑却抖落尘灰走了出来,青铜还是青铜,拂之铮铮有声。"日落我不落,灯灭我不灭,山存我就存,海在我就在。"这番青铜剑的自白说得极好。(韩静霆《书生论剑》)

例(二)写青铜剑永久的魅力。其中,"青铜还是青铜",也是一个典型的同语修辞文本,同样也是以主语与表语同辞的形式呈现。它通过"A是A"的是非判断,以逻辑的力量不容置疑地肯定了青铜的独特性,从而跟前文所说佩剑之士形成对比,突出强调了青铜历久弥新、魅力永存的价值,让人不得不认同其观点。

应该指出的是,同语修辞文本的建构,并非是现代汉语中才有,而是古已有之。如《孟子·公孙丑上》:"尔为尔,我为我,虽袒裼裸裎于我侧,尔焉能浼我哉?"这是孟子"在比较伯夷与柳下惠的处世原则与作风时引用到的柳下惠的话"[①]。其中的"尔为尔,我为我",就是典型的同语修辞文本,属于对句式,表明了柳下惠独立不群的处世原则与决不与世人同流合污的态度。

小　结

追求说写的接受效果,是我们每个表达者在言语交际中都特别重视的。因为表达者的说写目的主要是为了与接受者沟通思想感情、传达语

[①] 吴礼权:《委婉修辞研究》第131页,济南:山东文艺出版社,2008年。

言信息并要接受者与之产生思想或情感的共鸣。而要达到这种言语交际目标,就需表达者根据题旨情境去用心建构特定的修辞文本。强化语意印象即是我们建构修辞文本的动因之一,上面我们所论及的夸张、反复、设问、精细、倒装、层递、同异、异语、同语等修辞文本,都是基于这一修辞目标而建构的修辞文本模式。

强化接受者对修辞文本的语意印象,其基本途径即是引发接受者在文本接受解读时的注意。"注意"是一种十分重要的心理现象,它是"意识对一定客体的集中,以保证对它获得特别清晰的反映"①。根据组织注意时人的积极性,注意可以分为"不随意注意""随意注意"和"随意后注意"三种。所谓"不随意注意",又称"消极的注意",是指"意识由于作为刺激物的客体的特点而产生的对客体的集中"②。根据心理学家的实验和普遍的观点,"不随意注意"的发生大体与以下这样几种情况有着密切的关系:一是"在同时起作用的各种不同的刺激的背景上,较强的刺激引起人的注意";二是"刺激物的新异性也引起不随意注意";三是"刺激物作用的开始和停止引起注意";四是"在认识过程中造成鲜明的情绪色彩的对象(饱和的颜色、和谐的声音、芳香的气味),引起注意的不随意集中";五是"兴趣通常是和情感相联系的。它是对对象的长久的不随意注意的重要原因之一"③。所谓"随意注意",是指"意识控制之下的由活动条件所引起的对客体的集中"④。它又被称为"积极的注意"和"运用意志的注意"。这是因为"随意注意"的发生是"在对客体集中注意的时候,主动权是属于主体的"。"这种注意的集中,不是仅仅指向情绪上令人愉

---

① [苏]B·B·波果斯洛夫斯基等主编:《普通心理学》(魏安庆等译)第152页,北京:人民教育出版社,1982年。
② [苏]B·B·波果斯洛夫斯基等主编:《普通心理学》(魏安庆等译)第156页,北京:人民教育出版社,1982年。
③ [苏]B·B·波果斯洛夫斯基等主编:《普通心理学》(魏安庆等译)第156—157页,北京:人民教育出版社,1982年。
④ [苏]B·B·波果斯洛夫斯基等主编:《普通心理学》(魏安庆等译)第158页,北京:人民教育出版社,1982年。

快的东西,而且一般说来指向应当去注意的东西。因此随意注意的心理内容同活动目的的提出和意志努力相联系着。"①所谓"随意后注意",是指"意识对于个人认为有意义、有价值的客体的集中。"它是"在随意注意引起之后产生的。在集中随意注意时必要的意志努力,在随意后注意中减弱了。""随意后注意的心理特征,同不随意注意和随意注意的特点既有联系,又有区别。它在兴趣的基础上产生,但这又不是来自对象的吸引,而是个性倾向性的表现。在随意后注意的情形下,活动本身被体验为一种需要,而其结果对他个人又是有意义的。"②

  了解到这些心理学的基本原理,那么,我们在修辞文本建构中,为了使接受者对我们所建构的修辞文本有深刻的印象,并深刻理解文本的内涵意旨,与我们达成情感或思想的共鸣,就应该有意识地使我们所建构的修辞文本在形式或内容上有新异性,对接受者有较强的刺激感,这样才能迅速吸引接受者对我们的修辞文本产生"不随意注意",并在此基础上导入其进入文本接受的"随意注意"层次,从而使其对文本有着深刻的印象,并准确把握我们所建构的修辞文本的意义内涵。这样,我们建构修辞文本的目的便达到了。

思考和练习

一、强化语意印象的修辞文本模式有哪些基本类型?

二、夸张修辞文本模式可以分为哪些类型?

三、何为同异修辞文本模式?请举例说明其表达与接受效果。

四、请简略说明精细修辞文本的表达与接受效果。

五、倒装修辞文本模式有几种分类方法?各有哪几类?

六、请指出下面例子各有何种修辞文本模式?请具体说明理由。

---

① [苏]B·B·波果斯洛夫斯基等主编:《普通心理学》(魏安庆等译)第158页,北京:人民教育出版社,1982年。

② [苏]B·B·波果斯洛夫斯基等主编:《普通心理学》(魏安庆等译)第160页,北京:人民教育出版社,1982年。

(1)只知道,那是她最善感最疼痛的部分。风来了,那里就会一颤一颤的;雨来了,那里就会一亮一亮的。她喜欢风风雨雨,那是她的仙境,她的悬念。风风雨雨给了她活着的理由。只要一静下心来,她就画啊画啊,在看得见的纸上,在看不见的纸上;画啊画啊,在时间的纸上——她把时间全都制成心爱的纸了,各式各样的纸,雪白雪白的纸,散发着香味的纸……(谭延桐《苹果是一颗心》)

(2)苏小姐说不出话,唐小姐低下头,曹元朗料想方鸿渐认识的德文跟自己差不多,并且是中国文学系学生,更不会高明——因为在大学里,理科学生瞧不起文科学生,外国语文系学生瞧不起中国文学系学生,中国文学系学生瞧不起哲学系学生,哲学系学生瞧不起社会学系学生,社会学系学生瞧不起教育系学生,教育系学生没有谁可以给他们瞧不起了,只能瞧不起本系的先生。曹元朗顿时胆大说:"我也知道这诗有来历,我不是早说古代民歌的作风么?可是方先生那种态度,完全违反文艺欣赏的精神。你们弄中国文学的,全有这个'考据癖'的坏习气。诗有出典,给识货人看了,愈觉得滋味浓厚,读着一首诗就联想到无数诗来烘云托月。方先生,你该念念爱利恶德的诗,你就知道现代西洋诗人的东西,也是句句有来历的,可是我们并不说他们抄袭。苏小姐,是不是?"(钱钟书《围城》)

(3)依照现有的"文明惯性"一直滑下去,我们真的能够放心吗?人类文明会不会像这颗彗星,在经过近日点的极度灿烂之后,逐渐收敛自己的光辉而渐隐渐暗?(詹克明《大夏情结》)

(4)谁说中国人没有幽默感?不过中国人的幽默,是以"冷面滑稽"的形式表现出来罢了。中国人会暗笑,会窃喜,会蔫着乐,会偷着奚落,会等着看你大出洋相,看你鞠躬下台,看你去见上帝而开怀。这种有足够的耐心,坚持到最后才笑,但面部表情绝对不动声色,一静如水的功夫,恐怕是世界的独一份。(李国文《从严嵩到海瑞》)

(5)燃起我们的怒火吧,青年!以学识,以正义感,以最有力的文字,尽力于抗战建国的事业吧!在抗战中纪念鲁迅先生,我们必须有这个决心!(老舍《鲁迅先生逝世两周年纪念》)

(6) 最令人不快的是一些本来吃得饱,睡得着,红光满面的脸,偏偏带着一股肃杀之气,冷森森地拒人千里之外,看你的时候眼皮都不抬,嘴撇得瓢儿似的,冷不防抬起眼皮给你一个白眼,黑眼球不知翻到哪里去了,脖梗子发硬,脑壳朝天,眉头皱出好几道熨斗都熨不平的深沟——这样的神情最容易在官办的业务机关的柜台后面出现。(梁实秋《脸谱》)

(7) 漫天的雨纷然而又漠然,广不可及的灰色中竟有这样一株红莲!(张晓风《雨之调》)

(8) 请读者原谅我跟小说做法开个小小的玩笑,在这里公布一批千真万确而又听来难以置信的数字。

在六月二十一日至七月二日这十二天中,为龚鼎的事找丁一说情的:一百九十九点五人次。(前女演员没有点名,但有此意,此点五计算之。)来电话说项人次:三十三。来信说项人次:二十七。确实是爱护丁一,怕他捅漏子而来的:五十三,占百分之二十七。受龚鼎委托而来的:二十,占百分之十。直接受李书记委托而来的:一,占百分之零点五。受李书记委托的人的委托而来的,或间接受委托而来的:六十三,占百分之三十二。受丁一的老婆委托来劝"死老汉"的:八,占百分之四。未受任何人的委托,也与丁一素无来往甚至不大相识,但听说了此事,自动为李书记效劳而来的:四十六,占百分之二十三。其他百分之四属于情况不明者。

丁一拒绝了所有这些说项。这种态度激怒了来客的百分之八十五。他们纷纷向周围的人们进行宣传,说丁一愚蠢。……(王蒙《说客盈门》)

(9) 剑身上熔铸了人的精气血肉!传奇故事虽然不免张扬,阐释的道理却是颠扑不破的:没有天,哪有地?没有山,哪有矿?没有人,哪有炉火?没有生命,何为剑?(韩静霆《书生论剑》)

(10) 就是他的幽默也不低级讨厌,幽默助成他作个贞脱儿曼,不是弄鬼脸逗笑。他并不老实,可是他大方。(老舍《英国人》)

(11) 等你,在雨中,在造虹的雨中
　　蝉声沉落,蛙声升起
　　一池的红莲如火焰,在雨中

你来不来都一样,竟感觉
　　每朵莲都像你
尤其隔着黄昏,隔着这样的细雨

永恒,刹那,刹那,永恒
　　等你,在时间之外
在时间之内,等你,在刹那,在永恒

如果你的手在我手里,此刻
　　如果你的清芬
在我的鼻孔,我会说,小情人

诺,这只手应该采莲,在吴宫
　　这只手应该
摇一柄桂桨,在木兰舟中

一颗星悬在科学馆的飞檐
　　耳坠子一般地悬着
瑞士表说都七点了。忽然你走来

步雨后的红莲,翩翩,你走来
　　像一首小令
从一则爱情的典故里,你走来(余光中《等你,在雨中》)

(12) 大陆上的秋天,无论是疏雨滴梧桐,或是骤雨打荷叶,听去总有一点凄凉,凄清,凄楚。于今在岛上回味,则在凄楚之外,更笼上一层凄迷了。饶你多少豪情侠气,怕也经不起三番五次的风吹雨打。(余光中《听听那冷雨》)

(13) 但是在其他地区的男人来说,一是一二是二,丝毫不能含糊,如果没有求你办的事情,他绝对不会平白无故地请你吃饭。(程鳌眉《我兄弟般的东北男人》)

第五章 Section 5　幽默讽嘲的修辞文本营构模式

我们说写时所要面对的情境是千变万化的,因此在建构修辞文本时所要追求的修辞目标也就有所不同。有时需要达到强化语意印象的效果,有时则要企及传神生动或婉约蕴藉的效果,而在另一些情形下,又需有幽默诙谐讽嘲的效果。关于如何企及强化语意印象、传神生动、婉约蕴藉等效果,前面几章我们进行了论述,提出了一些基本的修辞文本营构模式。至于怎样达到幽默诙谐或讽嘲的修辞效果,我们认为仿讽、别解、旁逸、歧疑、移时、衬跌、例示、易序、承转等几种基本的修辞文本模式可以企及这一修辞目标。

第一节　旧瓶装新酒:仿讽

仿讽,是一种有意模仿特定既存的词语、名句、名篇的结构形式而更替以全新内容,通过旧形式和新内容的匹配来与旧形式和旧内容进行对比,形成一种格调意趣上的反差,从而造就一种幽默诙谐效果的修辞文本模式。

仿讽是"仿拟"的一种。仿拟,可以分为"正仿"与"反仿"两类。"正仿"一般称之为"仿拟",是"单纯模仿前人的作品,学得惟妙惟肖";"反仿"则称之为"仿讽","不但模仿前人的作品,在句法与调子上惟妙惟肖,而且是为了滑稽嘲弄而故意摹仿特定的既成形式,借形式与内容的不调和,模拟嘲讽,达成滑稽悦人的效果"[①]。

[①] 参见沈谦:《修辞学》第 153 页,台北:台湾空中大学印行,1996 年。

一般说来,"仿拟"不论是"正仿"还是"反仿",大抵都可分为"仿词""仿语""仿句""仿篇"等四类①。

所谓"仿词",是指在特定语境下有意模仿特定既存的语词(主要指双音节词)而临时造出一个新词以与现存词对应对照的情形。例如:

(一)……所以当天从大伯父家吃晚饭回来,他醉眼迷离,翻了三五本历史教科书,凑满一千多字的讲稿,插穿了两个笑话。<u>这种预备并不费心血,身血倒赔了些,因为蚊子多。</u>(钱钟书《围城》)

例(一)的"身血",是临时据现存词"心血"仿造出来的。因意有讽嘲意味,故属"反仿"(即"仿讽")中的"仿词"。

"仿词",无论是"正仿"还是"反仿",在古代汉语中都很少出现。但在近代汉语与现代汉语中,出现频率则较高。如清·曹雪芹《红楼楼》第十六回:"凤姐笑道:'妈妈你放心,两个奶哥哥都交给我。你从小儿奶的儿子,你还有什么不知他那脾气的?拿着皮肉倒往那不相干的外人身上贴。可是现放着奶哥哥,那一个不比人强?你疼顾照看他们,谁敢说个'不'字儿?没的白便宜了外人。——我这话也说错了,我们看着是外人,你却看着内人一样呢。'说的满屋里人都笑了。"②这里王熙凤所说的"内人",并非指汉语成语中专指"妻子"的谦语"内人",而是与"外人"形成对照的"内人",即"自己人""家里人"的意思。很明显,王熙凤这里所说的"内人",就属于"反仿"(即"仿讽")中的"仿词"。

所谓"仿语",是指模仿既存且广为人所知的成语、谚语等熟语的格

---

① 关于仿拟,学术界有不同的分类观点。陈望道分为"拟句""仿调"两类。"拟句"即"全拟既成的句法","仿调"是"只拟既成的腔调",见《修辞学发凡》第 89 页。目前学术界还有一种较为普遍的分类方法是将其分为"仿词""仿语""仿句""仿篇""仿调"等五类,见汪国胜、吴振国、李宇明《汉语辞格大全》第 171 页。两种分类法各有合理处,但也各有缺失。前者略宽泛,后者的"仿篇"与"仿调"之别似有不科学之处。本书对此两种分类法略作斟酌,分为四类,内部也另有调整,内涵亦略有些变化。

② 此例引见于汪国胜等主编:《汉语辞格大全》第 73 页,南宁:广西教育出版社,1993 年。

式而临时另造出类似于成语、谚语等新语的情形。例如：

(二)青少年时，食无甘旨，衣无新装，自然谈不上其他装潢。直到考上大学第一志愿，父母大约是倾家荡产——用所有积蓄为我买了生平第一条金项链。实在说，我从不曾感觉一条千足项链挂在脖子上，能使自己增加任何富贵气质，恰好相反，平时颈项坦荡荡，突然套上一条锁链，很有变种——成狗——的滋味。生活上，也多有不便，冬天人体畏寒，却让肌肤与金属相亲。夏天忌热，汗流浃背之时，一链系颈，滋味大不好受。垂首工作，不论读书写字，老觉下巴冒出山羊胡须。沐浴擦皂，牵绊尤多。在种种不便与不惯之下，终于解禁，顿感无"链"一身轻。(郑明娳《邋遢行江湖》)

例(二)的"无'链'一身轻"，是在上文所提供的语境下据人们常说的熟语"无官一身轻"临时仿造出来的，意在自嘲，属"反仿"(即"仿讽")中的"仿语"。

"仿语"，在现代汉语修辞中已经习以为常，但在古代汉语中，则难得一见。"反仿"(即"仿讽")的"仿语"，在汉语词汇史上几乎很难见到。但是，"正仿"的"仿语"，在汉语修辞史上还能偶尔一见。如《荀子·议兵》："后之发，先之至，此用兵之要术也"；东汉·班固《汉书·项籍传》："先发制人，后发制于人。"这两句话，就是汉语成语"先发制人"与"后发制人"的来源与出处。就"后发"与"先发"二语产生的先后顺序来说，"后发"在前，"先发"在后。因此，可以说东汉班固所发明的"先发"一语，乃是仿战国时代荀子的"后发"一语而来。而"先发制人"与"后发制人"两个成语，从班固"先发制人，后发制于人"的说法，我们则可以断定"先发制人"是原创，"后发制人"是仿拟，是班固之后的人根据"先发制人"的结构将"后发制于人"予以压缩而成的。由此可见，"正仿"的"仿语"在古代汉语中是存在的。

所谓"仿句"，是指模仿既存且广泛流传的名句，取其形式而改换内容或个别字词而成新句的情形。例如：

(三) 与胡茵梦离婚后,1984年12月5日,我有信给会云,有几段最能道出我的心境:

二十日机场见你含泪而去,在归途上,我想的却是《北非谍影》……我在这里,也准备凶多吉少,死在这里。宋朝梅尧臣写《东溪》诗,说:"情虽不厌住不得,薄暮归来车马疲"。我在这里,却"情虽已厌住下去,薄暮下笔不知疲。"(李敖《李敖回忆录》)

例(三)李敖所写"情虽已厌住下去,薄暮下笔不知疲"两句,即是据宋人梅尧臣的名句"情虽不厌住不得,薄暮归来车马疲"仿拟而来,语带自嘲意味,属"反仿"(即"仿讽")中的"仿句"。

相对于现代汉语,"仿句"无论是"正仿"还是"反仿",在古代汉语中都是更为普遍常见的。如唐·王勃《秋日登洪府滕王阁饯别序》:"落霞与孤鹜齐飞,秋水共长天一色"二句,令雅集主人阎公拍案叫绝:"此真天才,当垂不朽矣!"(五代·王定保《唐摭言》卷五"以其不称才试而后惊"条)其实,这两句并非王勃原创,而是仿自南朝文学家庾信之句。宋·陈善《扪虱新话》揭其事曰:"王勃《滕王阁序》'落霞与孤鹜齐飞,秋水共长天一色'之语,当时无贤愚,皆认为惊绝。然予观庾信《马射赋》,已云:'落花与赤(芝)盖齐飞,杨柳共青(春)旗一色'。则知王勃之语,已有本处。然其句调雄杰,比旧为胜。"除此,王勃《送杜少府之任蜀州》:"海内存知己,天涯若比邻"二句,亦非原创,乃仿自三国·魏·曹植《赠白马王彪》:"丈夫志四海,万里犹比邻。"又如宋·林逋《山园小梅》:"疏影横斜水清浅,暗香浮动月黄昏"二句,宋·司马光《温公诗话》极力称之,云:林逋"有诗名,人称其梅花诗云:'疏影横斜水清浅,暗香浮动月黄昏',曲尽梅之体态"。其实,林逋这两句并非原创,而是仿制品。《紫桃轩杂缀》揭其事曰:"江为诗:'竹影横斜水清浅,桂香浮动月黄昏'。林君复改二字为'疏影'、'暗香'以咏梅,遂成千古绝调。诗字点缀之妙,譬如仙者丹头在手,瓦砾皆金矣。"诗好仿句,文亦如此。如唐·骆宾王《为徐敬业讨武曌檄》有云:"班声动而北风起,剑气冲而南斗平。暗鸣则山岳崩颓,叱咤则风云变色。以此制敌,何敌不摧? 以此图功,何功不克",历代无数文人为之掉头苦吟。据说,"武则天读后击节叹服,非但不生气,反倒责问臣下为何没有网罗如此人才。"①其实,这几句亦非骆氏原创,而是仿自隋末祖君彦《为李密讨炀帝檄》:"百万成旅,四七为名。呼吸则河渭绝流,叱咤则嵩华自拔。以此攻城,何城不陷;以此击阵,何阵不摧"等句。虽然"骆文与祖文句法惟妙惟肖,题材内容大概相仿",但"骆文前二句之'山岳风云',兼含天地,境界雄伟壮阔。后四句的'制敌图功'较'攻城陷阵'尤为积极周延。在文章技巧和气势上,后来者居上,属成功的'仿拟'"②。"反仿"(即"仿讽")的"仿句",则相对较少,但也有令人解颐的文本。如宋·王辟之的笔记《渑水燕谈录(十)》:"贡父晚苦风疾,鬓眉皆落,鼻梁且断。一日与子瞻数人小酌,各引古人语相戏。子瞻戏贡父云:'大风起兮眉飞扬,安得壮士兮守鼻梁'。座中大噱,贡父恨怅不已。"其中,"大风起兮眉飞扬,安得壮士兮守鼻梁"二句,乃是"套拟刘邦《大风歌》'大风起兮云飞扬,威加海内兮归故乡,安得猛士兮守四方'首尾两句"③。苏轼仿汉高祖刘邦《大风歌》之句,而让"座中大噱",朋友刘攽(贡父)"恨怅不已",原因在于他的"仿句"文本"套拟得十分自然高妙,贡父与汉高祖都姓刘,二人是本家(中国人说同姓五百年前是一家);而且二人名字(刘邦与刘攽)声音相同,这就更有意思了。刘邦的《大风歌》是他平定天下后回到故乡与父老乡亲一起喝酒,酒酣意畅时,即兴唱出的。它充分表达了刘邦一统天下后的那种志得意满的万丈豪情,同时也表露了对于寻求猛将守护江山的深切思虑。这首歌的主题意趣充分展现了一代开国帝王的风流,读之令人不禁顿起"大丈夫当如此也"的万丈豪情。而苏轼改《大风歌》调侃贡父的"大风起兮眉飞扬,安得壮士兮守鼻梁"两句,则在内容与格调意趣上与刘邦原作形成强烈的反差,高下之别不可以道里计,幽默诙谐之趣油然而生,所以一座之人为之'大噱'"④。

---

① 沈谦:《修辞学》第158—159页,台北:台湾空中大学印行,1996年。
② 沈谦:《修辞学》第159页,台北:台湾空中大学印行,1996年。
③ 陈望道:《修辞学发凡》第89页,上海:复旦大学出版社,2008年。
④ 吴礼权:《语言策略秀》(修订版)第119页,广州:暨南大学出版社,2013年。

值得指出的是,现代汉语中的"仿句"还有另一种情形,前此未有人提及,这便是模仿古代汉语的某种特殊句式。例如:

(四)人说我是个书呆子,<u>书呆子者,书痴也。</u>如果没有书,我真不知道怎么过日子了。(杜渐《书痴的话》)

例(四)"书呆子者,书痴也",是仿照古代汉语判断句"……者……也"的格式而构成的,是另一种"仿句"模式。

所谓"仿篇",是指模仿既存的前人名篇,一般多是以篇幅较短的诗词曲等为对象来进行"旧瓶装新酒"的改造翻新的情形。例如:

(五)诚如冯氏在诗中所言"我写我说"、"我便是我",这是抗日将士的画像,直抒胸臆,坦率真诚,不假雕饰,意志昂扬,精神抖擞,足以恢弘志士之气!在此联想起北洋军阀张宗昌的打油诗:

大炮开兮轰他娘,
威加海内兮回家乡,
安得巨鲸兮吞扶桑!

语句粗鲁不文,但别具一股草莽中的雄豪之气。(沈谦《冯玉祥的丘八体诗》)

例(五)张宗昌的打油诗是仿拟于汉代开国帝王刘邦的《大风歌》:"大风起兮云飞扬,威加海内兮归故乡,安得猛士兮守四方"。这是属于全篇的仿拟,因语带嘲讽之意,属"反仿"(即"仿讽")中的"仿篇"。

"仿篇",一般都是仿拟篇幅短小的诗词或小品,不会仿拟长篇作品。而且在古代汉语中,也很少发现有"反仿"的"仿篇"文本,常见者多是"正仿"的"仿篇"。如盛唐诗人崔颢《黄鹤楼》诗:"昔人已乘黄鹤去,此地空余黄鹤楼。黄鹤一去不复返,白云千载空悠悠。晴川历历汉阳树,芳草萋萋鹦鹉洲。日暮乡关何处是？烟波江上使人愁。"宋·严羽在《沧浪诗话》中推崇曰："唐人七言律诗,当以崔颢《黄鹤楼》为第一。"据元·辛文房《唐才子传》卷一"崔颢"条记述："颢,汴州人……少年为诗,意浮艳,多陷轻薄,晚节忽变常体,风骨凛然。一窥塞垣,状极戎旅,奇造往往并驱江、鲍。后游武昌,登黄鹤楼,感慨赋诗。及李白来,曰：'眼前有景道不得,崔颢题诗在上头'。无作而去,为哲匠敛手云。"后来,李白心有不甘,乃作《鹦鹉洲》和《登金陵凤凰台》二诗。前诗曰："鹦鹉来过吴江水,江上洲传鹦鹉名。鹦鹉西飞陇山去,芳洲之树何青青。烟开兰叶香风暖,岸夹桃花锦浪生。迁客此时徒极目,长洲孤月向谁明",后诗云："凤凰台上凤凰游,凤去台空江自流。吴宫花草埋幽径,晋代衣冠成古丘。三山半落青天外,二水中分白鹭洲。总为浮云能蔽日,长安不见使人愁。"虽颇自负,但仍没有摆脱对崔颢《黄鹤楼》诗的规拟模仿痕迹。台湾学者沈谦认为,此二诗"均为摹仿《黄鹤楼》,属整篇的仿拟"[①]。然而,令人始料不及的是,就是崔颢这首被推崇为唐代七言律诗第一的《黄鹤楼》,追根溯源起来,亦非原创。真正的原创者,当推初唐杰出诗人沈佺期。沈氏有《龙池篇》诗曰："龙池跃龙龙已飞,龙德光天天不违。池开天汉分黄道,龙向天门入紫微。邸第楼台多气色,君王凫雁有光辉。为报寰中百川水,来朝此地莫东归。"将崔颢《黄鹤楼》诗与沈佺期《龙池篇》稍加比较,就不难发现两者不仅在句法结构上有惊人相似的地方,甚至在诗的气韵格调上亦有很大的一致性。因此,台湾学者沈谦认为,崔颢的诗不仅《黄鹤楼》是整篇仿拟沈氏《龙池篇》,《雁门胡人歌》一篇同样也是整篇仿拟沈氏《龙池篇》的。只不过《雁门胡人歌》一诗"音响节奏,较原作逊色",而《黄鹤楼》则"格高调响"[②],青出于蓝而胜于蓝,以致沈氏原创之作湮没不彰,少有人知晓。

"仿讽"虽可从形式上分为上述四类,但不管是何类"仿讽",都是基于一种以旧形式与新内容的结合来构成同一形式下的两种迥异其趣的语义意境内涵的反差,从而达到出人意表,别具幽默风趣或讽刺嘲弄的

[①②] 沈谦：《修辞学》第167页,台北：台湾空中大学印行,1996年。

意趣之心理预期。因此,这种修辞文本的建构,在表达上,由于表达者以"旧瓶装新酒"的手法来表情达意,情意表达形式的"熟悉化"与情意表达内容的"陌生化",使修辞文本别添了显著的新异性特质,表达的新颖性、生动性便自然凸显出来;在接受上,由于表达者所建构的修辞文本是取既存的旧形式而注以完全不同的新内容,新旧两种文本之间在格调意趣上出现了强烈反差,幽默诙谐或讽嘲的效果便不期而至。例如:

(六)我第一次不过旧历年的时候,爸爸面临理智与感情的矛盾:理智上,他知道我做得对;感情上,他怪我太重是非,太不肯迁就……不过,他死后,妈妈陷入一个寂寞的处境。当第一个旧历年到来的时候,当妈妈习惯性地替我安排大鱼大肉以外的炒饭的时候,我没说一句话,放弃了炒饭,加入了"过年派"的阵营。有一次过年时,我向妈妈以下的各位,讲述李济说我气死老头子的话,大家听了哈哈大笑。我开玩笑说:"我若真有气死老头子的本领,那我该把别人的老头子气死几个,我是绝不遵守传统,'气吾老以及人之老'的!"(李敖《李敖回忆录》)

例(六)李敖所说的"气吾老以及人之老",是据《孟子·梁惠王上》篇中孟子所说的名言"老吾老,以及人之老,幼吾幼,以及人之幼,天下可运于掌"中的"老吾老,以及人之老"一句临时改写而成。孟子名句的原意是说他所构拟的理想社会中的人之高尚精神境界,而李敖这里的改写是反其意的调侃。这一修辞文本的建构,从表达上看,由于表达者的表情达意是借人们熟知的孟子名句的结构形式来进行,情意表达形式的"熟悉化"与情意表达内容的"陌生化"(气死自己的父亲并推及其他人的父亲),使修辞文本别添了新异性的特质,表达的新颖性、生动性便顿然凸显出来;从接受上看,由于表达者所建构的修辞文本在表意上的调侃性与被仿拟的孟子名句表意的严肃性在格调意趣上出现了令接受者大出意表的强烈反差,幽默风趣的效果陡然而出。接受者于会心一笑之余深刻领悟了表达者调笑的用意(他们父子情深,说他气死父亲纯系无端攻击),并深深地感佩表达者的表达智慧,于文本解读接受中获取了一种独特的审美享受。

又如：

(七)贵还在其次,还难买,琴鱼是论两论钱不论斤的,因为琴鱼产量少,很难捕到。我十一岁时离家赴宣城当学徒,便曾经过琴溪,因为等渡船,顺便看当地人用网捕鱼,每次收网,总不过一二十尾,不够铺满一双手掌心的,因为稀少,所以贵,因为有神话,其味又鲜美,所以名贵;<u>名贵也者,定有很多道理也</u>。(张拓芜《佐茶的鱼》)

例(七)"名贵也者,定有很多道理也",是个仿拟修辞文本。它是模仿古代汉语判断句的常式结构模式"……者……也"。这一修辞文本的建构,在表达上显得新颖、生动,因为"……者……也"结构形式的"熟悉化"与文本所注入内容的"陌生化",使修辞文本别添了新异性的特质。在接受上,由于表达者所建构的修辞文本以古代汉语的旧形式来表达现代汉语的新内容,旧形式表现旧内容的严肃性与旧形式表现新内容的调侃性,使两者格调意趣上产生了极大的反差,幽默风趣的效果油然而生。接受者于会心一笑中获取了平淡情事艺术化的表达智慧,得到了一种文本解读的快慰。

第二节　老树发新枝:别解

别解,是一种在特定语境下临时赋予某一词语以其固有语义(或惯用语义)中不曾有的新语义来表情达意的修辞文本模式①。这种修辞文

---

① 关于"别解"的立格与命名,学术界多有争议。谭永祥将之定义为:"运用词汇、语法或修辞等手段,临时赋予一个词语以原来不曾有的新义,这种修辞手法叫'别解'。这里所说的词汇手段,是指字(词)的多义;语法手段,是指改变词性或结构层次;修辞手段,包括比喻、谐音等等。"见《汉语修辞美学》第113页。本书定义在此基础上作了进一步概括。

本,一般多是建立在表达者力图用突破常规的语义解释模式引发接受者的注意,使其在文本接受时产生心理落差,从而获取一种反逻辑无理而妙的心理愉悦的机制之上的。

别解作为一种修辞文本模式,它的建构,在表达上多具生动性、趣味性;在接受上,由于表达者所建构的修辞文本对词语的常规语义规约进行了出人意表的突破,原语义与新语义的反差造就了接受者心理的落差,注意力为之骤然集中,细细思量,不禁哑然失笑,从而在文本解读接受中获取了一种幽默风趣或讽嘲快感的审美享受。例如:

(一)王克敏是浙江杭州人,清朝举人,做过清朝留日学生副监督。民国以后,三度出任财政总长。**卢沟桥事变后,做"中华民国临时政府"行政委员会委员长,又做"新民会"会长,成了"前汉"(前期汉奸)。到了1940年,跟"后汉"(后期汉奸)汪精卫的"中华民国国民政府"合并,把"中华民国临时政府"改为"华北政务委员会",王克敏做委员长兼内政总署督办,名义上归汪精卫管,事实上自成体系。**(李敖《李敖回忆录》)

例(一)李敖这里所说的"前汉""后汉",即是别解。因为"前汉""后汉"二词都是有固定内涵的词语,前者指刘邦建立的西汉王朝,后者指刘秀建立的东汉王朝。一般情况下,我们都在这一含义下使用"前汉""后汉"二词的。可是李敖却分别临时赋予这二词以"前期汉奸"和"后期汉奸"这等不曾有的语义,令人无法梦见。由此,他所建构的这两个修辞文本在表达上便陡然增添了新颖性、生动性;在接受上,由于表达者所建构的上述修辞文本对"前汉""后汉"二词的常规语义规约进行了出人意表的突破,二词的原语义与表达者临时所赋予的新语义的巨大反差就造就了接受者心理上的巨大落差,注意力为之骤然集中,细细思量,不禁哑然失笑,深深感佩表达者李敖谈笑中对汉奸王克敏、汪精卫的无情鞭挞与嘲弄的表达智慧,于文本解读接受中获取一种幽默风趣和讽嘲快感的审美享受。

又如:

(二)记得中学时代曾经盛行"布袋装",两片切割整齐的布料相对一缝,成为直布笼统的一个袋子,上下开口,就可以装人,腰间一带轻轻绾系。当时见姐姐日日穿着,玲珑有致,婀娜多姿。而今的"布袋"实要复杂许多;不论冬装夏衫,一律在肩部垫块大海绵,让每位女性天天竦肩缩耳;其次是宽领大袖,肩线掉在手臂上,腋下宽幅比裙摆还大。上衣穿在我身上,比洋装还长。想来"潇洒""帅劲"是今日时兴的潮流。不过老眼看去,像一串不修整的流苏挂在身上,<u>"吊儿郎当"四字足以尽之</u>。(郑明娴《邋遢行江湖》)

例(二)"'吊儿郎当'四字足以尽之",是个别解修辞文本。"吊儿郎当"这一成语的固定内涵是形容一个人仪容不整、作风散漫、态度不严肃等情状,这里表达者却将之临时赋予"宽领大袖的时装肩线掉在手臂上,腋下宽幅比裙摆还大,像一串不修整的流苏挂在身上的样子"之语义,这明显是别解修辞文本的建构。这一修辞文本的建构,在表达上显得新颖、生动;在接受上,由于表达者所建构的上述修辞文本对成语"吊儿郎当"的常规语义规约进行了出人意表的突破,原语义与新语义对比所产生的反差造就了接受者心理的落差,注意力为之骤然集中,细细思量,不禁哑然失笑,从而于文本解读接受中获取到一种幽默风趣的审美享受。

别解,并非是现代汉语中独特的修辞现象,而是古已有之。如明·冯梦龙《笑府·造方便》记有这样一则故事:"有造方便觅利者,遥见一人揭衣,知必小解,恐其往所对邻厕,乃伪为出恭者,而先踞其上,小解者果赴己厕。久之,其人不觉撒一屁,带下少粪,乃大悔恨曰:'何苦为小失大!'"这则故事中的"那位中国古人之所以在路旁'造方便'(即建厕所),并不是出于与人方便的目的,而是出于收集人的大小便而作肥料。也就是说,他'造方便'是采实用主义态度,以营利为目标。也正因为是这个目的,才有故事中那位古人为截客流而'为小失大'的事件发生,以致让他'大悔恨'。"[1]这则故事读后之所以让人忍俊不禁,究其原因是故事的

---

[1] 吴礼权:《表达力》第59页,台北:台湾商务印书馆,2011年。

最后一句:"何苦为小失大",运用了"别解"表达法。"它将汉语的常用词语'为小失大'(或写成'因小失大')在故事的特定语境中临时作了语义改变,即将原本表示'因为局部利益而损害了大局''为了小事而坏了大事'的意思,临时改换成'为了小便而损失了大便'。这样,让读者在比较了原语义与新语义之后,在心理上产生了极大的落差,不禁哑然失笑,既感佩创作者高妙的表达技巧,又深刻领会到创作者嘲讽国民孽根性的用意。"①又如清·小石道人《嘻谈录》记有这样一则故事:"一先生极道学,而东家极穷,每月束修常常拖欠。将到端阳,节礼却是一钱银子,用红纸写'大哉圣人之道'一句,装入拜匣,交学生送去。先生说:'既送节礼,为何写此一句送来? 想是说教学者亦要合乎圣人之道耳。圣人云:往者不追,来者不拒。又曰:自行束脩以上,未尝无诲。明明示我以免追节礼之意,自好从缓。'到了中秋,节礼连一钱也无。到了年节,仍旧毫无,先生只得相催。东家曰:'我于端节全送过了。'先生说:'一钱何以抵三节?'东家说:'先生岂不知《朱注》云:大哉圣人之道,包下两节而言?'"读了这则故事,大家都会认为这个穷东家真是聪明,极富表达创意。那么,这个表达创意是什么呢? 就是"别解"修辞文本建构得巧妙。"众所周知,《朱注》'大哉圣人之道,包下两节而言'一句,说的是'大哉圣人之道'的句意包括了下面的两节文字。所谓'包下两节',是指'包括以下二节文字'的意思。但是,穷东家为了达到赖掉两个节礼不送的目的,故意将'包下两节而言'的'两节'说成是'两个节日(的节仪)',这明显是一种'别解'表达法。"②穷东家的这种说法,"从表达上看,由于表达者(实际上真正的表达者是写这一故事的小石道人)对《朱注》之意理解的明显性偏差,从而使文本产生了深刻的引人入胜的趣味性,令文本中的接受者——先生——哭笑不得,却使文本外的接受者——读这则故事的读者——忍俊不禁;从接受上看,由于表达者东家的修辞文本明显地违反了《朱注》话语理解的常规,使文本中的接受者因超乎寻常的意外而感到目瞪口呆,

---

① 吴礼权:《表达力》第59页,台北:台湾商务印书馆,2011年。
② 吴礼权:《表达力》第50页,台北:台湾商务印书馆,2011年。

也使文本外的文本接受者解读文本时大出意外,从而引发了其文本解读中的'不随意注意',进而进入到意欲深究文本的'随意注意'阶段,最终悟出作者文本建构的精妙处,并得到文本解读的无尽乐趣。"①

第三节　一行白鹭上青天:旁逸

旁逸,是一种说写中"有意地离开主旨而旁枝逸出,加以风趣的插说或注释"②的修辞文本模式。这种修辞文本多是基于通过在正常逻辑叙述中暂时脱离正常逻辑叙述的轨道,以新异的内容唤起接受者的注意,以此达到维持正常内容的最终叙述完成的心理机制之上的。

旁逸修辞文本的建构,一般说来,在表达上,可以突破正常平实叙述的冗长沉闷而增添叙写的活力,使文本生动而富有情味;在接受上,由于表达者所建构的修辞文本是脱离常式叙写轨道而逸出的旁枝,"在轨"叙写内容的严肃性与"脱轨"叙写内容"插科打诨"的非严肃性所形成的格调意趣上的巨大反差,自然导致接受者接受心理的落差,在思味中哑然失笑,由此在文本解读接受中获取一种幽默风趣的审美享受。例如:

(一)我可真正是万万也没有想到,我能活到89岁,迎接一个新世纪和新千年的来临。

我经常说到,我是幼无大志的人。其实我老也无大志,那种"大丈夫当如是也"的豪言壮语,我觉得,只有不世出的英雄才能说出。<u>但是,历史的记载是否可靠,我也怀疑。刘邦和朱元璋等人,一无所有,从而一无所惧,运气好成了皇上。一批帮闲的书生极尽拍马之能事,连这一批人的并不漂亮的长相也成了神奇的东西,在这些书生笔下猛吹不已。他们年轻时未必有这样的豪言壮语,书生也臆造出来,以达到吹拍的目的。</u>

(季羡林《过年的感觉》)

---

① 吴礼权:《修辞心理学》(修订版)第102页,广州:暨南大学出版社,2013年。
② 谭永祥:《汉语修辞美学》第132页,北京:北京语言学院出版社,1992年。

例(一)中"但是,历史的记载是否可靠,我也怀疑。刘邦和朱元璋等人,一无所有,从而一无所惧,运气好成了皇上。一批帮闲的书生极尽拍马之能事,连这一批人的并不漂亮的长相也成了神奇的东西,在这些书生笔下猛吹不已。他们年轻时未必有这样的豪言壮语,书生也臆造出来,以达到吹拍的目的"这一大段文字,即是一个旁逸修辞文本。因为它与整篇文章的主旨根本无关,是旁枝逸出的部分。尽管在表意上,这一部分并非必不可少,但却有独特的修辞效果。从表达上看,这一修辞文本的建构突破了整个段落乃至整篇文章正常平实叙述的冗长沉闷而别添了叙写的活力,使文本生动而富情味,谈笑间对那些帮闲书生的无聊无耻行径进行了无情的嘲弄;从接受上看,由于整个段落乃至整篇文章"在轨"叙写内容的严肃性(谈老年与人生问题,随意中别含深意深沉)与这一修辞文本"脱轨"叙写的非严肃性所形成的格调意趣上的巨大反差,自然使接受者心理产生巨大的落差,于文本思味中不禁哑然失笑,由此便在文本解读接受中获取到一种幽默风趣的审美享受。

又如:

(二)历史的对比效应,有时很有意思,嘉靖这两位臣下,一个贪赃纳贿,藏镪亿兆;一个家无长物,死无殓资。尽管如此水火不容,但这也能找到共同点,他俩都是进《四库全书》的文人。一为铮铮风骨的文章高手,一为贪赃枉法的词赋名家,舍开人格不论,在文品上,两人倒也旗鼓相当,不分伯仲。<u>要是生在今天,在文协担当一个什么理事之类,不会有人撇嘴,说他们尸位素餐。至少,他们真有著作,这是一;他们有真著作,这是二;比那些空心大老、附庸风雅、小人得志、自我爆炒者,强上百倍。</u>
(李国文《从严嵩到海瑞》)

例(二)这段文字的主旨是说海瑞和严嵩人品的高下优劣不可同日而语,但在文品上二人则旗鼓相当,各有突出的成就。意思述说至此,应该说是文到意足,文章应该就此继续往下行文。然而,作者不然,却出人意料地加出"要是生在今天,在文协担当一个什么理事之类,不会有人撇嘴,说他们尸位素餐。至少,他们真有著作,这是一;他们有真著作,这是二;比那些空心大老、附庸风雅、小人得志、自我爆炒者,强上百倍"这一大段与本段主旨无关的议论来,这明显是脱离了文章的主旨,似乎在说废话。其实不然,这一大段话是个旁逸修辞文本。在表达上,它突破了全文平实直叙的冗长与沉闷,增添了叙写的活力,生动地再现了而今文坛风气大坏,无学问而有手段的小人附庸风雅,得意非凡地跳窜于文坛之上,搞得文坛乌烟瘴气的社会现实情状;在接受上,前文"在轨"叙写的一本正经与后文"出轨"叙写的"插科打诨"所形成的格调意趣上的巨大反差,导致了接受者接受心理的巨大落差,在文本思味中不禁哑然失笑,其对当今文坛的无情揭露与嘲弄,调侃之中见深沉,幽默之中有苦痛,令人感慨,更发人深省,使接受者由此获取了文本解读接受中的幽默风趣和讽嘲快感的审美享受。

旁逸作为一种修辞文本模式,是现代汉语中所特有的修辞现象。在古代汉语中,目前尚未发现类似文本。修辞现象也是一种语言现象,会随着社会的发展而有所变化。因此,在汉语修辞史上,古已有之的修辞现象到后来逐渐消失了,而原来没有的修辞现象则会随着社会的变迁和语言的发展而产生出来。正如陈望道所指出的那样:"修辞现象也不是一定不易"[①],"修辞现象常有上落"[②],"修辞现象也常有生灭"[③]。

第四节 诱敌深入,声东击西:歧疑

歧疑,是一种在说写中故意"把其中关键性的部分暂时保留一下,不一口气说出来,有意地使信息接收者产生错觉或误会,然后才把那关键性的部分说出来"[④]以达到其特定的交际目标的修辞文本模式。

一般说来,歧疑修辞文本的建构,多是基于一种在修辞文本建构中前"造疑"后"释疑"以造成接受者心理落差而达成幽默风趣效果的心理

[①][②][③] 陈望道:《修辞学发凡》第194页、197页、198页,上海:复旦大学出版社,2008年。
[④] 谭永祥:《汉语修辞美学》第200页,北京:北京语言学院出版社,1992年。

预期。因此,这种修辞文本的建构,在表达上,有新异性特点,因为它突破了语言表达力求清楚、无疑、简洁的常规;在接受上,有幽默风趣的效果,因为修辞文本前面的"造疑"使接受者的接受产生了误解,而文本后面的"释疑"又与接受者"误解"的结果不同,接受者的心理预期便告落空,于是接受者再行检讨自己的解读结果与表达者所设定的结果之间的差距,意会到表达者表达的巧妙之后,便情不自禁地为之会心一笑。例如:

(一)"有一桩事,男人站着做,女人坐着做,狗翘起一条腿儿做。"这桩事是——握手。和狗行握手礼,我尚无经验,不知狗爪是肥是瘦,亦不知狗爪是松是紧,姑置不论。男女握手之法不同。女人握手无需起身,亦无需脱手套,殊失平等之旨,尚未闻女权运动者倡议纠正。在外国,女人伸出手来,男人照例只握手尖,约一英寸至二英寸,稍握即罢,这一点在我们中国好像禁忌少些,时间空间的限制都不甚严。(梁实秋《握手》)

例(一)"'有一桩事,男人站着做,女人坐着做,狗翘起一条腿儿做。'这桩事是——握手",是个典型的歧疑修辞文本。这一修辞文本所表达的意思,若以正常非歧疑修辞文本来表达,应该说成"握手的习惯,男人站着做,女人坐着做,狗翘起一条腿儿做"。然而,表达者却将这句简单的意思拆分为"'有一桩事,男人站着做,女人坐着做,狗翘起一条腿儿做'""这桩事是——握手"两句说出。而当前句说出后,接受者以自己的生活经验一定会解读其后句是"小便"。可是,当接受者看到表达者后面却给出"这桩事是——握手"的答案时,原来的心理预期便不免落空。但落空之后仔细寻思,不禁会心一笑,为表达者表达的出人意表和巧妙而深感折服。由此可知,梁实秋这一修辞文本的建构,在表达上确实具有不同于寻常说法的新异性特点;在接受上,则令人解颐,为之会心而笑,幽默风趣的效果十分明显。

又如:

（二）不用说评论部的主任有多荣耀，看看管辖的四个节目，《焦点访谈》《东方时空》《新闻调查》《实话实说》……管这四个节目，得应付多少人说情啊！

评论部的领导不难接近，编辑们还觉得不够味。每年春节前后，都要开个年会，名义上是总结工作、联欢，实际上是涮一把领导，争取把一年枪毙节目的不愉快都忘掉。

这成了评论部的民俗，这一天，玩笑再过火，领导也不计较。

狂欢密切了干群关系。

大家看看我创作的三句半，体会一下我们年会的火爆。

评论部里大联欢，
男女老少尽开颜，
主任亲自来参加，
添乱！

先吃饭来后喝酒，
领导群众是朋友，
谁要在这儿批评人，
疯狗！

三位主任很和气，
又像哥哥又像弟，
审完节目拍肩膀，
"枪毙！"

……

东边奔来西边跑，
自己小家顾不了，

老婆跟了别人好,
再找!（崔永元《不过如此》）

　　例(二)有三个歧疑修辞文本,第一个"评论部里大联欢,男女老少尽开颜,主任亲自来参加,添乱",前三句与第四句在语意上出现了巨大反差,按照前三句的语意,第四句应该说"真好",可是表达者却出人意表地给出了反面结语"添乱";第二个文本"三位主任很和气,又像哥哥又像弟,审完节目拍肩膀,'枪毙!'",根据前三句的语意,第四句应该说"不错",可是结果出人意料,正好是其反面;第三个文本亦然:"东边奔来西边跑,自己小家顾不了,老婆跟了别人好,再找",根据前三句的思路,接受者根据逻辑情理自然推出"真倒霉",可是表达者却出人意料地给出了自己的结语"再找",其开朗洒脱的人生观,令人为之绝倒。上述三个修辞文本因为故意以前三句衬第四句,前扬后抑,前后语意出现巨大反差,使接受者的心理预期每每落空。但落空之后仔细寻思,不禁为之称妙,会心而笑。由此可见,作者所建构的上述三个歧疑修辞文本,不仅在表达上具有出人意表的新异性特点,而且在接受上有十分显著的幽默风趣的效果。作者之所以要在联欢会上写这种"三句半",并能在联欢会上成为搞笑的材料,即能证明歧疑修辞文本的建构确实具有幽默风趣的效果。

　　歧疑,并不是现代汉语中仅有的修辞现象,在古代汉语中也是经常能够见到的。如宋·司马光《涑水纪闻》卷十五:"集贤校理好滑稽,尝造介甫,值一客在座,献策曰:'梁山泊决而涸之,可得良田万余顷,但未择得便利之地贮其水耳。'介甫倾首沉思:'然安得处所贮许水乎?'贡父抗声曰:'此不甚难。'介甫欣然,以为有策,遽问之。贡父曰:'别穿一梁山泊,则足以贮此水矣。'介甫大笑遂止。"[①]司马光所记的这则故事,"其用意就是讽刺王安石变法新政的。这个故事的真实性如何,我们很难判定,但明显是在批评王安石为国开源理财走火入魔。故事中的贡父,就

---

① 此例引见于汪国胜等主编:《汉语辞格大全》第364页,南宁:广西教育出版社,1993年。

是跟苏轼关系很好的宋代著名文学家与史学家刘攽,他也是反对王安石新法的干将。当有客人向一心想着开辟财源的王安石建议抽干梁山泊湖水而垦万顷良田时,他明知这种想法荒诞不经,却故意表示赞同。当王安石执迷不悟而问策于他:抽干的湖水引到何处时,他不直言本意,而是先说'此不甚难',让王安石信以为真。而当王安石继续追问答案时,他才最终道出了真意:这种做法不可能。所谓'别穿一梁山泊,则足以贮此水矣',弦外之音就是别吃饱了撑的,瞎折腾。事实上,贡父没有这样实话直说,而是运用了'歧疑'表达法,先肯定'梁山泊决而涸之,可得良田万余顷'这一提议的合理性。当被进一步追问具体解决之道时,他则明确答复说'此不甚难'。正当王安石听了为之欢欣鼓舞之时,他突然亮出谜底:'别穿一梁山泊,则足以贮此水矣'。荒诞的解决之策,让王安石始料不及,原来的心理预期突然落空,遂不禁哑然失笑。不过,这笑是无奈的笑,也是解嘲的笑"①。又如清·程世爵《笑林广记》:"性缓人买新靴一双,性急人问之曰:'吾兄这靴子多少银子买的?'性缓人伸一只脚示之曰:'二两四钱。'性急人扭家人便打,说:'好大胆奴才,你买靴子因何四两八钱?赚钱欺主,可恶已极。'性缓者劝之曰:'吾兄慢慢说,何必动气?'又徐伸了一只脚示之曰:'此只也是二两四钱。'"这则故事读来之所以令人发噱,乃因有"歧疑"文本建构的缘故。众所周知,"在现实生活中,我们问人鞋子(古代称之为'靴',现在日本语中鞋子还是写作'靴',即是中国古代说法的遗留)的价钱总是问一双之价。这是生活常识,也是约定俗成的社会规约。"②但是,"这个故事中的慢性子人(性缓人)回答急性子人(性急人)的问题,却故意突破这一社会规约,不说一双靴的价格,而是先说一只靴价,让性急人误会而扭打其家人之后,才把关键的后半句说出。而当他把这后半句说出时,不仅让性急人大出意料,大呼上当,而且也让读这则故事的读者大跌眼镜,惊叹这性缓人竟然会对靴价作如此奇特的回答,在感叹性急人上当和性急者家人白白挨打的同

---

① 吴礼权:《表达力》第402页,台北:台湾商务印书馆,2011年。
② 吴礼权:《表达力》第403页,台北:台湾商务印书馆,2011年。

时,情不自禁地哑然失笑,从而获取到了一种幽默诙谐的文本解读的审美快慰"①。

第五节　时空交错,古今打通:移时

移时,是一种说写时故意"把现代的事物用于古代,把古代的事物加以现代化,有意造成事物的时空错位"②以企及某一特定交际目标的修辞文本模式。

一般说来,移时修辞文本的建构,多是基于一种以反逻辑悖情违理的戏谑之辞与深含于文本内层深刻严肃意旨的对比所形成的格调意趣反差造就接受者接受心理的落差,以期企及寓庄于谐的修辞目标的心理预期。因此,这种修辞文本的建构,在表达上多具生动性、新颖性特点,因为它是以反逻辑悖"情""悖"理"的形式出现,与合"情"合"理"的常规表达形式大异其趣;在接受上则多具幽默诙谐风趣的效果,因为修辞文本表达上所显现出的悖理违情的逻辑错误太过明显、太显幼稚笨拙,大出接受者意表,使其不禁为之哑然失笑。而当笑后寻思出其笨拙幼稚错误背后所隐含的深刻用意后,则又为之称叹叫妙,并为之会心一笑。例如:

(一)上海的摩登少爷要勾搭摩登小姐,首先第一步,是追随不舍,术语谓之"钉梢"。"钉"者,坚附而不可拔也,"梢"者,末也,后也,译成文言,大约可以说是"追蹑"。据钉梢专家说,那第二步便是"扳谈";即使骂,也就大有希望,因为一骂便可有言语往来,所以也就是"扳谈"的开头。我一向以为这是现在的洋场上才有的,今看《花间集》,乃知道唐朝就已经有了这样的事,那里面有张泌的《浣溪沙》调十首,其九云:

晚逐香车入凤城,东风斜揭绣帘轻,慢回娇眼笑盈盈。

---

① 吴礼权:《语言策略秀》(修订版)第129页,广州:暨南大学出版社,2013年。
② 谭永祥:《汉语修辞美学》第216页,北京:北京语言学院出版社,1992年。

消息未通何计是,便须伴醉且随行,依稀闻道"太狂生"。

这分明和现代的钉梢法是一致的。倘要译成白话诗,大概可以是这样:

夜赶洋车路上飞,
东风吹起印度绸衫子,显出腿儿肥,
乱丢俏眼笑眯眯。
难以扳谈有什么法子呢?
只能带着油腔滑调且钉梢,
好像听得骂道"杀千刀!"

但恐怕在古书上,更早的也还能够发见,我极希望博学者见教,因为这是对于研究"钉梢史"的人,极有用处的。(鲁迅《二心集·唐朝的钉梢》)

例(一)是鲁迅写于1931年的一篇短文,看似游戏笔墨,实是有所寓意的,是讽刺当时上海洋场上的"摩登少爷"们钉梢"摩登小姐"的无聊行为。其中,作者据唐人张泌的诗所译成的白话诗,是将20世纪30年代前后风行于上海滩的时髦摩登事物如洋车、印度绸衫子、超短裙(即诗中所指的"显出腿儿肥"的那种)、上海方言"扳谈""杀千刀"等来对译唐代的事物,将古今地域等时空界限统统打通了。因此,鲁迅的这首所谓"译诗"明显是一个移时修辞文本。从表达上看,由于表达者直接以现代时髦事物叙古代人事,因而在文本表现形式上就显得格外新奇,因而表达上便呈现出生动性、新颖性;从接受上看,由于修辞文本在表达上所显现的逻辑错误过于低级、幼稚、笨拙,故使接受者大出意表,不禁哑然失笑。然而笑后寻思出表达者于调笑中讥讽洋场无聊少年之用意后,则又不禁为表达者高妙的表达称叹叫好,于文本解读接受中获取了一种幽默风趣的审美享受。

又如:

（二）海瑞没有习鋆这两下子,有本事拿贪污来的钱,上下打点,铺平道路。他虽然平反了,昭雪了,有了令人景仰的清官声名,但朝廷里的主政者,包括皇帝,都对他敬而远之。作为门面点缀可以,要想委以重任则不行,怕海老人家较真,以免弄得大家都不愉快。可在"士"这个阶层中,卓尔不群之辈,经不起众星捧月,更经不住高山仰止,都会情不自禁地生出"天将降大任于斯人也"的圣人感,当这种强烈的"立德立言立功"的补天愿望,不能得到满足时,便会仰天长啸,椎心泣血。<u>瑞青天以辞职的办法要挟给他工作,写了一封公开信,"满朝之士,悉皆妇人",把主政者骂了个臭够。</u>（李国文《从严嵩到海瑞》）

例(二)"瑞青天以辞职的办法要挟给他工作,写了一封公开信,'满朝之士,悉皆妇人',把主政者骂了个臭够",是个移时修辞文本。因为"以辞职的办法要挟给他工作,写了一封公开信"等,都是现代的概念与说法,在中国封建时代的明朝,根本就无"辞职""写公开信"这种说法。由于表达者将此等荒唐的事写得如此活灵活现,文本构思与表现都显得稀奇古怪,因而表达上就凸显出生动性、新颖性的特点;从接受上看,由于表达者所建构的修辞文本在表达上所显现的逻辑错误过于明显、离谱、笨拙,因而使接受者大出意表,不禁为之哑然失笑。然而笑后寻思出表达者如此表达的深刻用意——在中国封建社会要做清官实在不易,"举世皆浊我独清"是行不通的,中国封建时代不具备清官生存的社会土壤。

移时是现代汉语中比较常见的修辞现象,在古代汉语中很少有其例,这是社会发展的结果,也是修辞现象与之俱进的结果,更是现代人在修辞文本建构上锐意创新的表现。

第六节　飞流直下三千尺:衬跌

衬跌,是说写中先按某种逻辑顺序叙述,最后突然转向,背离原有的逻辑思路的一种修辞文本模式。这种文本的建构,一般都是基于有意反逻辑而悖情违理,造就接受者产生心理落差,从而让人哑然失笑的心理预期。

正因为如此,这种修辞文本的建构,在表达上多有不合逻辑而显得悖情违理的特点,因而会让接受者在文本接受理解时情不自禁地为之哑然失笑。但是,笑过之后,细思其中滋味,则又不得不为其寓庄于谐的智慧折服,对其所要表达的真意留下深刻的印象。例如:

(一)旅行一次是如此的庄严!我的外祖母,一生住在杭州城内,八十多岁,没有逛过一次西湖,<u>最后总算去了一次,但是自己不能行走,抬到西湖,就没有再回来——葬在湖边山上</u>。(梁实秋《旅行》)

例(一)是作者谈旅行话题时顺带提到自己外祖母一生未曾出门旅行过,甚至生活在杭州城内一辈子,连西湖也没去过的往事。根据上下文语境看,这段叙述所要表达的自然是遗憾之意。但是,由于作者建构了一个衬跌修辞文本:"最后总算去了一次,但是自己不能行走,抬到西湖,就没有再回来——葬在湖边山上",前三句还顺着前面的思路写,让读者误以为他外祖母是被抬着去游览了一次西湖,实现了未竟的愿望。结果,读者却被告知,作者的外祖母是死后被抬到西湖边的山上葬了。至此,读者才恍然大悟,原来作者说的跟自己想的并不一样,先前的心理预期就落空了,不禁为之哑然失笑。但是,笑过之后,则为作者化悲伤为幽默的笔触而折服,对其达意传情的真意留下深刻的印象。

衬跌修辞文本的建构,不仅在书面语表达中有其特殊的效果,在口语交际中也效果明显。如:

(二)我们的干部如果没有本事,像渤海二号的局长一样,那么,<u>今后问题就不仅是出在渤海,也可能出在黄海,出在东海,出在南海,也可能出在上海</u>。(雷祯孝上海演讲辞[①])

[①] 此例引见于谭永祥:《汉语修辞美学》第273页,北京:北京语言学院出版社,1992年。

例(二)说到的"渤海二号",是指中国石油工业部海洋石油勘探局从国外引进的"渤海二号"钻井船。1979年11月25日,此船在渤海湾迁往新井位的拖航中翻沉,造成了船上七十四名工作人员死亡七十二人的重大事故。当时在社会上造成了很大影响,一般皆认为这是领导外行导致的(事实上此事件责任至今仍有争议)。所以,当时著名的演讲人雷祯孝在上海某大学演讲时就特意举此事件为例,强调"内行领导外行"的重要性。因为渤海二号钻井船是沉在渤海,而中国周边有四大海,除渤海外,从北往南依次还有黄海、东海、南海。所以,演讲者在说到事故出在渤海时,顺带说到"也可能出在黄海,出在东海,出在南海",完全是符合逻辑的,但是最后冒出个"也可能出在上海",就是典型的悖情违理了,因为上海不是海,而是城市。那么,演讲者为什么会这么说呢?原来是建构衬跌修辞文本,通过渤海、黄海、东海、南海与上海的差异,造成听众心理的落差,从而制造幽默,活跃演讲气氛,让听众对其所要宣达的主旨留下更深刻的印象。事实上,演讲者的这一目标达到了,所以这段演讲辞至今仍被人不时称引。可见,衬跌修辞文本的建构在言语表达上确有化平淡为生动、化沉闷为幽默的效果,值得我们重视。

第七节　用事实说话:例示

例示,是二人会话中说话人不对提问者的问题作直接理性的回答,而是举例让对方自己意会的一种修辞文本模式。这种文本的建构,一般都是基于反逻辑而避实就虚,以出人意表的回答令对方始料不及,陡生心理落差,不禁为之会心一笑的心理预期。

这种修辞文本的建构,一般说来,由于在表达上是以反逻辑为前提,不符合会话原则,因而越是以事实说话,言之凿凿,就越发让接受者心理落差增大,忍俊不禁,为之哑然失笑。正因为如此,在讲幽默的段子中我们时常会见到例示修辞文本的建构。如:

(一)小学生菲思做语文练习,碰到一个难题——节约与小气的区别是什么?爸爸回答说:"这很好懂,我给你举例子:**当我上街用钱很少时,你妈便说我是节约模范;当我要你妈节省用钱时,她却说我是小气鬼。**"(高胜林《幽默技巧大观》①)

例(一)是一个幽默笑话段子。之所以能成为引人发噱的幽默笑话,就是因为其中有一个例示修辞文本的建构。笑话中的父亲回答女儿"节约与小气的区别"的问题,没有就事论事,采用正常的语词释义模式解释二词的内涵,而是违反会话原则,给她举了一个例子,表面看来生动形象,实际是现编的故事,意在顺手牵羊讽刺其妻在用钱问题上采取双重标准。由此,造成了表面的举例说明的严肃性,跟深层的借题发挥的戏谑性形成了强烈的反差,让人不禁为之会心一笑。

又如:

(二)一个中文系的学生在学到古典主义、浪漫主义、现实主义、自然主义、女权主义这些名词术语后,便请老师解释。

这位一向以幽默闻名于校的老师说:"一名男士跟一群女士开玩笑地说:'假如有一个男子误闯入你们女子更衣室,你们怎么办?'A女子说:'我去跳楼。'这是古典主义。B女子说:'我就嫁给他。'这是浪漫主义。C女子说:'我的收费是很高的。'这是现实主义。D女子说:'请帮我拿一下衣服。'这是自然主义。E女子说:'我把他扔到窗外去。'这是女权主义。"(高胜林《幽默技巧大观》)

例(二)也是一个幽默笑话。这个笑话之所以能够让人读了会心一笑,根本原因在于答疑老师的回答方式别出心裁。学生问他文学史上古典主义、浪漫主义、现实主义、自然主义、女权主义等术语的涵义,他不直截了当地予以解释,而是"王顾左右而言他",绕开问题,临时编造了一个男子误闯女子更衣室的故事,然后借虚拟的故事场景,让五个女子跟那

---

① 此例引见于高胜林:《幽默技巧大观》第149页,上海:上海科学技术文献出版社,2002年。

男子对话。不难看出,这个对话其实就是一个例示修辞文本。它的建构,从表达上看似乎非常生动形象,但实际上却违反了会话原则,是反逻辑的悖情违理之辞,因此在接受上就极易引人注意,令人回味。当接受者经过思考,体味出了表达者(包括直接表达者老师与间接表达者笑话的编造者)文本建构的用意,就会折服于表达者的表达智慧,并不禁为之会心一笑。

第八节　资源重组:易序

易序,是说写表达中借助特定的语境对某个语词的顺序进行置换,从而别出新意的一种修辞文本模式。这种文本的建构,一般都是基于以语序的临时变换而唤起接受者的注意与思考,令其在始料不及中陡生心理落差,不禁会心一笑的心理预期。

一般说来,这种修辞文本的建构,由于表达上有出人意料的新异性,语序变换后,原语词与新语词在语义上的极大落差,往往会突破接受者的意料,令其陡生强烈的心理落差,但细思之下,则不禁为表达者的智慧所折服,并为之会心一笑。如:

(一)先生教死书,死教书,教书死;学生读死书,死读书,读书死。(陶行知联语)

例(一)是现代教育家陶行知批评中国旧式教育方式的一副联语,不仅切中其弊端,令人折服,而且幽默生动,让人过目过耳不忘。那么,这副联语何以有如此的魅力呢? 其实,这跟它本身是一个易序修辞文本有关。这副联语虽然有二十二字,但实际上只用到五个词,分别是两个双音节词:"先生""学生",三个单音节词:"教""读""书"。但是,这五个普通的汉语词,经过表达者陶行知的排列组合,变成了一个易序修辞文本:"先生教死书,死教书,教书死;学生读死书,死读书,读书死",达到了资源重组的最大效益。"上联通过'教''书''死'三个单音节词的不同语序排列,写出了封建时代先生教学方式的落后呆板和先生教学生涯的悲情结局;下联通过'读''书''死'三个单音节词的不同语序组合,写出了封建时代学生读书方式的不科学和学生采用这种方式读书的悲惨结果。仅仅二十二字就将中国封建教育制度害人害己的弊端揭露得深刻深入,令人警醒"[1]。由于这一联语的文字表达新颖生动,语序变换后的语义对比色彩十分强烈,让接受者的心理产生了极大的落差,不禁为之深思,由表达者寓庄于谐的表达中获得启发,进而反思中国传统教育方式的弊端,思考如何改进中国教育方式,建立现代教育体系。可见,易序修辞文本的建构,不仅幽默生动,令人解颐,而且还能起到很好的宣传作用。

又如:

(二) 好几个拿了介绍信来见的人,履历上写在外国"讲学"多次。高松年自己在欧洲一个小国里读过书,知道往往自以为讲学,听众以为他在学讲——讲不来外国话借此学学。(钱钟书《围城》)

例(二)这段文字写国立三闾大学校长高松年看不起当时履历上写外国讲学自欺欺人的求职者的心理。如果这层意思小说作者直写出来,读来一定让人觉得平淡如水。可是,作者别出心裁地将汉语中的"讲学"的语序作了颠倒,临时衍生出一个"学讲"的新词来,从而建构了一个易序修辞文本,将"讲学"与"学讲"在同一语境下进行对比,让接受者(读者)领会原词与变序后的新词在语义境界上的高下反差,由此产生心理上的落差,于是幽默讽嘲的效果便不期而至。

易序修辞文本的建构,其实并不是现代人的发明,而是古已有之的。如清代小石道人《嘻谈录》中有则故事曰:"新姑娘出嫁,母亲遣伴娘同往。伴娘回来,母亲问姑娘入洞房后说些什么话,伴娘说:'只听得姑娘说妙。'母亲说:'新过门的人如何说得妙。'乃用纸条写'不可言妙'四字,交伴娘带去给姑娘看。姑娘看了,亦写一纸条答复曰:'妙不可言'。"此

---

[1] 吴礼权:《语言策略秀》(修订版)第61页,广州:暨南大学出版社,2013年。

例中母亲"不可言妙"的教诲,与其女"妙不可言"的回信,都是由四个汉字构成,但语序变换后,巨大的语义反差令接受者陡生巨大的心理落差,不禁为之会心一笑。

第九节　明修栈道,暗度陈仓:承转

承转,是一种说写表达中先顺承接受者之意而暗转笔锋或话锋以呈露己意的修辞文本模式。一般说来,这种文本的建构,都是基于前顺后逆的对比,以突如其来的语义转折令接受者始料不及,从而造成其心理落差的心理预期。

这种修辞文本的建构,由于表达上存在着前后句对立矛盾的语义落差,因而接受上往往会让人产生一种始料不及的错愕感,由此引发其回味深思。当接受者最终解读出文本的奥义精蕴,便会折服表达者的文本建构智慧,并情不自禁地为之会心一笑。如:

(一) 一个雨天,某妇女牵着一条狗上了公共汽车,她对售票员说:"喂,如果我给这条狗买一张车票的话,它是否也能有个座位?"

售票员说:"当然行,太太。不过,它也必须和其他乘客一样,不要把脚放在座位上。"(高胜林《幽默技巧大观》)

例(一)售票员的话就是一个承转修辞文本。他先爽快地答应了宠物主的无理要求,然后再逆转话锋,对其给狗买座位的要求提了一个前提条件:"狗必须像人一样坐着,脚不能放在座位上"。由于这个条件是宠物主不可能满足的,因而宠物主的要求自然也就不能实现。宠物主虽然明白售票员的意思,但由于售票员的拒绝显得婉转而幽默,没让她当众丢面子,这就在最大程度上避免了其逆反心理的产生,由此引发其深思回味,不得不折服售票员的表达智慧,心服口服之余,自然从内心深处发出会意一笑。

又如:

(二)晚会上,一位姿容秀美的姑娘胸前挂着一个飞机模型项饰。

这时,有个空军军官忘情地看着,弄得姑娘有些不好意思,便问:"你是不是觉得我这架飞机很好看?"

"小飞机确实很美,不过,那机场更美。"(哈哈《办公室裸语》)

例(二)空军军官的话也是一个承转修辞文本。他先顺着姑娘的话,说她胸前佩戴的飞机模型项饰确实很美,巧妙地解除了姑娘被看的尴尬;然后突然话锋一转,袒露了自己的本心:他是醉翁之意不在酒,看的不是她所佩戴的飞机模型项饰,而是那飞机模型项饰所在的姑娘动人之处。由于这层意思的表达说话人用了一个机场之喻,遂使表意显得既生动形象又婉约蕴藉,十分耐人寻味。由此,修辞文本遂在前承后转之中,使接受者的心理产生了极大的落差,不禁为之错愕不已。但是,错愕之后,接受者再细思玩味,则不得不为说话人达意的巧妙与幽默所折服,油然而从心底生出一种感佩之情。

小　结

言语交际的目的,就交际者来说,是为了传情达意;就受交际者来说,是为了获取信息,了解交际者的思想或情感。一个修辞文本的建构,在表达者来说,目的是尽可能好地传情达意;而在接受者来说,除了获取表达者所提供的信息或所表露的思想或情感倾向外,还有一种从表达者所建构的修辞文本中获取一种审美享受的欲念。这在人们热衷于听有趣的故事,读修辞技巧很高的美文等方面表现得十分突出。所以,在修辞文本的建构中,除了意在强化接受者的注意而力图尽可能有效地向接受者"灌输"表达者意欲表达的情意的修辞文本外,还有于传情达意的同时予接受者以幽默风趣或讽嘲快感审美享受的修辞文本的建构,也是修辞者(表达者)所常常努力企及的目标。因为人类需要幽默,需要讽嘲快感。从心理学的角度说,人是情感动物,有喜、怒、哀、乐等情绪,过喜或过悲等情绪的出现都会导致心理的失衡。而失衡的心理状态是必须得

第五章 幽默讽嘲的修辞文本营构模式

到新的平衡的,这就需要将郁积的某些心理能量进行释放,以获致心理的重新平衡。如人在极度痛苦时会捶胸顿足地哭,而哭到一定程度就渐渐平静下来,心境会平和起来;又如人在极度高兴时会手舞足蹈,得意忘形之后便会慢慢平静下来,恢复常态,等等。这些都是人在某种心理失衡后通过心理能量的释放而获致心理的重新平衡的表现。而当人的心理能量得到释放之后,会有一种快感。语言活动亦然。我们生活在现实社会,总会有种种的不如意,古人有"人生不如意事常八九"之说。不如意就会有心理压抑,就是心理失衡的表现。而心理失衡是于人身体健康有害的,是需要重新找回平衡的。如我们对现实生活的丑恶现象或不满意的事物,常会激起愤怒。为此,我们就会寻求愤怒情绪的发泄,比方说讽刺嘲弄之,然后就会有一种快感。这就是心理失衡后通过心理能量的释放而获得新的心理平衡的表现。本章所论述的仿拟、别解、旁逸、歧疑、移时、衬跌、例示、易序、承转等修辞文本模式的营构,多有修辞者力图于传情达意的同时予接受者以幽默风趣或讽嘲快感的审美享受的努力在。而接受者之所以喜爱解读接受这类修辞文本,也正是因为这类修辞文本能使他们化解心结、释放心理能量,获取某种审美享受,达到某种心理平衡。

幽默风趣或讽嘲快感的修辞文本的建构有独特的效果,为接受者所喜爱。但是,修辞者在建构这类修辞文本时应该明白,自己的才智是否确已达到了某种高度。林语堂说:"幽默是一种心理状态。进而言之是一种观点,一种对人生的看法。一个民族在其发展过程中,只要才能与理智横溢到足以痛斥自己的理想,幽默之花就会盛开,因为所谓幽默只是才能对自我进行的鞭挞而已。"[①]这一见解是有一定道理的。例如:

(一)三十年代,有一回上海艺文界的名流在国际饭店宴请张大千,稔知他最爱听梅兰芳唱戏,特地邀请梅兰芳作陪。入席时,大家公推张

[①] 林语堂:《中国人》(*My Country and My People*,郝志东等译)第49—50页,杭州:浙江人民出版社,1992年。

大千坐首席,再三恭请。

"大千先生,您是主客,理应坐首席,这个位子您如果不坐,还有谁能坐呢?"

大师面露诡谲的神情,莞尔一笑:

"梅先生是君子,理应坐在首位;我是小人,该当叨陪末座。"

几句话使众人莫名其妙,当下都愣在现场。梅兰芳很不好意思地陪笑道:

"张大师,今天是上海艺文界合请您,在下奉命来作陪,颇感光荣,何来'君子'、'小人'? 请不吝指教!"

大千先生好整以暇,从容不迫地说:

"不是有句话'君子动口,小人动手'吗? 您唱得一口好戏,誉满天下! 我只不过动手画几笔画而已。所以特地要请您君子上坐,让我小人动手执壶!"

一席话使众人恍然大悟,宾主开怀,于是请梅张二位并排上坐。(沈谦《张大千小人执壶》)

例(一)张大千的一席话之所以令人解颐,传布久远,在文坛艺坛传为佳话,就是表达者张大千的修辞文本建构得巧妙。它是一个典型的别解修辞文本,通过对"君子动口,小人动手"的故意别解曲解,通过自嘲自贬来获取意想不到的幽默风趣的接受效果。这里既表现了表达者张大千才智的过人,也见出了他自嘲自贬、消遣自己的勇气雅量。

当然,并不是所有的具有幽默风趣或讽嘲快感效果的修辞文本都是表达者"对自我进行鞭挞"的产物,也可能是调侃别人的结果(如果将林语堂所说的"自我"理解为"人类"意义上的"自我",那是可以这样说的)。但是,有一点是毫无疑问的,这就是修辞者(表达者)的才智应该达到某种高度,尤其是语言智慧和能力。否则便会弄巧成拙,闹出诸如传说中的军阀韩复榘演讲之类的笑话。

上面我们说具幽默风趣或讽嘲快感效果的修辞文本模式有本章论述的五种模式,但这只是说,这五种是基本模式,不排斥其他修辞文本的建构也有幽默风趣或讽嘲快感的效果。又如：

（二）1981年,梁老八十诞辰,诗人痖弦请了一桌寿宴,我有幸忝列末席,但不幸的是平生酒量太差,只好向他告饶:"梁老,我酒量太差,只能干半杯,您随意!"梁老面露诡谲的微笑:"那你就把下半杯干了!"(沈谦《梁实秋的流风余韵》)

例(二)梁实秋对沈谦说的"那你就把下半杯干了",是个折绕修辞文本,其意是要沈谦把一杯酒全干了。因为要喝掉下半杯必先喝去上半杯,这从逻辑上一推理便知。从接受上看,这话是很具幽默风趣效果的。

可见,企及幽默风趣或讽嘲快感效果的修辞文本并非仅是本章所论及的五种模式而已,而是说,这五种是最常见的基本模式罢了。

思考和练习

一、幽默讽嘲的修辞文本一般说来有哪几种基本模式？其修辞效果如何？

二、何为仿拟修辞文本？仿拟修辞文本模式,一般可以分为哪几类,请各举一例说明之。

三、什么叫移时修辞文本？这种修辞文本有什么基本表达特征？修辞效果如何？

四、请指出下列各例中各有什么修辞文本？请具体指出并说明其理由。

(1) 华中大学却在文庙和一所祠堂里。房屋又不够用,有的教室只像卖香烟的小棚子。足以傲人的,是学校有电灯。校车停驶,即利用车中的马达磨电。据说,当电灯初放光明的时节,乡人们"不远千里而来""观光"。(老舍《滇行短记》)

(2) 我读高一的时候,乡里举办中北部春节旅行,我也参加。第一天晚上,住在台中火车站附近的一家旅馆,这才第一次看见了抽水马桶,以前只看过图片。住进旅馆以后,大家都往厕所里跑。乡长站在一边维持秩序,一面叫着慢慢来,他说留得屎橛在,不怕没得拉?等轮到我,我一头冲进去,看见抽水马桶,心里有点害怕,还好我知道是用坐的,坐了上去,也不知怎么搞的几乎用了两百公斤的力量,仍然拉不出来,外头敲门敲得很急,我在里边更急,好一阵子,看看是不会有"结果"了,只好出来,身上直冒汗,乡长问:好啦,我说好了。那天晚上,好不容易熬到厕所空了,我才放心地走进去,蹲在马桶上,以后的两天,我都是一样。(阿盛《厕所的故事》)

(3)"雅舍"共是六间,我居其二……"雅舍"的蚊风之盛,是我前所未见的。(梁实秋《雅舍》)

(4)以短信消磨时间的称为信生活,只收不发为信冷淡,狂发一气为信亢奋,发错对象是信骚扰,发不出去是有信功能障碍,看着信息傻笑的基本已达到信高潮。(新浪网笑话)

(5)我今年九十三岁,两鬓早斑,顶发全白,所谓"皓首匹夫"这个名目,是无可否认的。加之,齿牙脱落,没有镶装,深恐镶了不舒服,未免多此一举,索性任其自然,好在我食欲并不旺盛,能吃的吃一些,不能吃的也就算了,这岂不是成为"无耻(齿)之徒"吗?

老伴周寿梅,逝世已越十多年,鳏居惯了,反觉得不闻勃豀交谪之声,一室寂静,悠然自得。但书经有那么一句话:"独夫纣",指无道之君而言。我是无妇之夫,单独生活,那"独夫"之名,也不得不接受。

我患有冠心病,时发时愈,总之,心脏有问题,无法根治,所谓"坏良心",我是自打招供的。且老年人,骨中减少了钙的成分,当然体重较轻一些,那又属于"轻骨头"了。

我每晨早餐,进粥一碗,佐餐的是玫瑰腐乳,所谓"生活腐化",我是实行的了。又老年人的进食,以进蔬菜为宜,可是我适得其反,午餐喜啖红烧肉,古人说:"肉食者鄙",我又是一个"鄙夫"。

我执教鞭一辈子,中学、大学、女学,教过数十所,但一方面教书,一方面参加社会的文艺活动,兼为各刊物写稿,一些朋友,和我开玩笑,说我"不务正业"。我除写作外,什么都是低能,家中机械化的新颖用具,我都不解如何施用,必须儿媳为我启闭,因自号"拙鸠","拙鸠"也就是"笨伯"的别称。

性情带些迂执,大有"迂夫子"之概,复自取一号"大迂居士"。"老而不死是为贼",我年届耄耋,当然是十足道地的老子,"贼"的名目又是推卸不掉的。(郑逸梅《自暴其丑》)

(6) 当年的铸剑师干将莫邪,怎么也想不到我们今天的人口爆炸和剑器普及。他们要是知道宝剑终于成为大众手里的平常玩意儿,宁肯弹铗垂泪"下岗",宁肯把铸剑的炉子改烤羊腿烤羊肉串的炉子,也不会纵身投火的。事已至今,我们应该对干将莫邪做些深入细致的思想工作。敬爱的干将同志莫邪大嫂,从远处想呢,铸剑为犁,熔戈为爵,化干戈为玉帛,是普天下志士仁人的千年梦想,如果有这么一天,能把这个世界美坏了!(韩静霆《书生论剑》)

(7) 给你颜色,让你好看。(上海某理发店染发广告)

(8) 却说那诸葛亮闻听马谡失守街亭,不由得跌足叫苦,心中暗道:这马谡刚刚被提拔到领导岗位上来就闯下杀身之祸,却叫吾如何处置为好? 忽听帐下山呼:罪将马谡晋见丞相! 但见那马谡自缚跪伏于地。诸葛亮拍案厉声道:罪将马谡失了街亭还有何颜见吾,快将这厮推出辕门斩首示众。帐下武士正待动手,一谋士出班喝止,上前伏在诸葛亮耳边轻语:丞相,您诛马谡容易,可将来还有谁为您效劳? 再说这事若闹大了风传出去您也有用人失察之责呀,那不坏了您智谋过人、善用将才的一世英名? 依下官之见,息事宁人为上策。诸葛亮眼珠转动,羽扇急摇,拈须良久朝帐下喝道:且将马谡收监候审,待明日再作判决。

那诸葛亮回到下处待要安歇,忽报参军蒋琬来访,急传唤进来,那蒋琬行礼毕,却笑嘻嘻不肯开口。诸葛亮见状挥退左右,对蒋琬道:将军夜半来此定有急事,但说不妨。那蒋琬于袖中抽出一张礼贴道:实不瞒丞相,吾乃受马谡家人之托来说情的,念马谡与你共事多年,没有功劳尚有苦劳,与那些兵败投敌的将领比,马谡可谓忠心耿耿。对他的处理还是教育挽救、从轻发落为好。诸葛亮接过礼贴在灯下细瞧,见那上面开列着黄金二百两,纹银一千封,进口录像机、彩电各一部,高档香烟、名酒若干箱。诸葛亮心中大喜,暗忖:吾自隆中出山未曾得过这等实惠,有了这些财富,就是子孙也落得受用。口中却客气道:吾与马谡乃多年患难之交,老友有难焉可不救,送忒多厚礼就显得外道了,尔且将礼品带回。那蒋琬眼见大事告成,边退边曰:我受人之托,礼品带回岂不惹人耻笑,下官告辞了。言讫隐退于夜幕中。

翌日升帐,诸葛亮宣马谡入帐,那马谡生死未卜,直吓得抖成一团,只听得诸葛亮朗声念道:

察参军马谡长期受说大话空话之世风影响,冒领驻守街亭之重责。由于缺乏经验,对司马懿的阴险狡诈估计不足,以致兵败街亭,给伐魏事业造成一定的损失。但这属于前进当中不可避免的失误,是吾等应该交的"学费"。现宣布革去马谡参军之职,调离军中去军需部粮草处任副处级巡视员,原级别和待遇保留不变。望马谡吸取教训,戒骄戒躁,在新的岗位上干好工作。

……

当日,蜀军新闻处办的《古催报》登出一则消息——本报通讯员报道:诸葛丞相从伐魏大业出发,顶住各方面的压力,以超人的胆识保护和启用犯过错误的马谡。马谡饱读兵书,是著名的军事理论学家,是一个不可多得的人才……诸葛丞相唯贤是举的英明做法,调动了全军将士的积极性和作战热情,开创了伐魏的新局面。(郝维民《诸葛亮徇私赦马谡》)

(9) 又有一次,他从家中夹来了一部巨型的商务版《英汉大辞典》,这回是公然拿给我共赏了。这种巨著,连学校的图书馆也未得购藏,我接过手来,海阔天空,恣意豪翻了一阵,真是大开了眼界。不久我当众考问班上的几位高材生"英文最长的字是什么?"大家搜索枯肠,有人大叫一声说:"有了,extraterritoriality!"我慢吞吞摇了摇头说:"不对,是 floccinaucinihilipilification!"说罢便摊开那本《英汉大辞典》,郑重指证。从此我挟洋自重,无事端端会把那部番邦秘笈夹在腋下,施施然走过校园,幻觉自己的博学颇有分量。(余光中《思蜀》)

(10) 评论部里空气好,劳动竞赛季度搞,金银铜奖都发钱,太少。(崔永元《不过如此》)

(11) 甲问:"什么是事物的两面性?"乙答:"同是怀孕,太太怀孕是喜,小姐怀孕是忧。"(高胜林《幽默技巧大观》)

(12) 一对情人外出旅行,在车上和一位老先生相邻而坐。

老先生风趣健谈,小姐和他说得很是投机。她的男友不高兴了,小声对她说:"小心点,他是醉翁之意不在酒。"

女友安慰他说:"放心好了,我是醉酒之意不在翁。"

他俩的对话被老先生听到了,老先生自言自语地说:"我是醉酒之翁不在意。"(高胜林《幽默技巧大观》)

(13) 马戏明星是一位漂亮的驯狮女郎,动物对她唯命是从。一发命令,凶猛的狮子就用它的爪子搭在她肩上蹭她,观众欢声雷动。

只有一位男士不以为然:"这有什么值得欢呼的?谁不会这个?"

马戏场管理人员挑衅地说:"你愿意来试一下吗?"

"当然愿意,"男人答道:"不过,先得把那头狮子弄走。"(王政挺《中外奇辩艺术拾贝》)

第六章 关联变化的修辞文本营构模式
Section 6

大千世界万物纷繁,各种事物之间存在着错综复杂的关系。因此,如何清楚地说明纷繁复杂的事物及其相互关系,让接受者最大限度地理解接受,这是需要语言表达智慧和技巧的。本章所讲拈连、借代、移就、映衬、析字、顶真、引用等修辞文本的营构,就是直指这一目标的修辞努力。大千世界万物各有形态,但任何事物都不可能是一成不变的,而是不断发展变化的。因此,如何生动地呈现事物的发展变化,让接受者领悟其发展变化的合理性,这也是需要语言表达智慧与技巧的。本章所讲的转品、移用等修辞文本的建构,正是目标直指这一方向的修辞努力。

第一节 顺水推舟:拈连

拈连,是一种说写中两项事物连叙时,趁便将适用于某一事物的语词由此及彼地牵连搭挂到另一事物方面以追求某种独到效果的修辞文本模式①。

拈连修辞文本的建构,一般说来多是基于"关系联想"的心理机制之上的。修辞者(表达者)在建构修辞文本表情达意时,之所以会将适用于甲事物的语词牵连搭挂到乙事物方面,是因为甲乙两项事物在某种性质上存在着某种内在的因果关系。所以,当表达者在感知、反映当前事物

---

① 陈望道将"拈连"定义为:"甲乙两项说话连说时,趁便就用甲项说话所可适用的词来表现乙项观念的,名叫拈连辞。这种拈连的修辞方法,无论甲项说话在前或在后,都可应用。"见《修辞学发凡》第93页,上海:复旦大学出版社,2008年。

时,往往会由于与经验中或观念上已把握的事物相联系搭挂起来,从而由关系联想而建构起将甲乙两项事物打通的拈连修辞文本。这种修辞文本的建构,在表达上因反逻辑常规而具新异性、形象性;在接受上则有一种引人入胜、令人追索究竟的审美情趣。例如:

（一）<u>直等到满天阳光被渔网网尽,渔筏儿才缓缓归航</u>。沙岸上,弄潮儿郎的妻孥们一个个引颈迎候,殷勤地接过鱼篓,先掂一掂分量,若是接在手里的鱼篓是沉重的,心理便轻松,若是鱼篓是轻的,那么心情便沉重了。——然而,沉重和轻松又是一回事,只要平安归来,一天的盼望,便在这一刻获得慰藉。(艾雯《渔港书简》)

例(一)"直等到满天阳光被渔网网尽,渔筏儿才缓缓归航",是一个拈连修辞文本。因为"网"可以与"渔"配合构成"渔网"一词,但"网"作动词却不可与"满天阳光"配拢。表达者之所以要在述说"渔网网鱼"(甲项事物)时牵扯上"网阳光"(乙项事物),是因为表达者在感知、反映当前事物——渔民用渔网网鱼——时,由于与经验中和观念上已把握的事物——渔民在海上或江河水面撒网捕鱼时,波光粼粼的水面都要被渔网打破,好像水面上的阳光都被渔网网入网中一样——相联系搭挂在一起,于是经由关系联想便建构起了上述修辞文本。这一修辞文本的建构,在表达上显得新异、形象,因为"满天阳光被渔网网尽"的表达突破常规,反逻辑、悖逆无理。而"阳光"与"网"的搭配,则使无形抽象的"阳光"实体化,"网阳光"的动作行为便具形象感;在接受上,则别具引人入胜、令人追索究竟的审美情趣,因为修辞文本"网阳光"的反逻辑表达,使接受者在文本解读接受中不免顿生困惑,从而激发了其探索和破除困惑的兴味,进而获取破除困惑后的文本解读快慰。若以非修辞文本的形式出现,说"渔民们在太阳落去,海面没有粼粼波光时驾船返航",那么上述表达上和接受上的效果皆不复存在。

又如:

(二)等到醒来,发现几只黑色瘦胫的羊,正慢慢地啃着草,远远的有一个孩子跷着脚躺着,悠然地嚼着一根长长的青草。我抛书而起,在草场上迂回漫步。难得这些静的下午,我的脚步声和羊群的啃草声清晰可闻。回头再看看那曲臂为枕的孩子,不觉有点羡慕他那种"富贵于我如浮云"的风度了。<u>几只羊依旧低头择草,恍惚间只让我觉得它们嚼的不只是草,而是冬天里半发的绿意,以及草场上无边无际的阳光。</u>(张晓风《画晴》)

例(二)最后的一句"几只羊……以及草场上无边无际的阳光",是一个拈连修辞文本。由羊嚼草到羊嚼"冬天里半发的绿意""以及草场上无边无际的阳光",明显是由此及彼的牵连搭挂而致。表达者之所以要在述说"羊嚼草"(甲事物)时牵扯上"嚼绿意""嚼阳光"(乙事物),是因为表达者在感知、反映当前事物——羊嚼草——时,由于与经验中或观念上已把握的事物——冬天的草返青了大地便有绿意了,羊嚼充满绿意、洒满阳光的青草,便是嚼进了绿意,嚼进了阳光——相联系搭挂在一起,于是经由关系联想而建构了上述修辞文本。这一修辞文本的建构,在表达上显得新异、形象,因"羊嚼绿意、嚼阳光"的表达突破常规,反逻辑、无理悖逆,而"绿意""阳光"与动词"嚼"的超常搭配,抽象事物便具形象感。在接受上,则有引人入胜、令人思索的审美情趣,因修辞文本"嚼绿意""嚼阳光"反逻辑、无理悖逆的表达,使接受者在文本解读接受中自然顿生困惑,从而激发出探索和破除困惑的兴味,进而获取破除困惑后的文本解读快慰。若是正常表达,不以上述拈连修辞文本来表现,则表达与接受上的修辞效果皆无由生发。

拈连文本的建构并非始于现代,而是古已有之的修辞现象。如晋·陶渊明《拟古》诗:"未言心先醉,不在接杯酒"[①],由前句之"醉"追溯带出"杯酒",自然让人由此及彼,联想到诗人"出门万里客,中道逢嘉友"的惊喜心理状态。又如宋·张先《天仙子》词:"水调数声持酒听,午

---

① 此例引见于陈望道:《修辞学发凡》第94页,上海:复旦大学出版社,2008年。

睡醒来愁未醒"①,由"睡醒"顺势连及说到"愁醒",造语自然,"不著一字"地强化了忧愁的程度。

第二节 称此言彼:借代

借代,是一种说写中"所说事物纵然同其他事物没有类似点,假使中间还有不可分离的关系时,作者也可借那关系事物的名称,来代替所说的事物"②以企及某种特定效果的修辞文本模式。借代修辞文本模式,一般说来可以分为"旁借"和"对代"两大类③。

所谓"旁借",是指用随伴事物代替主干事物的借代。所谓"对代",是指"借来代替本名的,尽是同文中所说事物相对待的事物的名称"。

---

① 此例引见于陈望道:《修辞学发凡》第94页,上海:复旦大学出版社,2008年。
② 陈望道:《修辞学发凡》第65页,上海:复旦大学出版社,2008年。
③ 陈望道将借代分为"旁借"和"对代"两大类,每大类各分为四小类。"旁借"分为:(1)"事物和事物的特征或标记相代";(2)"事物和事物的所在或所属相代";(3)"事物和事物的作家或产地相代";(4)"事物和事物的资料或工具相代"。"对代"分为:(1)"部分和全体相代";(2)"特定和普通相代";(3)"具体和抽象相代";(4)"原因和结果相代"。见《修辞学发凡》第65—73页,上海:复旦大学出版社,2008年。谭永祥将借代定义为"甲乙两事物存在某种关系,便把甲事物藏去不说,借与之相关的乙事物来代替,这种修辞手法叫'借代'"。根据这一定义,谭永祥将借代分为"兼代"和"专代"两大类。"兼代"是"乙事物既是借体,又兼本体的一部分(公式为:乙兼代甲=乙甲)"。大致分两小类:一是用修饰语兼代被修饰语。二是用陈述部分与被陈述部分相互兼代。"专代"是指乙事物是甲事物的单纯借体(公式为:乙代甲=甲)。它又细分为三小类:一是音代,即"甲乙两事物在声音上相同或相似,便把甲事物藏去,借乙事物来替代"。二是形代,即"甲乙两事物在形式上原是作为一个'整体'的熟语或成语,被割裂为两部分,将一部分藏去,借徒具形式的而无意义的另一部分来替代"。三是意代,即"甲乙两事物在意义上有某种联系,便将甲事物藏去,借乙事物来替代"。参见《汉语修辞美学》第434—442页,北京:北京语言学院出版社,1992年。谭永祥的借代定义及分类,有一定的新意和合理性,但内中值得仔细推敲的地方也不少。相比之下,陈望道的定义及分类还是较为稳密些。本书主要采用陈望道的说法,但略增个人的看法。

"旁借"可以分为四小类,第一类是"事物和事物的特征或标记相代",例如:

(一)当时上海已经是用银元的天下,银元有袁世凯像和孙中山像之分,叫"袁大头""孙小头",民间自动变成了银本位,金圆券没人要了。市面上的情形是"大头小头,叮叮当当"。(李敖《李敖回忆录》)

例(一)"大头小头,叮叮当当"中的"大头""小头"即是分别以银元上的人像标记来代替银元本体的。

又如:

(二)无疑,一个白衣人的医绩乃其对"人"之信仰的结果,乃其对"人"之尊重所获得的来自人体的诚谢与报答。(王开岭《当一个痛苦的人来见你》)

例(二)"白衣人"是指"医生",都是以人物服饰特征来代替的。

以事物和事物的特征或标记相代,无论古今,都是最为常见的,尤其是以人物服饰标志或面貌特征相代,更是司空见惯。如日常口语中"巾帼不让须眉"[1],以"巾帼"代女子,以"须眉"代男子,即是以人物服饰或面貌特征代本体女人与男人。又如古代诗文中"洛中何郁郁,冠带自相索"(《古诗十九首·青青陵上柏》),以"冠带"代"顶冠束带的达官贵人"[2];"臣本布衣,躬耕于南阳"(三国蜀·诸葛亮《出师表》),"以'布衣'代平民"[3],都是以服饰特征代人。再如"九天阊阖开宫殿,万国衣冠拜冕旒"(唐·王维《和贾至舍人早朝大明宫之作》),以"衣冠"来"借代文武百官和各国使节","冕旒"代皇帝("天子之冠冕,冕前下缀的缀珠曰旒")[4];

---

[1] 此例引见于沈谦:《修辞学》第316页,台北:台湾空中大学印行,1996年。
[2][3] 沈谦:《修辞学》第317页,台北:台湾空中大学印行,1996年。
[4] 此例引见于沈谦:《修辞学》第318页,台北:台湾空中大学印行,1996年。

"纨袴不饿死,儒冠多误身"(唐·杜甫《赠韦左丞诗》)①,以"纨袴"代指达官贵人家的子弟,以"儒冠"代指文人学者;"黄发垂髫,并怡然自乐"(晋·陶潜《桃花源记》),是"以'黄发'代老人,'垂髫'代儿童。老人发白转黄,儿童垂发为饰曰髫"②,也都是以人物服饰标志或面貌特征代本体的。

"旁借"的第二类是"事物和事物的所在或所属相代",例如:

(三)陆子潇这人刻意修饰,头发又油又光,深恐为帽子埋没,与之不共戴天,深冬也光着顶……他讲话时喜欢窃窃私语,仿佛句句是军国机密。当然军国机密他也知道的,他不是有亲戚在行政院、有朋友在外交部么?他亲戚曾经写给他一封信,这左角印"行政院"的大信封上大书着"陆子潇先生",就仿佛行政院都要让他正位居中似的。

他写给外交部那位朋友的信,信封虽然不大,而上面开的地址"外交部欧美司"六字,笔酣墨饱,字字端楷,文盲在黑夜里也该一目了然的。这一封来函、一封去信,轮流在他桌上装点着。大前天早晨,该死的听差收拾房间,不小心打翻墨水瓶,<u>把行政院淹得昏天黑地</u>,陆子潇挽救不及,跳脚痛骂。(钱钟书《围城》)

例(三)"把行政院淹得昏天黑地"中的"行政院"是指"写有行政院字样的信封",这是以事物的所属来代替的。

又如:

(四)这大艺术喷射出的大美,曾倾倒过几多王朝,<u>也曾风靡过朱门绣户,蓬门茅舍</u>;这大美曾使盖世英雄五尺刚化为绕指柔……(李存葆《飘逝的绝唱》)

---

① 陈望道:《修辞学发凡》第65页,上海:复旦大学出版社,2008年。
② 此例引见于沈谦:《修辞学》第318页,台北:台湾空中大学印行,1996年。

例(四)"朱门绣户"代指"住在朱门绣户中的贵族","蓬门茅舍"代指"住在蓬门茅舍中的穷人",都是以事物的所在来代替的。

在日常语言生活中,如果我们稍微留意一下,就能经常发现"以事物和事物的所在或所属相代"的借代文本。如邓丽君演唱的流行歌曲《美酒加咖啡》中有一句歌词曰:"美酒加咖啡,我只要喝一杯",其中"一杯"就是以事物的所在相代,即以杯代杯中之物(酒或咖啡),这样的表达可以使语言简洁,符合语言的"经济原则"。如果我们读古典文献,那么会发现更多这样的借代。如《论语·泰伯》:"天下有道则见,无道则隐"①,以"天下"代指"天下之诸侯";《论语·颜渊》:"四海之内皆兄弟也"②,以"四海之内"代指"四海内的人"(即天下人);《孟子·告子上》:"万钟则不辨礼义而受之,万钟于我何加焉"③,以"万钟"代指"万钟之粟";唐·李白《将进酒》诗:"会须一饮三百杯"④,以"三百杯"代指"三百杯之酒";宋·苏轼《念奴娇》词:"大江东去,浪淘尽,千古风流人物"⑤,以"大江"代指"大江之水",等等,都是典型的"以事物与事物的所在相代"。

"旁借"的第三类是"事物和事物的作家⑥或产地相代",例如:

(五)曾经喜欢音乐,每天打开唱机,就是听不死的贝多芬、巴赫和莫扎特;也曾喜欢画,满满一抽屉的世界名画复制品,总想象自己有一天是雷诺瓦。(杏林子《重入红尘》)

例(五)"贝多芬"代"贝多芬的作品","巴赫"代"巴赫的作品","莫扎特"代"莫扎特的作品",都是以作家代作家所作的作品。

---

① 此例引见于宗廷虎等:《中国修辞史》第747页,长春:吉林教育出版社,2007年。
② 此例引见于沈谦:《修辞学》第320页,台北:台湾空中大学印行,1996年。
③④ 此二例引见于沈谦:《修辞学》第322页,台北:台湾空中大学印行,1996年。
⑤ 此例引见于陈望道:《修辞学发凡》第66页,上海:复旦大学出版社,2008年。
⑥ 陈望道《修辞学发凡》中所说的"作家",系借自日语,日语中的"作家"意指作者或制造者。

又如：

（六）服务员：先生，是喝青岛，还是喝力波？
顾客：喝青岛吧。（饭店中的日常对话）

例(六)"青岛"代"青岛产的啤酒"，是以事物产地来代替的。

事物和事物的作家或产地相代，在现代汉语中常见，在古代汉语中更多。如汉·曹操《短歌行》："何以解忧，唯有杜康"①，以"杜康"代"杜康所造之酒"，是制造者代产品的借代；晋·左思《咏史》："虽非甲胄士，畴昔览穰苴"，以"穰苴"代"穰苴所著兵法"（"穰苴，春秋时齐国人，官大司马，善治军。齐威王整理古司马兵法，把穰苴的兵法附在书中，称为《司马穰苴兵法》"②），是以作者代作品的借代；唐·白居易《春日尽》诗："醉对数丛红芍药，渴尝一碗绿昌明"，"昌明"是"蜀一地名，其地产茶"③，此以"昌明"代指"昌明茶叶"，是产品与产地相代。

"旁借"的第四类是"事物和事物的资料或工具相代"，例如：

（七）衣衫过时仍爱穿——实际上我眷恋的是那个无拘无束自由出入人间的年代。在今天，许多人只有蹲在家里，才敢抛弃铅华，还原为一个原始的自己。而我，却仍能放任自适行其邋遢之途，岂不快哉！（郑明娳《邋遢行江湖》）

例(七)"才敢抛弃铅华"中的"铅华"是指化妆品，是以事物的材料资料相代。

又如：

---

① 此例引见于陈望道：《修辞学发凡》第67页，上海：复旦大学出版社，2008年。
② 沈谦：《修辞学》第325页，台北：台湾空中大学印行，1996年。
③ 汪国胜等主编：《汉语辞格大全》第260页，南宁：广西教育出版社，1993年。

(八) <u>绳墨当然是可以教的</u>,而巧妙各有不同,关键在于个人。(梁实秋《写字》)

例(八)以"绳墨"代"笔画线条",古代木匠画线多靠绳墨,绳墨是画线的工具。所以这是以工具来代替的。

事物和事物的资料或工具相代,现代汉语中常见,古代汉语中也常见。如晋·左思《招隐二首》(其一)"非必丝与竹,山水有清音",以"丝""竹"代乐器,是以材料与音乐相代;唐·白居易《望月有感》:"田园寥落干戈后,骨肉流离道路中"①,以"干戈"代指战争,属以工具相代。

"对代"的第一类是"部分和全体相代",例如:

(九) 母亲常说:"那时,就像打陀螺,从一大早忙到夜深,转个不停。有时想偷休息,不去'晚学仔'——'私塾',先生又叫先生娘来催,<u>只好常半睡半醒在那里子曰子曰啦</u>!"(丘秀芷《两老》)

例(九)"只好常半睡半醒在那里子曰子曰啦"中的"子曰"是指称《大学》《中庸》《论语》《孟子》之类的儒家经典教科书,"子曰"是其中经常出现的词语,这是以部分代全体。

又如:

(十) <u>宋人多数不懂诗是要用形象思维的,一反唐人规律</u>,所以味同嚼蜡。(毛泽东《给陈毅同志谈诗的一封信》)

例(十)毛泽东的这段话②,其中"宋人""唐人"的说法,都是借代,是以全体代部分,实际所指分别是"宋代多数诗人""唐代多数诗人"。

---

① 此例引见于陈望道:《修辞学发凡》第68页,上海:复旦大学出版社,2008年。
② 此例引见于李定坤:《汉英辞格对比与翻译》第232页,武汉:华中师范大学出版社,1994年。

部分与全体相代,在古代汉语中也有。如《左传·文公十三年》:"子无谓秦无人,吾谋适不用也"①,"秦无人"指"无有识见之人",是以全体代部分;又如晋·左思《吴都赋》:"北山亡其翔翼,西海失其游鳞"②,以"翼"代"鸟",以"鳞"代"鱼",均为以部分代全体。再如唐·杜甫《自京赴奉先咏怀五百字》:"朱门酒肉臭,路有冻死骨"③,以"骨"代人,也是以部分代全体。

"对代"的第二类是"特定和普通相代",例如:

(十一)当然,不自谋生计而有好友代劳,亦一佳事。当年马克思能够安心写作,乃得力于资本家恩格斯的资助。<u>现在时代变了,马克思得自兼恩格斯才成</u>,所以忙上加忙,自在意中。(李敖《李敖回忆录》)

例(十一)"马克思得自兼恩格斯才成"中的"马克思"是指称"专心理论或学问研究的人","恩格斯"指称"重交情而不惜以金钱资助朋友的义士",这都是以特定代普通的。

又如:

(十二)<u>你不是人</u>,你不讲信任!(日常生活语)

例(十二)中所说的"人",根据后一句话"你不讲信任"可知不是指普通概念的"人",而是特指"不讲信任的人",这是以普通代特定。

相对来说,特定和普通相代,在古代汉语修辞中更为常见。如《孟子·告子下》:"人皆以为尧舜",以"尧舜"这两个特定人物代指泛称的"圣人"("'尧舜'为古代帝王唐尧、虞舜,二人被百姓崇敬为圣君、圣贤"④),属

---

① 此例引于陈望道:《修辞学发凡》第69页,上海:复旦大学出版社,2008年。
② 此例引于宗廷虎等:《中国修辞史》第777页,长春:吉林教育出版社,2007年。
③ 此例引于沈谦:《修辞学》第315页,台北:台湾空中大学印行,1996年。
④ 宗廷虎等:《中国修辞史》第756页,长春:吉林教育出版社,2007年。

于典型的以特定代普通的借代。又如宋·陆游《十一月四日风雨大作》:"僵卧孤村不自哀,尚思为国戍轮台。夜阑卧听风吹雨,铁马冰河入梦来。"其中的"戍轮台",是指戍守边疆。"轮台",即"今新疆轮台县,汉武帝曾作重地发兵驻守。诗人这里是用这样一个边境要塞,代指整个遥远的边防地区"①,这也是典型的以特定代普通的借代。以普通代特定的借代,相对来说比较少,但也偶有之。如明·凌濛初《二刻拍案惊奇》卷三《权学士权认远乡姑,白孺人白嫁亲生女》:"孺人道:'这等说起来,我兄与侄皆不可保,真个是物在人亡了!'又不觉掉下泪来"②,其中的"人亡",是指"我兄与侄",是特指,非泛指的人。因此,这是明显的以普通代特定的借代。

"对代"的第三类是"具体和抽象相代",例如:

(十三)等我和弟弟半工半读完成专校学业,然后各自成家,弟弟娶弟媳那一年,正逢父亲母亲金婚纪念,又是七十大寿,于是三喜一起做,好多亲朋好友一起来,都说爸爸妈妈:"<u>可以坐安乐椅啦!</u>"(丘秀芷《两老》)

例(十三)"可以坐安乐椅"代替"享清福",是具体代抽象。
又如:

(十四)<u>一池的绿</u>,一池无声的歌,在乡间不惹眼的路边——岂只有哲学书中才有真理?岂只有研究院中才有答案?一笔简单的雨荷可绘出多少形象之外的美善,一片亭亭青叶支撑了多少世纪的傲骨!(张晓风《雨之调》)

例(十四)是以"绿"代"绿色的荷叶",是抽象代具体。

---

① 汪国胜等主编:《汉语辞格大全》,引引此例用以说明"以部分代全体",非也。见该书第261页,南宁:广西教育出版社,1993年。
② 此例引见于宗廷虎等:《中国修辞史》第814页,长春:吉林教育出版社,2007年。

具体和抽象相代,在古代汉语修辞中也是司空见惯的修辞现象。如战国楚·屈原《楚辞·离骚》:"举贤才而授能兮,循绳墨而不颇",以"绳墨"("木匠画直线用的工具")代"法度""准则"①,是典型的以具体代抽象的借代。又如宋·李清照《如梦令》词:"知否?知否?应是绿肥红瘦",以"绿代海棠叶,红代海棠花"②,是典型的以抽象代具体的借代。

"对代"的第四类是"原因和结果相代",例如:

(十五)父亲的头发,从我懂事起,<u>就已"不再少壮"</u>,母亲有时会笑谑他:"白头翁"。父亲一生没用过染发剂,而头发又比实际年龄来得"老"。想来,这大概是因为他这一生命运多舛,忧愁催人老,所以白得快。(丘秀芷《两老》)

例(十五)所说头发"不再少壮"是指称头发"白",因为"不少壮",所以会"白",这是以原因代结果。

又如:

(十六)总之,我不怪他们公布我的信,我只是对他们公布的动机和目的,<u>感到要吐口水而已</u>。(李敖《李敖回忆录》)

例(十六)"吐口水"是代指"恶心",是以结果代原因。

原因和结果相代,以结果代原因的为最多,古今汉语皆然。古汉语中以结果代原因的更多。如汉·无名氏《古诗十九首·行行重行行》:"相去日已远,衣带日已缓",以"衣带缓"代指"人消瘦",是典型的以结果代原因。因为"'衣带缓'是人瘦的结果,相思又是人消瘦的原因。此处就果显因,暗示因相思而消瘦"③。又如唐·白居易:《长恨歌》:"汉皇重

---

① 参见宗廷虎等:《中国修辞史》第759页,长春:吉林教育出版社,2007年。
② 此例引见于陈望道:《修辞学发凡》第73页,上海:复旦大学出版社,2008年。
③ 沈谦:《修辞学》第339页,台北:台湾空中大学印行,1996年。

色思倾国",也是以结果代原因的借代。"'倾国',叙美人的魅力无边,佳人是原因,倾国是结果。"①再如清·曹雪芹《红楼梦》第六回:"刘姥姥会意,未语先红了脸,待要不说,今日所为何来?"②以"红了脸"代指"难为情",也是以结果代原因。以原因代结果的,虽然非常少,但也是存在的。如宋·范成大《题金牛洞》:"故乡吴江多好山,笋舆篾舫相穷年",就是一个以原因代结果的借代。因为笋舆就是竹舆,用原因的'笋'代结果的'竹'"③。

以上两大类八小类的借代,借代事物与被借代事物之间都有某种直接的关系或逻辑联系。而实际语言中还有一种借代,借代事物和被借代事物之间本无必然的联系或关系,但在特定语境中表达者临时赋予两者之间以联系,从而形成借代。例如:

(十七)爷爷和奶奶(祖母)结婚,也有一段故事……奶奶是热河人,也姓"李",因为中国传统同姓不婚,所以用瞒天过海,改姓"吕"。奶奶长得不怎么样,爷爷一骂她,就骂"穷山恶水,丑妇刁民!""丑妇刁民"很有个性,她在七十多岁去世前,还跟八十二岁的丈夫斗气不说话,他们在儿孙包围下,合照了相,可是尽管照相,话还是不说。(李敖《李敖回忆录》)

例(十七)"'丑妇刁民'很有个性"中的"丑妇刁民",是指代"奶奶"。但实际上"奶奶"与"丑妇刁民"两者之间并无必然的联系,不属上述两大类八小类中的任何一种借代。这里之所以能产生借代关系,是完全依托语境而临时性造就的,是作者行文中借上文中爷爷骂出的话"丑妇刁民"顺势指代"奶奶"。

又如:

---

① 沈谦:《修辞学》第340页,台北:台湾空中大学印行,1996年。
② 此例引见于宗廷虎等:《中国修辞史》第817页,长春:吉林教育出版社,2007年。
③ 陈望道:《修辞学发凡》第73页,上海:复旦大学出版社,2008年。

(十八)鸿渐道:"早晨出去还是个人,这时候怎么变成刺猬了!"

柔嘉道:"我就是刺猬,你不要跟刺猬说话。"

沉默了一会,<u>刺猬自己说话了</u>:"辛楣信上劝你到重庆去,你怎样回复他?"(钱钟书《围城》)

例(十八)"刺猬自己说话了"中的"刺猬"是指代柔嘉,这也是作者在行文中依托语境而临时造就了"柔嘉"与"刺猬"之间的借代关系,也不属上述两大类八小类中的任何一种借代。

因此,如果我们将上文所述的"旁借"和"对代"两大类再概括一下,统归为"关系借代"一类的话,那么借代事物与被借代事物间本无必然联系的借代,则就可以叫做"非关系借代"。由此,我们可以将借代修辞文本模式系统化为如下格局:

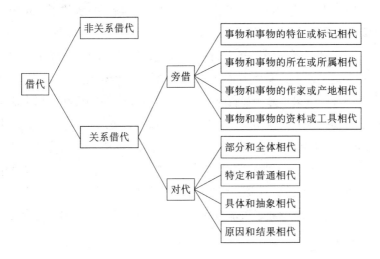

尽管借代比较复杂,但一般说来,借代修辞文本的建构大多是基于关系联想的心理机制。它们或是基于"关系联想"中的"种属联想",或是基于"关系联想"中的"主宾联想"(主从联想),或是基于"关系联想"中的"偏全联想",或是基于"关系联想"中的"因果联想",等等。修辞者(表达者)在建构修辞文本表情达意时,之所以会用"那关系事物的名称,来代替所说的事物"①,是因为"那关系事物"与"所说的事物"两者之间在客观上有着种与属的关系,或是主体与宾体的关系,或是部分与整体的关系,或是原因与结果的关系,等等。当表达者在感知、反映当前事物时,就会与经验中和观念上已把握了的以往经验过的事物相联系搭挂起来,从而建构起以"那关系事物"来代替"所说的事物"的借代修辞文本。这种修辞文本的建构,一般说来,在表达上都有形象性、突出性的效果;在接受上,则有引人思索、回味,提高审美情趣的效能。例如:

(十九)因为土地问题,反封建就反到了和尚,受打击的是住持、长老之类。这少数人打倒了,"鲁智深"解放了。(毛泽东《团结起来,划清敌我界限》)

例(十九)这段话②,其中"少数人打倒了,'鲁智深'解放了",是个借代修辞文本。"鲁智深"是人人皆知的小说《水浒传》中的典型文学形象,这里是代称"普通和尚",是以特定代普通的借代。这一修辞文本的建构,在表达上使表达者所说的普通和尚的形象、地位更形具体化,形象性、突出性的效果十分明显;在接受上,由于被借称事物鲁智深特定形象的典型性和鲜明性,就易于引发接受者的联想,运用再造性想象在脑海中复现出一个鲜活的鲁智深形象,这不仅有助于接受者对表达者所建构的修辞文本用意的理解和印象,也有助于接受者从中获取到一种文本解读接受的审美情趣。若表达者以非借代修辞文本表达说"这少数人打倒了,一般的和尚就解放了",那么就不可能企及上述的表达和接受效果。
又如:

(二十)我自小跟祖父学着饮早茶,只学会了吃桂花酥糖,饮茶则一

---

① 陈望道:《修辞学发凡》第65页,上海:复旦大学出版社,2008年。
② 此例引见于李定坤:《汉英辞格对比与翻译》第224页,武汉:华中师范大学出版社,1994年。

如牛饮,不辨其味。

台北衡阳路采芝斋和成都路的老天禄,都卖桂花酥糖,包装得很精美,但吃后粘牙。<u>如今我已好多年不曾"粘牙"了,不知道品质改良了一些没有。</u>(张拓芜《佐茶的鱼》)

例(二十)"如今我已好多年不曾'粘牙'了,不知道品质改良了一些没有",是一个借代修辞文本。"粘牙"是"吃糖"的结果,作者不说"好多年不吃桂花酥糖了",而说"好多年不曾'粘牙'了",这是以结果代原因的借代说法。这一修辞文本的建构,在表达上形象、突出地描述了台北所生产的桂花酥糖的吃口特点和品质层次;在接受上,文本不直陈"吃糖"而以吃糖的结果"粘牙"直接呈现给接受者,易于诱发接受者经由文本所提供的当前刺激物——"粘牙"而于文本解读中把表达者所说情形与自己经验中所把握的吃糖粘牙的经验相联系搭挂起来,运用再造性想象在脑海中复现出吃糖粘牙的儿时情趣,不仅在文本解读中了知到表达者不满意台北桂花糖品质的"微言大义",而且可以获取到一种文本解读接受的审美情趣。

第三节　移花接木:移就

移就,是语言活动中表达者在特定情境下临时"把人类的性状移属于非人的或无知的事物"[①]以凸显其特殊情感情绪状态的一种修辞文本模式。

从心理学的角度看,移就修辞文本的建构,是基于说写者凝神观照中物我同一的移情作用的心理机制。我们知道,人是高级情感动物,可以有"寂寞""悲伤""忧愁""欢喜""愤怒"等的情绪表现或性状,而"木""石""庭院""花""鸟""虫""鱼"等非人的或无知的事物则不会有诸如人的这种种情感情绪或性状。然而,事实上我们却常常在人们的说写中看

---

① 陈望道:《修辞学发凡》第94页,上海:复旦大学出版社,2008年。

到或听到诸如"快乐的鸟""悲伤的花""寂寞的庭院""无情的石头""愤怒的大海"等的写法或说法。何故?这是由于说写者在说写当时凝神观照或思索中我的情趣与物的情趣发生了往复回流,并在说写者特定的强烈情感情绪状态的主导下使物的情趣随着我的情趣而流转,以致非人或无知的事物遂有了人之情态性状。一般说来,移就修辞文本的建构,在表达上因非人或无知的事物具有了人之生命情态,因而文本的语言文字便别添了几多的生动性、形象性的特质;在接受上,由于修辞文本的建构将物我贯通交融为一体,文本的生动性形象性特质易于使接受者在文本解构欣赏中受到情绪感染,从而在表达者所建构的修辞文本的导引下经由文本的语言文字而产生与表达者文本建构时逆向的移情心理作用,进入与表达者修辞文本建构时凝神观照、物我同一的相同情感情绪状态,由此达到与表达者思想情感的共鸣,并经由文本的解构欣赏而获取一种美的享受。例如:

(一)……她严肃地说:"你的父亲原是一个铸剑的名工,天下第一……费了整三年的精神,炼成两把剑。

"当最末次开炉的那一日,是怎样骇人的景象呵!哗啦啦地腾上一道白气的时候,地面也觉得动摇。那白气到天半便变成白云,罩住了这处所,渐渐现出绯红颜色,映得一切都如桃花。我家的漆黑的炉子里,是躺着通红的两把剑。你父亲用井华水慢慢地滴下去,那剑嘶嘶地吼着,慢慢转成青色了。这样地七日七夜,就看不见了剑,仔细看时,却还在炉底里,纯青的,透明的,正像两条冰。

"大欢喜的光采,便从你父亲的眼睛里四射出来;他取起剑,拂拭着,拂拭着。<u>然而悲惨的皱纹,却从他的眉头和嘴角出现了</u>……'你只要看这几天的景象,就明白无论是谁,都知道剑已炼就的了,'他悄悄地对我说。'一到明天,我必须去献给大王。但献剑的一天,也就是我命尽的日子。怕我们从此要长别了。'……"(鲁迅《故事新编·铸剑》)

例(一)是写眉间尺的母亲向儿子叙说其父剑成人亡的原因。其中,

"悲惨的皱纹,却从他的眉头和嘴角出现了"一句,是个移就修辞文本。我们知道,"皱纹"不是人,它是肌肉运动所产生的皮肤表面的堆积,它不可能有"悲惨"这种情感情绪。然而在作家鲁迅笔下却有了"悲惨的皱纹"的说法。很明显这是因为作家以作品中人物口吻叙事时沉浸于自己所塑造的人物命运之中,在凝神观照叙写人物命运处境时产生了移情心理作用。我的情趣和物的情趣出现了往复回流,并且在我的极度悲哀的情绪主导下使物的情趣随我的情趣而流转,于是非人无知的"皱纹"便有了人的生命情态——"悲惨"的情绪情感表现。这一修辞文本的建构,从表达上看,因作家赋予无知非人的"皱纹"以人的生命情态——"悲惨"的情绪情感表现,使不可见的人物心理活动得以具体展示出来,修辞文本的语言文字也由此添出了几许的生动性形象性的特质;从接受上看,由于表达者建构的"悲惨的皱纹,却从他的眉头和嘴角出现了"这一修辞文本将物我打通,我的情趣和物的情趣贯融一体,接受者很容易在这种生动形象的文本的感染下经由表达者建构的修辞文本的语言文字而产生与表达者文本建构时逆向的移情心理作用,进入与表达者文本建构时凝神观照、物我同一的相同情感情绪状态——我即皱纹,皱纹即我,物我两难分,俱在悲惨中,由此达到与表达者思想情感的共鸣——为人物的命运担忧悲伤,并经由修辞文本的解构欣赏而获得一种美的享受——一种来源于文学欣赏之中的功成而命绝的悲情人生体验[①]。

又如:

(二)明天早上,辛楣和李梅亭吃了几颗疲乏的花生米,灌几壶冷淡的茶,同出门找本地教育机关去了。(钱钟书《围城》)

例(二)是写赵辛楣一行人,在去三闾大学途中由于路资不够,打电报让校长高松年汇来了一笔钱。但邮政当局却要他们找人担保才给钱。赵、李二人为此在人地生疏之处奔波多日,求助无门,弄得精疲力竭,而

[①] 参见吴礼权:《修辞心理学》(修订版)第137—138页,广州:暨南大学出版社,2013年。

且尝尽了被人冷淡的滋味。人所共知,"花生米"和"茶"都是非人无知之物,自然不可能有诸如"疲乏""冷淡"等人的感觉。但在作家笔下却有了"疲乏的花生米""冷淡的茶"的写法,这是明显的移就修辞文本模式。作家之所以建构出上述这一修辞文本,是由于作家在叙写赵、李二人的奔波之苦的情节时,凝神观照叙写赵、李二人的感受中产生了移情心理作用,我的情趣和物的情趣出现了往复回流,并在我的疲乏、被冷淡的强烈情绪感受的主导下使物的情趣随着我的情趣而流转,于是"花生米"和"茶"两种非人无知的事物便有了人的生命情态——"疲乏""冷淡"的情绪感受。这一修辞文本的建构,从表达上看,因表达者赋予"花生米"和"茶"等非人无知之物以人所特有的"疲乏""冷淡"等情绪感受之生命情态,一方面使修辞文本的语言文字别添了许多的生动性形象性的特质,另一方面也于生动形象的语言文字中强调凸显了赵、李二人身心疲乏、备感人情冷淡的情绪感受;从接受上看,由于表达者所建构的修辞文本是将物我打通,物的情趣与我的情趣融为一体而不可分,这就易于使接受者在文本解读欣赏中经由文本生动形象的语言文字而产生与表达者文本建构时逆向的移情心理作用,进入与表达者文本建构时凝神观照、物我一同的相同情感情绪状态——即物我不分,身心麻木到不知是人感到疲乏和被冷淡,还是花生米和茶感到疲乏和冷淡的忘情状态,由此达到与表达者的思想共鸣——人地生疏之处被人冷淡、求助无门的无奈苦情,并经由修辞文本的解构欣赏而获得一种美的享受——一种源于文学作品欣赏中体会到的世态炎凉的苦涩人生经验①。

  移就并非是现代人的原创,而是古已有之。古代诗文中,这种文本经常能够见到。如唐·白居易《长恨歌》:"蜀江水碧蜀山青,圣主朝朝暮暮情。行宫见月伤心色,夜雨闻铃肠断声",后二句就是生动的移就修辞文本。诗人"将人类所有的情感情绪状态'伤心''肠断'移属于非人类无知的'月色''铃声'。说唐明皇见月色而觉其是令人伤心之色,闻铃声而觉其是令人肠断之声,其失去杨贵妃的深切悲伤之情,其刻刻难忘杨玉

---

① 参见吴礼权:《修辞心理学》(修订版)第138页,广州:暨南大学出版社,2013年。

环的无限怀念之意,一一淋漓尽致地凸显出来"①。又如南唐·李煜《相见欢》词:"无言独上西楼,月如钩。寂寞梧桐深院锁清秋",其中"寂寞梧桐深院锁清秋"一句,便是移就修辞文本。"'梧桐''深院'都是非人无知的事物,不可能有'寂寞'的情感体验,而词人却说它们'寂寞'"②,这明显是因为"词人在亡国之恨与思念乡国的双重痛苦情绪下凝神观照自己被囚的庭院及院中的梧桐树等景物中产生了移情心理作用,我的情趣与物的情趣出现了往复回流,并且在我的强烈的怀乡念国的情感情绪主导下,使'深院''梧桐'等非人无知的事物有了人所特具的生命情态——'寂寞'的情感体验"③。这种表达虽是反逻辑的无理之辞,却"形象化地凸显出词人亡国被囚的那种常人无法体认到的乡国之思的痛苦"④。

第四节 人面桃花相映红:映衬

映衬,是一种说写中将相反、相对的两种事象组合于一处,从而互相映照、互相衬托的修辞文本模式⑤。

映衬修辞文本的建构,一般多是基于对比联想的心理机制的。修辞者(表达者)在表情达意或叙事写景时之所以会将相反、相对的两种事象组合到一处,是因为修辞者在经验中和观念上把握了以往经验过的事物和当前事物的差异性、对立性而产生了联想的缘故。一般说来,映衬修辞文本,在表达上都有形象性、鲜明性、深邃性的特点和效果;在接受上都能使接受者有更多的回味、思索的空间,从而获得最大限度的解读快慰与审美认识情趣。例如:

---

① 吴礼权:《语言策略秀》(修订版)第51页,广州:暨南大学出版社,2013年。
② 吴礼权:《语言策略秀》(修订版)第51—52页,广州:暨南大学出版社,2013年。
③ 吴礼权:《修辞心理学》(修订版)第137—138页,广州:暨南大学出版社,2013年。
④ 吴礼权:《语言策略秀》(修订版)第52页,广州:暨南大学出版社,2013年。
⑤ 本书的"映衬"定义和范围,与其他修辞学著作均有所不同,是笔者新的概括,正确与否可以讨论。

(一) 外国用火药制造子弹御敌,中国却用它做爆竹敬神;外国用罗盘针航海,中国却用它看风水;外国用鸦片医病,中国却拿来当饭吃。(鲁迅《电的利弊》)

例(一)是鲁迅发表于1923年的一篇文章中的一段,旨在批判当时的北洋军阀政府用现代科学技术制造新式武器,发明比外国和古代更残酷的刑法来迫害进步人士。这里表达者将外国与中国对火药、指南针、鸦片三物的不同运用方式放在一起相互对照,以揭示近代中国之所以落后、政治之所以腐败、国家之所以贫弱的深刻原因。是一个典型的映衬修辞文本模式。"外国"(主要指西方)与中国在空间上虽处于不同的位置,但都使用火药、指南针、鸦片,这一点就将遥不相及的"外国"与"中国"联系在了一起,使修辞文本建构者在感知、反映当前事物——"外国用火药制造子弹御敌""外国用罗盘针航海""外国用鸦片医病"——时,由于在经验中和观念上把握了以往经验过的事物——"中国用火药做爆竹敬神""用罗盘针看风水""拿鸦片当饭吃(即吸毒麻醉精神)"——的缘故,遂由两者的差异性、对立性唤起了对比心理联想,从而建构起上述的映衬修辞文本。这一修辞文本的建构,从表达上看,虽然字面上没有对所两相对照的三组事物作出任何的评价,但却因三组事物具象本身而形象、鲜明地凸显了文本所要表达的内涵——愚昧、迷信、封建专制是中国近代之所以政治黑暗、国家一直处于落后、贫弱状态的根本原因,中国要想政治进步和国力赶上世界先进国家,不被列强欺凌,就要向西方学习,要致力于发展科学,且要将科学用于正途。由于这一文本内涵是深蕴于文本所两两对照的三组具象之中,这就使修辞文本在语言表达上不仅具有形象性、鲜明性,而且还别添了一种深邃性。从接受上看,由于上述修辞文本所提供的三组互相映衬的具象还比较抽象、含糊,究竟外国人用火药制造出的子弹如何在战场上大显神威,使敌方如何溃不成军、闻风丧胆;究竟中国人用火药制作爆竹如何跪拜求神,卑恭虔诚得令人可笑;究竟外国人如何用罗盘针扬帆远航、经商贸易、开拓殖民地等;究竟中国人如何用罗盘针在建房、造坟中看风水,煞费苦心;究竟外国人如何用鸦片制药给病人麻醉,起死回生,造福苍生;究竟中国人如何吸鸦片,醉生梦死,卖儿典妻,家破人亡。这些具体的情形,接受者都不能从表达者所给定的文本中见出,但是接受者却可以根据自己已有的经验进行更多的再造性想象或创造性想象,丰富文本所展示的内容,深刻体认文本所蕴含的深意,从而获得更多的文本解读快慰与审美情趣(审美认识)。如果不以上述修辞文本来表达,而是直接、理性地说:外国的强大就在于崇尚科学,中国之所以落后就在于愚昧、迷信、封建专制;中国要想富强,就应该向西方学习,学习他们的政治民主,学习他们走科学发展之路。那么,文本在表达上就不可能有形象性、鲜明性和深邃性的特点,而堕入了一种说教的旧套中,语言必然显得枯燥乏味。同时,在接受方面,因为接受者没有解读文本的困阻,因而也无由获取克服困阻后的文本解读成功的快慰,进而深刻体认文本的深刻内涵①。

又如:

(二)这两天的会议,蒙各位踊跃发言(烦死人了,从来没看过发表欲那么强的人),提出了许多宝贵的意见(还不是那些陈腔滥调,说了又说,也不嫌烦)。至于赵爱说先生的宝贵意见(这种不切实用的书生之见有个屁用),钱乱讲先生的卓识(这人牙都老掉了,怎么舌头还如此灵活),孙贪话先生的十项原则(这人年纪轻轻就大放厥词,三五年后还得了),李胡说女士的书面报告(唉!女人!你唠叨你丈夫一人也就罢了,跑到这里来烦我们干什么),将来会印成专册,以便各单位保留(那也是各位的意见寿终正寝的时辰啦)。(张晓风《答词表里》)

例(二)是台湾作家张晓风虚拟的一个会议主持人的答词②。作者将会议主持人对与会人士的踊跃发言和所提的诸多意见表面表示赞扬感谢与内心嫌恶的不同两面放在一起相互对照,以凸显会议主持人作为

---

① 参见吴礼权:《修辞心理学》(修订版)第53页,广州:暨南大学出版社,2013年。
② 此例引见于沈谦:《修辞学》第106页,台北:台湾空中大学印行,1996年。

一个官僚政客所特有的那种口是心非的两面派、伪君子嘴脸,是一个典型的映衬修辞文本模式。作者在虚拟会议主持人的讲话时,由于在经验中和观念上把握了以往经验过的事物——会议主持者口是心非的讲话惯例甚或自己主持会议时难免的同样经验——的缘故,遂由两者的差异性、对立性唤起了对比心理联想,从而建构起上述的映衬修辞文本。这一修辞文本的建构,从表达上看,虽然字面上没有一个字批评会议主持人的口是心非,但却因正文与括号内两组文字所呈现的主持人嘴上与内心截然相反的情感语意,形象、鲜明地再现了一个官僚政客的形象,这就使修辞文本在语言表达上不仅具有形象性、鲜明性,而且还别添了一种深邃性。从接受上看,由于修辞文本是以两两对立的表里两种语意并列组合在一起,未清楚地点明表达的用意,这就给接受者自己留下了更多回味咀嚼的空间,让接受者可以根据自己已有的经验进行更多的再造性想象或创造性想象,丰富文本所展示的内容,深刻体认文本所蕴含的深意,从而获得更多的文本解读快慰与审美情趣。

　　映衬作为一种修辞文本模式,具有很强的对比效应,因此在中国古典诗歌中经常被运用。如唐·崔护《题都城南庄》诗:"去年今日此门中,人面桃花相映红。人面不知何处去,桃花依旧笑春风",以去年"人面桃花相映红"的温馨景象与今年"独剩桃花笑春风"的凄清场景相对比,一种物是人非的悲凉感油然而生,读之让人为之唏嘘不已。又如唐·杜甫《自京赴奉先咏怀五百字》:"朱门酒肉臭,路有冻死骨",以豪门的奢侈与寒门的凄惨情形相对照,其对社会不合理现象的鞭挞之意力透纸背,读之给人以一种巨大的心灵震撼。再如宋·梅尧臣《陶者》:"陶尽门前土,屋上无片瓦。十指不沾泥,鳞鳞居大厦"①,其揭露抨击社会不公的强烈愤慨之情尽在其中矣,但辞面上却未有一字,可谓达到了"不著一字,尽得风流"②的境界。除了诗歌外,古代民谣中也喜欢运用映衬。如汉代

---

① 此例引见于汪国胜等主编:《汉语辞格大全》第594页,南宁:广西教育出版社,1993年。
② 唐·司空图:《诗品·含蓄》,转引自吴礼权:《中国经典名句鉴赏辞典》第767页,长春:吉林教育出版社,2009年。

民谣:"举秀才,不知书;举孝廉,父别居"(《古诗源·桓灵时童谣》)①,"直如弦,死道边;曲如钩,反封侯"(《后汉书·五行志》一)②,前者揭露汉代举荐人才制度的黑暗情形,后者感叹世道的黑白颠倒,虽无直接的指责,抨击力度却异乎寻常,这都端赖"映衬"表达的魅力。

第五节　因地制宜做文章:析字

析字,是一种说写中利用汉字特有的条件,通过离合或增损字形的方法来巧妙地表情达意的修辞文本模式③。这种修辞文本的建构,多是基于一种以表达的新异性、含蓄性引发接受者思索、咀嚼兴味的心理预期。

---

①② 此二例引见于汪国胜等主编:《汉语辞格大全》第596页,南宁:广西教育出版社,1993年。

③ 关于"析字"的定义和所包括的范围,修辞学界有很大的分歧。陈望道说:"字有形、音、义三方面;把所用的字析为形、音、义三方面,看别的字有一面同它相合相连,随即借来代替或即推衍上去的,名叫析字辞。"并将析字分为"化形析字""谐音析字""衍义析字"三类。其中"化形析字"分为"离合""增损""借形"三小类;"谐音析字"分为"借音""切脚""双反"三小类;"衍义析字"分为"代换""牵附""演化"三小类。见《修辞学发凡》第118—126页。陈望道的三大类九小类的析字体系,颇是严密。但目前学术界似乎普遍接受的只是"化形析字"中的"离合""增损"两类,对"借形"一类则不予以承认。汪国胜、吴振国、李宇明《汉语辞格大全》汇总各家观点说:"一般认为借形一类不算析字,因为它不是对字形的改换,而只是对字义的改换。这种借形现象有人称为'套词'。"见该书第495页。至于"谐音析字"中的三小类和"衍义析字"中的三小类,则均不予以承认。同书汇总各家观点说:"一般认为借音一类现象不是析字,而分别归入谐音双关,谐音曲解等。"(第496页)"牵附、演化一般不算析字,而是归入仿拟、曲解(别解)等。有人认为析字不应包括衍义析字。"(第497页)谭永祥也基本持这种观点,他的定义是:"利用文字的组成部件的特点,分离、组合、增损,寄意寓理,这种修辞手法叫'析字'。"并明确将析字分为"有离有合"和"只离不合"两类,见《汉语修辞美学》第420页。笔者认为将析字限于"离合""增损"两类比较易于说明问题,所以倾向于大多数学者的见解,故本书所说的析字修辞文本只限于离合、增损字形而成的析字。

由于析字修辞文本多是利用汉字字形结构特有的条件做文章,以离合字形或增损字形的方式来表情达意,与普通的理性表达大异其趣,既有婉约达意的倾向,也有文字游戏的意味在,因而在表达上或具含蓄性特点,或显新异性趣味;在接受上,由于修辞文本表达形式上具有含蓄性或新异性特点,故易于引发接受者的思索探究的兴味,从而获取到一种文本解读接受中的益智解颐的审美情趣。例如:

(一)我妈妈生在1909年,<u>今已"米寿"之年</u>,眼看九十了。(李敖《李敖回忆录》)

例(一)李敖所说的"今已'米寿'之年",是个析字修辞文本。所谓"米寿",即八十八岁。因为"米"字可以离析为两个"八"字和一个"十"字,反之,两个"八"字和一个"十"字也可合为一个"米"字。李敖这一修辞文本的建构,在表达上显得新颖且含蓄,因为它比"今已八十八岁了"之平常说法,明显要新颖得多,表意也显得婉转;在接受上,"米寿"之说由于不易理解,这就自然会引发接受者思索探究的兴味,而当接受者通过一番思考和离析字形的工夫而解读出"米寿"即"八十八岁"的意思后,就会油然生发出文本解读接受中的益智解颐的审美情趣和快感。类似的还有日本语中"白寿"指称"九十九岁",也是析字的结果,因为"白"字是"百"字少一笔,故可代九十九。

又如:

(二)旧时镇江焦山有僧人名几谷,或赠联曰:"<u>脱去凡心一点,了却俗身半边。</u>"(刘叶秋《再谈对联》)

例(二)就僧人名号所发挥出的对联①,即是两个析字修辞文本,是通过减损字形而成的。因为"凡"字去一点,即是"几"字;"俗"字去了半

---

① 此例引见于谭永祥:《汉语修辞美学》第425页,北京:北京语言学院出版社,1992年。

边"人"旁,即是"谷"字。这一修辞文本的建构,在表达上显得新颖生动且别具深文隐蔚的效果。因为"几谷"二字作为僧人名号,本无什么引人兴味的。可是经这副对联一表现,顿然显得新异别致、趣味盎然。在接受上,"脱去凡心一点,了却俗身半边"的修辞文本,由于表达新异有趣且近乎调侃,易于引发接受者的接受解读兴味和思索探究冲动,深刻体味出表达者文本建构的深意——僧人当去凡心,了俗念,才能得道圆满,从而于文本解读接受中获取到一种寓深意于谐谑的益智解颐的审美情趣。

现代汉语中,析字修辞文本的建构已渐趋衰歇。这与时代风尚有关,也与现代社会人们的修辞观有关。但是,在中国古代,析字修辞文本的建构非常流行,特别是文人们更是热衷于此。这既有炫才的因素在,也有达意传情的客观需要。事实上,这两个因素在客观上助长了文人们析字表意的习尚。以炫才为目的的析字,多具有文字游戏的意味在。如汉末孔融《郡姓名字诗》:"渔父屈节,水潜匿方。与时进止,出寺弛张。吕公矶钓,阖口渭旁。九域有圣,无土不王。好是正直,女固子臧。海外有截,隼逝鹰扬。六翮将奋,羽仪未彰。龙蛇之蛰,俾它可忘。玟璇隐曜,美玉韬光。无名无誉,放言深藏。按辔安行,谁谓路长。"这首长达二十二句的诗,"依宋叶梦得的解说,便是'鲁国孔融文举'这六个字的离合"[①]。可谓是炫才析字的极端例子。后世以炫才为目标的析字文本虽没有这样复杂,但也是需要解读者费一番心力的。如宋·黄庭坚《两同心》词:"你共人,女边着子。争知我,门里挑心"[②],写一个女子不满男子与别的女人相好而郁闷的心情。但是,词人没有直写,而是运用析字手法来表达,明显有炫才的倾向。所谓"女边着子",即合"女""子"为"好";所谓"门里挑心",就是合"门""心"为"闷"。两句合起来,就是这样一个意思:你与别的女人相好,让我好不郁闷。又如宋·吴文英《唐多令》词:"何处合成愁,离人心上秋"[③],离"愁"为"心""秋"二字,明显也是炫才游

---

① 陈望道:《修辞学发凡》第119页,上海:复旦大学出版社,2008年。
② 此例引见于宗廷虎等:《中国修辞史》第1383页,长春:吉林教育出版社,2007年。
③ 此例引见于黄永武:《字句锻炼法》(第二版)第131页,台北:台湾商务印书馆,2000年。

戏的析字。此类析字除诗词中有,小说笔记中也有记载。如南朝·宋·刘义庆《世说新语·捷悟》:"杨德祖为魏武主簿,时作相国门。始构榱桷,魏武自出看,使人题门作'活'字,便去。杨见,即令坏之。既竟,曰:'门中活,阔字,王正嫌门大也'。"杨修为曹操监修相国门,曹操嫌门大招摇,完全可以直说,明言令其重修。但是,曹操没有,而是题"活"字于门上,让杨修思而得其意。这明显是一种炫才析字的修辞行为。再如清·褚人穫《坚瓠首集》卷二《巧对》条:"有三女而通于一人者,色美而才。事发到官,出一对云:'三女为奸,二女皆从长女起。'一女对云:'五人张伞,四人全仗大人遮。'官薄惩之。"三女子作奸犯科,官老爷依法追究,完全可以直话直说,惊堂木一拍,大声问道:"三女子共通一男,伤风败俗,何人为首?"然而,官老爷没有这样问案,而是不动声色地建构了"三女为奸,二女皆从长女起"的析字文本,让三位犯案的女子自己意会。可见,这位官老爷的析字完全不是迫于客观情势不得已而委婉其辞,纯是为了炫才示雅。三位犯事的女子也是有才学的,一见官老爷还有这爱好,遂投其所好,顺势建构了一个析字修辞文本:"五人张伞,四人全仗大人遮",以离析"伞(傘)"字的方法巧妙地向老爷求情,希望他网开一面。结果,风雅而爱炫才的老爷还真的网开一面,大事化小,小事化了,"薄惩之"(也就是今天所说的"批评教育了一顿")而结案。为婉转达意需要而析字的,在中国古代更是常见。这种析字,或是为了骂人,或是为了某种政治目的(如为造反造舆论)。为骂人而析字者,如南朝宋·刘义庆《世说新语·简傲》:"嵇康与吕安善,每一相思,千里命驾。安后来,值康不在,喜出户延之。不入,题门上作'凤'字而去。喜不觉,犹以为欣,故作。'凤'字,凡鸟也。"[1]吕安千里命驾,造访嵇康。结果,嵇康出门了。嵇喜出门相迎,吕安不入,题"凤"而去。嵇喜见"凤"字而心喜,不知吕安是在骂他们是"凡鸟",因为"鳳"字即合"凡""鳥"二字而成。这便是利用析字骂人,因为表意婉转,常让人难以察觉。又如"纪昀于权臣新屋题匾曰:

---

[1] 此例引见于黄永武:《字句锻炼法》(第二版)第132页,台北:台湾商务印书馆,2000年。

'竹苞堂',字面取义于清芬,而含意谓'个个草包'"①,也是以析字骂人。再如《后汉书·五行志(一)》:"千里草,何青青;十日卜,不得生"②,也是析字(范晔按语:"千里草为董,十日卜为卓"),诅咒乱国奸臣董卓活不了十天。为了某种政治目的而进行的析字,在图谶风气盛行的中国封建时代更是常用。如《三国志·魏书·文帝纪》:"易运期谶曰:'言居东,西有午,两日并光日居下。其为主,反为辅。五八四十,黄气受,真人出。'言午,许字。两日,昌字。汉当以许亡,魏当以许昌。今际会之期在许,是其大效也。易运期又曰:'鬼在山,禾女连,王天下。'臣闻帝王者,五行之精;易姓之符,代兴之会,以七百二十年为一轨。有德者过之,至于八百,无德者不及,至四百载。是以周家八百六十七年,夏家四百数十年,汉行夏正,迄今四百二十六岁。又高祖受命,数虽起乙未,然其兆徵始于获麟。获麟以来七百余年,天之历数将以尽终。帝王之兴,不常一姓……"这段历史记载,讲的是曹丕取汉而代之的依据。其中"言居东,西有午,两日并光日居下",是以析字的方法合"言""午"为"许",合两"日"为"昌",含蓄地道出以许昌为政治中心(也就是以曹氏为中心)的天意。"鬼在山,禾女连,王天下",也是析字。合"鬼""禾""女"而成"魏",直言不讳地宣扬"魏王当坐天下"的意旨。这是典型的利用析字修辞法而进行的政治图谋。相似的情况,还有唐末诗人皮日休的《打油诗》:"欲知圣人姓,田八二十一。欲知圣人名,果头三曲律",也是析字法的运用。所谓"田八二十一",离合的是"黄"字;所谓"果头三曲律",离合的是"巢"字。因此,整首诗的意思就是一句话:"黄巢是圣人"。言外之意就是:"既然黄巢是圣人出世,那我们大家就拥戴他,跟他一起造反吧。"虽是赤裸裸地宣扬造反,但因运用了析字手法,表意含蓄,且耐人寻味,所以就易于传播,成为黄巢造反的最佳广告文宣。其实,通过对析字修辞文本的建构,不仅可以图谋他人的江山社稷,有时还可以对政敌进行政治打击。如《新唐书·裴度传》:"宝历二年,度请入朝,逢吉党大惧,权舆作伪

---

① 黄永武:《字句锻炼法》(第二版)第132页,台北:台湾商务印书馆,2000年。
② 此例引见于陈望道:《修辞学发凡》第120页,上海:复旦大学出版社,2008年。

谣云:'非衣小儿坦其腹,天上有口被驱逐。'以度平元济也。都城东西冈六,民间以为乾数,而度第平乐里,直第五冈。权舆乃言:'度名应图谶,第据冈原,不召而来,其意可见。'欲以倾度。天子独能明其诬,诏复使辅政。"逢吉与权舆结党营私,排斥有功之臣裴度,作伪谣而欲左右唐敬宗的决策。其所作伪谣:"非衣小儿坦其腹,天上有口被驱逐",是利用析字修辞法,离析裴度之姓为"非""衣",离析淮西节度使吴元济之姓为"天""口",意在告知唐敬宗,裴度虽然平定割据藩镇的乱臣吴元济有功,但并非出于国家利益,而是私人恩怨。这是典型的利用析字进行政治斗争的例证。析字除了因上述炫才和婉转达意两个方面的作用而被古人广泛运用外,还有一个作用也值得重视,这就是利用析字阐发表达者的学术思想或政治理念。如汉·董仲舒《春秋繁露·天道无二》第五十一:"是故古之人,物而书文,心止于一中者,谓之忠;持二中者,谓之患;患,人之中不一者也,不一者,故患之所由生也,是故君子贱二而贵一。人庸无善,善不一,故不足以立身;治庸无常?常不一,故不足以致功。诗云:'上帝临汝,无二尔心。'知天道者之言也。"这里,董仲舒对"忠""患"二字的离析,意在阐发他的哲学思想。与此相类的,还有《左传·宣公十二年》:"楚子曰:'非尔所知也。夫文,止戈为武。'"[①]这里,楚子(指楚庄王)对"武"字含义的解释,也是离析字形,属于析字,代表的是他的政治与军事观点。虽然从纯文字学的观点来说,"止戈为武"式的解释也许不足为凭,但从修辞的角度看,以"析字"的方法推阐自己的观点,也不失为一种很有创意的表达方式。

第六节 改类变性,别致生动:转品

转品,是一种说写中依托语境临时将某类词挪转为另一类词使用以企及某种特定效果的修辞文本模式。这种修辞文本的建构,一般说来多是基于以突破语法规范的新颖表达形式引发接受者注意的心理预期。

[①] 此例引见于宗廷虎等:《中国修辞史》第1391页,长春:吉林教育出版社,2007年。

转品修辞文本的建构,一般说来,在表达上显具新异、简洁的特点;在接受上,则具有易于引发接受者注意,增加其接受解读兴味的效果。例如:

(一)两地的风都有时候整天整夜的刮。春夜的微风送来雁叫,使人似乎多些希望。<u>整夜的大风,门响窗户动,使人不英雄的把头埋在被子里</u>;即使无害,也似乎不应该如此。对于我,特别觉得难堪。我生在北平,听惯了风,可也最怕风。(老舍《春风》)

例(一)写济南与青岛两地的风给自己的感受。其中"整夜的大风,门响窗户动,使人不英雄的把头埋在被子里",是个转品修辞文本。按照现代汉语语法规范,否定副词"不"只能修饰限制动词或形容词,如"不走""不好"等等,不修饰限制名词如"英雄"等。可是老舍文中的"不英雄",则突破了上述这些最基本的汉语语法结构规则,直接让否定副词"不"修饰名词"英雄"。很明显,这是修辞上的用法,是在作者所设定的特定语境中临时将名词"英雄"改类变性,转挪成动词使用了。所谓"使人不英雄的把头埋在被子里",其实就是"使人不能硬充英雄地把头埋在被子里"的变异说法。由于表达者老舍所建构的"整夜的大风,门响窗户动,使人不英雄的把头埋在被子里"这一修辞文本,突破了汉语语法最基本的结构规则,因而在表达上就显具新异性、简洁性的特点;在接受上,文本的反语法规范所带来的新异性和不期而至的简洁性,自然易于激发出接受者的注意,增加其文本解读接受的兴味,从而获取到一种文本解读接受中的审美情趣。

又如:

(二)有些人整天游手好闲、喜欢跟你聊天,我最怕交到这种朋友,因为实在没工夫陪他神聊,但这种人往往又极热情、极够朋友,你不分些时间给他,他将大受打击。所以一交上这种朋友,就不能等闲视之。这种朋友会出现在你面前,以怜悯姿态劝你少一点工作,多享受一点人生。

当然我是不受劝的,我照样过我的清教徒生活,不烟、不酒、不茶、不咖啡、不下棋、不打牌、不考究饮食……什么啤酒屋、什么电影院、什么高尔夫球……统统与我无缘。(李敖《李敖回忆录》)

例(二)李敖所说的"我照样过我的清教徒生活,不烟、不酒、不茶、不咖啡……",是个转品修辞文本。如上所述,按汉语语法的基本结构规则,否定副词"不"只能修饰限制动词或形容词,这里李敖却让它修饰限制名词"烟""酒""茶""咖啡",这明显是在文本给定的语境下临时赋予了名词"烟""酒"等四名词以动词的功能角色,是转品的修辞用法。所谓"不烟,不酒,不茶,不咖啡",就是"不抽烟、不喝酒、不饮茶、不品咖啡"。由于表达者建构的上述修辞文本突破了汉语语法规范,连省了四个动词,但又不至于影响语义的理解,因而表达上就显得新异而简洁;在接受上,由于修辞文本"不烟、不酒、不茶、不咖啡"这种突破语法规范的新异且简洁的表达特点,接受者在文本接受中很易生发出接受注意,增加文本解读的兴味,从而获取到文本解读接受中一种平淡情事艺术化的审美情趣。

转品,并不是现代汉语中所特有的修辞现象,而是古已有之的。如《左传·定公十年》:"初,叔孙成子欲立武叔,公若藐固谏曰:'不可。'成子立之而卒。公南使贼射之,不能杀。公南为马正,使公若为郈宰。武叔既定,使郈马正侯犯杀公若,不能。其圉人曰:'吾以剑过朝,公若必曰:谁也,剑也?吾称子以告,必观之。吾伪固,而授之末,则可杀也。'使如之,公若曰:'尔欲吴王我乎?'遂杀公若。"这里,公若所说的"吴王我","意思是说教我做吴王,是把名词转作动词用。"①又如隋·侯白《启颜录》:"晋王戎妻语戎为卿。戎谓曰:'妇那得卿婿?'答曰:'我亲卿爱卿,是以卿卿;我不卿卿,谁当卿卿?'"②我们都知道,"'卿'本是古代高级官名,爵位名,其位在公之下,大夫之上。如'上卿''三公九卿'之类即是。

---

① 陈望道:《修辞学发凡》第155页,上海:复旦大学出版社,2008年。
② 此例引见于陈望道:《修辞学发凡》第155页,上海:复旦大学出版社,2008年。

还有,封建时代帝王为了表示对臣子的亲热之情,常称臣子为'卿'或'爱卿',如在旧小说中我们可以经常看到皇帝称某些大臣为'王爱卿''李爱卿'等等。因为作为称谓代词,'卿'是君对臣的一种爱称,它有社会约定性。"①但王戎之妻生性豪放,不肯因循守旧,乃称丈夫为"卿"。王戎不解,遂指正说:"妇那得卿婿?"意思是说:"女人怎么能称丈夫为'卿'呢?"其妻不甘示弱,乃振振有词道:"我亲卿爱卿,是以卿卿;我不卿卿,谁当卿卿。"意思是说:"我亲你爱你,所以称你为'卿';我是你娘子,我当然最有资格称你为'卿'了,我不称你为卿,谁还有资格称你为'卿'呢?"②这则故事之所以被编入笑话集中,乃是因为它运用了"转品"修辞法,有超出常规的表达效果,被历代文人所激赏。陈望道曾分析指出:"这里的三个'卿卿'中间,下面的一个'卿'字都是代词,上面一个'卿'字都是转品的动词。用法也极寻常,但因用得合拍,便觉异常生动,终至历代流传作为亲昵的称谓。"③再如历来被传为文坛佳话的王安石名句"春风又绿江南岸",之所以有名,就是因为"转品"修辞法的功劳。"绿"在汉语中是形容词,只能做谓语,不能作动词而带宾语。但是,在"春风又绿江南岸"这句诗里,"绿"却事实上充当了动词。因为用法异乎寻常,有让人耳目一新的感觉,遂被文人们所激赏,终至在文坛上演了一段佳话。南宋学者洪迈《容斋续笔》卷八"诗词改字"条记其事曰:"王荆公绝句云:'京口瓜洲一水间,钟山只隔数重山。春风又绿江南岸,明月何时照我还。'吴中士人家藏其草,初云'又到江南岸',圈去'到'字,注曰:'不好'。改为'过',复圈去而改为'入',旋改为'满'。凡如是十许字,始定为'绿'。"可见,转品在语言表达中确有其独特的效果。

第七节 上下递接,前后蝉联:顶真

顶真,或称"顶针""蝉联""联语""递代",是一种说写中"用前一句的

---

① ② 吴礼权:《语言策略秀》(修订版)第56页,广州:暨南大学出版社,2013年。
③ 陈望道:《修辞学发凡》第155页,上海:复旦大学出版社,2008年。

结尾来做后一句的起头,使邻近的句子头尾蝉联"①以获取某种特定语言效果的修辞文本模式。

顶真修辞文本模式,从不同层次不同角度可以作不同的分类。首先我们可以根据蝉联词句蝉联的项目多少,将顶真分为"双蝉"和"单蝉"两大类,两大类中又可细分为不同的小类②。

所谓"双蝉",是指一个词句同时蝉联两个项目的顶真。例如:

(一) 终日当窗作文。低头写几行,就抬头看窗外。<u>窗外是坡,坡平缓。坡根有泉,泉长流。泉边生草,草茂密。草间长树,树高大。树那边是林。</u>林是青青绿绿浑然一体,分不清这棵那棵。(周同宾《窗外》)

例(一)这段文字有很多顶真修辞文本模式,有"单蝉",有"双蝉"。其中"窗外是坡,坡平缓。坡根有泉,泉长流。泉边生草,草茂密。草间长树,树高大。树那边是林",都是"双蝉"模式。因为"坡""泉""草""树"等语词都同时蝉联了两个项目,是很典型的"双蝉"。

"双蝉"式顶真,因为文字游戏的意味太过浓厚,因此在现代汉语修辞中实在是很少见了。在古代汉语修辞中虽不乏其例,但因是精巧的文字游戏,因此建构得巧妙而又自然的"双蝉"式顶真文本则也并不多。但也并不是没有,像明代文人陈继儒的《小窗幽记》就做得非常好。其文曰:"门内有径,径欲曲;径转有屏,屏欲小;屏进有阶,阶欲平;阶畔有花,花欲鲜;花外有墙,墙欲低;墙内有松,松欲古;松底有石,石欲怪;石面有亭,亭欲朴;亭后有竹,竹欲疏;竹尽有室,室欲幽;室旁有路,路欲分;路合有桥,桥欲危;桥边有树,树欲高;树阴有草,草欲青;草上有渠,渠欲细;渠引有泉,泉欲瀑;泉去有山,山欲深;山下有屋,屋欲方;屋角有圃,圃欲宽;圃中有鹤,鹤欲舞;鹤报有客,客不俗;客至有酒,酒欲不却;酒行

---

① 陈望道:《修辞学发凡》第173页,上海:复旦大学出版社,2008年。
② 本书顶真的分类系根据汪国胜、吴振国、李宇明编《汉语辞格大全》(第113—118页)的汇总分类,并重新作了调整,南宁:广西教育出版社,1993年。

有醉,醉欲不归。"①这段文字是写中国封建士大夫理想的居住环境,采用"双蝉"式顶真手法(每一项蝉联的内容都出现两次,如第一句末尾的"径"字,分别在第二、三两句开头出现,共两次。其他蝉联项目亦如此),将居住环境的各个组成部分及其联系依一定的顺序一一呈现出来,既使语言表达显得逻辑严密,有条不紊,又有文字上前递后接的"接力"情趣,读之令人解颐称妙。

所谓"单蝉",是指一个词句只蝉联一个项目的顶真。"单蝉"根据蝉联单位连贯与否,可以分为"多线顶真"和"单线顶真"两小类。

所谓"多线顶真",是指蝉联的语言单位不连贯,中间有其他语言单位间隔,呈现非单线直进的特点。其中又可细分为"顺顶式"与"逆顶式"两小类。"顺顶式"的结构式是"ABAB","逆顶式"的结构式是"ABBA"。

"顺顶式"多线顶真,例如:

(二)新世纪伊始的中国,与1900年伊始的中国,是真正的翻天覆地。翻的是滞重欲倾的封建皇天,覆的是任人宰割的半殖民地;翻的是风沙蔽日、久旱少雨的天,覆的是落后贫瘠、收获微薄之地;展示的是宇阔气爽、祥云甘雨之天,呈现的是水草丰美、物质与精神成果双收之地。(石英《世纪之交》)

例(二)两个蝉联语言单位"翻天""覆地"皆未紧密相连,而是中间有所隔离("翻天""覆地"第二次出现时都在形式上有所变异,即被析开),它可以描写为"ABAB"格式。这种格式的顶真,我们称为"顺顶式"(当然,此例从另一种分析角度看也可以称作"列举分承",这里仅从形式上看,可以认定是"多线顶真")。

"顺顶式"多线顶真,因为确能有效地提升语言表达效果,使叙事论理富有逻辑性,条分缕析,因此,在古今汉语修辞中都很受人们青睐,运

---

① 此例引见于汪国胜等主编:《汉语辞格大全》第117—118页,南宁:广西教育出版社,1993年。

用极为普遍。特别是在先秦时代,人们尤其喜好这种文本模式。如《国语·鲁语上·曹刿论战》:"今将惠以小赐,祀以独恭,小赐不咸,独恭不优。不咸,民不归也;不优,神弗福也。"①其中,第一、二句末尾的"小赐""独恭",分别依序出现在第三、四句的开头。形成了"ABAB"的语序结构式,是典型的"顺顶式"多线顶真。值得注意的是,此例的第三、四两句末尾的"不咸""不优",又出现在五、六两句开头,形成了"CDCD"的语序结构式,同样是典型的"顺顶式"多线顶真。又如《管子·枢言第十二》:"人主不可以不慎贵,不可以不慎民,不可以不慎富,慎贵在举贤,慎民在置官,慎富在务地。故人主之卑尊轻重,在此三者,不可不慎。"②其中第一、二、三句末尾的"慎贵""慎民""慎富",分别依序出现在第四、五、六句的开头,形成一种鱼贯而下的态势,也是典型的"顺顶式"多线顶真。只是此例中顶真的项目有三项,而非两项,其语序结构式是"ABCABC",属于一种扩张式多线顺顶文本。古代汉语中比这更复杂的多线顶真还有不少,此不展开细述③。

"逆顶式"多线顶真,例如:

(三)甲:哎,小王啦?

乙:郝师傅,是你啊!

甲:哎,昨天在门口看见了你儿子,已经很大了,真可爱耶!

乙:唉,这孩子,真让人又好气又好笑,好笑的是他会变戏法逗人,好气的是他总不爱读书,坐不下来,不知怎么办?(公共汽车上两妇女对话)

例(三)两个蝉联语言单位"好气""好笑"均未紧密相连,中间有所隔离,两个语言单位重复出现时,顺序有所变化,它可以描写为"ABBA"格式。这种格式的顶真,我们称为"逆顶式"。

---

① 此例引见于宗廷虎等:《中国修辞史》第1584页,长春:吉林教育出版社,2007年。
② 此例引见于宗廷虎等:《中国修辞史》第1583页,长春:吉林教育出版社,2007年。
③ 参见宗廷虎等:《中国修辞史》第1560—1694页,长春:吉林教育出版社,2007年。

"逆顶式"多线顶真,因为能够使语言表达既有逻辑性,又富于变化,因此在古今汉语修辞中都是比较常见的。特别是在古代汉语中,更是说理论事时最有效的表达手段之一。如《孟子·梁惠王上》:"域民不以封疆之界,固国不以山溪之险,威天下不以兵革之利。得道者多助,失道者寡助。寡助之至,亲戚畔之;多助之至,天下顺之。以天下之所顺,攻亲戚之所畔,故君子有不战,战必胜矣。"①其中"得道者多助,失道者寡助。寡助之至,亲戚畔之;多助之至,天下顺之"四句,前两句是总说,提出观点,点出"多助""寡助"两个要点,三、四两句承前予以分述。按照逻辑顺序,第三句应该顶第一句"得道者多助"而写成"多助之至,天下顺之"。可是,事实上没有,第三句顺着第二句顶了下去:"寡助之至,亲戚畔之。"这样,就形成了"ABBA"的格局。所以,这是典型的"逆顶式"多线顶真文本。又如唐·魏徵《十渐不克终疏》:"立身成败,在于所染,兰芷鲍鱼,与之俱化,慎乎所习,不可不思。陛下贞观之初,砥砺名节,不私于物,惟善是与,亲爱君子,疏斥小人。今则不然,轻亵小人,礼重君子。重君子也,敬而远之;轻小人也,狎而近之。近之则不见其非,远之则莫知其是。莫知其是,则不闻而自疏;不见其非,则有时而自昵。昵近小人,非致理之道;疏远君子,岂兴邦之义?此其渐不克终四也。"②其中,"轻亵小人,礼重君子。重君子也,敬而远之;轻小人也,狎而近之"四句,也是"逆顶式"多线顶真模式。第三句顺势承顶第二句的"重君子",而不是承顶第一句的"轻小人",语序上是"ABBA"结构式,因此也是典型的"逆顶式"多线顶真。

所谓"单线顶真",是指蝉联的语言单位前后蝉联连贯,中间无其他语言单位隔离,呈现单线直进的特点。"单线顶真"根据蝉联单位的大小来分,又可分为"联珠"和"连环"两小类。

所谓"联珠",是指以句为单位,后句的第一个语词与前句的末一语词相同,从而形成前后蝉联,上递下接的形式。例如:

---

①② 此二例引见于汪国胜等主编:《汉语辞格大全》第117页,南宁:广西教育出版社,1993年。

(四)村外的小山上,有涌泉寺,和其他的云南的寺院一样,<u>庭中有很大的梅树和桂树。桂树还有一株开着晚花</u>,满院都是很香的。<u>庙后有泉,泉水流到寺外</u>,成为小溪;溪上盛开着秋葵和说不上名儿的香花,随便折几枝,就免插瓶的了。我看到一两个小女学生在溪畔端详哪枝最适于插瓶——涌泉寺里是南菁中学。(老舍《滇行短记》)

例(四)"庭中有很大的梅树和桂树。桂树还有一株开着晚花"两句,前一句末一词"桂树",即作为其后一句的头一词;"庙后有泉,泉水流到寺外"两句,前一句的末一字"泉",又作为其后一句的头一字;"成为小溪;溪上盛开着秋葵和说不上名儿的香花"两句,前一句的末一字"溪",又作为其后一句的头一字。形式非常整齐,是典型的"联珠"模式。

"联珠"在现代汉语修辞中并不算多,除非有表达者有意而为之。但是,在古代汉语修辞中,"联珠"则非常发达。不仅前后蝉联的内容不一,而且蝉联的次数也较多。就蝉联的内容来说,有单字蝉联、双字蝉联、多字蝉联等形式。单字蝉联,如"匪女之为美,美人之贻"(《诗经·邶风·静女》)[1],"牵衣顿足拦道哭,哭声直上干云霄"(唐·杜甫《兵车行》)[2],两例分别以"美""哭"等单字前后蝉联;有双字蝉联,如"乘其四骐,四骐翼翼"(《诗经·小雅·采芑》)[3],"楚山秦山皆白云,白云处处长随君"(唐·李白《白云歌送刘十六归山》)[4],两例分别以"四骐""白云"等双字前后蝉联。多字蝉联,如"彼其之子,美如玉。美如玉,殊异乎公族"(《诗经·魏风·汾沮洳》)[5],"相鼠有皮,人而无仪。人而无仪,不死何为"(《诗经·鄘风·相鼠》)[6],"耳目淫于声色之乐,则五藏摇动而不定矣;

---

[1] 此例引见于宗廷虎等:《中国修辞史》第1565页,长春:吉林教育出版社,2007年。
[2] 此例引见于沈谦:《修辞学》第539页,台北:台湾空中大学印行,1996年。
[3] 此例引见于宗廷虎等:《中国修辞史》第1566页,长春:吉林教育出版社,2007年。
[4] 此例引见于陈望道:《修辞学发凡》第173页,上海:复旦大学出版社,2008年。
[5][6] 此二例引见于宗廷虎等:《中国修辞史》第1567页,长春:吉林教育出版社,2007年。

五藏摇动而不不定,则血气滔荡而不休矣;血气滔荡而不休,则精神驰骋于外而不守矣;精神驰骋于外而不守,则祸福之至,虽如丘山,无由识之矣"(汉·刘安《淮南子·精神训》)①。三例分别以三字"美如玉"、四字"人而无仪"、七字"五藏摇动而不不定""血气滔荡而不休"等来蝉联。"联珠"还有一种情形,在古典诗词中最为常见,就是句中蝉联。如《全唐诗》中就有很多,如:"蜀道之难难于上青天"(李白《蜀道难》)、"眼看客愁愁不醒"(杜甫《绝句漫兴》九首其一)、"嘉陵江曲曲江池"(白居易《江楼月》)、"夜泉流恨恨无穷"(杜牧《金谷怀古》)、"黑云压城城欲摧"(李贺《雁门太守行》)等②,分别以"难""愁""曲""恨""城"等字的重复实现句中的前后蝉联。宋词中的句中蝉联,如欧阳修的"庭院深深深几许""泪眼问花花不语"(《蝶恋花》),秦观的"持酒劝云云且住"(《蝶恋花》),贺铸的"几许伤春春复暮"(《蝶恋花》),程垓的"买酒浇愁愁不尽"(《临江仙》),刘克庄的"客舍似家家似寄"(《玉楼春》),陆游的"欲语红桥桥下水"(《渔家傲》),洪迈的"绮席流欢欢正洽"(《临江仙》),朱淑真的"把酒问春春不语"(《蝶恋花》),吴文英的"后不如今今非昔"(《金缕歌》)等③,分别以"深""花""云""春""愁""家""桥""欢""春""今"等单字在句内实现了前后蝉联,成为中国文学史上耳熟能详的名句。

所谓"连环",是指以章(段)为单位,后章(段)的前一句与前一章的末一句相同,或前一章(段)的末一语词与后一章(段)的开头的语词相同,从而形成前后蝉联,上下递接的格局。例如:

(五)伸冷冷的白臂,桥栏拦我
拦我捞李白的月亮

---

① 此例引见于宗廷虎等:《中国修辞史》第1601页,长春:吉林教育出版社,2007年。
② 此例引见于宗廷虎等:《中国修辞史》第1614—1615页,长春:吉林教育出版社,2007年。
③ 此例引见于宗廷虎等:《中国修辞史》第1616—1617页,长春:吉林教育出版社,2007年。

月光是幻,水中月是幻中幻,何况
今夕是中元,人和鬼一样可怜

可怜,可怜七夕是碧落的神话
落在人间。中秋是人间的希望
寄在碧落。而中元
中元属于黄泉,另一度空间(余光中《中元节》)

例(五)是余光中《中元节》一诗的第二、三小节①,前一章末一句的末尾语词"可怜"与后一章的开头语词相同,章与章之间通过这些句子而得以前后蝉联,上递下接。

"连环"在现代汉语修辞中一般已经很难以看到了,除非个别人雅好复古或炫才示巧而有意为之。但是,在古代诗词中,"连环"自《诗经》以降,一直未曾消歇过。如《诗经·大雅·文王》的第四章是:"侯于周服。侯服于周,天命靡常。殷士肤敏,祼将于京。厥作祼将,常服黼冔。王之荩臣,无念尔祖。"第五章是:"无念尔祖,聿修厥德。永言配命,自求多福。殷之未丧师,克配上帝。宜鉴于殷,骏命不易。"②两章的开头与结尾以"无念尔祖"来前后蝉联,是典型的"连环"。又如晋·潘岳《悼亡诗三首》其二,共分三章,分别是:"皎皎窗中月,照我室南端。清商应秋至,溽暑随节阑。凛凛凉风起,始觉夏衾单。岂曰无重纩,谁与同岁寒";"岁寒无与同,朗月何胧胧。展转眄枕席,长簟竟床空。床空委清尘,室虚来悲风。独无李氏灵,仿佛睹尔容。抚衿长叹息,不觉泪沾胸";"沾胸安能已,悲怀从中起。寝兴目存形,遗音犹在耳。上惭东门吴,下愧蒙庄子。赋诗欲言志,此志难具纪。命也可奈何,长戚自令鄙。"③第一章末尾有"岁寒"二字,第二章开头则以"岁寒"接续;第二章末尾有"沾胸"二字,第

---

① 此例引见于张春荣:《修辞散步》第135页,台北:台湾东大图书公司,1993年。
② 此例引见于宗廷虎等:《中国修辞史》第1571页,长春:吉林教育出版社,2007年。
③ 此例引见于沈谦:《修辞学》第530页,台北:台湾空中大学印行,1996年。

三章则以"沾胸"起首,如此上下递接,遂使全诗三章从形式到内容都完美地统合成一个整体。这也是典型的"连环"。到了宋代,这种以"连环"统合全诗的做法更多,甚至成为一种风尚。如王安石的《忆金陵》三首,第一首的末句是"烟云渺渺水茫茫",第二首的开头就以"烟云渺渺水茫茫"起首;第二首的末句是"追思尘迹故难忘",第三首的开头就以此句起首。又如苏轼的《夜泛西湖》五绝,第一首末尾是"游人得向三更看",第二首开头一句是"三更向阑月渐垂",是以"三更"钩连上首的末句"三更"一词,是一种变体的连环。二、三、四、五首之间,情况亦然,同样是篇与篇的蝉联,属于"连环"。北宋文坛的这种修辞风尚,甚至还影响到当时的北方政权金。金人张子羽《连环诗》四首,第一首末尾是"天如寒鉴月如冰",第二首即以此句开头。第二首末尾是"萧然独对短檠灯",第三首即以此句置前。第三首末尾是"跏趺真作坐禅僧",第四首则顺势以此开篇①。至于词中用"连环"统合上下阕,也很常见,唐宋词中都有很精彩的修辞文本。如唐·韩偓《玉合》词:"罗囊绣,两凤凰,玉合雕,双鸂鶒。中有兰膏渍红豆,每回拈著长相忆。/长相忆,经几春?人怅望,香氤氲。开缄不见新书迹,带粉犹残旧泪痕。"②其中,上阕末句与下阕的开头都是"长相忆",明显是上下阕之间的蝉联,属于典型的"连环"。又如宋·蒋捷《梅花引》词:"白鸥问我泊孤舟,是身留,是心留?心若留时,何事锁眉头?风拍小帘灯晕舞,对闲影,冷清清,忆旧游。/旧游旧游今在否?花外楼,柳下舟。梦也梦也,梦不到、寒水空流。漠漠黄云,湿透木绵裘。都道无人愁似我,今夜雪,有梅花,似我愁。"③其中,上阕末句与下阕首句都是"忆旧游",明显也是前递后接的蝉联,属于"连环"。

如果进一步概括总结一下,现代汉语修辞中的顶真模式的分类可以描写成下列图示系统:

---

① 参见宗廷虎等:《中国修辞史》第1611—1613页,长春:吉林教育出版社,2007年。
②③ 此二例引见于宗廷虎等:《中国修辞史》第1613页,长春:吉林教育出版社,2007年。

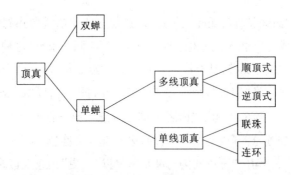

在这一系统内,"双蝉"式多半带有严重的文字游戏意味,现代汉语中已很少见到这种顶真修辞文本的建构了。"单蝉"式中"多线顶真"在现代汉语中也不太常见,最常见的是"单线顶真"。其中又以"联珠"最常见,"连环"多少也带有些文字游戏抑或说是卖弄文字技巧的意味,所以这种顶真修辞文本一般情况下也较少建构,我们也不太提倡。

顶真尽管结构形式上比较复杂,但作为一种修辞文本模式,它的建构多是基于一种以词句头尾蝉联、上递下接的连锁相扣的形式格局来阐明某种事理的逻辑联系,从而引发接受者的回味思索和加深对文本内涵理解的心理预期。这种修辞文本的建构,一般说来,在表达上"能使语句结构紧密,语气连贯流畅,有一种缠绵纠结的文趣,表现出较强的节奏感和连环复沓的旋律美。用于说理,条理清楚,逻辑性强;用于叙事描景,前后环扣,层次明了;用于抒情,一咏三叹,复沓回环"[①];在接受上,则易于引发接受者回味思索和加深对修辞文本内涵的理解及印象。例如:

(六)幽默大师林语堂对理想中的家的勾勒是这样的:"宅中有园,园中有屋,屋中有院,院中有树,树上有天,天上有月,不亦快哉。"位于阳明山半山腰的林语堂故居,以拥有此景,而成为伴他安度晚年山居岁月的家。(萧如卉《幽默大师的山居岁月》)

例(六)"宅中有园,园中有屋,屋中有院,院中有树,树上有天,天上

---

① 汪国胜等主编:《汉语辞格大全》第114页,南宁:广西教育出版社,1993年。

有月,不亦快哉",是林语堂所勾勒的理想的家。这个家确实按照林语堂自己的愿望及自己的亲自设计而修建成了,坐落于台北阳明山,笔者1999年6月曾亲去参观,证实不是虚语。林语堂所说的自己理想的家的文字,是典型的顶真修辞文本模式,属于"单线顶真"中的"联珠"。这一修辞文本由于以"园""屋""院""树""天"等五个词语的前后蝉联,使几个句子紧密地勾联于一起,因此使修辞文本在表达上显得结构紧凑,语气连贯流畅,理想中的家景便生动而完整的呈现出来。在接受上,修辞文本中"园""屋"等五个词的两次重复和各自在前后相邻的两个句子中的头尾蝉联、上递下接的格局,自然易于引发接受者的回味思索,并由此加深对修辞文本内涵——住宅的幽雅应该达到人与自然的和谐才是最高的境界——的理解及印象。如果不以顶真修辞文本来表现,而是以理性非修辞文本的直接形式来表现,那么在表达与接受上都不会有诸如上述的修辞效果的。

又如:

(七)这是关于一头叛逆的猪的故事。

他是我阿妈养的一头猪,和他同一胎的有七个兄弟姊妹,但那是一次死胎,存活下来的就<u>只有他一只而已</u>。

<u>只有他一只</u>,所以阿妈特别疼惜他,简直把他当自己的宝宝一样看待,我好几次看到阿妈在喂食母猪的时候,慈爱地蹲下来抚摸他,并且小声地和他说话,<u>给他爱和温暖</u>。

<u>给他爱和温暖</u>,但是他出生后两个月左右,却开始显露出叛逆的个性,他吃食的时候不准母亲靠近,否则便加以攻击,他也不像别的小猪一般喜欢靠着母猪的身子睡,他喜欢单个儿窝在猪圈的一角孤独地躺着,他,是一条寂寞的小猪吧,<u>阿妈心里这么想</u>。

<u>阿妈心里这么想</u>,便把他移到另一个猪圈里和另外一条母猪生的八只小猪关在一起,有了别的兄弟姊妹在一起,他应该会比较快乐一点的吧!阿妈用他养孩子的经验,<u>在心中如意地盘算</u>。

<u>在心中如意地盘算</u>,然而,他竟是一条骄傲的小猪,他依旧喜欢孤独

地窝在猪圈的一角,依旧不愿意和别的小猪一起食,一起睡,他吃食的时候,甚至不准别的小猪和他一起共食,别的小猪靠近他,他便攻击,睡觉的时候也不准别的小猪靠近,否则他便马上起来,攻击,攻击,攻击,攻击……他,阿妈忍不住心中臭骂,<u>真是一个凶狠的不良少年!</u>

<u>真是一个凶狠的不良少年</u>,连爱他喂他抚慰他的阿妈也一并敌对,有一次喂食他的时候,由于他对兄弟姊妹的蛮横,阿妈生气起来打了他的耳刮子,他竟毫不客气地反噬了阿妈的手,阿妈恼怒到了极点,忍不住破口大骂,"天寿仔,短命仔,养你喂你,<u>竟如此忘恩负义!</u>"

<u>竟如此忘恩负义</u>,养大家喂大家,牺牲了农业才成全了工业的台湾,养肥了工业竟舍弃了在田里流血流汗的农民们,种米米落价,种香蕉香蕉倒河里,养猪猪贱价,大报小报一起骂"农民没远见,一窝蜂作风害惨自己!"骂得不识字的阿妈听到别人说了,也一肚子火起:"要吃猪肉时农会拼命叫我们养猪,我们养了,他们却说太多了,市场他们去控制,<u>农民也没读书,谁知道什么远见不远见!</u>"

<u>农民也没读书,谁知道什么远见不远见</u>,所以一只猪牯一百块,要卖不卖随在你!

<u>随在你!</u> 要死大家死! 全村庄的人都把小猪扛到河边去放生,阿妈舍不得,等了一个月,猪价没起色,一只猪牯变成五十元,阿妈掉了泪,心一横,把那不良少年猪和他的兄弟姊妹也扛到河边去放生,"阿弥陀佛,要生要死,<u>随你的福气!</u>"

<u>随你的福气!</u> 农民倒了,猪丢光卖光了,台糖的猪随即大出笼,价钱高又高,这样的变化阿妈没读书的头壳怎么也想不通,一个月前五十、一百元,现在却要一千多! <u>真恨自己没目珠!</u>

<u>真恨自己没目珠!</u> 赶快跑回河边去找以前丢掉的猪,全村庄的人都在找猪,猪叫声,人叫声乱成一团,你的,我的,争论不休,历经劫难存活下来的猪没剩下几只,大家费了好大的劲才将他们围捕到手,阿妈看了看那些捉回来的猪,突然,她的眼帘掠过一条瘦骨嶙峋,鬃毛逆竖,口吐白沫的身影,忙大声地嚷道:"<u>他是我家的!</u>"

<u>他是我家的!</u> 阿妈把他抢了回来,养到空了的猪圈里,"猪!猪!

猪!"阿妈手提饲料,亲昵而爱怜地唤他,像呼唤流落异地终于返家的儿子一般,不良少年猪已然变成不良青少年猪了,依旧那么凶狠,那么不领阿妈的情,他一直闷吼着,瞪视着阿妈,把颈上的毛竖得高高的,"猪,猪,猪……"阿妈不死心,充满爱怜地呼唤他,一脚跨进猪圈里,想去抚慰他,他长吼一声,却猛地向阿妈冲过去,阿妈心一惊,把跨进猪圈的右脚猛抽回来,猪鼻子撞到门板上,"噼啪——"又重又响的一声,吓得阿妈猛拍胸膛,大声怒骂:"啊——天寿仔,短命仔——"

"啊——天寿仔,短命仔——"全家人都忍不住愤怒地咒骂他,捉回来的这只猪,无日无夜,从早到晚不停地撞击着猪圈的门板!撞得头破血流依旧不死心!连着几个夜晚,闹得全家人都不得安眠,"唉——把他杀了吧!"阿公忍不住这样叹息,阿妈却不答应,一再地替他辩解:"忍一忍吧! <u>他在外面自由习惯了嘛!</u>"

<u>他在外面自由习惯了</u>,所以禁不起拘禁?那真是魔一样的猪啊!竟懂得拼着命要向主人争自由吗?要自由却妨碍了大家安眠的自由,一个星期下来,他依旧不停地撞门,使得邻居们也得了失眠症,"干——把他杀了吧!"阿公再也忍受不了,破口大骂起来,阿妈这回只好三缄其口,<u>一句话也没有说</u>。

<u>一句话也没有说</u>,我们就把那头猪送给邻居私宰了,邻居夫妇宰了猪要分给我们肉,我们不要,邻居先生临走时说:"从来没有碰到那么难杀的猪!自头至尾一直挣扎怒吼个不停,吼得我的手都软了,几乎宰不下去!"邻居妇人也说:"大概被你们放生的时候得了病吧!好多蛔虫,<u>连心都变成黑的呢!</u>"

<u>连"心"都变成"黑"的</u>?啊——那就是被流放的心的颜色吗?那么……那么他临死前的吼叫,是怎样的一种吼声呢?愤·怒·吗?悲·伤·吗?或者……或者是无奈悲伤绝望愤恨爱恋纠结难解的死之呐喊呢?(吴锦发《畜牲三章·猪》)

  例(七)这篇文章全篇每段的末一句与下一段的前一句都是相同的,是用相同的词句上下前后勾连的一种顶真修辞文本模式,属于"单线顶

真"中的"连环"一类。作为散文作品,全篇皆能无一例外地在上下两段的首尾做到首尾蝉联,上递下接,这是很难的。但是,作者的这种顶真,并非出于文字游戏,亦非故意卖弄文字技巧,而是有所为而为的。通过相邻近的两段落的首尾蝉联,作者将那只叛逆的猪的生命历程和阿妈对它的情感历程于起承转合的顶真蝉联的文字叙写中层次分明、条理清晰地呈现出来。修辞文本表达上所呈露的结构紧凑环扣、语气连贯流畅、情感缠绵悱恻、旋律回环复沓的特点十分显著;在接受上,修辞文本十六个段落间的超常规蝉联顶真,极易引发接受者的注意,激发出其回味思索的兴味,从而加深了对作者于修辞文本中所欲表达的人与动物之间的复杂情感和对生命命题的深刻体认内涵的理解把握,从而获取到文本解读接受中一种特有的审美享受。

第八节　旁征博引,凸显胸臆:引用

引用,是一种引述前人或他人较有哲理或较为权威、较为经典的话来表情达意的修辞文本模式①。

引用修辞文本模式,从不同角度以不同标准可以有不同的分类②。

---

① 对于引用的定义与范围,修辞学界有不同看法。陈望道《修辞学发凡》说:"文中夹插先前的成语或故事的部分,名叫引用辞。"(第85页)汪国胜、吴振国、李宇明编《汉语辞格大全》说:"指借用别人的话或熟语、故事、典故等来表达自己的思想感情。又称'引语'、'援引'、'用事'、'用典'、'事类。'"(第557页)似乎认为,引用包括引语与引事两类。但也有人主张引用只限于引语一途。如谭永祥《汉语修辞美学》说:"在话语中插入熟语或名言警句,这种修辞手法叫'引用'。"(第319页)笔者认为,引事应该另列,属于另一种修辞文本模式,即我们前面所论列的"用典"。本书的定义及内涵也与各家略有不同。

② 引用的分类,有不同标准不同角度,所以有不同说法。本书参考陈望道《修辞学发凡》(第85—88页)和汪国胜、吴振国、李宇明编《汉语辞格大全》所汇总的各家说法(第557—582页)以及张弓《现代汉语修辞学》(第150—155页)的分类,斟酌取舍并加入自己的思考与角度,构拟出本书的两大分类系统。这一系统是否周密而具科学性,学者可以进一步讨论。

大抵说来,有两种最基本的分类法。一是从形式上来分,一是从意义上来分。

从形式上来分,是指以是否指明或标明引语的出处为标准来分。准此,可以将引用修辞文本模式分为"明引"和"暗引"两大类。

所谓"明引",是指直接指明引语的原说写者或书名篇名等且照引原文而不作任何改动,书面加引号标示的;或是直接指明引语的原说写者或书名篇名而略引大意、不引原话,书面上不加引号的;或是不指明引语的原说写者或书名篇名等而以引号将引语明确标示出来的引用。例如:

(一)<u>李谧说过:"丈夫拥书万卷,何假南面百城。"</u>我虽没有万册书,但比起古人的册卷来说,何止万卷? 我也会有寂寞之时,碰到不如意的事,我就<u>"躲进小楼成一统,管他冬夏与春秋!"</u>有书作伴,自然忘却心中烦恼,我可以说平生无大志,只是个孜孜蛀书虫。痴人痴话,看官请勿见怪。(杜渐《书痴的话》)

例(一)有两个引用修辞文本,一是"丈夫拥书万卷,何假南面百城",作者明确指出了这两句诗的作者是李谧且用引号将引诗标出;一是"躲进小楼成一统,管他冬夏与春秋",虽未指明此诗的作者是鲁迅,但用引号将引诗标出。这两个修辞文本都是"明引"类,代表了"明引"的两种基本情况。"明引"的这两种情况,又可称为"直接引用"。

又如:

(二)沈从文说,<u>他在读一本小书,同时在读一本大书。这本大书,就是社会。</u>

当我们读完小书跨出校门,走向社会,就要花很多时间,读这本大书。这本大书非常繁杂,非常丰富,非常精彩。很难说,该怎么读这本书;很难判断,怎样才算读通了这本书。

读书的本质就是质疑,无论是读小书还是大书,都要"切问而近思",提倡独立思考,反对人云亦云。

我们喜欢说,今天你们以复旦为荣,明天复旦以你们为荣。

能成为学术泰斗、成功人士、社会栋梁,复旦当然引以为荣。

但不是人人都能创造丰功伟绩,在平凡岗位上做出贡献,照样阳光灿烂,复旦同样为我们骄傲。杜鲁门当选总统,有人问他母亲,是否以自己儿子为荣,母亲说:"是的。不过,我还有一个儿子,同样让我骄傲。他现在正在地里挖土豆。"

社会这本大书之所以难读,是因为一次成功,往往伴随十次、百次失败。面临失败,能无所畏惧的,大凡都是心高志远。这种永不言败的精神,更使复旦引以为荣。

只要一辈子读书,读小书,同时也读一本大书,只要质疑过,奋斗过、追求过,就是母校的骄傲。(周鲁卫《什么是母校的骄傲》)

例(二)是留美博士、复旦大学副校长兼研究生院院长周鲁卫教授写于《2003年复旦大学研究生网上毕业典礼·导师寄语》中的一段话。作者所引的作家沈从文的话,是引其大意,而非原文(且有改字,"我"改成了"他"),书面上没有用引号标示,这是"明引"的第三种情况。"明引"的这种情况,又可称为"间接引用"。

现代汉语中的"明引",无论"直接引用",还是"间接引用",一般都比较容易看得出来,因为有新式标点符号帮助。而古代汉语的"明引","直接引用"方式因明确说出了出处,还能辨别出哪是引语;而"间接引用"则不然,因为表达者没有明确说出引语的出处,辨别起来就比较困难了,只能看读者对古代典籍或谚语俚语的熟悉程度了。古代汉语"明引"中,"直接引用"方式在散文作品中出现较多。如《孟子·梁惠王上》:"老吾老,以及人之老;幼吾幼,以及人之幼,天下可运于掌。《诗》云:'刑于寡妻,至于兄弟,以御于家邦。'言举斯心加诸彼而已。"[1]其中,"刑于寡妻,至于兄弟,以御于家邦"一句,作者明言出自《诗经》。这是典型的"明

---

[1] 此例引见于汪国胜等主编:《汉语辞格大全》第557页,南宁:广西教育出版社,1993年。

引",属于"直接引用"。《韩非子·五蠹》:"鄙谚曰:'长袖善舞,多钱善贾。'此言多资之易为工也。"①明言引语来自鄙谚,也是典型的"明引",同样属于"直接引用"。"明引"中的"间接引用",在古代汉语中也有。因为古代汉语中没有标点符号的帮助,一般比较难以看出。但有时会有特定词语提示,也能辨别出来。如《三国志·诸葛亮传》:"曹操之众,远来疲敝,闻追豫州,轻骑一日一夜行三百余里,此所谓'强弩之末,势不能穿鲁缟'者也。"②这里,"强弩之末,势不能穿鲁缟"一句虽是引语,但没有像"直接引用"一样明确指明出处,只以"所谓"二字暗示,让人了解到这是引语。这就是古代汉语中典型的"间接引用"。

"明引"若从引语被引的完整与否来分,又可以分为"全引"和"断引"两类。例如:

(三)事实上,国民党本身就是要消灭《文星》,没有推波助澜。波澜本身还是波澜,在波澜之下,"星沉海底",根本是早晚的事。李商隐写《碧城诗》,其中两句是:"星沉海底当牖见,雨过河源隔座看。"与文星同归于"禁"也同归于尽的我,目击了《文星》的一切,不论是"当牖见"还是"隔座看",看见它生前死后,的确有不少沧桑。(李敖《李敖回忆录》)

例(三)这段文字中,"'星沉海底',根本是早晚的事"中的引语"星沉海底"即是"断引";"星沉海底当牖见,雨过河源隔座看",是"全引"。

"全引"与"断引"在现代汉语中都很常见。但在古代汉语中,情况则有别。一般说来,散文作品中"全引"比较多,诗词等韵文作品中则"断引"较多,这主要与诗词等篇幅字数、句式特点有关。如《荀子·劝学》:"《诗》曰:'尸鸠在桑,其子七兮。淑人君子,其仪一兮。其仪一兮,心如

---

① 此例引见于汪国胜等主编:《汉语辞格大全》第557页,南宁:广西教育出版社,1993年。

② 此例引见于汪国胜等主编:《汉语辞格大全》第565页,南宁:广西教育出版社,1993年。

结兮',故君子结于一也。"①这里,作者引前人诗句入文,用来说明"君子结于一"的道理,所引《诗经》的三个句子都是完整的。而同样是引前人诗句,诗人或词人就很有可能不是完整地引用。如宋·陆游《楼上醉歌》诗:"我游四方不得意,阳狂施药成都市,大瓢满贮随所求,聊为疲民起憔悴。瓢空夜静上高楼,买酒卷帘邀月醉。醉中拂剑光射月,往往悲歌独流涕。划却君山湘水平,斫却桂树月更明。丈夫有志苦难成,修名未立华发生。"其中,"划却君山湘水平,斫却桂树月更明"两句,就是"断引"。前句引自唐人李白"划却君山好,平铺湘水流"(《陪侍郎叔游洞庭醉后》三首其三)两句,但都未完整地"全引",只是各取其中的一部分凝练为"划却君山湘水平"一句。后句引自唐人杜甫"斫却月中桂,清光应更多"(《一百五日夜对月》)两句②,前句引"斫却桂"三字再添加"树",后句取其意而将"清光应更多"凝练为"月更多"三字,以此构成七律诗中的一个七言句。可见,诗中引用采"断引",乃是受制于诗体客观要求。诗如此,词亦然。如宋·王安石《桂枝香》词的下阕:"念往昔,繁华竞逐,叹门外楼头,悲恨相续。千古凭高,对此漫嗟荣辱。六朝旧事随流水,但寒烟芳草凝绿。至今商女,时时犹唱,后庭遗曲。"其中,"'门外楼头',暗用了杜牧《台城》诗中的两句:'门外韩擒虎,楼头张丽华。''至今'三句,暗用了杜牧《夜泊秦淮》诗中的两句:'商女不知亡国恨,隔江犹唱《后庭花》。'"③可见,这里的两处引用,也是限于词的格律与字句限制而采用了"断引"。这里应该说明的是,由于古代汉语中没有我们今天标点符号中的"引号",所以上面所说的"断引"就很难判断是属于"明引"中的"断引",还是"暗引"中的"断引"。因为从现代汉语修辞的实际来看,"断引"在"明引"与"暗引"中都是存在的,下面我们马上就要谈到。

所谓"暗引",是指既不指明原说写者的名字和书名篇名等,也不用引号在书面上加以标示的;或是既不指明出处,又不加引号标示,还对原

---

① 此例引见于汪国胜等主编:《汉语辞格大全》第562页,南宁:广西教育出版社,1993年。
② 参见汪国胜等主编:《汉语辞格大全》第563页,南宁:广西教育出版社,1993年。
③ 此例引见于陈望道:《修辞学发凡》第104页,上海:上海教育出版社,1997年。

话略作改动的引用。例如:

（四）于是假发的买卖应运而生,说不定把秃顶与性能力扯上关系,是假发业广告的伎俩之一。但是广告就是有技巧的说谎,而且是无伤大雅的谎,官署没有理由去干涉,个人碰到某些相对的真理,也无法挺身而出去辩个水落石出,因此衮衮诸秃,除去破费掩饰一番以外,也无法证明谣言之为虚妄。有些事是可以理直气壮地说:"拿证据来。"有些事是拿不出证据的,于是衮衮诸秃戴上了假发,焕然一新。于是我就杞人忧天,怕大风起兮,发生"笑倩旁人为正冠"的尴尬局面。

另外有一种釜底抽薪之道,来挽回"望秋而落"的现象,就是重新下种,浇水施肥,使得不毛之地,再度杂草丛生。据说某位参议员曾经试过,照他在电视上亮相的尊容来判断,成绩至多也只是差强人意,并不十分茂盛。本来耕耘收获之间,划不了等号,乃是常事,偏偏我会从各种角度,去担忧它的发展,说吹绉一池春水,与尔何干? 都嫌过分宽容了。(吴鲁芹《杞人忧天录》)

例(四)两段文字中有很多引用修辞文本。其中"怕大风起兮"句中的"大风起兮"是引用汉高祖刘邦《大风歌》,由"大风起兮云飞扬"一句断引而来。这里的引用既不指明引语出处,也不加引号标示,属"暗引"中的前一种情况。而"说吹绉一池春水,与尔何干?",也是一个"暗引",它既不指明引语出处,又不加引号,还对引语文字略作了改动。宋·陆游《南唐书·冯延巳传》:"元宗尝因曲宴内殿,从容谓曰:'"吹绉一池春水",何干卿事?'延巳对曰:'安得如陛下"小楼吹彻玉笙寒"之句!'"南唐中主的原话是"'吹绉一池春水',何干卿事?"而这里作者吴鲁芹却将其中的"何干卿事"改动为"与尔何干?"这是属于我们上面所说的"暗引"中的第二种情况。

与"明引"一样,从引语被引的完整与否来看,"暗引"也可分为"全引"和"断引"两种。上述"大风起兮"即是"断引",而"吹绉一池春水,与尔何干"则是"全引"。如果说这例的"全引"是一种变异的"全引"的话,那么下面一例就是十分典型的"全引"。例如：

（五）我在东吴教书期间，留有一信致章孝慈……日前周玉蔻向我描述吾兄桂林行，听来令人动容。<u>这位女士上穷碧落下黄泉</u>，不遗余力，可惜史学方法训练稍差，故所作流为"报告文学"。（李敖《李敖回忆录》）

例（五）李敖所说的"这位女士上穷碧落下黄泉"中的"上穷碧落下黄泉"，也是引用，未指明出处，也未加引号标示，引的是唐·白居易《长恨歌》中的全句，未作任何文字改动，是典型的"全引"。

现代汉语中的"暗引"很常见，是采"全引"方式，还是"断引"方式，依表达的需要而定。但是，在古代汉语中，由于没有诸如现代新式标点符号"引号"的帮助，因此古代作品特别是诗词等韵文作品的"引用"，不论是采"全引"方式，还是"断引"方式，我们都很难判断是否属于"明引"。如曹操《短歌行》："青青子衿，悠悠我心。但为君故，沉吟至今。"①其中，"青青子衿，悠悠我心"，乃是引自《诗经·小雅·子衿》。但是诗人并未明确说明出处，加上又没有我们今天新式标点符号"引号"的提示，所以就很不易看出。"暗引"中的"全引"尚不易识别，若是"断引"，则更是难于辨别了。如汉·司马迁《悲士不遇赋》："朝闻夕死，孰云其否？"②其中，"朝闻夕死"就是"暗引"中的"断引"，由《论语·里仁》："朝闻道，夕死可矣"两句各断取开头二字而成。这里，应该指出的是，古代汉语中的"暗引"，包括"全引"与"断引"两种形式，从形式上看，类似于我们现代汉语中的"化用"。不过，从性质上说，二者则是不同的。现代汉语的"化用"，是作者有意不加引号，使引语与自己文章的文字融为一体。而古诗词中的"暗引"则是因为客观条件限制（没有发明引号）。当然，那时真有"引号"可用，也许诗人、词人们为了表达形式上的简洁或是为了引用的

---

① 此例引见于汪国胜等主编：《汉语辞格大全》第561页，南宁：广西教育出版社，1993年。

② 此例引见于宗廷虎等：《中国修辞史》第881页，长春：吉林教育出版社，2007年。

妙合无痕,仍然会像今天的有些作者一样不用引号标明。

至此,我们可以根据形式标准将现代汉语修辞的引用修辞文本模式的类别作如下的系统化图示:

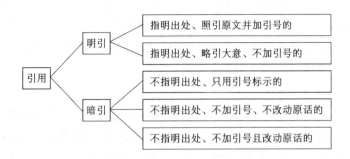

从意义上来分类,是指以引语原意与表达者所建构的修辞文本所要表达的意思是否一致为标准。准此,可将引用修辞文本模式分为"正引""反引""半引""借引"四种①。

所谓"正引",是指表达者在修辞文本中所欲表达的意思与引语原意是一致的,表达者是从肯定的角度来引用他人的话以申述自己的观点的。例如:

(六)临近解放前,两岸人烟稀疏,强人多于百姓。穷到草都长不旺的地方,我不知道他们有什么好打劫。天下不太平,稀疏的当地人也不出远门,<u>差不多到了"野渡无人舟自横"的地步</u>。(黄晓萍《新城·老滩》)

例(六)是写攀枝花市昔日的荒凉景象。其中"差不多到了'野渡无人舟自横'的地步",引用的"野渡无人舟自横"一句,系出于唐代诗人韦

---

① 张弓《现代汉语修辞学》将"引用"名之为"引语",并按态度分为"正用""翻用""半用"三类(第150页)。汪国胜、吴振国、李宇明编《汉语辞格大全》说:"根据引语与原话的意义关系,可分为正用、反用、借用三类。"(第557页)本书综合两家之分类,并在用语中略有斟酌改变,定义内涵也有所改变,以求稳密。

应物《滁州西涧》:"独怜幽草涧边生,上有黄鹂深树鸣。春潮带雨晚来急,野渡无人舟自横。"两相比较,我们可以发现,"野渡无人舟自横"一句的意思,在原诗中与在被引的文本中,都没有发生变化,呈现的都是荒野渡口无人的情景。所以,这是一个"正引"。

所谓"反引",是指表达者在修辞文本中所欲表达的意思与引语原意正好相反,是反其意而用之,表达者引用原话的目的是要对之进行否定。例如:

(七) 一句西方谚语说:"我们因不了解而结婚,因了解而分开。"胡茵梦同我结婚,正好相反——"我们因了解而结婚,倒因不了解而分开。"胡茵梦在我出狱后复出写文章支持我,写《特立独行的李敖》,她欣赏我的特立独行,我认为她了解我,但是,最后因不了解而分开了。(李敖《李敖回忆录》)

例(七)李敖引西谚的目的不是为了正面申述自己的观点,而是反其意而否定之,从否定角度表述了自己的意思。是典型的"反引"。

所谓"半引",是指表达者在修辞文本中所表达的意思与引语原意一半相一致,一半不一致或相反。例如:

(八) 诸葛亮有句名言:"谋事在人,成事在天。"在六亿人民尽舜尧的现在,他们既有神机妙算的高度智慧,又有意气奋发、斗志昂扬的冲天干劲。那么,谋事固然在人,而成事也就不由天作主了……"谋事在人"这正是我们的努力,"成事在人",这是我们的信念。向着预定的目标——战胜灾害,确保丰收,百折不挠,战斗到底吧!(樵渔《谋事在人,成事在人》)

例(八)作者引诸葛亮的名言[①],既肯定了"谋事在人"一端,又否定

[①] 此例引自张弓:《现代汉语修辞学》第153页,石家庄:河北教育出版社,1993年。

了"成事在天"一端,提出"成事在人"的观点。这是一半肯定一半否定,是"半引"。

所谓"借引",是指表达者在修辞文本中所表达的意思与引语的原意既不相同,也不相反相对,而只是在某一方面有相关性或相似性。例如:

(九)西夏啊西夏,在历史的长河里,二百年,太匆匆,你来得迅,去得疾,来如雷霆收震怒,罢如江海凝青光,如一节戛然而止的雄浑乐曲,像一个酷烈而又浪漫的噩梦。(雷达《走宁夏》)

例(九)"来如雷霆收震怒,罢如江海凝青光"两句,系引自唐代诗人杜甫诗《观公孙大娘弟子舞剑器行》。原句是写公孙大娘弟子舞剑时开场和收场的快速情状,引句则说的是西夏王朝建立和结束之快。因此,这两者之间在语意上只是有相似关系,没有相同或相对相反的关系,属于典型的"借引"模式。

以意义为标准进行分类的"正引""反引""半引""借引",在现代汉语中都有。但是,就出现频率来看,以"正引"出现频率最高,其他三类只是偶一见之。在古代汉语中,情况亦然。上面我们所引到的古代汉语中的各种"引用"文本,其实都是"正引"。这种引用形式,在任何时代、任何文体中都有可能出现。先秦史书中有"正引",如《左传·僖公五年》:"晋侯复假道于虞以伐虢。宫之奇谏曰:'虢,虞之表也。虢亡,虞必从之。晋不可启,寇不可玩,一之谓甚,其可再乎?谚所谓"辅车相依,唇亡齿寒"者,其虞虢之谓也'。"[1]其中所引谚语"辅车相依,唇亡齿寒",是用来说明虞虢两国相互依存的关系,与引语原意相符。魏晋文学批评中也有"正引",如三国·魏·曹丕《典论·论文》:"夫人善于自见,而文非一体,鲜能备善,是以各以所长,相轻所短。里语曰:'家有敝帚,享之千金。'斯不自见之患也。"[2]其中,所引俚语"家有敝帚,享之千金"的原意与作者

---

[1] 此例引见于宗廷虎等:《中国修辞史》第866页,长春:吉林教育出版社,2007年。
[2] 此例引见于汪国胜等主编:《汉语辞格大全》第559页,南宁:广西教育出版社,1993年。

这里所要说明的道理(文人都有自重而相轻的陋习)是一致的。唐诗宋词中的"正引"则更多,如唐·杜甫《小寒食舟中作》诗:"春水船如天上坐,老年花似雾中看",其中前句是引初唐沈佺期的诗句"人如天上坐,鱼在镜中悬"(《钓竿篇》),所写境界是相同的。宋·晏幾道《临江仙》词:"去年春恨却来时,落花人独立,微雨燕双飞",其中"落花人独立,微雨燕双飞"二句是直接引自唐人翁宏的《春残》诗①,所写的意境心境也是一致的,亦属"正引"。明清小说中"正引"的例子则更多,如明·兰陵笑笑生《金瓶梅》第三十四回:"你不是这等说了,嗑着骨秃露着肉,也不是事",其中的"嗑着骨秃露着肉",是引自民间俗语。清·曹雪芹《红楼梦》第八十八回:"你要我收下这个东西,须先和我说明白了。要是这么'含着骨头露着肉'的,我倒不收"②,其中的"含着骨头露着肉",也是引自俗语,在文中的意思都与引语原意一致。《红楼梦》中"正引"俗语的特别多,如"知人知面不知心"(第十一回),"旁观者清""一人作罪一人当"(第五十五回),"闻名不如见面"(第六十三回)③,等等,都是此类。"反引",虽不及"正引"那样寻常,但在诗文中也都能见到。如唐·李白《沐浴子》:"沐芳莫弹冠,浴兰莫振衣。处世忌太洁,至人贵藏晖"④,其中"沐芳莫弹冠,浴兰莫振衣"两句是引用屈原《楚辞·渔父》"新沐者必弹冠,新浴者必振衣"两句而略变动了字词,引用所要表达的语意与引语的原意正好相反,属于典型的"反引"。又如唐·杜甫《五盘》:"地僻无网罟,水清反多鱼"⑤,其中"水清反多鱼"乃引《大戴礼记·子张问入官》"水至清则无鱼"而变动二字而成,引语的原意与变动后的引语语意正好相反,也是属于"反引"。"半引",在古代诗文中一般较少,难得一见。至于"借

---

① 此例引见于沈谦:《修辞学》第 359 页,台北:台湾空中大学印行,1996 年。
② 此二例引见于宗廷虎等:《中国修辞史》第 907 页,长春:吉林教育出版社,2007 年。
③ 此三例引见于宗廷虎等:《中国修辞史》第 908—909 页,长春:吉林教育出版社,2007 年。
④ 此例引见于汪国胜等主编:《汉语辞格大全》第 566 页,南宁:广西教育出版社,1993 年。
⑤ 此例引见于宗廷虎等:《中国修辞史》第 885 页,长春:吉林教育出版社,2007 年。

引",在古代诗词中都能见到。如唐·羊士谔《郡中即事》三首其一:"城下秋江寒见底,宾筵莫讶食无鱼",其中后句"食无鱼",即是对原引语的借用。《战国策·齐策四》记策士冯谖初投孟尝君门下为门客时不受重视,餐中无鱼,乃弹铗而歌曰:"长铗归来乎,食无鱼。"可见,冯谖所说的"食无鱼",是"表示对待遇不满"。"后世用作自伤不遇,希求救助的典故。而羊士谔此诗中的'食无鱼'则只取此典的字面义,是对自己宴请宾客而席上无鱼表示歉意。"①又如宋·辛弃疾《踏莎行》词:"衡门之下可栖迟,日之夕矣牛羊下",前句引自《诗经·陈风·衡门》"衡门之下,可以栖迟"。原句语意是写没落贵族安于贫贱而无怨的心态,词人引之入词后则是描写田园生活的清贫简单,基本没有改变引语的原意,属于"正引"。但是,后句则就不同了。它引自《诗经·王风·君子于役》"日之夕矣,牛羊下来",原意是"写太阳下山,牛羊归圈,意谓女主人盼望丈夫归来。辛弃疾则借用以表示田园生活的淡泊恬适"②,可见,这是"借用"。

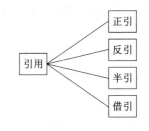

至此,我们又可以根据意义标准,将现代汉语的引用修辞文本模式的类别作如右的系统化图示。

引用作为一种修辞文本模式,尽管可以分为不同的类别,但它的建构,多是基于表达者以人们熟悉且具权威经典内涵的语句引发接受者注意和思索以强化文本语意印象的心理预期。因此,这种修辞文本的建构,一般说来,在表达上具有持论有故的确凿感或渊博典雅的书卷味;在接受上,则有诱发注意,强化语意印象的效果。例如:

(十)当然,南人是有缺点的。权贵南迁,就带了腐败颓废的风气来,北方倒因反而干净。性情也不同,有缺点,也有特长,正如北人的兼具二者一样。据我所见,北人的优点是厚重,南人的优点是机灵。但厚重之弊也愚,机灵之弊也狡,所以某先生曾经指出缺点道:北方人是"饱食

---

①② 宗廷虎等:《中国修辞史》第889页,长春:吉林教育出版社,2007年。

终日,无所用心";南方人是"群居终日,言不及义"。就有闲阶级而言,我以为大体是的确的。(鲁迅《北人与南人》)

例(十)鲁迅所说的"北方人是'饱食终日,无所用心';南方人是'群居终日,言不及义'",是引用修辞文本,属于"明引"一类。它是引用明末清初学者顾炎武的话,出自顾氏《日知录》卷十三《南北学者之病》:"'饱食终日,无所用心,难矣哉',今日北方之学者是也。'群居终日,言不及义,好行小慧,难矣哉',今日南方之学者是也。"(其实顾氏的话也是引用,分别引自《论语·阳货》和《论语·卫灵公》)由于鲁迅所引顾氏之语,只是"截取原文的个别词语片断,而没有整句引用"①,因而从引用方式上看,鲁迅的上述引用修辞文本是属于"明引"中的"断引"。在这一修辞文本的建构中,由于表达者在具体分析了南方人与北方人的优缺点,得出了"北人的优点是厚重,南人的优点是机灵。但厚重之弊也愚,机灵之弊也狡"的结论后,又引述了明末清初著名思想家顾炎武关于南北学者各自缺点的名言作为辅证,于是表达上就显具持之有据的确凿感,顿增结论无可辩驳的说服力。在接受上,由于修辞文本明引前贤名言佐证立论,易于引发接受者的注意,并在崇拜权威的心理作用下迅速强化了对表达者所建构的修辞文本语意内涵的印象,从而坚定了赞同表达者观点的信念,达成与表达者思想认识的高度一致。

又如:

(十一)院子里的乌桕开始发芽了,春天的夜晚,细雨霏霏,一灯荧荧,我独坐桌前写读,伴着远远的车声狗声,以及一声声走近又走远的"烧肉粽——"

那个熟悉的台北市又一点一点回来了。

我终于发现,不论怎么爱山爱水,爱花鸟走禽、天地万物,我最爱的还是人。

---

① 汪国胜等主编:《汉语辞格大全》第573页,南宁:广西教育出版社,1993年。

这一想,不禁掷笔长叹。

罢了罢了,还是安安分分做我的"杜子春"吧!这剪不断理还乱的红尘啊!(杏林子《重入红尘》)

例(十一)这篇文章是叙写作家本人作为现代都市人对都市现代化生活的那种又厌倦又难以割舍的无奈情感,文末的一句"这剪不断理还乱的红尘啊!"将全文主旨全盘托出,可谓是画龙点睛之笔。而这点睛之笔本身,则是一个引用修辞文本。"剪不断理还乱"是引自南唐后主李煜词作《乌夜啼》,李词云:"无言独上西楼,月如钩。寂寞梧桐深院,锁清秋。剪不断,理还乱,是离愁;别是一般滋味,在心头。"这里作者是"暗引",对李词之引未明言,也未标引号,是化用于自己的文字中,显得天衣无缝,是一个高妙的修辞文本。这一修辞文本的建构,由于表达者化用李煜之词句既贴切又自然,使本很平淡的叙述平添了一种文学化艺术化的气韵,表达上陡增了一种浓浓的、渊博典雅的书卷气。在接受上,由于表达者引用的"剪不断理还乱"之词句是人们熟悉的名句,很易引发接受者的注意,由此联想到词句原创者李煜那种去国怀乡的深切苦痛,并在崇拜名人名句的心理作用下迅速达成了对修辞文本语意内涵——现代都市人对都市生活又恨又爱的无奈苦痛——的深刻印象。

第九节　夺他人之酒杯:移用

移用,是依靠语境的帮助临时将某一特定领域的专用词汇移用到其他领域,从而使表情达意别具情趣的一种修辞文本模式。这种修辞文本的建构,由于表达上突破了词汇适用的范围,移花接木,跨界用词,虽有明显的违和感,但却别开生面,有令人耳目一新的感觉,因而极易引发接受者的注意,耐人寻味,可以大大提升文本的审美价值。如:

(一)果然,他的胃一阵痉挛,火辣辣的剧痛,似乎胃正在被搓揉,被浸泡,被拉过来又扯进去。好像他的胃变成了一件待洗的脏背心,先泡在热水里,又泡在碱水里,又泡在洗衣粉溶液里,然后上了搓板搓,上了洗衣石用棒捶打……这就叫做自己消化自己哟!

他痛得面无人色,眉毛直跳。幸好,几个老牧民没有再注意他,他们也正喝得不亦乐乎。

曹千里挪动了一下身体,他本以为改变一下姿态可以减轻一点痛苦,缓和一下肚内的局势,谁想刚把身子往左一偏,就觉得许多液体在胃里向左一涌,向左一坠。然后他向右一偏,立即,液体涌向了右方,胃明显地向右一沉。胃变成了苦于负荷的口袋了!(王蒙《杂色》)

例(一)写20世纪50年代末被划为"右派"而到边疆进行思想改造的音乐教师曹千里,一次因受到哈萨克老牧人的夸奖,一口气连喝了三大碗马奶,结果引起胃部不适之事。作家写到这个情节时,先以几个比喻状其胃部难受之感,后又用工笔细写其胃痛坐立难安之状,让人感同身受,仿佛胃痛的不只是小说主人公曹千里。叙事能至于此,已是非常难得了。然而,作家的笔力境界还不仅止于此,还能在穷形尽相的刻画之外寓庄于谐,让读者心痛得笑出声来。之所以如此,是因为作家于"他本以为改变一下姿态可以减轻一点痛苦"一句之后,旁枝逸出,突然加入一句:"缓和一下肚内的局势",令人始料不及。我们都知道,"局势"乃是一个政治色彩非常浓厚的词汇,是政治领域的常用词。这里,作家要表达的是"缓和疼痛"之意,但却不用"疼痛"而用了"局势",这明显是跨界用词,不按用词规范写作,是一种有意而为之的修辞行为。不过,也正因为是跨界用词,才有了"缓和一下肚内的局势"这个移用修辞文本,以别开生面的文字表达,使小说叙事再起波澜,令读者顿时兴味盎然。

又如:

(二)朱大姐　伯母,我给舒欢找到一个朋友!
舒　母　真的?
舒　欢　这么快?
朱大姐　我说三天之内,瞧,连三个小时都不到,高速度!

舒　母　怎么找到的？

朱大姐　运用最新的现代化的科学方法。

舒　母　哦？

朱大姐　<u>大致有这两个程序</u>：首先，扩大信息量，除了把爱人、公公、婆婆调动起来之外，还和邻居、朋友、同事进行广泛的横向联系，形成一个信息网络。其次，从宏观上把握着对对象的总体要求，又从微观上进行细致的分析。不到一小时，准确的信息就反馈过来了，<u>大家一共提出二十五个男朋友的候选名单</u>。

舒　母　啊？二十五个！

朱大姐　好呀，这说明舒欢出现了从未有过的好形势，<u>这是在恋爱问题上实行开放、搞活的结果</u>！

舒　欢　朱大姐，你别开玩笑了。

朱大姐　哎呀，怎么是开玩笑？我当然不是把这二十五个都介绍给你，<u>我应用最优化的理论，进行科学筛选，最后为你挑中了一个最佳人选</u>。

舒　母　最佳人选？

朱大姐　我在电子计算机上验算过，确实是最佳。（沙叶新《寻找男子汉》）

例（二）是上海著名剧作家沙叶新创作于1986年的话剧作品《寻找男子汉》中的人物对话片断，写的是热心肠的朱大姐关心大龄女青年舒欢的婚姻问题，并帮助张罗介绍男朋友的事。上引朱大姐跟舒母的对话，其中用到了很多新名词，如"程序""信息量""横向联系""信息网络""宏观把握""微观分析""候选名单""开放""搞活""优化""筛选"等等，或是计算机科学术语，或是当时最新的信息科学术语，或是经济学术语，或是政治术语，或是生命科学术语。这些名词本来都是特定领域的专门词汇，有其特定的含义与使用范围，但是朱大姐却将其移用到婚恋领域。如此跨界用词，虽然不合用词规范，表达上有违和之感，但却在人物形象塑造上别开生面，将热心助人、前卫时尚、风趣幽默的朱大姐形象栩栩如生地呈现出来。

小 结

  众所周知,人们的任何说写行为都是有所为而为的,也就是说,说写者的说写是有其特定的目标预期的。为了实现他的说写目标,他就必须去研究他所要面对的交际对象,努力适应他所面对的特定题旨情境,并尽可能地调动语言文字的一切可能性,建构出恰切有效的修辞文本,这样才有可能达成其说写的预期目标。正如陈望道所说:"凡是成功的修辞,必定能够适合内容复杂的题旨,内容复杂的情境,极尽语言文字的可能性,使人觉得无可移易,至少说者自己以为无可移易。"[1]本章我们所论述到的拈连、借代、移就、映衬、析字、转品、顶真、引用、移用等修辞文本模式中的诸多文本,之所以有很好的表达和接受效果,原因即在于修辞文本建构者既十分恰切地适应了特定题旨与情境的要求,又最大可能地调动了自己所能把握的语言文字的可能性,创造性地运用语言。如拈连、借代、移就、映衬、析字、顶真等修辞文本的建构,就是紧扣题旨,借助(或创造)特定的语境,充分利用汉语汉字的一切可能性,创造性地予以运用,不仅生动地揭示了相关事物之间的相互关系,而且使语言表达别开生面,从而极大地提升了修辞文本的审美价值。又如转品、引用、移用等修辞文本的建构,则是适应题旨与情境的要求,充分利用汉语词汇丰富、语法具有弹性的特点,以及中国文化积淀深厚、名言多、警句多的优势,对这些资源进行转化变换,合理配置,"夺他人之酒杯,浇自己之垒块",从而使语言表达独辟新径,别出境界,极大地提升了文本接受的效果与审美价值。

  一般说来,表达者要使自己所建构的修辞文本达到自己的预期说写目标,必须具备两个基本功:"第一是题旨和情境的洞达","第二是语言

---

[1] 陈望道:《修辞学发凡》第9页,上海:复旦大学出版社,2008年。

文字可能性的通晓。"①所谓"题旨和情境的洞达",就是说写者(表达者)在说写之前心中要有定见,十分清楚、确定地知道自己要传达的情意,思想上绝不可有任何的混乱,这是其一。一般说写者只要是有正常思维能力、心智健全的人,差不多都能做到,不成问题。然而仅知道自己想要传达的情意是什么,是绝对不够的。因为说写的目标不是自己说服或感动自己,而是要受交际者接受自己所传达的情意,并与自己达成思想或情感上的共鸣,这才是真正的目标。为此,表达者就必须要对受交际者(接受对象)的知识水平、心理状态、个性特点、受交际时的时间场合等进行分析,用心推究。这是其二。只有这两个方面都无问题,那么才算是真正做到了对"题旨和情境的洞达"。所谓"语言文字可能性的通晓",是指"对于现下已有的修辞方式有充分的了解"②。要做到这一点,只要说写者(表达者)有相当的文化知识水平或肯用心学习体会,并不是太过困难的事。这两个基本功,是相互依存的,缺一不可。仅有对"题旨和情境的洞达",而无对"语言文字可能性的通晓",可能也只是"茶壶里煮饺子——肚里有,嘴上倒不出"。即便能勉强表达,也不能臻至好的效果。例如:

（一）说着,苏小姐来了。辛楣利用主人的职权,当鸿渐的面向她专利地献殷勤。斜川一拉手后,正眼不瞧她,因为他承受老派名士对女人的态度……褚哲学家害馋痨地看着苏小姐,<u>大眼珠仿佛哲学家谢林的"绝对观念",像"手枪里弹出的子弹",险些突破眼眶,迸碎眼镜</u>。(钱钟书《围城》)

例(一)作者描写哲学家褚慎明看苏文纨时的丑态,生动逼真,令人叫绝。其中,最得力的是两个比喻修辞文本的建构。一是"大眼珠仿佛哲学家谢林的'绝对观点'",一是"像'手枪里弹出的子弹',险些突破眼

---

①② 陈望道:《修辞学发凡》第9页,上海:复旦大学出版社,2008年。

眶,迸碎眼镜"。如果这段描写褚慎明看女人情状的文字不是出自对比喻这种修辞手段极娴熟把握的钱钟书之手,而是出于一般作者之手,那是绝不会生动妙绝如此的。

可见,仅对"题旨和情境的洞达"而无对"语言文字可能性的通晓"是不行的。反之,仅有对"语言文字可能性的通晓"而不能很好地对"题旨和情境的洞达",同样也是不行的。下面我们举一个古代的例子:

(二)维私邀入内署。俄而玄宗至,浩然匿床下。维以实对,帝喜曰:"朕闻其人而未见也,何惧而匿?"诏浩然出。帝问其诗,浩然再拜,自诵所为。至<u>"不才明主弃"</u>之句,帝曰:"卿不求仕,奈何诬我!"因放还。(《新唐书·孟浩然传》)

例(二)写唐代大诗人孟浩然之事。王维和孟浩然都是唐代著名的大诗人。王维身居朝中高位,他私邀孟浩然入内署,亦是有意于助好友进入仕途求个一官半职的。然而,孟浩然虽很幸运得到了一个好机会,却因表达不妥而被放还,从此失去了走入仕途一展抱负的机遇。那么,孟浩然的失败是不是因为他对"语言文字可能性的通晓"方面有问题呢?当然不是!以他的才学和做诗的功力,这方面是根本不成问题的。问题是出在他对"题旨和情境的洞达"方面出了问题。孟浩然入内署的用意是想求官,这在他诵诗回答玄宗唐明皇的行为中表现得很清楚,适应"题旨"没有问题。可是适应"情境"上却出了大问题。他没有分析唐明皇这一特定的交际对象,没迎合唐明皇好大喜功、自以为圣明的心理,只从自己的角度找原因,婉转地道出未能做官的怀才不遇之情,尽管表达中谦虚地说自己"不才",赞扬唐明皇是"明主",但仍拂逆了唐明皇之意,结果被"放还"自是意料中事。如果他此时对唐明皇诵出的是他在《临洞庭湖赠张丞相》中的"欲济无舟楫,端居耻圣明"这两句,肯定会博得唐明皇的欢心,一定会高官得做,骏马任骑,一生飞黄腾达的。可见,对"题旨和情境的洞达"是多么的重要!

修辞文本的建构是一种创造性的语言活动,尽管有一定的规律,但并不是有一成不变的规则可以照搬照套。只要说写者(表达者)在说写表达时牢记"修辞以适应题旨情境为第一义"①的基本原则,具备上述两个方面的基本功,就会创造性建构出切题恰境的好修辞文本,使自己的语言交际效果达到自己预期的目标。本书所论述到的几十种修辞文本模式,只是举例性质,并非穷尽了现代汉语修辞文本模式的全部情况。我们都知道,语言是发展变化的,修辞文本模式也会随着语言的发展而有所变化。因此,我们对于修辞文本的建构和认识,切不可胶柱鼓瑟,要有发展的眼光,要有创造的勇气。在锐意创新中使我们所建构出的修辞文本更高妙,使我们思想情感的表达更圆满。

思考和练习

一、什么是拈连修辞文本模式?它在表达和接受上的效果如何?

二、移就修辞文本建构的心理机制是什么?

三、映衬修辞文本模式可以分为哪几类?映衬修辞文本的建构一般是基于何种心理机制?

四、叠字修辞文本有何表达效果?

五、何为顶真修辞文模式?它可以分为几类?请具体勾勒出其分类层次。

六、请指出下列各例中各包含有何种修辞文本,并具体分析其修辞效果。

(1) 风天,我们可以在夜里听着寒浪的击荡。就是不风不雪,街上的行人也不甚多,到处呈现着严肃的气象,我们也可以吐一口气,说:这是山海的真面目。(老舍《青岛与山大》)

(2) 山中轰轰然全是水声,插手寒泉,只觉自己也是一片冰心在玉壶。而人世在哪里?当我一插手之际,红尘中几人生了?几人死了?几人灰情灭欲大彻大悟了?(张晓风《常常,我想起那座山》)

(3) 深夜小镇如死,整座镇上,醒着我,醒着缓缓流过的碧潭……

---

① 陈望道:《修辞学发凡》第9页,上海:复旦大学出版社,2008年。

(张菱舲《听,听,那寂静》)

(4) 雨是一种回忆的音乐,听听那冷雨,回忆江南的雨下得满地是江湖,下在桥上和船上,也下在四川的秧田和蛙塘,下肥下嘉陵江,下湿布谷咕咕的啼声。(余光中《听听那冷雨》)

(5) 马老不老,守正白眼朝天,立世青眼向文。他总是能让人马首是瞻,瞻到血沸,沸到流泪。(卞毓方《思想者的第三种造型》)

(6) 三天,终是太短促了,幸而没有"执手相看泪眼"之事,仍是原路乘夜班船,带着一些记忆回了苏州。(张中行《梦魂长在断桥西》)

(7) 那天晚上你送我回宿舍,当我们迈上那斜斜的山坡,你忽然驻足说:"我在地毯的那一端等你!我等着你,晓风,直到你对我完全满意。"

我抬起头来,长长的道路伸延着,如同圣坛前柔软的红毯。我迟疑了一下,便踏向前去。(张晓风《地毯的那一端》)

(8) 设想登临此艇,遨游于身后碧波万顷的安大略湖,惠风送帆,劈浪前行,逸兴遄飞,何等欢快!(张守仁《从傍晚到黄昏》)

(9) 现在回想起来,已不记得当时是否是个月夜了,只觉得你诚挚的言词闪烁着,在我心中亮起一天星月的清辉。(张晓风《地毯的那一端》)

(10) 女人善变,多少总有些哈姆雷特式,拿不定主意;问题大者如离婚结婚,问题小者如换衣换鞋,都往往在心中经过一读二读三读,决议之后再复议,复议之后再否决,女人决定一件事之后,还能随时做一百八十度的大转弯,做出那与决定完全相反的事,使人无法追随。(梁实秋《女人》)

(11) 张俊民道:"我有一件事托你。"王胡子道:"甚么事?医好了娄老爹,要谢礼?"张俊民道:"不相干,娄老爹的病是不得好的了。"王胡子道:"还有多少时候?"张俊民道:"大约不到一百天。这话也不必讲他,我有一件事托你。"王胡子道:"你说罢了。"张俊民道:"而今宗师将到,我家小儿要出来应考,怕学里人说是我冒籍,托你家少爷向学里相公们讲讲。"王胡子摇手道:"这事共总没中用。我家少爷从不曾替学里相公讲一句话,他又不喜欢人家说要出来考。你去求他,他就劝你不考。"张俊民道:"这是怎样?"王胡子道:"而今倒有个方法。等我替你回少爷说,说你家的确是冒考不得的,但凤阳府的考棚是我家先太老爷出钱盖的,少爷要送一个人去考,谁敢不依?这样激着他,他就替你用力,连贴钱都是肯的。"张俊民道:"胡子老官,这事在你作法便了。做成了,少不得'言身寸'。"王胡子道:"我那个要你谢!你的儿子就是我的小侄,人家将来进了学,穿戴着簇新的方巾、蓝衫,替我老叔子多磕几个头就是了。"说罢,张俊民还了面钱,一齐出来。(吴敬梓《儒林外史》第三十二回)

(12)《小说月报》到了十一月号,赵先生又告诉了我们"塞意斯完成四部曲",而且"连最后的一册《半人半牛怪》(Der Zentaur)也于今年出版"了。这一下"Der",就令人眼睛发白,因为这是茄门话,就是想查字典,除了同济学校也几乎无处可借,那里还敢发生贰心。然而那下面的一个名词,却不写尚可,一写倒成了疑难杂症。这字大约是源于希腊的,英文字典上也就有,我们还常常看见用它做画材的图画,上半身是人,下半身却是马,不是牛。牛马同是哺乳动物,为了要"顺",固然混用一回也不关紧要,但究竟马是奇蹄类,牛是偶蹄类,有些不同,还是分别了好,不必"出到最后的一册"的时候,偏来"牛"一下子的。(鲁迅《风马牛》)

(13)若说地点荒凉,则月明之夕,或风雨之日,亦常有客到,大抵好友不嫌路远,路远乃见情谊。(梁实秋《雅舍小品·雅舍》)

(14)客居岁月,暮色里归来,看见有人当街亲热,竟也视若无睹,但每看到一对人手牵手提着一把青菜一条鱼从市场走出来,一颗心就忍不住恻恻的痛了起来,一蔬一饭里的天长地久原是如此味永难言啊!相拥的那一对也许今晚就分手,但一鼎一镬里却有其朝朝暮暮的恩情啊!(张晓风《一个女人的爱情观》)

第七章 Section 7　字句段落篇章的修辞使命

炼字锻句,自古以来就是修辞学家们关注的重要问题,本章亦将重点论述。至于段落篇章,一般说来,主要是文章学研究讨论的重要领域。但是,段落的衔接,篇章中的起首策略和结尾艺术,也是与修辞有关系的,所以,本章对段落和篇章的修辞问题,主要着重于上述几个方面。

第一节　吟安一个字,捻断数茎须:炼字的功夫

"炼字"是古人的说法,用我们现代的术语来讲,应该叫"遣词"。我们知道,每个词(古人叫"字",因为古代汉语是单音节词占绝对优势,一个字往往即是一个词)在整个语言体系中都无所谓优劣高下之别,但不同的词进入具体的句子后,在表达效果上却能显出高下优劣的差异来。所以,要讲究语言的表达和接受效果,就不能不用心"遣词"(即"炼字")。我们又知道,每个词(字)都有音、形、义三个方面。因此,"炼字"(遣词)也应该在此三方面下功夫。其中,义、音两方面显得特别重要,也大有讲究。

一、意义方面

我们知道,任何语言中都有很多同义词和近义词的存在,汉语中的同义词、近义词更是十分丰富,这就在客观上为我们的"炼字"提供了可能性。中国古人之所以特别重视"炼字"并在这方面积累了大量成功的经验,正是凭借了汉语词汇本身的条件。而在现代汉语中,意义大致相同或相近但色彩、风格、适用对象有异的同义词或近义词数量则更是巨

大,这点是人所共知的。因此,在现代汉语修辞中,"炼字"的条件更是得天独厚。

一般说来,意义上的"炼字",从理论上讲,名词、代词、动词、形容词、副词、量词、连词、语气词等等,都可以大"炼"一番,究竟从中调遣哪个词,都是有文章可做的。但是,从实际的修辞实践看,名词、动词、形容词、副词、量词等五类是修辞者最看重的①,尤其是动词之"炼",更是修辞者关注的焦点和重点。例如:

(一)我最佩服北京双十节的情形。早晨,警察到门,吩咐道,"挂旗!""是,挂旗!"各家大半懒洋洋地<u>踱</u>出一个国民来,<u>撅</u>起一块斑驳陆离的洋布。这样一直到夜——收了旗关门;几家偶然忘却的,便挂到第二天的上午。(鲁迅《呐喊·头发的故事》)

例(一)鲁迅的精彩之笔主要集中体现在两个动词之"炼"上。"各家大半懒洋洋地踱出一个国民来"中的"踱",一字写尽了当时北平市民对于双十节挂旗的非自发活动的虚应故事、漫不经心、消极敷衍的逼真心态和生动情状。而与"踱"意义相同或相近的"走""跑""行"等动词皆不能企及动词"踱"在此情境中的独特修辞效果;"撅起一块斑驳陆离的洋布"中的"撅",也是通过一字而写尽了北平市民挂旗时那种心中老大不乐意、行动没精打采的生动情状,表达婉约且极具讽意。若是换上与"撅"意义相同或相近的动词如"挂""插"等,表达上就不可能达到上述效果。

又如:

(二)车子在凹凹凸凸的路上往前<u>蹦</u>着。我不讨厌这种路——因为

---

① 张弓:《现代汉语修辞学》将意义上的"炼字"称为"寻常词语艺术化",并指出"在寻常词语的艺术化中,从词性的角度看,寻常的动词、形容词、副词三类词的艺术化占多数"。见该书第174—179页,石家庄:河北教育出版社,1993年。

太讨厌被平直光滑的大道把你一路输送到风景站的无聊。(张晓风《常常,我想起那座山》)

例(二)一段文字,其中精彩处在于动词"蹦"使用得好,它简洁而形象地写出了车行崎岖道路上的颠簸情状。若不选"蹦"一词,则这段文字的叙述就应该多费些笔墨,写成:"车子在凹凹凸凸的路上往前开着,上下颠簸。"这样,既失却简洁的韵致,又不具形象感,表达效果就差得多了,读者在接受上也无由体会一种阅读的审美享受。

动词之"炼",有很鲜明的生动性或形象性的表达效果,这从上述两例中可以清晰地看出。名词、形容词、副词、量词之"炼"也有这种表达效果。名词之"炼",例如:

(三) 这个老头儿是地道英国的小市民,有房,有点积蓄,勤苦,干净,什么也不知道,只晓得自己的工作是神圣的,英国人是世界上最好的人。

达尔曼太太是<u>女性</u>的达尔曼太太,她的意见不但得自《晨报》,而且是由达尔曼先生口中念出的那几段《晨报》,她没工夫自己去看报。(老舍《我的几个房东》)

例(三)"达尔曼太太是女性的达尔曼太太"一句,名词"女性"一词使用得十分精彩。它把达尔曼太太这个英国老式的、保守的、没有主见的妇女形象生动地呈现出来,表达简洁,表意婉转,真是妙笔生花,一字千钧。如果不选用"女性"这一名词,而是按正常的表述,把意思说清楚,就得费这样一大段笔墨:"达尔曼太太是一个典型的老式英国妇女,没有主见,没有思想,人云亦云。"如果这样表达,既不简洁,也不婉转,表达直露而无韵味,读者在接受上也无由获取任何美感。可见,名词之"炼"也是大有作用的。

又如:

(四)方鸿渐准五点钟找到赵辛楣住的洋式公寓,没进门就听见公寓里好几家正开无线电,播送风行一时的《春之恋歌》,空气给那位万众倾倒的<u>国产</u>女明星的尖声撕割得七零八落……(钱钟书《围城》)

例(四)这段文字中的末一句特别生动,主要缘于名词"国产"对名词性词组"女明星"的修饰显得新颖奇特。"国产"一词本是与"机器"之类商品相匹配,作定语修饰"机器"之类的名词或名词性词组的。这里作者却将它遣置于"女明星"之前作定语修饰之,不仅使表达新颖生动,且语意中饱含讽嘲之意味。

形容词之"炼",也是十分常见,且有形象生动的表达效果。例如:

(五)夏天总算还好,假若水不太臭,多少总能闻到一些荷香,而且必能看到些绿叶儿。春天,则下有黑汤,旁有破烂的土坝;风又那么<u>野</u>,绿柳新蒲东倒西歪,恰似挣命。所以,它既不大,又不明,也不湖。(老舍《大明湖之春》)

例(五)"风又那么野"一句中形容词"野"的选用,效果明显,它生动而形象地再现了20世纪30年代济南大明湖春光明媚却荒野之风狂猛的情形。很明显,选用形容词"野"要比使用形容词"狂""猛""大""劲"等要更显形象性,表达上也有新颖性特征。可见,形容词之"炼"与不"炼",那是大有区别的。

又如:

(六)台湾湿度很高,最饶云气氤氲雨意迷离的情调。两度夜宿溪头,树香沁鼻宵寒袭肘,枕着润碧湿翠苍苍交叠的山影和万籁都歇岑寂,仙人一样睡去。山中一夜饱雨,次晨醒来,在旭日未升的原始幽静中,冲着隔夜的凉气,踏着满地的断柯折枝和仍在流泻的细股雨水,一经探入森林的秘密,曲曲弯弯,步上山去,溪头的山,树密雾浓,蓊郁的水气从谷底冉冉升起,时稠时稀,蒸腾多姿,幻化无定,只能从雾破云开的空处,窥

见乍现即隐的一峰半壑,要纵览全貌,几乎是不可能的。(余光中《听听那冷雨》)

例(六)作者写台湾山中雨景,有"山中一夜饱雨"之句。其中的"饱"字,是独显出作者运笔之匠心的。"饱"是一个很寻常的形容词,表示充足之意,一般多用于形容人或动物进食充足的。在上文的语境中,作者所说的"饱雨"是"大雨""豪雨"或"暴雨"之意。但是,作者描写山中夜雨之大,没有选用"大""豪""暴"等形容词修饰名词"雨",而是选用了"饱"这一形容词。这是因为"大雨""豪雨"是个中性词,表现不出作者对山中这场夜雨的情感态度,而"暴雨"一词则包含有否定的情感态度。很明显,从上文中我们可以见出,作者没有否定这场山中夜雨的情感态度,而是持肯定欣喜的情感态度的。因此,作者才遣置了一个形容词"饱"与名词"雨"匹配,从而准确、形象地写出了山中夜雨的情形和作者对这场雨的情感态度。可谓妙绝而不可更替,是形容词之"炼"中的妙品。

副词之"炼",在修辞实践中也是频率很高的。因为副词之"炼"也多半具有形象生动的表达效果。例如:

(七)好多没办法的事都得马上有办法,小孩子不会等着"国联"慢慢解决儿童问题。这就长了经验。半夜里去买药,药铺的门上原来有个小口,可以交钱拿药,早先我就不晓得这一招。西药房敢情也打价钱,不等他开口,我就提出:"还是四毛五?"这个"还是"使我省五分钱,而且落个行家。这又是一招。找老妈子有作坊,当票儿到期还可以入利延期,也都被我学会。没功夫细想,大概自从有了儿女以后,我所得的经验至少比一张大学文凭所能给我的多着许多。(老舍《有了小孩以后》)

例(七)作者说了一句"还是四毛五?"为什么西药房就给减了五分钱呢? 这是作者说话时选用了一个副词"还是"的结果。因为这副词"还是"有许多言外之意,说明自己到此买药不是第一次了,是老主顾了,行情我都知道了,你没有必要再跟我"打价钱"了;再说,既是老主顾,你总得关照点,价钱上要便宜点才是。如果把这些话都明白清楚地说出来,不仅费辞,效果也不好,药房偏不给你便宜,难道你孩子病了还为了五分钱不吃他的药? 所以,老舍不仅写作上是语言大师,日常生活上的说话也是很有艺术性的。这一副词"还是"之选用,足可见出他的语言功力,既简洁,又含义丰富,表意婉转,令人不得不佩服。

又如:

(八)辛楣又把相片看一看,放进皮夹,看手表,嚷道:"不得了,过了时候,孙小姐要生气了!"手忙脚乱算了账,一壁说:"快走!要不要我送你回去,当面点交?"他们进饭馆,薄暮未昏,还是试探性的夜色,出来的时候,早已<u>妥妥帖帖</u>地是夜了。(钱钟书《围城》)

例(八)末一句描写"早已妥妥帖帖地是夜了",按正常写法应是"早已完全是夜了"或"早已确实(或确确实实)是夜了"。如果是这样,那么,这句描写也就是寻常语句,没有任何特别的效果值得读者眼睛为之一亮。可是,由于作者在副词之"炼"上下了功夫,遣置了一个副词"妥帖"并重叠之而成"妥妥帖帖",置于"是"前作状语。由于副词"妥妥帖帖"之"炼",遂使表达顿然生动起来,平常情事平添出几许的艺术性。

量词之"炼",作用也很明显。例如:

(九)水姜花的香气从四面袭来,它距离我们只有一抬手的距离,我和依各采了一朵。那颜色白得很细致,香气很淡远,枝干却显得很朴茂。我们有何等的荣幸,能掬一<u>握</u>莹白,抱一<u>怀</u>宁静的清芬。(张晓风《归去》)

例(九)这段文字,最精彩处是两个量词的选用。分别是"能掬一握莹白"句中的量词"握"和"抱一怀宁静的清芬"句中的量词"怀",将只能诉诸视觉的"白"和诉诸嗅觉的"芬"(香)形象化,强烈凸显了水姜花颜色之莹白、气味之清芬以及自己对水姜花的喜爱之情,诸多意蕴只通过两个量词的选用就达到了。可见,量词选用得好,作用不可低估。

又如:

(十)最近又读到几篇文章,是谈"五四"的,也有谈相关问题的,有长有短,有深有浅,都是得些启发……我读到的几个文章是谈"民间立场"的,虽然冠以"五四"的名望,我以为是有悖于"五四"风貌的。

譬如,有个身体结实的人走进一个村子,四处打听,问"你们这里谁最厉害?"有人告诉他是某某,于是,这人便提着拳头上门把某某打了一顿,之后又转悠着去下一个村子了,我觉得,这种行为不是"民间立场"。(穆涛《时代烙印还是时尚趣味》)

例(十)作者在谈到关于对五四持"民间立场"的文章时,选择了量词"个"来修饰中心语"文章",而谈到关于对五四持主流传统立场的那些"得些启发"的文章时,则选择了量词"篇"。同样是修饰"文章",一个选择量词"个",一个选择量词"篇",说明作者没有对量词使用不当的嫌疑,而是有意所为,即是说,选择量词"个"来修饰"文章"是作者的一种修辞行为。量词"个"的使用,婉曲地传达出作者对于少数所谓对五四持"民间立场"的人的文章的否定态度,批评的艺术相当高明。因为对于文章,中国人向来都看得很神圣,古人有"文章乃经国之伟业"的说法,唐代大诗人杜甫有"文章千古事,得失寸心知"的名句,因此说到文章人们总是很严肃,总会中规中矩地选择固定的量词"篇"来修饰。而上述引文的作者别出心裁地选择表示物件的量词"个"来修辞"文章",在表达上既新颖奇特,又别具深沉婉约的韵致,表达自己否定态度和厌恶情感只通过一个量词的选择就实现了,真可谓是"一字见褒贬"!

二、声音方面

汉语修辞在字音上讲究,做文章的,自古及今皆未消歇过。现代汉语修辞中尽管已不特别看重这一方面,但修辞实践中还是时时有之的。

"炼字"(遣词)在声音方面可做的文章有多种多样,基本的方面主要偏重于根据题旨情境的需要而对字(词)的音节、平仄、韵的协和等进行调配。因为这种声音形式方面的修辞努力,可以增添语言的听觉美感,使接受者于语义内容信息接受的同时获取一种接受解读的审美享受。

(一) 字(词)音节之遣置

我们都知道,在汉语词汇中有单音节词,也有双音节词。就古代汉语而言,是单音节词占优势,而于现代汉语来说,则是双音节词占了绝对优势。这种语言发展的趋势,除了汉语发展自身特别是语音发展的内部规律在起作用外,从修辞的角度看,也是有其必然性的。在语感上,我们都不难体会到双音节词有一种整齐、匀称、谐和的效果,加之汉民族人凡事喜爱偶双的传统心理的作用,人们在说写实践中常常自然而然地表现为对双音节词的偏好倾向。例如:"我们有时说'努力争取',有时说'力争',但不说'力争取',也不说'努力争'。我们有时说'整顿作风',有时说'整风',但不说'整作风',也不说'整顿风'。我们有时说'深深相信',有时说'深信',但不说'深相信',也不说'深深信'。'志坚如钢',不说'志坚如钢铁';'钢铁意志',也不说'钢意志'。这种例子是非常多的。"①正因为上述的原因,在现代汉语修辞中,修辞者常常倾向于选用双音节词,几乎成为一种普遍的"炼字"规律。下面我们看两个例子:

(十一) 有些人连带想起全县的教育费不知究是多少,仿佛就想问一问;又觉这有点不好意思,只得暂且闷在肚里。(《叶圣陶文集·抗争》)

(十二) 有些人连带想起全县的教育经费不知道究竟是多少,仿佛就想问一问,又觉得这有点不好意思,只得暂且闷在肚里。(《叶圣陶文集·抗争》)

---

① 倪宝元:《修辞》第 40 页,杭州:浙江人民出版社,1982 年。

例(十一)和例(十二)两段文字,前者是原稿文字,后者是作者后来的修改稿文字①。后者与前者相比,只是将原稿中的四个单音节词"费""知""究""觉"分别改为四个双音节词"经费""知道""究竟""觉得"。虽然改动不大,但在表达效果上大大不同了。改文除了避免了行文中文白夹杂的明显弊端外,在视觉接受效果上明显具有整齐、匀称之特点,在听觉接受上谐和顺畅的效果十分突出。

这种改单音节词为双音节词的遣词好尚,在鲁迅作品中也是常见的。下面我们也来看两个例子:

(十三)扫开一块雪,露出地面,用一枝短棒支起一面大的竹筛来,下面撒些秕谷,棒上系一条长绳,人远远地牵着,看鸟雀下来啄食,<u>走到筛下时将绳一拉,便罩住了</u>。(《从百草园到三味书屋》)

(十四)扫开一块雪,露出地面,用一枝短棒支起一面大的竹筛来,下面撒些秕谷,棒上系一条长绳,人远远地牵着,看鸟雀下来啄食,<u>走到竹筛底下时候将绳一拉,便罩住了</u>。(《从百草园到三味书屋》)

例(十三)与例(十四)两段文字基本一样,只是末一句文字上有点差异,这是因为经过了作者的修改。前者是原稿文字,后者是修改稿文字②。我们可以发现,后者与前者的差异只是将前者所用的三个单音节词"筛""下""时"分别改为三个双音节词"竹筛""底下""时候"。和上述叶圣陶的改笔一样,这样一改,在表达效果上有了较大的提升,视觉上的齐整匀称和听觉上的谐和顺畅之感毕现。

有时实在不能实现由单音节词到双音节词的替换,那么就以结构助词"的"或"之"来助成。如:"我们常说'小桥'、'高山'、'蓝天'、'红旗'、'明灯',一般不说'狭小桥'、'高高山'、'蔚蓝天'、'鲜红旗'、'明亮灯'。

---

①② 材料引见于倪宝元:《修辞》第43页,杭州:浙江人民出版社,1982年。

碰到这种情况,就请结构助词'的'来帮忙,说成'狭小的桥'、'高高的山'、'蔚蓝的天'、'鲜红的旗'、'明亮的灯'。"①只要我们留心一下人们的修辞实践,这种情况是时常见到的。例如:

(十五)经过老人软硬兼施断断续续的教诲之后,它们依然不听使唤,<u>那些笔划繁多的字</u>,在宣纸上坐成一坨发坏的面团,变成令人哭笑不得的"字糊"。于是我越发没有兴趣,觉得那间房子像座"文字狱",老人是专养字蛊的字魔。(钟怡雯《给时间的战帖》)

例(十五)"那些笔划繁多的字"一句,若删去结构助词"的",说成"那些笔划繁多字",从意义表达上完全没有任何问题。但是,从语感上看,就不会有视听觉上的齐整顺畅的效果。可见,这里的一"的"之遣,非是羡余,而是有其实际修辞效果的。

结构助词"之"字之遣亦然。例如:

(十六)朋友斜倚盛水的大陶缸,十分愉快地说起这栋老屋,原是她家第一代渡海来台的祖先,筚路褴褛,凭着自己的双手,一砖一瓦,一木一石,辛辛苦苦堆砌而成的。想不到百年来,风雨不动,安然如山,<u>竟成了后代子孙安身立命之处</u>。(陈幸蕙《春雨·古宅·念珠》)

例(十六)最后一句也可以写成"竟成了后代子孙安身立命处"。但是,明显在语感上不及原文齐整顺畅。可见,这一结构助词"之"的作用,在此也是不得小觑的。

(二) 字(词)平仄之协调

汉语中的每个字(词)都是有声调的,这与世界其他语言大不相同,也是汉语之所以诵读起来有抑扬顿挫之美感的关键原因所在。声调因为是落实于每个字上的,所以又称"字调"。所谓"字调",就是"一个字音

---

① 倪宝元:《修辞》第 41 页,杭州:浙江人民出版社,1982 年。

的高低升降,也就是一个音节的声调。构成字调的主要因素是音高的变化,其次是音长的差异"。"过去汉语字调分平上去入四声,现在普通话调类分阴阳上去四类。平上去入,过去又归为'平''仄'两声,平声为'平';上去入三声为'仄'。现代汉语语音阴平、阳平为'平';上声、去声为'仄'"①。

由于声调的客观存在,又由于声调的变化能产生抑扬顿挫的音乐美感效果,所以自古以来的修辞者都注重字(词)声调问题,讲究平仄的合理配置,古人叫"调平仄"。这在古代律诗中是特别讲究的,而且还有很多门法。如果因为语义的关系不能在前一语句的特定位置配置特定的平仄声字,就要在后一语句的相应位置进行"拗救"等。现代我们尽管不再做律诗了(当然也有少数人偶尔为之),但现代汉语修辞中注重字(词)平仄声的协调,力求语言表达的声律美,仍然是一种普遍的修辞目标。之所以如此,这是因为"平声、仄声的配合运用有如打鼓,平声就像打在鼓中心的 dōng-dōng 声,仄声就像打在鼓边上的 dà-dà 声。老是打在鼓中心,一味的 dōng-dōng-dōng,就显得单调;老是打在鼓边上,一味的 dà-dà-dà,也会使人厌烦。只有 dōng-dōng-dà-dà-dōng, dà-dà-dōng-dōng-dà 地打,才能打出个调子来"②。也就是说,只有平仄交错配置,才能造就出声律上的抑扬顿挫的美感效果。例如:

(十七)我送你一个雷峰塔影,
满天稠密的黑云与白云;
我送你一个雷峰塔顶,
明月泻影在眼熟的波心。

深深的黑夜,依依的塔影,
团团的月彩,纤纤的波鳞——

---

①② 倪宝元:《修辞》第35页,杭州:浙江人民出版社,1982年。

假如你我荡一只无遮的小艇,
假如你我创一个完全的梦境!(徐志摩《月下雷峰塔影》)

这是一首新诗。新诗虽然不比旧体诗那样讲究格律,但作者还是不自觉地在遣词炼字时追求了诗的平仄协调。如第一节诗,依据现代汉语普通话语音系统来看,其平仄情况是:

仄仄仄平仄平平仄仄,
仄平平仄(的)平平仄平平;
仄仄仄平平平仄仄,
平仄仄仄仄仄平(的)平平。

如果将二、四两句中的两个结构助词"的"(轻声)除外不计,这四句上下平仄相对得相当工整,交错有致,诵读起来抑扬顿挫的音乐美感效果十分明显。诗的第二节虽然没有第一节那样讲究平仄的相对,但第二节第一句的末二字"塔影"与第二句的末二字"波鳞"是"仄仄"对"平平",对得也相当好,增加了诗的音乐美感。徐志摩在新诗人中是较为讲究诗的韵律者,这也是他的诗作艺术性和诵读性较强的原因所在。可见,字(词)在声音上的炼与不炼,效果是不一样的。

其实,在修辞实践中,人们不仅做诗(即使是新诗)或其他韵文讲究平仄交错,就是散文创作往往亦然。因为这种修辞努力事实上是能取得很好的效果的。对此,作家老舍在《对话浅论》一文中曾有过这样的一段通俗而精辟的总结:"在汉语中,字分平仄。调动平仄,在我们的诗词形式发展上起过不小的作用。我们今天既用散文写戏,自然就容易忽略了这一端,只顾写话,而忘了注意声调之美。其实,即使写散文,平仄的排列也还该考究。'张三李四'好听,'张三王八'就不好听。前者是二平二仄,有起有落;后者是四字皆平,缺乏抑扬。四个字尚且如此,那么连说几句就更该好好安排一下了。'张三去了,李四也去了,老王也去了,会开成了',这样一顺边的句子大概不如'张三、李四、老王都去参加,会开成了'，简单好听。前者有一连顺的四个'了'，后者'加'是平声，'了'是仄声，抑扬有致。"老舍是作家，这番话是他的经验之谈，也是深谙字(词)声音之炼个中三昧的至理名言。对于这一点，同是作家的鲁迅在创作中就有鲜明的体现。例如：

（十八）鬼眨眼的天空越加非常之蓝，不安了，仿佛想<u>离去人间</u>，<u>避开枣树</u>，只将月亮剩下。（鲁迅《秋夜》）

例（十八）"仿佛想离去人间，避开枣树"一句的写法，是有一定讲究的①，因为"离去人间"与"避开枣树"，依现代汉语普通话语音系统是"平仄平平"对"仄平仄仄"，交错相对，给文章平添了一种抑扬有致的声律美。如果作者不说"离去人间"，而是说"离开人间"或"离去人世"，那么就不能与"避开枣树"形成平仄上的交错对应，也就不可能产生表达上抑扬顿挫的声律美感效果了。于此可见，散文中字(词)声音上的炼与不炼也是效果有别的。

（三）字(词)音韵之谐和

字(词)音韵之谐和，即我们常说的押韵，这也是修辞者在字(词)之炼时十分讲究的，因为它能造就一种抑扬顿挫、曲折往环的音韵律动之美。讲究字(词)音韵之谐和，在诗词等韵文的修辞中特别明显。古典诗词自不必说，即使是力求打破传统律诗诸多清规戒律的新诗，也是常常自觉不自觉地追求这种修辞效果。例如：

（十九）东湖瓜田百里<u>长</u>，
　　　东湖瓜名扬全<u>疆</u>，
　　　那里有个种瓜的姑<u>娘</u>，
　　　姑娘的名字比瓜<u>香</u>。

---

① 此例引见于倪宝元：《修辞》第 36 页，杭州：浙江人民出版社，1982 年。

枣尔汗眼珠像黑瓜子,
枣尔汗脸蛋像红瓜瓢,
两根辫子长又长,
好像瓜蔓蔓拖地上。

年轻人走过她瓜田,
都央求她摘个瓜尝尝,
瓜子吐在手心上,
带回家去种在心坎上。

年轻人走过她身旁,
都用甜蜜的嗓子来歌唱。
把胸中燃烧的爱情,
倾吐给亲爱的姑娘。

充满爱情的歌谁不会唱?
歌声在天山南北飞翔,
枣尔汗唱出一首短歌,
年轻人听了脸红脖子涨——

"枣尔汗愿意满足你的愿望,
感谢你火样激情的歌唱;
可是,要我嫁给你吗?
你衣襟上少着一枚奖章。"(闻捷《种瓜姑娘》)

例(十九)第一节四句尾字"长""疆""娘""香",韵母分别是 ang, iang, iang, iang,第二节四句尾字"子""瓢""长""上",韵母分别是 i, ang, ang, ang,第三节四句尾字"田""尝""上""上",韵母分别是 ian, ang, ang, ang,第四节四句尾字"旁""唱""情""娘",韵母分别是 ang, ang, ing，iang，第五节四句尾字"唱""翔""歌""涨"，韵母分别是 ang，iang，e，ang，第六节四句尾字"望""唱""吗""章"，韵母分别是 ang，ang，a，ang。很明显，这首诗除了第二节第一句尾字"子"、第五节第三句尾字"歌"、第六节第三句尾字"吗"以外，全诗通篇几乎句句相押，或同韵相押，或近韵相押，一韵到底，表达上自然流畅，一气呵成，不仅听觉上有悦耳谐和之美感，同时一系列带有 ang，a 等韵母尾字的配置相押，在语义上恰切地密合了诗人对种瓜姑娘枣尔汗情感热烈的赞美主旨，因为一般说来，带有 a，an，ao，ang，ong，eng 等韵母的字多有表达雄壮激昂的感情色彩①。

如果说诗歌由于其特定的文体性质，即便是力求规避律诗格律的新诗也难以使诗人彻底摆脱遣词炼字时对字（词）音韵谐和的讲究的话，那么非韵文或话剧等作品中的人物对话大可不必讲求字（词）音韵的谐和了。然而，很多修辞者在提笔选词炼字时总是对此割舍不下，似乎有一种恋韵情结。例如：

（二十）不知不觉间，淑珍长高<u>了</u>，身材窈窕<u>了</u>，脸皮白嫩<u>了</u>，眼睛乌亮<u>了</u>，头发油湿<u>了</u>，重担子挑来轻飘<u>飘</u>，针线活儿做得呱呱<u>叫</u>。好一个娇女，走在公路上，小伙子看呆<u>了</u>，听不见背后汽车<u>叫</u>；走到街面上，两旁买卖全停<u>掉</u>；坐到戏院里，观众不朝台上<u>瞧</u>；哎呀呀，当年皇帝选妃子，幸亏她还<u>小</u>。（高晓声《水东流》）

例（二十）这段描写淑珍的美的文字②，其中的六个"了"，两个"叫"，还有"飘""掉""瞧""小"，韵母都是 iao，整段文字相押，读来朗朗上口，大大增强了表达的听觉美感效果。同时，十一个 iao 韵母尾字的连贯配置，恰切地传达了作者对所描写对象淑珍的热烈赞美之情。因为带有

---

① 参见胡裕树主编：《现代汉语》（增订本）第 505 页，上海：上海教育出版社，1999 年。
② 此例引见于谭永祥：《汉语修辞美学》第 501 页，北京：北京语言学院出版社，1992 年。

ao 韵母字是开口度大、响度大的韵母字,一般多有表现热烈、激昂等感情色彩①。而作者所欲表达的语意也经由表达者的这种情感表露及文字表达的美感效果而大大得以强化,使接受者对淑珍的美产生深刻的印象。

话剧对话中讲究押韵的也是时时有之的。例如:

(二十一)老丫头,你别吹! 自从有了你,家里就倒了霉! 爸爸叫你给克死,家里缺米又缺煤,连个媳妇娶不上,谁也不肯来作媒! 费了多大劲,跑了多少回,才娶上媳妇,生了娃娃,人口一大堆。你就该老老实实在家里,抱孩子,干活儿,不等嫂子催。可是你,一心一意往外跑,好像一群野马后面追。你不想,没人作饭洗衣抱孩子,累坏了妈妈嫂子你对得起谁! 对得起谁! (老舍《女店员》)

例(二十一)是剧中余母数落其女儿"老丫头"的不是时的一段话②,这段话中,"吹""回""堆""催""追""谁"相押,韵母都是 ui,"霉""煤""媒"是同音字相押,韵母都是 ei。这种对话中的字(词)音韵谐和的讲求,表达效果也是很明显的。由于两韵交错相押,听觉上不仅有相协相谐的美感,且有交错变化、同中有异的抑扬顿挫之悦耳效果,这于话剧的表演效果是大大加强了。同时一系列 ui, ei 韵字的配置,也有力地、突出地表现了剧中人物余母对女儿的不满之情。因为一般说来,i, ui, ei 等韵母字多有表现悲愤、哀悼、忧郁、伤感、苦闷等感情色彩③。

讲求字(词)音韵谐和效果,不仅在作家的各种文学作品中司空见惯,就是在劳动人民的日常说话间也时有表现。例如:

(二十二)上车睡觉,下车撒尿,到了风景点拍照,回家一问什么也

---

① 参见胡裕树主编:《现代汉语》(增订本)第 505 页,上海:上海教育出版社,1999 年。
② 此例引见于倪宝元:《修辞》第 38 页,杭州:浙江人民出版社,1982 年。
③ 参见倪宝元主编:《大学修辞》第 202 页,上海:上海教育出版社,1994 年。

不知道。(20世纪末中国民间顺口溜)

例(二十二)这首顺口溜,是嘲笑团体旅游的通病。一听就让人记住,且诙谐好笑。之所以成为顺口溜,之所以流行,关键原因在于创作者懂得运用同韵字(词)表达有易上口,易记诵且有悦耳动听的效果。

应该说,讲究字(词)音韵之谐和,几乎是修辞者普遍的修辞目标,不论他们的文化背景如何。之所以如此,究其原因,通俗点说,是因为讲究字(词)之炼的音韵谐和,表达上易于上口,接受上易于记诵。从学理上讲,讲究同韵字(词)的选置,可以提高修辞的接受效果,因为同韵字的反复可以刺激接受者的大脑,使其产生较深刻的印象。同时,同韵字的配置可以产生一种回环流畅的听觉美感,可以引发接受者的"不随意注意",进而诱使其进入接受的"随意注意"阶段,以此加强对表达者表达内容的理解。另外,从文化背景上看,中国是诗歌的国度,诗歌发展在中国有悠久的历史,中国人爱诗的原因之一就是喜欢它的朗朗上口,而这正是由诗中同韵字(词)的选配(即押韵)造就的。因此,我们说写时,应该明白上述道理,在遣词炼字时自觉地进行字(词)声音之炼,讲求音韵的谐和,以使我们的说写生动些,效果尽可能好些。

三、形体方面

汉字是一种"表意性质的文字","古汉字的字形同语言里的词或语素的意义有比较直接的联系","到了现代,经过隶变和楷化的汉字已经大大减弱了字形表意的直观程度",但是"占汉字极大比重的形声字的形旁似乎在表示字义的类属方面起着一定的作用"[①],这是无可争辩的事实。至于如"休""从"等会意字,"刃""本"等指事字,其由形识义或由形悟义功能事实上更是存在的。由于汉字具有表意性的特征,作为汉字结构部件的偏旁部首都有一定的意义,因此利用汉字形体作文章在汉语修辞中还是有些空间的("析字"与此情况不同,前章已述),只是不能像在

[①] 胡裕树主编:《现代汉语》(增订本)第152页,上海:上海教育出版社,1999年。

字义、字音方面那样广泛展开。大致说来,可以在字形方面进行修辞经营的,可以有三个方面。

一是利用汉字偏旁的相同进行某些形体修辞努力。例如:

(二十三)我们经历了"文化大革命"等紧张的政治气氛。那种腐败恶劣的政治空气,造就了许多"奉"系评论家。要么只会"棒"杀,要么只会"捧"杀。(佚名《要百家争鸣,不要八面讨好》)

例(二十三)这段文字①,表意的生动性与新异性特别明显,主要就是利用"奉""棒""捧"三字偏旁中都有"奉"这一相同声符而借机生发,批评文学批评中的不正之风,言简意赅,发人深省而又意趣横生。这就是利用字形做文章的好手笔。如果将文中的"奉"改为"迎合上意",将"棒"改成"打",将"捧"改成"吹",则就不可能企及上述原文的表达效果。可见,字(词)炼与不炼,是大有区别的,汉字字形上的修辞努力也是大有可为的。

二是利用汉字形体的近似进行某些形体修辞努力。例如:

(二十四)胜利的浪头把一些人推上了领导者位置,挂了"帅",如果能诚恳虚心地珍惜这种机缘,向可以学习的人学习,也许早就出"师"了。可惜有些人花了过多的精力去教训人、排斥人,而不肯自认"略输文采",因此寒来暑往,还是两袖清风,一无所获,仍然是"只识弯弓射大雕"。正如象棋盘上的"帅"一样,在小小的"田"字小天地里,趑趄不前,起一点象征性的"领导"作用,还提心吊胆防别人的"将军"。

"师"和"帅",仅一笔之差,但要使自己从空头的"帅"变为充实的"师",就得下一注决心和费一番手脚了。(泽群《"帅"和"师"》)

---

① 此例引见于谭永祥:《汉语修辞美学》第507页,谭永祥引文注解说此例是出于《青年作家》1987年第3期,文章作者名也失记,笔者转引时专门去复核过,《青年作家》1987年第3期没有这篇文章。特此说明,以免他人转引时不去复核而出现新的错误。

例(二十四)一文原载于1957年6月6日的北京《大公报》①,旨在批评当时某些领导干部当上领导后不能顺应时代发展的需要加强学习。上述这段文字,作者别出心裁地选取"帅""师"两个形体近似的汉字,并借机生发开来,不仅有力地阐明了领导干部应该加强学习,做充实的"师"而不要做无益于党和人民事业的空头之"帅"的深刻道理,而且由于形式巧妙,特别耐人寻味,发人深省,给接受者以深刻的印象,文章的震撼力也就特别强,所以将近三十年后的1985年4月23日的《杂文报》还特别地转载了此文。可见,利用汉字形体的近似进行某些修辞努力也是可行的,效果也是相当好的。

三是利用汉字某些字形的形体意象进行某种修辞努力。例如:

(二十五)日寇不断地进袭,不单是水陆并进,<u>而且是水陆空品进</u>。(郭沫若《洪波曲》)

例(二十五)一段文字②,其中所谓"水陆空品进"的"品进",即是利用汉字"品"的形体意象突出日寇进袭的立体形态。很明显,这里"品进"中"品"字之用,不是"析字",它没有析形或化形取义,也不是"转品",而纯是借形取义。既新颖又形象,表意极富生动性,是炼字(词)中炼形的好手笔。如果不作此类形体之"炼",不选用"品"字来达意,而是用"并"或"共""同"等字来表达,效果远远不会企及上引文字的。

第二节　二句三年得,一吟双泪流:锻句的学问

锻句,也是修辞的一个重要方面。汉语中有不同的句式,类型很多。从语气上看,可分为陈述句、疑问句、祈使句、感叹句四类;从语法结构上看,可分为主谓句、非主谓句两大类;从句子形体长短上看,可分为长句、

---

①② 此二例引见于谭永祥:《汉语修辞美学》第508、第510页,北京:北京语言学院出版社,1992年。

短句;从句子组织的松紧看,可分为紧句、松句;从句子的整散看,可分为整句、散句;从施受关系上看,可分为主动句、被动句;从对表述内容的态度上看,可分为肯定句、否定句,等等。应该说,每一种句式都有它特有的表达作用,我们不能笼统地说哪一种句式一定比别的句式表达效果好。但是我们可以说,不同的句式运用于不同的语言情境中在表达效果上却能显出个高下优劣。例如:

(一)我特别的恨你!你辜负了先生的教训,<u>你这没骨气的无耻文人</u>!(郭沫若新编历史剧《屈原》)

例(一)是作者所拟的婵娟的三句台词。其中,"'你这没骨气的无耻文人'一句,原作'你是没骨气的无耻文人'。经过作者精益求精的推敲,才把判断词'是'改成指示代词'这'。"①那么,这样一改有何特别的效果呢?有!原文"你是没骨气的无耻文人",是一个判断句,从语气上看属于陈述句,从语法结构上看属于主谓句。一般说来,陈述句的语气都较平缓,所显示的感情色彩也不是太强烈。这明显是与作者所要表达的意旨——显示婵娟对宋玉无耻行径的极度愤慨之情——不相匹配。而改句"你这没骨气的无耻文人",从语气上看是个感叹句,从语法结构上看属于非主谓句。而感叹句多能表达比较强烈的情感,非主谓句由于在结构上不能分析出主谓宾等结构成分,句子叙述的起点终点不能区分出来,也就没有叙述的焦点与非焦点之别,因而整个句子都成了叙述的焦点,再加上指示代词"这"的指示,"没骨气的无耻文人"句中的"没骨气""无耻"两个修饰语都同时得到了强调。这样,剧中所要表现的主人公婵娟对反面人物宋玉的愤恨、轻蔑之情都达到了最高点。由此也将观众或读者的情绪带动起来,产生的接受效果自然也更好了。

主谓句与非主谓句之选、陈述句与感叹句之择,在特定情境下能产生特定的良好表达和接受效果,因而需要用心锻炼。长句和短句之用,

---

① 此例引见于倪宝元:《修辞》第125页,杭州:浙江人民出版社,1982年。

同样要适应情境用心去锻选。例如:

(二)情况的了解,任务的确定,兵力的部署,军事和政治教育的实施,给养的筹划,装备的整理,民众条件的配合,等等,都要包括在领导者们的过细考虑、切实执行和检查执行程度的工作之中。(毛泽东《抗日游击战争的战略问题》)

例(二)是政论性质文章中的一段文字。而政论性文章论述问题应当周密、准确、简练,为此作者选用了长句,将"了解情况""确定任务"等七个动宾词组,通过结构助词"的"的帮助,置换成"情况的了解""任务的确定"等七个偏正词组后联合起来作"都要包括在领导者们……工作之中"的主语。同时三个补语也作了压缩,组成联合词组共同作补语中心语"工作"的修饰语。这样,本应是一个字数多、子句多、结构复杂的复句,便变成了一个字数多但结构简单的单句。很明显,作者在写作时是经过了一番句式选择锻炼,否则不易写出上述这样的一个精彩长句。因为从表达效果看,"这种长句,内容丰富,结构紧密,一气呵成。如果改用短句,就会使句子拖沓,表达无力"①。

像例(二)的情况,我们说选用长句更适宜,那么例(三)的情况则明显是选择短句来表达更显生动恰切:

(三)可是,这里分明是我的家呀!两年前来过,四年前也来过,十几年前的我,每一天都呼吸这样带着焦油香的空气。那么,总有一些熟悉的人可供记忆吧!我问父亲,隔壁再隔壁的那家人呢?搬走了。父亲的脸埋在报纸里。那个娶印度媳妇的儿子呢?<u>死了,车祸,耶诞节那天喝醉酒</u>。父亲皱着眉,两道不老的剑眉凝聚着杀气,一定是被新闻挑动了怒火。你看看这些人,把死猪全丢到河里,公德心拿去喂狗了。(钟怡雯《候鸟》)

---

① 郑颐寿:《比较修辞》第129页,福州:福建人民出版社,1982年。

例(三)是写作者父亲回答作者关于隔壁邻居那个娶印度媳妇的儿子的情况,选用的是三个短句:"死了,车祸,耶诞节那天喝醉酒"。这三句话是间接引语,作者大可调整一下,写成常规的长句:"因为耶诞节那天喝醉了酒,出了车祸死了"。然而,作者没有这样写。缘何?若这样写则显出作者父亲在认真回答作者的提问,那么就显不出作者父亲看报时那种全神贯注的鲜活状态。而选用上引的三个短句且配合倒装语序,则就生动地凸显了作者父亲读报时的那份专注且易于进入状态的形象。可见,作者这样锻句在修辞上是有所追求的,且是成功有效的。

可见,长句、短句之用,在特定情境下效果还是有很大区别的。因此,我们在表情达意时是不能不根据特定的情境,在句式上作一番锻炼的。

紧句和松句的运用,在不同情境下也能产生不同的表达和接受效果。因此,紧句与松句之用亦应仔细锻炼一番。例如:

(四)小镇的夜市真热闹,曲曲折折的街道上挤满了人,男男女女成双捉对地,由他们的小巢中涌到街上来……街边的戏台子上正上演目连救母。扮目连生母的老旦,攒着眉,披头散发哀哀地唱着。有个身材高大,穿着紫罗袍子的男子,高视阔步地穿过看戏的人群。他走到我身边,出其不意地用肘来撞我的胸部。撞得我肋骨隐隐作痛。真是下流无耻,他居然还回过头来对我咧齿而笑,那双眼睛俊中带点邪气。我生气地瞪住他,见他走到一家酒肆前,三个男子迎了出来。远远看见他们四个交头接耳,对我指指点点。然后他们散开,向我包抄而来。不得了!我知道了,他们打算行一种古礼——抢妻!我立即回头,朝街上的人潮挤去……到了一条宽敞的大街上,他们分四面向我逼进。我惶惑地四望,街上不少行人,都是成双成对的男女。他们脸对着脸,贴着身子缓缓漫步。我这儿明显地摆着,就要发生恃强凌弱的案子了,他们却根本视若无睹。我这才领悟到:<u>街上人再多也没有用</u>。如果这四个人当街绑架我,我就是叫哑了嗓子,这些男女大概眼皮都不会抬一下。因为他们完全耽溺在两个人的小天地之中。(钟玲《黑原》)

例(四)的"街上人再多也没有用"是个紧句,是作者情急中的心里独白。它是由"即使街上人再多,也是没有用"这一让步复句紧缩而来。如果作者在文中不用上引的紧句形式来表达,而是写成上述的松句形式,就不能逼真地写出作者当时那种紧张的心理状态,不能写出因紧张而显出的急促的口气,在表达效果上就不会有如此的生动、形象。很明显,在上述的特定语境中,作者所选用的上引紧句形式无疑是最适宜最有效果的。

紧句和松句各有各的特殊表达效果,至于什么时候该用紧句,什么时候该用松句,全由语境决定。适合了特定的语境,就是适宜的,就有好的表达效果。例如:

(五)在此后的三年内,我在适之先生和锡予(汤用彤)先生领导下学习和工作,度过了一段毕生难忘的岁月。我同适之先生,虽然学术辈分不同,社会地位悬殊,想来接触是不会太多的。但是,实际上却不然,我们见面的机会非常多。他那一间在孑民堂东屋里的狭窄简陋的校长办公室,我几乎是常客。作为系主任,我要向校长请示汇报工作,他主编报纸上的一个学术副刊,我又是撰稿者,所以免不了也常谈学术问题,最难能可贵的是他待人亲切和蔼,见什么人都是笑容满面,<u>对教授是这样,对职员是这样,对学生是这样,对工友也是这样</u>。从来没见他摆当时颇为流行的名人架子、教授架子。(季羡林《站在胡适之先生墓前》)

例(五)"对教授是这样,对职员是这样,对学生是这样,对工友也是这样"几句,选择的是松句形式,表面看来似乎拖沓啰唆,实则包含深意,是一种高妙的修辞行为。它以几个结构相同的单句并列在一起,强烈地再现出胡适待人和蔼、一视同仁的风范,读之给人留下了深刻的印象。如果用紧句的形式表达,写成"对教授、职员、学生、工友都是这样",这样,简则简矣,但上述原文的那种特殊的表达效果便荡然无存了。可见季羡林的锻句是十分讲究的,也是有特别效果的。

整句与散句之用,也是有讲究的。所谓整句,就是那些句法结构相同或相近的句子,一般由对偶或排比修辞手段组织起来的句子多属此类。反之,便是散句。一般说来,"整句的修辞效果主要是统一和谐,琅琅上口,便于记诵,散句的修辞效果主要是富于变化,自然灵活。"①因此,我们说写实践中就必须根据特定的语境在锻句上下一番功夫,恰切地运用整句或散句,以期获取较好的表达效果。例如:

(六)岁月不居,旅苦途长;人生当有履雪原的际遇,雪夜里或有赠予炭火的温情。炭火殷红,像雪夜里盛开的人性金色的花朵;炭火炽热,象征着永不涸竭的人性的暖流。同情者的热泪融化了大地的积雪,慈善者的灵心,创造出暖冬里的春光。

<u>青史的长河,流过我心胸的绿野;温情的花朵,开遍了我记忆的山岗。我感念我所曾获得的炭火的挚情,我冀望我前路中是无数可爱的援手,而在绝崖、危桥、狂流、急滩处,我也会向需要者,将援手慷慨伸出。</u>

<u>哦,朋友,在我如锦的园林,可以不必添花。</u>

<u>哦,朋友,在你生命的雪夜,我要赠你炭火。</u>(王禄松《那雪夜中的炭火》)

例(六)是一篇散文作品中的片断,作者却在结尾的这几段中几乎全选用了整句来表达,这是寓含深意的,是作者精心锻句的结果。因为这种大量整句在文末的异乎寻常的集结,可以造就文章形式上的整齐和谐,使文章别添一种诗情画意,并可以配合全文对现代社会人性美德光辉的深情呼唤主旨的基调,使表达情深意切,以此深刻地打动人心,获取较好的表达效果。如果不选用整句来表达,而是以散句来叙写,就不能企及上述的表达效果。

整句确有很好的表达效果,但有时一味地使用整句也可能显得呆板乏味。因此,在必要的时候,可以有意地打破整齐的格局,用些散句,与整句交错,则反而显得效果更佳些。例如:

---

① 参见倪宝元主编:《大学修辞》第128页,上海:上海教育出版社,1994年。

（七）这位牛奶姑娘的话，使我感到惭愧而自卑。后来，我在马致远的《汉宫秋》杂剧里，发现这样质朴动人的描写，那是毛延寿选宫，皇帝爱上了民女昭君唱出的："你便晨挑菜，夜看瓜，春种谷，夏浇麻，情取棘针门，粉壁上除了差法……"我进而联想到一个人如果只在屋里埋头写作，<u>而不去外面看那流动的云、摇曳的树、青翠的山，和那浩瀚汹涌的大海</u>，他是写不出有生命的作品。因为只有身心健康的人，才会创作出优美真挚的作品。（张放《鸡鸣早看天》）

例（七）"而不去外面看那流动的云、摇曳的树、青翠的山，和那浩瀚汹涌的大海"一句，本来可以写成整句："而不去外面看那流动的云、摇曳的树、青翠的山、浩瀚的海（或汹涌的海）"。然而作者没有这样写，而是故意打破可能有的整齐格局，写出了上引的整散错落的句子，这一方面使文章在表达形式上显得富有变化，自然流畅，另一方面也与这段文字主张作家应有丰富多彩的生活视野的意旨密合。如果全用整句来表现，效果就不能及此。

肯定句与否定句之用，也必须认真锻选。因为两者在表达效果上是有差别的，一般说来，肯定句语气重，口气坚定；否定句语气较轻，口气较为缓和。因此，在锻句时，我们必须根据特定的情境与表达目标，恰切地选用肯定句或否定句。例如：

（八）清朝初年的文字之狱，到清朝末年才被从新提起。最起劲的是"南社"里的几个人，为被害者辑印遗集；还有些留学生，也争从日本搬回文证来。待到孟森的《心史丛刊》出，我们这才明白了较详细的状况，大家向来的意见，总以为文字之祸，是起于笑骂了清朝。然而，<u>其实是不尽然的</u>。

<u>这一两年来，故宫博物院的故事似乎不大能够令人敬服</u>，但它却印给了我们一种好书，曰《清代文字狱档》，去年已经出到八辑。其中的案件，真是五花八门，而最有趣的，则莫如乾隆四十八年二月"冯起炎注解易诗二经欲行投呈案"。（鲁迅《隔膜》）

例(八)这两段文字,前一段是说以前学术界普遍认为"清代的文字狱是起于笑骂了清朝"的观点是错误的。但是作者在这段的末一句作结论时,没有选用肯定句,说"其实是错误的",而是用了一个否定句:"其实是不尽然的"。两相比较,很明显,用否定句比用肯定句效果好。因为学术问题很复杂,任何人没有十分的把握、没有掌握充足的材料是不可轻易地下决断的结论的。所以,对于文中提到的清代文字狱的起因,用肯定句表达:"其实是错误的",就显得语气过重,口气生硬了点,不易为接受者接受。而采用否定句"其实是不尽然的"来表达,就显得语气轻,口气缓,表达上显得婉转,因而也就易于为人所接受。第二段文字中也有一个否定句的运用,也很好。这就是第一句"这一两年来,故宫博物院的故事似乎不大能够令人敬服"。这一句话是指1932年至1933年间故宫博物院文物被盗卖一事。这件事应该说是非常严重的事态,完全可以用肯定句这样措辞:"这一两年来,故宫博物院的故事很令人气愤(或很难令人敬服)。"但是,如果选择了这样一个肯定的措辞,那么第二句"但它却印给了我们一种好书"就显得突兀,文势上转得过于生硬。而选用了上引的否定句表达,就显得语气较轻,口气较缓,措辞婉转,第二句的转接就显得自然。由此可见,鲁迅的锻句是很讲究的,也是很富有效果的,值得我们仔细玩味。

上述鲁迅的两个否定句锻选得好,下面我们看看茅盾对肯定句的锻选。例如:

(九)<u>白杨树是不平凡的树</u>。(茅盾《白杨礼赞》)

例(九)这句话原文是"白杨不是平凡的树",后来作者将它改定为上引的肯定句。这是为什么呢?稍加分析,我们便知个中原委。"白杨树是不平凡的树"和"白杨不是平凡的树"两句,表面上只是将"不"和"是"的语序作了替换,差别不大。实际上,两字语序一换,两句的句式性质即改变了:"白杨树是不平凡的树"是肯定句,而"白杨不是平凡的树"则是否定句。如果我们孤立地看,这两句在效果上很难比出个优劣高低来。

但是,我们只要一读《白杨礼赞》全文,在这篇文章所设定的特定语境中,我们便可立即看出这两句在表达效果上的优劣高下来。因为此文主旨是赞扬白杨树(象征北方农民),如果用否定句"白杨树不是平凡的树"来表达,语气上就显得轻弱了些,"与全文的主旋律不甚合拍",而改成肯定句"白杨树是不平凡的树",则"语气肯定,有利于突出赞扬白杨树的主题"①。由此,我们可以看出大作家在锻句上的苦心。

肯定句与否定句各有其特定的表达效果,所以在特定情境下,肯定句与否定句并用或交错运用,能获取更好的效果。例如:

(十)到靖国神社看樱花,大受刺激。

刺耳的日本军歌。

刺心的参拜人潮。

<u>右翼不是一小撮,而是日本社会的主流</u>。(李士非《东京日记摘抄(1998年)》)

例(十)"右翼不是一小撮,而是日本社会的主流",是否定句与肯定句交错并用,真切表达了作者对日本社会右翼势力日益做大的深切忧虑之情,强烈地提醒了广大善良的中国人民要时刻保持对日本军国主义势力的高度警惕,可谓有振聋发聩的效果。如果单用肯定句或单用否定句都不能企及上述的表达效果。

有时,我们用肯定句还不足以表达某种强烈的情感态度时,可以选用双重否定句,效果会比用肯定句好些。例如:

(十一)马寅初的决绝,令我们想起亚里斯多德的名言:"我敬爱柏拉图,但我更爱真理。"也就是我们中国人通译的:"吾爱吾师,吾尤爱真理。"不过,马寅初终究是侠义中人,他深恐自己的不妥协招致误解,开罪贤达,考虑再三,决定给老朋友一个公开交代。数天后,他为《新建设》杂

---

① 郑颐寿:《比较修辞》第106页,福州:福建人民出版社,1982年。

志撰文,便特意加上一段《对爱护我者说几句话并表示衷心的感谢》:

> 最后我还要对另一位好朋友表示感忱,并道歉意。我在重庆受难的时候,他千方百计来营救;我一九四九年自香港北上参政,也是应他的电召而来。这些都使我感激不尽,如今还牢记在心。但是这次遇到了学术问题,我没有接受他的真心诚意的劝告,心中万分不愉快,<u>因为我对我的理论有相当的把握,不能不坚持,学术的尊严不能不维护</u>,只得拒绝检讨。希望我这位朋友仍然虚怀若谷,不要把我的拒绝检讨视同抗命则幸甚。

读者不难猜测,这位老朋友就是周恩来。在这件公案上,周恩来表现出殚精竭虑,而又左支右绌,让人不胜唏嘘。而马寅初,则让人五内鼎沸,肃然起敬。(卞毓方《思想者的第三种造型》)

例(十一)"因为我对我的理论有相当的把握,不能不坚持,学术的尊严不能不维护",是两个双重否定句,将1957年《新人口论》受批判时,在承受着巨大的精神心理压力之下的马寅初对真理的执着坚持、对学术尊严的坚决维护的决心表达得十分充分,让人看到了中国"思想者的第三种造型"的真切形象。如果不用双重否定句,则明显达不到上述效果。

应该指出的是,我们说双重否定句在表达上具有强调的效果,但是"双重否定句也有比肯定句口气轻的,如'不无道理'、'并非不肯帮忙',都比较婉转"。不过,"相对而言,这种情况比较少见"①。

主动句与被动句的选用也能产生很不同的表达效果,因此说写修辞时修辞者应该根据特定的语境对主动句与被动句之用好好锻选一番。例如:

(十二)一个傣族姑娘挑了两箩筐蛋,一个不小心,滑倒在路上,<u>把</u>

---

① 倪宝元主编:《大学修辞》第134页,上海:上海教育出版社,1994年。

蛋打得稀烂。(艾芜《野牛寨》)

例(十二)这段话①,末一句"把蛋打得稀烂",是个"把"字句,属主动句。这一主动句的选用,由于借助介词"把"将动作的受事者"蛋"提到动词"打"之前,并有补语"稀烂"补充说明,就将动作的结果大大强调了,这在表达上就凸显了姑娘一跤摔得重的情状,同时使四个句子在主语上保持了一致,从而使这段叙写在语气上显得连贯顺畅。如果选用了一般主动句说成"打烂了蛋",则不能凸显姑娘摔跤之重的情状;如果选用被动句,说成"蛋被打得稀烂",虽然有了强调的意味,那强调的是蛋而不是姑娘,且末一句的主语变成了"蛋",与前三句的主语"姑娘"不一致,这就有碍叙述语气的顺畅连贯。略作比较,我们便可见出作者这里的锻句是成功的。

主动句选用恰当能产生好的表达效果,被动句选得好亦然。例如:

(十三)他的性格,在我的眼里和心里是伟大的,虽然他的姓名并不为许多人所知道。(鲁迅《藤野先生》)

例(十三)"虽然他的姓名并不为许多人所知道"一句,也可以用主动句表达说:"虽然许多人并不知道他的姓名"。但是,作者却没有用主动句,而是选用了被动句"虽然他的姓名并不为许多人所知道"。这是为何?仔细分析,我们就会发现:作者之所以在末一句(复句的偏句)选用被动句,让"他的姓名"作句子的主语,其意是要让末一句的主语"他的姓名"与前句(复句的正句)并列,以构成对比,突出藤野先生性格的伟大及作者对藤野先生的敬意。"如果把后一分句(被动句)改成主动句,句式不对称,对比的作用也不突出了。"②可见,作者鲁迅这里选用被动句是有所用意的,也是颇具效果的。

---

① 此例引见于倪宝元:《修辞》第195页,杭州:浙江人民出版社,1982年。
② 郑颐寿:《比较修辞》第113页,福州:福建人民出版社,1982年。

句子的锻炼,应该讲究的方面还有很多,并不仅限于上述所讲的内容。但是,相对而言,一般情况下修辞者多能重视"炼字"(遣词)方面,而锻句方面则不是太讲究,这是令人十分遗憾的。事实上,真正有眼光有见解的修辞者,特别是大作家,往往都很注意在锻句上下功夫的,并有特别的强调。如中国台湾著名作家余光中就很重视对句子的锻炼,他给马来西亚华裔女作家钟怡雯的散文集《听说》一书写有一篇序言《狸奴的腹语——读钟怡雯的散文》(台湾九歌出版社,2001年),其中第四部分有如下的评论批评文字:

钟怡雯的语言之美兼具流畅与细致,大体上生动而天然,并不怎么刻意求工。说她是一流的散文家,该无异议。她的艺术,到了《垂钓睡眠》火候已经九分有余了,但要"纯青",似乎仍需加炼。

目前流行的中文,常有西化之病,就连名学者名作家下笔,也少见例外。西化之病形形色色,在句法上最常见的,就是平添了尾大不掉的形容子句,妨碍了顺畅的节奏。《垂钓睡眠》一文有这样两句:

昼伏夜出的朋友对夜色这妖魅迷恋不已,而愿此生永为夜的奴仆。他们该试一试永续不眠的夜色,一如被绑在高加索山上,日日夜夜被鹫鹰啄食内脏的普罗米修斯,承受不断被撕裂且永无结局的痛苦。

第一句极佳。第二句就不很顺畅了,因为中间横梗着一个不算太短的子句:"被绑在高加索山上,日日夜夜被鹫鹰啄食内脏的。"此外,从"承受"到句末的十五个字,也因动词"承受"与受词"痛苦"之间,隔了有点犯重的两组形容词,而显得有点费词。"不断"与"永无结局"乃不必要的重复。

他们该试一试永续不眠的夜色,一如普罗米修斯被绑在高加索山上,日日夜夜被鹫鹰啄食内脏,承受不断被撕裂的痛苦。

当初这一句如果这样遣词造句,当更清晰有力。"被绑"、"被啄食"放在子句里,只能算"次动词"或"虚动词";如今从子句里释放出来,汇入主句之中,变成了"主动词",便有力多了。我并无意倚老卖老,妄加他人文句。这些文词都是原句所有,不过更动了次序,调整了句法而已。

《浮光微尘》里有一句说:

有时我在储藏室的镜子里看到一张沉稳冷静,接近职业杀手的脸;有时遇见一个头发散乱,神情诡谲,呈半疯狂状态的女人。

这样的句子清晰而完好,已经无可挑剔。但其排列组合仍有求变的余地,更精的可能。只要把两个关键字眼略加移位,节奏就全面改观了:

有时我在储藏室的镜子里看到一张脸,沉稳冷静,接近职业杀手;有时遇见一个女人,头发散乱,神情诡谲,呈半疯狂状态。

"脸"和"女人"移前,可以紧接所属的动词与量词,读来比较顺畅、自然,不像隔了一串形容词那么急促、紧张,一气难断。形容词跟在名词后面,可长可短,就从容多了。西化句法多用名词(身份常为受词)收句,可谓"封闭句";中文常态的句法则多以述语(常为形容词或动词)结尾,可谓"开放句"。目前有许多作家,包括不少名作家,都惯用"封闭句",而忽略了更灵活也更道地的"开放句",非常可惜。

再举一例来说明我的观念。《垂钓睡眠》一文诉说失眠使人恍惚,容易撞伤:"那些伤痛是出走的睡眠留给我的纪念,同时提醒我它的重要性。"后半句是流行的西化想法,用英文说就是 remind me of its importance。不过英文爱用抽象名词做受词,不合中文生态。我从四十多年翻译的经验,学会了如何驯伏这些抽象名词。如果要我翻译这样的说法,我会把抽象名词化开,变成一个短句。我会说:"同时提醒我它有多重要。"

这篇序文并不长,作者却用了一大部分的篇幅来就一个作家散文集中的锻句问题作如此详尽的分析,说明其得失,讨论如何修改锻炼。于此,我们可以见出真正有识见的大作家,对于锻句问题是多么地用心。至于鲁迅、叶圣陶等人更是在锻句方面下功夫出了名的,这是人所共知的。汉人刘向有名言曰:"说不可不善,辞不可不修"(《说苑》)。今天我们也可以说:字(词)不可不炼,句不可不锻。

第三节　勾上连下,自然流畅:段落的衔接

段落的衔接问题,也是修辞学应该注意的一个重要问题,同时它也是文章学研究的重要课题,历来为文章学家所看重。本节只拟从修辞学角度,着重讨论一下如何实现段落衔接"勾上连下,自然流畅"的修辞目标,其余属于文章学的内容不予讨论。

实现段落衔接"勾上连下,自然流畅"的修辞目标,方法很多。但是基本且有效的方法主要有如下几种。

一、顶真式衔接

所谓顶真式衔接,就是在文章中用上一段落的末尾来作下一段落的起始,从而形成上递下接的交接形式。这种衔接形式又可分为"严式"和"宽式"两种。"严式"则是上一段落的末尾文字与下一段落起始的文字相同;"宽式"则是上一段落的末尾文字与下一段落的起始文字在字面上有部分词语相同。不管是"严式"还是"宽式",这种顶真式衔接在表达上都有鲜明突出的"勾上连下,自然流畅"的效果或意趣。例如:

(一)我不但是个工作狂——裹胁朋友一起工作的工作狂,生活方面,也有狂在,我身怀大志,志不在温饱,衣、食、住、行方面,后两者比较考究:住大房子,原因之一是补偿我多年蹲小牢房的局促;坐宾士车,原因之一是警告想收买我的人老子有钱。对吃,向不考究,并且喜欢奚落老是喜欢做美食、吃美食的家伙……至于衣,我更不考究了。我以买百

货公司换季时廉价品为主,所以穿的都不考究,也不太合身,因为志在天下,没有耐心量来量去……我做"李敖笑傲江湖"节目,电视上永远一袭红夹克,近四百场下来从不改变,大丈夫不靠衣显,由此可见。不过我的红夹克倒是名牌,因为只有那个牌子的式样看来最保守,不怪形怪状。我本有一件,后来在电视中看到郝柏村也穿了一件,我大为着急,因此把同样的都买来了,现在一共四件,可穿一辈子,死后还可留给我儿子。

我儿子戡戡四岁半,女儿谌谌两岁半,太太王小屯比我小近三十岁。小屯十九岁时候,我在台北仁爱路碰到她,先看到背影,她身高一米七〇、下穿短裤、大腿极美。她既有一腿,我就有一手,就这样认识了她。后来她念文化大学植物系、中兴大学中文系,成绩优异。她为人聪明、漂亮、善良,喜欢偷吃零食,还会写诗呢。还有,她又脱俗纯真、不喜奢华,因我反对戒指等俗套,我们结婚时没有戒指,她也同意玩笑性的以"易拉罐"上金属环代替。和她认识八年后,在1992年3月8日结婚……(李敖《李敖回忆录》)

例(一)李敖所写的两段文字在语义上本无必然的逻辑联系,一般情况下根本无法实现两个段落的自然对接。可是,作者通过巧妙经营,以红夹克穿一辈子也穿不了,可以留给儿子为说头,以"死后还可留给我儿子"为上一段落的结句,从而不露痕迹地以"我儿子"三字为下一段落的起首,实现了与上一段落的巧妙对接,自然而然地逼出下一段落由儿子到女儿,再及太太王小屯情况的全面介绍。尽管作者是蓄意要介绍自己的太太,但读者从作者的运笔却丝毫看不出半点蛛丝马迹,真可谓巧妙至极!

上面的例子是属于"严式"顶真衔接,下面我们再看看李敖所创造的"宽式"顶真衔接妙文:

(二)我一生饱蕴救世心怀,但救世方法上,却往往出之以愤世骂世,这是才气与性格使然。我有严肃的一面,但此面背后,底子却是玩世,这是别人不太清楚的。正因为玩世,以致明明是严肃的主题却往往被我"以玩笑出之"。所以如此,一来是轻快处世,二来是避免得胃溃疡。被杀头的古人金圣叹曾有"不亦快哉"三十三则,我曾仿其例,一再写"不亦快哉",现在把1989年写的一次抄在下面,以看我严肃中玩世之态:

其一:得天下蠢才而骂之,不亦快哉!
其一:国民党过去欺负你,现在把它欺负回来,不亦快哉!
……
其一:与牙医为邻,十多年拔牙不给钱,不亦快哉!

牙医张善惠和林丽苹小两口做我邻居二十年,一直相处甚得,我笑说我不同你们吵架,就是要你们永远做"李敖为人很好相处"的证人。以姓名笔划为序,眼前的夫妻档就有丁颖和亚薇、王惠群和朱先琳……苏洪月娇等,都可做我的证人……(李敖《李敖回忆录》)

例(二)作者由前段说自己生性好玩世,到后一段落说到牙医等朋友能证明自己为人很好相处,两段落在语义上本不易联系搭挂在一起,但是李敖特意在上一段落的末一句安排了"与牙医为邻"一句,自然过渡到下一段落,交待出由牙医夫妇到其他朋友夫妇与自己相处甚得的事实。这里的衔接,全赖上一段落的末一句中的"牙医"二字,而不是全句末几字起勾上连下的作用,是"宽式"顶真衔接,亦甚妙。如果作者以三十三则"不亦快哉"中的其他任何一则而不是上引末一则作前一段落的末句,那么就不易实现上下两个段落的自然对接了。可见,作者如此衔接,实是用心经营的。

由于"宽式"顶真衔接比较易于经营,且亦能很好地实现勾上连下的段落衔接效果,所以常为修辞者所用。例如:

(三)其实把自己的住居题名"向水屋",也如我获得徐悲鸿的题字一样是很偶然的,那时候由于我的住居面向的是海,因而我用"向水屋"的题目写过一篇描述这所房子的小文章,结果在一些朋友之间,这个住居的名字成了一种观念上的存在;见了面,总是说什么时候要去看看"向水屋"的风光。

说风光,实在也有一点点。我的住居是在一层顶楼上,屋外有一个宽阔的回廊式的阳台。凭着石栏,可以看见一片无际的天空(这不是在到处立体建筑物的都市中所容易看得完全的),可以看见高耸的狮子山下面伸展过来的一块巨幅的风景画:一簇簇苍翠的树木和一片灰黑的屋顶——一世纪来不曾变动的古风的残留。隐藏在那里面的,是村舍、作坊、酱园、尼庵和庙宇。(侣伦《向水屋追怀》)

例(三)前后两段的衔接,用的即是"宽式"顶真衔接。上一段末尾"风光"二字,被下一段落顺势接过,只在"风光"前加一"说"字,交接得也十分自然,衔接亦属巧妙。

用"严式"或"宽式"顶真方法实现前后段落间的对接,都能起到勾上连下、自然流畅的修辞效果,由上引诸例我们足可看得十分清楚了。如果同时或连续在相近段落间交错运用"严式"和"宽式"顶真方法,则效果自然也更好些。例如:

(四)住在佛寺里,为了看师父早课的仪礼,清晨四点就醒来了。走出屋外,月仍在中天,但在山边极远极远的天空,有一些早起的晨曦正在云的背后,使灰云有一种透明的趣味,灰色的内部也信佛早就织好了金橙色的衬里,好像一翻身就要金光万道了。

……

佛鼓敲完,早课才正式开始,我坐下来在台阶上,听着大悲殿里的经声,静静地注视那面大鼓,静静地,只是静静地注视那面鼓,刚刚响过的鼓声又如潮汹涌而来。

殿里的燕子也如潮的在面前穿梭细语,配着那鼓声。

大悲殿的燕子

配着那鼓声,殿里的燕子也如潮地在面前穿梭细语。

我说<u>如潮</u>,是形影不断的意思。大悲殿一路下来到女子佛学院的走廊、教室,密密麻麻的全是燕子的窝巢,每走一步抬头,就有一两个燕窝,有一些甚至完全包住了天花板上的吊灯,包到开灯而不见光。但是出家人慈悲为怀,全宝爱着燕子,在生命面前,灯算什么呢?

……

我们无缘见老虎闻法,但有缘看到燕子礼佛、游鱼出听,不是一样动人的吗?

<u>众生如此,人何不能时时警醒?</u>

木 鱼 之 眼

<u>众生如此,人何不能时时警醒?</u>

谈到<u>警醒</u>,在大雄宝殿、大智殿、大悲殿都有巨大的木鱼,摆在佛案的左侧,它巨大厚重,一人不能举动。诵经时木鱼声穿插其间,我常常觉得在法器里,木鱼是比较沉着的,单调的,不像钟鼓磬钹的声音那样清明动人,但为什么木鱼那么重要? 关键全在它的眼睛。

……

因此我们不应忘了木鱼,以及木鱼的巨眼。

以木鱼为例,<u>在佛寺里,凡人也常有能体会的智慧</u>。

低 头 看 得 破

<u>在佛寺里,凡人也常有能体会的智慧</u>。

像我在寺里看到比丘和比丘尼穿的鞋子,就不时的纳闷起来,那鞋其实是不实用的。

……

最后我请了一双僧鞋回家,穿的时候我总是想:要低得下头,要看得破!(林清玄《佛鼓》)

例(四)即是连续在相近段落间交错运用"严式"和"宽式"顶真方法,将各大段落(章)与各小段落(节)皆有机巧妙地勾连在一起。这篇文章除了在内容上从佛鼓、佛殿里的燕子、木鱼、僧鞋等方面谈对佛教的体悟,颇有心得,清纯可读外,在篇章结构修辞技巧上也可见出有颇多用心,即在章节段落衔接上就很有经营,效果也是很好的。第一章的末二段之间的衔接是通过前一段末一句"刚刚响过的鼓声又如潮汹涌而来"中"如潮"二字,引出"殿里的燕子也如潮地在面前穿梭细语,配着那鼓声"一段。这是前一段末句与后一段首句中部分词语相同的"宽式"顶真衔接。而下一章"大悲殿的燕子"中的首句,则完全同于前一章的末一句,属"严式"顶真衔接(此处不是反复,因为作者本意是在勾连上下两章的首尾两个段落)。而第二章的第二段首句"我说如潮",则又是承第二章第一句中的"如潮"二字来的,属"宽式"顶真衔接。第二章与第三章"木鱼之眼"之间的段落衔接,是以"众生如此,人何不能时时警醒?"来递接的,属"严式"顶真衔接。第三章的第二段首句"谈到警醒",是承首句中的"警醒"二字而来,属"宽式"顶真衔接。第三章与第四章"低头看得破"首尾交接是以"在佛寺里,凡人也常有能体会的智慧"句来完成的,也是属"严式"顶真衔接。由于作者巧为经营,整篇文章在章与章之间以及段落与段落之间的对接都十分自然流畅,全文在结构上浑然一体,一气呵成,确是高妙的段落衔接范本。

"宽式"顶真衔接,还有一种情况,就是前段末句和后段首句中用以勾连衔接的词语只在语义上相同或相近,字面上可以不同。例如:

(五)下午割了屋前两分地的番薯藤。向晚时起阴,满天乌云自西北弥漫而来,四里外的东北方,不停地电掣雷轰,凌空压来,威力万钧,可怪直到赶完工,黄昏不见人面,竟都不雨。一路上踏着土蜢的鸣声,不由撩起了童年的兴致。摸索着捡起了一截小竹片,选定最接近的一道声穴,于是我重温了<u>儿时</u>的故事。

<u>童年</u>时我是斗土蜢的能手。土蜢是对草蜢而名。在草上叫草蜢。在土里便叫土蜢。公的土蜢最爱决斗。小时候每到此时,家里总饲着两三个洋罐的公土蜢。每罐盛几寸厚的湿土,采几片叶子,饲两三只。若是骁勇善战者,便一罐一只,以示尊优。此时差不多正逢暑假末,整天提

着水桶,庭前庭后,田野里去灌。灌时先将土蟋推在洞口的土粒除去,把洞口里的塞土清掉,开始注水,快的一洋罐的水便灌出洞门来,此时早在洞门后两寸许处插了一片硬竹片,用力一按,便把退路截断,然后伸进两指,将土蟋夹出。公母强弱,只靠运气,很难预先判定。要是公的,并且生气活泼雄赳赳的,便喜不自胜,赶紧放进单独的洋罐里,再盖上一片破瓦片,直灌到兴尽才罢休。然后是向别人的土蟋挑战。先挖个三指宽的半尺长的壕沟,形状像条船,各人拿大拇指和食指倒夹着自己土蟋的颈甲,用力摇晃几下,再向土蟋的肚皮上猛吹气。如此反复作法,务使土蟋被弄得头昏昏,且恼怒万分,才各从壕沟的一端将土蟋头朝壕沟底放下去,于是不等过两秒钟,猛烈的决斗便开始了……(陈冠学《田园之秋》)

例(五)前一段落由眼前土蟋的鸣叫及于后一段落一大段关于童年时代斗土蟋的具体生动、饶富童趣的描写,全靠前段末句中的"儿时"与后段首句中"童年时"两词语的上递下接。"儿时"与"童年时"字面上虽不同,但语义上相同,所以以此前后勾连过渡,衔接也是自然流畅的。

二、时序语词衔接

用时序语词衔接前后两个段落,也是常见的一种段落衔接方法,特别是在叙事文字中十分常见。例如:

(六)那时,我对古典音乐还是个门外汉,只觉得片中的音乐凄婉动人,跟那缠绵悱恻的情节非常相配,并不知道是谁的作品。后来,对古典音乐涉猎渐多,才知道它的出处。这二三十年来,我喜欢过很多音乐家的作品,有很多乐曲我听厌了便不想再听,而对拉哈曼尼诺夫这一首钢琴协奏曲的喜爱却始终不渝,所以连带对那部片子也念念不忘。后来,又认识了他的第二号交响曲。这首交响曲从开头便相当悦耳动听,不像有些交响曲只有一两个旋律是好听的。而第三乐章更是跟他的第二号钢琴协奏曲的风格一样,幽怨而悲怆,扣人心弦。从此以后,拉哈曼尼诺夫的第二号交响乐,便跟柴可夫斯基的第四、五号交响乐、布拉母斯的第一号交响乐、西比流士的第一号交响乐等等一同列为我心爱的交响乐。

<u>现在</u>,拉哈曼尼诺夫第二号交响乐的第三乐章正在我的电唱机上演奏着,抒情的、如歌的、华丽的而又忧郁的旋律,一串又一串地飘浮在宁静的午后。透过落地大窗,温煦的阳光把阳台上花木照耀得像是透明似的,使得花儿红得更艳,黄得更鲜,叶子也绿得更翠。我听着,看着,心里也觉得醺然欲醉。(毕璞《午后的冥想》)

例(六)两段叙事文字能够自然地前后承接,关键只在两个表示时序的词语"那时""现在"。这两个表时序的语词尽管很普通平常,但在此两个段落衔接中却有"四两拨千斤"的作用,不仅使叙事条理不乱,而且两段落间的转接显得自然流畅。这也是平常语词运用得当,同样产生特殊修辞效果的例证。

又如:

(七)<u>前几年,多雨的冬夜</u>,我从一份专谈弈事的杂志里,读过许多首属于回忆的诗,据说作者是个弈人,但我毋宁称他为诗人,他写的诗,意境高远而苍凉,这在现代人所写的传统诗里,算是极有分量的作品,我没见过作者,更不知他真实的名字,只知他诗展现的寒冷的江岸,排空浊浪声,烟迷迷的远林,红涂涂的落日,在酒店的茅舍中,爱弈的主人把棋盘当成砧板,盘中不是棋子,而是片片鱼鳞。俄而景象转变,呈现出细柳依墙,蔓草丛生的院落,如烟的春雨落着如同飘着,一双爱古玩字画,更爱弈事的年轻的夫妇,曾将生活谱成诗章,转眼间,柳枯花落,变成历历的前尘,寒夜里独坐,听北风摇窗,独自拂拭,那况味岂非如浇愁的烈酒?!

<u>一个落雨的春天</u>,清明节前,我到墓场去祭扫一位逝去的友人的墓,看见一个满头斑白的老妇人,坐到他亡夫的坟前,身边放着一只篮子,篮里放着没织成的毛衣毛线、便当和水,她用一把家用的剪刀,细心的修剪墓顶的丛草,我好奇的留下来,看她从早晨工作到傍晚,仿佛她不是在剪草,而是修剪她自己的回忆……谁能把古老的事物真的看得那么遥远

呢？人在真正的现实生活中，随时都会遇着这一类隐藏着的、古老的故事。

另一个落雨的暮春，和一位深爱古老事物的女孩在大溪镇上漫步，看那条古趣的街道，参差的前朝留下的房舍，她说起童年时就在那儿上小学，放学时走过这条街，会呆呆的看老木匠雕刻桌椅和油漆木器，时间使老木匠换成新的年轻木匠，而他们雕刻的云朵、龙凤和人物图案，仍然是那样，仿佛在生命与生命之间，有一条深深长长的河流相通着。

她撑着伞，带我去看一些更古老的，一家已圮颓的宗祠，雕花的梁柱落在蔓草里，石碑上排列着一代代有显赫官衔的列祖列宗的名字，也半躺在湮荒的庭园中渥着雨，而崖下的大汉溪仍然流着，和从前一样的流着。她没有说话去诠释和肯定什么，她的笑容展在无边春雨中，染了一些春暮的悲凉……

更远一些时日，有位朋友告诉我：郊区有个卖烧饼的老人，他的妻子早就过世了，留给他一个男孩子，他一个人除了起早睡晚忙生意，还得父兼母职带领他的孩子。日子滚驰过去，似箭非箭，至少在困贫中生活的人，感觉没那么快法，当那男孩留学异邦时，卖烧饼的父亲的生命，已快在时间里燃烧尽了。孩子去后，每年也都来一两封信，告诉老父他成婚了、就业了、购车了、买屋了……成家立业的风光都显在一册彩色相簿上，而卖烧饼的老人死时，紧紧的把那册照他梦想绘成的相簿抱在怀里，他的墓由谁去祭扫呢？（司马中原《古老的故事》）

例(七)作者通过上面所讲的四个"古老的故事"抒发了自己对于人生的深刻体认，情调苍凉、缠绵，发人深省。从逻辑语义上看，作者上面所讲的四个"古老的故事"之间没有什么必然的联系，然而作者却巧妙地将其绾合在一起，且显得有条不紊，自然流畅。这里全靠四个表时序的时间语句："前几年，多雨的冬夜""一个落雨的春天""另一个落雨的暮春""更远一些时日"，发挥了勾上连下的作用。尽管这四个表时间的语句说的不是同一年的事，却因"冬夜""春天""暮春""更远一些时日"在逻辑上是有前后之序的，所以衔接起来，就显得十分顺畅。由此，这几个段落就水乳交融地构成了一个有机的整体,表达自然流畅。

三、关联语词衔接

用关联语词衔接,在段落衔接中也很常见,且相当有效。一般说来,充当这一角色的关联语词最常见的有"真的""其实""当然""可是""不过""于是""因此""然而"等。

运用"真的"(或"诚然""是的"之类)关联语词来实现上下两段落的自然对接的,在实际语言实践中十分常见。例如:

(八)"你阿爸啊!被人煮不熟的,一次又一次,教不精!"

我跟母亲开玩笑:"爸就是不精灵鬼怪,所以不会想歪路娶小老婆,这,也不妈您前世修来的福啊!"

<u>真的</u>!父亲虽有音乐家的天赋,可是,没有艺术家的浪漫。如果父亲不开口唱歌、不演奏曲子时,他只是一个朴质木讷的人,他把丰沛的感情全投入歌声和管弦声中,不会像一般"风流才子"处处留情。(丘秀芷《两老》)

例(八)由母女的对话过渡到对父亲的介绍与评价,过渡相当自然,靠的仅是"真的"二字,既不着痕迹地实现了上下两个段落的对接,又表达出了作者对父亲真切的感情,因为"真的"二字冠于全段之首,为全段文字表述定下了一个主旋律。

运用关联词语"其实"的也很多,例如:

(九)今年报春最早的是杏花。那株老树,每年繁华枝头,自抽芽、含苞、怒绽,到新叶扶疏,不过短短十数日吧,竟是那般殷勤缱绻,将春留住,使得我在营营匆匆之中,尚有几许欣慰,免却了负春之疲。然则,去年春夏之交,不知何故,招来妒春绿色小虫,把满树枝叶嗞败摧害,春残如是,很是令人在伤感之余,不能忍受的,遂将枝叶悉数斫斩,独剩老干萧条。心想,今年是定然看不见"红杏枝头春意闹"的了,孰知其仍属后院中首先抽芽,喜报春消息的呢!不服老的精神,原也系予人如春之感的一种表现,我简直在讶佩之余,更肃然起敬了。

其实,报春应是迎春花的事。可惜清雅如此的名字,竟被英文Dogwood把美感破坏一尽,气愤之下,我未在园中栽培。洋人总是在该讲求"名"的时候而不讲求,不懂以名饰美怡悦之趣。大众食品的"热狗"(Hotdog),便是一例(中国菜名中有"蚂蚁上树"一味,焚琴煮鹤以至如此,始作俑者,真该掘墓鞭尸才是)。而名姓中竟有以"木匠"(Carpenter)、"铁匠"(Blacksmith)、"鞋匠"(Shoemaker)、"沉溺爱河"(Lovejoy)等为之的,真可谓"匠气十足"、"贻笑大方"。(庄因《春愁》)

例(九)两段文字,前段文字是赞美自己园中杏花之喜报春消息的可爱和不服老的精神,后段由迎春花英文名的不美写到英语世界的人不懂名饰之美的遗憾。两段文字在内容上大不相关,但作者运用一个关联词语"其实",就顺利地实现了两段文字的对接,自然流畅。真可谓善运笔者。

运用"当然""可是"之类关联词语来实现段落间衔接的,也很多。例如:

(十)第二次去时,新年刚过了不久,但一开始就很紧张,很少有余暇及心情去欣赏那里的风景。尤其是最初的一、二个月,读书、写信、想家,几乎占据了整个时间。常常倾听屋檐下水晶的羌笛,吹起我八千里的乡愁。到了三月中旬,雨夹雪雪夹雨的天气忽然停止。草坪透出了绿意,然后是嫩黄的蒲公英和它的花球。榆树上展出了一袋袋的新褶裙,白杨垂着一束束紫色的马尾,各色的郁金香,一朵朵不慌不忙地开出。知更、蓝鸟、画眉,各有他们的秋千和谱子。当我低着头匆匆走过林荫道时,春天常常在我顶空落下一串半熟的鸟啭,似乎故意要引起我心中的共鸣:

早春落在我头顶,

一串椭圆的鸟鸣。

使我不得不抬起头来,
看它临风初咏的姿态。

使我注意到远处的山岭,
刚解开了她的裙裾。

在那雪水融融的溪边,
野草诞生于向阳的一面。

一球蒲公英险将我击中,
那许是爱蜜丽的戏弄。

当然,在这样的春天,神秘、异国的春天,使我自然而然地想到另一位我所喜爱的诗人。

可是落矶山的夏天,也是清新可喜的。那时,我的学分快念满了,而论文还未开始,经过了半年紧张生活,在清静的暑校中,我去旁听英诗。作了一次心灵的散步,大脑的假期。许多亲切的名字和诗句,重新敲打我记忆的琴键;把烦人的数字和图表,暂搁在一边。(夏菁《落矶山下》)

例(十)三段文字,由落矶山的春天,写到夏天,再及听英诗,作心灵的散步,行文如行云流水一般,各段落间转接十分自然。这里,两个关联词语"当然""可是"的上下勾连,功不可没。

运用"不过"的,也是常见。例如:

(十一)母亲读"天书"怎么又怨到父亲头上去了呢?原来父亲白天在公学校教书,夜晚却到山脚下庄上教化乡里子弟读汉文。每逢周六周日,又骑"自转车"到"大墩"——台中市区偷学"正音"和"广东曲"(即今天的平剧和国乐)。母亲气父亲不肯拨出时间来教她念四书。

<u>不过</u>,幸好母亲天资聪颖,居然后来居上,很快的能读四书,也曾吟诗,比伯母们学得多。可是她仍然永远记父亲这一笔账,说他情愿教别人,不肯花时间教自己的妻子。(丘秀芷《两老》)

例(十一)两段文字,前段说父亲不肯教母亲读"四书",却教别人;后段说母亲自学后来居上,能读"四书",能吟诗。两段文字之间用"不过"一词顺利地实现了对接,显得自然流畅,叙述井然。

运用关联词"于是"来衔接前后段落的,也平常而有效。例如:

(十二)下了糖厂的五分车,眼睛往四下里搜寻,却看不见平妹的影子。我稍感意外。也许她没有接到我的信,我这样想,否则她是不能不来的,她是我妻,我知道她最清楚。也许她没有赶上时间,我又这样想:那么我在路上可以看见她。

<u>于是</u>我提着包袱,慢慢向东面山下自己的家里走去。已经几年不走路了,一场病,使我元气尽丧,这时走起路来有点吃力。(钟理和《贫贱夫妻》)

例(十二)两段文字的叙写在内容上关联性很大,如果不加关联语衔接亦可。但作者用"于是"一词一接,则使两个段落上下过渡得更自然,语势上更趋顺畅,显然这里的关联词"于是"之用,效果是明显的。

用"因此"(或"所以")勾连前后两个段落的,亦属多见。例如:

(十三)我认为死是悲哀的,无奈的,无助的。拿它一点办法都没有。
<u>因此</u>,在死的面前我感到绝望,因而在这绝望的面前,我的生,我亲戚朋友的生,以及一切世人的生,以及一切生物的生,都有着一种哀恻的色彩,好像是眸白的日光照不透的,隐隐存在着。(孟东篱《死的联想》)

例(十三)两段文字,前段是作者对死之无法回避的悲哀观点,后段

谈自己对于人类及一切生物生之隐存的哀恻,两者在逻辑上一为因,一是果,因此作者以关联词"因此"将两段绾合于一起,在语义与语势上都显得顺贴自然,效果显然。

以关联词"然而"(或"但是")来勾连前后两段落的,也相当普遍。例如:

(十四)所以中国的国魂里大概总有这两种魂:官魂和匪魂。这也并非硬要将我辈的魂挤进国魂里去,贪图与教授名流的魂为伍,只因为事实仿佛是这样。社会诸色人等,爱看《双官诰》,也爱看《四杰村》,望偏安巴蜀的刘玄德成功,也愿意打家劫舍的宋公明得法;至少是受了官的恩惠时候则艳美官僚,受了官的剥削时候便同情匪类。但这也是人情之常;倘使连这一点反抗心都没有,岂不就成为万劫不复的奴才了?

<u>然而</u>国情不同,国魂也就两样。记得在日本留学时候,有些同学问我在中国最有大利的买卖是什么,我答道:"造反。"他们便大骇怪。在万世一系的国度里,那时听到皇帝可以一脚踢落,就如我们听说父母可以一棒打杀一般。为一部分士女所心悦诚服的李景林先生,可就深知此意了,要是报纸上所载非虚。今天的《京报》即载着他对某外交官的谈话道:"予预计于旧历正月间,当能与君在天津晤谈;若天津攻击竟至失败,则拟俟三四月间卷土重来,若再失败,则暂投土匪,徐养兵力,以待时机"云。但他所希望的不是做皇帝,那大概是因为中华民国之故罢。(鲁迅《学界的三魂》)

例(十四)两段文字,前段论证中国的国魂里确实存在的两种魂:官魂与匪魂;后段转入"国情不同,国魂也就两样"的论点及对军阀李景林皇帝做不成要当土匪的谈话的讽刺上来。两段文字意思上有转变,故作者以一"然而"转接之,自然流畅,前后两段语气亦顺畅贯通。

运用关联词语来实现段落间的衔接,比较简捷,虽然普通,但却颇有效。很多段落间尽管可以不用关联词语衔接,逻辑关系也很清楚,但在语势的贯通和表达的自然流畅方面则不及用关联词语来得好。因此,恰切地选用关联词语来实现段落间的衔接,是很有必要的,而且由上述诸例分析看也确有相当好的修辞效果。

第四节　总文理,统首尾:篇章结构的策略

篇章结构问题,是历来的文章家都很看重的问题,很多文章家对此也有很多精彩的论述。修辞学家研究篇章结构问题,角度有所不同,但涉及的内容也很丰富,如"篇章的构成""篇章修辞的基本规律""篇章组织的手段"等等,具体说来,又分为"组段"和"谋篇"两大部分。"组段"部分要讨论"段落的组成""段落的作用""段落的运用","谋篇"部分常涉及"层次的划分和安排""开头和结尾""衔接""照应"等内容①。我们认为这诸多的内容,很多仍与文章学难脱瓜葛,所以本节不拟一一论及,只拟对修辞学研究最有价值的文章起首和结尾问题加以讨论。

一、起首的策略

起首(即开头),对于一篇文章来说是至关重要的。俗话说:"千丈的绳子,还要从头搓起。"清人方东树《昭昧詹言》有云:"诗文以起为最难,妙处全在此。精神全在此。必要破空而来,不自人间,令读者不测其所开塞之妙。"而有经验的作家对于文章起首更是特别重视,且有不少精辟的论断。如法国作家狄德罗在谈戏剧创作时曾说:"一个剧本的第一幕也许是最困难的一部分。要由它开端,要使它能够发展,有时候要由它表明主题,而总要它承前启后。"(《论戏剧艺术》)苏联著名作家高尔基亦谈到作品开头之难及其重要性:"最难的是开头,也就是第一句。就像在音乐中一样,第一句可以给整篇作品定一个调子,通常要费很长时间去寻找它。"(《高尔基论文学》)②正因为如此,对于文章起首,我们不能不讲求一点修辞策略。

---

① 参见倪宝元主编:《大学修辞》第6—7页所列目次,上海:上海教育出版社,1994年。
② 转引自温溪主编:《艺林妙语》第302页,上海:上海文艺出版社,1995年7月。

一般说来，文章的起首方式是没有什么一定规律的，因为不同的作者有不同的行文风格和入题爱好倾向，有些人可能习惯于开门见山，而另一些人则可能喜欢"从昆仑山发脉"，以缓笔或侧笔上题。另外，不同的文体和不同的文章内容也会对作者选择起首方式有不同程度的制约或影响。因此，文章起首的具体方式方法也就只能是多种多样的。但是，从整体来说，比较有效且常为古往今来的人们所沿用的起首方式，则还是有限的，可以归纳出来。大致说来，从起首文字与全文主题或内容有否直接关系上区分，可将起首方式分为"开门见山"式与"款款入题"式；从表达效果上考察，则可区分为"平淡质朴"式与"新颖奇特"式①。下面就分而述之。

(一)"开门见山"式

"开门见山"式，虽然很平常，但确是一种很有效的起首策略。因为这种起首方式，或直接亮出全文的主旨或者作者的基本观点，或直接交待文章的主要内容或者相关内容，可以给接受者以一个先入为主的深刻印象。心理学的实验证明：如果我们将一组字母或一组词依序排列，让受验者在极短的瞬间记住其中的字母或词，结果往往最易被记住的是开头和结尾的字母或词。受验者之所以能记住开头的字母或词，是因为记忆开始前，大脑皮层没有"前摄抑制"，即没有其他记忆负担干扰，所以易于记住；最后的字母或词之所以易于被记住，是因为记忆结束时，大脑皮层没有"后摄抑制"，即没有其他记忆负担追加干扰。明白了这个心理学

---

① 参见倪宝元主编：《大学修辞》第413页，该书指出："开头的具体方式方法很多，不同文体、不同作者、不同内容的文章可能千差万别。但从表达效果来考察，可以概括为两组四种基本方式：开门见山，款款入题；平实起笔，出奇制胜。"我们认为，这两组四类的分类确实很有概括性，是合理科学的。但是，作者的这两组四类明显是依两种标准分出来的，即"开门见山"式和"款款入题"式是以起首文字与文章主题或内容有否直接关系的标准来划分的，而"平实起笔"式与"出奇制胜"式，则是从表达效果上来分的。显然，两组所依据的标准是不同的。因此，作者说这两组四类都是从表达效果上来考察得出的，是不准确的，有逻辑上的不严密性。而"平实起笔"与"出奇制胜"的提法，也不够贴切。所以，本书采用此说时作了调整修正。

的基本原理,我们便知"开门见山"式起首,是一种有效的修辞策略。因为这种起首方式能使接受者易于把握文章的主旨或内容,从而达到表达者传达自己的思想或感情,引发接受者接受或产生共鸣的交际目标。能够达成这样的接受效果,表达者(作者)自然就是修辞成功了。

正因为"开门见山"式起首策略有上述的修辞效果,所以很多作家都喜欢选择这种起首策略。例如:

(一)人们遇到要支持自己主张的时候,有时会用一枝粉笔去搪对手的脸,想把它弄成丑角模样,来衬托自己是正生。但那结果,却常常适得其反。

章士钊先生现在是在保障民权了,段政府时代,他还曾保障文言。他造过一个实例,说倘将"二桃杀三士"用白话写作"两个桃子杀了三个读书人",是多么的不行。这回李焰生先生反对大众语文,也赞成"静珍君之所举,'大雪纷飞',总比那'大雪一片一片纷纷的下着'来得简要而有神韵,酌量采用,是不能与提倡文言文相提并论"的。

我也赞成必不得已的时候,大众语文可以采用文言,白话,甚至于外国话,而且事实上,现在也已经在采用。但是,两位先生代译的例子,却是很不对劲的。那时的"士",并非一定是"读书人",早经有人指出了;这回的"大雪纷飞"里,也没有"一片一片"的意思,这不过特地弄得累坠,掉着要大众语丢脸的枪花。

白话并非文言的直译,大众语也并非文言或白话的直译。在江浙,倘要说出"大雪纷飞"的意思来,是并不用"大雪一片一片纷纷的下着"的,大抵用"凶","猛"或"厉害",来形容这下雪的样子。倘要"对证古本",则《水浒传》里的一句"那雪正下得紧",就是接近现代的大众语的说法,比"大雪纷飞"多两个字,但那"神韵"却好得远了。

一个人从学校跳到社会的上层,思想和言语,都一步一步的和大众离开,那当然是"势所不免"的事。不过他倘不是从小就是公子哥儿,曾经多少和"下等人"有些相关,那么,回心一想,一定可以记得他们有许多赛过文言文或白话文的好话。如果自造一点丑恶,来证明他的敌对的不行,那只是他从隐蔽之处挖出来的自己的丑恶,不能使大众羞,只能使大众笑。大众虽然智识没有读书人的高,但他们对于胡说的人们,却有一个谥法:绣花枕头。这意义,也许只有乡下人能懂的了,因为穷人塞在枕头里面的,不是鸭绒:是稻草。(鲁迅《"大雪纷飞"》)

例(一)鲁迅于文章开头一段就全盘交待了全文主旨。五四新文化运动时期,章士钊为了反对白话文和大众语、维护文言文,曾造过一个实例,将"二桃杀三士"译成"两个桃子杀了三个读书人"的白话来丑诋白话文;20世纪30年代《新垒》月刊主编李焰生也反对大众语文,也赞成"静珍君之所举,'大雪纷飞',总比'大雪一片一片纷纷的下着'来得简要而有神韵"。鲁迅此文即是通过此二例批驳守旧派人士"自造一点丑恶,来证明他的敌对的不行"的方法是可笑的,结果适得其反,自己出丑。很明显,上引此文的起首一段文字,已将全文主旨说得很清楚了。下面的四个段落,只是举例和论述,证明首段的观点而已。由于此文首段即开门见山地点出了全文主旨,使读者一开始便对作者全文的观点有了一个先入为主的印象,等到读完下文四段的论述,则又更加深了对首段所提示的全文主旨的认识和深刻印象,就会情不自禁地赞成作者的观点,与作者达成思想与情感的共鸣。可见,这种"开门见山"式的起首修辞策略是成功的。

又如:

(二)**昨夜睡中,我又梦到了母亲。**(张过《昨夜,慈母又入梦》)

例(二)是全文的首句,也是开门见山地交待了全文主旨。此文是作者于"离开母亲四十多年了,在此一段悠长的岁月中,除了不时睡中梦到母亲,平日母子之间信息渺然。还有在想象中,母亲必是朝夕倚门瞻望,从日出望到日落,从月亏望到月圆,企盼她的独子归去"的刻骨思念的情形下写成的深情忆母之作。为了凸显作者对其二十四岁即守寡,独力抚育作者长大,现时在祖国大陆的老母的深切思念之情,作者采用了"开门见山"式的起首策略,凌空起势,突兀入题:"昨夜,我又梦到了母亲",表达直捷,深切的情意,刻骨的思念,于朴质的语言中展露得淋漓尽致,使人读之情不自禁地为之心灵震撼。很明显,这一起首策略是非常成功的。如果采用"款款入题"等其他起首方式,其所产生的接受效果就不会如作者这里所采用的"开门见山"式起首方式这般好。

(二)"款款入题"式

"款款入题"的起首方式,也是常见常用的,亦不失为一种有效的起首策略。在宋元话本小说及明清拟话本小说中,常常于小说的开首讲一个与小说内容有关甚或无关的故事,或由一首诗词起首,然后再入正题的写作模式,这就是"款款入题"式起首修辞策略的典型范本。一般说来,"款款入题"式起首策略,由于表达上起笔舒缓,有相当的铺垫,因而在接受上往往有娓娓道来,引人入胜的效果。特别是那些铺垫引渡得好的文字,往往能激发接受者步步深入、穷其究竟的阅读欲望,这对表达者所欲达到的修辞目标明显是很有利的。因此,很多作家采用这种起首策略,也是很有道理的。例如:

(三)仿佛记得一两个月之前,曾在一种日报上见到记载着一个人死去的文章,说他是收集"小摆设"的名人,临末还有依稀的感喟,以为此人一死,"小摆设"的收集者在中国怕要绝迹了。

但可惜我那时不很留心,竟忘记了那日报和那收集家的名字。

现在的新的青年恐怕也大抵不知道什么是"小摆设"了。但如果他出身旧家,先前曾有玩弄翰墨的人,则只要不很破落,未将觉得没用的东西卖给旧货担,就也许还能在尘封的废物之中,寻出一个小小的镜屏,玲珑别透的石块,竹根刻成的人像,古玉雕出的动物,锈得发绿的铜铸的三脚癞虾蟆:这就是所谓"小摆设"。先前他们陈列在书房里的时候,是各有其雅号的,譬如那三脚癞虾蟆,应该称为"蟾蜍砚滴"之类,最末的收集家一定都知道,现在呢,可要和它的光荣一同消失了。

那些物品,自然决不是穷人的东西,但也不是达官富翁家的陈设,他们所要的,是珠玉扎成的盆景,五彩绘画的磁瓶。那只是所谓士大夫的

"清玩"。在外,至少必须有几十亩膏腴的田地,在家,必须有几间幽雅的书斋;就是流寓上海,也一定得生活较为安闲,在客栈里有一间长包的房子,书桌一顶,烟榻一张,瘾足心闲,摩挲赏鉴。然而这境地,现在却已经被世界的险恶的潮流冲得七颠八倒,像狂涛中的小船似的了。

然而就是在所谓"太平盛世"罢,这"小摆设"原也不是什么重要的物品。在方寸的象牙版上刻一篇《兰亭序》,至今还有"艺术品"之称,但倘将这挂在万里长城的墙头,或供在云冈的丈八佛像的足下,它就渺小得看不见了,即使热心者竭力指点,也不过令观者生一种滑稽之感。何况在风沙扑面,狼虎成群的时候,谁还有闲工夫,来赏玩琥珀扇坠,翡翠戒指呢。他们即使要悦目,所要的也是耸立在风沙中的大建筑,要坚固而伟大,不必怎样精;即使要满意,所要的也是匕首和投枪,要锋利切实,用不着什么雅。

美术上的"小摆设"的要求,这幻梦是已经破掉了,那日报上的文章的作者,就直觉地知道。然而对于文学上的"小摆设"——"小品文"的要求,却正在越加旺盛起来,要求者以为可以靠着低诉或微吟,将粗犷的人心,磨得渐渐的平滑。这就是想别人一心看着《六朝文絜》,而忘记了自己是抱在黄河决口之后,淹得仅仅露出水面的树梢头。(鲁迅《小品文的危机》)

例(三)鲁迅写到第六段才终于上题,谈到文章主旨要谈的"小品文"问题。这篇文章写于1933年,文章主旨文末有明确宣示:"小品文就这样的走到了危机。但我所谓危机,也如医学上所谓'极期'(Krisis)一般,是生死的分歧,能一直得到死亡,也能由此至于恢复。麻醉性的作品,是将与麻醉者和被麻醉者同归于尽的。生存的小品文,必须是匕首,是投枪,能和读者一同杀出一条生存的血路的东西;但自然,它也能给人愉快和休息,然而这并不是'小摆设',更不是抚慰和麻痹,它给人的愉快和休息是休养,是劳作和战斗之前的准备。"由此可见,作者前五段谈镜屏、扇坠、象牙雕刻等"小摆设",目的是要引出第五段末几句:"何况在风沙扑面,狼虎成群的时候,谁还有闲工夫,来赏玩琥珀扇坠,翡翠戒指呢……

所要的也是匕首和投枪,要锋利切实,用不着什么雅"。并由此逼出小品文要摆脱危机,应该直面现实,要成为批判现实的匕首和投枪的主旨。由于作者用了相关内容的五段文字作了铺垫,引渡巧妙,就自然顺畅地引领读者步步深入地接近作者预设的目标——了解全文真正用意,以此达成与作者思想情感的共鸣。

又如:

(四)台北的雨季,湿漉漉、冷凄凄、灰暗暗的。

满街都裹着一层黄色的胶泥。马路上、车轮上、行人的鞋上、腿上、裤子上、雨衣雨伞上。

我屏住一口气,上了37路车。车上人不多,疏疏落落的坐了两排。所以,我可以看得见人们的脚和脚下的泥泞——车里和车外一样的泥泞。

人们瑟缩的坐着,不只是因为冷,而是因为湿,这里冬季这"湿"的感觉,比冷更令人瑟缩,这种冷,像是浸在凉水里,那样沉默专注而又毫不放松的浸透着人的身体。

这冷,不像北方的那种冷。北方的冷,是呼啸着扑来,鞭打着、撕裂着、呼喊着的那么一种冷。冷得你不只是瑟缩,而且冷得你打战,冷得你连思想都无法集中,像那呼啸着席卷荒原的北风,那么迅疾迷离而捉不住踪影。

对面坐着几个乡下来的。他们穿着尼龙夹克,脚下放着篮子,手边竖着扁担。他们穿的是胶鞋。胶鞋在北方是不行的。在北方,要穿"毡窝"。尼龙夹克,即使那时候有,也不能阻挡那西北风。他们非要穿大棉袄或老羊皮袍子不可的。头上不能不戴一顶毡帽或棉风帽。旁边有一个人擤了一简鼻涕在车板上,在北方,冬天里,人们是常常流鼻涕的,那是因为风太凛冽。那让人喘不过气来的猛扑着的风,总是催出人们的鼻涕和眼泪。

车子一站一站的开着。外面是灰濛濛的阴天,覆盖着黄湿湿的泥地。北方的冬天不是这样的。它要么就是一片金闪闪的晴朗,要么就是一片白晃晃的冰雪。这里的冷,其实是最容易挨过去的,在这里,人们即使贫苦一点,也不妨事的,不像北方……

车子在平交道前煞住,我突然意识到,我从一上了车子,就一直在想着北方。

<u>那已经不是乡愁,我早已没有那种近于诗意的乡愁,那只是一种很动心的回忆。回忆的不是那金色年代的种种苦乐,而是那茫茫的雪、猎猎的风;和那穿老羊皮袍、戴旧毡帽、穿"老头乐毡窝"的乡下老人,躬着身子,对抗着呼啸猛扑的风雪,在"高处不胜寒"的小镇车站的天桥上。</u>

那老人,我叫他"大爹",他是父亲的堂兄……(罗兰《那岂是乡愁》)

例(四)作者用了七段文字才切入正题,回忆自己在祖国大陆的"大爹"在风雪中的小站天桥上顶风接回自己的往事。作者之所以不从第八段开始写起,而是费辞地从台北的雨季、台北人雨天的衣着、台北公车上几个乡下人的衣和鞋以及台北的冷、台北的风与北方的不同写起,目的是由此景引彼景,借景生情,自然而然地凸显出作者对北方故乡、对大爹的深切怀念之情,乡愁的浓烈逼人而来,令读者不得不一气读毕,了解作者全文的用意。因此,这种起首策略,尽管有点费辞,但却能引人入胜。同时,舒缓的节奏,足够的铺垫,正好匹配全文深情的格调氛围,令读者在作者深情娓娓的叙述中深切感受到作者对故乡、对大爹的深情深意,达成与作者的情感共鸣。可见,作者的这种起首方式,和上例鲁迅的起首方式一样,也是一种修辞策略,达到了很好的效果,是成功的策略。

(三)"平淡质朴"式

"平淡质朴"式,是指以质朴无华的语言文字叙写,几乎不用什么华丽的词藻,也不用什么修辞手法来刻意图妙谋巧的一种起首方式。这种起首策略看似平常,实际是另一种修辞境界——"朴",是"所谓'繁华落尽见真淳'",是李白所标榜的'清水出芙蓉,天然去雕饰'。这种'朴'的境界,没有刻意雕琢,表面上并不怎么惹眼,似乎也不见绚烂夺目的绝妙好辞,可是细细体味之下,却是真挚感人,余韵无穷。正如同西施之美,粗服乱头,难掩国色天香"①。只有真正懂得"朴"之价值的大家,才懂得这种"平淡质朴"的起首策略的意义。著名诗人艾青曾说过:"朴素是对于词藻的奢侈的摒弃,是脱去了华服的健康的袒露;是挣脱了形式的束缚的无羁的步伐;是掷给空虚的技巧的宽阔的笑。"(《论诗》)正因为如此,很多文学大家都是喜欢采用"平淡质朴"式起首方式的。例如:

(五)<u>《诗经》在中国文学上的位置,谁也知道,它是世界最古的有价值的文学的一部,这是全世界公认的</u>。(胡适《谈谈〈诗经〉》)

例(五)是胡适《谈谈〈诗经〉》一文的开头部分。这篇文章的正文前有段说明的文字:"这是民国十四年九月在武昌大学讲演的大意,曾经刘大杰君笔记,登在《艺林旬刊》(《晨报副刊》之一)第二十期发表;又收在艺林社《文学论集》。笔记颇有许多大错误。现在我修改了一遍,送给顾颉刚先生发表在《古史辨》里。"作为一篇文学讲演,又作为修改后发表出来的文章,本来是应该讲究些修辞策略的,将起首写说得生动些才是。然而胡适没有。仅以上引的一个主谓句,两个判断句起首,平淡质朴,但表达上却显得清楚,有力。同时,与全文学术讲演的内容十分合拍,有一种"繁华落尽见真淳"的质朴自然美。很明显,胡适的这种起首策略是成功的。

胡适的学术文章以平实的大白话行文但不乏韵味而闻名,他的朋友梁实秋的散文亦以具同样风格而见称。而且梁实秋的散文和胡适的学术文章一样,起首常采"平淡质朴"式。例如:

(六)<u>在电影院里,我们大概都常遇到一种不愉快的经验。在你聚精会神的静坐着看电影的时候,会忽然觉得身下坐着的椅子颤动起来,动得很匀,不至于把你从座位里掀出去,动得很促,不至于把你颠摇入睡,颤动之快慢急徐,恰好令你觉得他讨厌。大概是轻微地震罢?左右</u>

---

① 沈谦:《修辞学》第4页,台北:台湾空中大学印行,1996年。

探察震源,忽然又不颤动了。在你刚收起心来继续看电影的时候,颤动又来了。如果下决心寻找震源,不久就可以发现,毛病大概是出在附近的一位先生的大腿上。他的足尖踏在前排椅撑上,绷足了劲,利用腿筋的弹性,很优游的在那里发抖。如果这拘挛性的动作是由于羊癫疯一类的病症的暴发,我们要原谅他,但是不像,他嘴里并不吐白沫。看样子也不像是神经衰弱,他的动作是能收能发的,时作时歇,指挥如意。若说他是有意使前后左右两排座客不得安生,却也不然。全是陌生人无仇无恨,我们站在被害人的立场上看,这种变态行为只有一种解释,那便是他的意志过于集中,忘记旁边还有别人,换言之,便是"旁若无人"的态度。(梁实秋《"旁若无人"》)

例(六)是梁实秋《"旁若无人"》一文的起首一段,批评电影院中那些"旁若无人"者的行为。这段起首文字几乎没有用任何修辞手法来刻意营构,也没有用什么典雅的词句,全以平白朴素的大白话叙而出之,但在表达效果上却显得幽默辛辣,意味无穷。真可谓是达到了"质朴真淳,自然高妙"的化境。可见,"平淡质朴"式起首方式,也是一种很高的修辞策略,而且是只有真正的大家才能运用得好的策略,是一种"大巧若拙"的策略。

(四)"新颖奇特"式

"新颖奇特"式,是一种特别讲究修辞技巧,力求文辞灵动巧妙,注重表达的新异性的起首策略。这种起首策略,由于表达上的生动性、鲜活性的特征,易于迅速抓住接受者的注意力,使之咀嚼品味,印象深刻,往往有一种先声夺人的效果。因此,很多修辞者都喜欢采用这一起首策略。例如:

(七)长短句的词起于何时呢?是怎样起来的呢?(胡适《词的起源》)

例(七)是胡适《词的起源》一文的起首文字。此文是一篇论述和考证词的起源的学术论文,作者却以上引的两个设问句起首,这是明显在追求一种先声夺人的表达效果。因为这一起首的两句是两个运用了设问修辞手法的修辞文本,表达上有一种加强语意,吸引接受者注意力的效果。由于此文是一篇学术论文,此类表达方式一般不可能运用,这就加强了这一起首方式的新异性特质,令读者印象特别深刻。同时,易于引发读者对后文乏味枯燥的考证论述的兴味,以期达到让读者对自己所得出的考证结论有一个深刻的印象。如果作者不以这种突破常规的奇特方式起首,而是依学术论文的规范模式进行,读者特别是一般读者就无多少兴味读下去了。很显然,胡适此文所采用的起首策略是充满智慧的。

又如:

(八)

1　哈尔滨(1935—1937　　一到二岁)

1935年的世界是一个多变的世界。这一年在世界上,波斯改国号叫伊朗了、英国鲍尔温当首相了、墨西哥革命失败了、意大利墨索里尼身兼八职并侵略阿比西尼亚了、法国赖伐尔当总理了、挪威在南极发现新大陆了、德国希特勒撕毁凡尔赛条约扩张军力了、捷克马萨利克辞掉总统职务了、土耳其凯末尔第三次连任总统了、菲律宾脱离美国独立了。这一年在中国,祸国殃民的蒋介石内斗内行,大力"剿共",逐共中原;但外斗外行,对日本鬼子卵翼的政权,瞠眼旁观、无能为力:在长城以内,殷汝耕成立了冀东政府;在长城以外,溥仪头一年就称帝于"满洲国",那正是1931年"九一八事变"后两年半,也正是蒋介石丧权辱国、贯彻"不抵抗主义"后两年半,1935年到了,两年半变成了三年半,"满洲国"使中国东北变成了"遗民"地区,而我,就是"遗民"中的一位。

1935年4月25日,我生在中国东北哈尔滨……(李敖《李敖回忆录》)

例(八)是李敖《李敖回忆录》一书的起首一段,采用的也是"新颖奇特"式起首策略。一般说来,回忆录这种文体平实地记事叙事就可以了。但是,在李敖笔下,回忆录的开头一段写得极其奇特,读之令人终生难忘。由十个"了"组成的句式构成了奇特的排比修辞文本,给读者以强烈的视觉刺激,让人留下深刻的印象,真可谓是先声夺人,突出强调了1935年是多事不寻常的年头,极大地引发了读者对这年出生的传主李敖不平凡的人生历程产生浓厚的兴味,急欲一气读完其回忆录,了解其传奇的一生。如果李敖不采用上引"新颖奇特"的起首策略,而是按常规回忆录的写法,说:"1935年是多事的一年,这年4月25日,我出生于中国东北哈尔滨。"那么,读者一定没有多少兴味读完全本回忆录的。可见,"新颖奇特"式起首策略确实很有效果,特别是对于那些篇幅较长或内容比较枯燥的作品,新颖奇特的起首尤其重要,上述二例都有力地证明了这一点。

应该指出的是,上述诸例的归类,我们都是每次以一个标准来看的。如果某种起首方式同时以不同标准、从不同角度来看,则可能同时属于两种起首策略。如例(八),如果我们以表达效果为标准,它是属于"新颖奇特"式;若以与全篇主旨或内容有无直接关系为标准,则属于"款款入题"式。其他诸例亦应作如是观。

二、结尾的艺术

结尾,和起首一样,对一篇文章来说,也是一个非常重要的问题,历来的文章学家和修辞学家都是十分重视的。元人杨载《诗法家数》有云:"诗结尤难,无好结句,可见其人终无成也。"明人谢榛《四溟诗话》论律诗亦有此意:"律诗无好结句,谓之虎头鼠尾。"明人王骥德《曲律》论曲有云:"尾声以结束一篇之曲,须是愈著精神,末句更得一极俊语收之,方妙。"清人李渔《闲情偶寄·词曲部》论"大收煞"时说:"收场一出,即勾魂、摄魄之具,使人看过数日而犹觉声音在耳、情节在目者,全亏此曲撒娇,作临去秋波那一转也。"这些虽然只是就诗、曲等而言,实际是对所有文体的文章都是适用的,即所有文体的文章都应该特别重视结尾。苏联

文学理论家爱森斯坦也曾指出:"在该结束的地方结束,这是一种伟大的艺术。"(《爱森斯坦论文选集》)①

一篇文章不仅要在结尾时收得住,而且要收得好,这确是一种为文的高度艺术,是值得修辞学家们深入研究的课题。结尾的方式,在不同文体、不同内容的文章中,不同的作者,都会有很多处理模式。不过,从修辞的角度看,真正具修辞学价值且为历来修辞学家较为肯定的结尾模式,主要有"卒章显其志""曲尽音绕梁"和"清水出芙蓉""浓抹百媚生"两组四种。前一组两种,是从结尾是否直接宣示全文主旨的角度区分出来的结尾类型,后一组是就结尾的表现风格来分类的②。下面我们就分而述之。

(一)"卒章显其志"式

"卒章显其志"式的结尾,是一种于全文结尾时,用简要的语句概括全文主旨以宣示于接受者的结尾方式。这种结尾方式虽然显得直露了点,有"言止意尽"之嫌,但它有一个根本而显明的优点,这就是易于令接受者迅速准确地把握文章的主旨,从而让接受者产生情感或思想的共鸣。同时,在表达上亦有画龙点睛、清楚有力的效果。因此,这种结尾模式看起来平常,实则也是一种很好的修辞策略。所以,很多文章大家常常运用之。例如:

(九)当初,白蛇娘娘压在塔底下,法海禅师躲在蟹壳里。现在却只

---

① 转引自温溪主编:《艺林妙语》第303页,上海:上海文艺出版社,1995年7月。
② 参见倪宝元主编:《大学修辞》第416页,该书指出:"结尾的具体方式方法也是多种多样的,因不同文体、不同作者、不同文章而异。不过,从表达效果来考察,同样也可以概括为两组四种方式:卒章显志,余音绕梁;平实收尾,奇特煞尾。"我们认为,这两组四类的区分较有概括性,但在逻辑上区分的标准实际上是不统一的,不完全是从表达效果上分出来的,"卒章显志"实际上是从主旨宣示的直接性与否划分出来的,只有"余音绕梁"才真正是从表达效果上区分出来的类别;至于"平实收尾"和"奇特煞尾",实际上是以表现风格来区分的类别。因此,本书对此分类标准和名称都作了较大的调整修正。

有这位老禅师独自静坐了,非到螃蟹断种的那一天为止出不来。莫非他造塔的时候,竟没有想到塔是终究要倒的么?

活该!(鲁迅《论雷峰塔的倒掉》)

例(九)是鲁迅《论雷峰塔的倒掉》一文的结尾部分。此文由听说杭州雷峰塔倒掉的消息引起,讲了许仙与白蛇娘娘以及白蛇与法海和尚斗法失败被压于塔下的故事,再讲到法海和尚被玉皇大帝斥怪追拿而躲入蟹壳内不得出来的民间传说。如果作者仅仅拉杂地讲完这些故事就收束全文,那么这篇文章也就没有什么意义,接受者也不能从中获取什么教益,那么,这篇文章的修辞目标就没有实现,是失败的。但是,由于作者在故事讲完后于全文之末缀上了上引的这两段文字作结语,立即就深化了主题,揭示了全文的主旨,表明了作者的态度——象征压迫中国妇女的雷峰塔应该倒掉,象征压迫妇女的封建势力的法海应该不能再逞狂。这样,接受者就能迅速了知全文主旨,了解作者的情感态度,特别是尾二字"活该"的斩钉截铁语气,更能深深感染接受者,使其与作者达成情感与思想的共鸣。很明显,鲁迅的这种结尾策略是成功的,若采用其他结尾策略,恐难企及上述的表达效果。

又如:

(十)馋非罪,反而是胃口好、健康的现象,比食而不知其味要好得多。(梁实秋《馋》)

例(十)是梁实秋《馋》一文的结尾部分,也是采"卒章显其志"式。这篇谈吃的小品文,全文讲了很多古今与美食及馋相关的故事,最后,作者亮出了自己对"馋"这一人们普遍认为不太光彩观念的相反见解。很明显,这种概括性的结语具有画龙点睛的效果,作者的观点思想由此显得清楚明白,表达有力,不含糊,不闪避,旗帜鲜明,易于接受者把握,也易于接受者迅速接受作者所欲传达的思想或情感,实现作者的修辞目标。如果作者不"卒章显其志"地将自己的观点亮出,接受者就不能真正了知作者对"馋"的看法,因而作者意欲传达给接受者的思想也就不能传达,那么文章所欲达到的交际目标也就不能实现。因此,我们认为梁实秋此文的结尾策略也是成功的。

(二)"曲尽音绕梁"式

"曲尽音绕梁"式,是一种不直白宣示全文主旨,而是以含蓄蕴藉的文字来暗示,接受者必须通过作者所给定的结尾文字认真体味咀嚼才能得其真意所在的结尾方式。这种结尾方式,在表达上有一种"曲尽音绕梁",言有尽而意无穷,义生言外,发人深思,耐人寻味的效果,令人味之无穷,可以极大地调动接受者的接受兴味,从而提升表达的实际效果。因此,这种结尾方式是一种很有效的修辞策略,运用者很多。例如:

(十一)那时候,已经是深秋了。那天晚上十点多钟从南部一个小镇的火车站上了火车开进城里,天又冷雨点又很密。大家都有点酒意。朋友说,今天晚上非去一去不可。

在翰诗德的地道车站门口还等不到计程车。雨把酒意都给搔掉了。那是一个很高尚的住宅区。酒馆没有关门,酒馆里流出来的灯光很古典。我们走了好长一段路才叫到一部计程车。开到那条路上又摸不清门牌。我们下车走了一段路才找到那幢古老的房子。树影婆娑。杂草乱石把整个前院点缀得很伤感。

开门的就是他。我一眼看到他的手指又瘦又长又白,像钢琴的琴键。他说他们刚去参加了音乐会回来。他立即替我们弄酒。朋友说他人很健谈,很冲动。我也觉得他整个人像钢琴琴键上飞舞的手指。

地板铺上厚厚的兽皮。两间客厅,一间摆满了一壁的书,有几部是文革前内地版的书,一间厅里摆着两架大钢琴,一套软得教你一坐下来就想到梦的椅子。

喝酒抽烟的时候我们谈到文革,谈到那个翻译家的死。我们后来又谈到他的新夫人。谈到潘金莲。谈到李瓶儿。谈到南朝鲜北朝鲜。新夫人下楼的时候我们已经喝掉了半瓶威士忌。

新夫人像毕卡索写的人像。她人很长,头发很直,穿一套很松的衣服。大概是睡衣。毕卡索素描的线条总是很瘦很长。我觉得她像一盏密室中的烛光:看起来很定,其实随时会跳跃,会熄灭。

我有点担心。就像我担心他怎么有足够的英文单字去应付日常的对话一样。不过,我们的交谈马上从国语转为英语了。因为新夫人除了会说她的国家的话之外,只会说英语。当然,她的英语也并不太好。据说她在纽约呆了很久。可是,因为"纽约"这两个字的发音,他们夫妇俩那天晚上几乎就翻脸了。我不知道他们两个的距离为什么会那么远。我只觉得两个不同种族的人结婚到底会有一大段距离。事实上,新夫人一下楼,我们的话题就改变了。

窗外的雨好像越来越大了。我隐约听到树叶在风中说话。我忽然想到《红楼梦》。我忽然想到黛玉的小心眼儿。我忽然觉得如果这座房子是在金陵,如果新夫人不是外国人而是中国人的话,窗外的雨声也许会很诗意。

<u>可是,我最近听说他们已经吹了。</u>(董桥《雨声并不诗意》)

例(十一)是董桥《雨声并不诗意》一文的全篇,因为篇幅很短,我们引用了全文。通读全文,我们不难看出这篇短文的主旨是在说不同文化背景的人结婚,婚姻不易和谐长久。但是,作者在结尾时没有这样直白地点出这层意思,而是说"我最近听说他们已经吹了",轻描淡写的一笔,仅仅说了一个听说的消息。可是,读者透过这婉转的一句结束语,再结合上段中"如果新夫人不是外国人而是中国人的话,窗外的雨声也许会很诗意"一句假设语,就不难体味出全文的深刻含义。很明显,作者上述的结尾是一种"曲尽音绕梁"式的结尾方式,结得含蓄、深沉,耐人寻味,又发人深思,可谓余味无穷,深刻隽永。

又如:

(十二)

外一章

除了这头猪、这头牛、这条狗,我最近在周遭的世界中又发现了另一

种畜牲,它是一种二条腿的……(吴锦发《畜牲三章》)

例(十二)是吴锦发《畜牲三章》的结尾,亦采"曲尽音绕梁"式的模式。这篇文章除上引的所谓"外一章"作结尾外,全文分三个部分,分别写了关于"一头叛逆的猪""一头懦弱的牛""一条高贵的狗"三个故事。猪的故事是通过一头病猪的遭遇描写,意在抒写台湾农民对当局牺牲农民利益而发展工业的愤怒之情;牛的故事旨在通过写自家牛的懦弱及种种卑劣行径来暗写中国人的民族性格中的弱点;狗的故事是通过一条狗因病被主人抛弃而死也不肯躲到别人家屋檐下、不肯吃他人施舍的食物而终于活活饿死、冷死的故事,赞扬了狗的品德及其给人类的教益:"狗死后不久,我便写了一封措辞强硬的辞职信给那一家最近羞辱了我的公司","这条狗是我生命中重要的导师,他教导了我坚持与死亡的哲学。"本来全文的标题即是"畜牲三章",写完了三章,全文就应结束。可是作者却以上引的"外一章"作全文的结尾,说:"我最近在周遭的世界中又发现了另一种畜牲,它是一种二条腿的……"那么,这二条腿的"畜牲"是什么,与前文所写的猪、牛、狗相比,又是如何呢？作者都没有给出答案,只是以省略号来处理。这种结尾,很明显是一种"曲尽音绕梁"式结尾方式。它表达的含蓄、寓意的深远,都是令人味之再三,不同人生经历的读者自会各有不同的解读。

(三)"清水出芙蓉"式

"清水出芙蓉"式,是一种不用任何积极修辞手法而只以平实质朴的语言表而出之的结尾风格模式。这种结尾模式表面看去甚是平常无奇,但细细体味却显"质朴真淳",是李白所说的"清水出芙蓉,天然去雕饰"的境界。因此,这种结尾方式往往在许多文章大家手里运用得非常好。例如:

(十三)<u>原来我俯在摊开的先生的《野草》上做了一个秋夜的梦。</u>
<u>窗外还有雨声,秋夜的雨滴在芭蕉叶上的声音,滴在檐前石阶上的声音。</u>

可是在先生的书上,我的确看到了他那颗发光的燃烧的心。(巴金《秋夜》)

例(十三)这三句作者将之与其他段落隔开,是作为一个整体来作结尾的。这三句话没有运用任何一种积极修辞手法,全是平实的叙写,行文如平湖之水,涟漪不兴,但却静水流深,读之却分明见出作者对鲁迅先生的无限景仰的深情。真可谓是达到了"清水出芙蓉,天然去雕饰"的境界,"繁华落尽见真淳"。

又如:

(十四)一阵微风吹过。"爱莲堂"前那株腊梅,蓓蕾满枝。还是那棵老梅树。最初的梅花已经开放。高高的树干,带着一丛繁密的蜡黄色梅花,伸向园子的上空,伸向一望无际的长空碧野,似乎正在向苍天诉说一个过去的故事。(何为《园林城中一个小庭园》)

例(十四)是何为《园林城中一个小庭园》一文的结尾。这篇文章是写现代文学家和著名盆景艺术家周瘦鹃醉心盆景艺术,并广受海内外名人赞赏,20世纪60年代以后由于"文革"的冲击,精心培育的名贵盆景被毁,老人为此遭受了巨大的精神打击,于1968年心碎地死去之事。故事结束,作者以上引文字为全文作结。这段文字,虽然毫无积极修辞的运用,只纯以平实白描的语言叙写周瘦鹃"爱莲堂"前的腊梅开放情状,但却寓意深刻,读之令人深思,具有形象隽永的情味,有"清水出芙蓉"的韵致。

(四)"浓抹百媚生"式

"浓抹百媚生"式,是一种刻意进行积极修辞营构,以期取得生动奇特效果的结尾风格模式。这种结尾模式,由于积极修辞手法运用所产生的独特效果,恰似"马屁股上放鞭炮",于全文最后一击,往往能使接受者留下深刻的印象。所以,很多修辞者在刻意追求最后一击的效果时,往往都喜欢采这种结尾模式。例如:

(十五)这便是这班穷酸八股秀才的人生哲学,这便是穷酸才子的宗教。女诗人女词人双卿便是这个穷酸宗教里的代天下女子受苦难的女菩萨。她便是这班穷酸才子在白昼做梦时"悬想"出来的"绝世之艳,绝世之慧,绝世之幽,绝世之贞"的佳人。(胡适《贺双卿考》)

例(十五)是胡适《贺双卿考》一文的结语。胡适的这篇文章是篇考证的学术论文,按常规应该是以平实风格的语言结尾,说成:"贺双卿是实无其人的,她只是穷酸秀才们杜撰出来聊以自慰的梦中佳人"。如果这样收束全文,观点结论倒是很清楚,符合学术论文的惯例。但在接受效果上肯定不及上引的结语来得生动奇特而给人印象深刻。因为上引的结语是以两个排比修辞手法组成的修辞文本,观点表述的方式奇特,突破常规,同时排比在表意上的"广文义""壮文势"的效果很明显,这就强化了作者结论表达的力度,给接受者的印象更为深刻些。自然,这是非常成功的结尾策略。不过,这种结尾策略只有诸如胡适这样的大家才运用得好,一般修辞者可能往往运用不好便会堕入弄巧成拙、画虎类犬的境地。

又如:

(十六)谚云:"树大自直",意思是说孩子不需要管教,小时恣肆些,大了自然会好。可是弯曲的小树,长大是否会直呢?我不敢说。(梁实秋《孩子》)

例(十六)是梁实秋散文《孩子》一文的结尾,也是采用此类结尾策略的。这篇文章全文讲了很多有关中外孩子懒、刁、泼等恶习的故事,其目的是要说明一个主旨:"孩子应该管教,不能任其恶习发展,这样才能成为有用之人"。然而,这层意思,作者却没有在全文的结尾,以平实的语言直白地点出,而是以上引的文字表而出之。上引文字是运用了"引用""设问""推避"三种修辞手法而建构的修辞文本,表达婉转而有力,发人深省,耐人寻味,明显比平实结尾效果要好得多。所以,梁实秋的这一结尾策略也是成功的。

应该指出的是,上述诸例的归类,我们每次都是以一个标准为据来进行的。如果某种结尾方式同时以不同标准、从不同角度来看,则可能同时属于两种不同的结尾方式。如例(十六),从是否直接宣示主旨的标准看,属于"曲尽音绕梁"式;从表现风格看,则属于"浓抹百媚生"式。其他诸例,亦应作如是观。

小　结

字句段落篇章修辞问题比较复杂,学术界对此是否应该纳入修辞学研究的范围,历来存在争议。我们认为,这些问题应该纳入修辞学研究的范围内。不过,它们是属于消极修辞的范围。我们认为修辞学对字句的研究应该着眼于适应特定题旨情境而提高语言表达效果的角度,看某一字(词)在特定的语境情境中是否确已产生了超乎寻常的表达与接受效果,看某一句子的运用在特定语境情境中是否确有其他句子所不能产生的表达和接受效果。我们研究段落篇章,应该与文章学划清界限,不能以研究文章学的方法来研究段落篇章,否则就与文章学划上了等号,这就削弱了修辞学独立的学科地位。基于这一考虑,本书在谈字句段落篇章问题时,注意紧紧扣住"语言",从"语言"角度谈修辞效果,与文章学彻底划清了界限,也与前此的修辞学著作谈字句段落篇章问题的做法拉开了距离。特别是段落篇章问题的论述特别突出,与前此的修辞学著作大异其趣。谈段落问题,本书只谈了"段落衔接"的修辞目标以及实现这一目标的有效手段,完全从表达效果着眼,紧扣"修辞"这一中心,对于"段落的组织"等非修辞学领域的问题完全撇开不谈。篇章问题亦然,本书谈篇章问题只谈了起首与结尾的策略问题,总结归纳了起首和结尾的几种有效的策略模式,并且从心理学上对这些策略模式进行了阐释,也是紧扣修辞效果来谈的,与传统的文章学或修辞学著作谈篇章问题全然不同。这是基于笔者对篇章修辞问题的个人见解所致,是否正确,自然可以讨论。在此一并提出,并予以说明。

思 考 和 练 习

一、炼字的基本途径主要有哪些?

二、锻句的基本原则是什么?

三、段落衔接的基本修辞目标是什么?实现这一修辞目标的基本而有效的模式有哪些?

四、起首与结尾的基本修辞策略有哪些基本模式?

第八章 语体与修辞
Section 8

语体,也是修辞学研究的一个方面。尽管学术界对此有不同见解,但是不同语体在修辞特征表现上是有所不同的,不同的语体事实上也各有其追求的不同修辞目标。因此,修辞学还是应该研究语体。不过,应该着重从语体与修辞的适应性方面入手。

第一节 语体及其类型

语体,是人们由不同的交际方式及不同的交际目标、不同的交际情境等因素制约,在长期的历史发展过程中运用民族共同语所形成的具有某些基本的、共同的言语表达特点的言语类型。

所谓"不同的交际方式",指的是交际者与受交际者的言语交际是以"说——听"的形式还是以"写——读"的形式来进行。所谓"不同的交际目标",是指交际者所意欲达到的言语目标,比方说是以人物形象塑造来感性地影响受交际者的心灵,使之在某种美感享受中得到某种理性的启发和思想道德境界的提升;还是以现实的客观现象或科学的理论或实验数据等来说明某种真理或事物发展的规律,让受交际者信服,等等。所谓"不同的交际情境",包括交际者交际时所面对的交际对象(受交际者)和交际场合,比方说受交际者是什么职业、什么文化程度、什么样的心理状态等等,交际是在公开场合还是私下,是在正式场合还是非正式场合,是在政治场合还是非政治场合,是在特定行业或专业场合还是在非特定行业或非专业场合,等等。不同的表达者(交际者)在表达时一旦综合考虑了上述诸多因素后,即使他们的表达内容根本不同,也会在说写中自然共具某些共同的、基本的言语表达特点。比方说，一个学问高深的古文献学教授跟他的研究生谈话，总会选择一些口语词汇、结构简单的短句，间或也来一些生动的比喻之类；而一个农民和他的儿子谈话，大体也会如此。农民可能会说"俺""咱"，古文献学教授会说"我"，但古文献学教授决不会说"吾""余""仆""在下"之类的文言语词、古语词的。"俺""咱"与"我"，虽有不同，但从本质上看，它们都是口语词。教授日常谈话中可能偶尔会用到诸如"于""之"之类的古语词，但大多数时候肯定会说"在""的"，而决不会整天"之""乎""者""也"。同样，农民的日常谈话中虽不大会用"于""之"等古语词，但说到"于你何益""三口之家"等现代汉语常用语时，也会偶尔用到"于""之"等古语词。农民的儿子没礼貌，农民教训儿子可能会说："兔崽子，太没大没小了！"教授的学生言语行为不得体，冒犯了老师的尊严，教授教训他，决不会说出"野哉，由也"（《论语·子路》记孔子批评子路的话）之类的话。教授的句子可能造得很规范，农民的句子可能会有语病，但教授与农民的说话都会遵循汉语语法规则，如主语在前，谓语在后；动词在前，宾语在后。决不会谓语在前，主语在后；动词在后，宾语在前。除非是为了表达的需要而有意颠倒语序。如果是这种情况，那是修辞上的"倒装"，不是言语表达的常态，不属于语法问题。教授的比喻可能比较雅，农民的比喻可能比较俗。但是，从本质上看，他们的句子都有短而易于理解的特点，他们的比喻都有生动形象的韵致。两组谈话的交际者文化背景完全不同，怎么会有如此基本相同的言语表达特点上的共性呢？这是因为语体的制约缘故，是两组谈话的交际者都适应了口语谈话体的修辞要求的结果。

　　语体作为一种言语类型，一般说来可作这样的分类。第一层次，根据交际方式和言语特点，语体可以分为"口语体"和"书卷体"两大类。第二层次是将"口语体"和"书卷体"两大类再细别为若干小类。"口语体"根据交际双方在交际中的角色作用，可以分为"谈话体""讲演体"，前者交际者与受交际者是平等的，后者是交际者一方发挥作用，受交际者只单纯是接受者而已。"书卷体"根据交际任务的不同，区分为"文艺语体"

"科学语体""事务语体"①。其中,"文艺语体"一般包括诗、词、曲、说唱等一切韵文体,也包括小说、散文、剧本等一切散体。通常所说的"政论语体"应该归入"文艺语体",它实际上是散文中的杂文一类。还有科普、

---

① 关于现代汉语语体分类,学术界有不同的看法。一般说来,有两种比较典型的分类法。一是张弓《现代汉语修辞学》将现代汉语语体分为"口头语体"和"书面语体"两大类。"书面语体"又区分为"文艺语体""科学语体""政论语体""公文语体"四小类。"口头语体"未作次分类。参见该书第166页,石家庄:河北教育出版社,1993年;二是倪宝元主编《大学修辞》将现代汉语语体大别为三类:"书卷语体""口头语体""电信语体"。"书卷语体"中又分为"实用语体""文艺语体""混合语体"(交叉体)。其中"实用语体"又细分为"科学语体""应用语体";"文艺语体"则细分为"韵文语体"和"散言语体";"混合语体"则细分为"文艺性科学语体"和"文艺性实用语体"。至于"口头语体",则分为"讲演语体""讨论语体""谈话语体"三小类。"电信语体"一类未区分次类。参见该书第493页,上海:上海教育出版社,1994年。我们认为,这两种分类法各有其合理性。但都有其不严密之处和应该修正之处。"口头语体"不作次分类不够科学,但区分为"谈话体""讨论体""讲演体"三类,则又失之过细,科学分类应该具有更高的概括性。"谈话体"与"讨论体"可以合并为"谈话体"即可,因为讨论也是谈话。"讲演体"应该独立,因为它比较特别,它实际上是以口头的形式表达书面的内容。事实上,很多讲演都是事先写好稿子的,或是有腹稿的,记录下来即是一篇文章。尽管如此,它又不能归入"书卷体"中,因为即使讲演者是念稿子,也毕竟要尽可能的用口语的形式表达,所以"讲演体"具备"口语体"的基本言语特点。"书卷体"的次分类,我们认为"政论语体""文艺性科学语体""文艺性实用语体"可以归并到"文艺语体"内,因为这些语体实质上都是以"文艺语体"的形式来表现政治、科学的内容而已。"电信语体"不必自立一大类,归入"事务语体"内即可。"公文语体"修正为"事务语体"可以包容"电信语体"之类的内容。这样,我们大致就得出了本书的语体分类体系:

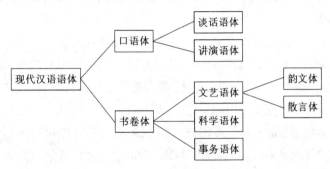

科幻作品,文艺性日记或书信,也应该归入"文艺语体",理由很简单,它们都是以具象来表现的,在言语特征上与诗词、小说、散文等基本一致。"科学语体",主要包括自然科学和社会科学类论文论著类。"事务语体",则主要包括各类公文,法律、法规、公约、守则,日记、书信、申请、收据、电文等应用性、事务性文类①。

第二节 口语体的修辞特征和修辞基本原则

口语体,上面我们说过,基本上可以区分为"谈话体"和"讲演体"两类。但是,作为同一大类,两者在修辞特征上则基本上是一致的。下面我们先看两个"谈话体"的片断,再看两个"讲演体"的片断,然后归纳比较一下,便可见出两者在修辞特征上的一致性,从而达到对整个"口语体"修辞特征的基本认识。

为了准确、全面起见,这里,谈话体我们选用两个不同文化层次、不同职业背景的两组人的谈话片断为例。一是中央电视台《读书时间》第四十三期《魏明伦与〈巴山鬼话〉》节目中主持人李潘与著名川剧作家魏明伦的谈话片断(此谈话收录于中央电视台《读书时间》栏目编《在电视上读书》一书中,现代出版社1999年出版。下面的对话片断即据此书整理稿而来,基本保持了电视上对话的原貌);二是笔者2001年4月一个下雨的星期天乘上海轻轨列车,于汶水路站站台上所听到的两个邂逅的青年民工的一段对话。

(一)

主持人:非常欢迎您来到我们演播室。
魏明伦:我很高兴到这里做客,很高兴跟你聊天儿,北京话叫"侃大

---

① 参见倪宝元:《大学修辞》第493页,上海:上海教育出版社,1994年。本书有调整修正。

山",四川话叫"摆龙门阵",让我们摆吧。

主持人:我看了您的《巴山鬼话》,首先脑子里就联想起另外一本书,也是一本非常有名的杂文集,叫做《燕山夜话》。我不知道您起这个"巴山鬼话"书名的时候,是不是受到《燕山夜话》的影响。这个"鬼话"是什么意思?

魏明伦:《燕山夜话》是大巫,《巴山鬼话》是小巫,都是杂文吧。因为我写戏有一点儿鬼聪明,文坛上、剧坛上叫我鬼才,我是四川人,所以称为《巴山鬼话》。有时候,人说的话是假话,鬼话可能是真话。

主持人:那您认为您这个是真话?

魏明伦:至少不是套话。

主持人:您写这些连篇的鬼话,是从1988年开始的,那个时候正是您的戏特别火的时候,为什么开始分散精力来写杂文呢?

魏明伦:其实我写杂文很早,那是在少年时代,15岁左右开始写了一点儿,当时就遇上反右扩大化,就没写了,一停就停了30多年,一直到80年代中期我写戏有影响以后。其实转到写杂文是偶然的机会,当时思想比较解放,学术风气比较灵活,《人民日报》搞了一个"丰华杯"杂文竞赛,我的朋友约我写一篇怪味杂文,所以我就"怪"了一下。马上就写,一写就写了几篇。到了小平南巡以后,近几年又写了一点儿。

主持人:您的杂文读起来的感觉是把特别雅和特别俗两端的文字糅到了一起,读的时候既有文绉绉的"之乎者也",文言用得很多,但是里面又糅进了很多粗俗的土话,读起来的味道有点儿像四川的怪味胡豆,味道怪怪的,很难对它下一个界定,所以有人称您的杂文体式叫"魏体杂文",味道是很特别的。我们不妨给电视机前的观众朋友念一段。《振兴川剧意识流》里面,谈到当代观众口味变了,川剧很难跟上时代变化的步伐,有一段是这样写的:"当今观众尤其是青年观众,是有史以来最难伺候的上帝。这一代小小老人家与文艺的关系已经结束了一夫一妻制,喜新厌旧,朝秦暮楚。一会儿嫌环肥,一会儿嫌燕瘦,一手推开虞美人,一手伸向洋婆子。真若直达爱丽舍宫追求高级粉黛,云游艺术世界,丰富审美情趣,我看是好事。未老莫还乡,还乡须断肠,说不定哪天叶落归根,游子思家,绿窗人似花,还是白娘子、尤二姐、四姑娘、芙蓉花仙温柔。娘们儿别干等,打扮一番流行色,画眉深浅入时无,适应是为了征服,再降个调,适应是为了生存。在适应上帝的同时,引导上帝来适应我们。"这一段就特别典型,既有很雅的古典文学的东西,又融入一些土的、粗俗的话,这样一种文字风格的形成是您有意为之的吗?

魏明伦:是,因为我是写戏的出身,对于古典文学、民俗民间文学都有一定的积累,所以构成自己一种特有的文体。雅可以大雅,俗可以大俗,有时把它们弄碎后糅在一起,出现很大的反差。但是,不管怎么弄,要恰如其分,雅的时候,突然来一句俗话,它一下子味道就变了,正如我们四川有这么一种吃法,吃东西,就是饮食文化,"若要咸,放点甜;若要甜,放点盐"。它们是一种彼此的艺术辩证法,雅中有俗,俗中有雅,这样互相有渗透,就构成我的一种写作风格。

主持人:写杂文的一些作者,他们是处在一种中立的立场,然后好像站得很高,来评判一些事情。可是我发现您在您的杂文里,把自己个人的色彩放得非常重,把自己融在文章里边,直白地表达自己的观点,绝不隐晦,而且是指名道姓的,那你就不怕得罪人吗?

魏明伦:写杂文,我还怕得罪人吗?怕得罪人就别写杂文啦,去搞歌舞吧,歌舞升平。无禁区、无偶像、无顶峰,我写杂文是我学习科学家的一种"三无世界",没有顾虑,也不为什么"尊者"讳,坚持说真话,所以我的杂文比较辛辣,其中有些文章,既有别人,又有我自己。我自己的主体意识是比较清楚的,我看有些文章既没有别人,又没有自己,说话时老是吞吞吐吐,说别人的时候,又想说又不想说,又不敢说,就这样吞吞吐吐,自己就更不敢见人。自己好像始终是处在仲裁的地位,不带有主观感情色彩。那么我的杂文呢,跟其他人的可能不一样,我自己心中,既有别人又有自己,我从来行不更名,坐不改姓,我就站在这儿。

主持人:本来您杂文的篇幅就不多,在内容的选择上,又大多比较倾向于一些历史反思、批判传统的题材,直接关注我们身边当今生活的,好像相比之下要少一些。那么,我不知道您为什么做出这种题材的选择,老是选择一些反思历史、批判传统的题材,是不是也有一点抱着历史、抱着传统不放的意思呢?

魏明伦:不是,这个问题不能这样说。我的杂文内涵,和我的选材跟别人不太一样有关。一说杂文,大家就说身边事,什么"假打"啊,"打假"啊,什么一般现象都有,当然这也是一种办法。而我呢,不说现在,一个是我的杂文还不是很多,毕竟是业余客串吧,我还没有来得及;第二我觉得人云亦云,没有意义,一般的事我不说,我肯定一说就要说出我的味来,有我的看法、我的独立的思考。从我的角度看,我觉得说历史不是为说历史而说历史,它应该有一个促进作用,有一个借鉴作用。杂文有时候要直,有时候要曲,那么实际上,有时候要"王顾左右而言他",但毕竟怎么说,红就是红,黑就是黑,它可能是绕着,让你自己去回味,所以在选材上,我更多地是选以前的。

(二)

(列车还未来,一个头发相当黄且稀的民工模样的青年正在候车,候车的人不多,他在站台上走来走去。这时,从底层自动扶梯上上来一个也是民工模样的青年。两人突然相见,几乎毫无踌躇地就彼此认出了对方。于是有了下面这段对话,笔者有心,听了两句,觉得有趣,便用正在听的 walkman,录在了音乐磁带上。)

二人同时:哎?!是大嘴巴。黄毛。(二人热烈地握手)

黄毛:你什么时候也到上海来了?

大嘴巴:我来三个月了。

黄毛:来做么事呢?可赚钱?

大嘴巴:我跟我哥哥,还有我姐夫一块把人家搞装修。

黄毛:在哪个装潢公司?

大嘴巴:没有公司。就在马路上蹲着,有人要装修就去。

黄毛:生意可多?

大嘴巴:不多。有时候,好几天没生意,坐吃山空,还要交房租,急死人。你呢?

黄毛:我也是搞装潢。开头我也是蹲马路逮兔子一样候着生意。旧年我家母舅介绍,到了一个包工头子搞的装潢公司。

大嘴巴:一个月搞多少钱?

黄毛:旧年老板接了几个大生意,包工包料,老板发了财,我们小伙计也跟着好些,大概每个月有千把块钱。

大嘴巴:那不错哇!你跟老板讲一讲,可要人了?

黄毛:好。我今天回去就问老板。不过,今年生意也不大好了,老板生意接是接到了,就是没有跟旧年那么多包工包料的,包清工的不少,油水不多了。上个月老板只把我们每人八百块,讲生意钱少了。你现在蹲马路每个月蹲到多少?

大嘴巴:不一定,上个月接了三家,小搞。一家是个什么处长吧,家里装修有几年了。厨房、厕所有点不好了,要再搞新点。材料是他的,那处长肯定很有钱,大气得很,叫我们搞得好些、快些,一千块钱。我跟我哥哥、姐夫三个人加班搞,三天就搞好了。那个处长看了还不错,一高兴又把了我们二百块,讲是小费。

黄毛:那你们发财了。

大嘴巴:哪块发财?后头两家就不行了,都是老百姓,没有什么钱,都小气得很,一个钱夹在屁眼里,走十里都不丢。搞完子算下来,一天一个人不到一百块。这几天又下雨,好几天没有生意了。急死了。还是你好,老板接生意,稳。不像我们饱一天饿一天,急啰!

黄毛:是的。

大嘴巴:你把你地址把我,把我介绍一下。

黄毛:好。我有拷机,写个号码,打电话方便。

(写号码。列车来。)

上面两个谈话片断,例(一)是谈话兼有讨论的性质,谈话人之一的魏明伦的话完全是即兴式的日常谈话作风,谈话的另一方——主持人的话虽明显是事先有所准备的,但风格上仍是日常谈话的性质。因此,这个谈话片断可以看成是典型的日常谈话体的例子。至于例(二)两个民工的谈话,则是生活中自然而纯粹的谈话体典型例证。尽管两个谈话片断的内容完全不同,谈话者的职业、文化背景迥然有异,但我们略作分析便可以清楚地看出两组谈话片断作为谈话体的例子,充分表现出其在修辞特征上的共性。这些共性主要表现在如下几个方面:

其一,是选词用语上的通俗性、丰富性特点十分突出。

所谓"通俗性"特点,是指说话者述说时尽量选用口语词中使用频率大的常用词、通用词(指书面、口头通用的词)。如例(一)主持人李潘说"非常欢迎您来到我们演播室",其中选用了"来到"这一常用、通用的口语词,没有用具有文言色彩的书卷语词"莅临";魏明伦说"我很高兴到这里做客,很高兴跟你聊天儿",其中选用的"高兴""到这里做客""跟""聊天儿"等词语,都是口语色彩很浓且使用频率很高的常用词、通用词。如果魏明伦用"荣幸""拜访""与""交谈"等词来说,则就具书卷语色彩了。至于例(二)的两个民工的谈话,尽管其中有不少方言词(江淮方言),但整体上还是具备了选词用语上的通俗性特点,如"时候""装修""公司""生意""厨房""厕所"等词,都是使用范围广、使用频率高的通用词、常用词。所谓"丰富性"特点,是指在大量使用口语词中的使用频率高的常用词、通用词外,还适当选用方言词、古语词或外来词,还有新词新语或现代流行语以及各种语气词等其他词语。如例(一)谈话中,魏明伦所用的"侃大山""摆龙门阵"等词,分别是北京方言词和四川方言词;例(二)谈话中两个民工所用的"么事"(什么事)、"把"(给)、"可"(是否)、"旧年"(去年)、"哪块"(哪里)、"母舅"(舅舅)等都是江淮方言词。用古语词的如例(一)谈话中魏明伦所用的"南巡""为'尊者'讳"等,用外来词的如例(二)谈话中民工所说的"拷机",用新词新语或流行语的,如例(一)谈话中主持人所说的"您的戏特别火的时候"的"火",是20世纪八九十年代的流行语,即特别走俏的意思;还有魏明伦所用的"仲裁""客串"等亦是

20世纪八九十年代流行的新词新语;例(二)谈话中的民工所用的"装潢""包工""包工包料""包清工""小费"等,也都是20世纪八九十年代开始兴起的新词新语或流行语。用语气词的,如例(一)谈话中主持人与魏明伦多次用了"呢""吗""吧""啊",突出了说话时某种特有的口气;例(二)谈话中两个民工所用的"呢""哇""哎"等语气词,也生动地传达出了说话者当时的某种特定口气,尤其是两个民工见面时同时叫出的"哎",生动真切地传达出了两人邂逅的那种又惊又喜的心理态势,简直是其他词语无法描写得出的。只有在口语谈话体中这类语气词及其表达效果才能借助谈话者说话时特有的抑扬顿挫的语调得以淋漓尽致地表现出来。

两个不同的谈话本文在用词情况上的一致性,可以通过下面的图表得以直观地反映出来。如通用词的使用比例都特别大,前者占91.40%,后者占83.82%,基本趋同。其他如语气词、行业语词等,两者在比例上也都比较接近。可见,文化与知识背景影响不大,语体才是决定各类词所占比例的关键因子。

魏、李对话用词情况表

通用词	方言词	语气词	书卷语词	口语词	专有名词	行业语词	新词	外来词	合计
906	12	14	11	9	17	21	1	0	991
91.40%	1.21%	1.41%	1.11%	0.91%	1.72%	2.12%	0.10%	0%	100%

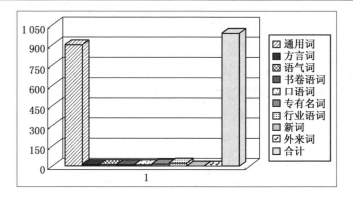

民工对话用词情况表

通用词	方言词	语气词	书卷语词	口语词	专有名词	行业语词	新词	外来词	合计
316	22	7	0	15	1	14	1	1	377
83.82%	5.84%	1.86%	0%	3.98%	0.27%	3.71%	0.27%	0.27%	100%

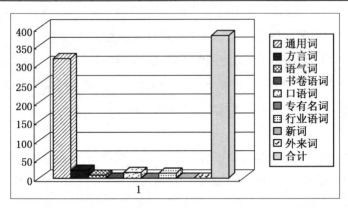

其二,是句式锻炼上的求简求短特点十分明显。

如例(二)两个民工的谈话,最能体现日常谈话的这一修辞特征,两人谈话的所有句子中几乎没有一个结构复杂的句子,超过十五个字以上的长句子极少。即使是例(一)电视主持人李潘与剧作家魏明伦的谈话,亦复如此。如主持人李潘说:"我看了您的《巴山鬼话》,首先脑子里就联想起另外一本书,也是一本非常有名的杂文集,叫做《燕山夜话》。"这四句话结构上都是主谓结构的单句,结构单一化,每句的字数也不多,没有一句超过十五字的。这四句话,若换成结构复杂的句子来表达,可以说成:"我看了您的《巴山鬼话》,首先脑子里就联想起另外一本也是非常有名的叫做《燕山夜话》的杂文集。"这两句所表达的意思与原来的四句意思完全一样,只是后者将前者的三句并作了一句,处理的办法就是将相关的句子内容变成长句的定语,中心语"杂文集"前面有了"另外一本""也是非常有名的""叫做《燕山夜话》的"三个定语。很明显,这个句子在结构上变得复杂了,字数也增加了。若主持人用这样结构复杂的长句表达,不仅说起来费力,谈话对方魏明伦及电视机前的听众听起来也觉得费神。可见,谈话体在句式选择上只能突出简和短的特征,否则便是修辞失败。

虽然魏、李谈话的长句数量明显多于两个民工谈话中长句数量,但整体上,长句的数量还是很少的,两者在句式锻炼上求简求短的方向是一致的。这可以由下面的图表直观地反映出来。魏、李谈话的句均长度是 8.66 字,两个民工谈话的句均长度是 6.29 字,基本一致。可见,语体才是决定句均长度的决定性因子,其他如文化知识背景影响非常微小。

魏、李对话句子长短情况表

1字句	2字句	3字句	4字句	5字句	6字句	7字句	8字句	9字句	10字句	11字句
1	3	9	16	16	12	24	20	18	10	6
12字句	13字句	14字句	15字句	16字句	17字句	18字句	19字句	21字句	29字句	句均字数
10	9	6	3	3	5	1	2	2	1	8.66

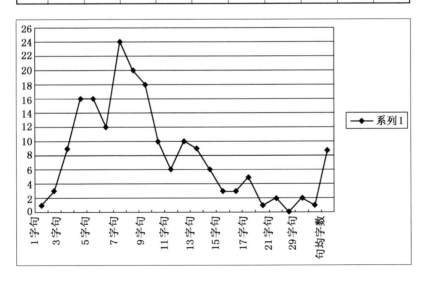

民工对话句子长短情况表

1字句	2字句	3字句	4字句	5字句	6字句	7字句	8字句	9字句	10字句	11字句	12字句	13字句	14字句	15字句	16字句	17字句	句均字数
4	7	5	14	12	11	7	6	7	4	3	0	3	2	1	0	1	6.29

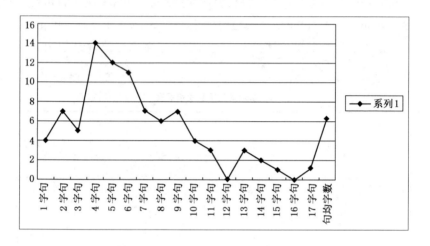

其三,是修辞文本建构上的灵活无拘、生动传神的特点。

所谓修辞文本建构上的"灵活无拘,生动传神"特点,是指谈话体可以适情恰景地使用一切积极有效的修辞手法建构各种修辞文本,使表达臻至尽可能好的效果。只要切合谈话时的情境,只要能达到生动传神的表达效果,修辞手法的运用和修辞文本的建构是可以无所拘束,没有禁区的,与科学语体、事务语体禁用比喻、拟人等修辞手法建构某些修辞文本的情况完全不同。如例(一),魏明伦所说的"《燕山夜话》是大巫,《巴山鬼话》是小巫",主持人李潘所说的"您的杂文……读起来的味道有点儿像四川的怪味胡豆,味道怪怪的",都是用比喻手法建构的修辞文本,表达形象生动,对活跃谈话气氛效果十分显著。此外,例(一)谈话中还有"引用""折绕""转品""设问""易序""同语"等多种修辞文本的建构。运用"引用"手法建构的修辞文本如魏明伦所说的"若要咸,放点甜;若要甜,放点盐""有时候要'王顾左右而言他'";运用"折绕"手法建构的修辞文本,如主持人问魏明伦:"那您认为您这个是真话?"魏明伦的答话:"至少不是套话"即是。因为这话的实际含义是"是真话",但未直白地道出;运用"转品"手法建构的修辞文本,如魏明伦所说的"我的朋友约我写一篇怪味杂文,所以我就'怪'了一下",因为这里"'怪'了一下"的"怪"是承前"怪味杂文"而来,是形容词,不是动词,但这里是作了动词使用;运用"设问"手法建构的修辞文本,如魏明伦所说"写杂文,我还怕得罪人吗?"运用"易序"手法建构的修辞文本,如魏明伦所说"什么'假打'啊,'打假'啊";运用"同语"手法建构的修辞文本,如魏明伦所说的"红就是红,黑就是黑"。这些修辞文本的建构,不仅见出了说话者魏明伦语言的风趣和表达的生动,同时也极大地调动了接受者的接受兴趣,活跃了谈话的气氛,使谈话变成一种轻松愉悦的享受。例(二)中两个民工的谈话也有修辞文本的建构,如二人互称"黄毛""大嘴巴",运用的即是"借代"手法,是以人物形体特征指称人,有形象突出的表达效果;又如那位被称为"黄毛"的民工所说的"开头我也是蹲马路逮兔子一样候着生意",是个比喻修辞文本,本体是"坐等生意",喻体是"蹲马路逮兔子",形象生动,令人难忘;而那位被称为"大嘴巴"的民工所说的"后头两家就不行了,都是老百姓,没有什么钱,都小气得很,一个钱夹在屁眼里,走十里都不丢",是一个夸张修辞文本,虽然有些粗俗,但却夸得巧妙,出人意表,显得趣味盎然。由此可见,修辞文本建构的灵活无拘、生动传神的特点,是谈话体的根本修辞特征之一,在任何谈话中都能鲜明地凸显出来,并不因谈话者文化背景的差异而呈现出不同之处。

关于修辞文本建构上的灵活、传神的共性,可以从下面两个谈话修辞文本类型图表中可以直观见出。

魏、李对话修辞文本类型表

引用	折绕	转品	设问	易序	同语
2	1	1	1	1	1

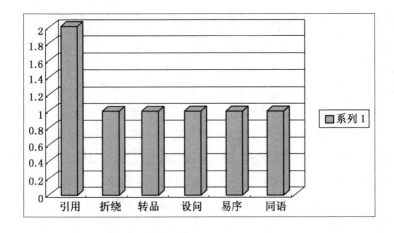

民工对话修辞文本类型表

借代	比喻	夸张
2	1	1

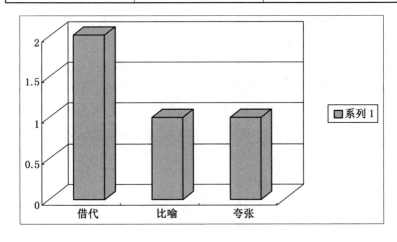

说完了"谈话体"的修辞特征,下面我们再来看"讲演体"。

(三)

诸君看见我这题目,一定说梁某不通:女也是人,说人权自然连女权包在里头,为什么把人权和女权对举呢?哈哈!不通诚然是不通,但这个不通题目,并非我梁某人杜撰出来。社会现状本来就是这样不通,我不过照实说,而且想把不通的弄通罢了。

我要出一个问题考诸君一考:"什么叫做人?"诸君听见我这话,一定又要说:"梁某只怕疯了!这问题有什么难解?凡天地间'圆颅方趾横目睿心'的动物自然都是人。"哈哈!你这个答案错了。这个答案只能解释自然界"人"字的意义,并不能解释历史上"人"字的意义。历史上的人,其初范围是很窄的,一百个"圆颅方趾横目睿心"的动物之中,顶多有三几个够得上做"人",其余都够不上!换一句话说:从前能够享有人格的人是很少的,历史慢慢开展,"人格人"才渐渐多起来。

诸君听这番话,只怕越听越糊涂了。别着急,等我逐层解剖出来。同是"圆颅方趾横目睿心"的动物,自然我做得到的事,你也做得到;你享有的权,我也该享有。是不是呢?着啊,果然应该如此。但是从历史上看来,却大大不然。无论何国历史,最初总有一部分人叫做"奴隶"。奴隶岂不也是"圆颅方趾横目睿心"吗?然而那些非奴隶的人,只认他们是货物,不认他们是人。诸君读过西洋历史,谅来都知道古代希腊和雅典,号称"全民政治",说是个个人都平等都自由。又应该知道有位大哲学家柏拉图,是主张共和政体的老祖宗。不错,柏拉图说,凡人都应该参与政治,但奴隶却不许。为什么呢?因为奴隶并不是人!雅典城里几万人,实际上不过几千人参与政治。为什么说是全民政治呢?因为他们公认是"人"的都已参与了,剩下那一大部分,便是奴隶,本来认做货物不认做人。

不但奴隶如此,就是贵族和平民比较,只有贵族算是完完全全一个人,平民顶多不过够得上做半个人。许多教育,只准贵族受,不准平民受;许多职业,只准贵族当,不准平民当;许多财产,只准贵族有,不准平民有。这种现象,我们中国自唐虞三代到孔子的时候便是如此;欧洲自罗马帝国以来一直到十八世纪都是如此。

在奴隶制度下,不但非奴隶的人把奴隶不当人看,连那些奴隶也不知道自己是个"人"。在贵族制度底下,不但贵族把平民当半个人看,连那些平民也自己觉得我这个人和他那个人不同。如是者浑浑沌沌过了几千年。

人是有聪明的,有志气的,他们慢慢的从梦中觉醒起来了!你有两只眼睛一个鼻子,我也有一个鼻子两只眼睛,为什么你便该如彼我便该如此?他们心问口、口问心,经过多少年烦闷悲哀,忽然石破天惊,发明一件怪事:"啊,啊!原来我是一个人!"这件怪事,中国人发明到什么程度我且不说,欧洲人什么时候发明呢?大约在十五、六世纪文艺复兴时代。他们一旦发明了自己是个人,不知不觉的便齐心合力下一个决心,一面要把做人的条件预备充实,一面要把做人的权利扩张圆满。第一步,凡是人都要各因他的才能就相当的职业,不许说某项职业该被某种阶级的人把持到底。第二步,为保障前两事起见,一国政治,凡属人都要有权过问。总说一句:他们有了"人的自觉",便发生出人权运动。教育上平等权,职业上平等权,政治上平等权,便是人权运动的三大阶段。

啊,啊!了不得,了不得!人类心力发动起来,什么东西也挡他不住。"一!二!三!开步走!""走!走!走!"走到十八世纪末年,在法国巴黎城轰的放出一声大炮来:《人权宣言》!好呀好呀!我们一齐来!属地么,要自治;阶级么,要废除;选举么,要普遍。黑奴农奴么,要解放。十九世纪全个欧洲、全个美洲热烘烘闹了一百年,闹的就是这一件事。吹喇叭,放爆竹,吃干杯,成功!凯旋!人权万岁!从前只有皇帝是人,贵族是人,僧侣是人,如今我们也和他们一样,不算人的都算人了,普天之下率土之滨凡叫做人的,都恢复他们资格了。人权万岁!万万岁!

万岁声中,还有一大部分"圆颅方趾横目睿心"的动物在那边悄悄地滴眼泪。这一部分动物,虽然在他们同类中占一半的数量,但向来没有把他们编在人类里头。这一部分人是谁,就是女子!人权运动,运动的是人权。他们是 Women 不是 Men,说得天花乱坠的人权,却不关她们的事!

眼泪是最神圣不过的东西,眼泪是从自觉的心苗中才滴得出来。男子固然一样的两只眼睛一个鼻子,没有什么贵族、平民、奴隶的分别,难道女子又只有一只眼睛半个鼻子吗?当人权运动高唱入云的时候,又发明一件更怪的事:"啊!啊!原来世界上还有许多人!"有了这种发明,于是女权运动开始起来。女权运动,我们可以给他一个名词,叫做广义的人权运动。(梁启超《人权与女权》)

例(三)是梁启超1922年1月6日的一篇题为《人权与女权》的讲演片断。从上述的讲演文字中,我们不难看出"讲演体"与"谈话体"完全相同的修辞基本特征。即:

(一)选词用语上的通俗性、丰富性特点

在这篇讲演辞中讲演者梁启超所用词语绝大多数是口语中使用频率高的常用词、通用词而力避书卷气很浓的语词或生涩古奥的文言词,如说"包在里头"而不说"包涵于内",说"糊涂"而不说"困惑",说"照实说"而不说"秉直言",说"考诸君一考"而不说"请教一下诸君",说"慢慢"而不说"逐渐",等等,其他如"看见""题目""不通""连""这样""起来""着急""出来""眼睛""鼻子""怪事""了不得""喇叭""爆竹""老祖宗""热烘烘""滴眼泪""关她们的事"等语词,都是日常口语使用频率极高的。这些使用频率高的日常口语常用词、通用语的大量选用,使讲演显得亲切有味,易于接受,效果很好,这是讲演辞中讲演者注重选用通俗性语词的结果。除此,讲演辞中讲演者也使用了诸如"诸君""如此""杜撰""凯旋""保障""民主""自由""政体""解剖""垄断""人权运动""浑浑沌沌""齐心合力""天花乱坠"等古语词、专门名词、成语,还有"Women"和"Men"等外语词以及"哈哈""呢""吗""啊""么""呀"等语气词的使用。这些词语的运用,大大丰富了讲演辞的语汇,使讲演显得生动活泼,极有煽情性、鼓动性,这就是这篇讲演辞语词运用的丰富性修辞特征。

关于上引演讲体选词用语上的特点,可以从下面图表中直接见出。

梁启超演讲用词情况表

通用词	方言词	语气词	书卷语词	口语词	专有名词	行业语词	新词	外来词	合计
866	1	24	35	14	7	21	0	2	970
89.27%	0.10%	2.47%	3.61%	1.44%	0.72%	2.16%	0%	0.21%	100%

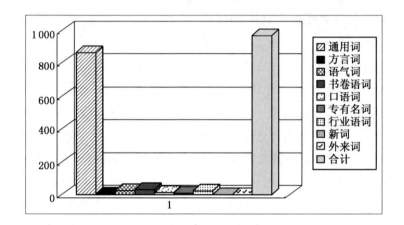

(二) 句式锻炼上的求简求短特点

这一点,在上引的讲演辞中表现得特别突出,所有语句几乎都是清一色的主谓结构的单句或非主谓结构的无主句,结构简单,每个句子的字数也很短,超过十五字或二十字的句子比例极小,表达显得干净利落、明白有力。下面图表清楚地显示,整个演讲辞的句均长度是 7.68 字,这个最能说明问题。

梁启超演讲句子长短情况表

1字句	2字句	3字句	4字句	5字句	6字句	7字句	8字句	9字句	10字句	11字句	12字句	13字句	14字句	15字句	16字句	17字句	19字句	20字句	21字句	26字句	句均字数
12	6	17	23	16	21	14	19	9	10	8	11	10	7	5	3	1	2	3	1	1	7.68

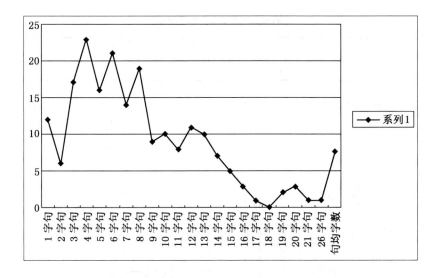

(三) 修辞文本建构上的灵活无拘、生动传神的特点

上引讲演辞中讲演者根据直面听讲者的特定语境,运用了多种修辞手法建构了丰富多彩的修辞文本,极大地提高了讲演的生动性和鼓动性效果。如"为什么把人权和女权对举呢""是不是呢""为什么说是全民政治呢""难道女子又只有一只眼睛半个鼻子吗"等等,是以设问手法建构的修辞文本;"心问口,口问心",是以顶真手法建构的修辞文本;"许多教育,只准贵族受,不准平民受;许多职业,只准贵族当,不准平民当;许多财产,只准贵族有,不准平民有""教育上平等权,职业上平等权,政治上平等权""属地么,要自治;阶级么,要废除;选举么,要普遍。黑奴农奴么,要解放""吹喇叭,放爆竹,吃干杯"等等,是以排比手法建构的修辞文本;"了不得,了不得""走!走!走""好呀好呀""成功!凯旋"等等,是以反复手法建构的修辞文本;"普天之下率土之滨凡叫做人的""'圆颅方趾横目睿心'的动物"等,是以引用手法建构的修辞文本。这些修辞文本的建构,特别是设问、反复、排比等修辞文本的建构,极大地助成了讲演的气势,提高了讲演的鼓动性效果。

修辞文本建构上的特点,由下面图表可以清楚地呈示。

梁启超演讲修辞文本类型表

设问	顶真	排比	反复	引用	异语	夸张
11	3	5	6	4	2	1

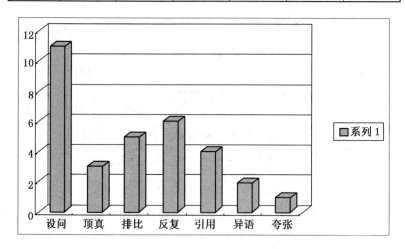

经由以上的具体分析，再结合上面图表数据，我们可以清楚地得出这样的结论："谈话体"和"讲演体"在修辞特征上是一致的，它们共同体现了口语体的三大基本修辞特征，即：

（一）选词用语上的通俗性、丰富性。

（二）句式锻炼上的"简""短"性。

（三）修辞文本建构上的灵活性、生动性。

由此，我们还可以自然推衍出口语体修辞的三大基本原则，即：

（一）选词用语宜通俗性与丰富性相结合。

（二）句式锻炼以"简""短"为宜。

（三）修辞文本的建构宜切情恰境灵活把握。

第三节　书卷体的修辞特征和修辞基本原则

上文我们说过，书卷语体可以大别为"文艺语体""科学语体""事务语体"三小类。这三类由于在所要适应的交际情境和所要达到的交际目标上有很大差异,所以其在修辞特征及其所要遵循的修辞基本原则方面自然亦有所不同。下面分而述之。

一、文艺语体的修辞特征及其修辞基本原则

文艺语体是一个范围较大的语体类别,可以大别为"散言体"和"韵文体"两类。这两者之间在修辞基本特征上有很大的一致性,但也有相当明显的区别。因此,我们分别讨论。下面我们先来看两个韵文体的例子,再看两个散言体的片断举例,分别总结归纳出各自的修辞特征及其所要遵循的修辞基本原则。这样,我们就可以比较清楚地见出两者之间的同异,从而可以较为客观、全面地把握文艺语体的修辞基本特征及其所应遵循的基本修辞原则。

韵文体方面,为了结论更准确、客观,不带有笔者太多的主观倾向性,这里我们随意地抽选一首短诗,一篇鼓词。

(一)
一朵小花太晚地开放了,
她身旁的果子又甜又大。
秋风吹散了脸上的红云,
她低下头,听冷雨敲打。

小花,春风还在的时候,
你为什么沉睡不理睬他?
如今吐露爱情已经迟了,
同我一样,可怜的小花!(流沙河《少女的哀歌》)

(二)
唱的是老张头来老李头,
这俩老头一个喜来一个愁,

431

老张喜,闺女跟老李的儿子交了朋友;
老李愁,儿子爱上了老张他的那个小二妞。
(白)哎!这是件喜事呀,怎么又愁上了呢?
愁的是,老张是个耙子手,
借着喜事把钱搂。
他把姑娘当成了摇钱树,
要彩礼编出一套顺口溜:
"见见面,五斤肉;
拉拉手,六斤油;
倒杯茶,摆桌酒;
装袋烟,羊一头;
喊声'娘',粮八斗;
叫个'爹',十米料子百尺绸。"
一来这个二去没多久,
搂得这个老李头三顿饭"吱儿溜""吱儿溜"光喝粥,
腮帮子一天一天往里眍。
这一天,老张又来找老李,
(白)"老伙计!有件事找你来研究,
儿女的婚事要定准,订婚礼这钱得花你可不能抠。"
老李说:"现在我花都空了手。"
"不,不不!你还有,别忘了你圈里还养着猪一头。"
(白)"猪?那猪才喂了仨月,
又小又瘦,我就是想卖人家也不收。"
(白)"你别急呀!啊,等你把猪养大喂肥后,
杀猪时,我只要你猪一个头。"
老李狠心一跺脚:
"杀猪时,把头给你我不留。"
(白)"等等,不过……这猪头的分量得大点儿。"
"得多大呀?"

"往少说,一百公斤要出头儿!"

"哎,啊?二百斤的猪头哪会有?"

"哎,有有有!你别愁,去掉了尾巴都算头!"(赵连甲《要猪头》)

例(一)是一首诗,例(二)是一篇西河大鼓的鼓词。虽然内容不同,长短不一样,两者细微的差别也不少,但仔细分析一下,在修辞特征上却有四点是惊人地一致,即:

(一)讲究押韵

例(一),二、四、六、八句的末字分别是"大""打""他""花",这是押的"十八韵"中的"一麻"韵、"十三辙"中的"发花"辙。从押韵方式上看,属于偶韵。例(二)唱白各句的末字分别是"头""愁""友""妞""呀""呢""手""搂""树""溜""肉""油""酒""头""斗""绸""久""粥""呕""李""究""准""抠""手""有""头""月""瘦""收""呀""后""头""脚""留""儿""呀""儿""有""有""愁""头"等,除了"呀""呢""树""儿""李""准"等几个字,几乎全部都以 ou 或 iou 为韵母,这是押的"十八韵"中的"十二侯"韵、"十三辙"中的"油求"辙。从押韵方式看,近于排韵。可见,讲究押韵,是韵文体在修辞上的一个非常突出的特征。

(二)注重选用带有性状描写的形象语词

例(一)所用的"春风""秋风""小花""果子""红云""冷雨"等语词,例(二)所用的"耙子手""搂""摇钱树""吱儿溜""呕""抠""空了手""瘦""跺脚"等等,都是带有性状描写的形象语词。这些语词的选用,明显增强了作品表达的生动性。可见,注重选用带有性状描写的形象语词,也是韵文体在修辞上的重要特征之一。下面的图表可以清楚地昭示这一点。

《少女的哀歌》形象性语词使用情况表

形象语词	总词数	比　例
10	49	20.40%

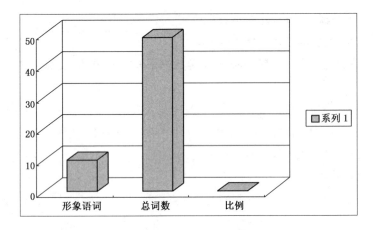

《要猪头》形象性语词使用情况表

形象语词	总词数	比　例
10	251	3.98%

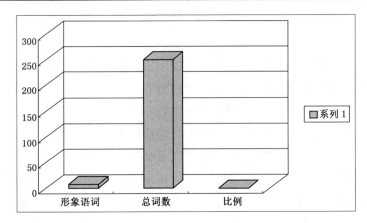

(三) 句式锻炼以短、简为目标

例(一)和例(二)都鲜明地体现了这一修辞特征。两者都力求用字数少的短句和结构层次简单的简句,几乎没有采用任何结构层次复杂的复句来行文。这一点,也是韵文体修辞特征之一。因为韵文体要便于咏唱就势必不能句子太长、结构复杂,这是文体本身有所制约的结果。下面图表的比较数据,可以清楚地说明。

《少女的哀歌》句子长短情况表

1字句	2字句	3字句	4字句	5字句	6字句	7字句	8字句	9字句	10字句	句均字数
0	1	0	2	2	0	1	0	0	5	7

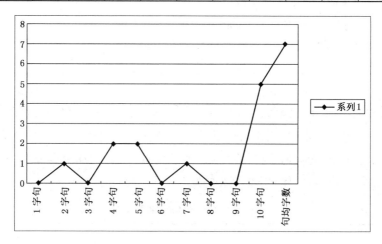

《要猪头》句子长短情况表

1字句	2字句	3字句	4字句	5字句	6字句	7字句	8字句	9字句	10字句	11字句	12字句	13字句	14字句	19字句	句均字数
7	3	23	3	0	1	8	6	3	6	1	3	0	1	1	5.62

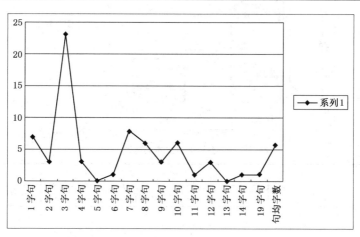

(四) 注重修辞文本的建构

例(一)虽然形制较短,但在文本建构方面却并不少,"秋风吹散了脸上的红云,她低下头,听冷雨敲打""小花,春风还在的时候,你为什么沉睡不理睬他",各是一个比拟修辞文本。例(二)中所建构的修辞文本则更多,"老张喜,闺女跟老李的儿子交了朋友;老李愁,儿子爱上了老张他的那个小二妞",是个对比修辞文本;"这是件喜事呀,怎么又愁上了呢",是个设问修辞文本;"老张是个耙子手""他把姑娘当成了摇钱树",各是一个比喻修辞文本;"见见面,五斤肉;拉拉手,六斤油;倒杯茶,摆桌酒;装袋烟,羊一头;喊声'娘',粮八斗;叫个'爹',十米料子百尺绸",则是一个排比修辞文本;"一来这二去没多久,搂得这个老李头三顿饭'吱儿溜''吱儿溜'光喝粥,腮帮子一天一天往里抠",是个夸张修辞文本。可见,韵文体注重修辞文本的建构的倾向是特别明显的。

《少女的哀歌》修辞文本类型表

比拟	设问
4	1

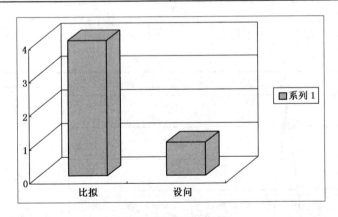

《要猪头》修辞文本类型表

对比	设问	比喻	排比	摹状	反复	夸张
1	1	2	1	2	1	1

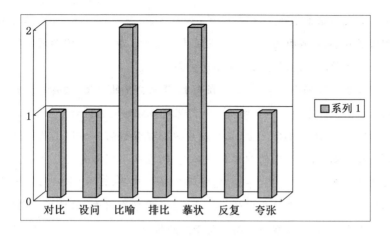

由上述我们所总结概括出的韵文体的四个基本修辞特征,我们就可自然推衍出韵文体修辞的四项基本原则,这就是:

(一)韵文体宜适当地利用押韵手段,尽可能地企及朗朗上口的音律美效果。

(二)韵文体可以适当选用一些带有描写性状、形象性强的语词,以增加作品的生动性。

(三)韵文体句式锻炼宜以短、简为目标,以增强作品的节奏感。

(四)韵文体宜重视切合特定题旨情境进行修辞文本的建构,以提升作品的表达效果。

散言体方面,我们以随机抽选的一篇散文和一篇科普文章的片断为例来加以分析说明。

(三)那条长几就摆在廊上。

廊在卧室之外,负责数点着有一阵没一阵的夜风。

那是四月初次燠热起来的一个晚上,我不安地坐在廊上,十分不甘心那热,仿佛想生气,只觉得春天越来越不负责,就那么风风雨雨闹了一阵,东渲西染地抹了几许颜色,就打算草草了事收场了。

这种闷气,我不知道找谁去发作。

丈夫和孩子都睡了，碗筷睡了，家具睡了，满墙的书睡了，好像大家都认了命，只有我醒着，我不认，我还是不同意。春天不该收场的。可是我又为我的既不能同意又不能不同意而懊丧。

我坐在深褐色的条几上，几在廊上，廊在公寓的顶楼，楼在新生南路的巷子里。似乎每一件事都被什么阴谋规规矩矩地安排好了，可是我清楚知道，我并不在那条几上，正如我规规矩矩背好的身份证上长达十个字的统一编号，背自己的邻里地址和电话，在从小到大的无数表格上填自己的身高、体重、履历、年龄、籍贯和家属。可是，我一直知道，我不在那里头，我是寄身在浪头中的一片白，在一霎眼中消失，但我不是那浪，我是那白，我是纵身在浪中而不属于浪的白。

也许所有的女人全是这样的，像故事里的七仙女或者螺丝精，守住一个男人，生儿育女，执一柄扫把日复一日地扫那四十二坪地（算来一年竟可以扫五甲地），像吴刚或薛西佛那样擦抹永世擦不完的灰尘，煮那像"宗教"也像"道统"不得绝嗣的三餐。可是，所有的女人仍然有一件羽衣，锁在箱底。她并不要羽化而去，她只要在启箱检点之际，相信自己曾是有羽的，那就够了。

如此，那夜，我就坐在几上而又不在几上，兀自怔怔地发呆。

报纸和茶绕着我的膝成半圆形，那报纸因为刚分了类，看来竟像一垛垛的砌砖，我恍惚成了俯身古城墙凭高而望的人，柬埔寨在下，越南在下，孟加拉在下，乌干达在下，"暮春三月，江南草长，杂花生树，群莺乱飞"的故土在下……

夜忽然凉了，我起身去寻披肩把自己裹住。

一钵青藤在廊角执意地绿着，我大部分的时间都不肯好好看它，我一直搞不清楚，它到底是委屈的还是悲壮的。

我决定还要坐下去。

是为了跟夜僵持？跟风僵持？抑是跟不明不白就要消失了的暮春僵持？我不知道。我只知道我不要去睡，而且既不举杯，也不邀月，不跟山对弈，不跟水把臂，只想那样半认真半不认真地坐着，只想感觉到山在,水在,鸟在,林在,就好了,只想让冥漠大化万里江山知道有个我在就好了。

我就那样坐着,把长椅坐成了小舟。而四层高的公寓下是连云公园,园中有你纠我缠的榕树,榕树正在涨潮,我被举在绿色的柔浪上,听绿波绿涛拍舷的声音。(张晓风《也是水湄》)

(四)

唤醒你的大脑

大脑是个"百宝箱"。

一片叶子的单细胞,可以培植出一棵开花、结实的植物。

一只蟾蜍的单细胞,可以人工繁殖出一个酷似的子代。

一个人体的单细胞,也将有可能培养成功"无性繁殖"的后代。

……

人类作为智慧的追求者,如若仅把开发智慧的手段局限于佛所说的六根,即视觉、听觉、嗅觉、味觉、触觉及预感上,是十分浅薄的。

谁能预测,人体科学的发展,将能够为人类诱导、发掘、训练出什么样的未知功能呢?谁敢说一个"矮个子"就不可能在某一方面将"高不可测"呢?在这个意义上,"矮个子"也可做大事,"矮个子"也可成为大业。

关于勇于撞击智慧大门的人生意义,有一位作家张君默曾经这样写过:"我们有些人比较幸运,智慧之门比别人多开一扇,便可以做……以致做预言家和灵媒,要是他们的智慧开发得太早,所做的事要我们千百年后才能理解,就会被视为疯子,其实这是我们的无知。"追求生存大智者,不甘心永远低人一头者,自然不应惧怕充当这样的"疯子",而常人也应该提高自身的理性承受力,不要面对领先开启了原先无知的智慧之门者视而不见、听而不闻,甚至妄加指责、众起攻之,以致贻误了获益的机会。

从哲人的眼光中,人类第一个生存的环境就是海——充满着羊水的子宫,这是人类远古的祖先告别汪洋时,怀着留恋的心情包容起来的"海"。人类智慧产生的大脑,也就是海,是人类不断沿着新的航路,一种采撷思维的花束而开拓出来的智慧之"海"。脑,不愧为海,脑海这个词生动鲜明地记录了人类进化的历程。大约从350万年前东北草原上出现了第一批直立行走的古人以来,这种脑海的"精微强化工程"就同时开始了。据著名人类学家菲力浦·拉特默对古人脑颅相比较,脑的总体积虽然不相上下,但它的精微、强化进程却十分显著。例如其结构更加完善,灰脑含量与神经元增多,大脑的组织程度和分化水平越来越高,从而使现代人的大脑贮存和传递信息的能力达到惊人的程度。据科学家估算,人的神经元每秒钟可接受的信息量为14比特,最大可达25比特,这就是说,一个人的脑海可以容纳的信息量,大约相当于5亿~7.5亿册书籍的容量。要知道世界科学巨星爱因斯坦一生的科学思维创造了轰鸣于千古的辉煌业绩,然而他也只动用了大脑潜能的30%,可见,人脑的承受力及其潜在的发展力,足以应付得了人类自身搅动起来的"智慧风暴"的袭击! 这还只是指大脑容纳信息的功能而言,脑海所具有的其他功能,诸如创造性思维等功能的潜力更是大得无与伦比了。不过,这对相对来说极为短暂的人生几乎是无穷的脑力资源,有很多却像巨人一样酣睡着。(张浩编著《右脑潜能开发术》,中国纺织出版社,2000年2月版)

例(三)、例(四)这两篇文章片断,仔细分析一下,我们就不难发现它们在修辞特征上有如下三个最突出的共同点。

(一)在语词选用上的灵活性和形象性、生动性

灵活性是指根据特定的题旨情境对诸如口语词、书卷语词、古语词、方言语词、熟语词、外来语词、专有名词(术语)等各类语词的广泛运用。如例(三)中的"生气""闹""收场""邻里""认命""发呆"等等,例(四)中的"叶子""开花""后代""矮个子""高个子"等等,都是口语词的运用;例(三)中的"卧室""燠热""渲染""懊丧""寄身""检点""委屈"等等,例(四)中的"结实""酷似""预感""发掘""撞击""惧怕""承受力""领先""开启"

"环境""祖先""进程""书籍"等等,则都是书卷语词的运用;例(三)中的"仿佛""羽化""冥漠""大化"等等,例(四)中的"如若""采撷""哲人"等等,都是古语词的运用;例(三)中的"有一阵没一阵""生儿育女""日复一日"等,例(四)中的"视而不见""听而不闻""妄加指责""众起攻之""无与伦比"等等,都是熟语词的运用;例(三)中的"坪"("四十二坪地"之"坪",源于日语"坪",面积单位,等于 3.306 平方米)、"甲"("五甲地"之"甲")等,例(四)中的"比特"(信息量单位)等,都是外来语词的运用;例(三)中"统一编号""履历""籍贯""吴刚""道统""柬埔寨""孟加拉""越南""乌干达"等等,例(四)中的"单细胞""人工繁殖""无性繁殖""六根""视觉""听觉""诱导""羊水""子宫""颅相""信息""神经元""创造性思维"等等,都是专有名词(术语)的运用。这些不同类别语词在文中自然和谐地加以运用,正是(三)(四)二文作为文艺语体中散言体语词选用上的灵活性之突出表现。

形象性和生动性是指注重运用具有某种表情化、感性化或描绘性色彩较强的形象语词。如例(三)中的"风风雨雨""草草了事""东渲西染""规规矩矩""一霎眼""七仙女""螺丝精""兀自""怔怔""一垛垛""恍惚""青藤""执意""僵持""举杯""邀月""对弈""把臂""小舟""纠缠""柔浪""绿波绿涛""拍舷"等等,例(四)中的"百宝箱""浅薄""智慧大门""智慧之门""脑海""思维和花束""智慧之海""科学巨星""轰鸣""智慧风暴""酣睡"等等,都是极具表情化、感性化或描绘性色彩较强的形象语词,正是它们的运用才使(三)(四)二文顿显形象灵动。下面图表中的数据可以清楚地说明这一点。

《也是水湄》用词情况表

口语词	书卷语词	古语词	熟语词	外来词	专有名词	通用词	形象语词	合计
8	18	2	8	5	29	469	55	594
1.34%	3.03%	0.34%	1.34%	0.84%	4.88%	78.96%	9.26%	100.00%

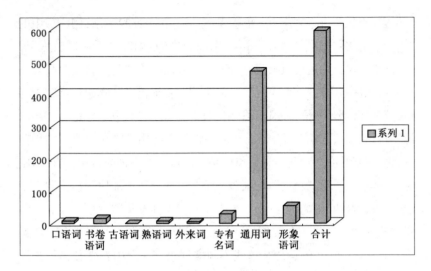

《右脑潜能开发术》用词情况表

口语词	书卷语词	古语词	熟语词	外来词	专有名词	通用词	形象语词	合计
10	33	2	4	0	13	420	17	499
2.00%	6.61%	0.40%	0.80%	0%	2.61%	84.17%	3.41%	100.00%

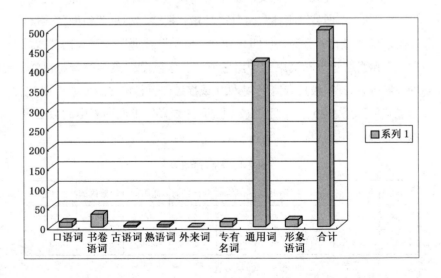

（二）句式锻炼上求短趋简

求短趋简是指句式上尽量采用字数少的短句、结构层次简单的单句。尽管不排斥复句，但也力求化复为单，或通过增加分句数量来尽量简化句子的结构层次，使读者读起来顺畅而不至于拗口，理解起来容易而不费解。这在(三)(四)二文的句式锻炼上都能看出。如例(三)中"似乎每一件事都被什么阴谋规规矩矩地安排好了，可是我清楚知道，我并不在那条几上，正如我规规矩矩背好的身份证上长达十个字的统一编号，背自己的邻里地址和电话，在从小到大的无数表格上填自己的身高、体重、履历、年龄、籍贯和家属"，例(四)中"要知道，世界科学巨星爱因斯坦一生的科学思维创造了轰鸣于千古的辉煌业绩，然而他也只动用了大脑潜能的30％，可见，人脑的承受力及其潜在的发展力，足以应付得了人类自身搅动起来的'智慧风暴'"，都是二文中比较复杂的复句，但是，由于作者尽量化复句为多个分句，通过增加分句的数量使每个分句在结构层次上尽量简单。比方说例(三)中"可是我清楚知道，我并不在那条几上"两句，本可以合并成一句："可是我清楚知道自己并不在那条几上"。但是，合并后，句子结构层次就复杂起来了，不及原先用两句表达显得结构层次单纯的情形了。上举二文中的两个复句，如果按照科学语体的句式表达规范，可以精简不少分句数量，但是在结构上肯定比上述表达显得层次复杂，读起来拗口，理解起来费力。下面是二文比较数据图表，可以直观地见出两文在句式锻炼上求短求简的趋同性特点。

《也是水湄》句子长短情况表

1字句	2字句	3字句	4字句	5字句	6字句	7字句	8字句	9字句	10字句	11字句	12字句	13字句	14字句	15字句	16字句	17字句	18字句	19字句	20字句	21字句	24字句	28字句	句均字数
0	5	2	12	8	9	10	7	5	8	6	3	5	1	2	2	0	1	1	3	1	1	1	9.07

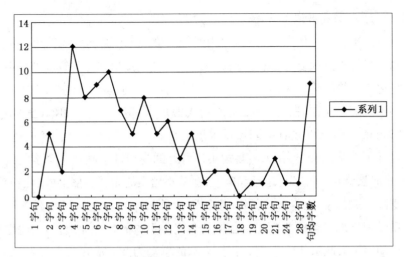

《右脑潜能开发术》句子长短情况表

4字句	5字句	6字句	7字句	8字句	9字句	10字句	11字句	12字句	13字句	14字句	15字句	16字句
3	1	3	6	5	6	6	3	2	3	6	4	6
17字句	18字句	19字句	20字句	21字句	22字句	23字句	25字句	26字句	27字句	33字句	句均字数	
1	0	2	3	1	2	1	1	1	2	1	13.16	

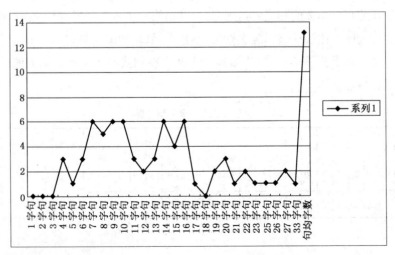

（三）充分利用语言文字的一切可能性建构修辞文本，使表达尽可能地臻至鲜活灵动的目标

利用"语言文字的一切可能性"（陈望道语），恰题应境地建构具有尽可能好的表达效果的修辞文本，是一切文艺体言语作品臻至成功的关键所在。（三）、（四）二文也是如此，它们各自建构的修辞文本都不少。如例（三）中"廊在卧室之外，负责数点着有一阵没一阵的夜风""只觉得春天越来越不负责，就那么风风雨雨闹了一阵，东渲西染地抹了几许颜色，就打算草草了事收场了""春天不该收场的""似乎每一件事都被什么阴谋规规矩矩地安排好了""一钵青藤在廊角执意地绿着，我大部分的时间都不肯好好看它，我一直搞不清楚，它到底是委屈的还是悲壮的""是为了跟夜僵持？跟风僵持？抑是跟不明不白就要消失了的暮春僵持""既不举杯，也不邀月，不跟山对弈，不跟水把臂""园中有你纠我缠的榕树"等，各是一个比拟（拟人）修辞文本；"我是寄身在浪头的一片白，在一霎眼中消失，但我不是那浪，我是那白，我是纵身在浪中而不属于浪的白""煮那像'宗教'也像'道统'不得绝嗣的三餐""报纸和茶绕着我的膝成半圆形，那报纸因为刚分了类，看来竟像一垛垛的砌砖""我就那样坐着，把长椅坐成了小舟""榕树正在涨潮，我被举在绿色的柔浪上，听绿波绿涛拍舷的声音"等等，各是一个比喻修辞文本；"丈夫和孩子都睡了，碗筷睡了，家具睡了，满墙的书睡了"，则是个拈连修辞文本；"我坐在深褐色的条几上，几在廊上，廊在公寓的顶楼，楼在新生南路的巷子里"，是个顶真修辞文本；"暮春三月，江南草长，杂花生树，群莺乱飞"，是个引用修辞文本；"只感觉到山在，水在，鸟在，林在"，是个排比修辞文本。例（四）中的修辞文本虽然不及《水》中那么多，但就其篇幅比例看，数量也不算少。"大脑是个'百宝箱'""人类智慧产生的大脑，也就是海，是人类不断沿着新的航路，一种采撷思维的花束而开拓出来的智慧之'海'""人脑的承受力及其潜在的发展力，足以应付得了人类自身搅动起来的'智慧风暴'的袭击""这对相对来说极为短暂的人生几乎是无穷的脑力资源，有很多却像巨人一样酣睡着"等等，各是一个比喻修辞文本；"一片叶子的单细胞，

可以培植出一棵开花、结实的植物。一只蟾蜍的单细胞,可以人工繁殖出一个酷似的子代。一个人体的单细胞,也将有可能培养成功'无性繁殖'的后代",是个排比修辞文本;"谁能预测,人体科学的发展,将能够为人类诱导、发掘、训练出什么样的未知功能呢""谁敢说一个'矮个子'就不可能在某一方面将'高不可测'呢",各是一个设问修辞文本;"我们有些人比较幸运,智慧之门比别人多开了一扇……其实这是我们的无知",是个引用修辞文本;"世界科学巨星爱因斯坦一生的科学思维创造了轰鸣于千古的辉煌业绩",是个夸张修辞文本。正因为(三)(四)二文充分调动了汉语言文字的一切可能性,建构出了上述诸多生动而具创意的修辞文本,所以读来才使人倍感鲜活灵动,有浓厚的感人魅力。

《也是水湄》修辞文本类型表

比拟	比喻	拈连	顶真	引用	排比
16	7	1	1	1	1

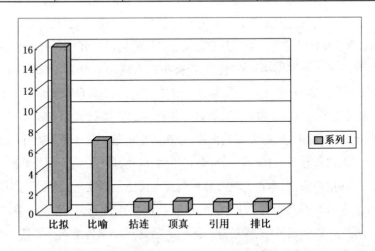

《右脑潜能开发术》修辞文本类型表

比喻	排比	设问	引用	夸张
6	1	2	1	1

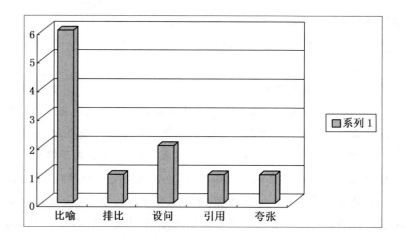

由上述所总结归纳出的散言体修辞上的三个特征,我们可以进一步推衍出如下三个散言体修辞基本原则:

(一)散言体在选词范围上可以广泛些,以企及灵活富于变化的效果;在用语意象上可以形象性强些,以求表达的形象灵动。

(二)散言体句子可以多样化,但句式锻炼宜以短、简为目标,以加强表达的轻快节奏感,避免因长句、复杂句所带来的冗长乏味感。

(三)散言体可以充分利用语言文字的一切可能性,调动一切积极修辞手法,建构尽可能多的恰情切境的修辞文本使表达鲜活灵动,以提升作品的审美价值。

二、科学语体的修辞特征及其修辞基本原则

科学语体可以大别为"自然科学语体"与"社会科学语体"两类。自然科学与社会科学虽然在研究对象上有较大差异,但自然科学语体与社会科学语体在修辞特征及其所要遵循的修辞基本原则方面却有很多的一致性。下面就分别举两例分析说明科学语体的修辞特征及其所遵循的修辞基本原则。自然科学语体,我们举物理学论文一篇,这是纯自然科学;社会科学我们不妨举语言学论文一篇为例(虽然语言学在西方被认为是自然科学,但在中国人的观念中仍归为社会科学,但最起码是两

栖性质,同时作为本教材的例证也是可以接受的)。

(五)
一、什么是电流变液

电流变液是具有高介电常数的小颗粒和低介电常数油液的均匀悬浮状液体。当外加电场强度大大低于某个临界值(通常是几kV/mm左右,电流密度 10^{-6}—10^{-5} A/cm²),电流变液呈液态;大大高于这个临界值,就变成固体。两态之间转变的时间,可以达到毫秒的量级,而且这种转变是可逆的。在临界场附近,可以很有效地用外加电场来控制这种悬浮体的黏滞性。图1(a)左图表明当电场 E 大于临界场 E_c 时,两极板间的电流变液固化,而不会从两极板间落下。图1(b)是一种电流变液 FD-1 的屈服应力随电场变化的实验曲线。

早在40年代,Winslow[1]就发现某些材料具有这种电致流变性质。在 Winslow 之前,人们曾经把电场施加在纯净液体或单相材料上,发现极化液体的黏滞性有所增加,而非极化液体的黏滞性没有增加。Winslow 使用了弥漫相(dispersed)和驱散相(dispersing)材料的混合物,发现在高电场作用下这些材料的屈服应力可以变为高达几十 Pa。在传统的电流变液(如淀粉)中,水是不可缺少的成分,温度过高或者过低都会使这类电流变液的性能大大减弱,另外水的腐蚀作用也很大,这些都限制了含水电流变液的应用。1986年和1988年,英国的 Block 和 Kelly[2] 以及美国的 Filisco 和 Armsyrong[3] 相继发现了"基本无水"和"基本上无吸附水"的电流变液,这大大提高了电流变液的应用范围。

无水电流变液的发现使这一研究领域重新引起人们极大的兴趣。最近几年,在西方国家,尤其是美国、日本、英国和德国,大力开展了电流变液在电场感应下液态和固态间的相变研究。目前我国关于电流变液的研究也发展十分迅速。到1993年7月为止,国际上已经召开了四届由基础研究工作者和工业界搞应用开发的人员一起参加的电流变液研讨会。有人预料,这项研究将在近年内导致一场工业上的技术革命。

二、国内外研究现状

1. 机制研究

人们在理论和实验上对电流变液的形成机制进行了较为深入的研究,认为电流变液的本质就是电场导致的固体颗粒的极化。在外加电场作用下,电流变液体系中的固体颗粒获得感应偶极矩 $p = \alpha a^3 \varepsilon_f E_{loc}$,其中 a 是颗粒半径,$\alpha = (\varepsilon_p - \varepsilon_f)/(\varepsilon_p + 2\varepsilon_f)$ 为介电错配参量,ε_p、ε_f 分别是颗粒和液体的介电常数,E_{loc} 是施加在颗粒上的局域有效场。

在电场下,两个偶极矩之间会产生相互作用。库仑相互作用和热运动之间的竞争决定了电流变液系统的状态。热能为 $3NKT/2$,其中 T 为温度,K 为玻耳兹曼常数,N 为颗粒总数。偶极矩相互作用可近似为 $Np^2n/\varepsilon_f = N\alpha^2 a^6 E_{loc}^2 n\varepsilon_f$。

低电场下热运动为主,系统为液态;当电场上升使得偶极矩相互作用克服了热运动,介电颗粒突然开始沿电场方向排列并在两个极板之间形成链状等结构。电流变液的本质就是电场导致的固化。由此而得的临界电场为 $\sqrt{3kT/(2\alpha^2 na^6 n\varepsilon_f)}$。

考虑了体系的自由能后,电流变液的临界电场为

$$E_c = \sqrt{8\pi kT(1-\varphi)^2/\alpha^2 V\varphi\varepsilon_f}, \tag{1}$$

其中 $V = 4\pi a^3/3$ 为单个固体颗粒体积,$\varphi = nV$ 为介电颗粒在电流变液体系中的体积比。当 $E > E_c$ 时,电流变液体系呈固态;$E < E_c$ 时,体系为液态。关于 E_c 的实验结果同上式符合得相当好。在电流变液的材料技术中很难使固体颗粒的比重和液体的比重相同,在应用中,为克服沉淀人们通常搅拌电流变液悬浮体或者强迫它流动。这时的固化就是偶极矩相互作用和动能之间竞争的结果,而临界电场也将大大提高(上式中的 kT 将用 $mv^2/3$ 代替,其中 v 为固体颗粒的平均速度)。

当电场上升时,电流变液中固体颗粒首先在两极间排成"链",随着电场进一步加强,链之间的相互作用又使链排成"柱"。柱体的宽度约为 $a(L/a)^{2/3}$,L 是两电极之间的距离[4]。在样品上施加了几 kV/mm 的电场后,我们观察到悬浮颗粒有规则地排列起来,形成了有一定粗细并

相隔一定距离的圆柱系列,从而由液相进入固相。人们以偶极矩相互作用取极小为出发点,进行理论计算,结果表明,如果固体颗粒是均匀的球状颗粒,那么电流变液固态的理想结构是体心四方(bct)[5]。实验时是用水化的高均匀玻璃微珠置于硅油中制成电流变液样品,然后把单模激光光束照射在"柱"上,观察衍射光斑[6]。理论计算和实验结果都证实bct的三个基矢为$\sqrt{6}a\hat{x}$,$\sqrt{6}a\hat{y}$,$2a\hat{z}$,电场沿z方向。

序参量被定义为

$$\rho_j = \sum_{i=1}^{N} \exp(ib_i r_i)(j=1,2,3)^{[7]}$$

当电流变液体系为理想的体心四方结构时,这三个序参量都等于1;当介电颗粒无序分布,即电流变液体系处于液态时,$\rho_j(j=1,2,3)$都等于0。ρ_3表征z方向上链的形成,ρ_1和ρ_2则表征体系在ξ-ψ平面上的结构。蒙特卡罗计算机模拟运算中还发现,随着电场由零增加,电流变液先从液态变为液晶态,然后才转为固态。

根据链状结构模型,链中颗粒间的相互作用对提高电流变液的强度是至关重要的。Conrad等[8]计算了当颗粒间距R和颗粒半径a之比$R/a \geqslant 2.05$时,单链中相邻颗粒间的轴向作用力F_a、切向作用力F_s和多链情况下的屈应力τ'_y,这里

$$F_S = F_a \sin\theta,$$
$$\tau'_y = A_s N_a F_{s\max}.$$

其中结构因子A_s随电流变液颗粒体积比φ和剪切率而变,也因样品不同而不同;单位面积链的数目$N_a = 3x\varphi/2\pi a^2$;对于硅油和水化玻璃微珠形成的模型电流变液,链中颗粒的比例$x=\pi/4$到$\pi/6$可以得到屈服应力

$$\tau'_y = 44.1 A_s \varphi \varepsilon_0 \varepsilon_f (\alpha E)^2 \times |\{\exp[(14.84 - 6.16 R/a)'\alpha^2]\}$$
$$\times \sqrt{1/(R/a)^8 - 4/(R/a)^{10}}|_{\max}, \tag{2}$$

式中ε_0为真空介电常数。(2)式表明屈服应力和外加电场强度的平方

成正比。当 $\varepsilon_p/\varepsilon_f=15$ 时,单列链中颗粒之间相互作用力最大。从理论和实验上考虑,若取 $\varepsilon_f=12.5$, $\varepsilon_p=187.5$, $\varphi=0.5$, $E=5$ kV/mm, $R/a=2.05$, $A_s=15$ 时,这种电流变液的屈服应力 τ'_y 可以接近 50 kPa。

极化模型在本质上是电流变效应的线性模型,自由电荷的存在、交流极化机制以及与时间有关的现象都无法包含在简化的极化模型中。这一模型不能成功地预言电流变液的响应时间,也不能描述电流变悬浮液非欧姆响应[9]。要使电流变液获得广泛应用,就必须深入进行电流变液的机制研究。

2. 材料研究

材料研究中人们总结出电流变液的液体部分要求具有低介电常数,如石油油料、矿物油、硅油、液氮等,而固体颗粒部分则要求具有高介电常数,不导电而且密度同液体部分匹配。实际应用还要求电流变液材料性能稳定,长期使用和储存时有良好的重复性;在实际运转的剪切率范围内,1 kV/mm 的电场下屈服应力不小于 1 kPa 量级;电场通、断时的应力变化至少为 100∶1;漏电流小,在电场为 1 kV/mm 时,电流密度不大于 100 μA/cm^2,即其电阻率为 100 MΩ·cm,电力消耗为 1 W/cm^3;对电场的响应快速(达到 ms 量级);工作温度为 −40 到 200 ℃;零电场下粘滞系数要低,如对减震器的要求是 25 mPa·s 优良的电流变液还应无毒、耐火、不沉淀、耐磨、不腐蚀、价格低廉等。为符合上述应用的条件,必须测量动态剪切应力,而不只是静态剪切应力,防止在颗粒连锁的情况下出现虚假的高剪切应力值。

固体颗粒材料的种类很多。半导体高分子材料的比重容易调节得和液体相当,材料具有优良的可塑性,可制成尺寸随意的微球,所得到的屈服应力也较大,很有发展前途;结晶或层状硅铝酸盐材料具有一定的电流变效应,没有毒性,价格低廉,在我国含量丰富;金属材料颗粒具有强烈的电流变性质,为克服密度大的问题,日本已研制成空心的金属微珠,但是表面绝缘层仍然很容易被腐蚀;制备比重适当而且耐磨蚀的金属膜微粒也是十分吸引人的;铁电体的自发极化强度导致某些铁电体具有极强的电流变特性,某些铁电体当颗粒体积百分比为 40% 时,在

1 kV/mm 电场下的屈服应力为 1.2 kPa。目前国际上电流变液的水平是在 4 kV/mm 的场强下动态剪切应力分别为 0.85—1.10 kPa, 1.6—2.2 kPa 和 3.00—3.50 kPa。在材料研究中人们还很重视单相电流变液[10], 比如弥散在溶剂中的液晶高分子电流变液的研究。实验已经证实有的液晶电流变液在 3 kV/mm 的电场强度下法向应力接受 7 kPa[11]。正因为只有一个相, 所以不存在两相材料中难以避免的沉积问题; 又因为不含水, 所以一切与水有关的难题又不攻自破。但目前液晶电流变液的液态向固态转变所需的时间太长, 液晶小分子是 0.01—0.1 s, 液晶高分子则可能长达几小时; 另外, 温度适用范围也较小。

寻找临界电场比较低, 在同一电场下屈服应力比较大而功耗小的电流变液是目前研究工作的一个热点。这涉及固体颗粒的合成与成型, 以及适当液体的选择。为了提高材料的剪切力, 人们往往在油液中放入较多的固体颗粒, 但这会使零电场下的粘滞系数变得很大。另外不少材料的漏电流还太大, 人们仍在寻求在高电场下不易被击穿且零电场屈服应力低于 0.05 kPa 的电流变液。硅、铝或其他相似元素的氧配位四面体或八面体可以构成层状或三维伸展的微孔骨架, 结晶硅铝酸盐就是由这种骨架和位于层间或微孔内的电平衡阳离子构成的。对 Y 类、A 类和 M 类硅铝酸盐, 在高电场的作用下, 阳离子可以克服与骨架间的电作用力, 沿电场方向移动。实验表明, 这类硅铝酸盐油液有相当的电流变性。我们发现随交换的离子不同, 在电场作用下, 它的屈服应力和漏电流都按 $B_a < Mg \ll N_a \approx K$ 的顺序变化, 与它们的电导顺序基本一致。因此, 可以认为这类硅铝酸盐的电流变性主要来自阳离子的极化。但我们也发现, 某些类型的硅铝酸盐也可能在电场中畸变, 发生骨架极化。这类硅铝酸盐中阳离子数目很少, 但它的屈服应力却相当大, 而且随电场增加很快, 漏电流也很小。这可能是由于这类材料的骨架容易变化, 详细原因还在进一步研究。不少硅铝酸盐非常亲水, 太多水分导致漏电流太大, 需要进行各种改性, 同时还需要从理论上深入了解该材料的有关结构特性。通常认为油液的选择关系不大, 但是不少固体颗粒在一些油液中有较强的电流变效应, 在另一些油液中却几乎不显示效应, 弄清其原因是很有意

义的,然而在这方面至少还没有一项工作能清楚地说明这一问题。

磁流变液(磁场致流变液体)以及电磁流变液(同时受外加电场和磁场作用的流变液)也受到人们很大的重视。美国洛德公司研制成功的磁流变液在 30 000 e 的磁场强度下动态剪切应力为 93 kPa,工作温度区间为 $-40-150\ ℃$。(周鲁卫、叶聚丰、唐颐《电流变液的研究进展及应用前景》,《物理》1994 年第 4 期)

(六)

《切韵》提供三种音韵信息:韵的划分,小韵的划分,反切。其中反切又是最基本的材料,因为前两项都可以通过反切下字和上字的系联及其对立互补关系得到。对《切韵》研究的所有材料中,只有反切是《切韵》自身提供的,所以也是第一位的。传统的看法认为被切字从反切上字得到声母,从反切下字得到韵母,实际的情况并没有那么简单。正因为如此,传统反切系联结果在某些方面会与《切韵》音系不一致,有些学者因而归咎于反切方法的不严谨。实际上,这在很大程度上倒是我们对反切行为研究不充分所致。陈澧以后,对《切韵》的反切行为研究得最深入的是李荣先生的《切韵音系》(李荣 1956)(下简称《音系》)。本文在《音系》研究的基础上,重新分析反切行为,总结出基本的反切原则,作为研究《切韵》音系基本框架的出发点,进而讨论目前中古音研究中一些仍然争论未决的问题。本文的反切材料依据周祖谟先生编的《唐五代韵书集存》所收"王仁昫刊谬补缺切韵(北京故宫博物院藏)",即通常所称的《王三》。这一方面是因为它是现存《切韵》一系韵书中最早的完本,另一方面是为了更好地利用《音系》一书的研究成果。

一

对反切的讨论主要存在三个困难。

第一,韵书反切几经传抄,有许多错误。幸好《音系》对《王三》中的这些错误已经作过一番精细的考订……

第二,从整体上说,《王三》的反切方法是比较严密的,但是毕竟也还会有一些疏漏之处。只有把这些疏漏之处找出来,才可能提取反切原则……

第三,《切韵》以前已有好多韵书和字书,还有各家经师对经典的注音。古人留下的这许多音切,有些是与《切韵》音系一致的,有些只反映方言的读法,或以前时代的读音,这些切语反映的音类常与《切韵》系统不一致……

二

中古汉语的音节有以下的结构(方括号表示可选):

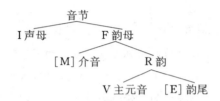

从陈澧以后,反切用字系联是划分《切韵》音类的最基本方法。通过反切上字系联得到声母,通过反切下字系联得到韵母。有时,同一音类的字并不能完全系联,这时候可以根据系联结果的互补关系,把它们归为一类。从逻辑上说,互补的小类不一定就能构成一个上位的大类。但是在《王三》中,同一个音类如果由几个系联小类构成,这些小类总是互补的。几个互补的小类,也一定属于同一个音类。因为《王三》的实际情况如此,所以我们可以把互补的系联小类归并成一个上位的大类。

本文接受这种系联方法,但是认为反切下字系联所得的系联类是韵,而不是韵母,见下文原则2的讨论。

原则1　声母信息反映而且只反映在反切上字。

例如,帮母字只用帮母字作反切上字,绝对不会用其他声母的字作反切上字;其他声母的字也绝不会用一个帮母字作反切上字。

但是在精组与庄组、端组与知组之间似乎出现几个反例,必须作出解释。

……

原则2　韵的信息反映而且只反映在反切下字。

例如,阳韵字只用阳韵字作反切下字,绝对不会用其他韵的字作反切下字；其他韵的字也绝不会用一个阳韵字作反切下字。

……

原则3 介音的信息有时反映在反切上字,有时反映在反切下字,或在上下字同时出现,但是至少要反映在其中的一个。

我们先来看三等介音的情况。我们用 i 代表三等介音,I 代表声母,V 代表主元音,E 代表韵尾,那么三等音节就是 IiV[E],在《王三》中三等字有三种不同的反切注音方法。

……

原则4 介音与韵优先组合原则。

我们从上文的音节结构图可以看到,介音是与韵组合成韵母,以后韵母再与声母组合成音节。根据原则3,三等介音的信息可以得之于反切上字,也可以得之于反切下字,但是原则4则告诉我们它得之于下字的可能性更大。请注意,原则4与原则1、2、3不同,它只是一种优先原则,并非必然。所以当原则4作用于一组反切的时候,就要采取优选方法。我们设置一个反映三等介音信息的参数 X_i,非三等字的 X_i 显然等于0。根据原则4,三等字作反切下字的 X_i 值比反切上字的大,不妨把前者定为2,后者定为1,那么以上四种反切类型的三等介音参数可以计算如下:

反切上字	反切下字	被切字	三等介音参数 X_i
1 非三等	非三等	非三等	$X_i=0+0=0$
2 三等	非三等	大部分非三等,部分三等	$X_i=1+0=1$
3 非三等	三等	三等	$X_i=0+2=2$
4 三等	三等	三等	$X_i=1+2=3$

如果我们把 X_i 的阈值设置为1,当 $X_i<1$ 时拼切结果为非三等字,当 $X_i>1$ 时拼切结果为三等字,当 $X_i=1$ 时拼切结果既有非三等字,也有三等字。这与实际的反切结果正相一致。

……

三

从上面反切原则可以得到以下几个重要的推论。

推论1 同一韵目下的字同韵,不同韵目下的字不同韵。

《王三》大部分的韵目只包含一个韵母。有的韵目包含两个以上的韵母,或者是开合两类,或者是不同的等……

推论2 重纽两类是介音的不同。

重纽两类的区别到底是什么,至今还在争论。主要有两家之说……

根据重纽的以上反切行为,我们可以总结出以下的反切原则:

原则5 重纽对立的信息或者通过反切上字得到反映,或者通过反切下字的声母部位得到反映。

推论3 《切韵》以一种活的语言作为它的音系基础。

通过以上的分析我们可以看到,《切韵》全书切语反映出来的反切行为和反切原则是很有系统,很有规则的,如果《切韵》音是由各种音系各取一部分组成的大杂烩,就不可能有这种反切系统。当然上文的分析也都提到过,《切韵》中的确杂有一些不同的方言音或古音,但是在剥离这些成分以后可以得到一个完整的反映"时音"的方言系统。这样复原的《切韵》音系应在汉语语音发展史中占有自己的时间、空间点位。(潘悟云《反切行为与反切原则》,《中国语文》2001年第2期)

例(五)全文共三个部分,第三部分是"三、电流变液的应用",我们这里节引了前两部分。例(六)为了节省篇幅,我们只能框架式地节引。二例的提要、关键词、参考文献之类都未引,但可以保证见出学术论文的基本轮廓。

分析以上二例,我们可以清楚地见出科学语体在修辞特征上与文艺语体完全不同,它主要在消极修辞上用力,讲究"得体性",即要鲜明地突出如下几个方面的特征:

(一)讲究篇章结构模式规范

(五)(六)二例,虽然内容性质不同,一为物理学论文,一为语言学论文,但二者在讲究篇章结构模式规范这一特征上,却十分一致。例(五)在全文结构上由概念说明、国内外研究现状、应用前景等三部分组成,比较全面地论述了所要论述的问题,完全遵循了自然科学论文特别是科学综述论文的篇章结构模式。例(六)在全文结构上由引子(说明论文写作的缘起、研究的依据等等)、正文(主要论述的问题)、结语三个大部分组成。在正文之内,每一大部分都先提出所要论证的观点,然后分别提出材料逐层论证。如第一部分第一句即提出这一部分所要论证的观点:"对反切的讨论主要存在三个困难",然后分别列出这"三个困难",并举例说明论证。其他如对文中所提出的反切五原则以及根据这五原则所提出的反切三推论,都是采"观点——论据——分析说明"的模式进行的。这一篇章结构模式,揆之于其他自然科学或社会科学论文,差不多一致,这说明例(五)(六)都具备科学语体共有的讲究篇章结构模式规范的修辞特征。另外,图表的插入,也是科学语体讲究篇章结构模式规范的表现,上举二例都有体现(例(五)实验图在引述时省略)。

(二)句式锻炼以长句、复句为主,注重表述的周密性、精炼性

科学语体因为要总结归纳自然或社会现象的某些规律,论证某种观点,所以必然要讲求内容表述的周密性、精炼性。为了实现这一目标,就必须选用长句、复句,因为长句、复句结构复杂,容量较大,可以在一句话中提供更多且相关的信息,表述比较周密。同时,长句、复句特别是紧缩复句,因为锻句时合并或压缩了用几个简单句表述时需要重复出现的句子成分或其他语词,这就使表述显得精炼。如例(五)"正因为只有一个相,所以不存在两相材料中难以避免的沉积问题;又因为不含水,所以一切与水有关的难题又不攻自破。但目前液晶电流变液的液态向固态转变所需的时间太长,液晶小分子是0.01—0.1 s,液晶高分子则可能长达几小时;另外,温度适用范围也较小",全是复句,各分句之间都以相关的关联词语绾合,虽然关系复杂,但表述周密,逻辑层次清晰明白。例(六)开头:"《切韵》提供三种音韵信息:韵的划分,小韵的划分,反切。其中反切又是最基本的材料,因为前两项都可以通过反切下字和上字的系联及其对立互补关系得到。对《切韵》研究的所有材料中,只有反切是《切韵》自身提供的,所以也是第一位的。传统的看法认为被切字从反切上字得到声母,从反切下字得到韵母,实际的情况并没有那么简单。正因为如

此,传统反切系联结果在某些方面会与《切韵》音系不一致,有些学者因而归咎于反切方法的不严谨。实际上,这在很大程度上倒是我们对反切行为研究不充分所致。"这一段文字,即是由几个长句和复杂复句组成,长句字数很多,复句各分句之间关系复杂,但表述层次清楚,环环相扣,语意周密,且精炼不辞费。如开头一句,是个长句,若化成几个短句表述应该是:"《切韵》提供三种音韵信息,一是韵的划分,二是小韵的划分,三是反切。"很明显,用简单的几个短句来表述明显不及原文用长句表述得既周密又精炼。除了用长句、复句表述外,例(六)还使用了不少紧缩复句,如"原则1 声母信息反映而且只反映在反切上字""原则2 韵的信息反映而且只反映在反切下字"等关键观点的表述,即是用紧缩复句,表述的周密性、精炼性十分明显。可见,句式锻炼以长句、复句为主,注重表述的周密性和精炼性,是科学语体的一个重要修辞特征。下面图表所显示的两文单句复句比例完全吻合的数据,可以更直观地说明这一点。

《电流变液的研究进展及应用前景》单句复句比例表

单句	34	39.53%
复句	52	60.47%

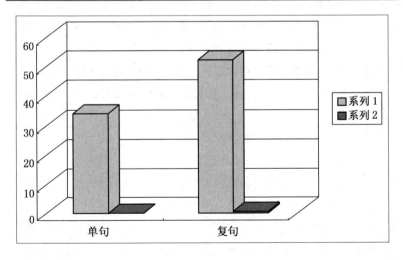

《反切行为与反切原则》单句复句比例表

单句	19	33.33%
复句	38	66.66%

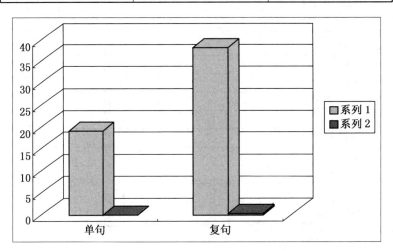

（三）语词使用上通用词占了大多数，专有名词（包括术语）出现频率较高且占有相当的比例

这一修辞特征,在(五)(六)两例中都有突出的体现。如两例中通用词的比例都占到70%以上,比例十分吻合。又如专有名词所占比例在两例中都占20%以上,且出现的频率很高,如例(五)中"电流变液""介电常数""临界值""极化""偶极矩"等等,都是物理学上的术语或专用名词,在文中出现的次数都不是一次而止。例(六)中"音韵""韵""小韵""反切""反切上字""反切下字""系联""对立互补""声母""韵母""音系""音节""介音""R韵""主元音""韵尾""小类""音类""小类归并""上位大类""等"(三等)、"帮母""精组""庄组"等等,都是用的音韵学术语或专有名词。这些词在文中也是出现频率较高的,不是一次出现即止。可见,语词使用上通用词占主导地位,专有名词（包括术语）也占有相当比例且出现频率较高,是科学语体的一大共同修辞特征。这一点,从下面图表中可以看得更清晰些。

《电流变液的研究进展及应用前景》用词情况表

通用词	书卷语词	专有名词	口语词	合计
1 408	7	470	1	1 886
74.66%	0.37%	24.92%	0.05%	100.00%

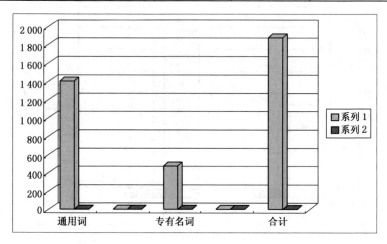

《反切行为与反切原则》用词情况表

通用词	书卷语词	专有名词	口语词	合计
813	9	240	1	1 063
76.48%	0.85%	22.58%	0.09%	100.00%

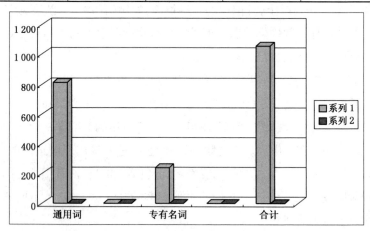

(四)排斥积极修辞手法的运用,拒绝修辞文本的建构,只在消极修辞上用工夫

科学语体的这一修辞特征,是与其语体性质密切相关的。因为科学语体的作品主要是阐明或论证某种自然或社会规律,它要告诉读者的是某种自然科学或社会科学的某种知识或道理,所以它只要求达到意义表述上明白、准确,逻辑条理上周密、有序,就是"得体"的修辞了。也就是说,只要在消极修辞上用力即可。所谓"在消极修辞上用力",就是要企及陈望道所提出的"意义明确"[1]、"伦次通顺"[2]、"词句平匀"[3]、"安排稳密"[4]等消极修辞所当遵守的四个最高标准。上引(五)(六)两例都没有运用任何积极修辞手法,没有建构什么具有独特表达效果的修辞文本,但都能明白、准确地达意,周密、有序地论理。可见,上举两例都能典型地体现"排斥积极修辞、用力于消极修辞"这一科学语体的修辞特征。

由上面所总结归纳出的科学语体的四个修辞特征,我们可以自然推衍出如下四项科学语体的修辞基本原则:

(一)科学语体宜遵循科学语体通行的篇章结构模式规范,以体现其结构形式上的"得体"性。

(二)科学语体可以在句式锻炼上适当选用较多的长句、复句,以企及表述的周密性和精炼性。

(三)科学语体在语词使用上应尽量选择相应学科的术语、专有名词以及特定的文言语词,以体现其专业性、精确性及简洁性。

(四)科学语体应力避积极修辞手法的运用,不宜建构修辞文本,应以语义表述明白、准确,逻辑条理周密、有序为最高修辞境界,以体现其格调的谨严性。

---

[1] 陈望道:《修辞学发凡》第43页,上海:复旦大学出版社,2008年。
[2] 陈望道:《修辞学发凡》第48页,上海:复旦大学出版社,2008年。
[3] 陈望道:《修辞学发凡》第50页,上海:复旦大学出版社,2008年。
[4] 陈望道:《修辞学发凡》第54页,上海:复旦大学出版社,2008年。

三、事务语体的修辞特征及其修辞基本原则

前面我们说过,事务语体包括的范围也比较广,各种事务体作品之间在修辞特征上都会存在各种各样的细微差别,但是作为同一大类,各种事务体作品在整体修辞特征上会有比较一致的地方。下面我们就选择一部具体的法、一则讣告、一则产品说明书(为节省篇幅起见,都是比较短的)来分析、比较,从而总结、归纳出事务语体的修辞特征及其所要遵循的修辞基本原则。

法律方面,我们不妨以《中华人民共和国国籍法》为例:

(七)

中华人民共和国国籍法

(1980年9月10日第五届全国人民代表大会第三次会议通过
1980年9月10日全国人民代表大会
常务委员会委员长令第八号公布施行)

第一条　中华人民共和国国籍的取得、丧失和恢复,都适用本法。

第二条　中华人民共和国是统一的多民族的国家,各民族的人都具有中国国籍。

第三条　中华人民共和国不承认中国公民具有双重国籍。

第四条　父母双方或一方为中国公民,本人出生在中国,具有中国国籍。

第五条　父母双方或一方为中国公民,本人出生在外国,具有中国国籍;但父母双方或一方为中国公民并定居在外国,本人出生时即具有外国国籍的,不具有中国国籍。

第六条　父母无国籍或国籍不明,定居在中国,本人出生在中国,具有中国国籍。

第七条　外国人或无国籍人愿意遵守中国宪法和法律,并具有下列条件之一的,可以经申请批准加入中国国籍:

一、中国人的近亲属;

二、定居在中国的；

三、有其他正当理由。

第八条 申请加入中国国籍获得批准的,即取得中国国籍;被批准加入中国国籍的,不得再保留外国国籍。

第九条 定居外国的中国公民,自愿加入或取得外国国籍的,即自动丧失中国国籍。

第十条 中国公民具有下列条件之一的,可以经申请批准退出中国国籍:

一、外国人的近亲属；

二、定居在外国的；

三、有其他正当理由。

第十一条 申请退出中国国籍获得批准的,即丧失中国国籍。

第十二条 国家工作人员和现役军人,不得退出中国国籍。

第十三条 曾有过中国国籍的外国人,具有正当理由,可以申请恢复中国国籍;被批准恢复中国国籍的,不得再保留外国国籍。

第十四条 中国国籍的取得、丧失和恢复,除第九条规定的以外,必须办理申请手续。未满十八周岁的人,可由其父母或其他法定代理人代为办理申请。

第十五条 受理国籍申请的机关,在国内为当地市、县公安局,在国外为中国外交代表机关和领事机关。

第十六条 加入、退出和恢复中国国籍的申请,由中华人民共和国公安部审批。经批准的,由公安部发给证书。

第十七条 本法公布前,已经取得中国国籍的或已经丧失中国国籍的,继续有效。

第十八条 本法自公布之日起施行。

讣告方面,我们以《中国语文》杂志2001年第二期所刊《马希文教授逝世》一则为例:

(八)

马希文教授逝世

马希文教授因患肾癌于 2000 年 12 月 22 日在美国加州不幸逝世,年 61 岁。

马希文教授是著名的数学家、计算机科学家、语言学家、教育家,是中国计算语言学的奠基人。曾任国家语言文字工作委员会委员、七五国家重点攻关项目专家小组成员、国家自然科学基金和 863 计划项目负责人。

对马希文教授的逝世,本刊表示深切的哀悼。

中国语文编辑部
2001 年 2 月

产品说明书,我们以雷氏药业上海中药制药二厂生产的"板蓝根颗粒(冲剂)"的说明书为例:

(九)

板蓝根颗粒(冲剂)
(95 版中国药典)

ZZ-0225-沪卫药准字

(1995)第 041003 号

本品为板蓝根制成的冲剂。

【功能与主治】清热解毒,凉血利咽,消肿。用于扁桃腺炎、腮腺炎,咽喉肿痛,防治传染性肝炎,小儿麻疹等。

【用法与用量】口服,一次 5 g,一日 4 次。

【贮藏】密封。

(生产日期)2001,01,02.

以上所举(七)(八)(九)三例,虽然属于事务语体中的不同种类,内容性质上也差别很大,但我们稍作分析,就会发现这三者在修辞特征上有如下明显的共性:

(一)结构形式程式化

所谓结构形式程式化,是指适应所表现内容的性质,采用表现这一内容的文体通行的结构形式来安排其篇章结构,结构层次的多少和顺序固定,不越规逾矩。如例(七)先在标题下面注明该法通过和公布施行的时间,正文中第一条说明该法适用的范围,末一条说明该法公布施行的起始时间。其余内容则在中间其他各条列明。这一结构形式,几乎是所有各种具体法律的通行结构形式,程式化特征十分明显、突出。例(八)先列标题,然后正文第一段写明逝者死因、逝世时间和地点、终年年龄,第二段略述逝者的生前职位、贡献事略,第三段表明发文者对死者逝世的态度,末署发文者之名,注明发文日期。这种结构形式也是其他讣告的篇章结构形式,体现了讣告作为事务语体之一种在修辞特征上的典型程式化特点。例(九)先在品名下注明药典版次,再注明药品批号,然后是药品成分、功能与主治、用法与用量、贮藏方式、生产日期,这种结构形式也是一般药品说明书的通行书写格式,也鲜明地体现了药品说明书作为事务语体之一种在修辞特征上程式化的特点。

(二)内容表述条理化

所谓内容表述条理化,是指对所要表述的内容分段或分条明确标出,使人一目了然,逻辑条理十分清楚。如例(七)分为十八条,所要涉及的法律规定分条列明,条理性非常强;例(八)正文内容依逻辑顺序分为三段,条理也很清楚;例(九)正文内容包括四项,分段且列题标明,条理性更强。可见,上举三例虽内容性质差别很大,但作为事务语体在内容表述的条理化特征上却是十分地一致。

(三)表达句式稳定化

所谓表达句式稳定化,是指适应所要表述内容的性质,采用适合表述这一内容的特定的惯用的句式来表达。如例(七)中采用的多是长句、复句。其中,长句中有四种长句类型最为常用。一是主语部分较长的长句,如"中华人民共和国国籍的取得、丧失和恢复,都适用本法",主语是个以动词为中心的偏正词组,而修饰语和中心语又都较复杂,修饰语"中华人民共和国国籍"本身又是一个较长的偏正词组,中心语"取得、丧失和恢复"是个较长的并列词组;二是各种较长的"的"字结构的词组作主语的长句,如"申请加入中国国籍获得批准的,即取得中国国籍;被批准加入中国国籍的,不得再保留外国国籍"两句,都是因为有较长的"的"字结构的词组作主语而加长了句子长度。又如"定居外国的中国公民,自愿加入或取得外国国籍的,即自动丧失中国国籍",作主语的"的"字结构既长又复杂,因而全句更长;三是主语前后有全句修饰语的长句,如"中国国籍的取得、丧失和恢复,除第九条规定的以外,必须办理申请手续""本法公布前,已经取得中国国籍的或已经丧失中国国籍的,继续有效",这两个句子较长,是因为前者较长的主语之后又带了个全句修饰语"除第九条规定的以外",后者主语是个较长的"的"字结构作主语,同时主语前面又带了个全句修饰语"本法公布前"。这样,两个句子的长度就更长了;四是将几个并列复句压缩成一个单句而形成的长句,如"中国公民具有下列条件之一的,可以经申请批准退出中国国籍:一、外国人的近亲属;二、定居在外国的;三、有其他正当理由",是将三个谓语相同的并列分句的主语通过"的"字结构和总分式提示成分的设置,化三句为一句,化复句为单句,但却加长了单句的绝对长度。复句中,以并列复句的采用为最多,转折复句次之。如"申请加入中国国籍获得批准的,即取得中国国籍;被批准加入中国国籍的,不得再保留外国国籍",即是并列复句;"父母双方或一方为中国公民,本人出生在外国,具有中国国籍;但父母双方或一方为中国公民并定居在外国,本人出生时即具有外国国籍的,不具有中国国籍",则是个转折复句。以上是从句子结构和格局来看的。若从语气和语意上来看,例(七)全部的句子都采用肯定陈述句或否定陈述句,不采用其他句式,如"中华人民共和国是统一的多民族的国家,各民族的人都具有中国国籍",用的是肯定陈述句;"中华人民共和国不承认中国公民具有双重国籍",则是用的否定陈述句。例(七)在句式采用上主要以长句、复句为主,长句中又以上述四类长句为通用,复句中以并列复句为主,以转折复句为次,语气语意上只采用肯定陈述句和否定陈述句两类,都典型地体现了法律语体表达句式稳定化的修辞特征,这只要比较一下其他法律的句式表达特点即很清楚。之所以如此,一般说来,是因为长句、复句结构复杂,容量较大,易于达到表意周密的效果,这正是法律条文要达到的目标。肯定陈述句和否定陈述句,因为有表意明确而不含糊的效果,正好能体现法律规定不容商量的权威性。正因为如此,法律语体才能在表达句式上长期保持上述修辞特征的稳定性。下面我们用图表形式直观展示一下例(七)的句式特征。

《国籍法》长句类型表

主语部分较长的长句	6	23.08%
"的"字结构作主语的长句	7	26.92%
省"的"的"的"字结构作主语的长句	3	11.54%
"的"字结构作主语又加全句修饰语的长句	1	3.85%
主语前后有全句修饰语的长句	3	11.54%
主语谓语部分均较长的长句	4	15.38%
并列复句变单句的长句	2	7.69%
总句数	26	100.00%

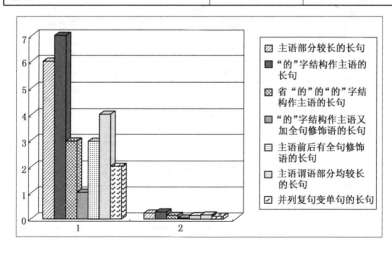

《国籍法》单句复句比例表

单句数	复句数
15	6

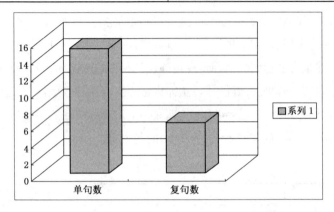

《国籍法》句均长度表(全以分句计)

总句数	总字数	句均字数
25	625	25.04

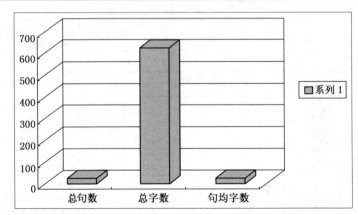

《国籍法》句类情况表

陈述句	疑问句	祈使句	感叹句
25	0	0	0

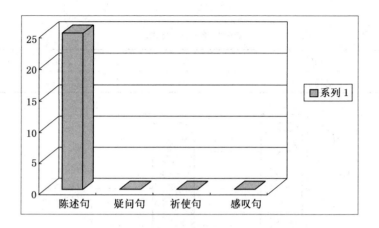

《国籍法》肯定句否定句比例表

肯定句	20	80%
否定句	5	20%

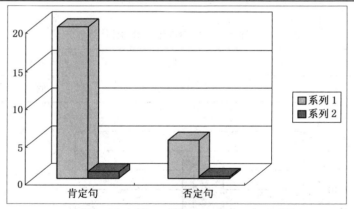

例(八)采用的都是长句和复句,如第一段"马希文教授因患肾癌于2000年12月22日在美国加州不幸逝世,年61岁"是个复句,前一个分句则是个结构较为复杂的长句。第二段和第三段共三句话,都是比较长的单句。这种句式表达特征,几乎在所有讣告中都是一样的,而且长期不变,体现了讣告作为事务语体之一种在表达句式上稳定化的修辞特征。下面图表展示例(八)的句式特征。

《逝世》单句复句比例表

单句数	2	50%
复句数	2	50%

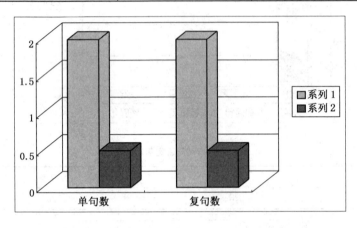

《逝世》句均长度表(全以分句计)

总句数	总字数	句均字数
6	143	23.83

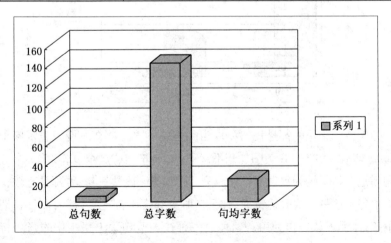

例(九)采用的则几乎全是不完全句,短句。如"功能与主治"条:"清热解毒,凉血利咽,消肿。用于扁桃腺炎、腮腺炎、咽喉肿痛,防治传染性肝炎,小儿麻疹等"几个句子,都是短句,且都是省略了主语的不完全句。"用法与用量"条:"口服,一次 5 g,一日 4 次",用的也是短句,或省略主语,或省略谓语动词,也都是不完全句。这一修辞特征在其他产品说明书中也是一样,只要比较一下其他各种产品的说明书的写法,就能看出说明书作为事务语体之一种在句式表达上的稳定化修辞特征。下面用图表展示例(九)的句式特征。

《说明书》单句复句比例表

单句	1	25%
复句	3	75%

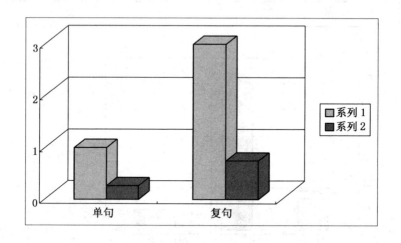

《说明书》完全句与不完全句比例表

完全句	1	8.33%
不完全句	11	91.66%

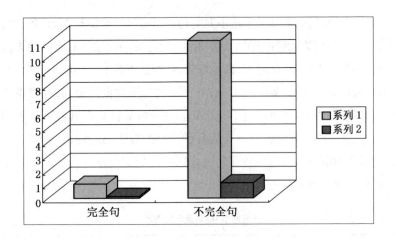

《说明书》句均长度表(全以分句计)

总句数	总字数	句均字数
12	57	4.75

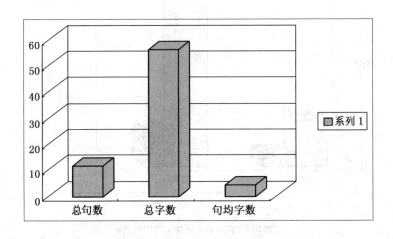

(四)语词运用模式化

所谓语词运用模式化,是指语词只采通用语词和专业术语相结合的模式,排斥其他语词如方言语词及描绘性语词的进入。这一修辞特征,在上举三例中都表现得特别突出,不必一一列例说明了。

（五）修辞手段消极化

所谓修辞手段消极化,是指事务语体中不使用积极修辞手段,不建构修辞文本,只在消极修辞上用力,即力求意义表达明白、准确,逻辑条理周密、有序。这一修辞特征,在上举三例中都有鲜明的凸显,也不必一一列例说明了。

由上述总结、归纳出的事务语体的五个基本修辞特征,我们这里可以自然推衍出事务语体所应遵循的如下五项修辞基本原则:

（一）事务语体在结构形式上须遵循程式化的原则,以相应的结构形式表现相应的内容,以达到内容与形式的和谐统一。

（二）事务语体在内容表述上宜体现条理化的原则,列条或分段显现都要体现一定的逻辑伦次,以使所要说明的事务事项井然有序、一目了然。

（三）事务语体在表达句式上宜遵循稳定化的原则,选用何种长句、何种复句、何种不完全句等等,应该依循常例,以相应的句式与相应的专门语体格调相匹配。

（四）事务语体在语词运用上宜遵循模式化的原则,即通用语词与适当的专业术语相结合,以体现其与其他事务语体"和而不同"的风格。

（五）事务语体在修辞手段上宜遵循消极化的原则,不宜以积极修辞手段建构修辞文本,而只宜在消极修辞上用力,以达意的明白、准确和逻辑的周密、有序为目标。

小　结

汉语词汇中有一个词,叫"得体"。我们常常会听到有人教导别人:"要注意言行得体。"何谓"得体"?《现代汉语词典》解释说:得体是指"(言语、行为等)得当;恰当;恰如其分"[①]。我们研究现代汉语语体,实

[①] 中国社会科学院语言研究所:《现代汉语词典》(修订本)第261页,北京:商务印书馆,1998年。

际目标就是研究言语得体,探讨语体与修辞的适应关系问题,总结出修辞如何恰如其分地适应各语体的某些规律。上面我们对口语体与书卷体两大类中的各小类的语体修辞特征及其各自所要遵循的修辞基本原则在分析具体例证的基础上进行了概括总结,做的就是修辞如何恰如其分地适应各语体的基本规律的归纳工作。

通过对现代汉语各语体的分析和由此归纳总结出的各语体的修辞基本特征,我们也就可以自觉地掌握到如何使修辞恰如其分地适应各语体,使自己的写作得体。比方说,上面我们提到的讣告,它是属于事务语体一类。为此,在写作讣告时,就应该根据上面我们总结归纳出的事务语体的五个基本修辞特征,遵循上面我们由此五个基本特征推衍出的五个基本原则来行文写作。这样,写出来的讣告才显得得体。否则就是不得体。比方说,在表达句式上,我们不遵循稳定性的原则,即不采用讣告恒常通用的长句、复句来表达,而是采用短句来表达,就不能达到讣告所应该显现的庄重、沉重的风格效果;又比方说,在修辞手段上,我们不遵循消极化的原则,不是只在消极修辞上用力,而是以夸张、比喻等积极修辞手法建构修辞文本来评价逝世者的生平贡献,那肯定会不伦不类,在风格上显得极不协调。如此,则也是不得体,是失败的修辞。

我们说,不同的语体有不同语体的基本修辞特征,有其应该遵循的基本修辞原则,这样才能臻至"得体"的修辞境界。但是,我们也应该指出的是,语言是发展变化的,人们使用语言常常会有突破、有创新,语体也会有发展有变化。如书信,属于事务语体,它应该遵循上面我们提到的事务语体的五项基本修辞原则。可是,事实上,很多书信却常常不完全遵循这五项原则。比方说,作为事务语体之一种,书信应该遵循修辞手段消极化的原则,即不使用积极修辞手段去建构修辞文本。但是,不少文人之间的书信,特别是男女间的"情书",其中诸如"想你想断肠""一日不见如三秋兮"之类的句子是常见的,而这些句子却都是以积极修辞手段建构的修辞文本。这就用不着举例了。至于一些作家以书信体写作的散文,修辞文本的建构就更多了,这种书信则与一般事务语体的书信在修辞特征上有了更多的不同,这种情况也是大家都熟知的,也用不着举例了。又如社会科学论文,是属于科学语体一类。从理论上说,这类论文应该遵循科学语体的修辞原则,其中有一条,就是不允许用积极修辞手段建构修辞文本,而应力求在消极修辞上用力,以达意明白、准确和逻辑周密、有序为目标。可是,事实上,有些社会科学论文特别是文学类学术论文,其中使用积极修辞手段建构修辞文本的,却时有出现。例如:

(一)审美欣赏是对于美的感受、爱好、鉴赏和评价。由于美到处都存在,所以审美欣赏的事实也到处都存在。我们看到一朵花,姿态妍妖,娇翠欲滴,由衷地感到喜悦和留恋;我们游西湖,湖光山色,桃红柳绿,令人全心地赞赏和陶醉;我们读小说,兴会淋漓,全神贯注;我们听音乐,心情像着了魔似地随着旋律的高低起伏而高低起伏;我们看绘画,仿佛走进了一个光与色的世界……所有这一切,都是审美欣赏。我们都在不同的程度上,或多或少地具有一些审美欣赏的经验……(蒋孔阳《审美欣赏的心理特征》)

例(一)是著名美学大师蒋孔阳先生的美学论文《审美欣赏的心理特征》一文的开头一段。很明显,这段文字里就有排比修辞文本和比喻修辞文本的建构,大家一眼就能看出来。这明显与一般科学语体的修辞特征有些差异。

那么,为什么会出现诸如上面所说的事务语体类的书信和科学语体类的美学论文中都出现了文艺语体的修辞特征呢?这是不是它们违反了语体与修辞的适应关系,是不是修辞不得体呢?不是。这就是修辞学上所常说的语体交叉或曰语体渗透的现象,是各种语体修辞特征相互影响、相互吸纳的结果,是正常的语体发展变化的必然现象。修辞学界所说的文艺体书信、文艺体日记、通俗科技体作品(如科普、科幻作品)等等,都是不同语体相互影响而产生的"混血儿"。既是"混血儿",就必然同时兼具两种不同语体的修辞特征。因此,我们对于这类语体与修辞的问题,自然不可用上文我们所总结归纳的规律去套,也就是不可胶柱鼓瑟。应该以发展的眼光看语言,用变化的眼光看语体与修辞的适应关系。应该根据语言发展和语体变化的情况,不断总结归纳语体修辞的规律,提出新的语体修辞原则,更好地为我们的写作提供指导与参考。

思考和练习

一、何为语体?现代汉语语体一般可以作怎样的分类?

二、口语体的修辞特征是什么?口语体的修辞基本原则是什么?

三、文艺语体可作怎样的次范畴分类?各类在修辞上有些什么特征?所应遵循的修辞基本原则是什么?

四、科学语体的修辞特征有哪些?它所须遵循的修辞基本原则是什么?

五、事务语体一般说来具有哪些修辞特征?它在修辞上需要遵循哪些基本原则?

第九章 Section 9　风格与修辞

　　风格,是不是修辞学研究的内容,在学术界也存在着不同的观点。不过,一部作品的某种风格的形成,是与其语言运用的特点有关联的。因此,我们认为,修辞学应该研究风格。但是,不能像文学类著述那样泛论风格,而应紧密结合语言诸要素及修辞手段的运用对风格形成的作用来研究。即要研究某种语言风格的形成与某些语言要素及修辞手段的运用之间的某种对应关系,找寻出一些基本规律,从而对努力实现某种写说语言风格的形成有着直接的指导作用。

第一节　风格及其基本类型

　　"风格",《现代汉语词典》中有二义,一是指人的"气度,作风";一是指"一个时代、一个民族、一个流派或一个人的文艺作品所表现的主要的思想特点和艺术特点"[1]。本书所讲的"风格",则不是上述意义上的"风格",而是指一部作品(主要指书面作品)在运用现代汉民族共同语表情达意过程中为了适应某种特定的题旨情境、企及某种特定的修辞目标而经常运用某些语言手段所体现出来的某种言语格调、风貌[2],也就是本

---

[1] 中国社会科学院语言研究所:《现代汉语词典》(修订本)第375页,北京:商务印书馆,1998年。
[2] 关于修辞学上的"风格"定义有很多,各家表述都有不同。主要是目前学术界对于"风格"研究诸问题还有不同认识,研究也不够成熟。本书所下的"风格"定义和其他各家也有不同,正确与否,大家可以继续讨论。

书所说的言语表现风格。

对于"风格",修辞学界有不同的认识,也有不同的说法,对风格的分类也有差异。目前,风格分类有两类,一是从不同角度以不同标准,将其分为语言的民族风格、时代风格、个人风格三类①。另一种分法是先将风格区分为"非共体性风格"与"共体性风格"两大类,然后再作次分类。如"非共体性风格"分为"言语的民族风格""言语的时代风格""言语的个人风格"三小类;"共体性风格"中的"交际风格"又区分为三个层次共十个小类:"科学风格""艺术风格""谈话风格";"正式体风格""非正式体风格";"口语风格""书卷风格"②。以上所提及的语言风格,都应该研究。但是从风格与修辞关系紧密的程度上看,修辞学上的风格探讨多集中于言语的表现风格上。亦即主要研究言语的表现风格。

因为本书只讨论言语的表现风格,所以这里我们也只谈言语表现风格的分类。言语的表现风格,从不同角度以不同标准可以得出不同的类别来。常见的分类方法,可以从五个不同角度以五种不同标准,对言语表现风格进行这样五组十种的分类③:

---

① 倪宝元主编《大学修辞》中持这种分类模式,同时也是目前修辞学界谈风格通行的分类,参见该书第448—456页,上海:上海教育出版社,1994年。
② 这种分类是郑远汉在《言语风格学》(修订本)中所作的分类,参见该书第21页。郑远汉的风格分类比较新颖有特色,比较讲究科学性、严密性,但其中的有些提法与分法也有值得商榷处,目前在修辞学教科书中还未通行开来。武汉:湖北教育出版社,1998年。
③ 陈望道曾根据刘勰《文心雕龙》所谓"体性"的分类,将语言的表现风格归纳为四组八种,并作了现代意义上的定义界说:(1)组——由内容和形式的比例,分为简约和繁丰;(2)组——由气象的刚强和柔和,分为刚健和柔婉;(3)组——由于话里辞藻的多少,分为平淡和绚烂;(4)组——由于检点工夫的多少,分为谨严和疏放。见《修辞学发凡》第205页,上海:复旦大学出版社,2008年。倪宝元主编《大学修辞》则将语言表现风格分为五组十种:(1)豪放与柔婉;(2)平淡与绚烂;(3)明快与含蓄;(4)简洁与繁富;(5)庄重与幽默。见该书第459—467页,上海:上海教育出版社,1994年。本书分类的五组十种的类别与名称系参用以上两种分类及名称的合理处综合而成,但内涵及表述与前述两书均有所不同,有个人观点于其内,正确与否,可以再讨论,特此申述。

(1) 根据格调气象的健柔,可以将之分为"刚健风格"和"柔婉风格"。

(2) 根据叙说语言的简繁,可以将之分为"简约风格"和"繁丰风格"。

(3) 根据修辞文本的多少,可以将之分为"平淡风格"与"绚烂风格"。

(4) 根据语意表述的显晦,可以将之分为"明快风格"与"含蓄风格"。

(5) 根据语言表达的庄谐,可以将之分为"庄重风格"与"幽默风格"。

第二节　刚健风格与柔婉风格

刚健风格与柔婉风格是两种相对的言语表现风格类型,两者之间的区别非常分明。为了更客观、更直观地显现出两者在修辞特点上的差异,下面我们先来看两首同是表现爱情内容,又同属赠内的诗。

刚健风格者,我们以苏叔阳的诗《给妻》为例;柔婉风格,我们以戴望舒的诗《赠内》为例。

(一)

一

亲爱的,请相信,
我的亲吻就是熨斗,
会抚平你岁月的印痕。

二

你
密密的睫毛上

一颗晶莹的泪滴，
——那就是我呀。

三

我思念你，
在梦中咀嚼你的名字。
我说"忠诚"，
是呼唤你的眼睛；
我说"热烈"，
是亲吻你的心灵。
我把最珍贵的留给自己
——苦涩的思情。

四

你的心，
是我的港湾。
你的书信，
是我的风帆。
你的眼睛，
是不灭的灯塔，
领我驶入宁静、平安。

五

你有一双温柔的
温柔的翅膀。
你有一副坚强的
坚强的胸膛。
你像母亲护卫鸡雏，
筑一道爱的屏障，

照拂了三个孩子成长,
两个是你的儿子,
一个是你的丈夫。(苏叔阳《给妻》)

(二)
空白的诗帖,
幸福的年岁;
因为我苦涩的诗节,
只为灾难树里程碑。

即使清丽的词华,
也会消失它的光鲜,
恰好你鬓边憔悴的花
映着明媚的朱颜。

不如寂寂地过一世,
受着你光彩的薰沐,
一旦为后人说起时,
但叫人说往昔某人最幸福。(戴望舒《赠内》)

例(一)、例(二)两首诗之所以具有不同的风格,是与这两首诗在如下诸语言要素构成方面的差异密切相关的。

一、在押韵方面,两者大有分别

例(一),除一、二两节不讲押韵外,三、四、五节都基本上押韵,且在押韵方式上基本上是规则的,第三节押的是偶韵(逢双句押韵),其韵脚分别是"睛""灵""情",押的是"十八韵"的"十七庚"韵,"十三辙"的"中东"辙;第四节有两种押韵方式,押奇韵(逢单句押韵)的韵脚分别是"心""信",押的是"十八韵"的"十五痕"韵,"十三辙"的"人辰"辙。押偶韵的韵脚分别是"湾""帆""安"（此韵脚字位置有变异）；押的是"十八韵"的"十四寒"韵，"十三辙"的"言前"辙；第五节押的是偶韵，韵脚字分别是"膀""腔""障""长"（此韵脚字位置有变异），押的是"十八韵"的"十六唐"韵，"十三辙"的"江阳"辙。

例（二），第一节押的是奇韵，韵脚分别是"帖""节"，押的是"十八韵"的"四皆"韵，"十三辙"的"乜斜"辙；第二节押的既有奇韵，也有偶韵。押奇韵的韵脚字分别是"华""花"，押的是"十八韵"的"一麻"，"十三辙"的"发花"辙。押偶韵的韵脚字分别是"鲜""颜"，押的是"十八韵"的"十四寒"，"十三辙"的"言前"辙；第三节也是奇偶韵兼有，押奇韵的韵脚分别是"世""时"，押的是"十八韵"的"齐"韵，"十三辙"的"一七"辙。押偶韵的韵脚分别是"沐""福"，押的是"十八韵"的"十姑"韵，"十三辙"的"姑苏"辙。

从上面的分析，我们可以见出：例（一）所押之韵脚字除"心""信"外，押的都是"江阳""言前""中东"等响度高的韵辙，而这些韵辙一般说来多"宜于表达雄壮激昂的感情"[①]。而例（二）所押之韵脚除"华""花""鲜""颜"四字外，大多数韵脚字押的是"乜斜""姑苏""一七"等响度低的韵辙，而这些韵辙一般说来多"宜于表达悲壮柔婉的感情"[②]。可见，例（一）和例（二）之所以内容相同却表现为不同的风格类型，一属刚健风格，一属柔婉风格，是与不同韵辙的选用密切相关的。也就是说，不同韵辙的选用是构成不同风格的重要因素之一。

下面我们用图表的形式展示例（一）、例（二）所代表的两种风格在押韵类型上的差异。

《给妻》韵脚字类型表

江阳	言前	中东	人辰
4	3	3	2

[①②] 胡裕树主编：《现代汉语》（增订本）第431页，上海：上海教育出版社，1999年。

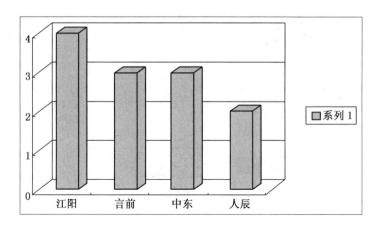

《赠内》韵脚字类型表

乜斜	姑苏	一七	发花	言前
2	2	2	2	2

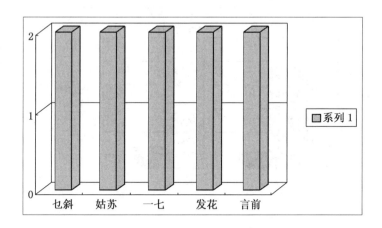

《给妻》响度高与响度低的韵脚字比例表

响度高	10	83.33%
响度低	2	16.66%

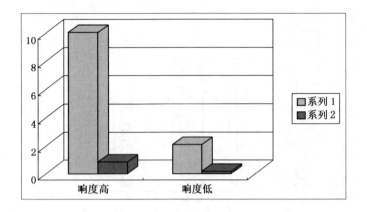

《赠内》响度高与响度低的韵脚字比例表

响度高	4	40%
响度低	6	60%

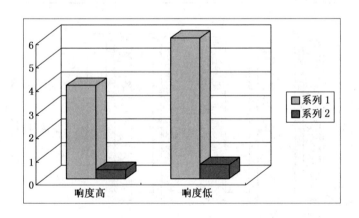

二、句子的平均长短度不同

例(一),一字句一个(以诗行计,下同),三字句三个,四字句四个,五字句六个,六字句两个,七字句八个,八字句三个,九字句三个,十字句一个,全诗共三十一句。

例(二),五字句两个,七字句两个,八字句六个,九字句一个,十一字句一个。全诗共十二句。

根据上面的数据,我们计算一下,便可得知,例(一)平均每句是5.97字,例(二)平均每句是7.63字。两诗在句子长度上有着明显的差别。而句子长短对于某一风格的形成是有重要影响的。一般说来,"长句以具体精确、丰富缜密、气势舒畅为特色,短句以概括扼要、简捷明快、活泼有力为优势。"①例(一)短句多,且句子的平均长度短,所以表达上显得简捷明快,风格上自然呈现出刚健的特点;例(二)长句多,且句子的平均长度也较长,所以表达上显得气势舒缓,风格上自然呈现出柔婉的特点。可见,风格的形成与长短句的选用及句子的平均长度也是有密切关联的。也就是说,句子长短度的选择也是构成不同风格的重要因素之一。

下面再以图表形式直观地将其分际展示出来。

《给妻》句子长短情况表

1字句	3字句	4字句	5字句	6字句	7字句	8字句	9字句	10字句	句均字数
1	3	4	6	2	8	3	3	1	5.97

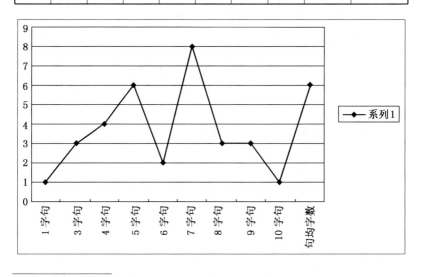

---

① 倪宝元主编:《大学修辞》第115页,上海:上海教育出版社,1994年。

《赠内》句子长短情况表

5字句	7字句	8字句	9字句	11字句	句均字数
2	2	6	1	1	7.67

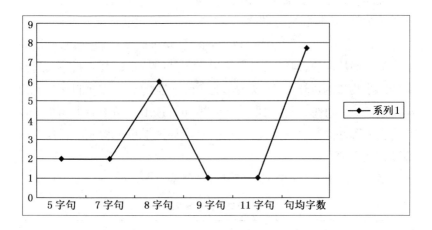

三、修辞文本的类型不同

例(一)所建构的修辞文本有比喻:"我的亲吻就是熨斗""你的心,是我的港湾""你的书信,是我的风帆""你的眼睛,是不灭的塔灯""你像母亲护卫鸡雏""筑一道爱的屏障";反复:"你有一双温柔的温柔的翅膀""你有一副坚强的坚强的胸膛";比拟:"(熨斗)会抚平你岁月的印痕""你密密的睫毛上一颗晶莹的泪滴——那就是我呀""在梦中咀嚼你的名字""亲吻你的心灵""苦涩的思情";排比:"我说'忠诚',是呼唤你的眼睛;我说'热烈',是亲吻你的心灵""你的心,是我的港湾。你的书信,是我的风帆。你的眼睛,是不灭的塔灯""你有一双温柔的温柔的翅膀。你有一副坚强的坚强的胸膛""两个是你的儿子,一个是你的丈夫"。

例(二)所建构的修辞文本有对偶:"空白的诗帖,幸福的年岁";比拟:"因为我苦涩的诗节,只为灾难树里程碑""即使清丽的词华,也会消失它的光鲜""受着你光彩的薰沐";复迭:"不如寂寂地过一世。"

从两诗所建构的修辞文本看,例(一)中的修辞文本,以比喻与排比为绝大多数,而比喻修辞文本在表达上多有形象生动的效果,排比修辞文本则有"广文义,壮文势"的效果。而这两种修辞文本所具有的表达效果,无疑为例(一)《给妻》一诗增添了浓郁的刚健风格色彩;例(二)中的修辞文本,以比拟为多。而比拟修辞文本以及诗中的对偶、复迭修辞文本则不具有例(一)《给妻》诗中那种明显的活泼生动、气势壮阔的表达效果,因而例(二)不具有刚健的风格特点,而是呈现出柔婉的风格特点,特别是"寂寂"叠词的使用尤其助成了这一风格特点。因为由叠字构成的复迭修辞文本多有延缓语速节奏的效果,接受上有一种舒缓的效果。

下面看看图表的直观呈示。

《给妻》修辞文本类型表

比喻	反复	比拟	排比
6	2	5	4

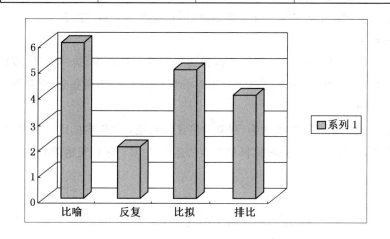

《赠内》修辞文本类型表

对偶	比拟	复叠
1	3	1

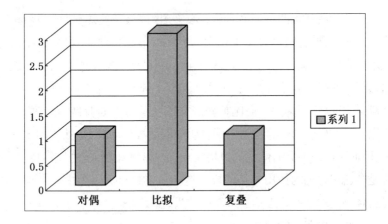

根据以上我们对《给妻》和《赠内》两诗差异的微观分析,我们基本上可以推衍出刚健风格和柔婉风格建构的三条基本原则:

(一)语音运用上,刚健风格的建构宜注意多运用诸如"江阳""发花""言前"等韵辙字(诗词等韵文着重于韵脚字,非韵文则着重于各句尾字);柔婉风格的建构宜注意多运用诸如"灰堆""乜斜""姑苏""一七"等韵辙字。

(二)句式选择上,刚健风格的建构宜选取字数少、结构简单、节奏快的短句,柔婉风格的建构宜选取字数相对较多、结构稍复杂、节奏舒缓的长句。

(三)修辞文本的建构,刚健风格宜注意较多地建构排比修辞文本,柔婉风格宜注意力避排比修辞文本的建构,以具有婉转表达效果的修辞文本建构为主。

第三节　简约风格与繁丰风格

简约风格和繁丰风格,也是相互对立,区别分明的两种风格类型。为了更客观、直接地看出两者的区别,我们选取两篇同是怀友的散文为例。

简约风格,我们举台静农《伤逝》一文为例,繁丰风格,我们以张晓风散文《想你的时候——寄亡友恩佩》为例。

(一)

今年4月2日是大千居士逝世三周年祭,虽然三年了,而昔日宴谈,依然还在目前。当他最后一次入医院的前几天的下午,我去摩耶精舍,门者告诉我他在楼上,我就直接上了楼,他看见我,非常高兴,放下笔来,我即刻阻止他说:"不要起身,我看你作画。"随着我就在画案前坐下。

案上有十来幅都只画了一半,等待"加工",眼前是一小幅石榴,枝叶果实,或点或染,竟费了一小时的时间才完成。第二张画什么呢?有一幅未完成的梅花,我说就是这一幅吧,我看你如何下笔,也好学呢。他笑了笑说:"你的梅花好啊。"其实我学写梅,是早年的事,不过以此消遣时光而已,近些年来已不再有兴趣了。但每当他的生日,不论好坏,总画一小幅送他,这不是不自量,而是借此表达一点心意,他也欣然。最后的一次生日,画了一幅繁枝,求简不得,只有多打圈圈了。他说:"这是冬心啊。"他总是这样鼓励我。

话又说回来了,这天整个下午没有其他客人,他将那幅梅花完成后也就停下来了。相对谈天,直到下楼晚饭。平常吃饭,是不招待酒的,今天意外,不特要八嫂拿白兰地给我喝,并且还要八嫂调制的果子酒,他也要喝,他甚赞美那果子酒好吃,于是我同他对饮了一杯。当时显得十分高兴,作画的疲劳也没有了,不觉的话也多起来了。

回家的路上我在想,他毕竟老了,看他作画的情形,便令人伤感。犹忆1948年大概在春夏之交,我陪他去北沟故宫博物院,博物院的同人对这位大师的来临,皆大欢喜,庄慕陵兄更加高兴与忙碌。而大千看画的神速,也使我吃惊,每一幅作品刚一解开,随即卷起,只一过目而已,事后我问他何以如此之快,他说这些名迹,原是熟悉的,这次来看,如同访问老友一样。当然也有在我心目中某一幅某些地方有些模糊了,再来证实一下。

晚饭后,他对故宫朋友说,每人送一幅画。当场挥洒,不到子夜,一气画了近二十幅,虽皆是小幅,而不暇构思,着墨成趣,且边运笔边说话,时又杂以诙谐,当时的豪情,已非今日所能想象。所幸他兴致好并不颓唐,今晚看我吃酒,他也要吃酒,犹是少年人的心情,没想到这样不同寻常的兴致,竟是我们最后一次的晚餐。数日后,我去医院,仅能在加护病房见了一面,虽然一息尚存,相对已成隔世,生命便是这样的无情。

摩耶精舍与庄慕陵兄的洞天山堂,相距不过一华里,若没有小山坡及树木遮掩,两家的屋顶都可以看见的。慕陵初闻大千要卜居于外双溪,异常高兴,多年友好,难得结邻,如陶公与素心友"乐与数晨夕",也是晚年快事。大千住进了摩耶精舍,慕陵送给大千一尊大石,不是案头清供,而是放在庭园里的,好像是"反经石"之类,重有两百来斤呢。

可悲的,他们两人相聚时间并不多,因为慕陵精神开始衰愈,终至一病不起。他们最后的相晤,还是在荣民医院里,大千原是常出入于医院的,慕陵却一去不返了。

我去外双溪时,若是先到慕陵家,那一定在摩耶精舍晚饭。若是由摩耶精舍到洞天山堂,慕陵一定要我留下同他吃酒。其实酒甚不利他的病体,而且他也不能饮了,可是饭桌前还得放一杯掺了白开水的酒,他这杯淡酒,也不是为了我,却因结习难除,表示一点酒人的倔强,听他家人说,日常吃饭就是这样的。

后来病情加重,已不能起床,我到楼上卧房看他时,他还要若侠夫人下楼拿杯酒来,有时若侠夫人不在,他要我下楼自己找酒。我们平常都没有饭前酒的习惯,而慕陵要我这样的,或许以为他既没有精神谈话,让我一人枯坐着,不如喝杯酒。当我一杯在手,对着卧榻上的老友,分明死生之间,却也没生命奄忽之感。或者人当无可奈何之时,感情会一时麻木的。(台静农《伤逝》)

(二)

辘轳在转,一团湿泥在我手里渐渐成形。陶艺教室里大家各自凝神于自己转盘上那一块混沌初开的宇宙,五月的阳光安详而如有所待,碌碌砸砸的声浪里竟有一份喧哗的沉静。

这件事,我一直没有告诉你。我在学陶,或者说,我在玩泥巴。我想做一个小小的东西,带去放在你的案头,想必是一番惊喜。但是,你终于走了,我竟始终没有让你知道这样微不足道的一项秘密。

一只小钵子做好了,我把它放在高高的架子上,等着几天以后它干了再来修坯。我痴坐失神,窗外小巷子里,阳光如釉,天地岂不也是这样一只在旋转后成形的泥钵呢?

到如今,"有所赠"和"无所赠"对你已是一样的了,死亡究竟是怎么一回事呢?

其实,相知如此,我也并不是成天想着你的——但此刻,泥土的感觉仍留在指间,神秘的成形过程,让人想到彩陶和黑陶的历史岁月,甚至想到天地乍创,到处一片新泥气息的太初。这一刻,我知道,注定了是想你的时候。想你的一生行迹也是如此,柔弱如湿土,不坚持什么,却有其惊人的韧度。卑微如软泥,甘愿受大化的揉搓捣练和挖空而终至成形成器。十九岁,患上淋巴癌,此后却能活上四分之一世纪,有用不完的耐力,倾不完的爱。想故事中的黄土抟人应是造人的初步,而既得人身,其后的一言一行,一关心一系情岂不也是被一只神秘的手所拉坯成形。

人生在世,也无非等于一间辘辘声运转不息的陶艺教室啊!

想你,在此刻。

泰国北部清莱省一个叫联华新村的小山村,住着一些来自云南的中国人。

白天,看完村人的病,夜晚,躺在小木屋里。吹灭油灯的时候,马教士特意说:

"晚安,你留意着,熄灯以后满屋子都是萤火虫呢!"

吹灯一看,果然如此。我惊讶起坐,恋恋地望着满屋子的闪烁,竟不忍再睡。

比流星多芒。流星一闪而陨灭,萤火据说是求偶的讯号,那样安详的传情啊。

比群星灿然。因为萤光中每一分绿意,仿佛是穿过草原的时候不小心染绿的。

我拥被而坐,看着那些光点上下飘忽,心中又是欢喜,又是怅然。

想人生一世,这曾经惊过、惧过、喜过、怒过、憎过、欲过、悲过、痛过的身子,到头来也是磷火萤碧,有如此虫吧?我今以旅人之身,在遥远异域的长夜里看萤度熠耀,百年后,又是谁在荒烟蔓草间看我骨中的萤焰呢?

这样的时刻,切心切意想起的,也总是你。

如果你仍在世,萤火虫的奇遇当足以使你神驰意远。如果你也知道这小小的贫瘠山村,山村中流离的中国人,你会与我同声一哭。而今呢?大悲恸与大惊喜相激如浪生的夜里,感觉与你如此相近而又如此相远。相近是因二十年的缘分,相远是因为想不明白死者舍世以后的情怀。

中国大陆的基督徒有一首流传的诗,常令我泪下,其中一段这样说:

天上虽有无比荣耀的冠冕
但无十字架可以顺从
它为我们所受一切的碾磨
在地,才能与它沟通(原文作交通)
进入"安息"就再寻不到"渡境"
再无机会为它受苦
再也不能为它经过何试炼
再为它舍弃何幸福

是不是只有此生此世有眼泪呢?此时此际,如果你我拨云相望,对视的会皆成泪眼吗?如果天上有泪,你必为此异域孤子而同悲吧!

如果天上无泪,且让我在有生之年把此民族大恸一世洒尽,也不枉了这一双流泉似的眼睛!

檀香扇总让我想起你,因为它的典雅芳馨。

有一年夏天,行经芝加哥,有一个女孩匆匆塞给我一柄扇子,就在人群中消失了。

回去打开一看,是一柄深色的镂花檀香扇。我本不喜欢拥有这样精致的东西,但因为总记得陌生的赠者当时的眼神,所以常带着它,在酷热的时候为自己制造一小片香土。

但今夏每次摇起细细香风的时候,我就怅怅地想起你。

那时候,你初来台湾不久,住在我家里。有一天下午,你跑到我房间来,神秘兮兮的要我闭上眼睛,然后便摇起你心爱的檀香扇:

"你猜,这是什么?"

"不知道。"我抵赖,不肯说。

"你看,你看,苏州的檀香扇,好细的刻工。好中国的,是不是?"

我当时不太搭理你,虽然心里也着实喜欢两个女孩在闺中的稚气,但我和你并不一样。你在香港长大,拿英国护照,对故国有一种浪漫的幻想,而我一直在中国的土地上长大并且刚从中文系毕业,什么是中国,什么不是中国,常令我苦思焦虑,至今不得其解,几乎一提这问题我就要神经质起来。

喜欢你穿旗袍的样子,喜欢你轻摇檀香扇,喜欢你悄悄地读一首小词的神情,因为那里面全是虔诚……

有些地方,我们是同中有异的。

但此刻长夏悠悠,我情怯地举起香扇,心中简简单单地想起那年夏天。想起你常去买一根橙红色的玫瑰,放在小锡瓶里,孤单而芳香。想你轻轻地摇扇,想你口中叨叨念念的中国。檀木的气味又温柔又郁然,而你总在那里,在一阵香风的回顾里。

假日公寓楼下的小公园,一大群孩子在玩躲猫猫的游戏。照例被派定"鬼"的那一个要用手帕蒙上眼睛,口里念念有词地数着数目,他的朋友有的躲在树上有的藏在花间。他念完了数目,猛然一张眼,所有的孩子都消失了,四下竟一个人也没有。

我凭窗俯视园中游戏的小孩,不禁眼湿,我多像那孩子啊!每当夜深,灯下回顾,亡友音容杳然,怎么只在我一蒙眼的瞬间,他们就全消逝了呢?

然后楼下那孩子却霸道地大笑了起来:

"哈,王××,你别躲了,我看见了,你在花里!"

我也嫣然一笑,我的朋友啊,我看不见你,却知道你在哪里。或在花香,或在翠荫,或在一行诗的遐思,生死是一场大型的躲迷藏。看不见的并不是不存在,当一场孩童的游戏乍然结束,我们将相视而喜。

并不是在每一个日子想你,只是一切美丽的、深沉的,心中洞然有所悟的刹那,便是我想你的时刻了。(张晓风《想你的时候——寄亡友恩佩》)

例(一)、例(二)两篇具有相同性质的文章,之所以呈现出两种截然不同的风格特点,是因其在如下诸语言因素的运用上的差异所致。大致说来,有如下诸端。

一、词语运用特点上明显有别

例(一),词语选用上有三个特点:一是尽量选用单音节词。如"但每当他的生日",用"但",不用"但是";"晚饭后",用"后",不用"之后"或"以后";"数日后",用"后",不用"之后"或"以后",等等。二是适当选用一些文言语词或熟语。如"门者告诉我他在楼上",用"门者",不用白话词"守门人"或"看门人";"犹忆1948年大概在春夏之交",用"犹忆",不用白话词"还记得";"若先到慕陵家""若是由摩耶精舍到洞天山堂",用"若",不用白话词"如果";"我们最后的相晤",用"晤",不用白话词"见";"其实酒甚不利他的病体",用"甚",不用白话词"很",等等。"博物院的同人对这位大师的来临,皆大欢喜",用熟语"皆大欢喜",不用白话"大家都很高兴";"虽然一息尚存,相对已成隔世",用熟语"一息尚存",不用白话"还有一口气",等等。三是在不影响语义理解的前提下,尽量省略关联词、介词及其他一些可省的词语。关联词的省略,如"门者告诉我他在楼上,我就直接上了楼",不说"于是我就直接上了楼",省略了承接连词"于是";"他看见我,非常高兴,放下笔来",不说"立即放下笔来",省略了承接连词"立即"。介词或介词词组的省略,如"他看见我,非常高兴",不说"当他看见我时",省略了介词词组"当……时"。动词的省略,如"但每当他的生日,不论好坏,总画一小幅送他,这不是不自量,而是借此表达一点心意,他也欣然。"其中,"他也欣然"句,省略了谓语动词"接受";"相对谈天,直到下楼晚饭","晚饭"前省略了谓语动词"吃";"若是先到慕陵家,那一定在摩耶精舍晚饭",也是"晚饭"前省略了谓语动词"吃";"表示一点酒人的倔强","酒人"是"吃酒人"或"喝酒人"省略了动词"吃"或"喝"而成。作偏正词组中心语的名词的省略,如"案上有十来幅都只画了一半",偏正词组"十来幅画"中省略了作中心语的名词"画";"虽皆是小幅",也是省略了偏正词组"小幅画"中作中心语的名词"画"。

例(二),在词语选用上也有三个特点:一是关联词语多且尽量选用双音节。如"但是,你终于走了",用"但是",而不用"但";"心中又是欢喜,又是怅然",用"又是",不用"又";"相远是因为想不明白死者舍世以后的情怀""檀香扇总让我想起你,因为它的典雅芳馨""我本不喜欢拥有这样精致的东西,但因为总记得陌生的赠者当时的眼神,所以常带着它""因为那里面全是虔诚",用双音节的关联词"因为""所以",不用单音节的"因""故"。"虽然也着实喜欢两个女孩在闺中的稚气",用双音节的关联词"虽然",不用单音节的"虽"。"如果你仍在世""如果你也知道这小小的贫瘠山村""如果你我拨云相望""如果天上有泪""如果天上无泪",用双音节关联词"如果",不用单音节的"若"。二是尽量用口语白话词。如"这件事,我一直没有告诉你",说"这件事",不说"此事";"我在学陶,或者说,我在玩泥巴",说"或者说",不说"或曰";"到如今,'有所赠'和'无所赠'对你已是一样的了",说"到如今",不说"而今";"这一刻,我知道,是注定了是想你的时候",说"这一刻",不说"此刻";"到头来也是磷火萤碧",说"到头来",不说"终究";"这样的时刻,切心切意想起的,也总是你",说"这样的时刻",不说"此刻"或"此时此刻";"是不是只有此生此世有眼泪呢",说"是不是",不说"是否";"那时候,你初来台湾不久",说"那时候",不说"那时";"什么是中国",说"什么是",不说"何为",等等。三是语气词用得较多。如"天地岂不也是这样一只在旋转后形成的泥钵呢""死亡究竟是怎么一回事呢""百年后,又有谁在荒烟蔓草间看我骨中的萤焰呢""是不是只有此生此世有眼泪呢""怎么只在我一蒙眼的瞬间,他们就全消逝了呢",等等,都在句末用了疑问语气词"呢"。又如"人生在世,也无非等于一间辘辘声运转不息的陶艺教室啊""萤火据说是求偶的讯号,那样安详的传情啊""我多像那孩子啊""我的朋友啊,我看不见你,却知道你在哪里"等等,都在句末加了表感叹的语气词"啊"。又如"想人生一世……有如此虫吧""如果天上有泪,你必为此异域孤子而同悲吧"等等,都在句末用表不确切疑问的语气词"吧"。

下面我们以图表的形式直观地呈现两文在用词方面的差异。

《伤逝》单复音节词比例表

单音节词	双音节词	多音节词	总词数
338	348	43	729
46.36%	47.74%	5.90%	100.00%

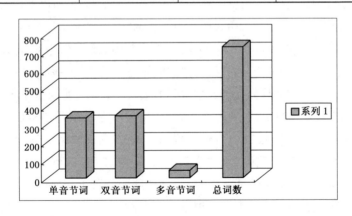

《想你的时候》单复音节词比例表

单音节词	双音节词	多音节词	总词数
460	560	68	1 088
42.28%	51.47%	6.25%	100.00%

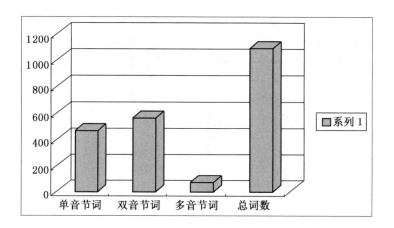

《伤逝》关联词单双音节比例表

单音节	双音节	总数
20	14	34
58.82%	41.18%	100.00%

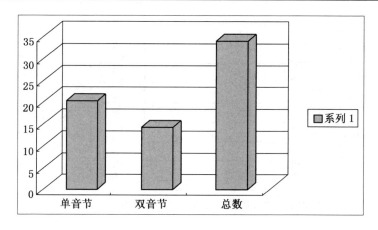

《想你的时候》关联词单双音节比例表

单音节	双音节	总数
20	18	38
52.63%	47.37%	100.00%

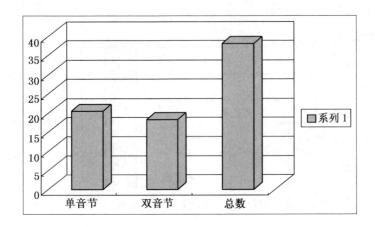

《伤逝》用词整体情况表

通用词	书卷语词	熟语词	总词数
663	59	7	729
90.95%	8.09%	0.96%	100.00%

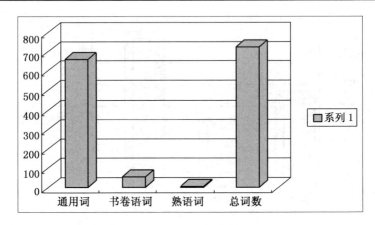

《想你的时候》用词整体情况表

通用词	书卷语词	熟语词	口语词	语气词	总词数
898	154	10	14	12	1 088
82.54%	14.15%	0.92%	1.29%	1.10%	100.00%

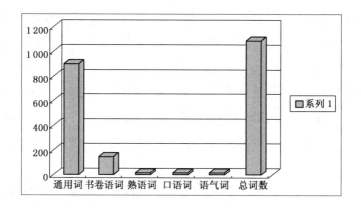

《伤逝》语词及成分省略情况表

关联词	介词	中心语	定语	主语	谓语动词	总数
4	1	4	1	10	6	26
15.38%	3.85%	15.38%	3.85%	38.46%	23.08%	100.00%

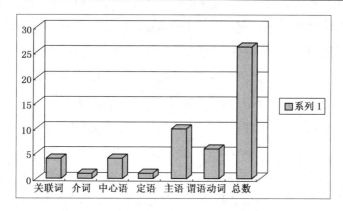

二、句式运用特点上也有差异

例(一),共有一百三十七个句子(以单句计,复句以分句计,下同),其中完整的主谓结构的句子(即"主语＋谓语"的句子)有七十三句,占全部句子的53.28％;在上下文语境中省略了主语的不完整的主谓结构的句子有五十五句,占全部句子的40.15％;非主谓句(即分不出何为主语何为谓语的句子)有一句,占全部句子的0.73%;句首状语有八个,占全部句子的5.84%。全文共一千二百三十四字,平均每句为九字①。也就是说,例(一)在句式上的特点,一是句型以主谓结构的句子为主流,非主谓结构的句子的比例几乎可以忽略不计,也就是说句型呈现出单一化的特征;二是作为全句修饰语的状语比例较小,也就是说句子主干之外的修饰成分不多,句子结构呈现出简洁化特征;三是句子平均长度不大,各句字数差别不大,基本上呈现出短而均衡的特征。

例(二),共有一百八十五个句子(内中引诗不计),其中完整的主谓结构的句子有一百零三句,占全部句子的55.68%;在上下文语境中省略了主语的不完整的主谓句有六十一句,占全部句子的32.97%;非主谓句有八个,占全部句子的4.32%;句首状语有十三个,占全部句子的7.03%。全文共一千八百一十字,平均每句为9.78字。也就是说,例(二)在句式上的特点,一是句型以主谓句为主,但非主谓句有了一定的比例,也就是说,句型上呈现出统一之中略有变化的特征;二是全句修饰语有相当的比例,句子结构呈现出复杂化倾向。有些句子的主语部分还相当复杂,如"这曾经惊过、惧过、喜过、怒过、憎过、欲过、悲过、痛过的身子,到头来也是磷火萤碧",主语部分是个复杂而长的偏正词组;三是句子平均长度不长,但各句之间差别较大。短的有四字,如"我在学陶",长的竟达三十一字,如上举"这曾经惊过……到头来也是磷火萤碧"一句。又如"陶艺教室里大家各自凝神于自己转盘上那一块混沌初开的宇宙"句,也有二十七字之多。也就是说,句子长度上呈现出平均值不大而长短度不均衡的特征。

例(一)和例(二)所代表的两种风格,其在句式特征上的差异,我们可以从下面的图表中看得更直接、更清晰。

---

① 上述统计数字由笔者认真统计三次,但其中仍难免有误差。不过,即使有误差,总误差率也是非常微小,所以可以保证结论的基本正确。以下统计数据情况同此。

第九章 风格与修辞

《伤逝》句子类型表

完全主谓结构句	73	53.28%
不完全主谓结构句	55	40.15%
非主谓句	1	0.73%
有句首状语句	8	5.84%
总句数	137	100.00%

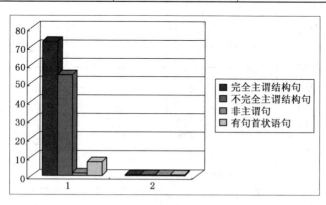

《想你的时候》句子类型表

完全主谓结构句	103	55.68%
不完全主谓结构句	61	32.97%
非主谓句	8	4.32%
有句首状语句	13	7.03%
总句数	185	100.00%

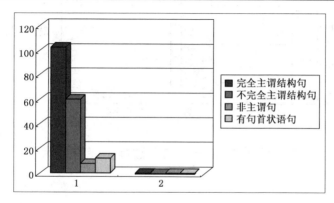

《伤逝》句均长度表（全以分句计）

总句数	总字数	句均字数
137	1 234	9

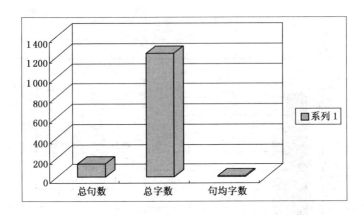

《想你的时候》句均长度表（全以分句计）

总句数	总字数	句均字数
185	1 810	9.78

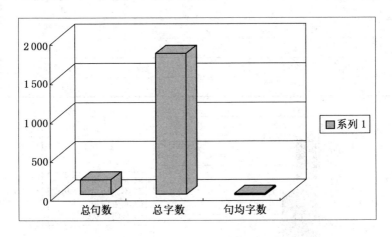

三、修辞文本的建构在数量上悬殊较大

例(一)只建构了两个修辞文本，一是"多年友好，难得结邻，如陶公

与素心友'乐与数晨夕',也是晚年快事",是引用修辞文本。二是"大千原是常出入于医院的,慕陵却一去不返了",是一个讳饰修辞文本。

例(二)建构的修辞文本很多。如"陶艺教室里大家各自凝神于自己转盘上那一块混沌初开的宇宙"句,是个比喻(借喻)修辞文本;"五月的阳光安详而如有所待",是比拟修辞文本;"碌碌砸砸的声浪里竟有一份喧哗的沉静",是摹状和舛互修辞文本;"你终于走了",是讳饰修辞文本;"阳光如釉",是个比喻修辞文本;"天地岂不也是这样一只在旋转后成形的泥钵呢",是比喻和设问修辞文本;"死亡究竟是怎么一回事呢",是个设问修辞文本;"柔软如湿土""卑微如软泥",各是一个比喻修辞文本;"有用不完的耐力,倾不完的爱",是排比修辞文本;"其后的一言一行,一关心一系情岂不也是被一只神秘的手所拉胚成形",是镶嵌和比喻修辞文本;"人生在世,也无非等于一间辘辘声运转不息的陶艺教室啊",是个比喻修辞文本;"白天,看完村人的病,夜晚,躺在小木屋里",是个排比修辞文本;"比流星多芒……""比群星烂然……",各是一个比喻修辞文本;"这曾经惊过、惧过、喜过、怒过、憎过、欲过、悲过、痛过的身子,到头来也是磷火萤碧,有如此虫吧",是排比、比喻修辞文本;"百年后,又有谁在荒烟蔓草间看我骨中的萤焰呢",是讳饰、设问修辞文本;"是不是只有此生此世有眼泪呢",是个设问修辞文本;"如果你我拨云相望,对视的会皆成泪眼吗",是示现、设问修辞文本;"也不枉了这一双流泉似的眼睛",是个比喻修辞文本;"喜欢你穿旗袍的样子,喜欢你轻摇檀香扇,喜欢你悄悄地读一首小词的神情",是个排比修辞文本;"但此刻长夏悠悠,我情怯地举起香扇,心中简简单单地想起那年夏天",是复叠修辞文本;"怎么只在我一蒙眼的瞬间,他们就全消逝了呢",是设问修辞文本;"或在花香,或在翠荫,或在一行诗的遐思",是个排比修辞文本;"生死是一场大型的捉迷藏",是个比喻修辞文本。一篇短文中建构了如此丰富的修辞文本,是令人瞩目的。

下面用图表形式呈现两种风格的作品在修辞文本建构方面的差异,可以看得直观些。

《伤逝》修辞文本类型表

引用	讳饰	总数
1	1	2

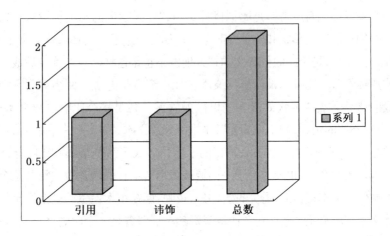

《想你的时候》修辞文本类型表

比喻	比拟	摹状	舛互	讳饰	设问	排比	镶嵌	示现	复叠	总数
12	1	1	1	2	6	5	1	1	1	31

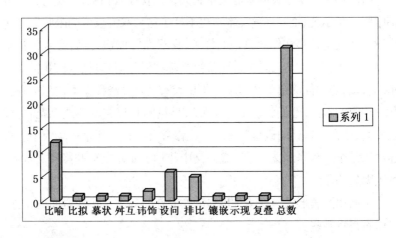

根据以上对例(一)、例(二)的对比分析,我们基本上可以推衍出简约风格和繁丰风格建构的三条基本原则:

(一)词语选用上,简约风格的建构宜尽量使用单音节词,适当运用一些文言语词或熟语,在不影响语义理解的前提下尽量省略可以省略的关联词语或介词等,因为这三种用词方法可以很有效地达到省文约字的效果;繁丰风格的建构宜尽可能的使用双音节词,关联词及介词,尽量使用白话口语词,适当运用语气词,因为这些用词方法可以企及语意表达充分流畅的效果。

(二)句式运用上,简约风格的建构宜采用主谓结构的句子,且尽量使用省略主语的不完整的主谓结构句,句首状语之类的全句修饰语尽量少用,句子平均长度宜短而均衡。这样,才能显得简洁利索。繁丰风格的建构宜采用主谓结构和非主谓结构相结合、完整主谓结构句与不完整主谓结构句相结合的模式,句首状语之类的全句修饰语可以有一定比例,句子平均长度不宜过长,但可以长短结合。这样,才能显得丰富而有变化。

(三)修辞文本方面,简约风格的建构以少有或没有修辞文本的建构为宜,若要建构修辞文本,宜以示现、引用等不至于过多增加全文文字容量的修辞文本为前提。繁丰风格的建构在修辞文本建构方面没有什么特别的限制,凡是能够使语意表达充分酣畅的修辞文本均可。

第四节　平淡风格与绚烂风格

平淡风格与绚烂风格也是两种相对而区别明显的风格类型。为了客观地显现这两种风格的特点与差异,下面我们选取两篇同是怀乡的散文为例来分析观察。

平淡风格,我们以梁实秋的散文《北平的冬天》为例,绚烂风格,我们以余光中散文《听听那冷雨》为例。

(一)

说起冬天,不寒而栗。

我是在北平长大的。北平冬天好冷。过中秋不久,家里就忙着过冬的准备,作"冬防"。阴历十月初一屋里就要生火,煤球、硬煤、柴火都要早早打点。摇煤球是一件大事。一串骆驼驮着一袋袋的煤末子到家门口,煤黑子把煤末子背进门,倒在东院里,堆成好高的一大堆。然后等着大晴天,三五个煤黑子带着筛子、耙子、铲子、两爪勾子就来了,头上包块布,腰间褡布上插一根短粗的旱烟袋。煤黑子摇煤球的那一套手艺真不含糊。煤末子摊在地上,中间做个坑,好倒水,再加预先备好的黄土,两个大汉就搅拌起来。搅拌好了就把烂泥一般的煤末子平铺在空地上,做成一大块蛋糕似的,再用铲子拍得平平的,光溜溜的,约一丈见方。这时节煤黑子已经满身大汗,脸上一条条黑汗水淌了下来,该坐下休息抽烟了。休毕,煤末子稍稍干凝,便用铲子在上面横切竖切,切成小方块,像厨师切菜切萝卜一般手法伶俐。然后坐下来,地上倒扣一个小花盆,把筛子放在花盆上,另一人把切成方块的煤末子铲进筛子,便开始摇了,就像摇元宵一样,慢慢的把方块摇成煤球。然后摊在地上晒。一筛一筛的摇,一筛一筛的晒。好辛苦的工作,孩子在一边看,觉得好有趣。

　　万一天色变,雨欲来,煤黑子还得赶来收拾,归拢归拢,盖上点什么,否则煤被雨水冲走,前功尽弃了。这一切他都乐为之,多开发一点酒钱便可。等到完全晒干,他还要再来收煤,才算完满,明年再见。

　　煤黑子实在很苦,好像大家并不寄予多少同情。从日出做到日落,疲乏的回家途中,遇见几个玩皮的野孩子,还不免听到孩子们唱着歌谣嘲笑他:

煤黑子
打算盘,
你妈洗脚我看见!

　　我那时候年纪小,好久好久都没有能明白为什么洗脚不可以令人看见。

　　煤球儿是为厨房大灶和各处小白炉子用的,就是再穷苦不过的人家也不能不预先储备。有"洋炉子"的人家当然要储备的还有大块的红煤白煤,那也是要砸碎了才能用,也需一番劳力的。南方来的朋友们看到北平家家户户忙"冬防",觉得奇怪,他不知道北平冬天的厉害。

一夜北风寒,大雪纷纷落,那景致有得瞧的。但是有几个人能有谢道韫女士那样从容咏雪的福分。所有的人都被那砭人肌肤的朔风吹得缩头缩脑,各自忙着各自的事。我小时候上学,背的书包倒不太重,只是要带墨盒很伤脑筋,必须平平稳稳的拿着,否则墨汁要洒漏出来,不堪设想。有几天还要带写英文字的蓝墨水瓶,更加恼人了。如果伸手提携墨盒墨水瓶,手会冻僵。手套没有用。我大姐给我用绒绳织了两个网子,一装墨盒,一装墨水瓶,同时给我做了一副棉手筒,两手伸进筒内,提着从一个小孔塞进的网绳,于是两手不暴露在外而可提携墨盒墨水瓶了。饶是如此,手指关节还是冻得红肿,作奇痒。脚后跟生冻疮更是稀松平常的事。临睡时母亲为我们备热水烫脚,然后钻进被窝,这才觉得一日之中尚有温暖存在。

北平的冬景不好看么?那倒也不。大清早,榆树顶的干枝上经常落着几只乌鸦,呱呱的叫个不停,好一幅古木寒鸦图!但是还不及西安城里的乌鸦多。北平喜鹊好像不少,在屋檐房脊上吱吱喳喳的叫,翘着的尾巴倒是好看的,有人说它是来报喜,我不知喜自何来。麻雀很多,可是竖起羽毛像披蓑衣一般,在地面上蹦蹦跳跳的觅食,一副可怜相。不知什么人放鸽子,一队鸽子划空而过,盘旋又盘旋,白羽衬青天,哨子忽忽响。又不知是哪一家放风筝,沙雁蝴蝶龙睛鱼,弦弓上还带锣鼓。隆冬之中也还点缀着一些情趣。

过新年是冬天生活的高潮。家家贴春联、放鞭炮、煮饺子、接财神。其实是孩子们狂欢的季节,换新衣裳、磕头、逛厂甸儿,流着鼻涕举着琉璃喇叭大沙雁儿。五六尺长的大糖葫芦糖稀上沾着一层尘沙。北平的尘沙来头大,是从蒙古戈壁大沙漠刮来的,平时真是胡尘涨宇,八表同昏。脖领里、鼻孔里、牙缝里,无往不是沙尘。这才是真正的北平的冬天的标帜。愚夫愚妇们忙着逛财神庙、白云观去会神仙,甚至赶妙峰山进头炷香,事实上无非是在泥泞沙尘中打滚而已。

在北平,裘马轻狂的人固然不少,但是极大多数的人到了冬天都是穿着粗笨臃肿的大棉袍、棉裤、棉袄、棉袍、棉背心、棉套裤、棉风帽、棉毛窝、棉手套。穿丝棉的是例外。至若拉洋车的、挑水的、掏粪的、换洋取灯儿的、换肥子儿的、抓空儿的、打鼓儿的……哪一个不是衣裳单薄,在寒风里打颤?在北平的冬天,一眼望出去,几乎到处是萧瑟贫寒的景色,无需走向粥厂门前才能体会到什么叫做饥寒交迫的境况。北平是大地方,从前是辇毂所在,后来也是首善之区,但也是"朱门酒肉臭,路有冻死骨"的地方。

北平冷,其实有比北平更冷的地方。我在沈阳度过两个冬天。房屋双层玻璃窗,外层凝聚着冰雪,内层若是打开一个小孔,冷气就逼人而来。马路上一层冰一层雪,又一层冰一层雪,我有一次去赴宴,在路上连跌了两跤,大家认为那是寻常事。可是也不容易跌断腿,衣服穿得多。一位老友来看我,觌面不相识,因为他的眉毛须发全都结了霜!街上看不到一个女人走路。路灯电线上踞着一排鸦雀之类的鸟,一声不响,缩着脖子发呆,冷得连叫的力气都没有。更北的地方如黑龙江,一定冷得更有可观。北平比起来不算顶冷了。

冬天实在是很可怕。诗人说:"如果冬天来到,春天还会远么?"但愿如此。(梁实秋《北平的冬天》)

(二)

惊蛰一过,春寒加剧。先是料料峭峭,继而雨季开始,时而淋淋漓漓,时而淅淅沥沥,天潮潮地湿湿,即使在梦里,也似乎把伞撑着,而就凭一把伞,躲过一阵潇潇的冷雨,也躲不过整个雨季。连思想也都是潮润润的,每天回家,曲折穿过金门街到厦门街迷宫式的长巷短巷,雨里风里,走入霏霏令人更想入非非,想这样子台北凄凄切切完全是黑白片的味道,想整个中国整部中国的历史无非是一张黑白片子,片头到片尾,一直是这样下着雨的。这种感觉,不知道是不是从安东尼奥尼那里来的。不过那一块土地是久违了,二十五年,四分之一的世纪,即使有雨,也隔着千山万水,千伞万伞。二十五年,一切都断了,只有气候,只有气象报告还牵连在一起。大寒流从那块土地上弥天卷来,这种酷冷吾与古大陆分担,不能扑进她怀里,被她的裙边扫一扫也算是安慰孺慕之情。

这样想时,严寒里竟有一点温暖的感觉了。这样想时,他希望这些狭长的巷子永远延伸下去,不是金门街到厦门街,而是金门到厦门。他是厦门人,至少是广义的厦门人,二十年来,不住在厦门,住在厦门街,算是嘲弄吧,也算是安慰。不过说到广义,他同样也是广义的江南人,常州人,南京人,川娃儿,五陵少年。杏花春雨江南,那是他的少年时代了。再过半个月就是清明,安东尼奥尼的镜头摇过去,摇过去又摇过来。残山剩水犹如是。皇天后土犹如是。纭纭黔首纷纷黎民从北到南犹如是。那里面是中国吗?

那里面当然还是中国,永远是中国。只是杏花春雨已不再,牧童遥指已不再,剑门细雨渭城轻尘也都已不再。然则他日思夜梦的那片土地,究竟在哪里呢?

在报纸的头条标题里吗?还是香港的谣言里?还是傅聪的黑白键马思聪的跳弓拨弦?还是安东尼奥尼的镜底勒马洲的望中?还是呢,故宫博物院的墙头和玻璃橱内,京戏的锣鼓声中太白和东坡的韵里?

杏花。春雨。江南。六个方块字,或许那片土地就在那里面。而无论赤县也好神州也好中国也好,变来变去,只要仓颉的灵感不灭,美丽的中文不老,那形象,那磁石一般的向心力当必然长在。因为一个方块字是一个天地。太初有字,于是汉族的心灵,祖先的回忆和希望便有了寄托。譬如凭空写一个"雨"字,点点滴滴,滂滂沱沱,淅沥淅沥淅沥。一切云情雨意,就宛然其中了。视觉上的这种美感,岂是什么 rain 也好 Pluie 也好所能满足?翻开一部《辞源》或《辞海》,金木水火土,各成世界,而一入"雨"部,古神州的天颜千变万化,便悉在望中,美丽的霜雪云霞,骇人的雷电霹雳,展露的无非是神的好脾气与坏脾气,气象台百读不厌门外汉百思不解的百科全书。

听听那冷雨。看看,那冷雨。嗅嗅闻闻,那冷雨,舔舔吧,那冷雨。雨在他的伞上,这城市百万人的伞上,雨衣上,屋上,天线上,雨下在基隆港,在防波堤,在海峡的船上,清明这季雨。雨是女性,应该最富于感性。

雨气空濛而迷幻,细细嗅嗅,清清爽爽新新,有一点点薄荷的香味。浓的时候,竟发出草和树沐发后特有的淡土腥气,也许那竟是蚯蚓和蜗牛的腥气吧,毕竟是惊蛰了啊!也许地上的地下的生命,也许古中国层层叠叠的记忆皆蠢蠢而蠕,也许是植物的潜意识和梦吧,那腥气。

第三次去美国,在高高的丹佛山居了两年。美国的西部,多山多沙漠,千里干旱,天,蓝似盎格鲁·撒克逊人的眼睛;地,红如印第安人的肌肤;云,却是罕见的白鸟。落基山簇簇耀目的雪峰上,很少飘云牵雾。一来高,二来干,三来森林线以上,杉柏也止步;中国诗词里"荡胸生层云"或是"商略黄昏雨"的意趣,是落基山上难睹的景象。落基山岭之胜,在石,在雪,那些奇岩怪石,相叠互倚,砌一场惊心动魄的雕塑展览,给太阳和千里的风看。那雪白得虚虚幻幻,冷得清清醒醒,那股皑皑不绝一仰难尽的气势,压得人呼吸困难,心寒眸酸。不过要领略"白云回望合,青霭入看无"的境界,仍须回中国,台湾湿度很高,最饶云气氤氲雨意迷离的情调。两度夜宿溪头,树香沁鼻宵寒袭肘,枕着润碧湿翠苍苍交叠的山影和万籁都歇岑寂,仙人一样睡去。山中一夜饱雨,次晨醒来,在旭日未升的原始幽静中,冲着隔夜的寒气,踏着满地的断柯折枝和仍在流泻的细股雨水,一经探入森林的秘密,曲曲弯弯,步上山去,溪头的山,树密雾浓,蓊郁的水汽从谷底冉冉升起,时稠时稀,蒸腾多姿,幻化无定,只能从雾破云开的空处,窥见乍现即隐的一峰半壑,要纵览全貌,几乎是不可能的。至少入山两次,只能在白茫茫里和溪头诸峰玩捉迷藏的游戏,回到台北,世人问起,除了笑而不答心自闲,故作神秘之外,实际的印象也无非山在虚无之间罢了。云缭雾绕,山隐水迢的中国风景,由来予人宋画的韵味。那天下也许是赵家的天下,那山水却是米家的山水,而究竟,是米氏父子下笔像中国的山水,还是中国的山水上纸像宋画。恐怕是谁也说不清楚了吧?

雨不但可嗅,可观,更可以听,听听那冷雨。听雨,只要不是石破天惊的台风暴雨,在听觉上总是一种美感。大陆上的秋天,无论是疏雨滴梧桐,或是骤雨打荷叶,听去总有一点凄凉,凄清,凄楚。于今在岛上回味,则在凄楚之外,更笼上一层凄迷了。饶你多少豪情侠气,怕也经不起三番五次的风吹雨打。一打少年听雨,红烛昏沉。二打中年听雨,客舟中,江阔云低。三打白头听雨在僧庐下。这便是亡宋之痛,一颗敏感心灵的一生,楼上、江上、庙里,用冷冷的雨珠子串成。十年前,他曾在一场摧心折骨的鬼雨中迷失了自己。雨,该是一滴湿漓漓的灵魂,在窗外喊谁。

雨打在树上和瓦上,韵律都清脆可听。尤其是铿铿敲在屋瓦上,那古老的音乐,属于中国。王禹偁在黄冈,破如椽的大竹为屋瓦。据说住在竹楼上面,急雨声如瀑布,密雪声比碎玉。而无论鼓琴,咏诗,下棋,投壶,共鸣的效果都特别好。这样岂不像住在竹简里面,任何细脆的声响,怕都会加倍夸大,反而令人耳朵过敏吧。

雨后的屋瓦,浮漾温湿的流光,灰而温柔,迎光则微明,背光则幽黯,对于视觉,是一种低沉的安慰。至于雨敲在鳞鳞千瓣的瓦上,由远而近,轻轻重重轻轻,夹着一股股的细流沿瓦槽与屋檐潺潺泻下,各种敲击音与滑音密织成网,谁的千指百指在按摩耳轮。"下雨了!"温柔的灰美人来了,她冰冰的纤手在屋顶拂弄着无数的黑链啊灰链,把晌午一下子奏成了黄昏。

在古老的大陆上,千屋万户也如此。二十多年前,初来这岛上,日式的瓦屋亦如此,先是天黯了下来,城市像罩在一块巨幅的毛玻璃里,阴影在户内延长复加深。然后凉凉的水意弥漫在空间,风自每一个角落里旋起,感觉得到,每一个屋顶上呼吸沉重都覆着灰云。雨来了,最轻的敲打乐敲打这城市,苍茫的屋顶,远远近近,一张张敲过去,古老的琴,那细细密密的节奏,单调里自有一种柔婉与亲切,滴滴点点滴滴,似幻似真,若孩时在摇篮里,一曲耳熟的童谣摇摇欲睡,母亲吟哦鼻音与喉音。或是在江南的泽国水乡,一大筐绿油油的桑叶被啮于千百头蚕,细细琐琐屑屑,口器与口器咀咀嚼嚼。雨来了,雨来的时候我这么说,一片瓦说,千亿片瓦说,轻轻地奏吧沉沉的弹,徐徐地叩吧挞挞地打,间间歇歇敲一个雨季,即兴演奏从惊蛰到清明,在零落的坟上冷冷奏挽歌,一片瓦吟千亿片瓦吟。

在日式的古屋里听雨,听四月,霏霏不绝的黄梅雨,朝夕不断,旬月绵延,湿粘粘的苔藓从台阶下一直侵到他舌底,心底。到七月,听台风台雨的古屋顶上一夜盲奏,千寻海底的热浪沸沸被狂风挟来,掀翻整个太平洋只为向他的矮屋檐重重压下,整个海在他的蜗壳上哗哗泻过,不然便是雷雨夜,白烟一般的纱帐里听羯鼓一通又一通,滔天的暴雨滂滂沛沛扑来,强劲的电琵琶忐忐忑忑忐忐忑忑,弹动屋瓦的惊悸腾腾欲掀起。不然便是斜斜的西北雨斜斜,刷在窗玻璃上,鞭在墙上打在阔大的芭蕉叶上,一阵寒濑泻过,秋意便弥漫日式的庭院了。

  在日式的古屋里听雨,春雨绵绵听到秋雨潇潇,从少年听到中年,听听那冷雨。雨是一种单调而耐听的音乐是室内乐是室外乐,户内听听,户外听听,冷冷,那声乐。雨是一种回忆的音乐,听听那冷雨,回忆江南的雨下得满地是江湖下在桥上和船上,也下在四川和秧田和蛙塘,下肥下嘉陵江下湿布谷咕咕的啼声。雨是潮潮润润的音乐下在渴望的唇上舔舔那冷雨。

  因为雨是最最原始的敲打乐从记忆的彼端敲起。瓦是最最低沉的乐器灰蒙蒙的温柔覆盖着听雨的人,瓦是音乐的雨伞撑起。但不久公寓的时代来临,台北你怎么一下子长高了,瓦的音乐竟成了绝响。千片万片的瓦翩翩,美丽的灰蝴蝶纷纷飞走,飞入历史的记忆。现在雨下下来,下在水泥的屋顶和墙上,没有音韵的雨季。树也砍光了,那月桂,那枫树,柳树和擎天的巨椰,雨来的时候不再有丛叶嘈嘈切切,闪动湿湿的绿光迎接。鸟声减了啾啾,蛙声沉了阁阁,秋天的虫吟也减了唧唧。七十年代的台北不需要这些,一个乐队接一个乐队便遣散尽了。要听鸡叫,只有去《诗经》的韵里寻找。现在只剩下一张黑白的片,黑白的默片。

  正如马车的时代去后,三轮车的时代也去了。曾经在一夜,三轮车的油布篷挂起,送她回家的途中,篷里的世界小得多可爱,而且躲在警察的辖区以外,雨衣的口袋越大越好,盛得下他的一只手里握一只纤纤的手。台湾的雨季这么长。该有人发明一种宽宽的双人雨衣,一人分穿一只袖子,此外的部分就不必分得太苛。而无论工业如何发达,一时似乎还废不了雨伞。只要雨不倾盆,风不横吹,撑一把伞在雨中仍不失古典的韵味。任雨点敲在黑布伞或是透明的塑料伞上,将骨柄一旋,雨珠向四方喷溅,伞缘便旋成了一圈飞檐。跟女友共一把雨伞,该是一种美丽的合作吧。最好是初恋,有点兴奋,更有点不好意思,若即若离之间,雨不妨下大一点。真正初恋,恐怕是兴奋得不需要伞的,手牵手在雨中狂奔而去,把年轻的长发和肌肤交给漫天的淋淋漓漓,然后向对方的唇上颊上尝凉凉甜甜的雨水,不过那要非常年轻且激情,同时也只能发生在法国的新潮片里吧。

大多数的雨伞想不会为约会张开。上班下班,上学放学,菜市来回的途中,现实的伞,灰色的星期三,握着雨伞,他听那冷雨打在伞上,索性更冷一些就好了,他想索性把湿湿的灰雨冻成干干爽爽的白雨,六角形的结晶体在无风的空中回回旋旋地降下来,等须眉和肩头白尽时,伸手一拂就落了。二十五年,没有受故乡白雨的祝福,或许发上下一点白霜是一种变相的自我补偿吧。一位英雄,经得起多少次雨季?他的额头是水面岩削成还是火成岩?他的心底究竟有多厚的苔藓?厦门街的雨巷走了二十年与记忆等长,一座无瓦的公寓在巷底等他,一盏灯在楼上的雨窗子里,等他回去,向晚餐后的沉思冥思去整理青苔深深的记忆,前尘隔海,古屋不再。听听那冷雨。(余光中《听听那冷雨》)

例(一)、例(二)两篇怀乡的文章,之所以呈现出不同的表现风格,是与其语言因素构成的两个方面的突出差异密切相关的。

一、在词语选用上倾向化特征分明

例(一)倾向于选用普通词语、通用词语、口语化词语。如"冬天""家里""中秋""煤球""柴火""手艺""筛子""墨水瓶""冻疮""被窝""马路"等等,都是普通寻常而通用的名词,不带任何特定含义或意象色彩;如"好冷""伶俐""疲乏""臃肿""可怕"等等,都是平常的普通形容词语;如"说起""长大""过冬""摇""砸碎""做""摊""晒""储备""跌"等等,都是普通的动词;如"玩皮""厉害""衣裳""灯儿""肥子儿""空儿""鼓儿""大地方""大晴天""发呆"等各类词语,都是具有十分浓郁的口语化色彩的词语。

而具有某种形象性或具描绘色彩的文学词语,仅有诸如"烂泥""光溜溜""咏雪""朔风""缩头缩脑""稀松""古木寒鸦""划空而过""白羽衬青天""龙睛鱼""隆冬""胡尘""八表""标帜""裘马轻狂""萧瑟"等十几个;具典雅色彩的古语词,如"辇毂所在""首善之区""觌面"等书卷语词数量也不多。很明显,例(一)在选词用语方面有突出的普通化、通用化、口语化倾向特征。

例(二)则倾向于选用具有特定含义或意象色彩的词、具典雅色彩的古语词、描绘性很强的词语(包括叠音词之类),即文学词、书卷语词使用得较多。选用的叠音词,有如"料料峭峭""淋淋漓漓""淅淅沥沥""潮潮""湿湿""潇潇""潮润润""霏霏""凄凄切切""纭纭""纷纷""点点滴滴""滂滂沱沱""淅沥淅沥淅沥""清清爽爽清清""层层叠叠""高高""簇簇""虚虚幻幻""清清醒醒""皑皑""曲曲弯弯""冉冉""白茫茫""湿漓漓""轻轻重重轻轻""一股股""冰冰""凉凉""远远近近""一张张""细细密密""滴滴点点滴滴""绿油油""细细琐琐屑屑""咀咀嚼嚼""沉沉""轻轻""徐徐""间间歇歇""冷冷""湿粘粘""沸沸""重重""滂滂沛沛""忐忐忑忑忐忐忑忑""腾腾""斜斜""绵绵""潮潮润润""灰蒙蒙""翩翩""湿湿""纤纤""宽宽""淋淋漓漓""甜甜""干干爽爽""回回旋旋""深深"等一百二十五个,若将重复出现的叠音词(动词如"听听""看看"等不计为叠音词)也计算在内,数量更大。有特殊意象色彩或象征含义的词语、文学色彩很浓的词语,如"冷雨""杏花春雨江南""残山剩水""牧童遥指""剑门细雨""渭城轻尘""勒马洲""云情雨意""蠢蠢而蠕""黄昏雨""青霭""白云""云气氤氲""雨意迷离""树香沁鼻""肯寒袭肘""润碧湿翠""苍苍交叠""万籁都歇岑寂""饱雨""幽静""断柯折枝""流泻""蓊郁""蒸腾""幻化""雾破云开""窥见""乍现即隐""一峰半壑""云缭雾绕""山隐水迢""宋画韵味""赵家天下""米家山水""疏雨""梧桐""骤雨荷叶""凄凉""凄清""凄楚""凄迷""豪情侠气""少年听雨""红烛昏沉""江阔云低""白头听雨""僧庐""亡宋之痛""摧心折骨""鬼雨""密雪""碎玉""流光""灰美人""纤手""拂弄""苍茫""泽国水乡""零落""绵延""蜗壳""纱帐""羯鼓""滔天""琵琶""芭蕉""寒濑""蛙塘""布谷""丛叶""倾盆""喷溅""飞檐""狂奔""漫天""白雨""苔藓""雨窗""冥思""青苔""前尘"等一百四十二个;具有典雅色彩的古语词,如"弥天""裾边""孺慕""黔首""黎民""赤县""神州""太初""宛然""旭日""纵鉴""鼓琴""咏诗""投壶""声响""浮漾""温湿""微明""幽黯""弥漫""旋起""柔婉""绝响""惊悸""须眉"等一百五十个。很明显,《雨》文在选词用语方面有突出的音乐化、形象化、典雅化的倾向特征。

下面我们以图表的形式来直观地呈现例(一)、例(二)所代表的两种风格在用词方面的差异。

《北平的冬天》用词情况表

通用词	书卷词	口语词	文学词	总数
938	64	48	19	1 069
87.75%	5.98%	4.49%	1.78%	100.00%

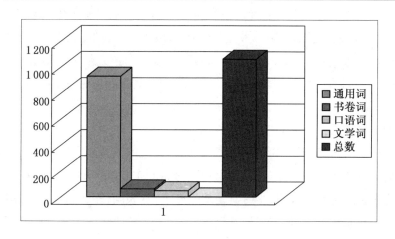

《听听那冷雨》用词情况表

通用词	书卷词	口语词	文学词	叠音词	外来词	总数
1 718	150	13	142	125	2	2 150
79.90%	7.00%	0.60%	6.60%	5.81%	0.09%	100.00%

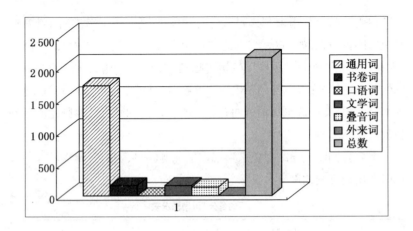

二、在修辞文本建构上用力悬殊

例(一)基本上不着力建构什么修辞文本。全文所建构的修辞文本非常有限,计有九种十五个修辞文本。它们是比喻文本两个:"搅拌好了就把烂泥一般的煤末子平铺在空地上,做成一大块蛋糕似的","麻雀很多,可是竖起羽毛像蓑衣一般";复迭文本四个:"必须平平稳稳的拿着","在地面上蹦蹦跳跳的觅食","一队鸽子划空而过,盘旋又盘旋","马路上一层冰一层雪,又一层冰又一层雪";设问文本一个:"北平的冬景不好看么?那倒也不";摹状文本两个:"榆树顶上的干枝上经常落着几只乌鸦,呱呱的叫个不停","哨子忽忽响";排比文本一个:"家家贴春联、放鞭炮、煮饺子、接财神";夸张一个:"北平的尘沙来头大,是从蒙古戈壁刮来的,平时真是胡尘涨宇,八表同昏";借代一个:"北平是大地方,从前是辇毂所在";比拟一个:"路灯电线上踞着一排鸦雀之类的鸟,一声不响,缩着脖子发呆";引用文本两个:"但也是'朱门酒肉臭,路有冻死骨'的地方","诗人说:'如果冬天来到,春天还会远么'"。

例(二)则特别着力于修辞文本的建构。全文所建构的修辞文本,计有十七种一百四十三个。其中比喻文本有如"想这样子台北凄凄切切完全是黑白片的味道""想整个中国整部中国的历史无非是一张黑白片子"

"而无论赤县也好神州也好中国也好,变来变去,只要仓颉的灵感不灭,美丽的中文不老,那形象,那磁石一般的向心力当必然长在""因为一个方块字是一个天地"等二十六个(太多,为节省篇幅,不一一例列,下同);复迭文本有如"先是料料峭峭""时而淋淋漓漓""天潮潮地湿湿""纭纭黔首纷纷黎民从北到南犹如是""那雪白得虚虚幻幻,冷得清清醒醒"等四十四个;摹状文本有如"时而淅沥淅沥""躲过一阵潇潇的冷雨""尤其是铿铿敲在屋瓦上""至于雨敲在鳞鳞千瓣的瓦上""夹着一股股的细流沿瓦槽与屋檐潺潺泻下""鸟声减了啾啾"等十五个;比拟文本有如"连思想也都是潮润润的""大寒流从那块土地上弥天卷来,这种冷酷吾与古大陆分担,不能扑进她怀里,被她的裙边扫一扫也算是安慰孺慕之情""也许是植物的潜意识和梦吧,那腥气""雨,该是一滴湿漓漓的灵魂,在窗外喊谁"等九个;借代有如"走入霏霏令人更想入非非""还是傅聪的黑白键马思聪的跳弓拨弦"等六个;夸张文本有如"即使在梦里,也似乎把伞撑着""即使有雨,也隔着千山万水""掀翻整个太平洋只为向他的矮屋檐重重压下"等六个;排比文本有如"残山剩水犹如是。皇天后土犹如是。纭纭黔首纷纷黎民从北到南犹如是""只是杏花春雨已不再,牧童遥指已不再,剑门细雨渭城轻尘也已不再"等九个;对偶文本有如"迎光则微明,背光则幽黯""春雨绵绵听到秋雨潇潇"(句中对)、"上班下班,上学放学"等三个;错综文本有如"听听那冷雨。看看,那冷雨。嗅嗅闻闻,那冷雨,舔舔吧,那冷雨""一打少年听雨,红烛昏沉。二打中年听雨,客舟中,江阔云低。三打白头听雨在僧庐下"等两个;设问文本有如"那里面是中国吗?那里面当然还是中国,永远是中国""然则他日思夜梦的那片土地,究竟在哪里呢""在报纸的头条标题里吗"等九个;引用文本有如"杏花春雨江南""只是杏花春雨已不再""牧童遥指已不再""剑门细雨渭城轻尘也都不再""中国词里'荡胸生层云'或是'商略黄昏雨'的意趣,是落基山上难睹的景象"等八个;列锦文本有如"杏花。春雨。江南"等一个;移觉文本有如"压得人呼吸困难,心寒眸酸"等一个;同异文本有如"听去总有一点凄凉,凄清,凄楚""于今在岛上回味,则在凄楚之外,更笼上一层凄迷"等两个;拈连文本有如"也下在四川和秧田和蛙塘,下肥下嘉陵江下湿布谷咕咕的啼声"等一个;折绕文本有如"手牵手在雨中狂奔而去,把年轻的长发和肌肤交给漫天的淋淋漓漓,然后向对方的唇上颊上尝凉凉甜甜的雨水"等一个。

由上列两文在修辞文本建构上的数据,我们可以清楚地见出,例(一)修辞文本建构少,且比喻、比拟、夸张等形象性强、艺术性强的修辞文本数量少,三种加起来只占全部修辞文本的26%,这就不易构成作品绚烂的语言风格,而例(二)所建构的修辞文本不仅数量多,而且品种也丰富。其中比喻、比拟、复叠、摹状、夸张等形象性、艺术性强的修辞文本所占比例大,共有一百个,占全部修辞文本的69%。这就易于使作品构成绚烂的语言风格。

下面我们以图表形式将例(一)、例(二)所代表的两种风格在修辞文本建构方面的差异作一直观的呈示。

《北平的冬天》修辞文本类型表

比喻	复叠	设问	摹状	排比	夸张	借代	比拟	引用	总数
2	4	1	2	1	1	1	1	2	15

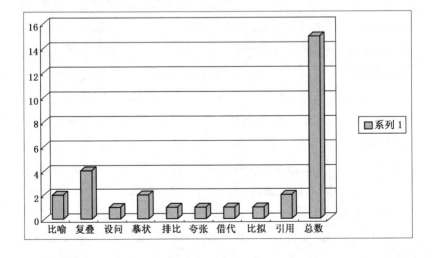

《听听那冷雨》修辞文本类型表

比喻	复叠	摹状	比拟	借代	夸张	排比	对偶	错综	设问	引用	列锦	移觉	同异	拈连	折绕	总数
26	44	15	9	6	6	9	3	2	9	8	1	1	2	1	1	143

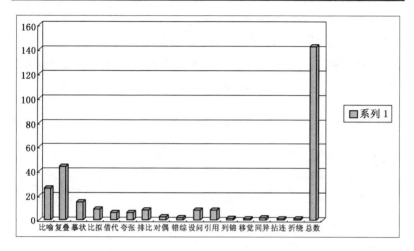

根据以上对例(一)、例(二)二文的对比分析,我们基本上可以推衍出平淡风格与绚烂风格建构的基本原则:

(一)在词语选用上,平淡风格的建构宜多选用表示抽象、理性概念的普通词、通用词与平白的口语词,而不宜过多运用形象性或文学性较强的描绘类词语;绚烂风格的建构则宜大量运用形象化或意象含义丰富的描绘类词语,同时选用适当比例的具典雅色彩的古语词。

(二)在修辞文本建构上,平淡风格的建构宜尽可能少地建构修辞文本或不建构修辞文本,若不可避免,可建构少量借代、引用之类的修辞文本。因为这类修辞文本形象性、艺术化色彩不太浓厚。绚烂风格的建构宜大量建构修辞文本,特别是比喻、比拟、复迭、摹状、夸张之类的修辞文本可以比例高些,因为这类修辞文本形象性、艺术化色彩浓厚,有助于形成作品绚烂的风格。

第五节　明快风格与含蓄风格

明快风格与含蓄风格也是两种相对相反的语言风格类型。为了客观准确地显现两者在语言诸因素运用方面的差异,我们选取两首同是表达坚贞不渝的爱情主题的爱情诗来分析、对比。

明快风格的,我们以范源《我永远爱着你》一诗为例,含蓄风格的,我们以邵洵美《我是只小羊》一诗为例。

(一)
我心中的人儿呀,
我永远爱着你;
假如有一天我变成一抔黄土,
黄土也爱着你;
假如黄土上长满青草,
青草也爱着你;
假如青草上挂满了露珠,
露珠也爱着你!(范源《我永远爱着你》)

(二)
我是只小羊,
你是片牧场。
我吃了你我睡了你,
我又将我交给了你。

半暗的太阳,
半明的月亮,
婴孩的黑夜在招手,
是小羊归去的时候。

小羊归去了,
牧场忘怀了。
我是不归的小羊,
早晚伴着你这牧场。(邵洵美《我是只小羊》)

例(一)、例(二)两首诗,一样的体裁,一样的主题,却呈现出明显的不同风格,一个明快,一个含蓄,是与其语言因素构成的如下两个方面的突出差异有着密切关系的。

一、在语义上表层语义与深层语义的一致性不同

例(一),每句话的语义在表层与深层上都是一致的。如"我心中的人儿呀,我永远爱着你",表层与深层语义都是一样的,也就是说在接受上没有别的理解。"假如有一天我变成一抔黄土,黄土也爱着你""假如黄土上长满青草,青草也爱着你""假如青草上挂满了露珠,露珠也爱着你"三句,虽然在命题上是不具有真实性的,但是不真实的命题仍然显示出同样的表层和深层语义:"我心中的人儿呀,我永远爱着你。"也就是说,全诗四句实际上表达了同样的一个语义,而这个语义便是全诗的主旨语义,它们在表层与深层上没有出现分离不一致的地方。也就是说,例(一)在语义上表层与深层具有一致性。

例(二),每句话的语义在表层和深层都不一致,亦即作品字面语义与作品所真正要表达的语义(即语用学所说的"字义"与"用意")不同。如"我是只小羊,你是片牧场",表层语义似乎是通过比喻揭示"我"与"小羊""你"与"牧场"的两组对象的类同关系,说明"我""你"形象性质的不同;深层语义则表达的是"我"离不开"你"(即"我的心上人")。"我吃了你我睡了你,我又将我交给了你",表层语意是说小羊吃了牧场的草又睡在牧场,小羊也就属于了牧场;深层语义则是说"我"得到了"你"的爱,"我"也将"我"的爱全部献给了"你"。"半暗的太阳,半明的月亮,婴孩的黑夜在招手,是小羊归去的时候",表层语义是说天也有黑的时候,天黑了,吃草的小羊就该归圈了;深层语义则是男女恋情也有变化,当感情出

现了不和谐,就该是男女分手的时候了。"小羊归去了,牧场忘怀了",表层语义是说小羊归圈了,牧场也就没有什么羊了;深层语义则是说情郎离去了,爱情也就没有了。"我是不归的小羊,早晚伴着你这牧场",表层语义是说有一只小羊晚上也不归圈,早晚都在牧场;深层语义则是说"我"是一个痴情的种子,"我"对"你"的感情是地久天长,"我"永远爱"你"。很明显,例(二)在语义上表层与深层是分离的,两者是不一致的。

正因为例(一)在语义上表层与深层是一致的,表达上显得直接,所以全诗呈现的是明快的语言风格;例(二)在语义上表层与深层是分离的,具有不一致性,表达上显得间接,所以全诗呈现的是含蓄的语言风格。

二、在修辞文本建构的类型上有鲜明的差别

例(一)在修辞文本建构上,主要是排比一种。即"假如有一天我变成一抔黄土,黄土也爱着你;假如黄土上长满青草,青草也爱着你;假如青草上挂满了露珠,露珠也爱着你"三句,构成了一个排比修辞文本(而"黄土也爱着你""青草也爱着你""露珠也爱着你"三句,虽然分别是三个比拟修辞文本,但它们是包孕在排比文本内部的第二个层次的修辞文本,因此不计在内)。

例(二)在修辞文本建构上,主要是比喻,全诗各句不是暗喻修辞文本,如"我是只小羊"等,就是借喻,如"小羊归去了,牧场忘怀了"等。

由于例(一)在修辞文本建构上以排比为主(比拟文本是在内部所包含,属于第二个层次),而排比有"广文义,壮文势"的表达效果,所以易于助成例(一)明快的语言风格;例(二)在修辞文本建构上以比喻中的暗喻和借喻为主,而这两种比喻都有表意婉转的效果,因而易于助成例(二)含蓄的语言风格。

也就是说,例(一)与例(二)二诗之所以在语言风格上表现为不同类型,其各自建构的修辞文本类型不同,也是其重要原因。

下面我们以图表形式呈示例(一)与例(二)所代表的两种风格在修辞文本建构上的差异与分际。

《我永远爱着你》修辞文本类型表

排比	1	100%
总数	1	100%

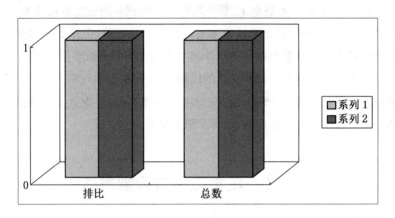

《我是只小羊》修辞文本类型表

比喻	对偶	比拟	总数
4	1	1	6
66.67%	16.67%	16.67%	100.00%

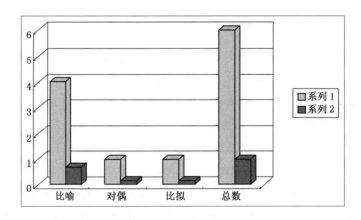

根据以上对例(一)、例(二)两诗的对比分析,我们基本上可以推衍出明快风格与含蓄风格建构的基本原则:

（一）在语义上，明快风格的建构宜注重语句表层语义与深层语义的一致，即"字义"与"用意"的统一；含蓄风格的建构宜注重语句表层语义与深层语义的分离，即"字义"与"用意"的不一致，表里有异。

（二）在修辞文本类型上，明快风格的建构宜特别注重排比文本、对比文本的建构，因为排比修辞文本有表意酣畅的效果（但排比的内部忌有借喻或双关文本的包孕）；对比修辞文本在表达上有相形见义、突出鲜明的效果。所以这两种修辞文本的建构，易于形成明快风格。含蓄风格的建构宜着重于暗喻、借喻、双关、折绕等几种类型，因为这几种修辞文本在表达上有婉约蕴藉的效果，易于形成含蓄风格。

第六节　庄重风格与幽默风格

庄重风格与幽默风格也是一对相对相反的语言风格类型。为了具体、客观地说明这两种语言风格类型在语言因素诸方面运用的差异，我们不妨以鲁迅的两篇同是文学批评的文章为分析考察的对象。

庄重风格的，例如：

（一）

现在对于文艺的批评日见其多了，是好现象；然而批评日见其怪了，是坏现象，愈多反而愈坏。

我看了很觉得不以为然的是胡梦华君对于汪静之君《蕙的风》的批评，尤其觉得非常不以为然的是胡君答复章鸿熙君的信。

一、胡君因为《蕙的风》里有一句"一步一回头瞟我意中人"，便科以和《金瓶梅》一样的罪：这是锻炼周纳的。《金瓶梅》卷首诚然有"意中人"三个字，但不能因为有三个字相同，便说这书和那书是一模一样。例如胡君要青年去忏悔，而《金瓶梅》也明明说是一部"改过的书"，若因为这一点意思偶合，而说胡君的主张也等于《金瓶梅》，我实在没有这样的粗心和大胆。我以为中国之所谓道德家的神经，自古以来，未免过敏而又过敏了,看见一句"意中人",便即想到《金瓶梅》,看见一个"瞟"字,便即穿凿到别的事情上去。然而一切青年的心,却未必都如此不净;倘竟如此不净,则即使"授受不亲",后来也就会"瞟",以至于瞟以上的等等事,那时便是一部《礼记》,也即等于《金瓶梅》了,又何有于《蕙的风》?

二、胡君因为诗里有"一个和尚悔出家"的话,便说是诬蔑了普天下和尚,而且大呼释迦牟尼佛:这是近于宗教家而且援引多数来恫吓,失了批评的态度的。其实一个和尚悔出家,并不是怪事,若普天下的和尚没有一个悔出家的,那倒是大怪事。中国岂不是常有酒肉和尚,还俗和尚么?非"悔出家"而何?倘说那些是坏和尚,则那诗里的便是坏和尚之一,又何至诬蔑了普天下的和尚呢?这本如胡君说一本诗集是不道德,并不算诬蔑了普天下的诗人。至于释迦牟尼,可更与文艺界"风马牛"了,据他老先生的教训,则做诗便犯了"绮语戒",无论道德或不道德,都不免受些孽报,可怕得很的!

三、胡君说汪君的诗比不上歌德和雪利,我以为是对的。但后来又说,"论到人格,歌德一生而十九娶,为后世诟病,正无可讳。然而歌德所以垂世不朽者,乃五十岁以后忏悔的歌德,我们也知道么?"这可奇特了。雪利我不知道,若歌德即 Goethe,则我敢替他呼几句冤,就是他并没有"一生而十九娶",并没有"为世诟病",并没有"五十岁以后忏悔"。而且对于胡君所说的"自'耳食'之风盛,歌德,雪利之真人格遂不为国人所知,无识者流,更妄相援引,可悲亦复可笑!"这一段话,也要请收回一些去。

我不知道汪君可曾过了五十岁,倘没有,则即使用了胡君的论调来裁判,似乎也还不妨做"一步一回头瞟我意中人"的诗,因为以歌德为例,也还没有到"忏悔"的时候。

临末,则我对于胡君的"悲哀的青年,我对于他们只有不可思议的眼泪!""我还想多写几句,我对于悲哀的青年底不可思议的泪已盈眶了。"这一类话,实在不明白"其意何居"。批评文艺,万不能以眼泪多少来定是非。文艺界可以收到创作家的眼泪,而沾了批评家的眼泪却是污点。

胡君的眼泪的确洒得非其地,非其时,未免万分可惜了。

起稿已完,才看见《青光》上一段文章,说近人用先生和君,含有尊敬和小觑的差别意见。我在这文章里正用君,但初意却不过贪图少写一个字,并非有什么《春秋》笔法。现在声明于此,却反而多写了许多字了。(鲁迅《反对"含泪"的批评家》)

幽默风格的,例如:

(二)
风闻有我的老同学玄同其人者,往往背地里褒贬我,褒固无妨,而又有贬,则岂不可气呢?今天寻出漏洞,虽然与我无干,但也就来回敬一箭:报仇雪恨,《春秋》之义也。

他在《语丝》第二期上说,有某人挖苦叶名琛的对联"不战,不和,不守;不死,不降,不走。"大概可以作为中国人"持中"的真相之说明。我以为这是不对的。

夫近乎"持中"的态度大概有二:一者"非彼即此",二者"可彼可此"也。前者是无主意,不盲从,不附势,或者别有独特的见解;但境遇是很危险的,所以叶名琛终至于败亡,虽然他不过是无主意。后者则是"骑墙",或是极巧妙的"随风倒"了,然而在中国最得法,所以中国人的"持中"大概是这个。倘改窜了旧对联来说明,就该是:

似战,似和,似守;
似死,似降,似走。

于是玄同即应据精神文明法律第九万三千八百九十四条,治以"误解真相,惑世诬民"之罪了。但因为文中用有"大概"二字,可以酌给末减:这两个字是我也很喜欢用的。(鲁迅《我来说"持中"的真相》)

例(一)、例(二)都是鲁迅的作品,之所以呈现出明显不同的两种语言风格,是与其语言因素构成的如下差异密切相关的。

一、在词语类别选用上各自倾向分明

例(一)倾向于多用关联词语、书卷语及古语词、敬语等(引文中所用不计)。所用关联词语如"然而""因为""便""而""即""却""倘""则""即使""也""而且""若""至于""无论""都""但"等共四十一个次;使用的书卷语(不包括通用词)包括古语词如"日见其多""日见其怪""愈""不以为然""尤其""科以""锻炼周纳""诚然""忏悔""偶合""所谓""过敏""穿凿""未必""如此""竟""何有于""诬蔑""近于""援引""恫吓""非……而何""何至""教训""孽报""其意何居""非其地""非其时""觑""初意"等三十八个次;使用敬语"君""先生"等来称谓他人的有十六个次。

例(二)倾向于多用口语词(通用词不计),如"风闻""老同学""背地里""可气""今天""漏洞""也就来""在""说""某人""挖苦""大概""不对的""主意""得法""这个""喜欢"等十五个次。古语词选用只有"者""也""夫""倘"等四个;关联词语运用虽有"而""则""虽然""但""或者""所以""不过""然而""倘""就""于是""因为"等十五个次,但口语色彩较浓者居多,文言色彩的关联词语运用很少。

从上面的分析数据可以见出,例(一)在词语类别选用上多用关联词语、古语词、敬语三类的倾向性明显,而例(二)则多用口语词(包括关联词语的口语化)倾向较为明显。

下面以图表形式来呈示例(一)、例(二)在用词上的差异与分际。

《反对"含泪"的批评家》用词情况表

通用词	书卷语词	口语词	关联词	敬语词	外语词	总数
538	38	2	41	16	1	636
84.59%	5.97%	0.31%	6.45%	2.52%	0.16%	100.00%

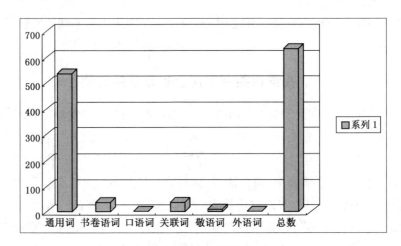

《我来说"持中"的真相》用词情况表

通用词	书卷语词	口语词	关联词	敬语词	外语词	总数
167	22	15	15	0	0	219
76.26%	10.04%	6.85%	6.85%	0%	0%	100.00%

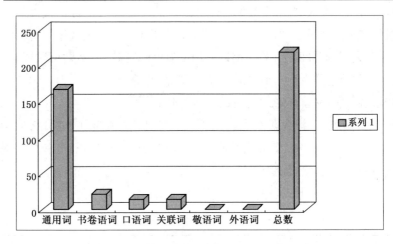

二、在句式采用上长短分际明显

二文虽都以复句居多,但从单句长短看,例(一)倾向于多用长句,例(二)倾向于多用短句,分际一目了然。

下面我们来看比较图表,便更清晰了。

《反对"含泪"的批评家》句均长度表(全以分句计)

总句数	总字数	句均字数
100	1 043	10.43

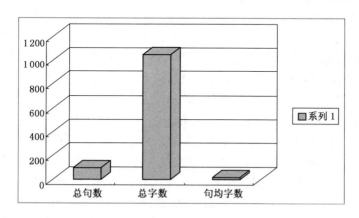

《我来说"持中"的真相》句均长度表(全以分句计)

总句数	总字数	句均字数
40	322	8.05

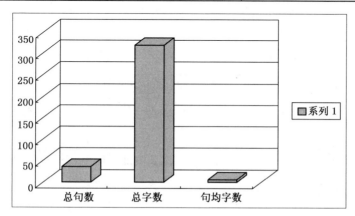

三、在修辞文本建构的类型上分际明显

例(一)所建构的修辞文本,有映衬文本一个:"现在对于文艺的批评日见其多了,是好现象;然而批评日见其怪了,是坏现象,愈多反而愈坏";折绕文本三个:"若因为这一点意思偶合,而说胡君的主张也等于《金瓶梅》,我实在没有这样的粗心和大胆""这一段话,也要请收回一些去""文艺界可以收到创作家的眼泪,而沾了批评家的眼泪却是污点。胡君的眼泪的确洒得非其地,非其时,未免万分可惜了";讳饰文本一个:"倘竟如此不净,则即使'授受不亲',后来也就会'瞟',以至于瞟以上的等等事";设问文本三个:"中国岂不是常有酒肉和尚,还俗和尚么""非'悔出家'而何""倘说那些是坏和尚,则那诗里的便是坏和尚之一,又何至诬蔑了普天下的和尚呢";藏词文本一个:"至于释迦牟尼,可更与文艺界'风马牛'了"。

例(二)所建构的修辞文本,有设问文本一个:"褒固无妨,而又有贬,则岂不可气呢";仿拟文本三个:"报仇雪恨,《春秋》之义也""夫近乎'持中'的态度大概有二""一者'非彼即此',二者'可彼可此'也"(仿古汉语句式);"似战,似和,似守;似死,似降,似走";精细文本一个:"于是玄同即应据精神文明法律第九万三千八百九十四条,治以'误解真相,惑世诬民'之罪了"。

下面以图表来呈示二者在修辞文本建构上的分际。

《反对"含泪"的批评家》修辞文本类型表

映衬	折绕	讳饰	设问	藏词	总数
1	3	1	3	1	9

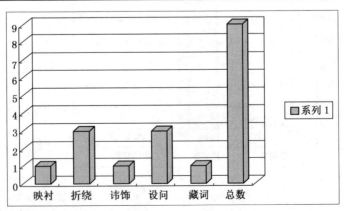

《我来说"持中"的真相》修辞文本类型表

设问	仿拟	精细	总数
1	3	1	5

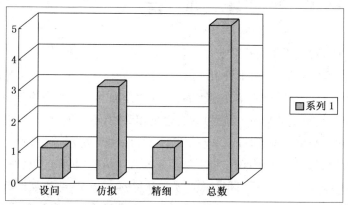

从上面的分析可以看出,例(一)所建构的修辞文本主要有映衬、折绕、讳饰、设问、藏词等五种,而这五种修辞文本都有助于庄重风格的形成,因为映衬修辞文本在表达上有正反相形、对比鲜明、语意明晰的效果;折绕、讳饰、设问、藏词等修辞文本则在表达上有含蓄深沉的效果。例(二)所建构的修辞文本主要是仿拟、精细、设问,而这些修辞文本特别是仿拟和精细特别易于助成幽默的语言风格,这在前文我们已经讨论过。

根据以上我们对例(一)、例(二)两文的个案对比分析,我们大致可以推衍出庄重风格与幽默风格建构的基本原则:

(一)在词语类别选用上,庄重风格的建构宜注意多用书卷语词,包括一定比例的古语词和敬语词;幽默风格的建构宜多用口语词,可以包括一定比例的歇后语、惯用语等通俗性语词及流行语等。

(二)在句式采用上,庄重风格的建构宜多用字数多或结构复杂的长句;幽默风格的建构宜多用字数少或结构相对简单的短句。

(三)在修辞文本建构类型上,庄重风格的宜多建构折绕、讳饰、设问、映衬、藏词之类有含蓄深沉或表达有力效果的修辞文本；幽默风格的宜多建构仿拟、精细之类有幽默诙谐效果的修辞文本。

小　结

　　本章我们所作的五组十种言语表现风格的分类及相关分析，都是相对的，而非绝对。五组十种表现风格是以不同标准分出来的，不是以一个标准，从一个单纯的角度分类的，这样做是为了分析说明的方便。同时，我们说上述某文属于某种风格，也是相对的，不是绝对的，是与相对应的另一风格类型而言的。比如说，上举台静农《伤逝》一文，我们说它是简约风格，这是因为我们将它与并举的张晓风的《想你的时候——寄亡友恩佩》一文作为一组相对应的类型而说的。我们说张文属于繁丰风格，所以说台文是简约风格。如果我们以刚健风格的文章为参照系，则《伤逝》又应该归入柔婉风格；若以绚烂风格的文章为参照系，则《伤逝》又应该属于平淡风格；若以含蓄风格的文章作参照系，《伤逝》则应该属于明快风格；若以幽默风格的文章为参照系，《伤逝》当归入庄重风格。所以到底一篇文章属于何类风格，是相对的。事实上，同一篇文章同时兼属两种或几种风格是完全可能的。陈望道曾指出过："其实语文的体式(注：即本书所说的言语表现风格类型)并不一定是这两端上的东西：位在这两端的中间的固然多，兼有这一组二组三组以上的体性的也不少。例如简约而兼刚健，或简约而兼刚健又兼平淡，繁丰而兼柔婉，或繁丰而兼柔婉又兼绚烂，都属可能。"[①]因此，对于某篇文章究竟属于何种表现风格类型，我们要灵活、全面地分析，不可胶柱鼓瑟。

　　对于某种语言表现风格的建构，我们应该掌握上面我们所推衍出的一些基本原则。限于篇幅我们不能每一风格类型都举很多例证进行分析，但本章所选的例文都是经过精挑细选的，有相当的典型性，所以基本上可以保证分析、归纳结论的正确。因此，在写作时，如果我们需要建构

---

① 陈望道：《修辞学发凡》第218页，上海：复旦大学出版社，2008年。

哪类言语表现风格,根据我们上面所推衍的一些基本原则,大体上就可以做到。但也应该灵活掌握,不必太过拘泥。因为修辞本就是充满创造性的语言活动,过多地局限于教科书上的条条框框,那是不能创造出好的修辞文本的。

思考和练习

一、什么是言语的表现风格?现代汉语的言语表现风格可以进行怎样的分类?

二、刚健风格与柔婉风格之间有哪些差异?

三、简约风格与繁丰风格最根本的区别何在?

四、平淡风格与绚烂风格的区别何在?

五、明快风格与含蓄风格如何建构?

六、庄重风格与幽默风格建构的基本原则是什么?

参考文献

陈望道:《修辞学发凡》,复旦大学出版社,2008年。
杨树达:《汉文文言修辞学》,中华书局,1984年。
张　弓:《现代汉语修辞学》,河北教育出版社,1993年。
倪宝元:《修辞》,浙江人民出版社,1982年。
倪宝元主编:《大学修辞》,上海教育出版社,1994年。
倪宝元:《修辞手法与广告语言》,浙江教育出版社,2001年。
宗廷虎等:《中国修辞史》,吉林教育出版社,2007年。
郑远汉:《言语风格学》(修订本),湖北教育出版社,1998年。
谭永祥:《汉语修辞美学》,北京语言学院出版社,1992年。
郑颐寿:《比较修辞》,福建人民出版社,1982年。
骆小所:《语言美学论稿》,云南人民出版社,1996年。
马庆株主编:《修辞语用探索》,天津教育出版社,1998年。
张拱贵主编:《汉语委婉语词典》,北京语言文化大学出版社,1996年。
汪国胜等主编:《汉语辞格大全》,广西教育出版社,1993年。
李定坤:《汉英辞格对比与翻译》,华中师范大学出版社,1994年。
何兆熊:《语用学概要》,上海外语教育出版社,1997年。
童山东、吴礼权:《阐释修辞论》,首都师范大学出版社,1998年。
吴礼权:《修辞心理学》(修订版),暨南大学出版社,2013年。
吴礼权:《语言策略秀》(修订版),暨南大学出版社,2013年。
吴礼权:《委婉修辞研究》(博士论文),复旦大学研究生院,1997年。

吴礼权:《中国修辞哲学史》,台湾商务印书馆,1995年。

吴礼权:《中国现代修辞学通论》,台湾商务印书馆,1998年。

吴礼权等:《中国修辞学通史·当代卷》,吉林教育出版社,1998年。

吴礼权:《表达力》,台湾商务印书馆,2011年。

吴礼权:《古典小说篇章结构修辞史》,台湾商务印书馆,2005年。

吴礼权:《委婉修辞研究》,山东文艺出版社,2008年。

吴礼权:《唇枪舌剑:言辩的智慧》(修订版),暨南大学出版社,2014年。

吴礼权:《传情达意:修辞的策略》(修订版),暨南大学出版社,2014年。

吴礼权:《能说会道:说话的艺术》(修订版),暨南大学出版社,2014年。

吴礼权:《口若悬河:演讲的技巧》(修订版),暨南大学出版社,2014年。

吴礼权:《名句经典》,吉林教育出版社,2008年。

吴礼权:《中国经典名句小辞典》,吉林教育出版社,2008年。

吴礼权:《中国经典名句鉴赏辞典》,吉林教育出版社,2009年。

黄庆萱:《修辞学》,台湾三民书局,1979年。

黄永武:《字句锻炼法》(第二版),台湾商务印书馆,2000年。

沈　谦:《修辞学》,台湾空中大学印行,1996年。

沈　谦:《文心雕龙与现代修辞学》,台湾益智书局,1980年。

张春荣:《修辞散步》,台湾东大图书公司,1993年。

陈启佑:《新诗形式设计的美学》,台湾诗学季刊杂志社印行,1993年。

高辛勇:《修辞学与文学阅读》,北京大学出版社,1997年。

东吴大学:《蜕变与开新——古典文学国际学术研讨会论文集》,东吴大学,2011年。

胡裕树主编:《现代汉语》(增订本),上海教育出版社,1999年。
邢福义:《汉语复句研究》,商务印书馆,2002年。
《现代汉语词典》(修订本),商务印书馆,1998年。
《辞海》(缩印本),辞书出版社,1990年。

林语堂:《中国人》(郝志东等译),浙江人民出版社,1992年。
朱光潜:《朱光潜美学文集》(第一卷),上海文艺出版社,1982年。
朱光潜:《朱光潜美学文学论文选集》,湖南人民出版社,1982年。
蒋孔阳:《美学新论》,人民文学出版社,1993年。
周振甫:《文心雕龙选译》,中华书局,1980年。
王力主编:《古代汉语》(第四册),中华书局,1982年。
唐圭璋等:《唐宋词鉴赏辞典》,上海辞书出版社,1988年。
刘再复、林岗:《传统与中国人》,三联书店(北京),1989年。
邱明正:《审美心理学》,复旦大学出版社,1993年。
[美]浦安迪:《中国叙事学》,北京大学出版社,1996年。
[苏]B·B·波果斯洛夫斯基等主编:《普通心理学》(魏安庆等译),人民教育出版社,1982年。
彭聃龄主编:《普通心理学》,北京师范大学出版社,1988年。
温溪主编:《艺林妙语》,上海文艺出版社,1995年。

后　记

　　写教材，对我来说这是头一遭，虽然我写的著作中被用作教材的并不少，如在台湾商务印书馆出版的《中国修辞哲学史》《中国语言哲学史》《中国现代修辞学通论》以及《中国笔记小说史》《中国言情小说史》等，都是台湾各大高校用作研究生教材的，在互联网上都可以查见各高校把它们当作教材使用的记录。在大陆出版的学术著作，情况亦然，如在云南人民出版社出版的《修辞心理学》，同行用作研究生教材的也不少。

　　我倒并不是不想写教材，而是基于自己对写教材的三点"想法"，所以一直不肯涉足于此。一是现在编教材已经不是计划经济时代的"国家行为"，不必经过谁谁谁批准就可以写了，不，严格点说是"编"，说得难听些，不少教材都是如前人所云，是"剪刀加糨糊"的活计。因为声誉不太妙，所以我一直坚持自己的操守，保护自己的"贞节"，不愿加入编教材的行列。这是其一。二是真正编好一本教材真是不易，因为是教材，你就必须保证观点相当正确，所讲的知识点必须全面，不能误人子弟。因为干系太大，有点责任心的人是不敢贸贸然动手写教材的。我自认为责任心较强，胆子较小，所以不敢揽写教材的活，这是其二。三是编教材不太自由，不能如学术专著那样，我有什么想法，有什么观点，可以"自说自话"，只要言之成理，持之有故，学术研究是没有什么禁忌的。也就是说，教材要四平八稳，我的个性很难适应。要我把学术界不同观点加以调和，把别人的成果整理整理，变成教材，保持"中立"态度，不表露自己的观点，我做不到。所以，我多年来一直坚持"吾手写吾口"，写自己有研究心得和体会的学术专著。说对了，你接受；说错了，你不要听，还可以跟我商榷争鸣。这是其三。

其实,我不是打心眼里不想编教材,而是基于上述三点个人的"偏见"。说真的,编教材,特别是编出一部好的教材,真是功德无量的事,它能造就出一大批专业人才,也能对普及此一学科专业知识起很大推动作用。所以,力有所及,应该做好此事。正当我观念有所转变,也是力有所逮之时,来了一个比较满意的"写"教材的机会。之所以说是"比较满意"的机会,是因为这次是"写教材"而不是"编教材"。这次机会是得之于许宝华先生。许先生申请到一个国家教育部的教材项目,要编写一套面向21世纪的高校教材改革的七卷本"现代汉语系列教材",许先生"点将"要我写《现代汉语修辞学》一卷。许先生对我是知根知底的,他答应说,虽然是教材,但完全可以发挥自己的观点,我们不要"剪刀加糨糊"的东西,可以写成著作式的教材。我明白了,这本《现代汉语修辞学》可以写成一本学术专著。这倒正中我下怀,我不能不答应。再说,从学术师承上说,许先生是我的恩师;从工作关系上说,许先生是上海市语文学会的会长,我是秘书长,是他的工作助手。推动中国语言学的发展与繁荣是我们这些语言学者义不容辞的责任,编教材正是落实这一责任与义务的具体表现。正是基于这些原因,我愉快地接受了任务。

但我深知,这是一个国家教育部立项的教材,要面向全国,许先生又给了我如此优惠的条件,我要是写不好,真是有负重托,良心不安。诸葛亮《出师表》有云:"受命以来,夙夜忧叹,恐托付不效,以伤先帝之明。"我接受许先生的任务后,心情亦同此。所以,六年来,我不停地思索思辨,如何建立一个较科学的学科体系,如何在最大程度上阐明自己学术观点的同时最大程度地充分吸纳前贤时哲好的学术成果,在体现自己"个性"的同时最大限度地体现"共性",以符合教材普遍通用的法则。其实,这种努力是很难的,这种力求"个性"与"共性"兼容的求索过程是痛苦的。不过,不管多苦多累,我还是抱着执著的信念,坚持着,努力着。六年间,我不停地寻求合理体系的建立;六年间,我不停地反思自己的观点;六年间,我不停地吸纳新知,学习并借鉴相邻学科的理论;

六年间,我不停地搜求新语料,不论何时何地都处处留心,孜孜不倦,乐此不疲,"痛并快乐着"。这样,六年间五易其稿,才有今天的规模。其实,这部教材早在一年前就已经将全稿交给了许先生。但其他作者因为种种原因都未能如期交稿。这样,我便有了理由,要求再改几次。特别是最后一次修改,很多地方是重新写过,方法与思路都有了突破性"革命"。如第八章"语体与修辞",第九章"风格与修辞",在我理工科朋友的影响下,运用了计算统计分析的科学方法来进行,与原稿的写法有根本不同。这一尝试,就目前我的视野所及,还未见有他人如此做,可以说是一种开拓性的尝试。尝试的效果如何,大家自有体会。如果说这种尝试有可取处,应该感谢我的朋友的启发和许先生给我多一年的修改时间。

　　写这本教材之初,我就立下三项努力目标。一是要改变汉语修辞学几十年一成不变的写作模式,即只注重对修辞现象的描写和修辞材料的罗列,而没有深度的理论阐释。改变过去只描写"当然"的模式,变成既描写"当然",更阐释"所以然",提升修辞学理论阐释的穿透力,展示理论对现象阐释的魅力。通过提出一套新的理论,讲出汉语修辞诸现象的学理依据,来提升修辞学的科学魅力,深化汉语修辞学的研究,让修辞学这门既古老又年轻的学科焕发出新的光彩。二是在语料上力求"采铜于山",自己搜求第一手的新材料。这是基于我这样一种感慨,自从陈望道先生的《修辞学发凡》问世以来,很多修辞学著作或教材,不仅在体系、理论上因袭《修辞学发凡》,七十年没有进步;而且在例证语料方面,大家都是陈陈相因,总是一副老面孔。我们都知道,语言是发展的,是鲜活的东西,修辞更是一种创造性的语言活动,我们怎么可以不求变化呢?还有,我认为,新语料的使用,就好比烹饪使用新鲜材料,才能做出色香味俱佳的菜肴。如果材料都不新鲜,你还指望别人对此有胃口吗?感于此,我决心改变这种情况,所以六年来,我花在新语料搜求的功夫(还不算我此前十多年的努力基础)可谓是前所未有的。有时为了找到一个新例证,我要去买十几本文学类作品;有时一时找不到新的例证,不得不使用他人的语料时,我要花大量时间,顺着他人的线索查阅原文进行核对,并作出注解说明,既表示出对他人搜寻语料努力的尊重,也避免他人再次转引时出现错误。有时,书面材料中没有,需要找活的口语材料,我常在菜场、车站、公共汽车上留意别人的谈话,甚至偷录。三是对修辞文本(传统上称之为"辞格",实际很不科学)建立全新的阐释模式,并在全书中贯彻始终,力求改变原有的修辞学"定义——例证——说明"的旧有框架。

　　这三个预定目标,我自认为都按要求做了。但做得好不好,大家读了全书后,自己自有体会。我个人觉得第一个目标、第三个目标都认真实践了,但不能保证达到了自己预期的目标,更不能保证达到了使大家都认可的程度。但第二个目标,我自信做得很好,至少目前没有人比我做得好。文中百分之九十以上的例证都是我从自己所购书籍或海外朋友赠书中搜求得来,对于极少数可遇不可求的例证,必须转引他人的,则核对原文并注解说明,以示对他人劳动的尊重。至于思考题中所有例证,则也全用我自己的新材料。我们都知道,语言学研究包括修辞学研究,语料是最大的问题,没有语料的发现,你就不要空谈什么学术观点或新见了。我自己在语料搜求上有深刻的体会,所以自知其中的甘苦,也就特别懂得尊重别人在语料搜寻方面的甘苦。关于这一点,我在所著《修辞心理学》的《后记》中曾有郑重的申述。在此,我愿意再次申明并努力倡导我的理念。我的这本教材中所运用的新例,其中有些我在教学中或论著中用过,因此,很多研究生或同行朋友觉得很好,拿来就用,也不加说明。他们大概认为例证又不是你的观点,怎么不可以"资源共享"?殊不知别人找个适当的例证多不易!因此,我希望我的新例证新语料,凡是转引者应该注明或鸣谢,这是起码应有的学术道德与学术良知。否则,就好比别人准备好一堆好的烹饪材料,你拿起来就烧,烧好就卖,这像什么话?好意思?

　　教材是要在使用中才能发现效果的,希望这本教材问世后,不断听到教与学两方面的中肯意见,以为日后修改的依据,力争把它改好,在教学中发挥它应有的效果,最起码不希望出现"误人子弟"的后果。

　　最后,衷心感谢在我学术成长道路上予我以帮助、扶持的前辈!感谢多年来在精神上予我以支持鼓励的同辈学人！感谢所有列入本书参考文献目录中的学者的著作对我学术进步直接或间接的浸润之力！

吴礼权

2003 年 7 月 7 日记于复旦园

修订版后记

《现代汉语修辞学》一书,作为国家教育部立项的"面向21世纪课程教材"之一种,由著名语言学家许宝华教授主编。自2006年11月由复旦大学出版社出版发行以来,至今已历五个春秋。在这五年中,承蒙全国修辞学界同仁以及相关学科同仁的厚爱,已先后加印了四次,发行数万册,获得了较高的认同度,让我深受鼓舞。

在初版后记中,我曾说过,这部《现代汉语修辞学》其实具有很浓厚的个人学术著作的色彩。无论是理论体系,还是修辞文本阐释模式,皆脱胎于我的《修辞心理学》《阐释修辞论》以及《中国修辞哲学史》等学术专著所建构的理论体系。因此,与传统的"剪刀加糨糊"式教材相比,这部小书无论是整体理论架构、文本阐释模式,还是学术术语和修辞文本例证的运用,都彰显出自己鲜明的"个性"。与追求四平八稳、照顾各家学术观点的普通教材相比,它简直就是一个"放荡不羁的异类"(当然说得好听点,也可以说是不拘一格)。

静言思之,这部"不羁"的异类教材,之所以得到大家的认可,其实并不是因为它理论体系上有多么完美,见解有多么权威,而是因为目前好的汉语修辞学教材着实不多,遂使这部小书得以一印再印,这次又有了修订再版的机会。如果不恰当地套句古人的话,这叫"世无英雄,遂使竖子成名矣"。这是文雅的说法,说得粗俗点,就是"山上无老虎,猴子称大王"。

汉语词汇库中有两个表示对立概念的成语,一是"妄自尊大",一是"妄自菲薄"。我个人做人做学问,从来都是既不敢妄自尊大,也不愿妄自菲薄。我个人觉得,这部小书作为高校修辞学教材使用,之所以得到较为广泛的认同,究其原因有如下三端。

其一,这部小书体现了我的学术理念,建立了我自己的理论体系。也就是说,这本小书有我自己的想法。当然,有自己的想法并不意味着就是理论创新,即使算创新也未必都正确。但是,学术研究如果没有追求真理、敢于提出想法的意识,只是一味地尊崇前人,在潜意识中对先哲时贤顶礼膜拜,人云亦云,那么结果必然只有一个:妄自菲薄,一事无成。我的太老师、复旦大学老校长陈望道先生的《修辞学发凡》出版至今已届八十个春秋,但仍然具有丰沛的生命力。究其原因,就是它有自己的想法,有自己独立的理论体系与扎实的材料功夫。反观它同时代的许多修辞学著作多是昙花一现的情形,我们可以"思过半矣"。

其二,这部小书在研究方法上有点新意。以前的修辞学著作在讨论不同语体的修辞特征与不同风格类型特点时,都是中国传统的印象式举例说明。这本小书借鉴其他学科的研究方法,第一次将定量统计法与多媒体图表法应用到语体与风格研究方面,通过定量统计分析与图表展示,以科学而直观的方式总结出各种语体的修辞特征与不同风格类型的表现形态,结论的科学性与说服力都有了明显提升。这一点,既是使用这本小书作为教材的许多高校师生的共同体认,也是他们喜欢这本小书的理由之一。

其三,这本小书在语料运用方面有自己鲜明的特色。具体表现在两个方面:一是绝大多数的语料都是笔者"采铜于山"的第一手资料,而且多是他人所不常见。这一点,是许多读者翻开此书时印象最深的一点,也是许多读者翻过此书后决定要买下的理由。二是书中个别引自他人修辞学著作的用例,不仅明确注明用例者,而且还要亲自核对原文,这既体现了对他人辛勤寻找语料劳动的尊重,也避免了转引语料时可能产生的以讹传讹、贻误他人的负面后果。这种做法,前此没有任何学者能够做到。对此,很多选用此书为教材的修辞学界同仁都大表赞赏。但是,有一点是笔者所始终坚持的。不论是初版,还是这次的修订再版,都是如此。本书用例力求新颖,是根据汉语修辞现象发展的事实,而非为了标新立异,"为用新例而用新例"。如果是有利于读者与学习者理解,笔者也会放弃自己语料库中库存的新用例而改引他人用过的经典旧例,并予以注明和核对。此次修订,在增加古代汉语修辞用例时,笔者就主动放弃了不少积攒多年的新例,而转引他人用过的经典旧例,目的就是为了读者和学习者学习理解上的方便。

这部小书作为教材,既已在全国高校广泛选用,那么为何不保持稳定性,又要进行修订呢?这是有原因的,具体说来有如下三端。

其一,教学中提出的问题不可规避。其中,最突出的一点是讲现代汉语修辞学如何与古代汉语修辞学衔接。因为现代汉语的修辞现象并不是无源之水、无本之木。教学过程中,不断有学生提出问题,需要我们解决。笔者在复旦大学每学期都要开修辞学课程,皆以这部小书为基本教材。在教材使用的五年间,讲到现代汉语的某一修辞现象时,往往会有学生提问:"老师,古代有没有这种修辞现象呢?"来自其他高校的修辞学界同仁上课时,也同样遇到过这样的问题。他们不时把教学情况反馈给我,让我不得不思考要不要修订这本小书,增加与古代汉语修辞衔接的内容。

其二,初版中有个别学术术语的运用似乎仍有斟酌的空间。如初版第一章"婉约蕴藉的修辞文本营构模式"的第五节"言有尽,意无穷:吞吐",所用"修辞文本"的名称为"吞吐"。这个术语也不是笔者个人的杜撰,而是渊源有自,台湾修辞学界至今仍在运用。但是,在大陆很少有人知道这个修辞学术语的具体含义。很多人从字面上望文生义,往往会产生一种负面的效果。教学过程中,不少学生也有这种感觉。反复思考后,这次修订时,我们改用大陆学者所用的一个术语"留白"。虽然"留白"也非修辞学专业术语,是借自于中国古代绘画上的一种技法。但是,这个词从字面上好理解,望文生义也没有负面效果,用作修辞学术语似乎更恰当。

其三,初版中有个别定义过简,有碍于理解。如初版第一章"婉约蕴藉的修辞文本营构模式"的第三节"锦绣其外,旧物其内:讳饰",对"讳饰"所下的定义是:"讳饰,是表达者在情意表达时'遇有犯忌触讳的事物,便不直说该事物,却用旁的话来回避掩盖或装饰美化的'一种修辞文本模式。"这个定义,与本教材中的其他文本模式的定义相比显得过于简单,风格上也不匹配,既无新意,也没有体现"周延性"的原则。这次修订,将此定义修改为:"讳饰,是交际者(Communicator)言及可能触犯受交际者(Communicatee)忌讳或社会习俗禁忌的事物时,为了避免或缓解对受交际者的心理刺激,有意'换言易语'予以规避甚或美化的一种修辞文本模式。这种修辞文本模式,一般说来,在表达上虽有闪烁其辞的飘忽感,但却不失有一种'可意会而不言传'的婉约美、朦胧美。接受上,语义表述的模糊性与间接性虽让受交际者在解读接受时需费一定心力,但一旦经过努力解读成功,受交际者便会有一种成功的心理快慰,同时能够真切地感受到交际者的善意,从而有效避免双方由于语言上的冲突而可能导致的情感情绪抵触,有利于言语交际的顺利进行。"这个定义,虽不敢说已经尽善尽美,但较初版有了一个较大的跃进。

孔子说:"教学相长",确实如此。事实上,我的学术观点和学术论著,很多都与教学过程中学生提问的启发有关,是在课堂问答互动时触发灵感而逐渐形成的。在此,我衷心地感谢所有修读我修辞学课程并使用《现代汉语修辞学》这本教材的同学们,包括来自全国各地高校的访问学者们。同时,也感谢全国各个高校使用这部教材并给我提供意见的修辞学界同仁。

虽然早就有心修订这部教材,使之尽可能地完善,但是,很长时间这只是一个想法,并未付诸实施。因为真的付诸实施,需要两个条件:一是自己有决心修订,二是出版社愿意提供机会。幸运的是,正当我有此想法,并且也下定了决心要综合教学中遇到的问题而进行一番修订时,复旦大学出版社及时给了我这样一个机会。正是在复旦大学出版社的鼓励下,我最终排除困难,腾出了两个月的时间,日夜兼程,对全书的每句话每个字进行认真推敲,根据教学过程中学生们的要求与全国同行提供的反馈意见,精选材料予以补充。

在此书修订过程中,还要感谢两位学界前辈,一是原中国社会科学院文学研究所副所长、现任上海大学终身教授的董乃斌先生,二是原云南师范大学校长骆小所教授。董老师是著名的古典文学专家,也是复旦大学中文系的系友,是我景仰的学界前辈。没想到,2009年我在台湾东吴大学任客座教授时,竟然与董老师成了东吴大学中文系的同事,真是让我喜出望外。董老师说他听过复旦老校长陈望道先生的修辞学课,非常喜欢修辞学,希望看到我的修辞学著作。从台湾回到上海后,我给董老师寄了几本我写的修辞学拙著,请他指教。董老师看得非常认真,还针对我的《修辞心理学》提出许多宝贵建议,大到整体架构与理论体系,小到目录内容的调整等等,真是让我非常感动!此次对《现代汉语修辞学》的阅读也同样如此,提供了许多宝贵的意见。骆老师是中国修辞学界众所周知的前辈大家,对后学奖掖不遗余力。在我的成长道路上,骆老师帮扶鼓励不少。我的很多修辞学论著,他都提出过宝贵建议。曾记得当年为了给我的《修辞心理学》作序,他于公务繁忙中读了我当时几乎所有的论著,其认真敬业的精神真是令人深切感动。此次对《现代汉语修辞学》的修订,他又提出不少宝贵的建议。在此,对董老师、骆老师两位前辈的鼓励与指教表示衷心感谢!

最后,衷心感谢复旦大学出版社董事长贺圣遂先生一以贯之的支持!衷心感谢参与此书编辑、出版、发行的所有复旦大学出版社的工作人员!

吴礼权

2012年4月12日

第三版后记

这部《现代汉语修辞学》自2006年初版、2012年再版以来，承蒙全国修辞学界同仁垂青厚爱，前后印刷了十次，发行了数万册，几乎成为全国各高校现代汉语修辞学课程的"统一教材"。既是被广泛使用的全国高校教材，在教学使用过程中，就必然有许多伴随教学而发现的新问题，这也是这部《现代汉语修辞学》在广泛使用多年后仍需进行修订的原因。

本次修订的内容主要集中于三个方面：一是书中相关例证的更换以及课后练习内容的增删。这些都是根据全国各高校师生在本书使用过程中提出的意见进行的。我认为他们的意见是中肯的，也是切合实际的，所以才下决心予以修订。另外，增加了一些有关网络语言的修辞内容，这也是应广大师生的要求而增加的，不过篇幅不大。之所以要增加这方面的内容，乃是直面汉语修辞在互联网、手机等新传媒介质作用下迅速发展的现实。语言是发展变化的，修辞创造乃是推动语言发展变化最根本的动力。修辞创造虽是人们在语言使用过程中积极内在的行为，但也离不开外在的物质条件。石器时代以及造纸术未发明之前的漫长历史时期，人们的语言表达也有修辞创造，但囿于当时有限的书写条件，我们从历史遗留下来的文献看，其修辞创造的力度就远不如今天我们所见到的书面文字中的修辞创造。事实上，自互联网、手机等现代新传媒介质出现之后，很多以前不曾有的修辞现象都出现了，这就是明证（关于传播媒介变化与修辞创造的关系，我有专文论述，这里不具体展开）。近些年来，我应邀到全国各大学做学术演讲，往往被许多年轻朋友强烈要求讲网络语言的修辞问题，这说明网络与修辞的密切关系已经被人们认识到了。不过,我虽然非常重视网络、手机等新传媒介质与修辞的关系,而且确实在网络语言的研究方面下过多年功夫,发表过多篇这方面的学术论文,也得到学术界同仁的称引,可以说对网络语言中的修辞问题我是有些研究心得的,但是考虑教材的特定性质,我不愿意也不能将自己对有关网络、手机等新媒介中修辞问题的研究成果过多地写入书中,因为个人的一孔之见是不宜过早过多写入教材的。如果个人的一孔之见是正确无误的,当然可以写入教材,让更多人接受;如果个人的一孔之见是不正确的,那就有误导年轻学子的危险。教材不同于一般学术著作,学术著作如果观点不正确,顶多只能误导看过书的少数人。而教材使用面广泛,错误的观点可能会误导几万、几十万年轻的学子,那真叫贻害无穷了。正是基于这种想法,在本次修订中,我对网络、手机等新媒介中出现的修辞用例采极其谨慎的态度,增加这方面内容的文字非常节制。课后练习中,虽然增加了少量的手机短信中的修辞文本,但只是提供给学习者思考。因为众所周知,手机短信中的修辞文本在语言技巧上确有很多高明的地方。但是,在内容方面有些不宜拿出来欣赏。所以,本次修订在正文与思考练习中我都特别注意,用例节制而谨慎。在此,特别予以说明。二是某些观点或表述的修正。这方面的修订不多,只有个别几处,主要是为了表述更明确而修改了相关文字。三是相关引文的文字及其注释版本的修订。本次修订对于以前引文涉及的一些著作的版本有所更换,因此引文的文字也有相应更动,注解的版本及其页码也相应有更动。这些都是技术上的问题,无关全书大体,但也在此予以说明。

  最后,衷心感谢近十年来广大修辞学界同仁在使用本书作为教材中给我提供的许多中肯的意见与很好的修改建议!衷心感谢董乃斌、马庆株、骆小所三位前辈的指正意见与热情的鼓励。衷心感谢复旦大学出版社历任领导对于本书出版与修订的大力支持!衷心感谢本书责任编辑邵丹女士!十多年来,她对本书编辑、修改所倾注的心血不知有多少,对本书的编辑、修订总是精益求精、一丝不苟。

  学术研究没有止境,修辞学研究亦如此。随着修辞学研究的深入,随着语言的发展变化,随着现代科技的日益进步,新的修辞现象必将层出不穷。面对语言发展与修辞创造的现实,相信本书的修订绝不会到此为止。因此,衷心希望本书的使用者(包括教学者与学习者)一如既往地对本书中存在的问题提出宝贵的意见,将来可以再出第四版、第五版乃至第十版时本书有更完善的面目。

吴礼权

2015 年 10 月 25 日记于复旦园

第四版后记

这部《现代汉语修辞学》作为高等院校中文学科的通用教材,自2006年初版以来,历经三次修订,至今已是第四版了。

我本人生平没有编过任何一部教材,对于编教材其实是毫无经验的。当年许宝华先生组织语言学界同仁编写"现代汉语系列教材",是作为完成教育部立项的"面向21世纪课程教材"工程的一项任务。承蒙许宝华先生不弃,邀约我编写其中的一部,就是《现代汉语修辞学》。当时,我跟许先生说,我对编写教材并不在行,恐怕编不好。但是,许先生告诉我说:"不是要你编,而是要你写,将你研究修辞学的最新心得写出来。"他还明确告诉我,他不喜欢那些由剪刀加浆糊拼凑出来的所谓教材,那样的东西没有学术含量,对教学毫无意义,对学术进步、人才培养更是不利。因为有许先生的宽容(也可以说是"纵容"),我便有了信心,于是鼓起"初生牛犊不怕虎"的勇气,按照自己的思路写起了教材。因为是"写",而不是"编",所以初版《现代汉语修辞学》出版面世后,有些老先生在背后议论,说它不像教材,而更像是纯粹的学术专著。我听了这些议论,不但没有沮丧,反而感到非常高兴。因为这说明我的《现代汉语修辞学》是有自己特色的,大家在书中看到了我的研究心得。

正因为有我自己的研究心得,这部《现代汉语修辞学》出版后在全国修辞学界同仁中获得了较高的认同度,采用它作为教材的高校相当多。这样,书的销售情况也就相当好。最终在许宝华先生主编的"现代汉语系列教材"中脱颖而出,成为销售冠军。出版社深受鼓舞,遂一再加印。2011年,这部《现代汉语修辞学》作为教材在复旦大学与全国各大高校的使用已届五年，我自己与其他高校教师在教学中都得到了很多来自学生反馈的意见。于是，我便根据大家反馈的意见，结合自己在教学与研究中的思考，对这部《现代汉语修辞学》进行了修改，2012年6月出了修订版。结果表明，修订版比初版更受欢迎，使用的院校更多了，销售情况也更好了，加印次数越发频繁。到了2014年，这部《现代汉语修辞学》又有幸获评为"十二五"国家级规划教材，在学术界的影响又有了扩大，使用的高校就更多了。面对全国学界同仁的厚爱与广大学子的信赖，我觉得应该不辜负大家的期望才是。2015年，我下定决心，又对全书进行了一次修改。2016年3月，《现代汉语修辞学》第三版面世。经过近四年的教学，我又收到了来自复旦学生与外校师生的许多反馈意见，所以2018年底，经与复旦大学出版社责任编辑邵丹女士商议，决定根据教学中反映的实际情况，再次对这部《现代汉语修辞学》进行修改。这次修改不仅是在例证与课后练习题上有很多更新，而且在整体框架与章节安排上也有大的变动，可谓是"伤筋动骨"的一次大修改。经过近一年的努力，"大修翻新"的《现代汉语修辞学》第四版就要跟大家见面了。虽然这次修改我花了大力气，但效果如何，我还真是没有把握。如果大家仍有不满意的地方，我愿意虔诚地接受大家的批评，充分吸收大家宝贵的意见再行修改。

值此新版即将面世之际，衷心感谢十余年来所有选用这部《现代汉语修辞学》作为教材的全国各高校的广大师生的厚爱与鼓励！没有大家的鼓励与厚爱，就不可能有这部《现代汉语修辞学》的一版再版与几十次印刷。

最后，衷心感谢本书责任编辑邵丹女士十余年来始终如一的大力支持与所付出的无数辛勤的劳动！

吴礼权

2019年12月6日记于复旦大学光华楼西主楼1407室

图书在版编目(CIP)数据

现代汉语修辞学/吴礼权著. —4 版. —上海：复旦大学出版社,2020.1（2024.11 重印）
ISBN 978-7-309-14675-2

Ⅰ.①现… Ⅱ.①吴… Ⅲ.①现代汉语-修辞学-高等学校-教材 Ⅳ.①H15

中国版本图书馆 CIP 数据核字(2019)第 245499 号

现代汉语修辞学
吴礼权　著
责任编辑/邵　丹
复旦大学出版社有限公司出版发行
上海市国权路 579 号　邮编：200433
网址：fupnet@ fudanpress.com　http：//www.fudanpress.com
门市零售：86-21-65102580　　团体订购：86-21-65104505
出版部电话：86-21-65642845
杭州日报报业集团盛元印务有限公司

开本 890 毫米×1240 毫米　1/32　印张 17.5　字数 463 千字
2020 年 1 月第 4 版
2024 年 11 月第 4 版第 6 次印刷
印数 20 501—24 600

ISBN 978-7-309-14675-2/H・2941
定价：45.00 元

如有印装质量问题，请向复旦大学出版社有限公司出版部调换。
版权所有　　侵权必究